FLAVIUS JOSÈPHE

GUERRE DES JUIFS

LIVRES II et III

COLLECTION DES UNIVERSITÉS DE FRANCE
publiée sous le patronage de l'ASSOCIATION GUILLAUME BUDÉ

FLAVIUS JOSÈPHE

GUERRE DES JUIFS

TOME II

LIVRE II et III

TEXTE ÉTABLI ET TRADUIT
PAR
ANDRÉ PELLETIER S. J.

Troisième tirage

PARIS
LES BELLES LETTRES
2009

Conformément aux statuts de l'Association Guillaume Budé, ce volume a été soumis à l'approbation de la commission technique, qui a chargé MM. H.-G. Pflaum et P. Goukowsky d'en faire la révision et d'en surveiller la correction en collaboration avec M. A. Pelletier.

95 boulevard Raspail, 75006 Paris
www.lesbelleslettres.com

Première édition 1980

ISBN : 978-2-251-00181-4
ISSN : 0184-7155

NOTICE

Le présent volume comprend les livres II et III de la *Guerre des Juifs* (dont le récit couvre trois quarts de siècle) de l'avènement d'Archélaos, en 4 av. J.-C. jusqu'à la fin de la campagne de Galilée, 26 septembre 67.

Ce qui avait été le royaume d'Hérode le Grand reste sous l'influence romaine; seulement, très vite, Archélaos perd la confiance d'Auguste et son territoire est réduit en province procuratorienne. Un des gouverneurs romains, Pilate « Préfet de Judée » par la grâce de Tibère, à force de maladresses, excitera l'animosité des Juifs. qu'exaspèrera ensuite le projet de Caligula de faire adorer sa statue dans le Temple de Jérusalem. A travers maintes digressions sur les familles religieuses à l'intérieur du Judaïsme, sur l'organisation de l'armée romaine ou les curiosités locales, nous recueillons des renseignements de première main, parfois tendancieux, sur la formation des différents groupes révolutionnaires prêts à se soulever contre l'autorité romaine. Car une suite de gouverneurs romains se firent détester de la population, en particulier Gessius Florus. Pour calmer l'agitation qui sévissait dans tout le pays, le gouverneur de Syrie — dont dépendait la province procuratorienne de Judée — vint attaquer les rebelles retranchés à l'intérieur de Jérusalem. Son échec humiliant rendait la guerre inévitable, et du côté des Juifs on s'y préparait fiévreusement. Josèphe était chargé d'organiser la défense dans toute la Galilée. Néron, inquiet, envoie Vespasien soumettre la province de Judée (dont la Galilée faisait partie) en lui conférant les pouvoirs d'un légat de province sénatoriale. (Cf. H. Seyrig, *Numismatic Chronicle*

1955, p. 159). Notre historien rapporte en détail le siège de Iotapata, où il est fait prisonnier dans des circonstances qu'il s'efforce de rendre honorables. C'est alors qu'il « prophétise » l'Empire à Vespasien. Pendant qu'à Jérusalem, désormais isolée et en proie à la terreur d'une guerre civile, s'accentuent les désaccords entre rebelles, Vespasien achève de soumettre la Galilée.

Le texte grec adopté demeure celui de Niese, en tenant compte de son dernier état, paru dans l'*editiominor* de 1895 (citée Niese [2]), et de nombreuses conjectures proposées depuis, principalement par Thackeray, Schreckenberg et Schalit.

Parmi les témoins occasionnels, signalons le seul papyrus qui nous ait conservé quelque chose de l'œuvre de Josèphe. C'est le P. de Vienne 29180, de la fin du IIIe siècle. Antérieur de plus de six siècles à nos plus anciens manuscrits, il ne concerne malheureusement que BJ 2, 576-579 et 582-584. Il est mentionné dans R. A. Pack, *Greek and Latin papyri* (1965) sous le numéro 1283. Il a été publié par H. Oellacher, *Griechische Literarische Papyri* II (Baden bei Wien 1939), p. 61-63.

Au jugement de Schreckenberg, *Tradition* p. 55, il est trop peu étendu pour qu'on puisse en tirer des conclusions générales sur la valeur des témoins déjà connus. Il faudrait seulement reconnaître que le Codex dont il conserve ces deux passages ne présente de ressemblance avec aucun des manuscrits connus du *Bellum Judaicum* et que ce Codex semble n'avoir aucune affinité bien claire ni avec le groupe PA, ni avec le groupe VRC. De ce fait L. H. Feldman, *The Cassical World* (April-May 1976, p. 468) est amené à conclure que le texte de la *Guerre*, qui se présente en meilleur état que celui des *Antiquités*, est encore moins sûr que nous ne l'avons supposé jusqu'ici. Aussi, avec Schreckenberg, juge-t-il excessive la confiance qu'accordent au groupe PAM Niese et Thackeray. En tout cas, j'ajoute que, faute de noms propres bibliques dans ces deux fragments, on ne peut voir s'il y a contamination avec la Septante, comme dans le cas de la famille de C.

Dans l'apparat critique, ces fragments figureront sous le sigle : Pap. La lecture de H. Oellacher — mais avec les

suppléments empruntés à la présente édition — est donnée dans l'Appendice X.

La photographie du papyrus (ici pl. I et II) a été exécutée par les services de la Bibliothèque Nationale de Vienne.

Les leçons que Niese n'a fermement adoptées que dans son édition de 1895 *(editio minor)* sont signalées : Niese [2].

Quant à la forme des noms propres de personnes ou de lieux, on suivra généralement A. Schalit, *Nomenwörterbuch zu Flavius Josephus* (cité : Schalit). Pour les noms de villes en particulier, F.-M. Abel, *Géographie de la Palestine* II (1938), cité : Abel, p. tant.

L'ouvrage de A. Schalit, *Koenig Herodes*, sera cité : Schalit, *Herodes*.

Helgo Lindner, *Die Geschichtsauffassung des Flavius Josephus im Bellum Judaicum*, Brill Leiden 1972, sera cité : Lindner p. tant.

Kosmala, *Hebräer*, *Essener*, *Christen*, Brill Leiden 1959, sera cité Kosmala p. tant.

G. Vermes, *The History of the Jewish People* sera cité : HJP.

E. Mary Smallwood, *The Jews under Roman Rule* (1976) sera cité : Smallwood.

Heinz Schreckenberg, *Rezeptionsgeschichtliche und textkritische Untersuchungen zu Fl. Josephus* (1977) sera cité : Schreck. *Rezept.*

NB. Dans les notes (Pf) signale les précisions fournies par l'obligeance de M. H.-G. Pflaum,

***

Je remercie les réviseurs de ce volume et spécialement M. H.-G. Pflaum, qui a accepté cette tâche pour la seconde fois. Je remercie également René Celle, s.j. qui a bien voulu revoir une dernière fois la traduction et la rédaction des notes.

A. P.

SIGLA

P	Parisinus gr. 1425, saec. X-XI.
A	Ambrosianus D 50 sup., saec. XI in.
M	Marcianus gr. 383, saec. XII.
L	Laurentianus 69, 19, saec. XI-XII.
V	Vaticanus gr. 148, saec. X-XI.
R	Palatinus Vatic. gr. 284, saec. XI-XII.
C	Urbinas gr. 84, saec. XI.
T	Phillippicus 6459, saec. XI-XII.
Pap.	P. Vindob. G. 29810, saec. III ex.

Interdum adhibetur :

L.B.	Leidensis Vossianus gr. F. 72, saec. XVI.
Exc.	Excerpta historica Constantini Porphyrogeneti.
Lat.	Versio Latina.
Heg.	Hegesippi qui dicitur versio latina.

ABRÉVIATIONS

— Œuvres de Josèphe.

AJ : Antiquités judaïques.

BJ : La guerre des Juifs.

Vita : Autobiographie.

C. Ap. : Contre Apion.

— Bible. On suit les abréviations courantes des traductions modernes de la Bible.

Ancien Testament :

TM : texte (hébreu) massorétique.

LXX : texte grec d'après A. Rahlfs.

Nouveau Testament, d'après E. Nestle.

LIVRE II

LIVRE II

Avènement et promesses d'Archélaos [1].

1 La nécessité de se rendre à Rome fut pour Archélaos le début de nouveaux désordres. Quand il eut pleuré son père pendant sept jours et offert au peuple un banquet funèbre somptueux — c'est là une coutume juive ruineuse pour beaucoup parce qu'on n'estime pas facultatif de traiter une foule de gens et qu'à y déroger on passe pour impie — il échange sa tenue pour un vêtement blanc, et se rend au Temple, où le peuple l'accueille avec toutes sortes d'acclamations favorables.

2 De la haute estrade où était placé un trône d'or, après avoir salué d'un geste de la main, il les remercie de la ferveur qu'ils ont montrée pour les funérailles de son père et de l'hommage qu'il lui ont rendu à lui-même comme à un roi déjà confirmé dans son pouvoir. Pour l'instant, néanmoins, déclara-t-il, il voulait s'abstenir non seulement d'en exercer le pouvoir, mais même d'en assumer les titres, jusqu'à ce que César, l'autorité suprême d'après le testament même d'Hérode, l'ait confirmé dans ses droits à la succession; 3 à Jéricho non plus, lorsque l'armée avait voulu le ceindre du diadème, il ne l'avait pas accepté. Cela ne l'empêcherait pas, aussitôt qu'il aurait été proclamé roi par l'autorité suprême, de les payer pleinement de retour, les citoyens aussi bien que l'armée, pour leur zèle et leur dévouement : il s'efforcerait, en tout, de se montrer pour eux meilleur que son père.

4 Charmée de ces propos, la foule voulut mettre sur l'heure ses intentions à l'épreuve par des requêtes d'importance. Ils criaient les uns d'alléger les impôts, d'autres de supprimer les taxes [2], certains de libérer les prisonniers.

ΛΟΓΟΣ Β'

1 Ἀρχελάῳ δὲ νέων ἦρξε θορύβων ἡ τῆς ἐπὶ Ῥώμην ἀποδημίας ἀνάγκη. Πενθήσας γὰρ ἡμέρας ἑπτὰ τὸν πατέρα καὶ τὴν ἐπιτάφιον ἑστίασιν πολυτελῆ τῷ πλήθει παρασχὼν — ἔθος δὲ τοῦτο παρὰ Ἰουδαίοις πολλοῖς πενίας αἴτιον, διὰ τὸ πλῆθος ἑστιᾶν οὐκ ἄνευ ἀνάγκης, εἰ γὰρ παραλείποι τις, οὐχ ὅσιος — μεταλαμβάνει μὲν ἐσθῆτα λευκήν, πρόεισι δὲ εἰς τὸ ἱερόν, ἔνθα ποικίλαις αὐτὸν εὐφημίαις ὁ λαὸς ἐκδέχεται. 2 Κἀκεῖνος τὸ πλῆθος ἀφ' ὑψηλοῦ βήματος καὶ χρυσοῦ θρόνου δεξιωσάμενος τῆς τε σπουδῆς, ἣν ἐνεδείξαντο περὶ τὴν κηδείαν τοῦ πατρός, εὐχαριστεῖ καὶ τῆς πρὸς αὐτὸν θεραπείας ὡς πρὸς βέβαιον ἤδη βασιλέα· φείδεσθαί γε μὴν οὐ μόνον ἔφη τῆς ἐξουσίας ἐπὶ τοῦ παρόντος, ἀλλὰ καὶ τῶν ὀνομάτων, ἕως ἂν αὐτῷ Καῖσαρ ἐπικυρώσῃ τὴν διαδοχήν, ὁ καὶ κατὰ τὰς διαθήκας τῶν ὅλων δεσπότης· 3 οὐδὲ γὰρ ἐν Ἱεριχοῦντι τῆς στρατιᾶς τὸ διάδημα περιαπτούσης αὐτῷ δεδέχθαι· τοῦ μέντοι προθύμου καὶ τῆς εὐνοίας, ὥσπερ τοῖς στρατιώταις, οὕτω καὶ τῷ δήμῳ πλήρεις ἀποδώσειν τὰς ἀμοιβάς, ὁπόταν ὑπὸ τῶν κρατούντων βασιλεὺς ἀποδειχθῇ βέβαιος· σπουδάσειν γὰρ ἐν πᾶσιν πρὸς αὐτοὺς φανῆναι τοῦ πατρὸς ἀμείνων. 4 Ἐπὶ τούτοις ἡδόμενον τὸ πλῆθος εὐθέως ἀπεπειρᾶτο τῆς διανοίας αὐτοῦ μεγάλοις αἰτή-

Testes PAMLVRC Lat. Heg. nisi et alii notentur.
1 5 διὰ — ἀνάγκης om. Lat.

Il acquiesça volontiers à toutes ces revendications par désir de complaire à la foule. Puis il offrit un sacrifice et prit part à un banquet [1] avec ses amis.

Funérailles séditieuses.

5 C'est alors que, vers le soir, bon nombre de partisans d'une révolution, qui s'étaient attroupés maintenant que le deuil public pour le roi avait pris fin, commencèrent un deuil particulier en gémissant sur le sort de ceux [2] qu'Hérode avait punis pour avoir abattu l'aigle d'or de la porte du Temple. **6** Ce n'était pas un deuil en sourdine, mais des gémissements perçants, un chant funèbre à la cadence réglée [3], accompagné de coups frappés sur la poitrine qui retentissaient à travers la ville entière, puisque c'était pour honorer des hommes qui, assurait-on, avaient péri pour la défense des lois ancestrales et du Temple. **7** Il fallait, criaient-ils, les venger sur les favoris d'Hérode, en commençant par destituer le grand-prêtre [4] établi par lui, car c'était leur droit qu'on en choisît un plus pieux et de mœurs plus pures. **8** Archélaos, exaspéré de cette attitude, en remit pourtant à plus tard la répression, pressé qu'il était de partir; il craignait, s'il provoquait la foule, de se voir ensuite retenu sur place par le soulèvement. Aussi s'efforça-t-il de calmer les révoltés par la persuasion plutôt que de recourir à la force. Il envoya discrètement le commandant [5] les inviter à cesser leur agitation. **9** Celui-ci, au moment où il accédait au sanctuaire, avant même qu'il eût dit un mot, fut repoussé à coup de pierres par les insurgés et de même ceux qui, après lui, s'approchèrent pour les rappeler à la raison (Archélaos en envoya plusieurs). A toutes ces invitations les insurgés répondirent avec colère et il devenait évident qu'ils ne resteraient pas tranquilles, pour peu que leur nombre augmentât. **10** Or justement la fête des pains azymes allait commencer, fête que les Juifs appellent Pâque et qui comporte l'offrande de sacrifices en grande quantité. Tandis qu'un peuple immense afflue des campagnes pour les cérémonies liturgiques, ceux qui menaient le deuil pour les professeurs exécutés avaient formé un attroupement dans le sanctuaire, en cherchant à alimen-

μασιν· οἱ μὲν γὰρ ἐβόων ἐπικουφίζειν τὰς εἰσφοράς, οἱ δὲ ἀναιρεῖν τὰ τέλη, τινὲς δὲ ἀπολύειν τοὺς δεσμώτας. Ἐπένευσε δ' ἑτοίμως ἅπασι θεραπεύων τὸ πλῆθος. Ἔπειτα θύσας ἐν εὐωχίᾳ μετὰ τῶν φίλων ἦν.

5 Ἔνθα δὴ περὶ δείλην ἀθροισθέντες οὐκ ὀλίγοι τῶν νεωτερίζειν προῃρημένων ἤρξαντο ἰδίου πένθους, ὅτε τὸ κοινὸν ἐπὶ τῷ βασιλεῖ πέπαυτο, κατολοφυρόμενοι τοὺς κολασθέντας ὑπὸ Ἡρώδου διὰ τὸν ἐκκοπέντα χρυσοῦν ἀετὸν τῆς πύλης τοῦ ναοῦ. 6 Ἦν δὲ τὸ πένθος οὐχ ὑπεσταλμένον, ἀλλ' οἰμωγαὶ διαπρύσιοι καὶ θρῆνος ἐγκέλευστος κοπετοί τε περιηχοῦντες ὅλην τὴν πόλιν, ὡς ἂν ἐπ' ἀνδράσιν οὓς ἔφασκον ὑπὲρ τῶν πατρίων νόμων καὶ τοῦ ναοῦ παραπολέσθαι. 7 Τιμωρεῖν δ' αὐτοῖς ἀνεβόων ἐκ τῶν ὑφ' Ἡρώδου τετιμημένων χρῆναι καὶ πρῶτον τὸν ὑπ' ἐκείνου κατασταθέντα παύειν ἀρχιερέα· προσήκειν γὰρ αὐτοῖς εὐσεβέστερον αἱρεῖσθαι καὶ καθαρώτερον.

8 Πρὸς ἃ παρωξύνετο μὲν Ἀρχέλαος, ἐπεῖχε δὲ τὴν ἄμυναν ὑπὸ τῆς περὶ τὴν ἔξοδον ἐπείξεως, δεδοικὼς μήποτε τὸ πλῆθος ἐκπολεμώσας κατασχεθείη τῷ κινήματι. Διὸ πειθοῖ μᾶλλον ἢ βίᾳ καταστέλλειν ἐπειρᾶτο τοὺς νεωτερίζοντας καὶ τὸν στρατηγὸν ὑποπέμψας παύσασθαι παρεκάλει. 9 Τοῦτον εἰς τὸ ἱερὸν παρελθόντα, πρὶν φθέγξασθαί τι, λίθοις ἀπήλαυνον οἱ στασιασταὶ καὶ τοὺς μετ' αὐτὸν ἐπὶ σωφρονισμῷ προσιόντας, ἐνίει δὲ πολλοὺς ὁ Ἀρχέλαος, καὶ πάντα πρὸς ὀργὴν ἀπεκρίναντο, δῆλοί τε ἦσαν οὐκ ἠρεμήσοντες, εἰ πλήθους ἐπιλάβοιντο. 10 Καὶ δὴ τῆς τῶν ἀζύμων ἐνστάσης ἑορτῆς, ἣ Πάσχα παρὰ Ἰουδαίοις καλεῖται, πολύ τι θυμάτων πλῆθος ἐκδεχομένη, κάτεισι μὲν ἐκ τῆς χώρας λαὸς ἄπειρος ἐπὶ τὴν θρησκείαν, οἱ δὲ τοὺς σοφιστὰς

6 5 post ναοῦ add. πυρὶ PAM; cf. 1, 655. ‖ 7 3 χρῆναι VC : χρήμασι (-σιν PA) PAMLV mg. R Lat.

ter [1] la sédition. **11** Alarmé devant cette situation, Archélaos, avant que la contagion ne se propage dans le peuple tout entier, envoie secrètement un tribun militaire et sa cohorte avec ordre de s'emparer de force des meneurs de la sédition. A la vue de la troupe, toute la foule se déchaîne et massacre à coups de pierres la majeure partie de la cohorte, tandis que le tribun, blessé, échappe de justesse. **12** Après quoi, comme s'il ne s'était produit rien de sérieux, les insurgés en reviennent au sacrifice. Se rendant compte que la foule décidément ne pouvait plus être reprise en main sans effusion de sang, Archélaos lance sur elle toute son armée, les fantassins en rangs serrés à travers la ville, la cavalerie par la plaine. **13** S'abattant soudain sur ceux qui étaient occupés chacun au sacrifice de sa victime [2], les soldats en massacrèrent près de trois mille et dispersèrent le reste vers les montagnes du voisinage. Venaient ensuite des hérauts d'Archélaos, qui criaient d'avoir à se retirer chacun chez soi. Et ainsi tous ces gens s'en allèrent en abandonnant la célébration de la fête.

Rivalité d'Archélaos et d'Antipas.

14 Quant au prince lui-même, il descendit vers la mer, avec sa mère [3] et ses amis Poplas [4], Ptolémée [5] et Nicolas [6], en laissant à Philippe la régence des affaires [7] du royaume, ainsi que le soin de ses intérêts personnels. **15** Partaient en même temps Salomé [8] avec ses enfants, ainsi que des neveux et des gendres du roi (défunt), en apparence pour aller soutenir les droits d'Archélaos à la succession, en réalité pour l'accuser des violations de la Loi commises dans le Temple.

16 A Césarée, Sabinus, procurateur [9] de Syrie, qui montait vers la Judée où il allait mettre sous bonne garde les biens d'Hérode, se ménage [10] une rencontre avec les partants. L'arrivée de Varus [11] qu'Archélaos avait, par Ptolémée, instamment prié de venir, retint Sabinus d'aller plus loin. **17** Pour l'instant donc, pour être agréable à Varus, Sabinus s'abstint tant de courir aux forteresses que de fermer à Archélaos l'accès aux trésors de son père; il promit au contraire de rester tranquille jusqu'à la décision de César et il demeurait à Césarée.

πενθοῦντες ἐν τῷ ἱερῷ συνειστήκεσαν τροφὴν τῇ στάσει ποριζόμενοι. 11 Πρὸς ὃ δείσας Ἀρχέλαος, πρὶν δι' ὅλου τοῦ πλήθους διαδραμεῖν τὴν νόσον, ὑποπέμπει μετὰ σπείρας χιλίαρχον προστάξας βίᾳ τοὺς ἐξάρχοντας τῆς στάσεως κατασχεῖν. Πρὸς οὓς τὸ πλῆθος ἅπαν παροξύνεται καὶ τοὺς μὲν πολλοὺς τῆς σπείρας βάλλοντες λίθοις διέφθειρον, ὁ δὲ χιλίαρχος ἐκφεύγει τραυματίας μόλις. 12 Ἔπειθ' οἱ μὲν ὡς μηδενὸς δεινοῦ γεγονότος ἐτρέποντο πρὸς θυσίαν· οὐ μὴν Ἀρχελάῳ δίχα φόνου καθεκτὸν ἔτι τὸ πλῆθος ἐφαίνετο, τὴν δὲ στρατιὰν ἐπαφίησιν αὐτοῖς ὅλην, τοὺς μὲν πεζοὺς διὰ τῆς πόλεως ἀθρόους, τοὺς δὲ ἱππεῖς ἀνὰ τὸ πεδίον· 13 οἳ θύουσιν ἑκάστοις ἐξαίφνης προσπεσόντες διαφθείρουσι μὲν περὶ τρισχιλίους, τὸ δὲ λοιπὸν πλῆθος εἰς τὰ πλησίον ὄρη διεσκέδασαν. Εἵποντο δὲ Ἀρχελάου κήρυκες κελεύοντες ἕκαστον ἀναχωρεῖν ἐπ' οἴκου, καὶ πάντες ᾤχοντο τὴν ἑορτὴν ἀπολιπόντες.

14 Αὐτὸς δὲ μετὰ τῆς μητρὸς καὶ τῶν φίλων Ποπλᾶ καὶ Πτολεμαίου καὶ Νικολάου κατῄει πρὸς θάλασσαν καταλιπὼν ἐπίτροπόν τε τῶν βασιλείων καὶ κηδεμόνα τῶν οἰκείων Φίλιππον. 15 Συνεξῄει δ' ἅμα τοῖς τέκνοις Σαλώμη καὶ τοῦ βασιλέως ἀδελφιδοῖ τε καὶ γαμβροί, τῷ μὲν δοκεῖν συναγωνιούμενοι περὶ τῆς διαδοχῆς Ἀρχελάῳ, τὸ δ' ἀληθὲς κατηγορήσοντες περὶ τῶν κατὰ τὸ ἱερὸν παρανομηθέντων.

16 Συναντᾷ δ' αὐτοῖς κατὰ τὴν Καισάρειαν Σαβῖνος ὁ τῆς Συρίας ἐπίτροπος εἰς Ἰουδαίαν ἀνιὼν ἐπὶ φυλακῇ τῶν Ἡρώδου χρημάτων. Τοῦτον ἐπέσχεν προσωτέρω χωρεῖν ἐπελθὼν Οὔαρος, ὃν διὰ Πτολεμαίου πολλὰ δεηθεὶς Ἀρχέλαος μετεπέμψατο. 17 Τότε μὲν οὖν Σαβῖνος Οὐάρῳ χαριζόμενος οὔτ' ἐπὶ τὰς ἄκρας ἔσπευσεν οὔτε τὰ ταμιεῖα τῶν πατρῴων χρημάτων ἀπέκλεισεν Ἀρχελάῳ, μέχρι δὲ τῆς Καίσαρος διαγνώσεως ἠρεμήσειν ὑπέσχετο καὶ διέτριβεν ἐπὶ τῆς Καισαρείας. 18

18 Mais aussitôt partis ceux qui lui faisaient obstacle — Varus pour Antioche [1] et Archélaos embarqué pour Rome — il fonce sur Jérusalem et y prend possession du palais. Alors, ayant fait venir les commandants de garnisons et les contrôleurs financiers, il tenta d'en obtenir de pouvoir examiner les comptes du Trésor et prendre possession des forteresses. **19** Seulement, les gardiens (du Trésor), loin de négliger les instructions d'Archélaos, continuèrent de garder tout ce qui leur avait été confié et s'en dirent dépositaires devant César plus encore que devant Archélaos.

20 Sur ces entrefaites, Antipas contestant la succession au trône engage à son tour une procédure, en faisant valoir que le testament, où c'était lui-même qui était déclaré roi [2], avait plus de valeur que le codicille. Salomé, d'ailleurs, et quantité de membres de la famille [3] d'Archélaos embarqués avec lui, l'avaient d'avance assuré de leur soutien. **21** Il s'était gagné aussi sa mère [4] et le frère de Nicolas, Ptolémée, qui semblait d'un poids décisif en raison de la confiance dont il avait joui auprès d'Hérode, de qui il était estimé entre tous ses amis. Toutefois c'est dans l'avocat Irénée qu'il avait le plus confiance à cause de l'habileté de son éloquence. Aussi bien repoussa-t-il ceux qui lui conseillaient de céder à Archélaos par respect du droit d'aînesse et des codicilles. **22** A Rome, la faveur de toute la famille, où l'on détestait Archélaos, passa du côté d'Antipas. Le plus cher désir de tous était l'autonomie [5] sous l'administration d'un gouverneur romain, mais si la chose échouait, on voulait que ce fût Antipas qui régnât.

23 Celui qui contribuait aussi à les aider dans ce sens, c'était Sabinus qui, dans une lettre à César, accusa Archélaos et fit un grand éloge d'Antipas. **24** Les amis de Salomé dressèrent leur réquisitoire et le remirent entre les mains de César. A son tour, Archélaos lui fit

1. Varus passe par Jérusalem pour y laisser une légion chargée du maintien de l'ordre (*infra* 40).

2. Cf. 1, 646.

3. Le § 82 montre que « parents » est à prendre ici au sens littéral.

Ὡς δὲ τῶν ἐμποδιζόντων ὁ μὲν εἰς Ἀντιόχειαν ἀπῆρεν, Ἀρχέλαος δὲ εἰς Ῥώμην ἀνήχθη, διὰ τάχους ἐπὶ Ἱεροσολύμων ὁρμήσας παραλαμβάνει τὰ βασίλεια, καὶ μεταπεμπόμενος τούς τε φρουράρχους καὶ διοικητὰς ἐπειρᾶτο διερευνᾶν τοὺς τῶν χρημάτων ἀναλογισμοὺς τάς τε ἄκρας παραλαμβάνειν. 19 Οὐ μὴν οἱ φύλακες τῶν Ἀρχελάου κατημέλουν ἐντολῶν, ἔμενον δὲ φρουροῦντες ἕκαστα καὶ τὴν φρουρὰν ἀνατιθέντες Καίσαρι μᾶλλον ἢ Ἀρχελάῳ.

20 Κἀν τούτῳ πάλιν Ἀντίπας ἀμφισβητῶν περὶ τῆς βασιλείας ἐπέξεισιν ἀξιῶν τῆς ἐπιδιαθήκης κυριωτέραν εἶναι τὴν διαθήκην, ἐν ᾗ βασιλεὺς αὐτὸς ἐγέγραπτο. Συλλήψεσθαι δ' αὐτῷ προϋπέσχετο Σαλώμη καὶ πολλοὶ τῶν σὺν Ἀρχελάῳ πλεόντων συγγενῶν. 21 Ἐπήγετο δὲ τὴν μητέρα καὶ τὸν ἀδελφὸν Νικολάου Πτολεμαῖον, ῥοπὴν εἶναι δοκοῦντα διὰ τὴν παρὰ Ἡρώδῃ πίστιν· γεγόνει γὰρ δὴ τῶν φίλων ἐκείνου τιμιώτατος· πλεῖστον μέντοι πεποίθει διὰ δεινότητα λόγων Εἰρηναίῳ τῷ ῥήτορι, διὸ καὶ τοὺς νουθετοῦντας εἴκειν Ἀρχελάῳ κατὰ τὸ πρεσβεῖον καὶ τὰς ἐπιδιαθήκας διεκρούσατο. 22 Μεθίστατο δὲ ἐν Ῥώμῃ πάντων πρὸς αὐτὸν ἡ σπουδὴ τῶν συγγενῶν, οἷς διὰ μίσους ἦν Ἀρχέλαος, καὶ προηγουμένως ἕκαστος αὐτονομίας ἐπεθύμει στρατηγῷ Ῥωμαίων διοικουμένης, εἰ δὲ τοῦτο διαμαρτάνοι, βασιλεύειν Ἀντίπαν ἤθελεν.

23 Συνήργει δ' αὐτοῖς εἰς τοῦτο καὶ Σαβῖνος δι' ἐπιστολῶν, κατηγορήσας μὲν Ἀρχελάου παρὰ Καίσαρι, πολλὰ δ' ἐπαινέσας Ἀντίπαν. 24 Συντάξαντες δὲ τὰ ἐγκλήματα οἱ περὶ Σαλώμην ἐνεχείρισαν Καίσαρι, καὶ μετὰ τούτους Ἀρχέλαος τά τε κεφάλαια τῶν ἑαυτοῦ

20 2 ἐπέξεισιν LVRC : ἐπεξίησιν PAM ‖ **22** 4 τοῦτο PAM : τούτου LVRC ‖ **24** 3 post τά τε add. ἄλλα PAM.

tenir par Ptolémée un résumé écrit de ses droits, l'anneau royal de son père et les comptes[1] du royaume. **25** Lorsque César eut examiné, indépendamment les unes des autres, les allégations des deux parties, l'importance du royaume, le montant des revenus ainsi que le nombre des descendants d'Hérode, et qu'il eut pris connaissance des rapports que sur ces sujets lui avaient envoyés Varus et Sabinus, il réunit un conseil de Romains haut placés, où il fit aussi siéger pour la première fois, Caius [2], fils d'Agrippa et de sa fille Julie, qu'il avait adopté. Il donne alors la parole aux parties.

26 Antipater, fils de Salomé, s'étant alors présenté — parmi les adversaires d'Archélaos c'était le plus habile à manier la parole — ouvre l'accusation. Selon lui, Archélaos jusqu'ici, dans ses propos, revendique encore maintenant la royauté, mais dans la pratique, il y a beau temps qu'il est devenu roi. Et maintenant il amuse les oreilles de César, dont il n'a pas attendu le jugement sur la succession; **27** puisque aussi bien, tout de suite après la mort d'Hérode, il a mandé secrètement des gens qu'il avait subornés pour le ceindre du diadème; il a pris place sur le trône, il a tenu audience en roi, il a effectué des changements de postes et accordé des promotions dans les rangs de l'armée; **28** en outre il a promis au peuple toutes les faveurs qu'ils entendaient obtenir comme d'un roi, et il a libéré des gens qui avaient été emprisonnés sur l'ordre de son père pour les plus graves délits. Et maintenant il vient demander au Maître [3] une ombre de royauté, après s'être emparé par lui-même de ce qui en est la réalité, faisant ainsi de César un prince qui dispense non des réalités mais de simples titres. **29** Il le blâmait en outre d'avoir joué la comédie avec le deuil de son père, en se composant, le jour, un visage triste, alors que la nuit il s'enivrait jusqu'à l'orgie. C'est dans ce contexte, disait-il, que s'était produit le soulèvement du

1. Sens précisé par *AJ* 17, 228 τοὺς λογισμοὺς τῶν Ἡρώδου χρημάτων.

2. Sa présence à un conseil aussi exceptionnel s'explique par le fait qu'à cette date Auguste le considérait, malgré sa jeunesse, comme l'héritier présomptif de l'Empire. Chargé de

δικαίων γράψας καὶ τὸν δακτύλιον τοῦ πατρὸς καὶ τοὺς λόγους εἰσπέμπει διὰ Πτολεμαίου. 25 Προσκεψάμενος δὲ ὁ Καῖσαρ τὰ παρ' ἀμφοῖν κατ' ἰδίαν, τό τε μέγεθος τῆς βασιλείας καὶ τὸ πλῆθος τῆς προσόδου, πρὸς οἷς τὸν ἀριθμὸν τῆς Ἡρώδου γενεᾶς, προαναγνοὺς δὲ καὶ τὰ παρὰ Οὐάρου καὶ Σαβίνου περὶ τούτων ἐπεσταλμένα, συνέδριον μὲν ἀθροίζει τῶν ἐν τέλει Ῥωμαίων, ἐν ᾧ καὶ τὸν ἐξ Ἀγρίππα καὶ Ἰουλίας τῆς θυγατρὸς θετὸν παῖδα Γάιον πρώτως ἐκάθισεν, ἀποδίδωσι δὲ λόγον αὐτοῖς.

26 Ἔνθα καταστὰς ὁ Σαλώμης υἱὸς Ἀντίπατρος, ἦν δὲ τῶν ἐναντιουμένων Ἀρχελάῳ δεινότατος εἰπεῖν, κατηγόρει φάσκων τοῖς μὲν λόγοις ἀμφισβητεῖν ἄρτι βασιλείας Ἀρχέλαον, τοῖς δ' ἔργοις πάλαι γεγονέναι βασιλέα, κατειρωνεύεσθαι δὲ νῦν τῶν Καίσαρος ἀκοῶν, ὃν δικαστὴν τῆς διαδοχῆς οὐ περιέμεινεν, 27 εἴ γε μετὰ τὴν Ἡρώδου τελευτὴν ἐγκαθέτους μὲν ὑποπέμψας τοὺς περιθήσοντας αὐτῷ τὸ διάδημα, προκαθίσας δ' ἐπὶ τοῦ θρόνου καὶ χρηματίσας βασιλεύς, τάξεις τε τῆς στρατιᾶς ἀμείψας καὶ προκοπὰς χαρισάμενος, 28 ἔτι δὲ τῷ δήμῳ πάντα κατανεύσας ὅσων ὡς παρὰ βασιλέως τυχεῖν ἠξίουν, καὶ τοὺς ἐπὶ μεγίσταις αἰτίαις παρὰ τοῦ πατρὸς δεδεμένους λύσας, νῦν ἥκει παρὰ τοῦ δεσπότου σκιὰν αἰτησόμενος βασιλείας, ἧς ἥρπασεν ἑαυτῷ τὸ σῶμα, καὶ ποιῶν οὐ τῶν πραγμάτων ἀλλὰ τῶν ὀνομάτων κύριον Καίσαρα. 29 Προσωνείδιζεν δ' ὡς καὶ τὸ πένθος κατειρωνεύσατο τοῦ πατρός, μεθ' ἡμέραν μὲν ἐπισχηματίζων τὸ πρόσωπον εἰς λύπην, νύκτωρ δὲ μέχρις κώμων μεθυσκόμενος, ἐν ᾧ καὶ τὴν ταραχὴν τοῦ πλήθους ἐκ τῆς ἐπὶ τούτοις ἀγανακτήσεως ἔλεγεν

24 5 λόγους codd. : *rationes administrationis* Lat. (cf. AJ 17, 228 : λογισμούς). ‖ **25** 4-5 προαναγνούς PAV a.c. : προσαναγνούς MLV p.c. RC *praelectis* Lat. ‖ **27** 4 post χρηματίσας add. ὡς MLVRC.

peuple, indigné de cette conduite. **30** Il fonda l'argumentation décisive de tout son discours sur la foule de gens qui avaient été massacrés autour (de l'édifice) du Temple, et qui, venus pour une fête, furent cruellement égorgés à côté des victimes qu'ils offraient [1]. A l'entendre, un tel nombre de cadavres se serait amoncelé sur (le parvis) du Temple qu'aucune guerre étrangère qui les eût pris en traître n'en aurait fait autant. **31** Quoi qu'il en soit, c'est pour avoir, lui aussi, pressenti la cruauté du personnage que son père ne l'avait pas jugé digne du moindre espoir de régner, sinon du jour où, plus malade d'esprit que de corps, il se trouva incapable d'un raisonnement sain et ne savait même plus qui il avait inscrit pour successeur dans ses codicilles; et cela alors qu'il ne pouvait pas faire le moindre reproche à celui qui figurait dans le testament, écrit par lui au temps où il jouissait d'une parfaite santé et d'un esprit exempt de toute affection (mentale). **32** Que si, malgré tout, on attachait plus d'importance à la décision qu'il prit pendant sa maladie, Archélaos s'était éliminé lui-même de la royauté par les forfaits qu'il a commis envers elle. Quel étrange souverain, en effet, pourrait bien faire, une fois investi par César, celui qui, avant même son investiture, a fait mourir tant de monde? **33** Après avoir formulé maints griefs de ce genre et appelé comme témoins de chacune de ses accusations la majeure partie de la parenté du roi, Antipater arrête son discours. **34** Nicolas se lève pour parler en faveur d'Archélaos et montre que le massacre dans le (parvis du) Temple a été imposé par la nécessité. Ceux qu'on a tués étaient devenus des ennemis non seulement du royaume mais même de César, qui en était l'arbitre. **35** Quant aux autres faits reprochés à Archélaos, il montra que les accusateurs eux-mêmes les (lui) avaient conseillés. Bien entendu, à ses yeux, ce qui faisait la validité du codicille c'était surtout que César y avait été établi garant du successeur : **36** qui avait eu assez de lucidité pour se

représenter Auguste à la guerre contre les Parthes, il fut blessé au siège d'Altagira en Arménie et mourut à Limyra sur le chemin du retour, 4 ap. J.-C. (Dion Cassius 55, 2; Zonaras 10, 36).

γεγονέναι. 30 Καὶ τὸν ἀγῶνα τοῦ λόγου παντὸς ἐναπηρείσατο τῷ πλήθει τῶν περὶ τὸν ναὸν φονευθέντων, οὓς ἐληλυθέναι μὲν ἐφ' ἑορτήν, παρὰ δὲ ταῖς ἰδίαις θυσίαις ὠμῶς ἀπεσφάχθαι· καὶ τοσοῦτον ἐν τῷ ἱερῷ σεσωρεῦσθαι νεκρῶν πλῆθος, ὅσον οὐδ' ἂν ἀλλόφυλος ἐσώρευσεν πόλεμος ἐπελθὼν ἀκήρυκτος.
31 Ταύτην μέντοι τὴν ὠμότητα προσκεψάμενον αὐτοῦ καὶ τὸν πατέρα μηδ' ἐλπίδος αὐτόν ποτε ἀξιῶσαι βασιλικῆς, ἢ ὅτε χεῖρον τὴν ψυχὴν κάμνων τοῦ σώματος ἀκρατὴς ἦν ὑγιαίνοντος λογισμοῦ καὶ οὐδ' ὃν ἔγραφεν ἐν ταῖς ἐπιδιαθήκαις ᾔδει διάδοχον, καὶ ταῦτα μηδὲν τὸν ἐν ταῖς διαθήκαις μέμψασθαι δυνάμενος, ἃς ἔγραψεν ὑγιαίνων μὲν τὸ σῶμα, καθαρὰν δὲ τὴν ψυχὴν ἔχων πάθους παντός. 32 Εἰ μέντοι καὶ κυριωτέραν τιθείη τις τὴν τοῦ κάμνοντος κρίσιν, ἀποκεχειροτονῆσθαι βασιλείας Ἀρχέλαον ὑφ' ἑαυτοῦ τοῖς εἰς αὐτὴν παρανομηθεῖσιν· ποταπὸν γὰρ ἂν γενέσθαι λαβόντα τὴν ἀρχὴν παρὰ Καίσαρος τὸν πρὶν λαβεῖν τοσούτους ἀνῃρηκότα;

33 Πολλὰ τοιαῦτα διεξελθὼν Ἀντίπατρος καὶ τοὺς πλείστους τῶν συγγενῶν παραστησάμενος ἐφ' ἑκάστῳ τῶν κατηγορημένων μάρτυρας καταπαύει τὸν λόγον· 34 Ἀνίσταται δὲ Νικόλαος ὑπὲρ Ἀρχελάου, καὶ τὸν μὲν ἐν τῷ ἱερῷ φόνον ἀναγκαῖον ἀπέφηνεν· πολεμίους γὰρ γεγονέναι τοὺς ἀνῃρημένους οὐ τῆς βασιλείας μόνον ἀλλὰ καὶ τοῦ δικάζοντος αὐτὴν Καίσαρος.
35 Τῶν δ' ἄλλων ἐγκλημάτων συμβούλους ἀπεδείκνυεν αὐτοὺς τοὺς κατηγόρους γεγονέναι. Τήν γε μὴν ἐπιδιαθήκην ἠξίου διὰ τοῦτο μάλιστα εἶναι κυρίαν, ὅτι βεβαιωτὴν ἐν αὐτῇ Καίσαρα καθίστατο τοῦ διαδόχου· 36 ὁ γὰρ σωφρονῶν ὥστε τῷ δεσπότῃ τῶν ὅλων παραχωρεῖν τῆς ἐξουσίας οὐ δήπου περὶ κληρο-

30 5 ἂν om. PA probante Destinon.

démettre de son pouvoir entre les mains du maître du monde ne se trompait certainement pas pour le choix d'un héritier, et qui avait montré cette lucidité en désignant l'investiteur en avait montré aussi en désignant le sujet à investir.

37 Quand Nicolas eut achevé lui aussi ses explications, Archélaos s'avança et tomba aux genoux de César sans rien dire. César le releva avec beaucoup d'amabilité, laissant entendre par là qu'il le trouvait digne de succéder à son père, mais il s'abstint de toute déclaration ferme. **38** Une fois congédié le conseil tenu en cette importante journée, il réfléchit en son particulier sur ce qu'il y avait entendu : fallait-il désigner comme successeur un de ceux qui figuraient dans les testaments [1] ou bien partager le royaume entre toute la lignée des fils d'Hérode, puisque aussi bien le nombre de leurs personnes semblait les obliger à recevoir de l'aide?

Sédition à Jérusalem à cause de Sabinus.

39 Or, avant que César ait pris une décision à cet égard, la mère d'Archélaos Malthaké fut emportée par la maladie et on apporta des lettres que Varus envoyait de Syrie au sujet de la rébellion des Juifs. **40** Varus l'avait pressentie, puisque, après l'embarquement d'Archélaos il était monté à Jérusalem pour contenir les agitateurs; et comme il était évident que la foule n'allait pas rester tranquille, il laissa à Jérusalem une des trois légions de Syrie, celle-là même qu'il avait amenée en venant. **41** Lui-même rebroussa chemin en direction d'Antioche. Ce fut l'arrivée de Sabinus [2] qui fournit à la foule une occasion de se révolter. Il voulut, en effet forcer les gardiens à lui livrer les citadelles (royales) et procéda à d'âpres recherches pour découvrir les trésors royaux, se sentant fort non seulement des troupes qu'avait laissées Varus, mais d'une foule d'esclaves à lui qu'il avait tous armés et qu'il employait au service de sa cupidité. **42** A l'approche de la Pentecôte [3] — c'est ainsi que les Juifs désignent une fête qui arrive sept semaines après Pâque et qui tient son nom du nombre des jours — ce n'est pas la célébration habituelle mais l'indignation qui rassembla la population.

νόμου κρίσιν ἐσφάλλετο, σωφρονῶν δ' ᾑρεῖτο καὶ τὸν καθιστάμενον ὁ γινώσκων τὸν καθιστάντα.

37 Διεξελθόντος δὲ πάντα καὶ Νικολάου παρελθὼν Ἀρχέλαος προπίπτει τῶν Καίσαρος γονάτων ἡσυχῇ. Κἀκεῖνος αὐτὸν μάλα φιλοφρόνως ἀναστήσας ἐνέφηνεν μὲν ὡς ἄξιος εἴη τῆς πατρῴας διαδοχῆς, οὐ μήν τι βέβαιον ἀπεφήνατο. 38 Διαλύσας δὲ τοὺς συνέδρους ἐκείνης τῆς ἡμέρας καθ' ἑαυτὸν περὶ ὧν διήκουσεν ἐσκέπτετο, εἴτε χρὴ τῶν ἐν ταῖς διαθήκαις καταστῆσαί τινα διάδοχον, εἴτε καὶ πάσῃ τῇ γενεᾷ διανεῖμαι τὴν ἀρχήν· ἐδόκει γὰρ ἐπικουρίας χρῄζειν τὸ πλῆθος τῶν προσώπων.

39 Πρὶν δὲ ὁρίσαι τι περὶ τούτων Καίσαρα τελευτᾷ μὲν ἡ Ἀρχελάου μήτηρ Μαλθακὴ νοσήσασα, παρὰ Οὐάρου δ' ἐκομίσθησαν ἐκ Συρίας ἐπιστολαί περὶ τῆς Ἰουδαίων ἀποστάσεως, 40 ἣν προϊδόμενος ὁ Οὔαρος, ἀνέβη γὰρ μετὰ τὸν Ἀρχελάου πλοῦν εἰς Ἱεροσόλυμα τοὺς παρακινοῦντας καθέξων, ἐπειδὴ πρόδηλον ἦν τὸ πλῆθος οὐκ ἠρεμῆσον, ἓν τῶν τριῶν ἀπὸ Συρίας ταγμάτων, ὅπερ ἄγων ἧκεν, ἐν τῇ πόλει καταλείπει. 41 Καὶ αὐτὸς μὲν ὑπέστρεψεν εἰς Ἀντιόχειαν. Ἐπελθὼν δὲ ὁ Σαβῖνος ἀφορμὴν αὐτοῖς παρέσχεν νεωτεροποιίας· τούς τε γὰρ φρουροὺς παραδιδόναι τὰς ἄκρας ἐβιάζετο καὶ πικρῶς τὰ βασιλικὰ χρήματα διηρεύνα, πεποιθὼς οὐ μόνον τοῖς ὑπὸ Οὐάρου καταλειφθεῖσι στρατιώταις, ἀλλὰ καὶ πλήθει δούλων ἰδίων, οὓς ἅπαντας ὁπλίσας ὑπηρέταις ἐχρῆτο τῆς πλεονεξίας. 42 Ἐνστάσης δὲ τῆς Πεντηκοστῆς, οὕτω καλοῦσίν τινα ἑορτὴν Ἰουδαῖοι παρ' ἑπτὰ γινομένην ἑβδομάδας καὶ τὸν ἀριθμὸν τῶν ἡμερῶν προσηγορίαν ἔχουσαν, οὐχ ἡ συνήθης θρησκεία

37 2 προπίπτει A p.c. V p.c. R a.c. : προσπίπτει PA a.c. MV a.c. R p.c. C *accedit* uel *accidit* Lat. ‖ 42 3 καὶ τὸν ἀριθμὸν codd. : *ex eorum numero* Lat. κατὰ τὸν ἀριθμὸν Hudson.

43 Une foule innombrable accourut de la Galilée, de l'Idumée, de Jéricho et de la Pérée d'au-delà du Jourdain; mais l'élément qui l'emportait par le nombre et l'ardeur des hommes était le peuple juif proprement dit, issu de la Judée même. **44** S'étant divisés en trois formations, ils établissent trois campements : au nord du Sanctuaire, au sud, près de l'Hippodrome [1]; et la troisième formation à l'ouest, tout près du palais royal. Investissant ainsi les Romains de toute part, ils les assiégeaient.

45 Sabinus, inquiet devant leur nombre et leur détermination, dépêchait à Varus messagers sur messagers en lui demandant de venir sans délai à la rescousse, car s'il tardait la légion serait taillée en pièces. **46** Monté sur la plus haute tour de la citadelle, appelée Phasaël [2], du nom du frère d'Hérode que les Parthes avaient tué, c'est de là qu'il faisait signe aux soldats de la légion d'attaquer les ennemis, car une peur panique lui ôtait même le courage de descendre rejoindre ses troupes. **47** Abusés, les soldats bondissent dans le (parvis [3] du) Temple et engagent avec les Juifs un violent combat au cours duquel, aussi longtemps qu'on ne les attaqua pas d'en haut, leur expérience de la guerre leur assura la supériorité sur des adversaires inexpérimentés. **48** Mais dès que des Juifs, après être montés en nombre sur les portiques leur décochèrent leurs traits sur la tête, beaucoup (de Romains) étaient abattus et il n'était facile ni de se défendre contre ceux qui lançaient d'en haut leurs projectiles, ni de repousser ceux qui attaquaient au corps à corps. **49** Durement éprouvés par les uns et par les autres, les légionnaires mettent, d'en dessous, le feu aux portiques — des constructions merveilleuses par leurs dimensions et leur magnificence. Ceux qui y étaient montés se trouvèrent tout d'un coup encerclés par les flammes. Beaucoup

1. Il n'en est de nouveau question que dans *AJ* 17, 255, où Niese propose une reconstitution du texte d'après le latin de l'Épitomé. On ignore l'emplacement exact de cet hippodrome. Il serait tout naturel qu'Hérode en fût le fondateur.

2. Nom d'un frère d'Hérode, *supra* 1, 271-273. Description de cette tour *BJ* 5, 166-169.

συνήγαγεν τὸν δῆμον, ἀλλ' ἡ ἀγανάκτησις. 43 Συνέδραμεν γοῦν πλῆθος ἄπειρον ἔκ τε τῆς Γαλιλαίας καὶ ἐκ τῆς Ἰδουμαίας, Ἱεριχοῦντός τε καὶ τῆς ὑπὲρ Ἰορδάνην Περαίας, ὑπερεῖχεν δὲ πλήθει καὶ προθυμίαις ἀνδρῶν ὁ γνήσιος ἐξ αὐτῆς Ἰουδαίας λαός. 44 Διανείμαντες δὲ σφᾶς αὐτοὺς εἰς τρία μέρη τριχῇ στρατοπεδεύονται, πρός τε τῷ βορείῳ τοῦ ἱεροῦ κλίματι καὶ πρὸς τῷ μεσημβρινῷ κατὰ τὸν ἱππόδρομον, ἡ δὲ τρίτη μοῖρα πρὸς τοῖς βασιλείοις κατὰ δύσιν. Περικαθεζόμενοι δὲ πανταχόθεν τοὺς Ῥωμαίους ἐπολιόρκουν.

45 Ὁ δὲ Σαβῖνος πρός τε τὸ πλῆθος αὐτῶν ὑποδείσας καὶ τὰ φρονήματα, συνεχεῖς μὲν ἀγγέλους ἔπεμπεν πρὸς Οὔαρον ἐπαμύνειν ἐν τάχει δεόμενος, ὡς εἰ βραδύνοι κατακοπησομένου τοῦ τάγματος· 46 αὐτὸς δὲ ἐπὶ τὸν ὑψηλότατον τοῦ φρουρίου πύργον ἀναβάς, ὃς ἐκαλεῖτο Φασάηλος ἐπώνυμον ἔχων ἀδελφὸν Ἡρώδου διαφθαρέντα ὑπὸ Πάρθων, ἐντεῦθεν κατέσειεν τοῖς ἐν τῷ τάγματι στρατιώταις ἐπιχειρεῖν τοῖς πολεμίοις· δι' ἔκπληξιν γὰρ οὐδ' εἰς τοὺς σφετέρους καταβαίνειν ἐθάρρει. 47 Παραπεισθέντες δὲ οἱ στρατιῶται προπηδῶσιν εἰς τὸ ἱερὸν καὶ μάχην καρτερὰν τοῖς Ἰουδαίοις συνάπτουσιν, ἐν ᾗ μέχρι μὲν οὐδεὶς καθύπερθεν ἐπήμυνεν περιῆσαν ἐμπειρίᾳ πολέμου τῶν ἀπείρων· 48 ἐπεὶ δὲ πολλοὶ Ἰουδαίων ἀναβάντες ἐπὶ τὰς στοὰς κατὰ κεφαλῆς αὐτῶν ἠφίεσαν τὰ βέλη, συνετρίβοντό ⟨τε⟩πολλοὶ καὶ οὔτε τοὺς ἄνωθεν βάλλοντας ἀμύνεσθαι ῥᾴδιον ἦν, οὔτε τοὺς συστάδην μαχομένους ὑπομένειν.

49 Καταπονούμενοι μὲν πρὸς ἀμφοτέρων ὑποπιμπρᾶσιν τὰς στοάς, ἔργα θαυμάσια μεγέθους τε καὶ πολυτελείας ἕνεκεν· οἱ δ' ἐπ' αὐτῶν ἐξαίφνης ὑπὸ τῆς φλογὸς περισχεθέντες πολλοὶ μὲν ἐν αὐτῇ διεφθά-

47 1 παραπεισθέντες MLVRC Lat. : παροπλισθέντες PA. ‖ 48 3 τε Destinon Niese[2] ‖ 49 1 μὲν PA *tamen* Lat. Niese : δὲ MLVRC Thack.

y périrent, mais beaucoup périrent également sous les coups des ennemis pour avoir sauté au milieu d'eux. Certains se précipitaient du haut du rempart qui était derrière eux; quelques-uns, de désespoir, devançaient le feu par leurs épées. **50** Quant à ceux qui se laissèrent glisser du haut des remparts et s'avancèrent vers les Romains, leur panique en faisait des proies faciles. Et alors les uns morts, les autres dispersés par l'épouvante, le trésor sacré se trouvait sans défenseurs. Les soldats romains s'y précipitèrent et firent main basse sur environ quatre cents talents [1], dont Sabinus recueillit tout ce qu'ils n'avaient pas dérobé.

51 Ces pertes en bâtiments et en hommes amenèrent les Juifs à se rassembler en plus grand nombre et avec plus de mordant contre les Romains. Comme ils avaient encerclé le palais, ils menaçaient de les massacrer tous s'ils ne s'en allaient pas au plus vite : ils promettaient, en effet, la vie sauve à Sabinus s'il voulait bien se retirer avec sa légion. **52** Ils recevaient l'appoint de la plupart des soldats du roi qui avaient déserté; toutefois l'élément le plus combatif, comprenant trois mille Sébasténiens [2], et en outre Rufus et Gratus, ce dernier ayant le commandement de l'infanterie royale et Rufus celui de la cavalerie (l'un et l'autre, même sans les forces placées sous leur commandement, en raison de leur vigueur et de leur intelligence, étaient d'un poids décisif [3]) s'étaient rangés du côté des Romains. **53** Les Juifs donc pressaient le siège à la fois en donnant l'assaut aux murailles de la citadelle et en criant à Sabinus et à ses hommes de s'en aller et de ne pas les empêcher de rétablir, après si longtemps, leur indépendance ancestrale. **54** Sabinus n'eût pas demandé mieux que de se tirer de là, seulement il n'avait pas confiance dans leurs promesses et soupçonnait dans leur bienveillance un piège pour le prendre par surprise. En même temps, comme il comptait sur le secours de Varus, il continua de soutenir le siège.

1. D'après *AJ* 17, 264 quatre cents talents seraient le montant de ce que les soldats avaient laissé.

ρησαν, πολλοὶ δὲ ὑπὸ τῶν πολεμίων πηδῶντες εἰς αὐτούς, τινὲς δ' εἰς τοὐπίσω κατὰ τοῦ τείχους ἐκρημνίζοντο, ἔνιοι δ' ὑπ' ἀμηχανίας τοῖς ἰδίοις ξίφεσιν τὸ πῦρ ἔφθανον· 50 ὅσοι δὲ καθερπύσαντες ἀπὸ τῶν τειχῶν ᾖξαν εἰς τοὺς Ῥωμαίους εὐμεταχείριστοι διὰ τὴν ἔκπληξιν ἦσαν. Καὶ τῶν μὲν ἀπολωλότων, τῶν δ' ὑπὸ τοῦ δέους σκεδασθέντων, ἐρήμῳ τῷ τοῦ θεοῦ θησαυρῷ προσπεσόντες οἱ στρατιῶται περὶ τετρακόσια τάλαντα διήρπασαν, ὧν ὅσα μὴ διεκλάπη Σαβῖνος ἤθροισεν. 51 Ἰουδαίους δὲ ἥ τε τῶν ἔργων καὶ ἀνδρῶν φθορὰ πολὺ πλείους καὶ μαχιμωτέρους ἐπισυνέστησεν Ῥωμαίοις, καὶ περισχόντες τὰ βασίλεια πάντας ἠπείλουν διαφθείρειν, εἰ μὴ θᾶττον ἀπίοιεν· ὑπισχνοῦντο γὰρ ἄδειαν τῷ Σαβίνῳ βουλομένῳ μετὰ τοῦ τάγματος ἐξιέναι. 52 Συνελάμβανον δ' αὐτοῖς οἱ πλείους τῶν βασιλικῶν αὐτομολήσαντες. Τὸ μέντοι πολεμικώτατον μέρος, Σεβαστηνοὶ τρισχίλιοι, Ῥοῦφός τε καὶ Γρᾶτος ἐπὶ τούτοις, ὁ μὲν τοὺς πεζοὺς τῶν βασιλικῶν ὑπ' αὐτὸν ἔχων, Ῥοῦφος δὲ τοὺς ἱππεῖς, ὧν ἑκάτερος καὶ χωρὶς ὑπηκόου δυνάμεως δι' ἀλκὴν καὶ σύνεσιν πολέμου ῥοπή, προσέθεντο Ῥωμαίοις. 53 Ἰουδαῖοι μὲν οὖν ἐνέκειντο τῇ πολιορκίᾳ, τῶν τειχῶν ἅμα πειρώμενοι τοῦ φρουρίου καὶ τοῖς περὶ τὸν Σαβῖνον ἐμβοῶντες ἀπιέναι, μηδ' ἐμποδὼν αὐτοῖς γενέσθαι διὰ χρόνου πολλοῦ κομιζομένοις τὴν πάτριον αὐτονομίαν. 54 Σαβίνῳ δ' ἀγαπητὸν μὲν ἦν ὑπεξελθεῖν, ἠπίστει δὲ ταῖς ὑποσχέσεσιν καὶ τὸ πρᾶον αὐτῶν δέλεαρ εἰς ἐνέδραν ὑπώπτευεν· ἅμα δὲ καὶ τὴν ἀπὸ Οὐάρου βοήθειαν ἐλπίζων διέφερε τὴν πολιορκίαν.

50 3 καὶ PAM : μέχρι LVRC Lat. ‖ **52** 1 αὐτοῖς ed. pr. : αὐτοὺς codd. ‖ 5 ὧν Destinon : ὧν codd. Thack ‖ 6 πολέμου ῥοπή Destinon Niese : ἢ uel ἦν πολέμου ῥοπή codd. ‖ **54** 5 διέφερε MLVR Schreck. : διέτριβεν PAC *perferebat* Lat.

Anarchie en Judée, Idumée, Galilée.

55 Dans ces conditions, de divers côtés dans les campagnes aussi on s'agitait et la conjoncture suscitait une foule de prétendants à la royauté. En Idumée deux mille vétérans d'Hérode, ayant repris les armes, combattaient les troupes royales. Achab [1], cousin du roi, les harcelait du haut des positions les plus fortes, en évitant toujours l'engagement dans la plaine. **56** A Sepphoris en Galilée, Judas, fils du chef de bandes Ézéchias [2], qui razziait jadis la contrée et dont le roi Hérode avait eu raison, réunit une bande non négligeable, force les arsenaux royaux, arme ses hommes et attaque les (autres) prétendants au pouvoir.

57 En Pérée, un certain Simon [3], esclave royal, fort de sa belle prestance et de sa haute taille, se ceint du diadème, sillonne la contrée avec un ramassis de brigands, incendie le palais [4] royal de Jéricho et en outre quantité de villas de gens riches, en se procurant par le feu de faciles occasions de pillage. **58** Il aurait fini par livrer aux flammes toutes les demeures de quelque apparence, si Gratus, qui commandait l'infanterie royale, emmenant les archers de Trachonitide et l'élément le plus combatif des Sébasténiens, ne fût allé à la rencontre de l'individu. **59** Nombre de Péréens tombèrent dans ce combat. Simon lui-même tenta de s'enfuir en remontant un ravin escarpé, mais Gratus lui barra le chemin et, d'un revers de sabre, lui trancha le cou au moment où il allait s'échapper. Fut également anéanti par l'incendie le palais royal de Bétharamatha [5] près du Jourdain, du fait d'un autre groupe encore d'insurgés venus de Pérée. **60** A ce moment-

1. Celui qui avait empêché Hérode de se donner la mort. *BJ* 1, 662; 2, 77.

2. Cf. *BJ* 1, 204.

3. Cette tentative d'usurpation de Simon est mentionnée aussi dans Tacite, *Hist.* 5, 9 : « post mortem Herodis, nihil expectato Caesare, Simo quidam regium nomen inuaserat ».

4. Le grec, considérant qu'un palais comprend une variété d'édifices, le désigne le plus souvent par le neutre pluriel. Le parallèle *AJ* 17, 274, en employant le singulier, confirme qu'il s'agit *du* palais royal.

55 Ἐν δὲ τούτῳ καὶ τὰ κατὰ τὴν χώραν πολλαχόθεν ἐταράσσετο, καὶ συχνοὺς βασιλειᾶν ὁ καιρὸς ἀνέπειθεν. Κατὰ μέν γε τὴν Ἰδουμαίαν δισχίλιοι τῶν ὑπὸ Ἡρώδῃ πάλαι στρατευσαμένων συστάντες ἔνοπλοι διεμάχοντο τοῖς βασιλικοῖς, οἷς Ἀχίαβος ἀνεψιὸς βασιλέως ἀπὸ τῶν ἐρυμνοτάτων χωρίων ἐπολέμει, ὑποφεύγων τὴν ἐν τοῖς πεδίοις συμπλοκήν· 56 ἐν δὲ Σεπφώρει τῆς Γαλιλαίας Ἰούδας, υἱὸς Ἐζεκία τοῦ κατατρέχοντός ποτε τὴν χώραν ἀρχιλῃστοῦ καὶ χειρωθέντος ὑφ' Ἡρώδου βασιλέως, συστήσας πλῆθος οὐκ ὀλίγον ἀναρρήγνυσιν τὰς βασιλικὰς ὁπλοθήκας καὶ τοὺς περὶ αὐτὸν ὁπλίσας τοῖς τὴν δυναστείαν ζηλοῦσιν ἐπεχείρει.

57 Κατὰ δὲ τὴν Περαίαν Σίμων τις τῶν βασιλικῶν δούλων, εὐμορφίᾳ σώματος καὶ μεγέθει πεποιθώς, περιτίθησιν μὲν ἑαυτῷ διάδημα, περιιὼν δὲ μεθ' ὧν συνήθροισεν λῃστῶν τά τε ἐν Ἱεριχοῖ βασίλεια καταπίμπρησιν καὶ πολλὰς ἑτέρας τῶν πολυτελῶν ἐπαύλεις, ἁρπαγὰς ῥᾳδίως ἐκ τοῦ πυρὸς αὐτῷ ποριζόμενος. 58 Κἂν ἔφθη πᾶσαν οἴκησιν εὐπρεπῆ καταφλέξας, εἰ μὴ Γρᾶτος ὁ τῶν βασιλικῶν πεζῶν ἡγεμὼν τούς τε Τραχωνίτας τοξότας καὶ τὸ μαχιμώτατον τῶν Σεβαστηνῶν ἀναλαβὼν ὑπαντιάζει τὸν ἄνδρα. 59 Τῶν μὲν οὖν Περαίων συχνοὶ διεφθάρησαν ἐν τῇ μάχῃ, τὸν δ' αὐτὸν Σίμωνα ἀναφεύγοντα δι' ὀρθίου φάραγγος ὁ Γρᾶτος ὑποτέμνεται καὶ φεύγοντος ἐκ πλαγίου τὸν αὐχένα πλήξας ἀπέρραξεν. Κατεφλέγη δὲ καὶ τὰ πλησίον Ἰορδάνου βασίλεια κατὰ Βηθαράμαθα συστάντων ἑτέρων τινῶν ἐκ τῆς Περαίας.

58 3 Τραχωνίτας ex *ex trachonitida (sagittarios)* Lat. Hudson : ταριχαιότας et uaria similia codd. τετραρχαιώτας M γρ. ‖ 59 2 Περαίων ex AJ 17, 276 Destinon : παίων P παίδων A πεζῶν MLVRC Lat. ‖ 5 ἀπέρραξε MLVRC : ἀπέρρηξεν PA *deiecit* Lat. ‖ 6 Βηθαράμαθα Niese : βηθαράμιν ἔνθα PA βηθαραμάθου MLVRC *betharantas* (acc.) Lat. Βηταραμφθᾶ in AJ 18, 27.

là, il y eut même un simple berger qui osa prétendre à la royauté. On l'appelait Athrongaios. Une grande force physique et une âme qui méprisait la mort lui donnaient cette espérance; il avait, de plus, quatre frères de la même trempe. **61** Il plaça une bande armée sous le commandement de chacun d'eux et il les employait comme des généraux et des satrapes pour ses incursions, tandis que lui-même, tout comme un roi, s'occupait des affaires plus sérieuses. **62** Alors donc il ceignit le diadème, mais même après cela il continua un bon moment encore de ravager la contrée avec ses frères. Leur principal objectif était de tuer Romains et gens du roi; mais aussi nul Juif qui tombait entre leurs mains, du moment qu'il pouvait rapporter quelque gain, n'en réchappait. **63** Un jour ils poussèrent l'audace jusqu'à encercler, près d'Ammaüs [1], une centurie complète de soldats romains qui escortaient un convoi de blé et d'armes pour leur légion. Ils abattirent de leurs traits le centurion Arius et quarante des plus vaillants de la troupe; les autres en danger de subir le même sort, en réchappèrent grâce à l'intervention de Gratus aidé de ses Sébasténiens. **64** C'est souvent qu'au cours de toute la guerre ils sévirent ainsi, tant à l'égard de leurs compatriotes qu'à l'égard des étrangers, mais à la longue trois d'entre eux furent capturés : l'aîné tomba entre les mains d'Archélaos, les deux suivants, entre celles de Gratus et de Ptolémée; le quatrième alla se rendre à Archélaos [2], après avoir reçu des garanties. **65** Telle fut en effet la fin qui leur échut par la suite, mais pour le moment ils remplissaient toute la Judée d'une guerre de brigands.

La « Guerre de Varus ».

66 Au reçu des messages de Sabinus et de ses officiers, Varus conçut des craintes pour la légion tout entière et résolut de se hâter à son secours. **67** Prenant alors ses deux autres légions avec les quatre ailes de cavalerie auxiliaire [3], il marcha vers Ptolémaïs,

1. L'actuelle Amwas, à environ 30 km à l'Ouest de Jérusalem. Sur la correspondance onomastique de ce nom avec l'hébreu talmudique, cf. A. Lemaire, *Rev. Biblique*, t. 82, 1975, p. 20. A ne pas confondre avec Emmaüs de *Luc* 24, 13.

60 Τότε καὶ ποιμήν τις ἀντιποιηθῆναι βασιλείας ἐτόλμησεν. Ἀθρογγαῖος ἐκαλεῖτο, προυξένει δ' αὐτῷ τὴν ἐλπίδα σώματος ἰσχὺς καὶ ψυχὴ θανάτου καταφρονοῦσα, πρὸς δὲ τούτοις ἀδελφοὶ τέσσαρες ὅμοιοι.
61 Τούτων ἑκάστῳ λόχον ὑποζεύξας ἔνοπλον ὥσπερ στρατηγοῖς ἐχρῆτο καὶ σατράπαις ἐπὶ τὰς καταδρομάς, αὐτὸς δὲ καθάπερ βασιλεὺς τῶν σεμνοτέρων ἥπτετο πραγμάτων. 62 Τότε μὲν οὖν ἑαυτῷ περιτίθησιν διάδημα, διέμεινεν δ' ὕστερον οὐκ ὀλίγον χρόνον τὴν χώραν κατατρέχων σὺν τοῖς ἀδελφοῖς· καὶ τὸ κτείνειν αὐτοῖς προηγούμενον ἦν Ῥωμαίους τε καὶ τοὺς βασιλικούς, διέφευγεν δ' οὐδὲ Ἰουδαίων εἴ τις εἰς χεῖρας ἔλθοι φέρων κέρδος. 63 Ἐτόλμησαν δέ ποτε Ῥωμαίων λόχον ἄθρουν περισχεῖν κατ' Ἀμμαοῦντα· σῖτα δ' οὗτοι καὶ ὅπλα διεκόμιζον τῷ τάγματι. Τὸν μὲν οὖν ἑκατοντάρχην αὐτῶν Ἄρειον καὶ τεσσαράκοντα τοὺς γενναιοτάτους κατηκόντισαν, οἱ δὲ λοιποὶ κινδυνεύοντες ταὐτὸ παθεῖν, Γράτου σὺν τοῖς Σεβαστηνοῖς ἐπιβοηθήσαντος, ἐξέφυγον. 64 Πολλὰ τοιαῦτα τοὺς ἐπιχωρίους καὶ τοὺς ἀλλοφύλους παρ' ὅλον τὸν πόλεμον ἐργασάμενοι μετὰ χρόνον οἱ μὲν τρεῖς ἐχειρώθησαν, ὑπ' Ἀρχελάου μὲν ὁ πρεσβύτατος, οἱ δ' ἑξῆς δύο Γράτῳ καὶ Πτολεμαίῳ περιπεσόντες· ὁ δὲ τέταρτος Ἀρχελάῳ προσεχώρησεν κατὰ δεξιάν. 65 Τοῦτο μὲν δὴ τὸ τέλος ὕστερον αὐτοὺς ἐξεδέχετο, τότε δὲ λῃστρικοῦ πολέμου τὴν Ἰουδαίαν πᾶσαν ἐνεπίμπλασαν.

66 Οὐάρῳ δὲ δεξαμένῳ τὰ παρὰ Σαβίνου καὶ τῶν ἡγεμόνων γράμματα δεῖσαί τε περὶ τοῦ τάγματος ὅλου παρέστη καὶ σπεύδειν ἐπὶ τὴν βοήθειαν. 67 Ἀναλαβὼν δὴ τὰ λοιπὰ δύο τάγματα καὶ τὰς σὺν αὐτοῖς τέσσαρας ἴλας ἱππέων ἐπὶ Πτολεμαΐδος ᾔει, προστάξας ἐκεῖ καὶ τοὺς παρὰ τῶν βασιλέων καὶ

63 2 κατ' Ἀμμαοῦντα codd. : *apud Amathunta* Lat. κατ' Ἐμμαοῦντα coll. *AJ* 17, 282 Hudson.

point de rassemblement qu'il avait fixé aux troupes de secours envoyées par les rois et les dynastes. Il reçut en outre de Bérytus [1], à son passage dans cette ville, quinze cents hoplites. **68** Une fois à sa disposition à Ptolémaïs le reste des troupes alliées et en particulier l'Arabe Arétas, qui en haine d'Hérode amenait d'importantes forces de cavalerie et d'infanterie, il envoya immédiatement dans la Galilée voisine de Ptolémaïs une partie de son armée, sous le commandement d'un de ses amis, Caius. Celui-ci met en déroute ceux qui étaient venus à sa rencontre, s'empare de la ville de Sepphoris, qu'il incendie et dont il réduit les habitants en esclavage. **69** Quant à Varus, il s'élance avec l'ensemble de ses forces sur Samarie. Il épargna la cité parce qu'il constata qu'au milieu des troubles causés par les autres elle n'avait pas bougé; et il alla camper près d'un bourg appelé Arous [2]. C'était un bien appartenant à Ptolémée et pour cette raison la localité avait été mise à sac par les Arabes, acharnés même contre les amis d'Hérode. **70** De là il s'avance sur Sappho [3], autre village fortifié qu'ils pillèrent également ainsi que toutes les localités d'alentour qu'ils trouvaient sur leur passage. Tout n'était qu'incendie et carnage et rien ne pouvait arrêter les pillages des Arabes. **71** Ammaüs, dont les habitants s'étaient enfuis, fut à son tour incendiée sur l'ordre de Varus, rendu furieux par le massacre d'Arius et de ses soldats.

72 S'avançant de là sur Jérusalem, il n'eut qu'à se montrer avec son armée pour disperser les diverses unités des Juifs, dont les soldats prenaient la fuite à travers la compagne. **73** En ville au contraire la population l'accueillit en déclinant toute responsabilité dans la révolte. Ces gens disaient n'avoir pas, quant à eux, provoqué la

1. Bérytus (Béryte) Beyrouth.

2. Peut-être l'actuel village de Haris, à 20 km au sud de Samarie (F. M. Abel, p. 251).

3. Selon F. M. Abel, p. 448, ce serait l'actuelle Saffa, à 12 km au Nord d'Ammaüs/Amwas. J. Press au contraire *A Topographical-Historical Encyclop. of Palaist.* (1951 sq) III, 672, l'identifie avec Umm-Safa, à 7 km au N.-O. d'Isana (Ain Simya). Cf. Schalit *s.v.*

δυναστῶν ἐπικούρους συνελθεῖν· προσέλαβεν δὲ καὶ παρὰ Βηρυτίων διερχόμενος τὴν πόλιν χιλίους καὶ πεντακοσίους ὁπλίτας. 68 Ἐπεὶ δ' εἰς τὴν Πτολεμαΐδα τό τε ἄλλο συμμαχικὸν πλῆθος αὐτῷ παρῆν καὶ κατὰ τὸ πρὸς Ἡρώδην ἔχθος Ἀρέτας ὁ Ἄραψ οὐκ ὀλίγην ἄγων δύναμιν ἱππικήν τε καὶ πεζικήν, μέρος τῆς στρατιᾶς εὐθέως ἔπεμπεν εἰς τὴν Γαλιλαίαν γειτνιῶσαν τῇ Πτολεμαΐδι καὶ Γάιον ἡγεμόνα τῶν αὐτοῦ φίλων, ὃς τούς τε ὑπαντιάσαντας τρέπεται καὶ Σέπφωριν πόλιν ἑλὼν αὐτὴν μὲν ἐμπίπρησι, τοὺς δ' ἐνοικοῦντας ἀνδραποδίζεται. 69 Μετὰ δὲ τῆς ὅλης δυνάμεως αὐτὸς Οὔαρος εἰς Σαμάρειαν ἐλάσας τῆς μὲν πόλεως ἀπέσχετο, μηδὲν ἐν τοῖς τῶν ἄλλων θορύβοις παρακεκινηκυῖαν εὑρών, αὐλίζεται δὲ περί τινα κώμην Ἀροῦν καλουμένην· κτῆμα δὲ ἦν Πτολεμαίου καὶ διὰ τοῦτο ὑπὸ τῶν Ἀράβων διηρπάσθη μηνιόντων καὶ τοῖς Ἡρώδου φίλοις. 70 Ἔνθεν εἰς Σαπφὼ πρόεισιν, κώμην ἑτέραν ἐρυμνήν, ἣν ὁμοίως διήρπασαν τάς τε προσόρους πάσας ὅσαις ἐπετύγχανον. Πυρὸς δὲ καὶ φόνου πεπλήρωτο πάντα καὶ πρὸς τὰς ἁρπαγὰς τῶν Ἀράβων οὐδὲν ἀντεῖχεν. 71 Κατεφλέγη δὲ καὶ Ἀμμαοῦς φυγόντων τῶν οἰκητόρων, Οὐάρου δι' ὀργὴν τῶν περὶ Ἄρειον ἀποσφαγέντων κελεύσαντος.

72 Ἐνθένδε εἰς Ἱεροσόλυμα προελθὼν ὀφθείς τε μόνον μετὰ τῆς δυνάμεως τὰ στρατόπεδα τῶν Ἰουδαίων διεσκέδασεν. 73 Καὶ οἱ μὲν ᾤχοντο φυγόντες ἀνὰ τὴν χώραν· δεξάμενοι δὲ αὐτὸν οἱ κατὰ τὴν πόλιν ἀπεσκευάζοντο τὰς αἰτίας τῆς ἀποστάσεως, αὐτοὶ

68 6-7 καὶ — φίλων : *amici sui galli filio his rectore praeposito* Lat. aliter AJ 17, 288. ‖ **70** 2 Σαπφὼ ALRC Niese : Σαπφῶ PMV *saffo* Lat. Σαμπφὼ coll. AJ 17, 290 Hudson ‖ 3 προσόρους Destinon et Niese : προσόδους codd. Lat. ‖ **72** 1 ἐνθένδε P : ἐνθέν δὲ A ἔνθεν δὲ M ἔνθεν LVRC *hinc* Lat.

moindre agitation; mais en raison de la fête, forcément, ils avaient accueilli tout ce monde et loin d'avoir participé à la guerre avec les rebelles, ils avaient plutôt été assiégés avec les Romains. **74** Auparavant, étaient venus à la rencontre de Varus Joseph [1], le cousin d'Archélaos, Rufus et Gratus, qui conduisaient, en même temps que l'armée royale, les Sébasténiens ainsi que les soldats de la légion romaine avec l'équipement réglementaire. Quant à Sabinus, peu soucieux de se trouver face à face avec Varus, il avait pris les devants et quitté la ville pour gagner la mer. **75** Varus envoya un détachement de son armée poursuivre les coupables à travers la compagne et comme on en ramena beaucoup, il garda prisonniers ceux qu'on trouva les moins turbulents et fit crucifier les principaux responsables, quelque deux mille hommes.

76 On l'informa qu'il restait encore en Idumée dix mille hommes en armes. Trouvant que les Arabes ne se conduisaient pas en alliés mais guerroyaient à leur fantaisie et que, par haine d'Hérode, ils faisaient à la contrée plus de mal qu'il n'en avait personnellement l'intention, Varus les renvoya et, avec ses légions à lui, marcha en hâte contre les rebelles. **77** Ceux-ci, sur le conseil d'Achab [2], se rendirent avant d'en venir aux mains. Varus pardonna à la troupe ce dont elle était accusée, mais il envoya les chefs comparaître au tribunal de César. **78** Or César, s'il pardonna les autres, prescrivit de punir certains des « parents du roi », car parmi eux quelques-uns avaient des liens de famille avec Hérode : il leur reprochait d'avoir combattu un roi de leur propre famille. **79** Varus donc, une fois qu'il eut ainsi réglé la situation à Jérusalem, laissa sur place en garnison la même légion que précédemment et retourna à Antioche [3].

1. Dont le père, appelé également Joseph, était frère d'Hérode et avait été tué à Jéricho, *BJ* 1, 323. — Les Sébasténiens sont des troupes mercenaires qui ne font pas partie de l'armée royale proprement dite (Pf.).

2. Cf. *supra* 55.

3. Ainsi se terminait ce que le *C. Apion* 1, 34 appelle la « guerre de Varus ».

μὲν οὐδὲν παρακινῆσαι λέγοντες, διὰ δὲ τὴν ἑορτὴν
ἀναγκαίως δεξάμενοι τὸ πλῆθος συμπολιορκηθῆναι
μᾶλλον Ῥωμαίοις ἢ συμπολεμῆσαι τοῖς ἀποστᾶσιν.
74 Προϋπηντήκεισαν δὲ αὐτῷ Ἰώσηπός θ' ὁ ἀνεψιὸς
Ἀρχελάου καὶ σὺν Γράτῳ Ῥοῦφος, ἄγοντες ἅμα τῷ
βασιλικῷ στρατῷ καὶ τοὺς Σεβαστηνούς, οἵ τε ἀπὸ
τοῦ Ῥωμαϊκοῦ τάγματος τὸν συνήθη τρόπον κεκοσμη-
μένοι· Σαβῖνος μὲν γὰρ οὐδ' εἰς ὄψιν ὑπομείνας ἐλθεῖν
Οὐάρῳ προεξῆλθεν τῆς πόλεως ἐπὶ θάλασσαν. 75
Οὔαρος δὲ [κατὰ] μοῖραν τῆς στρατιᾶς ἐπὶ τοὺς αἰτίους
τοῦ κινήματος ἔπεμψεν περὶ τὴν χώραν, καὶ πολλῶν
ἀγομένων τοὺς μὲν ἧττον θορυβώδεις φανέντας ἐφρού-
ρει, τοὺς δ' αἰτιωτάτους ἀνεσταύρωσεν περὶ δισχιλίους.
76 Ἠγγέλθη δ' αὐτῷ κατὰ τὴν Ἰδουμαίαν ἔτι συμ-
μένειν μυρίους ὁπλίτας. Ὁ δὲ τοὺς μὲν Ἄραβας εὑρὼν
οὐ συμμάχων ἦθος ἔχοντας, ἀλλ' ἰδίῳ πάθει στρα-
τευομένους καὶ πέρα τῆς ἑαυτοῦ προαιρέσεως τὴν χώραν
κακοῦντας ἔχθει τῷ πρὸς Ἡρώδην ἀποπέμπεται, μετὰ
δὲ τῶν ἰδίων ταγμάτων ἐπὶ τοὺς ἀφεστῶτας ἠπείγετο.
77 Κἀκεῖνοι πρὶν εἰς χεῖρας ἐλθεῖν Ἀχιάβου συμ-
βουλεύσαντος σφᾶς αὐτοὺς παρέδοσαν, Οὔαρος δὲ
τῷ πλήθει μὲν ἠφίει τὰς αἰτίας, τοὺς δὲ ἡγεμόνας ἐξε-
τασθησομένους ἔπεμπεν ἐπὶ Καίσαρα. 78 Καῖσαρ δὲ
τοῖς μὲν ἄλλοις συνέγνω, τινὰς δὲ τῶν τοῦ βασιλέως
συγγενῶν, ἦσαν γὰρ ἐν αὐτοῖς ἔνιοι προσήκοντες
Ἡρώδῃ κατὰ γένος, κολάσαι προσέταξεν, ὅτι κατ' οἰ-
κείου βασιλέως ἐστρατεύσαντο. 79 Οὔαρος μὲν οὖν
τοῦτον τὸν τρόπον καταστησάμενος τὰ ἐν Ἱεροσολύμοις
καὶ φρουρὰν καταλιπὼν τὸ καὶ πρότερον τάγμα εἰς
Ἀντιόχειαν ἐπάνεισιν.

74 1 θ' Niese^{2} τε LVRC : om. PAM. ‖ **75** 2 κατὰ om. LVRC ‖ 3 περὶ LVRC : ἐπὶ PAM.

Auguste partage le royaume d'Hérode entre ses trois fils.

80 A Rome, Archélaos eut à faire face à un autre procès avec les Juifs qui, avant la révolte et avec l'autorisation de Varus, s'étaient rendus en ambassade [1] demander l'autonomie de leur nation. Ils étaient là cinquante et ils étaient soutenus par la présence de plus de huit mille Juifs de Rome [2]. **81** César réunit un conseil, composé des magistrats romains et de ses amis, au temple d'Apollon au Palatin [3] — dont il était le fondateur et qu'il avait orné avec une merveilleuse munificence. La foule des Juifs prit place avec les ambassadeurs; en face, Archélaos avec ses amis. **82** Quant aux amis de sa parenté, ils ne se rangèrent ni d'un côté ni de l'autre, ne pouvant, par haine et par envie, admettre de se joindre à Archélaos, et d'autre part ayant honte à l'idée que César pût les voir mêlés aux accusateurs. **83** Dans leurs rangs se trouvait aussi Philippe, frère d'Archélaos. Par bienveillance Varus l'avait envoyé sous escorte et cela pour deux raisons : d'abord pour qu'il soutînt Archélaos, mais aussi pour que, dans le cas où César partagerait la succession d'Hérode entre tous ses descendants, il en reçût une part.

84 Quand on eut donné la parole aux accusateurs, ils commencèrent par énumérer les crimes d'Hérode. « Ce n'est pas un roi que nous avons supporté, disaient-ils, mais le plus cruel de tous ceux qui ont jamais exercé la tyrannie. Ce qu'il y a de sûr, c'est que si la plupart sont tombés sous ses coups, les survivants ont tellement souffert qu'ils estiment heureux ceux qui sont morts. **85** Il a mis à la torture non seulement les personnes de ses sujets, mais même leurs cités : il a abîmé ses propres villes tandis qu'il a orné celles de l'étranger; il a prodigué aux peuples

1. Cf. *AJ* 17, 299-323 et Nicolas de Damas, *Fragm. Hist. Graec.* III 354, où une ambassade des cités grecques demande l'autonomie.

2. Ces 8 000 Juifs ne représentent qu'une partie de la colonie juive de Rome.

3. D'après Dion Cassius 53, 3, Auguste avait achevé ce temple ainsi que la bibliothèque attenante dès l'année 28 av. J.-C. Suétone, *Aug.* 29, 1.

80 Ἀρχελάῳ δ' ἐπὶ Ῥώμης πάλιν ἄλλη συνίσταται δίκη πρὸς Ἰουδαίους, οἳ πρὸ τῆς ἀποστάσεως ἐπιτρέψαντος Οὐάρου πρέσβεις ἐξεληλύθεσαν περὶ τῆς τοῦ ἔθνους αὐτονομίας· ἦσαν δὲ πεντήκοντα μὲν οἱ παρόντες, συμπαρίσταντο δὲ αὐτοῖς τῶν ἐπὶ Ῥώμης Ἰουδαίων ὑπὲρ ὀκτακισχιλίους. 81 Ἀθροίσαντος δὲ Καίσαρος συνέδριον τῶν ἐν τέλει Ῥωμαίων καὶ τῶν φίλων ἐν τῷ κατὰ τὸ Παλάτιον Ἀπόλλωνος ἱερῷ — κτίσμα δ' ἦν ἴδιον αὐτοῦ θαυμασίῳ πολυτελείᾳ κεκοσμημένον. Μετὰ μὲν τῶν πρεσβευτῶν τὸ Ἰουδαϊκὸν πλῆθος ἔστη, σὺν δὲ τοῖς φίλοις ἄντικρυς Ἀρχέλαος, 82 τῶν δὲ τούτου συγγενῶν οἱ φίλοι παρ' οὐδετέροις, συμπαρίστασθαι μὲν Ἀρχελάῳ διὰ μῖσος καὶ φθόνον οὐχ ὑπομένοντες, ὀφθῆναι δὲ μετὰ τῶν κατηγόρων ὑπὸ Καίσαρος αἰδούμενοι. 83 Τούτοις συμπαρῆν καὶ Φίλιππος ἀδελφὸς Ἀρχελάου, προπεμφθεὶς κατ' εὔνοιαν ὑπὸ Οὐάρου δυοῖν ἕνεκα, Ἀρχελάῳ τε συναγωνίσασθαι, κἂν διανέμῃ τὸν Ἡρώδου Καῖσαρ οἶκον πᾶσι τοῖς ἐγγόνοις, κλήρου τινὸς ἀξιωθῆναι.

84 Ἐπιτραπὲν δὲ λέγειν τοῖς κατηγόροις τὰς Ἡρώδου παρανομίας πρῶτον διεξῄεσαν, οὐ βασιλέα λέγοντες, ἀλλὰ τῶν πώποτε τυραννησάντων ὠμότατον ἐνηνοχέναι τύραννον· πλείστων γοῦν ἀνῃρημένων ὑπ' αὐτοῦ τοιαῦτα πεπονθέναι τοὺς καταλειφθέντας, ὥστε μακαρίζεσθαι τοὺς ἀπολωλότας· 85 βεβασανικέναι γὰρ οὐ μόνον τὰ σώματα τῶν ὑποτεταγμένων, ἀλλὰ καὶ τὰς πόλεις· τὰς μὲν γὰρ ἰδίας λελωβῆσθαι, τὰς δὲ τῶν ἀλλοφύλων κεκοσμηκέναι καὶ τὸ τῆς Ἰουδαίας αἷμα κεχαρίσθαι τοῖς ἔξωθεν δήμοις.

83 1 τούτοις συμπαρῆν M : τούτοις παρῆν PA Niese ἐπὶ τούτοις παρῆν LVRC *inter quos aderat* Lat. ἐν τούτοις παρῆν Destinon.

du dehors le sang de la Judée. **86** A la place de la prospérité d'antan et des lois ancestrales, il a rempli la nation de pauvreté et de la plus extrême iniquité. » Bref les Juifs avaient enduré en quelques années plus de malheurs que leurs ancêtres n'en avaient soufferts dans toute la période qui suivit le moment où, sous le règne de Xerxès [1], ils quittèrent Babylone pour rentrer chez eux. **87** Pourtant ils en étaient venus à ce point de placidité et d'accoutumance au malheur qu'ils se résignaient à subir jusqu'à l'héritage de cette amère servitude. **88** Du moins cet Archélaos, fils d'un pareil tyran, immédiatement après la mort de son père l'ont-ils proclamé roi; ils ont pleuré avec lui la mort d'Hérode et ont formé avec lui des vœux pour son avènement. **89** Lui, comme s'il était dans l'angoisse de passer pour un bâtard d'Hérode, inaugura son règne par le massacre de trois mille citoyens : tel fut le nombre des victimes qu'il offrit à Dieu pour son règne, tel fut le nombre des cadavres dont il remplit le Temple un jour de fête ! **90** Quant aux survivants de si grands maux, il est tout naturel qu'ils aient enfin porté leur attention sur leurs malheurs; qu'ils veuillent, suivant la loi de la guerre, recevoir en face les coups qui les frappent; qu'ils demandent aux Romains d'avoir pitié de la dépouille de la Judée, et de ne pas jeter ce qui en reste à des gens disposés à la déchirer sauvagement. **91** Que si, au contraire, on rattache leur pays à la Syrie en le faisant administrer par des gouverneurs pris parmi eux, ils montreront combien ceux que, actuellement, on fait passer pour des séditieux et pour des ennemis savent accepter des gouverneurs justes. **92** Les Juifs donc, terminèrent leur réquisitoire par cette demande. Nicolas se leva alors, réfuta les griefs contre les princes et dressa un réquisitoire contre le naturel de ce peuple, difficile à gouverner et indocile à ses rois. Mais il vilipenda en même temps les

1. Il s'agit de la seconde vague du Retour, sous Esdras, pendant le règne d'Artaxerxès (465-424), mais que Josèphe place sous le règne de Xerxès, *AJ* 11, 120.

86 Ἀντὶ δὲ τῆς παλαιᾶς εὐδαιμονίας καὶ τῶν πατρίων νόμων πενίας τὸ ἔθνος καὶ παρανομίας ἐσχάτης πεπληρωκέναι, καθόλου δὲ πλείους ὑπομεμενηκέναι τὰς ἐξ Ἡρώδου συμφορὰς ἐν ὀλίγοις ἔτεσιν Ἰουδαίους ὧν ἐν παντὶ τῷ χρόνῳ μετὰ τὴν ἐκ Βαβυλῶνος ἀναχώρησιν ἔπαθον οἱ πρόγονοι, Ξέρξου βασιλεύοντος ἀπαναστάντες. 87 Εἰς τοσοῦτον μέντοι μετριότητος καὶ τοῦ δυστυχεῖν ἔθους προελθεῖν, ὥστε ὑπομεῖναι τῆς πικρᾶς δουλείας καὶ διαδοχὴν αὐθαίρετον· 88 Ἀρχέλαον γοῦν τὸν τηλικούτου τυράννου παῖδα μετὰ τὴν τοῦ πατρὸς τελευτὴν βασιλέα τε προσειπεῖν ἑτοίμως καὶ συμπενθῆσαι τὸν Ἡρώδου θάνατον αὐτῷ καὶ συνεύξασθαι περὶ τῆς διαδοχῆς. 89 Τὸν δ' ὥσπερ ἀγωνιάσαντα, μὴ νόθος υἱὸς εἶναι δόξειεν Ἡρώδου, προοιμιάσασθαι τὴν βασιλείαν τρισχιλίων πολιτῶν φόνῳ, καὶ τοσαῦτα μὲν παρεστακέναι θύματα περὶ τῆς ἀρχῆς τῷ θεῷ, τοσούτοις δ' ἐμπεπληκέναι νεκροῖς τὸ ἱερὸν ἐν ἑορτῇ. 90 Τοὺς μέντοι περιλειφθέντας ἐκ τοσούτων κακῶν εἰκότως ἐπεστράφθαι ποτὲ ἤδη πρὸς τὰς συμφορὰς καὶ πολέμου νόμῳ τὰς πληγὰς ἐθέλειν κατὰ πρόσωπον δέχεσθαι, δεῖσθαι δὲ Ῥωμαίων ἐλεῆσαι τά τε τῆς Ἰουδαίας λείψανα καὶ μὴ τὸ περισσὸν αὐτῆς ὑπορρῖψαι τοῖς ὠμῶς σπαράττουσιν, 91 συνάψαντας δὲ τῇ Συρίᾳ τὴν χώραν αὐτῶν διοικεῖν ἐπ' ἰδίοις ἡγεμόσιν· ἐπιδείξεσθαι γάρ, ὡς οἱ νῦν στασιώδεις διαβαλλόμενοι καὶ πολεμικοὶ φέρειν οἴδασιν μετρίους ἡγεμόνας. 92 Ἰουδαῖοι μὲν οὖν ἐκ τῆς κατηγορίας κατέληξαν εἰς τοιαύτην ἀξίωσιν, ἀναστὰς δὲ Νικόλαος ἀπελύσατο μὲν τὰς εἰς τοὺς βασιλεῖς αἰτίας, κατηγόρει

87 1 μετριότητος PAM Lat. : ταπεινότητος LVRC. ‖ **90** 2 ποτὲ ἤδη PAM : ἤδη ποτὲ LVRC ‖ 4-5 τά τε codd. : τε τὰ ed. pr. τὰ Destinon. ‖ **92** 3 ἀπελύσατο ex *(criminibus) dissolutis* Lat. Destinon et Niese (cf. 1, 452 διαβολὰς ἀπελύσατο) : ἀπεδύσατο codd.

proches d'Archélaos qui avaient fait défection pour se ranger aux côtés des accusateurs.

93 Lorsque César eut entendu les deux parties, il congédia le conseil. Quelques jours plus tard, il attribue la moitié du royaume à Archélaos en lui donnant le titre d'éthnarque avec promesse de le faire roi s'il s'en montrait digne; **94** pour l'autre moitié, il la divisa en deux tétrarchies, qu'il donna aux deux autres fils d'Hérode, l'une à Philippe, l'autre à Antipas qui contestait à Archélaos le droit au trône. **95** Passaient sous l'autorité d'Antipas la Pérée et la Galilée, avec un revenu de deux cents talents. La Batanée, la Trachonitide, l'Auranitide et certaines parties du domaine de Zénon [1], autour d'Ina [2], qui fournissaient un revenu de cent talents, étaient placées sous l'autorité de Philippe. **96** L'ethnarchie d'Archélaos comprenait l'Idumée et toute la Judée, avec la Samarie, déchargée d'un quart du tribut annuel, en récompense de ce qu'elle n'avait pas pris part à la rébellion avec les autres. **97** Il ne reçut comme villes sujettes que la Tour de Straton [3], Sébasté [4], Ioppé et Jérusalem. César, en effet, détacha de son royaume les cités grecques de Gaza, Gadara et Hippos, qu'il rattacha à la Syrie. Le revenu du territoire donné à Archélaos était de quatre cents talents [5]. **98** Salomé, outre ce que le roi lui avait légué par testament, fut déclarée souveraine de Jamnia, d'Azotos et de Phasaëlis; César lui fit don également du palais d'Ascalon. Le tout fournissait un revenu de soixante talents. Toutefois il plaça l'apanage de Salomé sous la dépendance de la toparchie [6] d'Archélaos. **99** Chacun

1. Sur la quinzaine de passages où Josèphe nomme ce personnage, c'est ici seulement qu'il l'appelle simplement Zénon au lieu de Zénodore.

2. La conjecture Panias, qui s'appuie sur *AJ* 17, 189 est adoptée par Reinach et Thackeray, après Graetz et Schürer. O. Michel, dans sa traduction, écrit Innano. A. Schalit exclut catégoriquement toutes ces conjectures et lit Ἴνα (acc. Ἴναν avec PAMR), bourg au pied du mont Hermon, un peu au-delà de la frontière septentrionale de la Gaulanitide. Cette leçon permet de comprendre pourquoi la liste des territoires attribués à Philippe nomme à part cette région et avec la formule μέρη τινα... τὰ περὶ Ἰννάν(ω).

δὲ τοῦ ἔθνους τό τε δύσαρκτον καὶ τὸ δυσπειθὲς φύσει πρὸς τοὺς βασιλεῖς. Συνδιέβαλλε δὲ καὶ τοὺς Ἀρχελάου συγγενεῖς, ὅσοι πρὸς τοὺς κατηγόρους ἀφειστήκεσαν.

93 Τότε μὲν οὖν Καῖσαρ ἀκούσας ἑκατέρων διέλυσε τὸ συνέδριον, μετὰ δ' ἡμέρας ὀλίγας τὸ μὲν ἥμισυ τῆς βασιλείας Ἀρχελάῳ δίδωσιν ἐθνάρχην προσειπών, ὑποσχόμενος δὲ καὶ βασιλέα ποιήσειν, εἰ ἄξιον ἑαυτὸν παράσχοι, 94 τὸ δὲ λοιπὸν ἥμισυ διελὼν εἰς δύο τετραρχίας δυσὶν ἑτέροις παισὶν Ἡρώδου δίδωσιν, τὴν μὲν Φιλίππῳ, τὴν δὲ Ἀντίπᾳ τῷ πρὸς Ἀρχέλαον ἀμφισβητοῦντι περὶ τῆς βασιλείας. 95 Ἐγένετο δὲ ὑπὸ τούτῳ μὲν ἥ τε Περαία καὶ Γαλιλαία, πρόσοδος διακοσίων ταλάντων, Βατανέα δὲ καὶ Τράχων Αὐρανῖτίς τε καὶ μέρη τινὰ τοῦ Ζήνωνος οἴκου τὰ περὶ Ἴναν, πρόσοδον ἔχοντα ταλάντων ἑκατόν, ὑπὸ Φιλίππῳ τέτακτο. 96 Τῆς Ἀρχελάου δ' ἐθναρχίας Ἰδουμαία τε καὶ Ἰουδαία πᾶσα καὶ Σαμαρεῖτις ἦν, κεκουφισμένη τετάρτῳ μέρει τῶν φόρων εἰς τιμὴν τοῦ μὴ μετὰ τῶν ἄλλων ἀποστῆναι. 97 Πόλεις δ' ὑπηκόους παρέλαβεν Στράτωνος πύργον καὶ Σεβαστὴν καὶ Ἰόππην καὶ Ἱεροσόλυμα· τὰς γὰρ Ἑλληνίδας Γάζαν καὶ Γάδαρα καὶ Ἵππον ἀποτεμόμενος τῆς βασιλείας προσέθηκεν Συρίᾳ. Πρόσοδος ἦν τῆς Ἀρχελάῳ δοθείσης χώρας τετρακοσίων ταλάντων. 98 Σαλώμη δὲ πρὸς οἷς ὁ βασιλεὺς ἐν ταῖς διαθήκαις κατέλιπεν Ἰαμνείας τε καὶ Ἀζώτου καὶ Φασαηλίδος ἀποδείκνυται δεσπότις, χαρίζεται δ' αὐτῇ Καῖσαρ καὶ τὰ ἐν Ἀσκάλωνι βασίλεια· συνήγετο δ' ἐκ πάντων ἑξήκοντα προσόδου τάλαντα· τὸν δὲ οἶκον αὐτῆς ὑπὸ τὴν Ἀρχελάου τοπαρχίαν ἔταξεν. 99 Τῆς δ' ἄλλης Ἡρώδου γενεᾶς

93 5 παράσχοι Niese : παράσχῃ codd. ‖ **95** 4 Ἴναν ex ἴναν L ἴναν R Schalit : ἰννάνω PAM ἰάμνειαν uel similia VC *innam uicum* Lat. uide adn. ‖ **97** 5 post πρόσοδος add. δ' uel δὲ AMLVRC *autem* Lat.

des autres membres de la famille d'Hérode reçut ce qui lui avait été laissé dans le testament. A ses deux filles non mariées [1], César accorda gracieusement, en supplément, cinq cent mille drachmes d'argent et les maria aux fils de Phéroras. **100** Après ce partage du patrimoine il distribua entre les princes la donation qui lui avait été laissée à lui-même par Hérode et qui se montait à mille [2] talents; il n'en préleva que quelques objets d'art sans grande valeur, pour honorer la mémoire du disparu [3].

Imposture du pseudo-Alexandre.

101 A ce moment-là, un jeune homme, de race juive, élevé à Sidon chez un affranchi romain, se faisant passer, à la faveur d'une ressemblance physique, pour le prince Alexandre qu'Hérode avait fait tuer [4], arriva à Rome, espérant bien n'y être pas démasqué. **102** Il avait pour complice un compatriote très au courant des affaires du royaume et qui lui avait appris sa leçon. Il racontait comment ceux qu'on avait envoyés pour les tuer, lui et Aristobule, les avaient soustraits à la mort par pitié en leur substituant des personnes qui leur ressemblaient. **103** Avec cette histoire il berna complètement les Juifs de Crète et, pourvu d'un somptueux viatique, il passa à Mélos [5]. Là il réunit une somme encore plus considérable, à cause de l'extrême vraisemblance de son histoire, et il persuada même ses hôtes de faire avec lui la traversée jusqu'à Rome. Débarqué à Dicéarchia [6], **104** il reçut des Juifs de l'endroit quantité de présents et fut escorté comme un roi par les amis de son père. La ressemblance physique était si convaincante que ceux qui avaient vu Alexandre et le connaissaient bien juraient que c'était lui. **105** A Rome, bien entendu, toute la colonie juive se répandit partout pour le voir : une foule innombrable faisait la haie dans les ruelles par où il se faisait porter. C'est que les Méliens [7] en étaient venus à

1. Roxane et Salomé, *BJ* 1, 563.

2. *AJ* 17, 323 écrit 1 500 talents. Ce nombre comprend, outre les 100 talents, la valeur estimée des dons précieux non monnayés mentionnés dans *BJ* 1, 646, note 1.

ἕκαστος τὸ καταλειφθὲν ἐν ταῖς διαθήκαις ἐκομίζετο. Δυσὶ δ' αὐτοῦ θυγατράσι παρθένοις Καῖσαρ ἔξωθεν χαρίζεται πεντήκοντα μυριάδας ἀργυρίου καὶ συνῴκισεν αὐτὰς τοῖς Φερώρα παισίν. 100 Μετὰ δὲ τὸν οἶκον ἐπιδιένειμεν αὐτοῖς τὴν ἑαυτῷ καταλειφθεῖσαν ὑφ' Ἡρώδου δωρεάν, οὖσαν χιλίων ταλάντων, εὐτελῆ τινα τῶν κειμηλίων εἰς τὴν τοῦ κατοιχομένου τιμὴν ἐξελόμενος.

101 Κἀν τούτῳ νεανίας τις Ἰουδαῖος μὲν τὸ γένος, τραφεὶς δ' ἐν Σιδῶνι παρά τῳ τῶν Ῥωμαίων ἀπελευθέρῳ, δι' ὁμοιότητα μορφῆς ψευδόμενος ἑαυτὸν Ἀλέξανδρον τὸν ἀναιρεθέντα ὑφ' Ἡρώδου, κατ' ἐλπίδα τοῦ λήσειν ἧκεν εἰς Ῥώμην. 102 Συνεργὸς δ' ἦν τις ὁμόφυλος αὐτῷ πάντα τὰ κατὰ τὴν βασιλείαν ἐπιστάμενος, ὑφ' οὗ διδαχθεὶς ἔλεγεν, ὡς οἱ πεμφθέντες ἐπὶ τὴν ἀναίρεσιν αὐτοῦ τε καὶ Ἀριστοβούλου δι' οἶκτον ἐκκλέψειαν αὐτοὺς ὁμοίων ὑποβολῇ σωμάτων. 103 Τούτοις γοῦν τοὺς ἐν Κρήτῃ Ἰουδαίους ἐξαπατήσας καὶ λαμπρῶς ἐφοδιασθεὶς διέπλευσεν εἰς Μῆλον· ἔνθα συναγείρας πολλῷ πλέον δι' ὑπερβολὴν ἀξιοπιστίας ἀνέπεισεν καὶ τοὺς ἰδιοξένους εἰς Ῥώμην αὐτῷ συνεκπλεῦσαι. 104 Καταχθεὶς δὲ εἰς Δικαιάρχειαν δῶρά τε παμπληθῆ παρὰ τῶν ἐκεῖ Ἰουδαίων λαμβάνει καὶ καθάπερ βασιλεὺς ὑπὸ τῶν πατρῴων προεπέμφθη φίλων. Προεληλύθει δ' εἰς τοσοῦτον πίστεως τὸ τῆς μορφῆς ὅμοιον, ὥστε τοὺς ἑωρακότας Ἀλέξανδρον καὶ σαφῶς ἐπισταμένους διόμνυσθαι τοῦτον εἶναι. 105 Τό γε μὴν Ἰουδαϊκὸν ἐν τῇ Ῥώμῃ ἅπαν ἐξεχύθη πρὸς τὴν θέαν αὐτοῦ, καὶ πλῆθος ἄπειρον ἦν περὶ τοὺς στενωποὺς δι' ὧν ἐκομίζετο· καὶ γὰρ προῆλθον εἰς τοσοῦτον φρενοβλαβείας οἱ Μήλιοι, ὥστε φορείῳ

101 2-3 ἀπελευθέρῳ P : ἀπελευθέρων AMLVRC ‖ **105** 3 καὶ γὰρ P : καὶ γὰρ δὴ AMLVRC *namque* Lat.

ce point de folie de le faire porter en litière et de lui fournir à leurs frais un équipage royal.

106 César, qui connaissait les traits d'Alexandre, puisque ce dernier avait été traîné à son tribunal [1] par Hérode, avant même d'avoir vu le personnage, voyait bien qu'il s'agissait d'une imposture fondée sur la ressemblance. Toutefois, pour offrir quelque chance à des perspectives plus favorables, il envoya un certain Célados, un de ceux qui connaissaient bien Alexandre, avec ordre de lui amener le jeune homme. **107** Célados [2], au premier coup d'œil, constata immédiatement les différences de physionomie, remarqua dans l'ensemble du corps quelque chose de trop rude qui sentait l'esclave, et il comprit toute la machination. **108** L'audace des propos de l'imposteur l'exaspérait. A ceux qui l'interrogeaient sur Aristobule, il racontait que ce dernier était sain et sauf mais qu'on l'avait exprès laissé à Chypre pour le soustraire aux entreprises hostiles : en restant séparés, ils étaient moins exposés. **109** L'ayant pris à part, Célados lui dit : « César t'accorde la vie sauve en récompense, si tu dénonces qui t'a incité à une pareille imposture ». Celui-ci répond à Célados qu'il le dénoncera; puis il le suit devant César et désigne le Juif qui avait ainsi abusé de sa ressemblance pour son profit, car il avait reçu dans chaque cité des sommes telles que, de sa vie, Alexandre [3] n'en avait reçu de pareilles. **110** A ces mots César éclata de rire, fit enrôler le pseudo-Alexandre, en raison de sa vigueur physique, parmi les rameurs et ordonna d'exécuter celui qui l'avait suborné. Quant aux Méliens, l'argent qu'ils y avaient dépensé expiait suffisamment leur sottise.

1. Cf. *BJ* 1, 452 et note 2.

2. Faut-il y voir une déformation familière du Céladon (transcription de Κελαδών) des *Métamorphoses* d'Ovide (5, 144 et 12, 250)? Quoi qu'il en soit, *AJ* 17, 332-338 ne lui laisse que le rôle d'huissier et déclare explicitement (333) qu'en cette affaire il ne se montra pas plus perspicace que la foule : οὐδέν τι βελτίων ἐπὶ τῇ κρίσει τῶν πολλῶν. Serait-ce une flatterie de courtisan?

3. Le vrai.

τε αὐτὸν κομίζειν καὶ θεραπείαν βασιλικὴν ἰδίοις παρασχεῖν ἀναλώμασιν.

106 Καῖσαρ δὲ γινώσκων τοὺς Ἀλεξάνδρου χαρακτῆρας, κατηγόρητο γὰρ ὑφ' Ἡρώδου παρ' αὐτῷ, συνεώρα μὲν καὶ πρὶν ἰδεῖν τὸν ἄνθρωπον τὴν τῆς ὁμοιότητος ἀπάτην, διδοὺς δέ τι καὶ [πίστεως] ταῖς ἱλαρωτέραις ἐλπίσιν Κέλαδόν τινα πέμπει τῶν σαφῶς ἐπισταμένων Ἀλέξανδρον, κελεύσας ἀγαγεῖν αὐτῷ τὸν νεανίσκον. 107 Ὁ δὲ ὡς εἶδεν, ἐτεκμήρατο μὲν τάχιστα καὶ τὰς διαφορὰς τοῦ προσώπου, τὸ δὲ ὅλον σῶμα σκληρότερόν τε καὶ δουλοφανὲς καταμαθὼν ἐνόησεν πᾶν τὸ σύνταγμα. 108 Πάνυ δὲ αὐτὸν παρώξυνεν ἡ τόλμα τῶν παρ' αὐτοῦ λεγομένων· τοῖς γὰρ πυνθανομένοις περὶ Ἀριστοβούλου σώζεσθαι μὲν κἀκεῖνον ἔλεγεν, ἀπολελεῖφθαι δ' ἐπίτηδες ἐν Κύπρῳ τὰς ἐπιβουλὰς φυλασσόμενον· ἧττον γὰρ ἐπιχειρεῖσθαι διεζευγμένους. 109 Ἀπολαβόμενος οὖν αὐτὸν κατ' ἰδίαν « μισθόν » ἔφη, « παρὰ Καίσαρος ἔχεις τὸ ζῆν τοῦ μηνῦσαι τὸν ἀναπείσαντά σε πλανᾶσθαι τηλικαῦτα. » Κἀκεῖνος αὐτῷ δηλώσειν εἰπὼν ἕπεται πρὸς Καίσαρα καὶ τὸν Ἰουδαῖον ἐνδείκνυται καταχρησάμενον αὐτοῦ τῇ ὁμοιότητι πρὸς ἐργασίαν· τοσαῦτα γὰρ εἰληφέναι δῶρα καθ' ἑκάστην πόλιν ὅσα ζῶν Ἀλέξανδρος οὐκ ἔλαβεν. 110 Γελάσας δὲ Καῖσαρ ἐπὶ τούτοις τὸν μὲν ψευδαλέξανδρον δι' εὐεξίαν σώματος ἐγκατέταξεν τοῖς ἐρέταις, τὸν ἀναπείσαντα δὲ ἐκέλευσεν ἀναιρεθῆναι· Μηλίοις δ' ἤρκεσεν ἐπιτίμιον τῆς ἀνοίας τὰ ἀναλώματα.

106 1 post γινώσκων add. ἀκριβῶς LVRC *optime (sciens)* Lat. ‖ 4 πίστεως : om. Lat. secl. Niese [2]; cf. AJ 17, 332 διδοὺς τῇ ἐλπίδι. ‖ **109** 4 πλανᾶσθαι PAM : πλάσασθαι LVRC *fraudis* Lat. πλάσσεσθαι mauult Hudson ‖ 8 οὐκ ἔλαβεν LVRC : ἔλαβεν (-βε M) PAM *accepisset* cod. Vat. *non accepisset* alii codd. Lat.

Règne et déposition d'Archélaos [1].

111 Lorsque Archélaos eut pris possession de son éthnarchie, en souvenir des anciens différends, il se montra cruel non seulement envers les Juifs, mais aussi avec les Samaritains. Des deux côtés on envoya une délégation porter plainte contre lui devant César; la neuvième [2] année de son règne, lui-même est envoyé en exil dans la ville de Vienne [3] en Gaule, tandis que ses biens sont confisqués au profit du Trésor impérial. **112** Avant d'être convoqué par César, il eut, dit-on, un songe du genre que voici : il lui sembla voir neuf épis de grande taille, pleins de grains et gloutonnement broutés par des bœufs. Ayant fait appeler les devins et certains Chaldéens, il leur demanda leur opinion sur ce que cela signifiait. **113** Comme chacun d'eux donnait une explication différente, un certain Simon, d'appartenance [4] essénienne déclara qu'à son avis les épis représentaient des années [5] et les bœufs un changement de régime politique, parce que, en labourant la terre ils la retournent. Par conséquent, il règnerait selon le nombre même des épis, et mourrait à la suite de divers bouleversements politiques. Archélaos fut cité en jugement cinq jours après avoir entendu cette déclaration.

114 J'ai pensé que le songe de sa femme Glaphyra méritait d'être rapporté lui aussi : elle était fille d'Archélaos, roi de Cappadoce; elle avait été d'abord femme d'Alexandre, frère de l'Archélaos dont nous parlons ici et fils du roi Hérode, qui le fit mourir comme nous l'avons raconté [6]. **115** Après la mort d'Alexandre, elle épousa Juba [7], roi en Afrique. Après la mort [8] de ce dernier, elle retourna chez son père vivre dans le veuvage. Dès qu'Archélaos l'éthnarque l'aperçut il s'éprit d'elle à ce point qu'il répudia sur l'heure sa femme Mariamme [9], et l'épousa. **116** Peu de temps après son arrivée en Judée, Glaphyra eut l'impression qu'Alexandre se tenant près d'elle lui disait : « Le mariage africain [10] aurait dû te suffire; mais

1. A partir d'ici jusqu'au déclenchement de la guerre en 66, le récit est tellement sommaire que Josèphe ne doit plus avoir à sa disposition celui de Nicolas de Damas.

111 Παραλαβὼν δὲ τὴν ἐθναρχίαν Ἀρχέλαος καὶ κατὰ μνήμην τῶν πάλαι διαφορῶν οὐ μόνον Ἰουδαίοις ἀλλὰ καὶ Σαμαρεῦσι χρησάμενος ὠμῶς, πρεσβευσαμένων ἑκατέρων κατ' αὐτοῦ πρὸς Καίσαρα ἔτει τῆς ἀρχῆς ἐνάτῳ φυγαδεύεται μὲν αὐτὸς εἰς Βίενναν πόλιν τῆς Γαλλίας, ἡ οὐσία δ' αὐτοῦ τοῖς Καίσαρος θησαυροῖς ἐγκατατάσσεται. 112 Πρὶν κληθῆναι δ' αὐτὸν ὑπὸ τοῦ Καίσαρος ὄναρ ἰδεῖν φασιν τοιόνδε· ἔδοξεν ὁρᾶν στάχυς ἐννέα πλήρεις καὶ μεγάλους ὑπὸ βοῶν καταβιβρωσκομένους. Μεταπεμψάμενος δὲ τοὺς μάντεις καὶ τῶν Χαλδαίων τινὰς ἐπυνθάνετο, τί σημαίνειν δοκοῖεν. 113 Ἄλλων δ' ἄλλως ἐξηγουμένων Σίμων τις Ἐσσαῖος τὸ γένος ἔφη τοὺς μὲν στάχυς ἐνιαυτοὺς νομίζειν, βόας δὲ μεταβολὴν πραγμάτων διὰ τὸ τὴν χώραν ἀροτριῶντας ἀλλάσσειν, ὥστε βασιλεύσειν μὲν αὐτὸν τὸν τῶν σταχύων ἀριθμόν, ἐν ποικίλαις δὲ πραγμάτων μεταβολαῖς γενόμενον τελευτήσειν. Ταῦτα ἀκούσας Ἀρχέλαος μετὰ πέντε ἡμέρας ἐπὶ τὴν δίκην μετεκλήθη.

114 Ἄξιον δὲ μνήμης ἡγησάμην καὶ τὸ τῆς γυναικὸς αὐτοῦ Γλαφύρας ὄναρ, ἥπερ ἦν θυγάτηρ μὲν Ἀρχελάου τοῦ Καππαδόκων βασιλέως, γυνὴ δ' Ἀλεξάνδρου γεγονυῖα τὸ πρῶτον, ὃς ἦν ἀδελφὸς Ἀρχελάου περὶ οὗ διέξιμεν, υἱὸς δ' Ἡρώδου τοῦ βασιλέως, ὑφ' οὗ καὶ ἀνῃρέθη, καθάπερ δεδηλώκαμεν. 115 Μετὰ δὲ τὸν ἐκείνου θάνατον συνῴκησεν Ἰόβᾳ τῷ βασιλεύοντι Λιβύης, οὗ τελευτήσαντος ἐπανελθοῦσαν αὐτὴν καὶ χηρεύουσαν παρὰ τῷ πατρὶ θεασάμενος ὁ ἐθνάρχης Ἀρχέλαος ἐπὶ τοσοῦτον ἔρωτος ἦλθεν, ὥστε παραχρῆμα τὴν συνοικοῦσαν αὐτῷ Μαριάμμην ἀποπεμψάμενος ἐκείνην ἀγαγέσθαι. 116 Παραγενομένη τοίνυν εἰς Ἰουδαίαν μετ' ὀλίγον τῆς ἀφίξεως χρόνον ἔδοξεν ἐπιστάντα τὸν Ἀλέξανδρον αὐτῇ λέγειν « ἀπέχρη

113 7 μετεκλήθη AMLVRC : ἐκλήθη P Niese.

tu ne t'en es pas contentée et de nouveau tu retournes à mon foyer et tu as pris un troisième mari, et qui pis est, impudente, mon propre frère ! Mais je ne laisserai pas passer cet outrage et je te reprendrai, fût-ce malgré toi. » Quand elle eut fait le récit de ce songe, elle ne vécut plus que deux jours à peine.

Coponius procurateur de Judée.

117 Le territoire d'Archélaos ayant reçu le statut de province, Coponius, appartenant à ce qu'on appelle chez les Romains l'ordre équestre, est envoyé comme procurateur par César, qui lui donne même la juridiction capitale.[1] **118** Sous ce gouverneur, un Galiléen, du nom de Judas[2], excita à la révolte les gens du pays, en les taxant de lâcheté s'ils endurent de payer tribut aux Romains et s'ils supportent, après Dieu, des maîtres mortels. Ce personnage était docteur d'une secte particulière et n'avait rien de commun avec les autres[3].

Les Esséniens célibataires[4].

119 Il existe, en effet, parmi les Juifs trois écoles de philosophie. Les adeptes de la première s'appellent Pharisiens, ceux de la seconde, Sadducéens, ceux de la troisième, qui a la réputation de cultiver la gravité[5], s'appellent Esséniens[6], ils sont de naissance juive et liés d'une affection mutuelle plus étroite que chez les autres. **120** Ces hommes rejettent les plaisirs comme un péché et mettent la vertu dans la tempérance et la résistance aux passions. S'il y a chez eux le dédain du mariage, ils adoptent néanmoins les enfants des autres à l'âge tendre où ils sont encore aptes aux études, ils les regardent comme de leur famille et les marquent au coin des principes qui sont les leurs. **121** Sans condamner le mariage ni la procréation qui s'ensuit, ils se méfient du dévergondage des femmes et sont persuadés qu'aucune ne garde sa foi à un seul homme.

122 Chez ces contempteurs de la richesse, règne un merveilleux esprit de partage et l'on ne saurait trouver parmi eux quelqu'un qui dépasse les autres

μὲν ὁ κατὰ Λιβύην σοι γάμος, σὺ δὲ οὐκ ἀρκεσθεῖσα τούτῳ πάλιν ἐπὶ τὴν ἐμὴν ἀνακάμπτεις ἑστίαν, τρίτον ἄνδρα, καὶ ταῦτα τὸν ἀδελφόν, ὦ τολμηρά, τὸν ἐμὸν ᾑρημένη. Πλὴν οὐ περιόψομαι τὴν ὕβριν, ἀπολήψομαι δέ σε καὶ μὴ θέλουσαν. » Τοῦτο διηγησαμένη τὸ ὄναρ μόλις δύο ἡμέρας ἐβίω.

117 Τῆς δὲ Ἀρχελάου χώρας εἰς ἐπαρχίαν περιγραφείσης ἐπίτροπος τῆς ἱππικῆς παρὰ Ῥωμαίοις τάξεως Κωπώνιος πέμπεται, μέχρι τοῦ κτείνειν λαβὼν παρὰ Καίσαρος ἐξουσίαν. 118 Ἐπὶ τούτου τις ἀνὴρ Γαλιλαῖος Ἰούδας ὄνομα εἰς ἀπόστασιν ἐνῆγε τοὺς ἐπιχωρίους, κακίζων εἰ φόρον τε Ῥωμαίοις τελεῖν ὑπομενοῦσιν καὶ μετὰ τὸν θεὸν οἴσουσι θνητοὺς δεσπότας. Ἦν δ' οὗτος σοφιστὴς ἰδίας αἱρέσεως οὐδὲν τοῖς ἄλλοις προσεοικώς.

119 Τρία γὰρ παρὰ Ἰουδαίοις εἴδη φιλοσοφεῖται, καὶ τοῦ μὲν αἱρετισταὶ Φαρισαῖοι, τοῦ δὲ Σαδδουκαῖοι, τρίτον δέ, ὃ δὴ καὶ δοκεῖ σεμνότητα ἀσκεῖν, Ἐσσηνοὶ καλοῦνται, Ἰουδαῖοι μὲν γένος ὄντες, φιλάλληλοι δὲ καὶ τῶν ἄλλων πλέον. 120 Οὗτοι τὰς μὲν ἡδονὰς ὡς κακίαν ἀποστρέφονται, τὴν δὲ ἐγκράτειαν καὶ τὸ μὴ τοῖς πάθεσιν ὑποπίπτειν ἀρετὴν ὑπολαμβάνουσιν. Καὶ γάμου μὲν παρ' αὐτοῖς ὑπεροψία, τοὺς δ' ἀλλοτρίους παῖδας ἐκλαμβάνοντες ἁπαλοὺς ἔτι πρὸς τὰ μαθήματα συγγενεῖς ἡγοῦνται καὶ τοῖς ἤθεσιν αὐτῶν ἐντυποῦσι, 121 τὸν μὲν γάμον καὶ τὴν ἐξ αὐτοῦ διαδοχὴν οὐκ ἀναιροῦντες, τὰς δὲ τῶν γυναικῶν ἀσελγείας φυλαττόμενοι καὶ μηδεμίαν τηρεῖν πεπεισμένοι τὴν πρὸς ἕνα πίστιν.

122 Καταφρονηταὶ δὲ πλούτου, καὶ θαυμάσιον αὐτοῖς τὸ κοινωνικόν, οὐδὲ ἔστιν εὑρεῖν κτήσει τινὰ παρ' αὐτοῖς

122 1 αὐτοῖς PA : παρ' αὐτοῖς MLVRC Porphyrius *De Abstin.* 4, 11 *(rerumque) apud eos (communicatio)* Lat.

par la fortune; car il est de règle que ceux qui entrent dans la secte fassent abandon de leurs biens à l'Ordre, si bien que chez aucun d'eux on ne voit ni l'abjection de la misère ni l'infatuation de la richesse et que, les biens de chacun étant fondus dans la masse, il n'y a plus qu'une seule fortune pour tous, comme entre frères [1]. **123** Ils considèrent l'huile comme une souillure, et si quelqu'un, par mégarde, se fait une tache d'huile, il s'essuie le corps, car ils tiennent à avoir la peau sèche ainsi qu'à être toujours habillés de blanc. On élit à main levée ceux qui auront à gérer les affaires de la communauté et pour les divers offices chacun d'eux, sans exception [2], y est affecté par tous.

124 Ils ne sont pas les habitants d'une seule cité; en revanche, ils sont nombreux [3] dans chacune de celles où ils s'établissent [4]. Ils mettent tous leurs biens à la disposition des membres venus d'ailleurs, pour qu'ils en usent comme si c'était à eux. Ils entrent chez les gens qu'ils n'ont encore jamais vus comme si c'était des intimes. **125** Aussi, dans leurs voyages n'emportent-ils absolument rien avec eux, mais ils sont armés [5] à cause des brigands. Dans chaque ville, il y a un commissaire désigné spécialement pour s'occuper des hôtes appartenant à l'Ordre; il est prêt à leur fournir un vêtement et ce qui leur est nécessaire. **126** Leur habillement et leur tenue ressemblent à ceux des enfants qu'on élève dans la crainte du pédagogue. Ils ne changent de vêtements ou de chaussures que lorsqu'ils sont complètement déchirés ou usés par le temps. **127** Ils ne s'achètent entre eux ni ne se vendent rien, mais chacun donnant ce qu'il a à celui qui en a besoin, reçoit de ce dernier, en contrepartie, ce qui lui est nécessaire. De plus, rien ne les empêche de recevoir de qui [6] ils veulent, sans même cette réciprocité.

128 Leur piété envers la divinité présente une forme particulière. Avant le lever du soleil ils ne profèrent aucun mot de sujets profanes, mais seulement certaines prières traditionnelles comme pour le supplier de se lever à l'horizon [7]. **129** Ensuite leurs préposés les envoient exercer chacun le métier qu'il connaît. Après avoir travaillé avec ardeur jusqu'à la cinquième heure, ils se rassemblent de

ὑπερέχοντα· νόμος γὰρ τοὺς εἰς τὴν αἵρεσιν εἰσιόντας δημεύειν τῷ τάγματι τὴν οὐσίαν, ὥστε ἐν ἅπασιν μήτε πενίας ταπεινότητα φαίνεσθαι μήθ' ὑπεροχὴν πλούτου, τῶν δ' ἑκάστου κτημάτων ἀναμεμιγμένων μίαν, ὥσπερ ἀδελφοῖς, ἅπασιν οὐσίαν εἶναι. 123 Κηλῖδα δ' ὑπολαμβάνουσι τοὔλαιον, κἂν ἀλειφθῇ τις ἄκων, σμήχεται τὸ σῶμα· τὸ γὰρ αὐχμεῖν ἐν καλῷ τίθενται, λευχειμονεῖν τε διαπαντός. Χειροτονητοὶ δ' οἱ τῶν κοινῶν ἐπιμεληταὶ καὶ ἀδιαίρετοι πρὸς ἁπάντων εἰς τὰς χρείας ἕκαστοι.

124 Μία δ' οὐκ ἔστιν αὐτῶν πόλις, ἀλλ' ἐν ἑκάστῃ μετοικοῦσιν πολλοί. Καὶ τοῖς ἑτέρωθεν ἥκουσιν αἱρετισταῖς πάντ' ἀναπέπταται τὰ παρ' αὐτοῖς ὁμοίως ὥσπερ ἴδια, καὶ πρὸς οὓς οὐ πρότερον εἶδον εἰσίασιν ὡς συνηθεστάτους· 125 διὸ καὶ ποιοῦνται τὰς ἀποδημίας οὐδὲν μὲν ὅλως ἐπικομιζόμενοι, διὰ δὲ τοὺς λῃστὰς ἔνοπλοι. Κηδεμὼν δ' ἐν ἑκάστῃ πόλει τοῦ τάγματος ἐξαιρέτως τῶν ξένων ἀποδείκνυται, ταμιεύων ἐσθῆτα καὶ τὰ ἐπιτήδεια. 126 Καταστολὴ δὲ καὶ σχῆμα σώματος ὅμοιον τοῖς μετὰ φόβου παιδαγωγουμένοις παισίν. Οὔτε δὲ ἐσθῆτας οὔτε ὑποδήματα ἀμείβουσι πρὶν διαρραγῆναι τὸ πρότερον παντάπασιν ἢ δαπανηθῆναι τῷ χρόνῳ. 127 Οὐδὲν δ' ἐν ἀλλήλοις οὔτ' ἀγοράζουσιν οὔτε πωλοῦσιν, ἀλλὰ τῷ χρῄζοντι διδοὺς ἕκαστος τὰ παρ' αὐτῷ τὸ παρ' ἐκείνου χρήσιμον ἀντικομίζεται· καὶ χωρὶς δὲ τῆς ἀντιδόσεως ἀκώλυτος ἡ μετάληψις αὐτοῖς παρ' ὧν ἂν θέλωσιν.

128 Πρός γε μὴν τὸ θεῖον εὐσεβεῖς ἰδίως· πρὶν γὰρ ἀνασχεῖν τὸν ἥλιον οὐδὲν φθέγγονται τῶν βεβήλων, πατρίους δέ τινας εἰς αὐτὸν εὐχάς, ὥσπερ ἱκετεύοντες ἀνατεῖλαι. 129 Καὶ μετὰ ταῦτα πρὸς ἃς ἕκαστοι τέχνας ἴσασιν ὑπὸ τῶν ἐπιμελητῶν διαφίενται, καὶ

127 3 παρ' ἐκείνου ALVRC : παρ' ἐκείνῳ M om. P ‖ 5 παρ' codd.: περὶ Dindorf om. Bekker.

nouveau dans un même lieu [1], se ceignent les reins de pagnes de lin, se lavent le corps à l'eau froide et après cette purification, ils s'assemblent dans un local particulier où nul étranger à la secte n'est admis à entrer. Eux seuls, ainsi purifiés, entrent dans le réfectoire comme dans une enceinte sacrée. **130** Une fois qu'ils se sont assis en silence, le boulanger leur sert les pains dans l'ordre voulu [2] et le cuisinier sert à chacun une écuelle d'un seul mets [3]. **131** Le prêtre prononce une prière avant le repas et il est interdit de manger avant la prière [4]. Après le repas, il prononce de nouveau une prière, et que ce soit au début ou à la fin, ils honorent Dieu en tant que dispensateur de la vie. Ensuite, ils quittent leur habit comme un vêtement sacré [5] et retournent à leurs travaux jusqu'au soir. **132** Au retour, ils prennent le repas du soir de la même façon, en compagnie de leurs hôtes [6] s'il s'en trouve de passage chez eux. Jamais cri ou agitation ne souille le local et ils se cèdent la parole l'un après l'autre selon un ordre déterminé. **133** Quand on arrive du dehors, le silence qui règne à l'intérieur donne l'impression d'un mystère redoutable. La cause en est leur constante sobriété et le fait que, chez eux, nourriture et boisson sont mesurés juste à leur suffisance.

134 Pour tout le reste, ils ne font rien que ce qui est prescrit par leurs préposés, mais voici deux choses qui ne relèvent que d'eux-mêmes : l'assistance du prochain et la compassion. Ainsi il est laissé à leur discrétion de secourir ceux qui en sont dignes [7], quand ils le leur demandent [8], et d'offrir des aliments aux nécessiteux; mais il n'est pas permis de faire de dons à ses proches [9] sans l'autorisation des intendants. **135** Maîtres de modérer leur colère et

1. Sur les rapports de cette salle de réunion avec la conception chrétienne de l'Église, cf. H. Kosmala, *Hebräer, Essener, Christen,* p. 351-363.

2. *Infra* 150 invite à supposer ici un « placement rigoureux, d'après l'ancienneté. Pour le maintien de ces préséances aux temps messianiques, O. Michel en appelle au témoignage des textes de Qumrân (1 QS a 2-11-22), et signale que les disciples même de Jésus les projettent dans le Royaume de Dieu (Luc 22, 24-30).

μέχρι πέμπτης ὥρας ἐργασάμενοι συντόνως πάλιν εἰς ἓν συναθροίζονται χωρίον, ζωσάμενοί τε σκεπάσμασιν λινοῖς οὕτως ἀπολούονται τὸ σῶμα ψυχροῖς ὕδασιν, καὶ μετὰ ταύτην τὴν ἁγνείαν εἰς ἴδιον οἴκημα συνίασιν, ἔνθα μηδενὶ τῶν ἑτεροδόξων ἐπιτέτραπται παρελθεῖν, αὐτοί τε καθαροὶ καθάπερ εἰς ἅγιόν τι τέμενος παραγίνονται τὸ δειπνητήριον. **130** Καὶ καθισάντων μεθ' ἡσυχίας ὁ μὲν σιτοποιὸς ἐν τάξει παρατίθησι τοὺς ἄρτους, ὁ δὲ μάγειρος ἓν ἀγγεῖον ἐξ ἑνὸς ἐδέσματος ἑκάστῳ παρατίθησιν. **131** Προκατεύχεται δ' ὁ ἱερεὺς τῆς τροφῆς, καὶ γεύσασθαί τινα πρὶν τῆς εὐχῆς ἀθέμιτον· ἀριστοποιησαμένοις δ' ἐπεύχεται πάλιν· ἀρχόμενοί τε καὶ παυόμενοι γεραίρουσι θεὸν ὡς χορηγὸν τῆς ζωῆς. Ἔπειθ' ὡς ἱερὰς καταθέμενοι τὰς ἐσθῆτας πάλιν ἐπ' ἔργα μέχρι δείλης τρέπονται. **132** Δειπνοῦσι δ' ὁμοίως ὑποστρέψαντες συγκαθεζομένων τῶν ξένων, εἰ τύχοιεν αὐτοῖς παρόντες. Οὔτε δὲ κραυγή ποτε τὸν οἶκον οὔτε θόρυβος μιαίνει, τὰς δὲ λαλιὰς ἐν τάξει παραχωροῦσιν ἀλλήλοις. **133** Καὶ τοῖς ἔξωθεν ὡς μυστήριόν τι φρικτὸν ἡ τῶν ἔνδον σιωπὴ καταφαίνεται, τούτου δ' αἴτιον ἡ διηνεκὴς νῆψις καὶ τὸ μετρεῖσθαι παρ' αὐτοῖς τροφὴν καὶ ποτὸν μέχρι κόρου.

134 Τῶν μὲν οὖν ἄλλων οὐκ ἔστιν ὅ τι μὴ τῶν ἐπιμελητῶν προσταξάντων ἐνεργοῦσι, δύο δὲ ταῦτα παρ' αὐτοῖς αὐτεξούσια, ἐπικουρία καὶ ἔλεος· βοηθεῖν τε γὰρ τοῖς ἀξίοις, ὁπόταν δέωνται, καὶ καθ' ἑαυτοὺς ἐφίεται καὶ τροφὰς ἀπορουμένοις ὀρέγειν. Τὰς δὲ εἰς τοὺς συγγενεῖς μεταδόσεις οὐκ ἔξεστι ποιεῖσθαι δίχα τῶν ἐπιτρόπων. **135** Ὀργῆς ταμίαι δίκαιοι, θυμοῦ

130 2-3 τοὺς ἄρτους PAM : ἄρτους LVRC Porphyr. *De Abs.* 4, 12, Cedrenus I 349 (Bonn) = Migne *P.G.* 121 col. 388 ‖ **131** 3 ἀριστοποιησαμένοις Porphyr. (ibid) Niese[2] : - ποιησάμενος codd. ‖ 5 ζωῆς PAM : τροφῆς LVRC *uictus* Lat.

de contenir leurs impulsions, champions de la fidélité, artisans de paix. Toute parole donnée par eux a plus de force qu'un serment, et ils s'abstiennent de faire des serments [1] parce qu'ils estiment que c'est pire que le parjure. Ils disent, en effet, que l'homme qui ne peut être cru sans appel à Dieu est déjà condamné. **136** Ils portent un intérêt extraordinaire aux ouvrages [2] composés par les anciens et choisissent surtout ceux qui servent au bien de l'âme et du corps. Ils y recherchent, en vue de guérir les maladies, la connaissance des racines médicinales [3] et des propriétés des minéraux.

137 Ceux qui désirent entrer dans leur secte n'y ont pas accès d'emblée, mais pendant un an le candidat reste dehors, bien qu'on le soumette au même mode de vie que les autres. Il reçoit une hachette [4], la ceinture dont j'ai parlé plus haut [5] et un vêtement blanc [6]. **138** Une fois qu'il a donné pendant ce temps la preuve de sa tempérance, il suit de plus près leur régime de vie : il reçoit sa part d'eaux plus pures pour ses ablutions, mais n'est pas encore admis aux exercices [7] de communauté. Car après qu'il a donné la preuve de sa maîtrise de soi, on met à l'épreuve deux autres années son caractère et s'il s'en est montré digne, on le reçoit alors dans la communauté [8]. **139** Avant de toucher à la nourriture avec les autres [9], il s'engage devant eux par de redoutables serments d'abord à vénérer la divinité, ensuite à observer la justice envers les hommes et à ne faire tort à personne, ni spontanément ni pour obéir à un ordre, mais à détester toujours les injustes et à soutenir les luttes des justes, **140** à garder toujours et à tous la foi promise, spécialement envers les puissants [10], car ce n'est pas en dehors de Dieu que l'autorité

1. Hérode, pour des raisons personnelles mentionnées dans *AJ* 15, 371, aurait toujours respecté chez les Esséniens cette répugnance au serment, alors qu'ils étaient, en principe, passibles d'une amende (*AJ* 17, 42). Le seul serment qu'admettent les Esséniens est celui qu'ils prononcent à leur entrée dans l'Ordre (*infra* 139). Thackeray y voit « une curieuse exception ». Je crois plutôt qu'il y avait à leurs yeux entre ce serment d'engagement et les autres serments une diffé-

καθεκτικοί, πίστεως προστάται, εἰρήνης ὑπουργοί. Καὶ πᾶν μὲν τὸ ῥηθὲν ὑπ' αὐτῶν ἰσχυρότερον ὅρκου, τὸ δὲ ὀμνύειν [αὐτοῖς] περιίστανται χεῖρον τῆς ἐπιορκίας ὑπολαμβάνοντες· ἤδη γὰρ κατεγνῶσθαί φασιν τὸν ἀπιστούμενον δίχα θεοῦ. 136 Σπουδάζουσι δ' ἐκτόπως περὶ τὰ τῶν παλαιῶν συντάγματα, μάλιστα τὰ πρὸς ὠφέλειαν ψυχῆς καὶ σώματος ἐκλέγοντες· ἔνθεν αὐτοῖς πρὸς θεραπείαν παθῶν ῥίζαι τε ἀλεξητήριοι καὶ λίθων ἰδιότητες ἀνερευνῶνται.

137 Τοῖς δὲ ζηλοῦσιν τὴν αἵρεσιν αὐτῶν οὐκ εὐθὺς ἡ πάροδος, ἀλλ' ἐπὶ ἐνιαυτὸν ἔξω μένοντι τὴν αὐτὴν ὑποτίθενται δίαιταν, ἀξινάριόν τε καὶ τὸ προειρημένον περίζωμα καὶ λευκὴν ἐσθῆτα δόντες. 138 'Επειδὰν δὲ τούτῳ τῷ χρόνῳ πεῖραν ἐγκρατείας δῷ, πρόσεισιν μὲν ἔγγιον τῇ διαίτῃ καὶ καθαρωτέρων τῶν πρὸς ἁγνείαν ὑδάτων μεταλαμβάνει, παραλαμβάνεται δὲ εἰς τὰς συμβιώσεις οὐδέπω. Μετὰ γὰρ τὴν τῆς καρτερίας ἐπίδειξιν δυσὶν ἄλλοις ἔτεσιν τὸ ἦθος δοκιμάζεται καὶ φανεὶς ἄξιος οὕτως εἰς τὸν ὅμιλον ἐγκρίνεται. 139 Πρὶν δὲ τῆς κοινῆς ἅψασθαι τροφῆς ὅρκους αὐτοῖς ὄμνυσι φρικώδεις, πρῶτον μὲν εὐσεβήσειν τὸ θεῖον, ἔπειτα τὰ πρὸς ἀνθρώπους δίκαια φυλάξειν καὶ μήτε κατὰ γνώμην βλάψειν τινὰ μήτε ἐξ ἐπιτάγματος, μισήσειν δ' ἀεὶ τοὺς ἀδίκους καὶ συναγωνιεῖσθαι τοῖς δικαίοις· 140 τὸ πιστὸν ἀεὶ πᾶσιν παρέξειν, μάλιστα δὲ τοῖς κρατοῦσιν· οὐ γὰρ δίχα θεοῦ περιγενέσθαι τινὶ τὸ ἄρχειν·

135 3-4 τὸ δὲ ὀμνύειν αὐτοῖς περιίστανται : *ipsum autem iusiurandum — uitant.*Lat. ‖ 4 αὐτοῖς PA a.c. ML²ras. Lips. ras. C : αὐτοὺς A p.c. αὐτῶν VR πάντως Destinon om. Dindorf cum cod. Voss. ‖ 4 περιίστανται A p.c. L a.c. Niese² : περίστανται R περιίσταται PA a.c. ML p.c. C Lips. p.c. ‖ **136** 2 συντάγματα PAM : συγγράμματα LVRC ‖ 4 ἀλεξητήριοι VR p.c. C : ἀλεξιτήριον PA ἀλεξιτηριοι MLR a.c. ἀλεξητήριον Niese. ‖ **140** 2 περιγενέσθαι PAMC : περιγίνεσθαι LVR Porphyr.

échoit à quelqu'un; que s'il lui arrive d'avoir lui-même à commander, il n'abusera jamais de son pouvoir et n'éclipsera pas ses subordonnés par son habit ou par quelque parure que ce soit ; **141** d'aimer toujours la vérité et de confondre les menteurs; de garder ses mains pures de larcin et son âme pure de profits impies; de ne rien cacher aux membres de la secte et de ne rien révéler de leurs affaires à d'autres personnes, fût-ce sous menace de mort. **142** En outre, il fait serment de ne transmettre à personne les règles sous une forme différente de celle où il les a lui-même reçues; de s'abstenir de brigandage [1] et de conserver avec le même soin les livres de leur secte et la nomenclature des anges [2]. Tels sont les serments par lesquels les Esséniens assurent définitivement la fidélité de leurs recrues.

143 Ils expulsent de l'Ordre ceux qu'ils prennent en flagrant délit de méfaits graves. Souvent le sujet expulsé périt d'une mort misérable, car lié qu'il est par ses serments et ses habitudes, il ne peut même pas partager la nourriture des autres Juifs [3] et, réduit à manger de l'herbe, il périt, le corps épuisé par la faim. **144** C'est justement pourquoi ils en reprennent plus d'un, par pitié, au moment de leurs dernières respirations, dans la pensée que la torture qu'ils ont subie jusqu'au bord de la mort suffit bien à expier leurs manquements.

145 Dans l'exercice de la Justice, ils se montrent très rigoureux et équitables. Pour juger ils ne se réunissent pas à moins de cent [4] et ce qu'ils ont une fois décidé est irrévocable. Le grand objet de leur vénération est, après Dieu, le nom de leur législateur [5], et si quelqu'un le blasphème, il est puni de mort. **146** Ils trouvent beau d'obéir aux aînés [6] et à la majorité [7] : si dix personnes sont assises ensemble, une ne saurait prendre la parole contre le gré des neuf autres. **147** Ils se gardent de cracher [8] devant soi en compagnie, ou à sa droite et, chaque septième jour, bien plus sévèrement que les autres

rence essentielle, comparable à celle que nous faisons entre les « vœux de religion » qui engagent un sujet dans un Ordre et le serment qui appuie une déclaration.

κἂν αὐτὸς ἄρχῃ, μηδέποτε ἐξυβρίσειν εἰς τὴν ἐξουσίαν μηδ' ἐσθῆτι ἤ τινι πλείονι κόσμῳ τοὺς ὑποτεταγμένους ὑπερλαμπρυνεῖσθαι· **141** τὴν ἀλήθειαν ἀγαπᾶν ἀεὶ καὶ τοὺς ψευδομένους προβάλλεσθαι χεῖρας κλοπῆς καὶ ψυχὴν ἀνοσίου κέρδους καθαρὰν φυλάξειν, καὶ μήτε κρύψειν τι τοὺς αἱρετιστὰς μήθ' ἑτέροις αὐτῶν τι μηνύσειν, κἂν μέχρι θανάτου τις βιάζηται. **142** Πρὸς τούτοις ὄμνυσιν μηδενὶ μὲν μεταδοῦναι τῶν δογμάτων ἑτέρως ἢ ὡς αὐτὸς μετέλαβεν, ἀφέξεσθαι δὲ λῃστείας καὶ συντηρήσειν ὁμοίως τά τε τῆς αἱρέσεως αὐτῶν βιβλία καὶ τὰ τῶν ἀγγέλων ὀνόματα. Τοιούτοις μὲν ὅρκοις τοὺς προσιόντας ἐξασφαλίζονται.

143 Τοὺς δ' ἐπ' ἀξιοχρέοις ἁμαρτήμασιν ἁλόντας ἐκβάλλουσι τοῦ τάγματος. Ὁ δ' ἐκκριθεὶς οἰκτίστῳ πολλάκις μόρῳ διαφθείρεται· τοῖς γὰρ ὅρκοις καὶ τοῖς ἔθεσιν ἐνδεδεμένος οὐδὲ τῆς παρὰ τοῖς ἄλλοις τροφῆς δύναται μεταλαμβάνειν, ποηφαγῶν δὲ καὶ λιμῷ τὸ σῶμα τηκόμενος διαφθείρεται. **144** Διὸ δὴ πολλοὺς ἐλεήσαντες ἐν ταῖς ἐσχάταις ἀναπνοαῖς ἀνέλαβον, ἱκανὴν ἐπὶ τοῖς ἁμαρτήμασιν αὐτῶν τὴν μέχρι θανάτου βάσανον ἡγούμενοι.

145 Περὶ δὲ τὰς κρίσεις ἀκριβέστατοι καὶ δίκαιοι, καὶ δικάζουσι μὲν οὐκ ἐλάττους τῶν ἑκατὸν συνελθόντες, τὸ δ' ὁρισθὲν ὑπ' αὐτῶν ἀκίνητον. Σέβας δὲ μέγα παρ' αὐτοῖς μετὰ τὸν θεὸν τοὔνομα τοῦ νομοθέτου, κἂν βλασφημήσῃ τις εἰς τοῦτον, κολάζεται θανάτῳ. **146** Τοῖς δὲ πρεσβυτέροις ὑπακούειν καὶ τοῖς πλείοσιν ἐν καλῷ τίθενται· δέκα γοῦν συγκαθεζομένων οὐκ ἂν λαλήσειέν τις ἀκόντων τῶν ἐννέα. **147** Καὶ τὸ πτύσαι δὲ εἰς μέσους ἢ τὸ δεξιὸν μέρος φυλάσσονται, καὶ ταῖς ἑβδο-

140 5 ὑπερλαμπρυνεῖσθαι Herwerden Niese[2] : — νεσθαι codd.
141 2 προβάλλεσθαι Porphyr. : ἐλέγχειν προβάλλεσθαι codd. *propositum habere conuincere* Lat. ‖ post προβάλλεσθαι add. ἀνωτέρους R[2].

Juifs, de mettre la main à un travail : non seulement, en effet, ils se préparent des aliments un jour à l'avance pour n'avoir pas à allumer de feu en ce jour-là, mais ils n'osent même pas changer un objet de place ni non plus aller à la selle. **148** Les autres jours, ils creusent un trou d'un pied de profondeur avec leur hoyau — telle est, en effet, la forme de la hachette qu'ils donnent aux novices [1] — ils se couvrent de leur manteau pour ne pas offenser les rayons de Dieu [2], et s'accroupissent. **149** Ensuite, ils rejettent dans le trou la terre qu'ils avaient enlevée en creusant. Pour cette action ils choisissent les lieux les plus retirés. Bien que l'évacuation des excréments soit chose naturelle, ils ont coutume de se laver après comme s'ils avaient contracté une souillure.

150 Ils se divisent en quatre classes, d'après leur ancienneté [3] dans la vie ascétique, et les moins anciens sont tenus pour tellement inférieurs à leurs aînés que s'ils viennent à les toucher, ceux-ci ont à se laver tout comme après le contact avec un étranger. **151** Ils ont la vie longue [4], au point que la plupart la prolongent au-delà des cent ans, en raison, selon moi, de la simplicité de leur régime et de leur vie rangée; ils méprisent le danger, ils triomphent de la douleur par leur force d'âme; quant à la mort, si elle se présente avec gloire [5], ils l'estiment préférable à l'immortalité. **152** La guerre contre les Romains a donné la preuve en toutes circonstances de ce que valent leurs âmes. Ils y subissaient la torture, la

1. Cf. *supra* 137.

2. Cf. *supra* 128. Prescription inspirée de *Deut.* 23, 13-15, où Dieu circule dans le camp. Or la secte se considère comme la sainte milice de Dieu qui campe à tel endroit.

3. Donc : les enfants (adoptés, 120), les novices de première probation, ceux de la seconde probation (138) et enfin les membres définitivement admis (Schürer, II (1964), p. 659). Classement mis en doute par Th. Reinach. S'inspirant du *Document de Damas* 14, 3 sq., O. Michel adopte la répartition : Prêtres, Lévites, Laïcs, Novices. Thackeray retient celle de Lightfoot (Coloss. p. 363, note) : Novices de première année, ceux de deuxième année, ceux de troisième année, puis les membres de la communauté.

μάσιν ἔργων ἐφάπτεσθαι διαφορώτατα Ἰουδαίων ἁπάντων· οὐ μόνον γὰρ τροφὰς ἑαυτοῖς πρὸ μιᾶς ἡμέρας παρασκευάζουσιν, ὡς μὴ πῦρ ἐναύοιεν ἐκείνην τὴν ἡμέραν, ἀλλ' οὐδὲ σκεῦός τι μετακινῆσαι θαρροῦσιν οὐδὲ ἀποπατεῖν. 148 Ταῖς δ' ἄλλαις ἡμέραις βόθρον ὀρύσσοντες βάθος ποδιαῖον τῇ σκαλίδι — τοιοῦτον γάρ ἐστιν τὸ διδόμενον ὑπ' αὐτῶν ἀξινίδιον τοῖς νεοσυστάτοις — καὶ περικαλύψαντες θοιμάτιον, ὡς μὴ τὰς αὐγὰς ὑβρίζοιεν τοῦ θεοῦ, θακεύουσιν εἰς αὐτόν. 149 Ἔπειτα τὴν ἀνορυχθεῖσαν γῆν ἐφέλκουσιν εἰς τὸν βόθρον· καὶ τοῦτο ποιοῦσι τοὺς ἐρημοτέρους τόπους ἐκλεγόμενοι. Καίπερ δὲ φυσικῆς οὔσης τῆς τῶν λυμάτων ἐκκρίσεως ἀπολούεσθαι μετ' αὐτὴν καθάπερ μεμιασμένοις ἔθιμον.

150 Διῄρηνται δὲ κατὰ χρόνον τῆς ἀσκήσεως εἰς μοίρας τέσσαρας, καὶ τοσοῦτον οἱ μεταγενέστεροι τῶν προγενεστέρων ἐλαττοῦνται ὥστ', εἰ ψαύσειαν αὐτῶν, ἐκείνους ἀπολούεσθαι καθάπερ ἀλλοφύλῳ συμφυρέντας. 151 Καὶ μακρόβιοι μέν, ὡς τοὺς πολλοὺς ὑπὲρ ἑκατὸν παρατείνειν ἔτη, διὰ τὴν ἁπλότητα τῆς διαίτης, ἔμοιγε δοκεῖν, καὶ τὴν εὐταξίαν, καταφρονηταὶ δὲ τῶν δεινῶν, καὶ τὰς μὲν ἀλγηδόνας νικῶντες τοῖς φρονήμασιν, τὸν δὲ θάνατον, εἰ μετ' εὐκλείας προσίοι, νομίζοντες ἀθανασίας ἀμείνονα. 152 Διήλεγξεν δὲ αὐτῶν ἐν ἅπασιν τὰς ψυχὰς ὁ πρὸς Ῥωμαίους πόλεμος, ἐν ᾧ στρεβλούμενοί τε καὶ λυγιζόμενοι, καιόμενοί τε καὶ κλώμενοι καὶ διὰ πάντων ὁδεύοντες τῶν βασανιστηρίων

147 5 ἐναύοιεν MVC : ἐναφθεῖεν PA a.c. ἐναφθῇ ἐν A p.c. ἄπτοιεν (h.e. ἐνάπτοιεν) L mg R mg. ‖ **148** 4 θοιμάτιον LC p.c. : ἱμάτιον PAM τὸ ἱμάτιον V θυμάτιον RC a.c. θοιματίῳ Porphyr. *demissa ueste (sese diligentissime contegentes)* Lat. ‖ **149** 4 καίπερ δὲ cod. Coislin. m. 2 : καίπερ δὴ LVRC καίπερ οὖν M καίπερ PA *et nempe cum* Lat. ‖ λυμάτων PA et ut uid Lat. : σωματικῶν λυμάτων MLVRC. ‖ **151** 5 προσίοι LVRC : πρόσεισι PAM. Niese.

torsion des membres, le feu, les fractures; on les faisait passer par toute la série des instruments de torture pour qu'ils blasphèment leur législateur ou qu'ils prennent quelque aliment [1] contraire à leurs coutumes; ils ne cédèrent sur aucun des deux, sans jamais flatter leurs bourreaux ou verser une larme. **153** Tout souriants, au contraire, au milieu des douleurs et en raillant ceux qui leur infligeaient ces supplices, ils rendaient l'âme avec joie [2], sûrs de la retrouver.

154 Chez eux, en effet, règne solidement cette croyance que si les corps sont corruptibles et que leur matière ne demeure pas, les âmes demeurent toujours, immortelles qu'elles sont; émanant de l'éther le plus subtil, comme attirées vers le bas par une sorte de charme naturel, elles s'unissent aux corps qui les emprisonnent. **155** Mais lorsqu'elles sont débarrassées des entraves de la chair, comme libérées d'une longue servitude, alors, toutes joyeuses, elles sont portées dans les hauteurs. D'accord avec l'opinion des fils de la Grèce, ils déclarent que le séjour réservé aux âmes des bons [3] est au-delà de l'Océan et que c'est un endroit qui n'a pas à souffrir de pluies, de neige ou de fortes chaleurs, mais qu'un doux zéphyr venu de l'Océan le rafraîchit toujours de son souffle; tandis qu'ils assignent aux âmes viles un réduit obscur et hivernal plein de châtiments sans relâche. **156** C'est selon la même conception, à mon avis, que les Grecs ont assigné à leurs sujets valeureux, qu'ils appellent héros et demi-dieux, les îles des bienheureux, et aux âmes des méchants le lieu des impies au fond de l'Hadès, où ils montrent par des mythes les Sisyphe, les Tantale, les Ixion et les Tityos qui subissent leur châtiment; ils soutiennent ainsi d'abord que les âmes subsistent toujours et ensuite ils les incitent à la vertu et les détournent du vice. **157** Car les bons, au cours de leur vie, deviennent meilleurs dans l'espérance d'honneurs qui les suivront même après la mort, tandis que les instincts des méchants sont entravés par la crainte, puisqu'ils s'attendent à subir après leur décès, même s'ils n'ont pas été découverts pendant leur vie, un châtiment éternel. **158** Telle est la doctrine religieuse sur l'âme que les Ésséniens font pénétrer [4]

ὀργάνων, ἵν' ἢ βλασφημήσωσιν τὸν νομοθέτην ἢ φάγωσίν τι τῶν ἀσυνήθων, οὐδέτερον ὑπέμειναν παθεῖν, ἀλλ' οὐδὲ κολακεῦσαί ποτε τοὺς αἰκιζομένους ἢ δακρῦσαι. 153 Μειδιῶντες δὲ ἐν ταῖς ἀλγηδόσιν καὶ κατειρωνευόμενοι τῶν τὰς βασάνους προσφερόντων εὔθυμοι τὰς ψυχὰς ἠφίεσαν ὡς πάλιν κομιούμενοι.

154 Καὶ γὰρ ἔρρωται παρ' αὐτοῖς ἥδε ἡ δόξα, φθαρτὰ μὲν εἶναι τὰ σώματα καὶ τὴν ὕλην οὐ μόνιμον αὐτῶν, τὰς δὲ ψυχὰς ἀθανάτους ἀεὶ διαμένειν, καὶ συμπλέκεσθαι μὲν ἐκ τοῦ λεπτοτάτου φοιτώσας αἰθέρος ὥσπερ εἱρκταῖς τοῖς σώμασιν ἴυγγί τινι φυσικῇ κατασπωμένας, 155 ἐπειδὰν δὲ ἀνεθῶσι τῶν κατὰ σάρκα δεσμῶν, οἷα δὴ μακρᾶς δουλείας ἀπηλλαγμένας, τότε χαίρειν καὶ μετεώρους φέρεσθαι. Καὶ ταῖς μὲν ἀγαθαῖς, ὁμοδοξοῦντες παισὶν Ἑλλήνων, ἀποφαίνονται τὴν ὑπὲρ ὠκεανὸν δίαιταν ἀποκεῖσθαι καὶ χῶρον οὔτε ὄμβροις οὔτε νιφετοῖς οὔτε καύμασι βαρυνόμενον, ἀλλ' ὃν ἐξ ὠκεανοῦ πραῢς ἀεὶ ζέφυρος ἐπιπνέων ἀναψύχει· ταῖς δὲ φαύλαις ζοφώδη καὶ χειμέριον ἀφορίζονται μυχόν, γέμοντα τιμωριῶν ἀδιαλείπτων. 156 Δοκοῦσι δέ μοι κατὰ τὴν αὐτὴν ἔννοιαν Ἕλληνες τοῖς τε ἀνδρείοις αὐτῶν, οὓς ἥρωας καὶ ἡμιθέους καλοῦσιν, τὰς μακάρων νήσους ἀνατεθεικέναι, ταῖς δὲ τῶν πονηρῶν ψυχαῖς καθ' ᾅδου τὸν ἀσεβῶν χῶρον, ἔνθα καὶ κολαζομένους τινὰς μυθολογοῦσιν, Σισύφους καὶ Ταντάλους Ἰξίονάς τε καὶ Τιτυούς, πρῶτον μὲν ἀιδίους ὑφιστάμενοι τὰς ψυχάς, ἔπειτα εἰς προτροπὴν ἀρετῆς καὶ κακίας ἀποτροπήν. 157 Τούς τε γὰρ ἀγαθοὺς γίνεσθαι κατὰ τὸν βίον ἀμείνους ἐλπίδι τιμῆς καὶ μετὰ τὴν τελευτήν, τῶν τε κακῶν ἐμποδίζεσθαι τὰς ὁρμὰς δέει προσδοκώντων, εἰ καὶ λάθοιεν ἐν τῷ ζῆν, μετὰ τὴν διάλυσιν ἀθάνατον τιμωρίαν ὑφέξειν. 158 Ταῦτα μὲν οὖν Ἐσσηνοὶ περὶ

156 5 τὸν ARC : τῶν PLV τὸν τῶν M.

comme un irrésistible appât chez ceux qui ont une fois goûté à leur sagesse.

159 Il existe chez eux des sujets qui se font forts de prévoir l'avenir [1], pour s'être pénétrés depuis l'enfance des livres saints, de différents rites de purification et des sentences des prophètes. Il est rare, si cela se produit jamais, qu'ils se trompent dans leurs prédictions.

Les Esséniens mariés.

160 Il existe aussi un second ordre d'Esséniens, qui s'accordent avec les autres pour le régime, les coutumes et les règles, mais qui s'en séparent sur la question du mariage. Ils considèrent que ceux qui n'admettent pas le mariage amputent la vie de ce qui en est l'essentiel, la propagation de l'espèce, et, plus grave encore, que si tout le monde adoptait la même manière de voir qu'eux, ce serait bientôt la disparition du genre humain. **161** Toutefois, ils soumettent à l'épreuve les femmes à épouser, pendant trois [2] ans à dater des trois purifications qui prouvent qu'elles sont nubiles. C'est dans ces conditions qu'ils les épousent. Quand une femme est enceinte, ils n'ont plus de rapports avec elle, montrant ainsi qu'ils se marient non pour la volupté mais par le besoin d'avoir des enfants. Les femmes, au bain, s'entourent d'un vêtement comme les hommes d'un pagne. Telles sont les règles morales de cet ordre-là.

Les Pharisiens

162 Des deux groupes nommés plus haut [3], les Pharisiens, qui sont réputés pour la rigueur avec laquelle ils expliquent les lois et qui sont les guides de la principale [4] tendance, mettent tout sous la dépendance du Destin et de Dieu. **163** Ils pensent que faire le bien ou non dépend pour la plus grande part de l'homme, mais qu'il faut dans chaque cas la coopération du Destin [5]; que toute âme est incorruptible et que celle des bons seulement passe dans un autre corps, tandis que celle des méchants subit un châtiment éternel.

Les Sadducéens

164 Les Sadducéens [6], qui forment la seconde école, suppriment absolument le Destin, et ils excluent que Dieu puisse

ψυχῆς θεολογοῦσιν, ἄφυκτον δέλεαρ τοῖς ἅπαξ γευσαμένοις τῆς σοφίας αὐτῶν καθιέντες.

159 Εἰσὶν δ' ἐν αὐτοῖς οἳ καὶ τὰ μέλλοντα προγινώσκειν ὑπισχνοῦνται, βίβλοις ἱεραῖς καὶ διαφόροις ἁγνείαις καὶ προφητῶν ἀποφθέγμασιν ἐμπαιδοτριβούμενοι· σπάνιον δ' εἴ ποτε ἐν ταῖς προαγορεύσεσιν ἀστοχοῦσιν.

160 Ἔστιν δὲ καὶ ἕτερον Ἐσσηνῶν τάγμα, δίαιταν μὲν καὶ ἔθη καὶ νόμιμα τοῖς ἄλλοις ὁμοφρονοῦν, διεστὼς δὲ τῇ κατὰ γάμον δόξῃ· μέγιστον γὰρ ἀποκόπτειν οἴονται τοῦ βίου μέρος, τὴν διαδοχήν, τοὺς μὴ γαμοῦντας, μᾶλλον δέ, εἰ πάντες τὸ αὐτὸ φρονήσειαν, ἐκλιπεῖν ἂν τὸ γένος τάχιστα. 161 Δοκιμάζοντες μέντοι τριετίᾳ τὰς γαμετάς, ἐπειδὰν τρὶς καθαρθῶσιν εἰς πεῖραν τοῦ δύνασθαι τίκτειν, οὕτως ἄγονται. Ταῖς δ' ἐγκύμοσιν οὐχ ὁμιλοῦσιν, ἐνδεικνύμενοι τό μὴ δι' ἡδονὴν ἀλλὰ τέκνων χρείαν γαμεῖν. Λουτρὰ δὲ ταῖς γυναιξὶν ἀμπεχομέναις ἐνδύματα, καθάπερ τοῖς ἀνδράσιν ἐν περιζώματι. Τοιαῦτα μὲν ἔθη τοῦδε τοῦ τάγματος.

162 Δύο δὲ τῶν προτέρων Φαρισαῖοι μὲν οἱ μετ' ἀκριβείας δοκοῦντες ἐξηγεῖσθαι τὰ νόμιμα καὶ τὴν πρώτην ἀπάγοντες αἵρεσιν εἱμαρμένῃ τε καὶ θεῷ προσάπτουσι πάντα, 163 καὶ τὸ μὲν πράττειν τὰ δίκαια καὶ μὴ κατὰ τὸ πλεῖστον ἐπὶ τοῖς ἀνθρώποις κεῖσθαι, βοηθεῖν δὲ εἰς ἕκαστον καὶ τὴν εἱμαρμένην· ψυχήν τε πᾶσαν μὲν ἄφθαρτον, μεταβαίνειν δὲ εἰς ἕτερον σῶμα τὴν τῶν ἀγαθῶν μόνην, τὰς δὲ τῶν φαύλων ἀιδίῳ τιμωρίᾳ κολάζεσθαι.

164 Σαδδουκαῖοι δέ, τὸ δεύτερον τάγμα, τὴν μὲν εἱμαρμένην παντάπασιν ἀναιροῦσιν καὶ τὸν θεὸν ἔξω τοῦ δρᾶν

158 3 καθιέντες PAM : ἐγκαθιέντες LVRC Niese², uide adn. ‖ **161** 1-2 τριετίᾳ PAMLR : τριετίαν VC εὐεξίᾳ Naber ‖ 2 τρὶς MLVRC : τρεῖς PA aliter legebat Lat.

faire un mal quelconque ou même en supporter la vue. **165** Ils déclarent que le bien et le mal sont offerts au choix de l'homme et que chacun, selon sa volonté, se porte vers l'un ou l'autre. Ils excluent la persistance de l'âme ainsi que les châtiments et les récompenses dans l'Hadès [1]. **166** Les Pharisiens s'aiment beaucoup entre eux et s'appliquent à la bonne entente avec toute la communauté. Les Sadducéens, au contraire, même entre eux, ont une attitude plutôt rébarbative et dans leurs relations avec leurs coréligionnaires ils se montrent aussi bourrus que pour des étrangers.

Voilà ce que j'avais à dire sur les tendances philosophiques parmi les Juifs.

Les tétrarques Philippe et Hérode Antipas.

167 Quand l'ethnarchie d'Archélaos fut réduite en province [2], les autres princes, Philippe et Hérode, surnommé Antipas, continuèrent à administrer leurs tétrarchies respectives. Car Salomé en mourant [3] avait laissé à Julie, la femme d'Auguste, sa propre toparchie, Jamnia et les palmeraies de Phasaëlis. **168** Lorsque, à la mort d'Auguste, qui avait dirigé l'État cinquante sept ans, six mois, et deux jours [4], l'empire des Romains passa à Tibère, fils de Julie, Hérode et Philippe furent maintenus dans leurs tétrarchies; celui-ci fonda la ville de Césarée [5] dans la région de Panéas, près des sources du Jourdain, et dans la Basse-Gaulanitide, Julias [6]. Hérode fonda Tibériade [7] en Galilée, et dans la Pérée une ville qui porta le nom de Julias [8].

Pilate préfet de Judée. L'affaire des enseignes [9].

169 Envoyé par Tibère en Judée, en qualité de préfet, Pilate fit introduire de nuit dans Jérusalem, et après les avoir préalablement voilées, les effigies de César, qu'on nomme enseignes. **170** Ce fait, une fois le jour levé,

1. Traduction conventionnelle de l'hébreu *Scheol* depuis la Septante (*Dt.* 32, 22), d'où elle passera dans le N.T. (*Actes* 2, 27 *et alibi*).

τι κακὸν ἢ ἐφορᾶν τίθενται· **165** φασὶν δ' ἐπ' ἀνθρώπων ἐκλογῇ τό τε καλὸν καὶ τὸ κακὸν προκεῖσθαι καὶ κατὰ γνώμην ἑκάστου τούτων ἑκάτερον προσιέναι. Ψυχῆς τε τὴν διαμονὴν καὶ τὰς καθ' ᾅδου τιμωρίας καὶ τιμὰς ἀναιροῦσιν. **166** Καὶ Φαρισαῖοι μὲν φιλάλληλοί τε καὶ τὴν εἰς τὸ κοινὸν ὁμόνοιαν ἀσκοῦντες, Σαδδουκαίων δὲ καὶ πρὸς ἀλλήλους τὸ ἦθος ἀγριώτερον, αἵ τε ἐπιμιξίαι πρὸς τοὺς ὁμοίους ἀπηνεῖς ὡς πρὸς ἀλλοτρίους. Τοιαῦτα μὲν περὶ τῶν ἐν Ἰουδαίοις φιλοσοφούντων εἶχον εἰπεῖν.

167 Τῆς Ἀρχελάου δ' ἐθναρχίας μεταπεσούσης εἰς ἐπαρχίαν οἱ λοιποί, Φίλιππος καὶ Ἡρώδης ὁ κληθεὶς Ἀντίπας, διῴκουν τὰς ἑαυτῶν τετραρχίας· Σαλώμη γὰρ τελευτῶσα Ἰουλίᾳ τῇ τοῦ Σεβαστοῦ γυναικὶ τήν τε αὐτῆς τοπαρχίαν καὶ Ἰάμνειαν καὶ τοὺς ἐν Φασαηλίδι φοινικῶνας κατέλιπεν. **168** Μεταβάσης δὲ εἰς Τιβέριον τὸν Ἰουλίας υἱὸν τῆς Ῥωμαίων ἡγεμονίας μετὰ τὴν Αὐγούστου τελευτήν, ἀφηγησαμένου τῶν πραγμάτων ἔτεσιν ἑπτὰ καὶ πεντήκοντα, πρὸς δὲ μησὶν ἓξ καὶ ἡμέραις δύο, διαμείναντες ἐν ταῖς τετραρχίαις ὅ τε Ἡρώδης καὶ ὁ Φίλιππος, ὁ μὲν πρὸς ταῖς τοῦ Ἰορδάνου πηγαῖς ἐν Πανεάδι πόλιν κτίζει Καισάρειαν, κἀν τῇ κάτω Γαυλανιτικῇ Ἰουλιάδα, Ἡρώδης δ' ἐν μὲν τῇ Γαλιλαίᾳ Τιβεριάδα, ἐν δὲ τῇ Περαίᾳ φερώνυμον Ἰουλίας.

169 Πεμφθεὶς δὲ εἰς Ἰουδαίαν ἐπίτροπος ὑπὸ Τιβερίου Πιλᾶτος νύκτωρ κεκαλυμμένας εἰς Ἱεροσόλυμα παρεισκομίζει τὰς Καίσαρος εἰκόνας, αἳ σημαῖαι καλοῦνται. **170** Τοῦτο μεθ' ἡμέραν μεγίστην ταραχὴν ἤγειρεν

164 1 κακόν del. Niese^2. ‖ **165** 3 ἑκάστου PAL p.c. : ἑκάστῳ ML a.c. VRC ‖ ἑκάτερον Herwerden : ἑκατέρῳ PAMLRC ἑκατέρων V ‖ 4 καθ' ᾅδου C : καθόλου PAMLVR *generaliter* Lat. ‖ **167** 6 κατέλιπεν PALC: κατέλιπε MV κατέλειπεν R de additamento in cod. Voss. hoc loco uide App. III.

souleva la plus grande agitation parmi les Juifs. Ceux qui se trouvaient dans le voisinage, à cette vue, furent saisis de stupeur : ils estimaient que leurs lois étaient foulées aux pieds, car elles ne permettent dans la cité la présence d'aucune image. L'indignation des gens de la ville se répandit parmi le peuple de la campagne, qui accourut en foule. **171** Les Juifs se mirent en route pour Césarée; ils allèrent supplier Pilate de retirer les enseignes de Jérusalem et de respecter leurs usages ancestraux. Comme Pilate refusait, ils tombèrent la face contre terre autour de sa résidence et restèrent là cinq jours et cinq nuits sans bouger.

172 Le sixième jour Pilate ayant pris place sur une estrade [1] dans le grand stade où il avait convoqué la foule, comme s'il voulait, justement, leur donner une réponse, donne à ses soldats le signal convenu d'encercler les Juifs sous la menace de leurs armes. **173** Quand la troupe, sur trois rangs, les eut cernés, les Juifs, à ce spectacle inattendu, restèrent bouche bée. Pilate leur dit alors qu'il les ferait massacrer s'ils n'admettaient pas les enseignes de César et il fit signe aux soldats de dégaîner leurs épées. **174** Mais les Juifs, comme s'ils s'étaient donné le mot, se jettent à terre tous ensemble en tendant le cou et en criant qu'ils étaient prêts à mourir plutôt que de transgresser leur Loi. Déconcerté devant un zèle religieux aussi intransigeant, Pilate ordonne de remporter [2] immédiatement les enseignes de Jérusalem.

L'affaire de l'aqueduc.

175 Après cette affaire, il provoqua une nouvelle agitation en épuisant le Trésor Sacré, dit Korbônas [3], pour la construction d'un aqueduc, qui devait amener l'eau de quatre cents stades [4]. Le peuple s'indignait du

1. Cf. 70, 19, 13 : Pilate chevalier romain n'a pas droit à la chaise curule (Pf.).

2. S. Zeitlin, *Megillat Taanit* 1922, p. 87, retrouve dans ce recueil (XVIII) au 3 Kizlew (Novembre) une commémoraison de notre épisode. Il est remarquable que cette tradition rabbinique, comme Origène et Eusèbe, pense que les enseignes ont été introduites jusqu'à un endroit faisant partie du sanctuaire, ce qui est invraisemblable; alors que Philon et Josèphe

Ἰουδαίοις· οἵ τε γὰρ ἐγγὺς πρὸς τὴν ὄψιν ἐξεπλάγησαν ὡς πεπατημένων αὐτοῖς τῶν νόμων, οὐδὲν γὰρ ἀξιοῦσιν ἐν τῇ πόλει δείκηλον τίθεσθαι, καὶ πρὸς τὴν ἀγανάκτησιν τῶν κατὰ τὴν πόλιν ἄθρους ὁ ἐκ τῆς χώρας λαὸς συνέρρευσεν. 171 Ὁρμήσαντες δὲ πρὸς Πιλᾶτον εἰς Καισάρειαν ἱκέτευον ἐξενεγκεῖν ἐξ Ἱεροσολύμων τὰς σημαίας καὶ τηρεῖν αὐτοῖς τὰ πάτρια. Πιλάτου δ' ἀρνουμένου περὶ τὴν οἰκίαν πρηνεῖς καταπεσόντες ἐπὶ πέντε ἡμέρας καὶ νύκτας ἴσας ἀκίνητοι διεκαρτέρουν.

172 Τῇ δ' ἑξῆς ὁ Πιλᾶτος καθίσας ἐπὶ βήματος ἐν τῷ μεγάλῳ σταδίῳ καὶ προσκαλεσάμενος τὸ πλῆθος ὡς ἀποκρίνασθαι δῆθεν αὐτοῖς θέλων, δίδωσιν τοῖς στρατιώταις σημεῖον ἐκ συντάγματος κυκλώσασθαι τοὺς Ἰουδαίους ἐν τοῖς ὅπλοις. 173 Περιστάσης δὲ τριστιχεὶ τῆς φάλαγγος Ἰουδαῖοι μὲν ἀχανεῖς ἦσαν πρὸς τὸ ἀδόκητον τῆς ὄψεως, Πιλᾶτος δὲ κατακόψειν εἰπὼν αὐτούς, εἰ μὴ προσδέξαιντο τὰς Καίσαρος εἰκόνας, γυμνοῦν τὰ ξίφη τοῖς στρατιώταις ἔνευσεν. 174 Οἱ δὲ Ἰουδαῖοι καθάπερ ἐκ συνθήματος ἀθρόοι καταπεσόντες καὶ τοὺς αὐχένας παρακλίναντες ἑτοίμους ἀναιρεῖν σφᾶς ἐβόων μᾶλλον ἢ τὸν νόμον παραβῆναι. Ὑπερθαυμάσας δὲ ὁ Πιλᾶτος τὸ τῆς δεισιδαιμονίας ἄκρατον ἐκκομίσαι μὲν αὐτίκα τὰς σημαίας Ἱεροσολύμων κελεύει.

175 Μετὰ δὲ ταῦτα ταραχὴν ἑτέραν ἐκίνει τὸν ἱερὸν θησαυρόν, καλεῖται δὲ κορβωνᾶς, εἰς καταγωγὴν ὑδάτων ἐξαναλίσκων· κατῆγεν δὲ ἀπὸ τετρακοσίων σταδίων. Πρὸς τοῦτο τοῦ πλήθους ἀγανάκτησις ἦν,

174 3 ἀναιρεῖν PA : εἰς ἀναίρεσιν MLVRC ‖ **175** 2 κορβωνᾶς Niese : κορβωνὰς PAp.c. Lp.c. κορβανᾶς ML a.c. VRC Souda Eusebii codd. quidam κορβονᾶς Eusebii codd. antiquissimi *corban* Lat. uide adn. ‖ 3 κατῆγεν LVRC Niese : κατήγαγεν (-γε M) PAM κατῄει (cui favet Schwartz) Euseb. *erat — inducenda* Lat. ‖ τετρακοσίων codd. : τριακοσίων Lat. Euseb. διακοσίων AJ 18, 60.

procédé et comme Pilate était venu à Jérusalem, ils avaient entouré son estrade et poussaient des cris hostiles. **176** Pilate, qui avait eu connaissance de l'agitation qu'ils préparaient, avait fait se mêler à la foule ses soldats armés mais camouflés par des habits civils; ils avaient l'interdiction de se servir de leur épée et l'ordre de ne frapper les manifestants qu'avec des gourdins. De son estrade, il donne le signal convenu. **177** Au cours de cette bastonnade, beaucoup de Juifs périrent, les uns sous les coups, les autres pour s'être écrasés mutuellement dans leur fuite. Décontenancée devant le sort des victimes du massacre, la foule cessa de crier.

A Rome, Agrippa emprisonné par Tibère.

178 Sur ces entrefaites, Agrippa, fils de l'Aristobule que son père Hérode avait fait tuer, se rend près de Tibère pour accuser le tétrarque Hérode (Antipas) [1]. Tibère n'ayant pas admis son accusation, Agrippa resta à Rome pour faire sa cour aux personnages en vue et particulièrement à Caius, fils de Germanicus, alors simple particulier. **179** Un jour qu'il le recevait à souper, Agrippa, après lui avoir fait toutes sortes de compliments, finalement leva les bras au ciel et formula publiquement le vœu de le voir bientôt maître du monde après la mort de Tibère. **180** Un domestique [2] d'Agrippa rapporte la chose à Tibère. Celui-ci indigné, fait mettre Agrippa en prison et l'y retient avec un régime de rigueur pendant six mois, jusqu'au jour où lui-même mourut, après un règne de vingt-deux ans, six mois et trois jours [3].

Agrippa roi, par la grâce de Caligula.

181 Proclamé César, Caius délivre Agrippa de ses chaînes et l'établit roi sur la tétrarchie de Philippe, qui meurt en effet à ce moment-là [4]. Arrivé dans son royaume [5], Agrippa excita la jalousie et l'ambition du tétrarque Hérode. **182** C'est surtout la

(note à 169), mieux renseignés sur la politique religieuse de l'Empire au premier siècle, savaient bien que c'était simplement « en ville ».

καὶ τοῦ Πιλάτου παρόντος εἰς Ἱεροσόλυμα περιστάντες τὸ βῆμα κατεβόων. 176 Ὁ δέ, προῄδει γὰρ αὐτῶν τὴν ταραχήν, τῷ πλήθει τοὺς στρατιώτας ἐνόπλους ἐν ἐσθῆσιν ἰδιωτικαῖς κεκαλυμμένους ἐγκαταμίξας καὶ ξίφει μὲν χρήσασθαι κωλύσας, ξύλοις δὲ παίειν τοὺς κεκραγότας ἐγκελευσάμενος, σύνθημα δίδωσιν ἀπὸ τοῦ βήματος. 177 Τυπτόμενοι δὲ οἱ Ἰουδαῖοι πολλοὶ μὲν ὑπὸ τῶν πληγῶν, πολλοὶ δὲ ὑπὸ σφῶν αὐτῶν ἐν τῇ φυγῇ καταπατηθέντες ἀπώλοντο. Πρὸς δὲ τὴν συμφορὰν τῶν ἀνῃρημένων καταπλαγὲν τὸ πλῆθος ἐσιώπησεν.

178 Κἀν τούτῳ κατήγορος Ἡρώδου τοῦ τετραρχοῦντος Ἀγρίππας υἱὸς Ἀριστοβούλου, ὃν ὁ πατὴρ Ἡρώδης ἀπέκτεινεν, παραγίνεται πρὸς Τιβέριον. Τοῦ δὲ μὴ προσδεξαμένου τὴν κατηγορίαν μένων ἐπὶ Ῥώμης τούς τε ἄλλους τῶν γνωρίμων ἐθεράπευεν καὶ μάλιστα τὸν Γερμανικοῦ παῖδα Γάιον, ἰδιώτην ἔτι ὄντα. 179 Καὶ δή ποτε ἑστιῶν αὐτὸν τά τε ἄλλα ποικίλως ἐφιλοφρονεῖτο, καὶ τελευταῖον τὰς χεῖρας ἀνατείνας φανερῶς ηὔξατο θᾶττον αὐτὸν θεάσασθαι τῶν ὅλων δεσπότην ἀποθανόντος Τιβερίου. 180 Τοῦτό τις τῶν οἰκετῶν αὐτοῦ διαγγέλλει τῷ Τιβερίῳ, καὶ ὃς ἀγανακτήσας εἵργνυσιν τὸν Ἀγρίππαν καὶ μετ' αἰκίας εἶχεν αὐτὸν ἐπὶ μῆνας ἓξ ἐν δεσμωτηρίῳ, μέχρις αὐτὸς ἐτελεύτησεν ἡγεμονεύσας ἔτη δύο πρὸς τοῖς εἴκοσι καὶ τρεῖς ἡμέρας ἐπὶ μησὶν ἕξ.

181 Ἀποδειχθεὶς δὲ Γάιος Καῖσαρ ἀνίησίν τε τῶν δεσμῶν τὸν Ἀγρίππαν καὶ τῆς Φιλίππου τετραρχίας, θνήσκει γὰρ οὗτος, καθίστησι βασιλέα. Παραγενόμενος δὲ εἰς τὴν ἀρχὴν Ἀγρίππας φθόνῳ τὰς Ἡρώδου τοῦ τετράρχου διήγειρεν ἐπιθυμίας. 182 Ἐνῆγε δὲ μάλι-

176 3 ἐσθῆσιν V Euseb. : ἐν ἐσθῆσιν PAM ἐσθήσεσιν LRC. ‖ 181 3 θνήσκει P : τεθνήκει AMLVRC *decesserat* Lat.

femme de ce dernier, Hérodiade[1], qui l'incitait à aspirer à la royauté. Elle lui faisait honte de son indolence et prétendait qu'en refusant de faire la traversée pour voir César il se privait d'avancement : du moment que celui-ci avait fait roi Agrippa, un simple particulier, est-ce qu'il hésiterait pour lui, un tétrarque? **183** Cédant à ces instances, Hérode se rendit près de Caius, qui le punit de ses prétentions en l'exilant en Espagne[2]. Agrippa[3], en effet, l'avait suivi pour l'accuser. Et Caius augmenta son domaine de la tétrarchie d'Hérode. Quant à Hérode, il mourut en Espagne, où sa femme avait partagé son exil.

Caligula ordonne d'ériger sa statue dans le Temple de Jérusalem.

184 Caius[4] César mit une telle insolence à défier la Fortune qu'il voulut passer pour un dieu et être salué de ce nom, qu'il décapita sa patrie de ses plus nobles citoyens et qu'il étendit son impiété jusqu'en Judée. **185** C'est ainsi qu'il envoya à Jérusalem avec une armée Pétronius, pour y ériger dans le Temple ses statues, avec l'ordre, si les Juifs ne l'acceptaient pas, de massacrer les opposants et de réduire en esclavage tout le reste de leur nation. **186** Seulement, Dieu prêtait attention à ces ordonnances. D'Antioche Pétronius se rendit en Judée avec trois[5] légions et avec beaucoup d'alliés recrutés en Syrie. **187** Du côté des Juifs, certains n'ajoutaient pas foi aux rumeurs de guerre, les autres y croyaient bien mais ne voyaient aucun moyen de se défendre; mais comme l'armée était déjà arrivée à Ptolémaïs, l'effroi gagna vite tout le monde.

1. Elle était mariée avec un Hérode, fils d'Hérode le Grand et de Mariamme (I) et que l'Évangile de Marc 6, 17 appelle Hérode Philippe. Elle en avait une fille, Salomé (qui épousa Aristobule, roi de Petite Arménie et plus tard Philippe le Tétrarque). *AJ* 18, 109-119 raconte dans quelles circonstances notre Hérode-Philippe s'éprit d'Hérodiade, répudia sa femme (une fille du roi Arétas) et épousa Hérodiade.

3. Dans *AJ* 18, 247, ce n'est pas Agrippa, mais son affranchi Fortunatus qui suit Hérode (Antipas) à Rome,

4. Sur ses prétentions, Philon, *Legatio* 76-113.

στα τοῦτον εἰς ἐλπίδα βασιλείας Ἡρωδιὰς ἡ γυνή, κατονειδίζουσα τὴν ἀργίαν καὶ φαμένη παρὰ τὸ μὴ βούλεσθαι πλεῖν ἐπὶ Καίσαρα στερίσκεσθαι μείζονος ἀρχῆς· ὅπου γὰρ Ἀγρίππαν ἐξ ἰδιώτου βασιλέα πεποίηκεν, ἦπου γ' ἂν ἐκεῖνον διστάσειεν ἐκ τετράρχου; 183 τούτοις ἀναπεισθεὶς Ἡρώδης ἧκεν πρὸς Γάιον, ὑφ' οὗ τῆς πλεονεξίας ἐπιτιμᾶται φυγῇ εἰς Ἱσπανίαν· ἠκολούθησεν γὰρ αὐτῷ κατήγορος Ἀγρίππας, ᾧ καὶ τὴν τετραρχίαν τὴν ἐκείνου προσέθηκεν Γάιος. Καὶ Ἡρώδης μὲν ἐν Ἱσπανίᾳ συμφυγούσης αὐτῷ καὶ τῆς γυναικὸς τελευτᾷ.

184 Γάιος δὲ Καῖσαρ ἐπὶ τοσοῦτον ἐξύβρισεν εἰς τὴν τύχην, ὥστε θεὸν ἑαυτὸν καὶ δοκεῖν βούλεσθαι καὶ καλεῖσθαι, τῶν τε εὐγενεστάτων ἀνδρῶν ἀκροτομῆσαι τὴν πατρίδα, ἐκτεῖναι δὲ τὴν ἀσέβειαν καὶ ἐπὶ Ἰουδαίαν. 185 Πετρώνιον μὲν οὖν μετὰ στρατιᾶς ἐπὶ Ἱεροσολύμων ἔπεμψεν ἐγκαθιδρύσοντα τῷ ναῷ τοὺς ἀνδριάντας αὐτοῦ, προστάξας, εἰ μὴ δέχοιντο Ἰουδαῖοι, τούς τε κωλύοντας ἀνελεῖν καὶ πᾶν τὸ λοιπὸν ἔθνος ἐξανδραποδίσασθαι. 186 Θεῷ δ' ἄρα τῶν προσταγμάτων ἔμελεν. Καὶ Πετρώνιος μὲν σὺν τρισὶ τάγμασι καὶ πολλοῖς ἐκ τῆς Συρίας συμμάχοις εἰς τὴν Ἰουδαίαν ἤλαυνεν ἐκ τῆς Ἀντιοχείας, 187 Ἰουδαίων δὲ οἱ μὲν ἠπίστουν ἐπὶ ταῖς τοῦ πολέμου φήμαις, οἱ δὲ πιστεύοντες ἦσαν ἐν ἀμηχάνῳ πρὸς τὴν ἄμυναν· ταχὺ δ' ἐχώρει διὰ πάντων τὸ δέος ἤδη παρούσης εἰς Πτολεμαΐδα τῆς στρατιᾶς.

183 2 Ἱσπανίαν (ἰσπ- MR) MVR Lat. Heg. Schalit : σπανίαν PL p.c. C πανίαν AL a.c. Γαλλίαν ex. AJ 18, 252, Niese. ‖ 5 Ἱσπανίᾳ (ἰσπ- MR) MVR Lat. Heg. Schalit : σπανία PALC Γαλλίᾳ Niese Vide App. V. ‖ **184** 2 καὶ δοκεῖν Niese : δοκεῖν καὶ PAM Exc. καὶ δοκεῖν καὶ LVRC. ‖ **187** 2 ἐπὶ PAM Lat. : ἔτι LVRC ‖ 4 παρούσης Holwerda, Dindorf : γὰρ οὔσης codd.

Digression sur Ptolémaïs. Le sable vitrifiable.

188 C'est une ville côtière de la Galilée, bâtie à l'entrée de la Grande Plaine. Elle est entourée de montagnes : à l'Orient, à soixante stades la chaîne de Galilée; au Midi, le Carmel, distant de cent-vingt stades; au Nord, la chaîne la plus haute, que les gens du pays appellent l'échelle des Tyriens, distante, quant à elle, de cent stades. **189** A environ deux stades de la ville coule devant elle le fleuve appelé Bélaeos [1], très peu abondant; sur ses bords se dresse le tombeau de Memnon [2], avec, à côté, un emplacement de cent coudées, digne d'admiration. **190** C'est un terrain circulaire et creux, qui donne du sable vitrifié. Lorsque ce sable est épuisé par les nombreux bateaux qui abordent, la fosse se remplit aussitôt, sous l'action des vents, qui semblent faire exprès d'entraîner dedans le sable qui dehors ne sert à rien et dont la mine a tôt fait de transformer toute la masse en verre. **191** Ce qui me paraît encore plus surprenant, c'est que l'excès de verre qui déborde de cet emplacement redevient du sable banal. Telle est donc la particularité de ce site.

Pétronius et les Juifs à Ptolémaïs.

192 Les Juifs rassemblés avec femmes et enfants dans la plaine voisine de Ptolémaïs supplièrent longuement Pétronius [3] d'abord pour leurs lois ancestrales, ensuite pour eux-mêmes. Cédant devant cette multitude et ces prières, Pétronius laissa à Ptolémaïs les statues et ses troupes et gagna la Galilée, **193** où il convoqua le peuple et tous les notables à Tibériade. Il leur exposa la puissance des Romains, et les menaces de César et s'efforça de leur montrer que leur

1. Aujourd'hui nahr Naaman. D 'après Tacite, *Hist.* 5, 7, 4 : « autour de son embouchure, on recueille des sables qui, mêlés à du nitre, sont mis à la fonte pour donner du verre ». Sur la légende de l'invention fortuite du verre, admise à l'époque, voir Appendice VI.

188 Πόλις δ' ἐστὶν αὕτη τῆς Γαλιλαίας παράλιος κατὰ τὸ μέγα πεδίον ἐκτισμένη, περιέχεται δὲ ὄρεσιν ἐκ μὲν τοῦ πρὸς ἀνατολὴν κλίματος ἀπὸ σταδίων ἑξήκοντα τῷ τῆς Γαλιλαίας, ἀπὸ δὲ τοῦ μεσημβρινοῦ τῷ Καρμήλῳ διέχοντι σταδίους ἑκατὸν εἴκοσι, τῷ δ' ὑψηλοτάτῳ κατ' ἄρκτον, ὃ καλοῦσιν κλίμακα Τυρίων οἱ ἐπιχώριοι· καὶ τοῦτο δὲ σταδίους ἀφέστηκεν ἑκατόν. **189** Τοῦ δ' ἄστεος ὅσον ἀπὸ δύο σταδίων ὁ καλούμενος Βήλεος ποταμὸς παραρρεῖ παντάπασιν ὀλίγος, παρ' ᾧ τὸ Μέμνονος μνημεῖόν ἐστιν ἔχον ἐγγὺς αὐτοῦ τόπον ἑκατονταπήχη θαύματος ἄξιον· **190** κυκλοτερὴς μὲν γάρ ἐστιν καὶ κοῖλος, ἀναδίδωσιν δὲ τὴν ὑελίνην ψάμμον, ἣν ὅταν ἐκκενώσῃ πολλὰ πλοῖα προσσχόντα, πάλιν ἀντιπληροῦται τὸ χωρίον, κατασυρόντων μὲν ὥσπερ ἐπίτηδες τότε τῶν ἀνέμων εἰς αὐτὸ τὴν ἔξωθεν ἀργὴν ψάμμον, τοῦ δὲ μετάλλου πᾶσαν εὐθέως μεταβάλλοντος εἰς ὕελον. **191** Θαυμασιώτερον [δὲ] τούτου μοι δοκεῖ τὸ τὴν ὑπερχυθεῖσαν ὕελον ἐκ τοῦ τόπου πάλιν ψάμμον γίνεσθαι εἰκαίαν. Τὸ μὲν οὖν χωρίον τοῦτο τοιαύτην εἴληχεν φύσιν.

192 Ἰουδαῖοι δὲ μετὰ γυναικῶν καὶ τέκνων ἀθροισθέντες εἰς τὸ πεδίον τὸ πρὸς Πτολεμαΐδι καθικέτευον τὸν Πετρώνιον ὑπὲρ τῶν πατρίων νόμων πρῶτον, ἔπειτα ὑπὲρ αὑτῶν. Ὁ δὲ πρός τε τὸ πλῆθος καὶ τὰς δεήσεις ἐνδοὺς τοὺς μὲν ἀνδριάντας καὶ τὰς στρατιὰς ἐν Πτολεμαΐδι λείπει, **193** προελθὼν δὲ εἰς τὴν Γαλιλαίαν καὶ συγκαλέσας τό τε πλῆθος καὶ τοὺς γνωρίμους πάντας εἰς Τιβεριάδα τήν τε Ῥωμαίων διεξῄει δύναμιν καὶ τὰς Καίσαρος ἀπειλάς, ἔτι δὲ τὴν ἀξίωσιν ἀπέφαινεν

190 3-4 προσσχόντα Dindorf : προσχόντα codd. *pariter accedentes* Lat. ‖ **191** 1 post θαυμασιώτερον add. δὲ A p.c. *mirabilius quoque* Lat. ‖ **192** 5 τοὺς — στρατιὰς PAM Thack. : τὴν μὲν στρατιὰν καὶ τοὺς ἀνδριάντας LVRC Lat. Niese[2] ‖ **193** 1 προελθὼν C : προσελθὼν PAMLVR.

requête était inconsidérée. **194** Car du moment que toutes les nations sujettes ont érigé dans chaque ville, avec les statues des autres dieux, celles de César, le fait qu'ils sont les seuls à s'y opposer est presque le cas de rebelles, et s'accompagne d'une insolence.

195 Comme ils objectaient leur Loi et leur coutume ancestrale, d'après lesquelles il n'est permis de dresser aucune représentation d'un dieu, à plus forte raison d'un homme, non seulement dans le temple mais dans un lieu quelconque du pays, Pétronius répondit : « Mais moi aussi j'ai à observer la loi de mon maître. Si je la transgresse en vous ménageant, je périrai en toute justice. Celui qui vous fera la guerre c'est celui qui m'a envoyé et non moi. Car, tout comme vous, je reçois des ordres ». **196** A ce plaidoyer, la foule vociféra qu'ils étaient prêts à tout souffrir pour leur Loi. Pétronius fit cesser leurs cris et dit : « Ainsi, vous ferez la guerre à César? » **197** Alors les Juifs déclarèrent qu'ils offraient [1] des sacrifices deux fois par jour pour César et pour le peuple romain, mais que s'il voulait installer les statues, il lui faudrait d'abord immoler la nation des Juifs tout entière : ils s'offraient d'eux-mêmes immédiatement au sacrifice avec femmes et enfants. **198** Ces mots pénètrent Pétronius d'admiration et de compassion pour l'insurpassable sentiment religieux de ces hommes et la fermeté avec laquelle ils s'offraient à la mort. Cette fois encore on se sépara sans résultat. **199** Les jours suivants, il réunit [2] en corps les notables dans des audiences particulières et le peuple en assemblée publique. Il procéda tantôt par des exhortations, tantôt par des conseils mais le plus souvent par la menace, en brandissant la puissance des Romains, les accès de colère de Caius et la nécessité qui s'imposait à lui-même dans ces circonstances. **200** Eux ne cédant devant

1. Cf. Appendice VII.
2. À Tibériade, selon *AJ* 18, 269 sq.

ἀγνώμονα· **194** πάντων γὰρ τῶν ὑποτεταγμένων ἐθνῶν κατὰ πόλιν συγκαθιδρυκότων τοῖς ἄλλοις θεοῖς καὶ τὰς Καίσαρος εἰκόνας, τὸ μόνους ἐκείνους ἀντιτάσσεσθαι πρὸς τοῦτο σχεδὸν ἀφισταμένων εἶναι καὶ μεθ' ὕβρεως.

195 Τῶν δὲ τὸν νόμον καὶ τὸ πάτριον ἔθος προτεινομένων καὶ ὡς οὐδὲ θεοῦ τι δείκηλον, οὐχ ὅπως ἀνδρός, οὐ κατὰ τὸν ναὸν μόνον ἀλλ' οὐδὲ ἐν εἰκαίῳ τινὶ τόπῳ τῆς χώρας θέσθαι θεμιτὸν εἴη, ὑπολαβὼν ὁ Πετρώνιος « ἀλλὰ μὴν καὶ ἐμοὶ φυλακτέος ὁ τοὐμοῦ δεσπότου νόμος, » ἔφη· « παραβὰς γὰρ αὐτὸν καὶ φεισάμενος ὑμῶν ἀπολοῦμαι δικαίως. Πολεμήσει δ' ὑμᾶς ὁ πέμψας με καὶ οὐκ ἐγώ· καὶ γὰρ αὐτός, ὥσπερ ὑμεῖς, ἐπιτάσσομαι ». **196** Πρὸς ταῦτα τὸ πλῆθος πάντ' ἐβόα πρὸ τοῦ νόμου πάσχειν ἑτοίμως ἔχειν. Καταστείλας δ' αὐτῶν ὁ Πετρώνιος τὴν βοήν, « πολεμήσετε, » εἶπεν, « ἄρα Καίσαρι; » **197** Καὶ Ἰουδαῖοι περὶ μὲν Καίσαρος καὶ τοῦ δήμου τῶν Ῥωμαίων δὶς τῆς ἡμέρας θύειν ἔφασαν, εἰ δὲ βούλεται τὰς εἰκόνας ἐγκαθιδρύειν, πρότερον αὐτὸν δεῖν ἅπαν τὸ Ἰουδαίων ἔθνος προθύσασθαι· παρέχειν δὲ σφᾶς αὐτοὺς ἑτοίμους εἰς τὴν σφαγὴν ἅμα τέκνοις καὶ γυναιξίν. **198** Ἐπὶ τούτοις θαῦμα καὶ οἶκτος εἰσῄει τὸν Πετρώνιον τῆς τε ἀνυπερβλήτου θρησκείας τῶν ἀνδρῶν καὶ τοῦ πρὸς θάνατον ἑτοίμου παραστήματος. Καὶ τότε μὲν ἄπρακτοι διελύθησαν.

199 Ταῖς δ' ἑξῆς ἀθρόους τε τοὺς δυνατοὺς κατ' ἰδίαν καὶ τὸ πλῆθος ἐν κοινῷ συλλέγων ποτὲ μὲν παρεκάλει, ποτὲ δὲ συνεβούλευεν, τὸ πλέον μέντοι διηπείλει, τήν τε Ῥωμαίων ἐπανατεινόμενος ἰσχὺν καὶ τοὺς Γαΐου θυμοὺς τήν τε ἰδίαν πρὸς τούτοις ἀνάγκην. **200** Πρὸς δὲ μηδεμίαν πεῖραν ἐνδιδόντων, ὡς ἑώρα

199 2 συλλέγων MLVRC : συλλεγέντων PA συλλεγέντας A γρ. συλλεγὲν Destinon.

aucune de ses tentatives, comme il voyait que les campagnes risquaient même de rester sans semailles, car cela faisait cinquante jours, en pleine époque des semailles, que les populations passaient leur temps à rester près de lui sans rien faire, il les rassembla une dernière fois et leur dit : **201** « C'est donc plutôt à moi de prendre un risque. Car, ou bien, avec l'aide de Dieu, j'arriverai à persuader César, et alors j'aurai la satisfaction de sauver ma vie avec vous, ou bien, s'il fait un éclat de colère, je donnerai volontiers ma vie pour tant de monde. » Il congédia la foule, qui le comblait de bénédictions, il reprit son armée et de Ptolémaïs retourna à Antioche. **202** De là il écrivit aussitôt à César en lui racontant sa propre intervention en Judée et les supplications de cette nation, ajoutant que s'il ne voulait pas voir périr le pays avec ses habitants, il fallait qu'eux puissent observer leur Loi et que l'on révoquât l'ordre donné. **203** A cette lettre, Caius répondit en termes rien moins que modérés, menaçant Pétronius de mort parce qu'il se montrait un exécuteur bien lent de ses ordres.

La mort de Caligula sauve le Temple.

Seulement il advint que les courriers chargés de cette lettre restèrent trois mois en mer à subir les intempéries, tandis que d'autres, qui apportaient la nouvelle de la mort de Caius, faisaient une bonne traversée. De ce fait, Pétronius reçut l'annonce de cette dernière nouvelle vingt-sept jours avant la lettre qui le menaçait [1].

Les « bons offices » d'Agrippa pour l'avènement de Claude.

204 Lorsque Caius eut été assassiné, après un règne de trois ans et huit mois [2], les troupes en garnison à Rome [3] enlevèrent Claude pour le faire empereur. **205** Mais le Sénat, sur la proposition des consuls Sentius Saturninus et Pomponius Secundus, après avoir confié la garde de la ville aux trois [4] cohortes restées fidèles, se réunit au Capitole et, alléguant la cruauté de Caius, décréta la guerre contre Claude : on allait donner à l'Empire

καὶ τὴν χώραν κινδυνεύουσαν ἄσπορον μεῖναι, κατὰ γὰρ ὥραν σπόρου πεντήκοντα ἡμέρας ἀργὰ προσδιέτριϐεν αὐτῷ τὰ πλήθη, τελευταῖον ἀθροίσας αὐτοὺς καὶ **201** « παρακινδυνευτέον ἐμοὶ μᾶλλον, » εἰπών, « ἢ γὰρ τοῦ θεοῦ συνεργοῦντος πείσας Καίσαρα σωθήσομαι μεθ' ὑμῶν ἡδέως, ἢ παροξυνθέντος ὑπὲρ τοσούτων ἑτοίμως ἐπιδώσω τὴν ἐμαυτοῦ ψυχήν, » διαφῆκεν τὸ πλῆθος πολλὰ κατευχόμενον αὐτῷ, καὶ παραλαϐὼν τὴν στρατιὰν ἐκ τῆς Πτολεμαΐδος ὑπέστρεψεν εἰς τὴν Ἀντιόχειαν. **202** Ἔνθεν εὐθέως ἐπέστελλεν Καίσαρι τήν τε ἐμϐολὴν τὴν εἰς Ἰουδαίαν ἑαυτοῦ καὶ τὰς ἱκεσίας τοῦ ἔθνους, ὅτι τε, εἰ μὴ βούλεται πρὸς τοῖς ἀνδράσιν καὶ τὴν χώραν ἀπολέσαι, δέοι φυλάττειν τε αὐτοὺς τὸν νόμον καὶ παριέναι τὸ πρόσταγμα. **203** Ταύταις ταῖς ἐπιστολαῖς οὐ σφόδρα μετρίως ἀντέγραψεν ὁ Γάιος, ἀπειλῶν Πετρωνίῳ θάνατον, ὅτι τῶν προσταγμάτων αὐτοῦ βραδὺς ὑπηρέτης ἐγίνετο.

Ἀλλὰ τοὺς μὲν τούτων γραμματοφόρους συνέϐη χειμασθῆναι τρεῖς μῆνας ἐν τῇ θαλάσσῃ, τὸν δὲ Γαΐου θάνατον ἄλλοι καταγγέλλοντες εὐπλόουν. Ἔφθη γοῦν τὰς περὶ τούτων Πετρώνιος λαϐὼν ἐπιστολὰς ἑπτὰ καὶ εἴκοσιν ἡμέραις ἢ τὰς καθ' ἑαυτοῦ.

204 Γαΐου δὲ ἡγεμονεύσαντος ἔτη τρία καὶ μῆνας ὀκτὼ καὶ δολοφονηθέντος ἁρπάζεται μὲν ὑπὸ τῶν ἐν Ῥώμῃ στρατευμάτων [εἰς τὴν ἀρχὴν] Κλαύδιος, **205** ἡ δὲ σύγκλητος, ἐξηγουμένων τῶν ὑπάτων Σεντίου Σατορνίνου καὶ Πομπωνίου Σεκούνδου, τρισὶν ταῖς συμμενούσαις σπείραις ἐπιτρέψασα φυλάττειν τὴν πόλιν εἰς τὸ Καπετώλιον ἠθροίσθη, καὶ διὰ τὴν ὠμότητα τὴν

201 6 κατευχόμενον (ν finale in ras. L) A p.c. MLVR : κατευχομένων PA a.c. Niese κατευχόμενος C a.c. κατευχομένους C p.c. ‖ **202** 5 παριέναι PAL p.c. : παρεῖναι ML a.c. VRC. ‖ **203** 4 ἐγίνετο PA : ἐγένετο MLVRC. ‖ **204** 3 εἰς τὴν ἀρχὴν om. P.

une constitution aristocratique comme sous l'ancien régime, ou choisir par voie de suffrage le personnage digne de ce commandement.

206 Il se trouva qu'Agrippa [1] séjournait alors à Rome. Appelé en consultation à la fois par le Sénat et par Claude, qui était au camp [2] (des prétoriens), les deux parties escomptant ses bons offices, comme il avait compris qui était déjà César pour l'armée, c'est auprès de Claude qu'il se rendit. **207** Celui-ci l'envoie en ambassade auprès du Sénat pour y exposer sa manière de voir : d'abord c'est à son corps défendant qu'il a été enlevé par les soldats et il estime que se dérober [3] à leur zèle ne serait pas juste et pas sans danger non plus à l'égard de sa propre Fortune, car d'avoir reçu le titre d'empereur est un sort périlleux. **208** Deuxièmement, il gouvernera en bon prince et non pas comme un tyran : il se contentera, en effet, de l'honneur que comporte ce titre et remettra la délibération sur chacune des affaires au peuple entier. Car, de fait, s'il n'était pas déjà naturellement porté à la pondération, la mort de Caius lui fournissait un exemple suffisant pour agir avec sagesse.

209 Tel fut le message d'Agrippa. Le Sénat répondit que, sûr de l'armée et de la sagesse de ses propres décisions, il ne se résignerait pas à une servitude volontaire. Lorsque Claude eut entendu la réponse du Sénat il envoya une seconde fois Agrippa annoncer aux Sénateurs qu'il ne se résignerait pas à trahir ceux qui s'étaient portés vers lui d'un élan unanime et que, bien malgré lui, il allait avoir recours aux armes contre ceux pour qui il le voulait le moins. **210** Il faudrait auparavant choisir pour le combat un terrain hors de la ville, car ce serait un sacrilège si leur mauvaise résolution venait à souiller du sang de leurs frères les sanctuaires de la patrie. Ce qu'ayant

1. Hérode Agrippa I, dit le Grand, celui dont il est question dans Philon, *In Flaccum* 25-40 et *Legatio* 179 et 261-330.

2. Depuis 23 Séjan avait installé le camp des prétoriens au N.E. de Rome, en dehors de la cité.

Γαΐου Κλαυδίῳ πολεμεῖν ἐψηφίζετο· καταστήσεσθαι γὰρ δι' ἀριστοκρατίας, ὥσπερ οὖν πάλαι διῳκεῖτο, τὴν ἀρχὴν ἢ κρινεῖν ψήφῳ τὸν ἄξιον τῆς ἡγεμονίας.

206 Συνέβη [δὲ] τηνικαῦτα πρὸς ἐπιδημοῦντα τὸν Ἀγρίππαν τήν τε σύγκλητον καλοῦσαν εἰς συμβουλίαν πέμψαι καὶ Κλαύδιον ἐκ τῆς παρεμβολῆς, ὅπως πρὸς ἃ δέοι χρήσιμος αὐτοῖς γένοιτο. [Κἀκεῖνος] συνιδὼν τὸν ἤδη τῇ δυνάμει Καίσαρα πρὸς Κλαύδιον ἄπεισιν. 207 Ὁ δ' αὐτὸν πρεσβευτὴν πρὸς τὴν σύγκλητον ἀναπέμπει δηλοῦντα τὴν ἑαυτοῦ προαίρεσιν, ὅτι πρῶτον μὲν ἄκων ὑπὸ τῶν στρατιωτῶν ἁρπαγείη, καὶ οὔτε τὴν ἐκείνων σπουδὴν ἐγκαταλιπεῖν δίκαιον οὔτε ἀσφαλὲς τὴν ἑαυτοῦ τύχην κρίνοι· καὶ γὰρ τὸ τυχεῖν τῆς ἡγεμονικῆς κλήσεως ἐπικίνδυνον εἶναι· 208 ἔπειθ' ὅτι διοικήσει τὴν ἀρχὴν ὥσπερ ἀγαθὸς προστάτης, οὐχ ὡς τύραννος· ἀρκεῖσθαι γὰρ τῇ τιμῇ τῆς προσηγορίας, τὴν δ' ἐφ' ἑκάστῳ τῶν πραγμάτων βουλὴν πᾶσιν ἀποδώσειν· καὶ γὰρ εἰ μὴ φύσει μέτριος ἦν, ἱκανὸν ὑπόδειγμα σωφροσύνης αὐτῷ προκεῖσθαι τὸν Γαΐου θάνατον.

209 Ταῦτ' ἀπήγγειλεν Ἀγρίππας. Ἡ δὲ βουλὴ ἀπεκρίνατο καὶ στρατῷ καὶ γνώμαις ἀγαθαῖς πεποιθυῖα δουλείαν ἑκούσιον οὐχ ὑπομενεῖν. Καὶ Κλαύδιος ὡς ἤκουσεν τὰ παρὰ τῆς βουλῆς, πάλιν ἔπεμψεν τὸν Ἀγρίππαν ἀπαγγελοῦντα αὐτοῖς ὅτι προδοῦναι μὲν τοὺς εἰς αὐτὸν ὁμονοήσαντας οὐχ ὑπομένοι, πολεμήσειν δ' ἄκων πρὸς οὓς ἥκιστα βούλοιτο. 210 Δεῖν μέντοι προαποδειχθῆναι τῷ πολέμῳ χωρίον ἔξω τῆς πόλεως· οὐ γὰρ ὅσιον διὰ τὴν αὐτῶν κακοβουλίαν ὁμοφύλῳ

206 1 δὲ om. PA. ‖ 4 κακεῖνος συνιδὼν MLVRC : συνιδὼν δὲ A p.c. Niese[2] συνιδὼν PA a.c. *uidens agrippa* Lat. ὃς συνιδὼν aut συνιδὼν Ἀγρίππας Destinon. ‖ **208** 2 διοικήσει PAML p.c. C : διοικήσοι L a.c. VR. ‖ **209** 6 ὁμονοήσαντας PAM L[2] mg. ὀμόσαντας L p.c. R ὀμόσαντας L a.c. VC *quorum consensu (in imperium esset ascitus)* Lat.

entendu, Agrippa alla transmettre le message aux Sénateurs.

211 Sur ces entrefaites, un des soldats qui avaient pris le parti du Sénat tira son épée et s'écria : « Camarades, qu'est-ce qui nous prend de vouloir tuer des frères et nous jeter sur des parents à nous, qui accompagnent Claude, alors que nous avons un empereur à qui l'on n'a rien à reprocher et quand tant de justes liens nous unissent à ceux contre qui nous allons marcher les armes à la main? » **212** Sur ces mots, il s'élança à travers le Sénat en entraînant tous ses camarades à sa suite. Sur le moment, les patriciens furent saisis de crainte devant cette défection; puis, ne voyant aucune autre voie de salut, ils suivirent les soldats et se hâtèrent de se rendre auprès de Claude. **213** Hors des murs ils se trouvèrent face à face avec les plus ardents à courtiser la Fortune, l'épée à la main. Les sénateurs en tête du cortège auraient été en danger, avant même que Claude n'ait été informé de l'agression de ses soldats, si Agrippa n'était accouru pour lui montrer le danger qu'il y aurait à passer à l'action et que s'il ne retenait pas l'impétuosité de ces ennemis enragés des patriciens, il perdrait ceux qui font la gloire du pouvoir et il ne serait plus que le souverain d'une solitude.

214 Après cet entretien, Claude retint les ardeurs de l'élément militaire. Il reçoit alors les Sénateurs dans le camp, les accueille aimablement et part tout de suite avec eux pour offrir à Dieu un sacrifice d'action de grâces pour son avènement à l'Empire. **215** Sur l'heure il gratifia Agrippa de tout le royaume de son grand-père, en y ajoutant à l'extérieur la Trachonitide et l'Auranitide, données par Auguste à Hérode [1] et outre cela un autre royaume dit « royaume de Lysanias » [2]. **216** Il annonça au peuple cette donation par un décret impérial et prescrivit aux magistrats d'en faire graver le texte sur des tables de bronze et de les déposer au Capitole. **217** Il gratifia également du royaume de Chalcis Hérode, frère d'Agrippa et qui était aussi son gendre par son mariage avec Bérénice [3].

1. Cf. 1, 398.

φόνῳ μιαίνεσθαι τὰ τεμένη τῆς πατρίδος. Ὁ μὲν οὖν ἀκούσας ταῦτα τοῖς βουλευταῖς ἀπήγγειλεν.

211 Μεταξὺ δὲ τῶν μετὰ τῆς συγκλήτου στρατιωτῶν τις σπασάμενος τὸ ξίφος « Ἄνδρες, » ἐβόησεν, « συστρατιῶται, τί παθόντες ἀδελφοκτονεῖν βουλόμεθα καὶ κατὰ τῶν μετὰ Κλαυδίου συγγενῶν ὁρμᾶν, ἔχοντες μὲν αὐτοκράτορα μηδὲν μεμφθῆναι δυνάμενον, τοσαῦτα δὲ τὰ δίκαια πρὸς οὓς μετὰ τῶν ὅπλων χωρεῖν μέλλομεν;
212 Ταῦτα εἰπὼν διὰ μέσης ὥρμησεν τῆς βουλῆς πάντας τοὺς συστρατιώτας ἐφελκόμενος. Οἱ δ' εὐπατρίδαι παραχρῆμα μὲν πρὸς τὴν ἀπόλειψιν περιδεῶς ἔσχον, αὖθις δ' ὡς ἀποστροφὴ σωτήριος οὐ κατεφαίνετο, τὴν τῶν στρατιωτῶν ὁδὸν ἠπείγοντο πρὸς Κλαύδιον.
213 Ὑπήντων δ' αὐτοῖς πρὸ τοῦ τείχους γυμνοῖς τοῖς ξίφεσιν οἱ σφοδρότερον κολακεύοντες τὴν τύχην· κἂν συνέβη κινδυνεῦσαι τοὺς προάγοντας πρὶν γνῶναι τὴν ὁρμὴν τῶν στρατιωτῶν Κλαύδιον, εἰ μὴ προσδραμὼν Ἀγρίππας αὐτῷ τὸ κινδύνευμα τῆς πράξεως ἐδήλωσεν, ὅτι τε εἰ μὴ κατάσχοι τὴν ὁρμὴν τῶν ἐπὶ τοὺς εὐπατρίδας λελυσσηκότων, ἀπολέσας δι' οὓς τὸ κρατεῖν ἐστι περίοπτον ἐρημίας ἔσοιτο βασιλεύς.

214 Ταῦτ' ἀκούσας Κλαύδιος κατέσχεν τὰς ὁρμὰς τοῦ στρατιωτικοῦ, προσδέχεταί τε τὴν σύγκλητον εἰς τὸ στρατόπεδον καὶ φιλοφρονησάμενος ἐξῄει σὺν αὐτοῖς αὐτίκα θύσων τῷ θεῷ τὰ περὶ τῆς ἡγεμονίας χαριστήρια.
215 Καὶ τὸν Ἀγρίππαν εὐθέως ἐδωρεῖτο τῇ πατρῴᾳ βασιλείᾳ πάσῃ, προστιθεὶς ἔξωθεν καὶ τὰς ὑπ' Αὐγούστου δοθείσας Ἡρώδῃ Τραχωνῖτιν καὶ Αὐρανῖτιν, χωρὶς δὲ τούτων ἑτέραν βασιλείαν τὴν Λυσανίου καλουμένην.
216 Καὶ τῷ μὲν δήμῳ διατάγματι τὴν δωρεὰν ἐδήλου, τοῖς ἄρχουσιν δὲ προσέταξεν ἐγχαράξαντας δέλτοις χαλκαῖς τὴν δόσιν εἰς τὸ Καπετώλιον ἀναθεῖναι. 217
Δωρεῖται δ' αὐτοῦ καὶ τὸν ἀδελφὸν Ἡρώδην, ὁ δ' αὐτὸς καὶ γαμβρὸς ἦν Βερνίκῃ συνοικῶν, βασιλείᾳ τῇ Χαλκίδι.

Règne et mort d'Agrippa.

218 Bientôt, comme on pouvait s'y attendre avec un si grand royaume, la richesse afflua vers Agrippa, qui, personnellement, n'en profita pas longtemps. Ainsi, il entreprit d'entourer Jérusalem d'une muraille [1] telle que, si elle avait été achevée, le siège eût abouti pour les Romains à un échec. **219** Il mourut à Césarée, avant d'avoir fait monter la construction plus haut que le sol. Il était roi depuis trois ans, mais auparavant, il avait gouverné, trois années également, ses tétrarchies [2]. **220** Il laissa trois filles nées de Cypros [3] : Bérénice, Mariamme et Drusilla [4]; et un fils de la même, Agrippa. Ce dernier étant encore tout enfant [5], Claude fit de nouveau de ces royaumes une province et envoya comme procurateur Cuspius Fadus [6], puis Tibère Alexandre [7], qui, en ne heurtant aucun des usages du pays, gardèrent la nation en paix. **221** Puis ce fut le mort d'Hérode, roi de Chalcis [8], qui laissait de sa nièce Bérénice deux fils, Bérénicianus et Hyrcanus, et de sa première femme Mariamme, Aristobule. Agrippa avait perdu un autre frère, Aristobule, simple particulier, qui laissa une fille, Iotapé [9]. **222** Tels furent donc, comme je l'ai dit, les enfants d'Aristobule, fils d'Hérode [10]. Aristobule et Alexandre qui étaient nés à Hérode de Mariamme, furent tués par leur père. Quant à la descendance d'Alexandre, elle régna sur la Grande Arménie.

Cumanus procurateur de Judée.

223 Après la mort d'Hérode qui gouvernait Chalcis, Claude installe [11] Agrippa, fils d'Agrippa, sur le trône de son oncle. Quant au reste de la province, Cumanus [12] reçoit la succession de (Tibère) Alexandre et c'est sous son administration que commencèrent les troubles et que l'on massacra de nouveau [13] des Juifs. **224** Il y avait en effet, affluence de peuple

1. Au Nord de la ville, en incluant le faubourg de Bezetha. Ce n'est pas la mort qui empêcha Agrippa de mener cette entreprise à son terme, mais un ordre de Claude, provoqué par Marsus, gouverneur de Syrie (*BJ* 5, 151-154 et *AJ* 19, 326 sq.), qui voyait dans ces travaux une menace de révolte.

218 Ταχέως δ' ὡς ἂν ἐκ τοσαύτης ἀρχῆς, πλοῦτος Ἀγρίππᾳ συνέρρει, καὶ τοῖς χρήμασιν αὐτὸς οὐκ εἰς μακρὰν κατεχρήσατο· τηλικοῦτον γὰρ τοῖς Ἱεροσολύμοις περιβαλεῖν ἤρξατο τεῖχος, ἡλίκον ἂν τελεσθὲν ἀνήνυτον Ῥωμαίοις ἐποίησεν τὴν πολιορκίαν. 219 Ἀλλ' ἔφθη πρὶν ὑψῶσαι τὸ ἔργον τελευτήσας ἐν Καισαρείᾳ, βεβασιλευκὼς μὲν ἔτη τρία, πρότερον δὲ τῶν τετραρχιῶν τρισὶν ἑτέροις ἔτεσιν ἀφηγησάμενος. 220 Καταλείπει δὲ τρεῖς μὲν θυγατέρας ἐκ Κύπρου γεγεννημένας, Βερνίκην καὶ Μαριάμμην καὶ Δρουσίλλαν, υἱὸν δὲ ἐκ τῆς αὐτῆς Ἀγρίππαν. Οὗ παντάπασιν ὄντος νηπίου πάλιν τὰς βασιλείας Κλαύδιος ἐπαρχίαν ποιήσας ἐπίτροπον πέμπει Κούσπιον Φᾶδον, ἔπειτα Τιβέριον Ἀλέξανδρον, οἵ μηδὲν παρακινοῦντες τῶν ἐπιχωρίων ἐθῶν ἐν εἰρήνῃ τὸ ἔθνος διεφύλαξαν. 221 Μετὰ ταῦτα καὶ ὁ βασιλεύων τῆς Χαλκίδος Ἡρώδης τελευτᾷ, καταλιπὼν ἐκ μὲν τῆς ἀδελφιδῆς Βερνίκης δύο παῖδας Βερνικιανόν τε καὶ Ὑρκανόν, ἐκ δὲ τῆς προτέρας Μαριάμμης Ἀριστόβουλον. Τεθνήκει δ' αὐτῷ καὶ ἕτερος ἀδελφὸς Ἀριστόβουλος ἰδιώτης καταλιπὼν Ἰωτάπην θυγατέρα. 222 Οὗτοι μὲν οὖν ἦσαν, ὡς προεῖπον, Ἀριστοβούλου τοῦ Ἡρώδου παῖδες, Ἀριστόβουλος δὲ καὶ Ἀλέξανδρος ἐκ Μαριάμμης Ἡρώδῃ γεγόνεισαν υἱεῖς, οὓς ὁ πατὴρ ἀνεῖλεν· ἡ δὲ Ἀλεξάνδρου γενεὰ τῆς μεγάλης Ἀρμενίας ἐβασίλευσεν.

223 Μετὰ δὲ τὴν Ἡρώδου τελευτήν, ὃς ἦρχε τῆς Χαλκίδος, καθίστησιν Κλαύδιος εἰς τὴν βασιλείαν τοῦ θείου τὸν Ἀγρίππαν υἱὸν Ἀγρίππα· τῆς δ' ἄλλης ἐπαρχίας διαδέχεται τὴν ἐπιτροπὴν ἀπὸ Ἀλεξάνδρου Κουμανός, ἐφ' οὗ θόρυβοί τε ἤρξαντο καὶ φθορὰ πάλιν Ἰουδαίων ἐγένετο. 224 Συνεληλυθότος γὰρ τοῦ πλή-

218 3 μακρὰν codd. : *in rebus — exiguis* Lat., unde μικρὰ Hudson. ‖ **220** 2 Μαριάμην M Niese[2]. Idem *infra*. Schalit.

à Jérusalem pour la fête des Azymes. La cohorte romaine s'était postée sur le toit du portique du temple. Les soldats y montent toujours la garde [1] en armes les jours de fête, pour prévenir tout mouvement séditieux de cette foule assemblée. Un des soldats retroussant son vêtement et se baissant avec indécence se tourna de façon à montrer son siège aux Juifs et fit entendre un bruit en rapport avec son attitude [2]. **225** Indignée de cette insulte, toute la foule cria à Cumanus de punir le soldat; des jeunes gens, moins maîtres d'eux-mêmes, avec la partie de la nation naturellement portée à la révolte, s'avancèrent pour combattre : ils ramassèrent des pierres et en bombardèrent les soldats. **226** Craignant que tout le peuple ne l'attaque lui-même, Cumanus fait venir des légionnaires en renfort. Ces troupes se répandant sur les portiques, une peur irrésistible s'empara des Juifs : abandonnant le Temple ils fuyaient en ville. **226** Ce fut une telle presse aux portes de sortie que plus de trente mille [3] hommes moururent piétinés ou écrasés les uns par les autres et que la fête se changea en deuil pour toute la nation et en chants funèbres pour chaque famille.

228 A ce malheur succéda un autre désordre suscité par les brigands. Sur la route publique, près de Béthoron [4], des brigands tombèrent sur un convoi de bagages appartenant à un certain Stéphanos, esclave de César, et le pillèrent. **229** Cumanus envoie alors dans toute la région des troupes chargées de lui amener enchaînés les habitants [5] des villages environnants, à qui il reprochait de n'avoir pas poursuivi et arrêté les brigands. A cette

1. Le verbe grec au présent « paraît indiquer que Josèphe copie une source antérieure à la ruine du Temple ». (Th. Reinach). Thackeray ne le suit pas. En réalité, s'il ne peut s'agir ici d'un banal présent historique — peu compatible avec l'adverbe ἀεί — on peut penser à un emploi figuré du présent, qui évoque la rigueur d'une consigne constamment observée à l'époque des faits racontés ici.

2. Ce soldat prend à la lettre une expression vulgaire qui, au témoignage d'Horace (1 *Sat.* 9, 69), n'était qu'une outrance conventionnelle de langage dans les milieux antisémites de Rome.

θους ἐπὶ τὴν ἑορτὴν τῶν ἀζύμων εἰς Ἱεροσόλυμα καὶ τῆς Ῥωμαϊκῆς σπείρας ὑπὲρ τὴν τοῦ ἱεροῦ στοὰν ἐφεστώσης, ἔνοπλοι δ' ἀεὶ τὰς ἑορτὰς παραφυλάττουσιν, ὡς μή τι νεωτερίζοι τὸ πλῆθος ἠθροισμένον, εἷς τις τῶν στρατιωτῶν ἀνασυράμενος τὴν ἐσθῆτα καὶ κατακύψας ἀσχημόνως προσαπέστρεψεν τοῖς Ἰουδαίοις τὴν ἕδραν καὶ τῷ σχήματι φωνὴν ὁμοίαν ἐπεφθέγξατο.
225 Πρὸς τοῦτο ἅπαν μὲν τὸ πλῆθος ἠγανάκτησεν, καὶ κατεβόων τοῦ Κουμανοῦ κολάζειν τὸν στρατιώτην, οἱ δὲ ἧττον νήφοντες τῶν νέων καὶ τὸ φύσει στασιῶδες ἐκ τοῦ ἔθνους ἐχώρουν ἐπὶ μάχην, λίθους τε ἁρπάσαντες ἐπὶ τοὺς στρατιώτας ἔβαλλον. 226 Καὶ Κουμανὸς δείσας, μὴ τοῦ λαοῦ παντὸς ἐπ' αὐτὸν ὁρμὴ γένοιτο, πλείους ὁπλίτας μεταπέμπεται. Τῶν δὲ ταῖς στοαῖς ἐπιχεομένων φόβος ἐμπίπτει τοῖς Ἰουδαίοις ἀκατάσχετος, καὶ τραπέντες ἐκ τοῦ ἱεροῦ διέφευγον εἰς τὴν πόλιν. 227 Τοσαύτη δὲ περὶ τὰς ἐξόδους βία συνωθουμένων ἐγένετο, ὥστε πατηθέντας ὑπ' ἀλλήλων καὶ συντριβέντας ὑπὲρ τρισμυρίους ἀποθανεῖν, γενέσθαι δὲ τὴν ἑορτὴν πένθος μὲν ὅλῳ τῷ ἔθνει, θρῆνον δὲ καθ' ἑκάστην οἰκίαν.

228 Μετελάμβανεν δὲ ταύτην τὴν συμφορὰν ἄλλος λῃστρικὸς θόρυβος. Κατὰ γὰρ τὴν Βαιθωρὼ δημοσίαν ὁδὸν Στεφάνου τινὸς δούλου Καίσαρος ἀποσκευὴν κομιζομένην διήρπασαν λῃσταὶ προσπεσόντες. 229 Κουμανὸς δὲ περιπέμψας τοὺς ἐκ τῶν πλησίον κωμῶν δεσμώτας ἐκέλευσεν ἀνάγεσθαι πρὸς αὐτόν, ἐπικαλῶν ὅτι μὴ διώξαντες τοὺς λῃστὰς συλλάβοιεν. Ἔνθα τῶν στρατιωτῶν τις εὑρὼν ἔν τινι κώμῃ τὸν ἱερὸν νόμον

227 3 τρισμυρίους PAM Lat. : τοὺς μυρίους LVRC τρεῖς μυριάδας Euseb. ‖ **228** 1 ἄλλος om. M Lat. ‖ 2 Βαιθωρὼ MR Niese : βεθώρω P βαιθώρων A a.c. -ωρον A p.c. βεθωρῶ V βεθωρὼ C *bethoro* (acc.) Lat., uide adn. ‖ 3 ὁδὸν MLVRC Niese : ἄνοδον PA Lat. Thack.

occasion, un soldat découvrant dans un village la sainte Loi déchira le livre et le jeta au feu [1]. **230** Les Juifs s'agitèrent comme si c'était tout leur pays qui avait été incendié : emportés comme mécaniquement par leur zèle religieux, à la seule proclamation de cette nouvelle, ils se précipitèrent tous à Césarée auprès de Cumanus, en le suppliant de ne pas laisser impuni celui qui avait si gravement outragé Dieu et leur Loi. **231** Étant donné que la foule ne se calmerait que si elle obtenait satisfaction, Cumanus demanda d'amener le soldat et ordonna de le conduire à la mort en traversant les rangs de ses accusateurs. Alors, les Juifs se retirèrent.

Conflit entre Galiléens et Samaritains.

232 Il se produisit ensuite un conflit entre Galiléens et Samaritains [2]. Dans un village nommé Géma [3], situé dans la grande plaine de Samarie, alors qu'une multitude de Juifs montaient pour la fête, un Galiléen fut assassiné. **233** Du coup, une foule considérable de Galiléens accourut pour livrer bataille aux Samaritains, tandis que leurs notables vinrent se jeter aux pieds de Cumanus pour le supplier de passer en Galilée punir les responsables de l'assassinat avant que ne se produise l'irréparable : c'était le seul moyen d'obtenir que la foule se dispersât avant d'engager un combat. Cumanus, faisant passer leur requête après les affaires [4] dont il s'occupait alors, renvoya les suppliants sans rien leur accorder.

234 Quand la nouvelle de cet assassinat se fut répandue à Jérusalem la foule fut bouleversée et abandonnant la fête, les gens se lancèrent contre la Samarie sans se donner de chefs militaires ni se conformer à l'avis d'aucun des magistrats qui tâchaient de les retenir. **235** Dans cette foule ce qu'il y avait de brigands et d'agitateurs avaient à leur tête un certain Éléazar, fils de Dinaeus, et un certain Alexandre [5], qui tombèrent sur leurs voisins de la toparchie

1. Au lieu de ce geste, *AJ* 20, 115 parle de blasphèmes et de railleries.

διέρρηξέν τε τὸ βιβλίον καὶ εἰς πῦρ κατέβαλεν. 230 Ἰουδαῖοι δὲ ὡς ὅλης αὐτοῖς τῆς χώρας καταφλεγείσης συνεχύθησαν, καὶ καθάπερ ὀργάνῳ τινὶ τῇ δεισιδαιμονίᾳ συνελκόμενοι πρὸς ἓν κήρυγμα πάντες εἰς Καισάρειαν ἐπὶ Κουμανὸν συνέδραμον, ἱκετεύοντες τὸν οὕτως εἰς τὸν θεὸν καὶ τὸν νόμον αὐτῶν ἐξυβρίσαντα μὴ περιιδεῖν ἀτιμώρητον. 231 Ὁ δέ, οὐ γὰρ ἠρέμει τὸ πλῆθος, εἰ μὴ τύχοι παραμυθίας, ἠξίου τε προάγειν τὸν στρατιώτην καὶ διὰ μέσων τῶν αἰτιωμένων ἀπαχθῆναι τὴν ἐπὶ θανάτῳ κελεύει. Καὶ Ἰουδαῖοι μὲν ἀνεχώρουν.

232 Αὖθις δὲ Γαλιλαίων καὶ Σαμαρέων γίνεται συμβολή. Κατὰ γὰρ Γήμαν καλουμένην κώμην, ἥτις ἐν τῷ μεγάλῳ πεδίῳ κεῖται τῆς Σαμαρείτιδος, πολλῶν ἀναβαινόντων Ἰουδαίων ἐπὶ τὴν ἑορτὴν ἀναιρεῖταί τις Γαλιλαῖος. 233 Πρὸς τοῦτο πλεῖστοι μὲν ἐκ τῆς Γαλιλαίας συνέδραμον ὡς πολεμήσοντες τοῖς Σαμαρεῦσιν, οἱ γνώριμοι δ' αὐτῶν ἐλθόντες πρὸς Κουμανὸν ἠντιβόλουν, πρὶν ἀνηκέστου πάθους εἰς τὴν Γαλιλαίαν διαβάντα τιμωρήσασθαι τοὺς αἰτίους τοῦ φόνου· μόνως γὰρ ἂν οὕτως διαλυθῆναι πρὸ πολέμου τὸ πλῆθος. Κουμανὸς μὲν οὖν ἐν δευτέρῳ τὰς ἐκείνων ἱκεσίας τῶν ἐν χερσὶ πραγμάτων θέμενος ἀπράκτους ἀπέπεμψεν τοὺς ἱκέτας.

234 Ἀγγελθὲν δὲ εἰς Ἱεροσόλυμα τὸ πάθος τοῦ πεφονευμένου τὰ πλήθη συνετάραξεν καὶ τῆς ἑορτῆς ἀφέμενοι πρὸς τὴν Σαμάρειαν ἐξώρμων ἀστρατήγητοι καὶ μηδενὶ τῶν ἀρχόντων κατέχοντι πειθόμενοι. 235 Τοῦ ληστρικοῦ δ' αὐτῶν καὶ στασιώδους Δειναίου τις υἱὸς Ἐλεάζαρος καὶ Ἀλέξανδρος ἐξῆρχον, οἳ τοῖς ὁμόροις τῆς Ἀκραβατηνῆς τοπαρχίας προσπεσόντες

231 1 ἠρέμει PAM : ἠρεμήσειν LVRC Lat. ‖ 2 ἠξίου PAM : συνιδὼν ἠξίου LVRC. ‖ **232** 5 Γαλιλαῖος PAML γρ VRC : Ἰουδαῖος L ‖ **233** 8 χερσὶ LVRC Thack. : χειρὶ PAM Niese.

d'Acrabatène [1], les tuèrent sans épargner aucun âge et incendièrent les villages.

Intervention militaire de Cumanus.

236 Cumanus prit avec lui de Césarée une aile de cavalerie, dite « des Sébasténiens » [2], vint au secours des victimes de cette dévastation, captura beaucoup de partisans d'Éléazar, mais en tua le plus grand nombre. **237** Quant au reste de la foule qui s'était lancée au combat contre les Samaritains, les magistrats de Jérusalem coururent après eux vêtus de sacs et, se répandant de la cendre sur la tête, les supplièrent de se retirer et de ne pas exaspérer les Romains contre Jérusalem à l'occasion de représailles contre les Samaritains. Pitié pour leur patrie et pour le Temple, pour leurs enfants et leurs femmes à eux : tout cela risque de périr pour la vengeance d'un seul Galiléen. **238** Cédant à ces instances les Juifs se dispersèrent. Mais beaucoup se livrèrent au pillage, en profitant de l'impunité et ce n'était dans toute la région que rapines et agitations des plus audacieux. **239** Les personnages influents de Samarie se rendirent à Tyr, auprès du gouverneur de Syrie Ummidius Quadratus et lui demandèrent de tirer vengeance des auteurs de ces déprédations. **240** Les notables juifs présents, avec le grand-prêtre Jonathas [3], fils d'Anan, dirent que c'était les Samaritains qui avaient pris l'initiative des troubles par ce meurtre, mais que la responsabilité de ce qui s'ensuivit incombait à Cumanus, qui avait refusé de poursuivre les meurtriers. **241** Quadratus pour lors ajourna les uns et les autres en déclarant qu'il s'informerait en détail quand il serait sur les lieux, mais une fois arrivé à Césarée [4] il fit crucifier tous ceux que Cumanus avait capturés [5]. **242** De là, il se rendit à Lydda, où il entendit à nouveau [6] les Samaritains. Il se fit amener dix-huit [7] Juifs qui, d'après ses informations, avaient participé au combat, et les fit exécuter à la hache. **243** Il envoya à César, avec deux autres des personnages les plus importants, les

1. Auj. Akrabe, au S.-E. de Sichem. — Toparchie, cf. *supra* 98 et *infra* 252.

αὐτοὺς τε ἀνῄρουν μηδεμιᾶς ἡλικίας φειδὼ ποιούμενοι καὶ τὰς κώμας ἐνεπίμπρασαν.

236 Κουμανὸς δὲ ἀναλαβὼν ἀπὸ τῆς Καισαρείας μίαν ἴλην ἱππέων καλουμένην Σεβαστηνῶν ἐξεβοήθει τοῖς πορθουμένοις, καὶ τῶν περὶ τὸν Ἐλεάζαρον πολλοὺς μὲν συνέλαβεν, πλείστους δ' ἀπέκτεινεν. 237 Πρὸς δὲ τὸ λοιπὸν πλῆθος τῶν πολεμεῖν τοῖς Σαμαρεῦσιν ὡρμημένων οἱ ἄρχοντες τῶν Ἱεροσολύμων ἐκδραμόντες σάκκους ἀμπεχόμενοι καὶ τέφραν τῶν κεφαλῶν καταχέοντες ἱκέτευον ἀναχωρεῖν, καὶ μὴ διὰ τὴν εἰς Σαμαρεῖς ἄμυναν ἐπὶ Ἱεροσόλυμα Ῥωμαίους παροξύνειν, ἐλεῆσαί τε τὴν πατρίδα καὶ τὸν ναόν, τέκνα τε καὶ γυναῖκας ἰδίας, ἃ πάντα κινδυνεύειν δι' ἑνὸς ἐκδικίαν Γαλιλαίου παραπολέσθαι. 238 Τούτοις πεισθέντες Ἰουδαῖοι διελύθησαν. Ἐτράποντο δὲ πολλοὶ πρὸς λῃστείαν διὰ τὴν ἄδειαν, καὶ κατὰ πᾶσαν τὴν χώραν ἁρπαγαί τε ἦσαν καὶ τῶν θρασυτέρων ἐπαναστάσεις. 239 Καὶ τῶν Σαμαρέων οἱ δυνατοὶ πρὸς Οὐμμίδιον Κουαδρᾶτον, ὃς ἦν ἡγεμὼν τῆς Συρίας, εἰς Τύρον παραγενόμενοι δίκην τινὰ παρὰ τῶν πορθησάντων τὴν χώραν ἠξίουν λαβεῖν. 240 Παρόντες δὲ καὶ οἱ γνώριμοι τῶν Ἰουδαίων καὶ ὁ ἀρχιερεὺς Ἰωνάθης υἱὸς Ἀνάνου κατάρξαι μὲν ἔλεγον τῆς ταραχῆς Σαμαρέας διὰ τὸν φόνον, αἴτιον δὲ τῶν ἀποβεβηκότων Κουμανὸν γεγονέναι, μὴ θελήσαντα τοὺς αὐθέντας τοῦ σφαγέντος ἐπεξελθεῖν.

241 Κουαδρᾶτος δὲ τότε μὲν ἑκατέρους ὑπερτίθεται φήσας, ἐπειδὰν εἰς τοὺς τόπους παραγένηται, διερευνήσειν ἕκαστα, αὖθις δὲ παρελθὼν εἰς Καισάρειαν τοὺς ὑπὸ Κουμανοῦ ζωγρηθέντας ἀνεσταύρωσεν πάντας. 242 Ἐκεῖθεν εἰς Λύδδα παραγενόμενος πάλιν διήκουσεν τῶν Σαμαρέων, καὶ μεταπεμψάμενος ὀκτωκαίδεκα τῶν Ἰουδαίων οὓς ἐπέπυστο μετεσχηκέναι τῆς μάχης, πελέκει διεχειρίσατο. 243 Δύο δ' ἑτέρους τῶν δυνατωτάτων καὶ τοὺς ἀρχιερεῖς Ἰωνάθην καὶ

grands-prêtres Jonathas et Ananias ainsi qu'Anan, fils de ce dernier et quelques autres Juifs connus, mais aussi les plus illustres des Samaritains. **244** D'autre part, il ordonna à Cumanus et au tribun Céler de prendre le bateau pour Rome afin de rendre compte des événements à Claude. Ces mesures prises, il remonta de Lydda à Jérusalem, et comme il y trouva la foule occupée à célébrer paisiblement la fête des Azymes [1], il retourna à Antioche.

Claude donne gain de cause aux Juifs.

245 A Rome, quand César eut entendu Cumanus et les Samaritains en présence d'Agrippa [2], qui défendit avec fougue la cause des Juifs, comme beaucoup de personnages importants soutenaient Cumanus, il condamna les Samaritains, dont il ordonna de tuer les trois plus importants, et fit exiler Cumanus. **246** Quant à Céler, il le renvoya enchaîné à Jérusalem avec ordre de le livrer aux outrages des Juifs et, quand on l'aurait traîné à travers la ville, alors, de le décapiter.

247 Après ces événements, Claude envoie Félix [3], frère de Pallas, comme procurateur de Judée, Samarie, Galilée et Pérée. Il transfère Agrippa de Chalcis à un royaume plus étendu, en lui donnant l'ancienne province de Philippe, c'est-à-dire la Trachonitide, la Batanée et la Gaulanitide et il y ajoute le royaume de Lysanias et l'ancienne tétrarchie de Varus [4]. **248** Claude lui-même mourut alors, après avoir gouverné l'Empire treize ans, huit mois et vingt jours [5], en laissant pour successeur Néron, **249** que les intrigues de sa femme Agrippine l'avait amené à introduire par adoption dans la succession à l'Empire, bien qu'il eût de Messaline, sa première femme, un fils légitime, Britannicus, et une fille, Octavie, mariée par lui-même à Néron; il avait eu aussi, de Petina, Antonia.

1. Ainsi, ces troubles auraient duré toute une année (*supra* 224). *AJ* 20, 133 une « fête ancestrale » sans autre précision.

2. Agrippa II, fils d'Agrippa I et de Cypros (*supra* 220). Voir HJP p. 471-483.

Ἀνανίαν, τόν τε τούτου παῖδα Ἄνανον καί τινας ἄλλους Ἰουδαίων γνωρίμους ἀνέπεμψεν ἐπὶ Καίσαρα, ὁμοίως δὲ καὶ Σαμαρέων τοὺς ἐπιφανεστάτους. **244** Παρήγγειλεν δὲ καὶ Κουμανῷ καὶ Κέλερι τῷ χιλιάρχῳ πλεῖν ἐπὶ Ῥώμης δώσοντας Κλαυδίῳ λόγον ὑπὲρ τῶν γεγενημένων. Ταῦτα διαπραξάμενος ἀπὸ Λύδδων ἀνέβαινεν εἰς Ἱεροσόλυμα, καὶ καταλαβὼν τὸ πλῆθος ἄγον τὴν τῶν ἀζύμων ἑορτὴν ἀθορύβως εἰς Ἀντιόχειαν ἐπανῄει.

245 Κατὰ δὲ τὴν Ῥώμην Καῖσαρ ἀκούσας Κουμανοῦ καὶ Σαμαρέων, παρῆν δὲ καὶ Ἀγρίππας ἐκθύμως ὑπεραγωνιζόμενος Ἰουδαίων, ἐπειδὴ καὶ Κουμανῷ πολλοὶ τῶν δυνατῶν παρίσταντο, Σαμαρέων μὲν καταγνοὺς τρεῖς ἀνελεῖν προσέταξεν τοὺς δυνατωτάτους, Κουμανὸν δὲ ἐφυγάδευσεν. **246** Κέλερα δὲ δεσμώτην ἀναπέμψας εἰς Ἱεροσόλυμα παραδοθῆναι Ἰουδαίοις πρὸς αἰκίαν ἐκέλευσεν καὶ περισυρέντα τὴν πόλιν οὕτω τὴν κεφαλὴν ἀποκοπῆναι.

247 Μετὰ ταῦτα Ἰουδαίας μὲν ἐπίτροπον Φήλικα τὸν Πάλλαντος ἀδελφὸν ἐκπέμπει τῆς τε Σαμαρείας καὶ Γαλιλαίας καὶ Περαίας, ἐκ δὲ τῆς Χαλκίδος Ἀγρίππαν εἰς μείζονα βασιλείαν μετατίθησιν, δοὺς αὐτῷ τήν τε Φιλίππου γενομένην ἐπαρχίαν, αὕτη δ' ἦν Τραχωνῖτις καὶ Βατανέα καὶ Γαυλανῖτις, προσέθηκεν δὲ τήν τε Λυσανίου βασιλείαν καὶ τὴν Οὐάρου γενομένην τετραρχίαν. **248** Αὐτὸς δὲ διοικήσας τὴν ἡγεμονίαν ἔτεσι τρισκαίδεκα, πρὸς δὲ μησὶν ὀκτὼ καὶ εἴκοσιν ἡμέραις, τελευτᾷ καταλιπὼν Νέρωνα τῆς ἀρχῆς διάδοχον, **249** ὃν ταῖς Ἀγριππίνης τῆς γυναικὸς ἀπάταις ἐπὶ κληρονομίᾳ τῆς ἀρχῆς εἰσεποιήσατο, καίπερ υἱὸν ἔχων γνήσιον Βρεττανικὸν ἐκ Μεσσαλίνης τῆς προτέρας γυναικὸς καὶ Ὀκταουίαν θυγατέρα τὴν ὑπ' αὐτοῦ ζευχθεῖσαν Νέρωνι· γεγόνει δ' αὐτῷ καὶ ἐκ Παιτίνης Ἀντωνία.

Néron empereur.

250 Tous les outrages de Néron à la Fortune lorsque l'excès du bonheur et de la richesse lui eut tourné la tête, comment il se débarrassa de son frère, de sa femme et de sa mère, pour tourner ensuite sa cruauté contre les plus nobles personnages, 251 et comment pour finir, sous l'empire de la folie, il alla échouer sur une scène et un théâtre, étant donné que c'est chose connue de tout le monde, je l'omettrai et tournerai mon attention vers ce qui, de son temps, s'est passé chez les Juifs.

Sous le procurateur Félix : brigands, sicaires et faux prophètes.

252 Néron offre le royaume de Petite Arménie à Aristobule fils d'Hérode [1], et il ajoute au royaume d'Agrippa quatre villes avec leurs toparchies : [2] Abila [3], Julias [4] dans la Pérée, Tarichées [5] et Tibériade en Galilée, et il nomma [6] Félix procurateur du reste de la Judée. 253 Félix, ayant réussi à capturer Éléazar [7], le chef de brigands, qui avait pillé la région pendant vingt ans, et beaucoup de ses complices, les envoya à Rome. Le nombre de brigands qu'il fit crucifier et d'habitants convaincus d'être complices qu'il fit châtier était infini. 254 La campagne ainsi purgée, il surgit à Jérusalem une autre espèce de brigands, appelés « sicaires » [8], qui assassinaient les gens en plein jour et en pleine ville. 255 Les jours de fête surtout ils se mêlaient à la foule en dissimulant sous leurs habits de petits poignards; ils en frappaient leurs ennemis, après quoi, les victimes abattues, ces meurtriers prenaient part violemment à l'indignation générale et comme ils inspiraient confiance, il était absolument impossible de les découvrir. 256 Le premier qu'ils égorgèrent fut le grand-prêtre Jonathas [9], et après lui, ils tuèrent tous les jours bien des gens. La peur était encore plus pénible que le malheur lui-même : chacun, comme à la guerre, s'attendait à mourir dans l'heure.

1. Hérode de Chalcis, petit-fils d'Hérode le Grand (*supra* 221).
2. Cf. *supra* 98.

250 Ὅσα μὲν οὖν Νέρων δι' ὑπερβολὴν εὐδαιμονίας τε καὶ πλούτου παραφρονήσας ἐξύβρισεν εἰς τὴν τύχην, ἢ τίνα τρόπον τόν τε ἀδελφὸν καὶ τὴν γυναῖκα καὶ τὴν μητέρα διεξῆλθεν, ἀφ' ὧν ἐπὶ τοὺς εὐγενεστάτους μετήνεγκεν τὴν ὠμότητα, **251** καὶ ὡς τελευταῖον ὑπὸ φρενοβλαβείας ἐξώκειλεν εἰς σκηνὴν καὶ θέατρον, ἐπειδὴ δι' ὄχλου πᾶσίν ἐστιν, παραλείψω, τρέψομαι δὲ ἐπὶ τὰ Ἰουδαίοις κατ' αὐτὸν γενόμενα.

252 Τὴν μὲν οὖν μικρὰν Ἀρμενίαν δίδωσιν βασιλεύειν Ἀριστοβούλῳ τῷ Ἡρώδου, τῇ δ' Ἀγρίππα βασιλείᾳ τέσσαρας πόλεις προστίθησιν σὺν ταῖς τοπαρχίαις, Ἄβελα μὲν καὶ Ἰουλιάδα κατὰ τὴν Περαίαν, Ταριχαίας δὲ καὶ Τιβεριάδα τῆς Γαλιλαίας, εἰς δὲ τὴν λοιπὴν Ἰουδαίαν Φήλικα κατέστησεν ἐπίτροπον. **253** Οὗτος τόν τε ἀρχιλῃστὴν Ἐλεάζαρον ἔτεσιν εἴκοσι τὴν χώραν λῃσάμενον καὶ πολλοὺς τῶν σὺν αὐτῷ ζωγρήσας ἀνέπεμψεν εἰς Ῥώμην· τῶν δ' ἀνασταυρωθέντων ὑπ' αὐτοῦ λῃστῶν καὶ τῶν ἐπὶ κοινωνίᾳ φωραθέντων δημοτῶν, οὓς ἐκόλασεν, ἄπειρόν τι πλῆθος ἦν.

254 Καθαρθείσης δὲ τῆς χώρας ἕτερον εἶδος λῃστῶν ἐν Ἱεροσολύμοις ἐπεφύετο, οἱ καλούμενοι σικάριοι, μεθ' ἡμέραν καὶ ἐν μέσῃ τῇ πόλει φονεύοντες ἀνθρώπους. **255** Μάλιστα [δὲ] ἐν ταῖς ἑορταῖς μισγόμενοι τῷ πλήθει καὶ ταῖς ἐσθῆσιν ὑποκρύπτοντες μικρὰ ξιφίδια, τούτοις ἔνυττον τοὺς διαφόρους, ἔπειτα πεσόντων μέρος ἐγίνοντο τῶν ἐπαγανακτούντων οἱ πεφονευκότες, διὸ καὶ παντάπασιν ὑπὸ ἀξιοπιστίας ἦσαν ἀνεύρετοι. **256** Πρῶτος μὲν οὖν ὑπ' αὐτῶν Ἰωνάθης ὁ ἀρχιερεὺς ἀποσφάττεται, μετὰ δ' αὐτὸν καθ' ἡμέραν ἀνῃροῦντο πολλοί· καὶ τῶν συμφορῶν ὁ φόβος ἦν χαλεπώτερος, ἑκάστου καθάπερ ἐν πολέμῳ καθ' ὥραν τὸν θάνατον

255 1 δὲ MRC : om. PALV Niese[2] γὰρ Eus.

257 On épiait de loin ses ennemis, on ne se fiait même pas aux amis que l'on voyait s'approcher et c'est dans cette atmosphère de suspicion et de méfiance que les gens étaient assassinés, tant était grande la rapidité des conspirateurs et leur art d'échapper à l'attention.

258 Il se forma encore une autre bande de malfaiteurs, aux mains plus pures mais aux idées plus impies, et qui ne ruina pas moins que les assassins le bonheur de la cité. 259 Des charlatans et des imposteurs, machinant, sous couleur d'inspiration divine, révolutions et changements, prêchaient aux foules de s'abandonner aux puissances divines et les poussaient au désert [1], en prétendant que là Dieu leur montrerait des signes précurseurs de leur libération. 260 Félix, qui voyait là le commencement d'une révolte, envoya un détachement de cavalerie et d'infanterie lourde, qui en extermina un grand nombre.

261 Le faux prophète égyptien [2] causa aux Juifs des malheurs encore plus graves. Il était arrivé dans le pays un charlatan qui s'était attribué une réputation de prophète; il rassemble environ trente mille dupes et par un chemin détourné il les amène du désert jusqu'à la montagne dite « des Oliviers ». 262 De là, il était à même de forcer l'entrée dans Jérusalem et, s'il réduisait la garnison romaine, de régner en tyran sur le peuple, en prenant pour gardes du corps ceux qui auraient pénétré avec lui dans la ville. 263 Seulement Félix devança l'attaque en venant à sa rencontre, avec les légionnaires romains, et tout le peuple se joignit à la défense. De sorte que, lors de la rencontre, si l'Égyptien réussit à s'échapper avec une poignée des siens, la plupart de ses partisans périrent ou

1. La marche au désert sous l'impulsion d'un agitateur était chose bien connue de la police romaine en Judée, par exemple sous le gouvernement de Félix. Cf. *Actes*, 21, 38.

2. *AJ* 20, 169-172 revient avec plus de précision sur cet épisode. Dans *Actes* 21, 38, le tribun s'adressant à saint Paul s'imagine d'abord avoir mis la main sur l'« Égyptien » en fuite, dont il est question ici.

προσδεχομένου. 257 Προεσκοποῦντο δὲ πόρρωθεν τοὺς διαφόρους, καὶ οὐδὲ τοῖς φίλοις προσιοῦσιν πίστις ἦν, ἐν μέσαις δὲ ταῖς ὑπονοίαις καὶ ταῖς φυλακαῖς ἀνῃροῦντο· τοσοῦτον τῶν ἐπιβουλευόντων τὸ τάχος ἦν καὶ τοῦ λαθεῖν ἡ τέχνη.

258 Συνέστη δὲ πρὸς τούτοις στῖφος ἕτερον πονηρῶν, χειρὶ μὲν καθαρώτερον, ταῖς γνώμαις δὲ ἀσεβέστερον, ὅπερ οὐδὲν ἧττον τῶν σφαγέων τὴν εὐδαιμονίαν τῆς πόλεως ἐλυμήνατο. 259 Πλάνοι γὰρ ἄνθρωποι καὶ ἀπατεῶνες, [ὑπὸ] προσχήματι θειασμοῦ νεωτερισμοὺς καὶ μεταβολὰς πραγματευόμενοι, δαιμονᾶν τὸ πλῆθος ἔπειθον καὶ προῆγον εἰς τὴν ἐρημίαν, ὡς ἐκεῖ τοῦ θεοῦ δείξοντος αὐτοῖς σημεῖα ἐλευθερίας. 260 Ἐπὶ τούτοις Φῆλιξ, ἐδόκει γὰρ ἀποστάσεως εἶναι καταβολή, πέμψας ἱππεῖς καὶ πεζοὺς ὁπλίτας πολὺ πλῆθος διέφθειρεν.

261 Μείζονι δὲ τούτου πληγῇ Ἰουδαίους ἐκάκωσεν ὁ Αἰγύπτιος ψευδοπροφήτης. Παραγενόμενος γὰρ εἰς τὴν χώραν ἄνθρωπος γόης καὶ προφήτου πίστιν ἐπιθεὶς ἑαυτῷ περὶ τρισμυρίους μὲν ἀθροίζει τῶν ἠπατημένων, 262 περιαγαγὼν δὲ αὐτοὺς ἐκ τῆς ἐρημίας εἰς τὸ ἐλαιῶν καλούμενον ὄρος, ἐκεῖθεν οἷός τε ἦν εἰς Ἱεροσόλυμα παρελθεῖν βιάζεσθαι καὶ κρατήσας τῆς τε Ῥωμαϊκῆς φρουρᾶς καὶ τοῦ δήμου τυραννεῖν, χρώμενος τοῖς συνεισπεσοῦσιν δορυφόροις. 263 Φθάνει δ' αὐτοῦ τὴν ὁρμὴν Φῆλιξ ὑπαντήσας μετὰ τῶν Ῥωμαϊκῶν ὁπλιτῶν, καὶ πᾶς ὁ δῆμος συνεφήψατο τῆς ἀμύνης, ὥστε συμβολῆς γενομένης τὸν μὲν Αἰγύπτιον φυγεῖν μετ' ὀλίγων, διαφθαρῆναι δὲ καὶ ζωγρηθῆναι πλείστους

257 2 προσιοῦσιν PAM : προσιοῦσιν ἔτι LVRC. ‖ **259** 2 προσχήματι VRC Niese : ὑπὸ προσχ. PAML *sub specie* Lat. ‖ 4 ἔπειθον PAML : ἀνέπειθον VRC. ‖ **261** 1 τούτου PAML Niese : ταύτης VRC τούτων Eus. om. Lat. ‖ **262** 3 τε LVRC Eus. Niese : om. PAM. ‖ 4 *καὶ* om. Lat. ‖ **263** 2 ὑπαντήσας PAEus. : ὑπαντιάσας MLVRC.

furent faits prisonniers; le reste de la bande se dispersa et chacun alla se cacher chez soi.

264 Ces agitations une fois réprimées, comme dans un corps malade, l'inflammation reprit dans une autre partie. C'est ainsi que charlatans et bandits associés incitaient beaucoup de gens à la révolte et les débauchaient au nom de la liberté, en menaçant de mort ceux qui restaient soumis à la domination des Romains, et ils parlaient de faire mourir de mort violente ceux qui choisiraient délibérément la servitude. **265** Répartis par compagnies à travers le pays, ils pillaient les maisons des notables, tuaient les notables eux-mêmes et incendiaient les villages; si bien que la Judée tout entière était remplie de leur démence. Et cette guerre se rallumait chaque jour.

Agitation juive à Césarée.

266 D'autres désordres se produisirent à Césarée [1], où les Juifs mêlés à la population se soulevèrent contre les habitants syriens. Les premiers estimaient que la ville était à eux, en arguant que c'était un Juif qui en avait été le fondateur : c'était le roi Hérode. Les autres reconnaissaient que le fondateur, bien sûr, était juif, mais affirmaient, en revanche, que la ville, quant à elle, appartenait aux Grecs, car le fondateur n'y aurait pas dressé des statues et des temples s'il l'avait construite pour des Juifs [2]. **267** Voilà pourquoi les deux parties étaient en désaccord. La rivalité allait jusqu'à la lutte armée : quotidiennement les plus hardis de part et d'autre se précipitaient au combat, car les plus âgés des Juifs n'arrivaient pas à retenir leurs propres factieux et chez les Grecs, on regardait comme une honte de le céder aux Juifs. **268** Ces derniers avaient l'avantage de la richesse et de la force physique, les Grecs celui de l'appui des soldats. Car la majeure partie de l'armée romaine dans le pays avait été recrutée en Syrie et

1. C'est probablement dans ces années 59-60 que saint Paul se trouvait prisonnier à Césarée, puisqu'il y était, en 60, lorsque le gouverneur Festus vint remplacer Félix (*Actes* 27, 24; 25, 1-12).

τῶν σὺν αὐτῷ, τὸ δὲ λοιπὸν πλῆθος σκεδασθὲν ἐπὶ τὴν ἑαυτῶν ἕκαστον διαλαθεῖν.

264 Κατεσταλμένων δὲ καὶ τούτων ὥσπερ ἐν νοσοῦντι σώματι πάλιν ἕτερον μέρος ἐφλέγμαινεν. Οἱ γὰρ γόητες καὶ ληστρικοὶ συναχθέντες πολλοὺς εἰς ἀπόστασιν ἐνῆγον καὶ πρὸς ἐλευθερίαν παρεκρότουν, θάνατον ἐπιτιμῶντες τοῖς πειθαρχοῦσιν τῇ Ῥωμαίων ἡγεμονίᾳ καὶ πρὸς βίαν ἀφαιρήσεσθαι λέγοντες τοὺς ἑκουσίως δουλεύειν προαιρουμένους. **265** Μεριζόμενοι δ' εἰς τὴν χώραν κατὰ λόχους διήρπαζόν τε τὰς τῶν δυνατῶν οἰκίας καὶ αὐτοὺς ἀνῄρουν καὶ τὰς κώμας ἐνεπίμπρασαν, ὥστε τῆς ἀπονοίας αὐτῶν πᾶσαν τὴν Ἰουδαίαν ἀναπίμπλασθαι. Καὶ οὗτος μὲν ὁ πόλεμος καθ' ἡμέραν ἀνερριπίζετο.

266 Ἑτέρα δὲ ταραχὴ συνίσταται περὶ Καισάρειαν τῶν ἀναμεμιγμένων Ἰουδαίων πρὸς τοὺς ἐν αὐτῇ Σύρους στασιασάντων. Οἱ μὲν γὰρ ἠξίουν σφετέραν εἶναι τὴν πόλιν Ἰουδαῖον γεγονέναι τὸν κτίστην αὐτῆς λέγοντες· ἦν δὲ Ἡρώδης ὁ βασιλεύς. Οἱ δὲ ἕτεροι τὸν οἰκιστὴν μὲν προσωμολόγουν Ἰουδαῖον, αὐτὴν μέντοι γε τὴν πόλιν Ἑλλήνων ἔφασαν· οὐ γὰρ ἂν ἀνδριάντας καὶ ναοὺς ἐγκαθιδρῦσαι Ἰουδαίοις αὐτὴν ἀνατιθέντα. **267** Διὰ ταῦτα δὲ ἠμφισβήτουν ἑκάτεροι, προῄει δ' αὐτοῖς τὸ φιλόνεικον εἰς ὅπλα καὶ καθ' ἡμέραν οἱ θρασύτεροι παρ' ἀμφοῖν προεπήδων ἐπὶ μάχην· οὔτε γὰρ Ἰουδαίων οἱ γεραιοὶ τοὺς ἰδίους στασιαστὰς κατέχειν οἷοί τε ἦσαν καὶ τοῖς Ἕλλησιν αἶσχος ἐδόκει Ἰουδαίων ἐλαττοῦσθαι. **268** Προεῖχον δ' οἱ μὲν πλούτῳ καὶ σωμάτων ἀλκῇ, τὸ δὲ Ἑλληνικὸν τῇ παρὰ τῶν στρατιωτῶν ἀμύνῃ· τὸ γὰρ πλέον Ῥωμαίοις τῆς ἐκεῖ δυνάμεως ἐκ

265 5-6 ἀνερριπίζετο (ἀνερι- C) VRC : ἐρριπίζετο PAML *grauius augebatur* Lat. ‖ **267** 1 δὲ ἠμφισβήτουν codd. : διημφισβήτουν Destinon ‖ 3 οὔτε VRC : οὐδὲ PAML.

de ce fait ils étaient toujours prêts à leur venir en aide comme des frères de race. **269** Certes les hommes qui détenaient l'autorité [1] avaient le souci de réprimer l'agitation et ils ne manquaient jamais d'arrêter les principaux agitateurs et de les châtier par les fouets et les fers. Pourtant les souffrances infligées à ceux que l'on arrêtait, loin d'inspirer le découragement ou la crainte à ceux qui restaient, ne faisaient que surexciter leur révolte. **270** Un jour que les Juifs l'avaient emporté, Félix se rendit à l'agora et leur ordonna avec des menaces d'avoir à se retirer. Devant leur refus, il fait venir la troupe et en massacre un très grand nombre, dont les biens, du coup, furent livrés au pillage. Seulement, comme l'agitation continuait, il choisit les notables de chacun des camps et les envoya en délégation à Néron discuter de leurs droits respectifs.

271 Festus [2], qui succéda à Félix dans cette procuratèle, s'attaqua au principal fléau de la région. En tout cas, il mit la main sur la plupart des brigands et en massacra un nombre non négligeable.

Le procurateur Albinus : un scélérat.

272 Mais Albinus, qui succéda à Festus, ne suivit pas la même méthode dans la conduite des affaires et il n'est pas de genre de malhonêteté qu'il n'ait pratiqué. **273** Il est sûr que non seulement dans l'exercice de sa fonction publique il escroquait et pillait les biens des particuliers, et qu'il accablait toute la population de contributions extraordinaires, mais encore il rendait à leurs proches, moyennant rançon, ceux qui avaient été mis aux fers pour brigandage par les conseils locaux ou par les précédents procurateurs, et seul celui qui n'avait rien versé restait en prison comme un criminel. **274** Alors, à Jérusalem, les audaces de ceux qui aspiraient à une révolution se firent de plus en plus hardies. Les plus puissants se concilièrent Albinus à prix d'argent, de sorte qu'il leur assurait l'impunité pour leur activité révolutionnaire, et dans le peuple tout ce qui n'aimait pas le calme allait rejoindre les complices d'Albinus. **275**

1. Les autorités civiles et militaires.

Συρίας ἦν κατειλεγμένον καὶ καθάπερ συγγενεῖς ἦσαν πρὸς τὰς βοηθείας ἕτοιμοι. **269** Τοῖς γε μὴν ἐπάρχοις φροντὶς ἦν ἀναστέλλειν τὴν ταραχὴν καὶ τοὺς μαχιμωτέρους ἀεὶ συλλαμβάνοντες ἐκόλαζον μάστιξι καὶ δεσμοῖς. Οὐ μὴν τὰ πάθη τῶν συλλαμβανομένων ἐνεποίει τοῖς καταλειπομένοις ἀνακοπὴν ἢ δέος, ἀλλ' ἔτι μᾶλλον παρωξύνοντο πρὸς τὴν στάσιν. **270** Νικῶντας δέ ποτε τοὺς Ἰουδαίους προελθὼν εἰς τὴν ἀγορὰν ὁ Φῆλιξ μετ' ἀπειλῆς ἐκέλευσεν ἀναχωρεῖν. Τῶν δὲ μὴ πειθομένων ἐπιπέμψας τοὺς στρατιώτας ἀναιρεῖ συχνούς, ὧν διαρπαγῆναι συνέβη καὶ τὰς οὐσίας. Μενούσης δὲ τῆς στάσεως ἐπιλέξας ἑκατέρωθεν τοὺς γνωρίμους ἔπεμψεν πρέσβεις ἐπὶ Νέρωνα διαλεξομένους περὶ τῶν δικαίων.

271 Διαδεξάμενος δὲ παρὰ τούτου τὴν ἐπιτροπὴν ὁ Φῆστος τὸ μάλιστα λυμαινόμενον τὴν χώραν ἐπεξῄει· τῶν γοῦν λῃστῶν συνέλαβέν τε πλείστους καὶ διέφθειρεν οὐκ ὀλίγους.

272 Ἀλλ' οὐχ ὁ μετὰ Φῆστον Ἀλβῖνος τὸν αὐτὸν τρόπον ἐξηγήσατο τῶν πραγμάτων, οὐκ ἔστιν δὲ ἥντινα κακουργίας ἰδέαν παρέλειπεν. **273** Οὐ μόνον γοῦν ἐν τοῖς πολιτικοῖς πράγμασιν ἔκλεπτεν καὶ διήρπαζεν τὰς ἑκάστων οὐσίας, οὐδὲ τὸ πᾶν ἔθνος ἐβάρει ταῖς εἰσφοραῖς, ἀλλὰ καὶ τοὺς ἐπὶ λῃστείᾳ δεδεμένους ὑπὸ τῆς παρ' ἑκάστοις βουλῆς ἢ τῶν προτέρων ἐπιτρόπων ἀπελύτρου τοῖς συγγενέσιν, καὶ μόνος ὁ μὴ δοὺς τοῖς δεσμωτηρίοις ὡς πονηρὸς ἐγκατελείπετο. **274** Τηνικαῦτα καὶ τῶν νεωτερίζειν βουλομένων ἐν Ἱεροσολύμοις ἐθάρσησαν αἱ τόλμαι, καὶ χρήμασιν μὲν οἱ δυνατοὶ τὸν Ἀλβῖνον προσελάμβανον ὥστε τοῦ στασιάζειν αὐτοῖς παρέχειν ἄδειαν, τοῦ δημοτικοῦ δὲ τὸ μὴ χαῖρον ἡσυχίᾳ πρὸς τοὺς Ἀλβίνου κοινωνοὺς

270 2 προελθὼν PM : παρελθὼν ALVR παρελθεῖν C.

Chaque malfaiteur, après s'être recruté une bande à lui, s'élevait sur sa compagnie comme chef de brigands ou comme tyran et employait ses gardes au pillage des honnêtes gens. **276** Résultat : les dépossédés se taisaient sur ce dont ils auraient dû se plaindre et les gens encore épargnés, par crainte de subir les mêmes ennuis, allaient jusqu'à flatter qui méritait un châtiment. Bref le franc-parler se trouvait supprimé chez tout le monde; c'était une tyrannie aux multiples agents et les germes de la ruine prochaine étaient jetés dès lors dans la cité.

Gessius Florus : pire qu'Albinus.

277 Tel était Albinus. Mais son successeur Gessius Florus [1], en comparaison, le fit paraître excellent. Le premier du moins avait fait ses mauvais coups généralement en secret et en sourdine, tandis que Gessius faisait étalage des vexations qu'il infligeait à notre nation et, tel un bourreau envoyé pour châtier des coupables, il n'a omis aucune espèce de rapine ou de mauvais traitement. **278** Dans les cas qui méritaient la pitié, c'était le plus cruel des hommes et dans les pratiques impudiques, le plus éhonté. Personne jamais n'a mêlé la vérité de plus de mauvaise foi, ni inventé de moyens plus perfides pour faire le mal. Tirer du profit des gens un à un lui paraissait trop peu; il dépouillait des villes entières, ruinait des populations en masse, et c'est tout juste s'il n'a pas fait proclamer par tout le pays qu'il était permis à tout le monde de brigander, à condition qu'il reçût lui-même une part du butin. **279** A cause donc de l'avidité de ce personnage, toutes les villes se virent désertées et bien des gens renonçant à la pratique de leurs coutumes ancestrales se réfugièrent dans les provinces étrangères [2].

Intervention du gouverneur de Syrie.

280 Tant que Cestius Gallus [3] resta en Syrie pour l'administration de sa province, on n'avait même pas osé lui députer une ambassade pour accuser Florus. Mais quand il vint à Jérusalem au moment de la fête des Azymes, le peuple, pas moins de trois millions [4]

ἀπέκλινεν. 275 Ἕκαστος δὲ τῶν πονηρῶν ἴδιον στῖφος ὑπεζωσμένος αὐτὸς μὲν ὥσπερ ἀρχιληστὴς ἢ τύραννος προανεῖχεν ἐκ τοῦ λόχου, τοῖς δορυφοροῦσι δὲ πρὸς ἁρπαγὰς τῶν μετρίων κατεχρῆτο. 276 Συνέβαινεν δὲ τοὺς μὲν ἀφῃρημένους ὑπὲρ ὧν ἀγανακτεῖν ἐχρῆν σιωπᾶν, τοὺς ἀπλῆγας δέ, δέει τοῦ μὴ τὰ αὐτὰ παθεῖν, καὶ κολακεύειν τὸν ἄξιον κολάσεως. Καθόλου δὲ ἡ μὲν παρρησία πάντων περικέκοπτο, τυραννὶς δ' ἦν διὰ πλειόνων, καὶ τὰ σπέρματα τῆς μελλούσης ἁλώσεως ἔκτοτε τῇ πόλει κατεβάλλετο.

277 Τοιοῦτον δ' ὄντα τὸν Ἀλβῖνον ἀπέδειξεν ὁ μετ' αὐτὸν ἐλθὼν Γέσσιος Φλῶρος ἀγαθώτατον κατὰ σύγκρισιν. Ὁ μέν γε λάθρα τὰ πολλὰ καὶ μεθ' ὑποστολῆς ἐκακούργησεν, Γέσσιος δὲ τὰς εἰς τὸ ἔθνος παρανομίας ἐπόμπευσεν, καὶ ὥσπερ ἐπὶ τιμωρίᾳ κατακρίτων πεμφθεὶς δήμιος οὔτε ἁρπαγῆς τινα τρόπον οὔτε αἰκίας παρέλιπεν. 278 Ἦν δὲ ἐν μὲν τοῖς ἐλεεινοῖς ὠμότατος, ἐν δὲ τοῖς αἰσχροῖς ἀναιδέστατος· οὔτε δὲ πλείω τις ἀπιστίαν τῆς ἀληθείας κατέχεεν οὔτε ἐν τῷ πανουργεῖν δολιωτέρας ὁδοὺς ἐπενόησεν. Ὧι τὸ μὲν κατ' ἄνδρα κερδαίνειν μικρὸν ἐδόκει, πόλεις δ' ὅλας ἐξεδίδυσκε καὶ δήμους ἀθρόους ἐλυμαίνετο, καὶ μόνον οὐκ ἐκήρυξεν ἀνὰ τὴν χώραν πᾶσιν ἐξεῖναι λῃστεύειν, ἐφ' ᾧ μέρος αὐτὸς λήψεται τῶν λαφύρων. 279 Διὰ γοῦν τὴν ἐκείνου πλεονεξίαν πάσας ἐρημωθῆναι συνέβη τὰς πόλεις καὶ πολλοὺς τῶν πατρίων ἠθῶν ἐξαναστάντας φυγεῖν εἰς τὰς ἀλλοφύλους ἐπαρχίας.

280 Μέχρι μὲν οὖν ἐν Συρίᾳ Κέστιος Γάλλος ἦν διέπων τὴν ἐπαρχίαν, οὐδὲ πρεσβεύσασθαί τις πρὸς αὐτὸν ἐτόλμησεν κατὰ τοῦ Φλώρου· παραγενόμενον δὲ εἰς Ἱεροσόλυμα τῆς τῶν ἀζύμων ἑορτῆς ἐνεστώσης

279 3 πόλεις PAM Niese : τοπαρχίας LVRC Exc *regionem* Lat. ‖ ἠθῶν ex AJ 20, 256 Destinon : ἐθῶν codd. *sedibus* Lat. ἐθνῶν Exc.

d'hommes, fit cercle autour de lui; les gens le suppliaient d'avoir pitié des malheurs de leur nation et criaient que Florus était le fléau du pays. **281** Florus, qui était présent et se tenait aux côtés de Cestius, se moquait de ces criailleries. Cestius, lui, dès qu'il eut calmé l'excitation de la foule, donna de bonnes paroles en assurant qu'il amènerait Florus à montrer à l'avenir plus de modération à leur égard, puis il s'en retourna à Antioche. **282** Florus lui fit escorte jusqu'à Césarée en continuant à le tromper : il projetait désormais une guerre contre la nation, estimant que c'était le seul moyen de dissimuler ses méfaits personnels. **283** Car s'il y avait la paix, il s'attendait à avoir les Juifs pour accusateurs devant César. Si, au contraire, il provoquait leur révolte, il détournerait sur un mal plus considérable l'examen de peccadilles mineures. De son côté donc, pour faire éclater la fureur de la nation, il augmentait chaque jour un peu plus leurs souffrances.

Émeute de Césarée.

284 Sur ces entrefaites, les Grecs de Césarée, ayant obtenu gain de cause auprès de Néron, qui leur accorda le gouvernement de la ville, rapportèrent le texte de cette décision, et la guerre commença, dans la douzième année du principat de Néron et la dix-septième année du règne d'Agrippa, pendant le mois d'Artémisios[1]. **285** Cette guerre eut un prétexte sans proportion avec l'importance des malheurs qu'elle entraîna. En effet, les Juifs de Césarée avaient une synagogue près d'un terrain appartenant à un Grec de Césarée. Ils tentèrent plus d'une fois d'acquérir cet emplacement, dont ils offraient un prix plusieurs fois supérieur à sa valeur. **286** Mais l'autre, affectant de mépriser leurs instances, pour les vexer, entreprit en outre de flanquer ce terrain de constructions qu'ils aménagea en ateliers, en ne laissant aux Juifs qu'un passage étroit et tout à fait incommode. D'abord les jeunes gens les plus bouillants, faisant irruption sur le chantier, tentèrent d'empêcher la construction. **287** Seulement,

1. En 66, il correspondait à peu près à notre mois de Mai. C'est un nom du calendrier macédonien, calendrier que Josèphe suit pendant tout le récit de la « *Guerre* ».

περιστὰς ὁ δῆμος, οὐκ ἐλάττους τριακοσίων μυριάδων, ἱκέτευον ἐλεῆσαι τὰς τοῦ ἔθνους συμφορὰς καὶ τὸν λυμεῶνα τῆς χώρας Φλῶρον ἐκεκράγεσαν· **281** ὁ δὲ παρὼν καὶ τῷ Κεστίῳ παρεστὼς διεχλεύαζεν τὰς φωνάς. Ὅ γε μὴν Κέστιος τὴν ὁρμὴν τοῦ πλήθους καταστείλας καὶ δοὺς ἔμφασιν ὡς πρὸς τὸ μέλλον αὐτοῖς τὸν Φλῶρον κατασκευάσειεν μετριώτερον, ὑπέστρεφεν εἰς Ἀντιόχειαν. **282** Προέπεμπε δ' αὐτὸν μέχρι Καισαρείας Φλῶρος ἐξαπατῶν καὶ πόλεμον ἤδη τῷ ἔθνει σκοπούμενος, ᾧ μόνῳ συγκρύψειν τὰς ἑαυτοῦ παρανομίας ὑπελάμβανεν· **283** εἰρήνης μὲν γὰρ οὔσης κατηγόρους ἕξειν ἐπὶ Καίσαρος Ἰουδαίους προσεδόκα, πραγματευσάμενος δὲ ἀπόστασιν αὐτῶν τῷ μείζονι κακῷ περισπάσειν τὸν ἔλεγχον ἀπὸ τῶν μετριωτέρων. Ὁ μὲν οὖν, ὡς ἂν ἀπορραγείη τὸ ἔθνος, καθ' ἡμέραν ἐπέτεινεν αὐτοῖς τὰς συμφοράς.

284 Ἐν δὲ τούτῳ καὶ οἱ Καισαρέων Ἕλληνες, νικήσαντες παρὰ Νέρωνι τῆς πόλεως ἄρχειν, τὰ τῆς κρίσεως ἐκόμισαν γράμματα, καὶ προσελάμβανεν τὴν ἀρχὴν ὁ πόλεμος δωδεκάτῳ μὲν ἔτει τῆς Νέρωνος ἡγεμονίας, ἑπτακαιδεκάτῳ δὲ τῆς Ἀγρίππα βασιλείας, Ἀρτεμισίου μηνός. **285** Πρὸς δὲ τὸ μέγεθος τῶν ἐξ αὐτοῦ συμφορῶν οὐκ ἀξίαν ἔσχεν πρόφασιν. Οἱ γὰρ ἐν Καισαρείᾳ Ἰουδαῖοι, συναγωγὴν ἔχοντες παρὰ χωρίον, οὗ δεσπότης ἦν τις Ἕλλην Καισαρεύς, πολλάκις μὲν κτήσασθαι τὸν τόπον ἐσπούδασαν τιμὴν πολλαπλασίονα τῆς ἀξίας διδόντες· **286** ὡς δ' ὑπερορῶν τὰς δεήσεις πρὸς ἐπήρειαν ἔτι καὶ παρῳκοδόμει τὸ χωρίον ἐκεῖνος ἐργαστήρια κατασκευαζόμενος, στενήν τε καὶ παντάπασιν βιαίαν πάροδον ἀπέλειπεν αὐτοῖς, τὸ μὲν πρῶτον οἱ θερμότεροι τῶν νέων προπηδῶντες οἰκοδομεῖν ἐκώλυον. **287** Ὡς δὲ τούτους εἶργεν τῆς βίας Φλῶρος,

281 5 κατασκευάσει Exc. Peiresc. Niese[2] ‖ **286** 2 παρῳκοδόμει PAML : προσωκοδόμει VRC.

comme Florus réprima leur coup de force, les Juifs influents, parmi lesquels le publicain Jean, à bout d'expédients, offrent à Florus huit talents d'argent pour faire arrêter la construction. **288** Florus, qui n'avait promis tout son concours que pour toucher l'argent, une fois l'argent touché, quitte Césarée pour Sébaste et laisse les mains libres à la sédition, comme s'il n'avait vendu aux Juifs que la liberté de se battre.

289 Le lendemain, jour de Sabbat, une fois que les Juifs se furent assemblés dans la synagogue, un agitateur de Césarée retourna [1] une marmite, la plaça juste à l'endroit par où ils entrent et entreprit de sacrifier dessus des oiseaux [2]. Cette scène exaspéra les Juifs de façon intolérable; ils virent là un outrage à leurs lois et une profanation de cet emplacement. **290** Les gens raisonnables et modérés pensaient qu'il fallait recourir aux autorités, mais l'élément séditieux et la jeunesse en effervescence brûlaient de se battre. D'autre part les Césaréens factieux se tenaient prêts à l'action, car c'est d'un commun accord qu'ils avaient envoyé quelqu'un pour cette parodie [3] de sacrifice, et le combat ne se fit pas attendre. **291** Le préfet de la cavalerie Jucundus, chargé d'intervenir, accourut, fit enlever la marmite et tâcha d'apaiser l'émeute. Après son échec devant la violence des Césaréens, les Juifs, emportant leurs rouleaux de la Loi, se retirèrent à Narbata [4]. Ainsi s'appelle un territoire qui leur appartient, à soixante stades de Césarée. **292** Les douze notables avec Jean allèrent trouver Florus à Sébasté, se lamentèrent sur ce qui s'était passé et le supplièrent de leur venir en aide, en lui rappelant discrètement les huit [5]

1. La conjecture de Niese καταστέψας « couronna » (d'une guirlande) serait excellente s'il s'agissait effectivement d'un autel véritable. Mais ici l'agitateur improvise une parodie de sacrifice et se fait un autel en « retournant » une marmite, sans plus de cérémonie.

2. *Lev.* 14, 4 prescrit d'offrir 2 oiseaux, pour la guérison d'un lépreux. D'autre part, l'idée que les Hébreux aient été chassés d'Égypte parce qu'ils étaient atteints de la lèpre est un ragot très répandu dans l'Antiquité, témoin Manéthôs

ἀμηχανοῦντες οἱ δυνατοὶ τῶν Ἰουδαίων, σὺν οἷς Ἰωάννης ὁ τελώνης, πείθουσι τὸν Φλῶρον ἀργυρίου ταλάντοις ὀκτὼ διακωλῦσαι τὸ ἔργον. 288 Ὁ δὲ πρὸς μόνον τὸ λαβεῖν ὑποσχόμενος πάντα συμπράξειν, λαβὼν ἔξεισιν τῆς Καισαρείας εἰς Σεβαστὴν καὶ καταλείπει τὴν στάσιν αὐτεξούσιον, ὥσπερ ἄδειαν πεπρακὼς Ἰουδαίοις τοῦ μάχεσθαι.

289 Τῆς δ' ἐπιούσης ἡμέρας ἑβδομάδος οὔσης, τῶν Ἰουδαίων εἰς τὴν συναγωγὴν συναθροισθέντων, στασιαστής τις Καισαρεὺς γάστραν καταστρέψας καὶ παρὰ τὴν εἴσοδον αὐτῶν θέμενος ἐπέθυεν ὄρνεις. Τοῦτο τοὺς Ἰουδαίους ἀνηκέστως παρώξυνεν ὡς ὑβρισμένων μὲν αὐτοῖς τῶν νόμων, μεμιασμένου δὲ τοῦ χωρίου. 290 Τὸ μὲν οὖν εὐσταθὲς καὶ πρᾷον ἐπὶ τοὺς ἡγεμόνας ἀναφεύγειν ᾤετο χρῆναι, τὸ στασιῶδες δὲ καὶ ἐν νεότητι φλεγμαῖνον ἐξεκαίετο πρὸς μάχην. Παρεσκευασμένοι δ' εἱστήκεσαν οἱ τῶν Καισαρέων στασιασταί, τὸν γὰρ ἐπιθύσοντα προπεπόμφεσαν ἐκ συντάγματος, καὶ ταχέως ἐγένετο συμβολή. 291 Προσελθὼν δὲ Ἰούκουνδος ὁ διακωλύειν τεταγμένος ἱππάρχης τήν τε γάστραν αἴρει καὶ καταπαύειν ἐπειρᾶτο τὴν στάσιν. Ἡττωμένου δ' αὐτοῦ τῆς τῶν Καισαρέων βίας Ἰουδαῖοι τοὺς νόμους ἁρπάσαντες ἀνεχώρησαν εἰς Νάρβατα· χώρα τις αὐτῶν οὕτω καλεῖται σταδίους ἑξήκοντα διέχουσα τῆς Καισαρείας· 292 οἱ δὲ περὶ τὸν Ἰωάννην δυνατοὶ δώδεκα πρὸς Φλῶρον ἐλθόντες εἰς Σεβαστὴν ἀπωδύροντο περὶ τῶν πεπραγμένων καὶ βοηθεῖν ἱκέτευον, αἰδημόνως ὑπομιμνήσκοντες τῶν ὀκτὼ ταλάντων. Ὁ

289 3 καταστρέψας codd. : *ponens* Lat. καταστέψας Niese 6 μὲν om. PAMLVR Exc. ‖ **290** 3 ἐν codd. : del. Niese[2] ‖ 5 ἐπιθύσοντα PM : ἐπιθύσαντα ALVRC Exc. *qui pro synagogae foribus immolaret* Lat.

talents. Florus les fit arrêter et enchaîner, sous l'inculpation d'avoir emporté de Césarée leurs volumes de la Loi.

Florus pille le Temple et la ville.

293 Devant ces faits, à Jérusalem ce fut l'indignation; cependant on retenait encore sa colère. Mais Florus, comme s'il avait pris l'engagement d'attiser la guerre, envoie saisir au trésor sacré dix-sept talents en prétendant que César en avait besoin [1]. **294** Immédiatement le peuple s'ameute, accourt au Temple invoque le nom de César avec des cris perçants et supplie qu'on les délivre de la tyrannie de Florus. **295** Certains des factieux vociféraient contre lui des injures grossières et en faisant circuler une corbeille mendiaient pour lui des piécettes comme s'il était un déshérité et un miséreux. Il ne se relâcha pas pour autant de son avarice et n'en fut que plus excité à faire de l'argent. **296** Alors qu'il aurait dû se rendre à Césarée éteindre le feu de la guerre qui était parti de là, et supprimer ainsi les causes de l'agitation — tâche pour laquelle il avait touché un salaire [2] — il se lança sur Jérusalem avec cavalerie et infanterie [3], pour y opérer avec les armes romaines et dépouiller la ville sous la terreur et les menaces.

297 Le peuple, qui voulait prendre les devants et apaiser l'emportement de Florus, alla accueillir ses troupes avec des acclamations et se prépara à recevoir Florus avec déférence. **298** Mais il envoya en avant le centurion Capiton avec cinquante cavaliers leur enjoindre de se retirer au lieu de venir faire maintenant des semblants de cordialité à un homme qu'ils avaient si outrageusement insulté. **299** Ils devaient, s'ils étaient si nobles et si francs, se moquer de lui-même en sa présence et manifester leur amour de la liberté non seulement en paroles, mais

(début du IIIe siècle av. J-C.) cité par Josèphe, *C. Ap.* 1, 229, 279-287; Tacite, *Hist.* 5, 3, 4, 5 y ajoute bien d'autres légendes.

1. Peut-être parce que les Juifs étaient en retard pour le versement du tribut. Selon 403-405, ils devaient quarante talents.

δὲ καὶ συλλαβὼν ἔδησεν τοὺς ἄνδρας, αἰτιώμενος ὑπὲρ τοῦ τοὺς νόμους ἐξενεγκεῖν τῆς Καισαρείας.

293 Πρὸς τοῦτο τῶν ἐν Ἱεροσολύμοις ἀγανάκτησις ἦν, ἔτι μέντοι τοὺς θυμοὺς κατεῖχον. Ὁ δὲ Φλῶρος ὥσπερ ἠργολαβηκὼς ἐκριπίζειν τὸν πόλεμον, πέμψας ἐπὶ τὸν ἱερὸν θησαυρὸν ἐξαιρεῖ δεκαεπτὰ τάλαντα, σκηψάμενος εἰς τὰς Καίσαρος χρείας. 294 Σύγχυσις δ' εὐθέως εἶχεν τὸν δῆμον, καὶ συνδραμόντες εἰς τὸ ἱερὸν βοαῖς διαπρυσίοις τὸ Καίσαρος ἀνεκάλουν ὄνομα καὶ τῆς Φλώρου τυραννίδος ἐλευθεροῦν σφᾶς ἱκέτευον. 295 Ἔνιοι δὲ τῶν στασιαστῶν λοιδορίας αἰσχίστους εἰς τὸν Φλῶρον ἐκεκράγεσαν καὶ κανοῦν περιφέροντες ἐπῄτουν αὐτῷ κέρματα καθάπερ ἀκλήρῳ καὶ ταλαιπώρῳ. Τούτοις οὐκ ἀνετράπη τὴν φιλαργυρίαν, ἀλλ' ἐπὶ τὸ μᾶλλον χρηματίσασθαι παρωργίσθη. 296 Δέον γοῦν εἰς Καισάρειαν ἐλθόντα σβέσαι τὸ τοῦ πολέμου πῦρ ἐκεῖθεν ἀρχόμενον καὶ τῆς ταραχῆς ἀνελεῖν τὰς αἰτίας, ἐφ' ᾧ καὶ μισθὸν ἔλαβεν, ὁ δὲ μετὰ στρατιᾶς ἱππικῆς τε καὶ πεζικῆς ἐπὶ Ἱεροσολύμων ὥρμησεν, ἵνα τοῖς Ῥωμαίων ὅπλοις ἐργάσηται καὶ τῷ δέει καὶ ταῖς ἀπειλαῖς περιδύσῃ τὴν πόλιν.

297 Ὁ δὲ δῆμος προδυσωπῆσαι τὴν ὁρμὴν αὐτοῦ βουλόμενος ὑπαντᾷ τοῖς στρατιώταις μετ' εὐφημίας καὶ τὸν Φλῶρον θεραπευτικῶς ἐκδέχεσθαι παρεσκευάσατο. 298 Κἀκεῖνος προπέμψας σὺν ἱππεῦσιν πεντήκοντα Καπίτωνα ἑκατοντάρχην ἀναχωρεῖν αὐτοὺς ἐκέλευσεν, καὶ μὴ πρὸς ὃν οὕτως ἐλοιδόρησαν αἰσχρῶς εἰρωνεύεσθαι τὰς νῦν φιλοφρονήσεις· 299 δεῖν γὰρ αὐτούς, εἴπερ γενναῖοί εἰσιν καὶ παρρησιασταί, σκώπτειν μὲν αὐτὸν καὶ παρόντα, φαίνεσθαι δὲ μὴ μόνον ἐν τοῖς

295 3 ἐπῄτουν L a.c. VRC Exc. Thack. : ἀπῄτουν PAL p.c. M Niese. ‖ **296** 6 ἐργάσηται PAMLVR : ἐργάσηται τὸ βουλόμενον C *(armis) ad quod uolebat uteretur* Lat. χρήσηται Destinon.

par les armes. **300** Épouvantée de ces déclarations et par la charge des cavaliers de Capiton qui fonçaient sur elle, la foule se dispersa sans avoir salué Florus ni avoir témoigné son obéissance à ses troupes. Rentrés dans leurs demeures, les Juifs passèrent la nuit dans la crainte et l'humiliation.

301 Florus pour le moment passa la nuit au Palais. Le lendemain, il fit dresser devant le Palais une estrade où il siégea. Les grands-prêtres, les personnages influents et les notabilités de la ville s'approchèrent et se tinrent devant l'estrade. **302** Florus leur ordonna de lui livrer ceux qui l'avaient injurié et leur déclara qu'ils tâteraient eux-mêmes de sa vengeance s'ils ne lui amenaient pas les coupables. Eux, de protester des dispositions pacifiques du peuple et de demander pardon pour ceux qui avaient tenu des propos inconsidérés : **303** rien d'étonnant que dans une si grande foule il se trouve quelques jeunes étourdis plus effrontés que de raison. Et il n'y a pas moyen de retrouver les coupables, attendu que chacun d'eux se repent et nie ce qu'il a fait. **304** Si pourtant il a à cœur la paix de la nation et s'il tient à sauver la ville pour les Romains, il vaut mieux qu'il pardonne à ces quelques coupables à cause de la parfaite innocence du grand nombre, plutôt que de provoquer l'agitation d'un peuple si nombreux et bien disposé, à cause d'une poignée de mauvais sujets.

305 Encore plus irrité après ces propos, Florus crie à ses soldats de piller le marché dit « d'en haut [1] » et de tuer ceux qu'ils rencontreront. Les soldats, ajoutant à leur avidité au gain la recommandation de leur chef, non seulement pillèrent l'emplacement où ils avaient été envoyés mais se précipitèrent dans toutes les maisons et

1. Dans le quartier S.-O. de la ville.

λόγοις, ἀλλὰ κἂν τοῖς ὅπλοις φιλελευθέρους. 300 Τούτοις καταπλαγὲν τὸ πλῆθος, ἅμα καὶ τῶν περὶ Καπίτωνα ἱππέων εἰς μέσον φερομένων, διεσκεδάσθη πρὶν ἀσπάσασθαι τὸν Φλῶρον ἢ τοῖς στρατιώταις φανερὸν ποιῆσαι τὸ πειθήνιον. Ἀναχωρήσαντες δὲ εἰς τὰς οἰκίας μετὰ δέους καὶ ταπεινότητος ἐνυκτέρευσαν.

301 Φλῶρος δὲ τότε μὲν ἐν τοῖς βασιλείοις αὐλίζεται, τῇ δ' ὑστεραίᾳ βῆμα πρὸ αὐτῶν θέμενος καθέζεται, καὶ προσελθόντες οἵ τε ἀρχιερεῖς καὶ δυνατοὶ τό τε γνωριμώτατον τῆς πόλεως παρέστησαν τῷ βήματι. 302 Τούτοις ὁ Φλῶρος ἐκέλευσεν τοὺς λοιδορήσαντας αὐτὸν ἐκδοῦναι, φάμενος αὐτοὺς ἀπολαύσειν τῆς ἀμύνης, εἰ μὴ προάγοιεν τοὺς αἰτίους. Οἱ δὲ τὸν μὲν δῆμον ἀπέφηναν εἰρηνικὰ φρονοῦντα, τοῖς δὲ παραφθεγξαμένοις ᾐτοῦντο συγγνώμην· 303 ἐν γὰρ τοσούτῳ πλήθει θαυμαστὸν μὲν οὐδὲν εἶναί τινας θρασυτέρους καὶ δι' ἡλικίαν ἄφρονας, ἀμήχανον δὲ τῶν ἡμαρτηκότων τὴν διάκρισιν ἑκάστου μετανοοῦντος καὶ ἃ δέδρακεν ἀρνουμένου. 304 Δεῖν μέντοι γε ἐκεῖνον, εἰ προνοεῖ τῆς κατὰ τὸ ἔθνος εἰρήνης καὶ βούλεται Ῥωμαίοις περισώζειν τὴν πόλιν, μᾶλλον διὰ τοὺς πολλοὺς ἀκαταιτιάτους συγγνῶναι καὶ τοῖς ὀλίγοις πλημμελήσασιν ἢ δι' ὀλίγους πονηροὺς ταράξαι δῆμον ἀγαθὸν τοσοῦτον.

305 Πρὸς ταῦτα μᾶλλον παροξυνθεὶς ἐμβοᾷ τοῖς στρατιώταις διαρπάζειν τὴν ἄνω καλουμένην ἀγορὰν καὶ κτείνειν τοὺς ἐντυγχάνοντας. Οἱ δ' ἐπιθυμίᾳ κέρδους προσλαβόντες ἡγεμονικὴν παρακέλευσιν οὐ μόνον ἐφ' ὃν ἐπέμφθησαν τόπον ἥρπαζον, ἀλλ' εἰς πάσας ἐμπηδῶντες

300 5-6 ἐνυκτέρευσαν PAML : διενυκτέρευσαν VRC. ‖ **301** 4 πόλεως PAML : πόλεως πᾶν τὸ ἀκρότατον V πόλεως πᾶν RC ‖ **302** 4 ἀπέφησαν PAML : ἀπέφαινον VRC. ‖ **303** 4 καὶ Herwerden Schreck. : καὶ δι' PAMVRC Niese καὶ // (eras. ut uidet. δε) L καὶ δὴ καὶ Naber καὶ δέει Destinon et Papabasileiou (Schreck. *Rezept.* p. 80).

en égorgèrent les occupants. **306** C'était la débandade au débouché des ruelles, et le massacre des gens qu'on attrapait; on n'omettait aucune variété de brigandage, beaucoup de gens inoffensifs se virent arrêtés et conduits à Florus, qui les fit flageller avant de les faire crucifier. **307** Le nombre total de ceux qui périrent ce jour-là avec les femmes et les enfants — car ils n'épargnèrent même pas les tout petits enfants — atteignit environ trois mille six cents. **308** Ce qui aggravait le malheur, c'était le caractère inouï de la cruauté des Romains. Car Florus osa alors ce que personne n'avait osé jusque là : devant l'estrade faire flageller et clouer à une croix [1] des personnages de rang équestre qui, bien que de race juive, n'en avaient pas moins la dignité de citoyen romain.

Représentations de Bérénice auprès de Florus.

309 A ce moment-là justement le roi Agrippa s'était rendu à Alexandrie pour féliciter Alexandre [2] que Néron avait honoré de sa confiance en l'envoyant gouverner l'Égypte. **310** La sœur d'Agrippa, Bérénice [3], qui se trouvait à Jérusalem et voyait de ses yeux les outrages des soldats, en ressentit une vive émotion et bien des fois elle envoya à Florus les commandants de sa propre cavalerie et ses gardes du corps pour obtenir la cessation du massacre. **311** Florus, ne prenant en considération ni le grand nombre des victimes, ni la haute naissance de la personne qui faisait cette requête, mais uniquement le profit à tirer du pillage, ne voulut rien entendre. **312** La fureur des soldats en arriva à se déchaîner même contre la reine : ce qui est certain c'est que non seulement ils torturaient et tuaient sous ses yeux ceux dont ils s'emparaient, mais ils l'auraient assassinée elle-même, si elle n'avait pris les devants en se réfugiant dans le palais royal. Elle y passa la nuit, avec sa

1. Un citoyen romain ne pouvait être crucifié. Cf. Cicéron, *Verrès* 5, 162 et 170. Suétone, *Galba* 9, 2 mentionne un cas tout à fait contemporain. Dans notre passage, comme il s'agit d'un citoyen romain de rang équestre, le cas est encore plus grave.

τὰς οἰκίας ἔσφαζον τοὺς οἰκήτορας. 306 Φυγὴ δ' ἦν ἐκ τῶν στενωπῶν καὶ φόνος τῶν καταλαμβανομένων, τρόπος τε ἁρπαγῆς οὐδεὶς παρελείπετο, καὶ πολλοὺς τῶν μετρίων συλλαβόντες ἐπὶ τὸν Φλῶρον ἀνῆγον· οὓς μάστιξιν προαικισάμενος ἀνεσταύρωσεν. 307 Ὁ δὲ σύμπας τῶν ἐκείνης ἀπολομένων τῆς ἡμέρας ἀριθμὸς σὺν γυναιξὶν καὶ τέκνοις, οὐδὲ γὰρ νηπίων ἀπέσχοντο, περὶ τρισχιλίους καὶ ἑξακοσίους συνήχθη. 308 Βαρυτέραν τε ἐποίει τὴν συμφορὰν τὸ καινὸν τῆς Ῥωμαίων ὠμότητος· ὃ γὰρ μηδεὶς πρότερον τότε Φλῶρος ἐτόλμησεν, ἄνδρας ἱππικοῦ τάγματος μαστιγῶσαί τε πρὸ τοῦ βήματος καὶ σταυρῷ προσηλῶσαι, ὧν εἰ καὶ τὸ γένος Ἰουδαῖον ἀλλὰ γοῦν τὸ ἀξίωμα Ῥωμαϊκὸν ἦν.

309 Κατὰ τοῦτον τὸν καιρὸν ὁ μὲν βασιλεὺς Ἀγρίππας ἔτυχεν εἰς τὴν Ἀλεξάνδρειαν πεπορευμένος, ὅπως Ἀλεξάνδρῳ συνησθείη πεπιστευμένῳ τὴν Αἴγυπτον ὑπὸ Νέρωνος καὶ πεμφθέντι διέπειν. 310 Τὴν ἀδελφὴν δὲ αὐτοῦ Βερνίκην παροῦσαν ἐν Ἱεροσολύμοις καὶ τὴν παρανομίαν τῶν στρατιωτῶν θεωμένην δεινὸν εἰσῄει πάθος, καὶ πολλάκις τούς τε ἱππάρχους ἑαυτῆς καὶ σωματοφύλακας πέμπουσα πρὸς Φλῶρον ἐδεῖτο παύσασθαι τοῦ φόνου. 311 Καὶ ὁ μὲν οὔτε εἰς τὸ πλῆθος τῶν ἀναιρουμένων οὔτε εἰς τὴν εὐγένειαν τῆς παρακαλούσης, ἀλλ' εἰς μόνον τὸ λυσιτελὲς τὸ ἐκ τῶν ἁρπαγῶν ἀποβλέπων παρήκουσεν. 312 Ἡ δ' ὁρμὴ τῶν στρατιωτῶν ἐλύσσησεν καὶ κατὰ τῆς βασιλίδος· οὐ μόνον γοῦν ἐν ὄμμασιν αὐτῆς ᾐκίζοντο τοὺς ἁλισκομένους καὶ διέφθειρον, ἀλλὰ κἂν αὐτὴν ἀνεῖλον, εἰ μὴ καταφυγεῖν εἰς τὴν βασιλικὴν αὐλὴν ἔφθη, κἀκεῖ διενυκτέρευσεν μετὰ φυλακῆς δεδοικυῖα τὴν τῶν στρα-

307 1-2 ὁ δὲ σύμπας PAM : ὁ σύμπας δὲ L ὁ γοῦν σύμπας VRC ‖ 4 τρισχιλίους VRC : τριάκοντα PAML Lat. ‖ **308** 6 Ἰουδαῖον ML Thack. : ἰουδαίων PA Niese ἰουδαῖοι VRC.

garde, redoutant l'irruption des soldats. **313** Elle séjournait à Jérusalem pour accomplir un vœu qu'elle avait fait à Dieu. Il est d'usage en effet, que les personnes souffrant de maladies ou de quelque autre affliction fassent le vœu de s'abstenir de vin et de se raser [1] la tête pendant les trente jours qui précèdent celui où elles ont à offrir des victimes. **314** C'est ce vœu que Bérénice accomplissait. Nu-pieds devant l'estrade, elle implora Florus et outre l'affront de n'en obtenir aucun égard, elle y risqua personnellement sa vie. **315** Tels sont les faits qui se passèrent le seizième jour du mois Artémisios [2]. Le lendemain, la foule, accablée de douleur, se rendit en masse au « marché d'en haut » et poussa d'extraordinaires lamentations sur les morts, mais ce qui dominait, c'était les cris hostiles à l'intention de Florus. **316** Effrayés de cette manifestation, les personnages influents ainsi que les grands-prêtres déchirèrent leurs vêtements et, se prosternant à terre, supplièrent chacun (des manifestants) de cesser et de ne pas provoquer Florus à ajouter quelque acte irréparable à tout ce qu'ils avaient déjà souffert. **317** La foule obéit promptement en considération de ceux qui le lui demandaient et dans l'espoir qu'ainsi Florus s'abstiendrait désormais de leur faire du mal.

318 Seulement Florus fut vexé que l'agitation se fût éteinte et il fit tout pour la rallumer. Ayant fait venir les grands-prêtres et les notables, il leur dit que la seule preuve que le peuple ne se révolterait plus serait qu'ils aillent au devant des soldats qui montaient de Césarée, pour les accueillir. Deux cohortes étaient en route. **319** Tandis que ces notables étaient encore occupés à convoquer la foule, il envoie dire aux centurions des cohortes de commander à leurs hommes de ne pas répondre aux salutations des Juifs et dans le cas où ceux-ci feraient entendre le moindre mot contre lui, de se servir de leurs armes. **320** D'autre part, les grands-prêtres, ayant réuni la foule dans le

1. C'est le vœu dit « du Naziréat ». *Nu* 6, 6-21. Comme dans *AJ* 19, 294 et *Actes* 21, 23-26, il s'agit d'un vœu pour un temps déterminé.

2. D'après Niese le 3 juin 66.

τιωτῶν ἔφοδον. 313 Ἐπεδήμει δ' ἐν τοῖς Ἱεροσολύμοις εὐχὴν ἐκτελοῦσα τῷ θεῷ· τοὺς γὰρ ἢ νόσῳ καταπονουμένους ἤ τισιν ἄλλαις ἀνάγκαις ἔθος εὔχεσθαι πρὸ τριάκοντα ἡμερῶν ἧς ἀποδώσειν μέλλοιεν θυσίας οἴνου τε ἀφέξεσθαι καὶ ξυρήσεσθαι τὰς κόμας. 314 Ἃ δὴ καὶ τότε τελοῦσα Βερνίκη γυμνόπους τε πρὸ τοῦ βήματος ἱκέτευε τὸν Φλῶρον, καὶ πρὸς τῷ μὴ τυχεῖν αἰδοῦς αὐτὴ τὸν περὶ τοῦ ζῆν κίνδυνον ἐπείρασεν.

315 Ταῦτα μὲν οὖν ἑξκαιδεκάτῃ μηνὸς Ἀρτεμισίου συνηνέχθη, τῇ δ' ἐπιούσῃ τὸ μὲν πλῆθος ὑπερπαθῆσαν εἰς τὴν ἄνω συνέρρευσεν ἀγορὰν καὶ βοαῖς ἐξαισίοις περὶ τῶν ἀπολωλότων ἀνωδύρετο· τὸ πλέον δὲ ἦσαν εἰς τὸν Φλῶρον ἐπίφθονοι φωναί. 316 Πρὸς ὃ δείσαντες οἱ δυνατοὶ σὺν τοῖς ἀρχιερεῦσιν τὰς ἐσθῆτας περιερρήξαντο, καὶ προσπίπτοντες ἑκάστοις ἐδέοντο παύσασθαι καὶ μὴ πρὸς οἷς πεπόνθασιν εἰς ἀνήκεστόν τι τὸν Φλῶρον ἐρεθίζειν. 317 Ἐπείσθη δὲ τὸ πλῆθος ταχέως αἰδοῖ τε τῶν παρακαλούντων καὶ κατ' ἐλπίδα τοῦ μηδὲν ἔτι τὸν Φλῶρον εἰς αὐτοὺς παρανομήσειν.

318 Ὁ δὲ σβεσθείσης τῆς ταραχῆς ἤχθετο καὶ πάλιν αὐτὴν ἀνάψαι πραγματευόμενος τούς τε ἀρχιερεῖς σὺν τοῖς γνωρίμοις μεταπέμπεται καὶ μόνον ἔφη τεκμήριον ἔσεσθαι τοῦ μηδὲν ἔτι τὸν δῆμον νεωτερίσειν, εἰ προελθόντες ὑπαντήσουσιν τοῖς ἀπὸ Καισαρείας ἀνιοῦσιν στρατιώταις· παρεγίνοντο δὲ δύο σπεῖραι. 319 Τῶν δ' ἔτι συγκαλούντων τὸ πλῆθος προπέμψας διεδήλου τοῖς τῶν σπειρῶν ἑκατοντάρχοις, ὅπως παραγγείλωσιν τοῖς ὑφ' ἑαυτοὺς μήτε ἀντασπάσασθαι τοὺς Ἰουδαίους, κἄν τι κατ' αὐτοῦ φθέγξωνται χρήσασθαι τοῖς ὅπλοις. 320 Οἱ δ' ἀρχιερεῖς εἰς τὸ ἱερὸν τὴν

313 5 ξυρήσεσθαι Dindorf : ξυρίσασθαι PV ξυρήσασθαι AMLRC. ‖ 314 3 αὐτὴ Destinon : αὐτὴν codd. ‖ 316 3 προσπίπτοντες om. VRC ‖ ἑκάστοις VRC Thack. : ἕκαστος PAML Niese *uiritim singulos (comprehendentes)* Lat.

(parvis du) Temple, l'exhortaient à aller au-devant des Romains et, pour éviter quelque mal irréparable, à accueillir les cohortes. L'élément séditieux refusait et, à cause de ceux qui avaient péri, la foule penchait du côté des plus violents.

321 Alors tous les prêtres, tous les hommes au service de Dieu, portant en procession les vases sacrés et revêtus de leur costume liturgique habituel, citharistes et chantres avec les instruments de musique, tombèrent à genoux et adjurèrent les gens de préserver ces ornements sacrés [1] et de ne pas provoquer les Romains au pillage du mobilier divin. **322** On pouvait voir les grands-prêtres eux-mêmes se couvrir la tête de poussière, la poitrine découverte par la déchirure de leurs vêtements; ils suppliaient les notables nommément et le peuple collectivement d'éviter la moindre maladresse susceptible de livrer la patrie à des gens avides de pillage. **323** Aussi bien, quel avantage procurera aux soldats la salutation qu'ils recevront des Juifs et en quoi le refus d'aller aujourd'hui au-devant d'eux réparera-t-il leurs propres malheurs? **324** Que si, au contraire, ils allaient s'acquitter du salut habituel, ils frustreraient Florus d'un prétexte pour entrer en guerre et ils y gagneraient, de leur côté, de conserver leur patrie et de n'avoir rien à souffrir de plus. D'ailleurs, obéir à une poignée de factieux [2], quand ils devraient, eux, un si grand peuple, obliger ces gens-là à partager eux aussi leur bon sens, était d'une scandaleuse faiblesse.

325 Tout en amadouant le peuple par ces réflexions, ils réussirent du même coup à contenir les factieux, les uns par des menaces, les autres par le respect qu'ils leur inspiraient. Ensuite, marchant en tête dans le calme et en bon ordre, ils s'avancèrent à la rencontre des soldats et quand ils en furent à proximité, ils les saluèrent; mais comme ceux-ci

1. Sous le règne d'Agrippa II, les chantres avaient obtenu de porter une tunique de lin comme les prêtres; au scandale de Josèphe. *AJ* 20, 216-218.

2. Ces arguments reflètent bien le point de vue de Josèphe. D'après lui, la guerre est l'œuvre d'une poignée d'agitateurs, alors que le peuple juif dans son ensemble s'accommodait du régime romain : *BJ* 1, 10 et 27.

πληθὺν συναγαγόντες ὑπαντᾶν τοῖς Ῥωμαίοις παρεκάλουν καὶ πρὸ ἀνηκέστου πάθους τὰς σπείρας δεξιοῦσθαι. Τούτοις τὸ στασιῶδες ἠπείθει, καὶ διὰ τοὺς ἀπολωλότας τὸ πλῆθος ἔρρεπεν πρὸς τοὺς θρασυτέρους.

321 Ἔνθα δὴ πᾶς μὲν ἱερεὺς πᾶς δ' ὑπηρέτης τοῦ θεοῦ τὰ ἅγια σκεύη προκομίσαντες καὶ τὸν κόσμον, ἐν ᾧ λειτουργεῖν ἔθος ἦν αὐτοῖς, ἀναλαβόντες, κιθαρισταί τε καὶ ὑμνῳδοὶ μετὰ τῶν ὀργάνων προσέπιπτον καὶ κατηντιβόλουν φυλάξαι τὸν ἱερὸν κόσμον αὐτοῖς καὶ μὴ πρὸς ἁρπαγὴν τῶν θείων κειμηλίων Ῥωμαίους ἐρεθίσαι. 322 Τοὺς δ' ἀρχιερεῖς αὐτοὺς ἦν ἰδεῖν καταμωμένους μὲν τὴν κεφαλὴν κόνει, γυμνοὺς δὲ τὰ στέρνα τῶν ἐσθήτων διερρηγμένων. Ὀνομαστὶ δ' ἕκαστον τῶν γνωρίμων καὶ κοινῇ τὸ πλῆθος ἱκέτευον μὴ δι' ἐλαχίστης πλημμελείας προδοῦναι τὴν πατρίδα τοῖς ἐπιθυμοῦσιν πορθῆσαι· 323 τίνα γὰρ ἢ τοῖς στρατιώταις φέρειν ὠφέλειαν τὸν ἀπὸ Ἰουδαίων ἀσπασμὸν ἢ διόρθωσιν αὐτοῖς τῶν συμβεβηκότων τὸ μὴ νῦν προελθεῖν; 324 εἰ δὲ δὴ δεξιώσαιντο τοὺς προσιόντας ὡς ἔθος, Φλώρῳ μὲν ἀποκοπήσεσθαι τὴν ἀφορμὴν τοῦ πολέμου, κερδήσειν δ' αὐτοὺς τὴν πατρίδα καὶ τὸ μηδὲν παθεῖν πλέον. Ἄλλως τε καὶ τὸ πείθεσθαι στασιάζουσιν ὀλίγοις, δέον αὐτοὺς δῆμον ὄντας τοσοῦτον συναναγκάζειν κἀκείνους συνευγνωμονεῖν, δεινῆς ἀκρασίας εἶναι.

325 Τούτοις μειλισσόμενοι τὸ πλῆθος ἅμα καὶ τῶν στασιαστῶν οὓς μὲν ἀπειλαῖς, οὓς δὲ αἰδοῖ κατέστειλαν. Ἔπειτα ἐξηγούμενοι μεθ' ἡσυχίας τε καὶ κόσμου τοῖς στρατιώταις ὑπήντων καὶ πλησίον γενομένους ἠσπάσαντο· τῶν δὲ μηδὲν ἀποκριναμένων οἱ στασιασταὶ

321 1 ὑπηρέτης τοῦ θεοῦ codd. : *leuitae* Lat. ‖ 322 2 τὴν κεφαλὴν κόνει PAM : τῆς κεφαλῆς κόνιν LVRC cf. 601. ‖ 3 διερρηγμένων PAM : περιερρηγμένων LVRC. ‖ 324 6 συνευγνωμονεῖν ML[1] mg : συνευδαιμονεῖν PAL μὴ συγγνωμονεῖν VR συγγνωμονεῖν C.

ne leur répondirent pas, les factieux conspuèrent Florus. **326** C'était le signal convenu pour fondre sur les Juifs. Aussitôt donc la troupe les encercle et les frappe à coups de bâtons; la cavalerie les poursuit dans leur fuite et les foule aux pieds des chevaux. Il en tomba beaucoup sous les coups des Romains, mais plus encore dans leurs bousculades entre eux. **327** C'était une terrible ruée autour des portes. Chacun s'efforçant de passer avant les autres, la fuite se ralentissait pour tout le monde et ceux qui trébuchaient avaient une triste fin : ils disparaissaient étouffés et broyés par le nombre de ceux qui marchaient dessus, si bien qu'il ne restait même pas un cadavre que les siens puissent reconnaître pour lui donner une sépulture. **328** Des soldats s'engouffraient avec eux et frappaient sans retenue ceux qui leur tombaient sous la main; ils repoussèrent la foule à travers le quartier dit « de Bézétha [1] », en tâchant de forcer l'accès du Temple et de l'Antonia et de s'en emparer. Florus qui se proposait ce même objectif, fit sortir ses hommes de la cour du palais royal et engagea le combat pour atteindre la forteresse. **329** Mais son attaque échoua, car le peuple se retourna contre lui et contint son élan : postés de distance en distance sur les toits, ils tiraient sur les Romains. Ceux-ci malmenés par les traits lancés d'en haut et hors d'état de se frayer un chemin à travers la foule qui obstruait les ruelles, se retirèrent dans leur campement voisin du palais.

Destruction des portiques contigus à l'Antonia.

330 Les factieux, craignant que Florus dans une seconde attaque ne s'empare du Temple par l'Antonia, se hissèrent bientôt sur le toit des portiques du parvis sacré contigus à l'Antonia et coupèrent le passage. **331** Cet acte refroidit la cupidité de Florus. Car c'est le trésor divin qu'il convoitait et c'est pour cela qu'il désirait pénétrer dans l'Antonia. Alors, quand les portiques eurent été

1. Cf. *infra*, 530 et 5, 149-151; 246-504. Quartier neuf inclus dans le « mur d'Agrippa (I) ».

Φλώρου κατεβόων. Τοῦτ' ἦν σύνθημα κατ' αὐτῶν δεδομένον· 326 αὐτίκα γοῦν οἱ στρατιῶται περισχόντες αὐτοὺς ἔπαιον ξύλοις, καὶ φεύγοντας οἱ ἱππεῖς καταδιώκοντες συνεπάτουν. Ἔπιπτον δὲ πολλοὶ μὲν ὑπὸ Ῥωμαίων τυπτόμενοι, πλείους δ' ὑπ' ἀλλήλων βιαζόμενοι. 327 Δεινὸς δὲ περὶ τὰς πύλας ὠθισμὸς ἦν, καὶ φθάνειν ἑκάστου σπεύδοντος βραδυτέρα μὲν ἡ φυγὴ πᾶσιν ἐγίνετο, τῶν δὲ σφαλέντων ἀπώλεια δεινή· πνιγόμενοι γὰρ καὶ κλώμενοι πλήθει τῶν ἐπιβαινόντων ἠφανίζοντο, καὶ οὐδὲ πρὸς ταφήν τις γνώριμος τοῖς ἰδίοις κατελείπετο. 328 Συνεισέπιπτον δὲ καὶ στρατιῶται παίοντες ἀνέδην τοὺς καταλαμβανομένους καὶ διὰ τῆς Βεζεθὰ καλουμένης ἀνεώθουν τὸ πλῆθος, βιαζόμενοι παρελθεῖν καὶ κρατῆσαι τοῦ τε ἱεροῦ καὶ τῆς Ἀντωνίας· ὧν καὶ Φλῶρος ἐφιέμενος ἐξῆγε τῆς βασιλικῆς αὐλῆς τοὺς σὺν αὐτῷ καὶ πρὸς τὸ φρούριον ἐλθεῖν ἠγωνίζετο. 329 Διήμαρτέν γε μὴν τῆς ἐπιβολῆς· ὁ γὰρ δῆμος ἄντικρυς ἐπιστραφεὶς εἶργεν τὴν ὁρμήν, καὶ διαστάντες ἐπὶ τῶν τεγῶν τοὺς Ῥωμαίους ἔβαλλον. Καταπονούμενοι δὲ τοῖς ὕπερθεν βέλεσιν καὶ διακόψαι τὸ τοὺς στενωποὺς ἐμφράξαν πλῆθος ἀσθενήσαντες, ἀνεχώρουν εἰς τὸ πρὸς τοῖς βασιλείοις στρατόπεδον.

330 Οἱ δὲ στασιασταὶ δείσαντες μὴ πάλιν ἐπελθὼν ὁ Φλῶρος κρατήσῃ τοῦ ἱεροῦ διὰ τῆς Ἀντωνίας, ἀναβάντες εὐθέως τὰς συνεχεῖς στοὰς τοῦ ἱεροῦ πρὸς τὴν Ἀντωνίαν διέκοψαν. 331 Τοῦτ' ἔψυξεν τὴν Φλώρου πλεονεξίαν· τῶν γὰρ τοῦ θεοῦ θησαυρῶν ἐφιέμενος καὶ διὰ τοῦτο παρελθεῖν ἐπιθυμῶν εἰς τὴν Ἀν-

328 1 συνεισέπιπτον Bekker Niese : συνέπιπτον (-έπιπον C a.c.) codd. *irruebant pariter* Lat. ‖ 3 Βεζεθὰ VRC Schalit : Βεθεζὰ P βεθαζὰ A βεζεθᾶ M βεθζεθὰ L cf. 2, 530 et 5, 149 sq. ‖ **329** 2 ἐπιβολῆς L a.c. Lat. : ἐπιβουλῆς PAML p.c. VRC. ‖ 3 τῆς ὁρμῆς P Niese om. Lat.

coupés, son empressement tomba. Il fit venir les grands-prêtres et le Conseil et leur dit qu'il allait, lui, quitter la ville, mais qu'il leur laisserait une garnison de l'importance qu'ils demanderaient. **332** Quand ils eurent fait la promesse d'assurer une parfaite sécurité et d'empêcher toute révolte, à condition toutefois qu'il leur laissât seulement une cohorte et qui ne fût pas celle qui avait combattu, car celle-là, le peuple la détestait à cause de ce qu'ils en avaient souffert, il changea la cohorte [1] selon leur désir et retourna à Césarée avec le reste de son armée.

Enquête de Néapolitanos à Jérusalem.

333 Florus fournit une nouvelle incitation à la guerre en envoyant à Cestius un rapport mensonger sur la rébellion des Juifs : il leur attribuait l'initiative du conflit et affirmait qu'ils étaient les auteurs de ce qu'ils n'avaient fait que subir. Bien entendu, de leur côté les chefs, à Jérusalem, ne gardèrent pas le silence : eux et Bérénice envoyèrent à Cestius des rapports sur les iniquités commises par Florus contre la ville. **334** Lorsque Cestius eut pris connaissance des messages venus des deux côtés, il tint conseil avec ses officiers. L'avis de ceux-ci était que Cestius lui-même montât avec une armée à Jérusalem soit pour réprimer éventuellement la révolte, soit pour rendre les Juifs encore plus fidèles [2], s'ils le restaient; mais le gouverneur était d'avis d'envoyer sur les lieux, pour examiner la situation et les dispositions des Juifs, un de ses compagnons, qui lui en ferait un rapport fidèle. **335** Il envoie donc un commandant de légion, Néapolitanos [3]. Celui-ci rencontra à Jammée [4] le roi Agrippa, qui revenait d'Alexandrie et à qui il fit savoir qui l'envoyait et pourquoi.

1. La cohorte amenée par Florus (296) et qui avait mis au pillage le « Marché d'en haut » (305) est remplacée par une cohorte venue de Césarée.

2. Le traducteur latin semble avoir compris : les Juifs et leurs prosélytes.

3. Peut-être le même que dans *Vita* 120-121.

τωνίαν, ὡς ἀπερράγησαν αἱ στοαί, τὴν ὁρμὴν ἀνετράπη, καὶ μεταπεμψάμενος τούς τε ἀρχιερεῖς καὶ τὴν βουλὴν αὐτὸς μὲν ἐξιέναι τῆς πόλεως ἔφη, φρουρὰν δ' ἐγκαταλείψειν αὐτοῖς ὅσην ἂν ἀξιώσωσιν. 332 Τῶν δὲ πάντα περὶ ἀσφαλείας καὶ τοῦ μηδὲν νεωτερίσειν ὑποσχομένων, εἰ μίαν αὐτοῖς καταλείποι σπεῖραν, μὴ μέντοι τὴν μαχεσαμένην, πρὸς γὰρ ταύτην ἀπεχθῶς δι' ἃ πέπονθεν ἔχειν τὸ πλῆθος, ἀλλάξας τὴν σπεῖραν, ὡς ἠξίουν, μετὰ τῆς λοιπῆς δυνάμεως ὑπέστρεψεν εἰς Καισάρειαν.

333 Ἑτέραν δὲ ἐπιβολὴν τῷ πολέμῳ ποριζόμενος ἐπέστελλεν Κεστίῳ Ἰουδαίων ἀπόστασιν καταψευδόμενος, τήν τε ἀρχὴν τῆς μάχης περιθεὶς αὐτοῖς, καὶ δρᾶσαι λέγων ἐκείνους ἃ πεπόνθεσαν. Οὐ μὴν οὐδ' οἱ τῶν Ἱεροσολύμων ἄρχοντες ἐσίγησαν, ἀλλ' αὐτοί τε καὶ Βερνίκη τῷ Κεστίῳ περὶ ὧν Φλῶρος εἰς τὴν πόλιν παρηνόμησεν ἔγραφον. 334 Ὁ δὲ τὰ παρ' ἀμφοῖν ἀναγνοὺς μετὰ τῶν ἡγεμόνων ἐβουλεύετο. Τοῖς μὲν οὖν αὐτὸν ἐδόκει Κέστιον μετὰ στρατιᾶς ἀναβαίνειν ἢ τιμωρησόμενον τὴν ἀπόστασιν, εἰ γέγονεν, ἢ βεβαιοτέρους καταστήσοντα Ἰουδαίους καὶ συμμένοντας, αὐτῷ δὲ προπέμψαι τῶν ἑταίρων τὸν κατασκεψόμενον τὰ πράγματα καὶ τὰ φρονήματα τῶν Ἰουδαίων πιστῶς ἀναγγελοῦντα. 335 Πέμπει δή τινα τῶν χιλιάρχων Νεαπολιτανόν, ὃς ἀπὸ τῆς Ἀλεξανδρείας ὑποστρέφοντι περιτυχὼν Ἀγρίππᾳ τῷ βασιλεῖ κατὰ Ἰάμνειαν τόν τε πέμψαντα καὶ τὰς αἰτίας ἐδήλωσεν.

333 1 ἐπιβολὴν L a.c. VRC : ἐπιβουλὴν PAML p.c. *consilium* Lat. ‖ **334** 3 αὐτὸν LC : αὐτῶν PAMVR om. Lat. ‖ 5 καὶ συμμένοντας codd. : *eorumque accolas* Lat. uide adn. ‖ 6 προπέμψαι P : προπέμψαι τινὰ AMLVRC. ‖ **335** 1 δὴ Cardwell : δὲ PAML οὖν δὴ VRC *ergo* Lat. ‖ 2 νεαπολιτανόν Niese Schalit : νεαπολιτάνον PAML νεοπολιτανόν (-τιανόν V mg) VRC et *Vita* 120-121 codd.

336 A Jamnée étaient également présents, pour saluer le roi, grands-prêtres et notables ainsi que le Conseil. Après lui avoir présenté leurs hommages, ils déplorèrent leurs malheurs et lui racontèrent en détail les cruautés de Florus. **337** Cette cruauté révoltait Agrippa, mais par tactique il fit passer sa colère sur les Juifs, qu'il plaignait; car il voulait abaisser leur orgueil et, en se donnant l'apparence de ne pas croire qu'on les avait injustement traités, les détourner de se venger. **338** Ces Juifs qui étaient une élite, et qui, en raison des biens qu'ils possédaient, ne désiraient que la paix, comprirent la bienveillance cachée dans la réprimande du roi. De son côté le peuple, qui s'était avancé jusqu'à soixante stades de Jérusalem, venait aussi saluer Agrippa et Néapolitanos. **339** Les femmes de ceux qui avaient été égorgés coururent en avant avec des cris aigus et faisant écho à leurs gémissements le peuple se livra à des lamentations : ils suppliaient Agrippa de leur venir en aide et ils invectivaient Néapolitanos pour tout ce que Florus leur avait fait souffrir. Quand Agrippa et Néapolitanos arrivèrent dans la ville, on leur montra l'agora, devenue un désert, et les maisons saccagées. **340** Ensuite, par le truchement d'Agrippa, ils persuadent Néapolitanos de faire un tour en ville avec un seul serviteur, jusqu'à Siloé [1] pour se rendre compte que les Juifs obéissent à tous les Romains et ne détestent que Florus à cause de ses excès de cruauté à leur égard. Quand Néapolitanos, en traversant la cité, eut suffisamment constaté les bonnes dispositions des Juifs, il monta au Temple. **341** Là il convoque la foule et félicite chaleureusement les Juifs de leur loyauté envers les Romains, les engage vivement à garder la paix, puis, en restant dans l'emplacement autorisé [2], il se prosterne vers le lieu saint de Dieu et retourne auprès de Cestius.

342 La foule des Juifs se tournant vers le roi et les grands-prêtres demanda d'envoyer à Néron une ambassade pour accuser Florus, au lieu de laisser planer contre eux, par leur silence après un si grand massacre, le soupçon de rébellion. On croira, en effet, s'ils ne dénoncent pas à

336 Ἔνθα καὶ Ἰουδαίων οἵ τε ἀρχιερεῖς ἅμα τοῖς δυνατοῖς καὶ ἡ βουλὴ παρῆν δεξιουμένη τὸν βασιλέα. Μετὰ δὲ τὴν εἰς ἐκεῖνον θεραπείαν ἀπωδύροντο τὰς ἑαυτῶν συμφορὰς καὶ τὴν Φλώρου διεξῄεσαν ὠμότητα. 337 Πρὸς ἣν ἠγανάκτει μὲν Ἀγρίππας, στρατηγικῶς δὲ τὴν ὀργὴν εἰς οὓς ἠλέει Ἰουδαίους μετέφερεν, ταπεινοῦν αὐτῶν βουλόμενος τὰ φρονήματα καὶ τῷ μὴ δοκεῖν ἀδίκως τι παθεῖν τῆς ἀμύνης ἀποτρέπων. 338 Οἱ μὲν οὖν, ὡς ἂν ὄντες ἔκκριτοι καὶ διὰ τὰς ἑαυτῶν κτήσεις ἐπιθυμοῦντες εἰρήνης, συνίεσαν εὐνοϊκὴν τὴν ἐπίπληξιν τοῦ βασιλέως· ὁ δὲ δῆμος ἐκ τῶν Ἱεροσολύμων ἐπὶ ἑξήκοντα προελθὼν σταδίους ἐδεξιοῦτο τὸν Ἀγρίππαν καὶ τὸν Νεαπολιτανόν. 339 Ἐκώκυον δὲ καὶ τῶν ἀπεσφαγμένων αἱ γυναῖκες προεκθέουσαι, καὶ πρὸς τὴν τούτων οἰμωγὴν ὁ δῆμος εἰς ὀλοφυρμοὺς τραπόμενος ἐπικουρεῖν τὸν Ἀγρίππαν ἱκέτευεν, τοῦ τε Νεαπολιτανοῦ κατεβόων ὅσα πάθοιεν ὑπὸ Φλώρου, καὶ παρελθοῦσιν εἰς τὴν πόλιν τήν τε ἀγορὰν ἠρημωμένην ἐπεδείκνυσαν καὶ πεπορθημένας τὰς οἰκίας. 340 Ἔπειτα δι' Ἀγρίππα πείθουσι τὸν Νεαπολιτανὸν σὺν ἑνὶ θεράποντι περιελθεῖν μέχρι τοῦ Σιλωᾶ τὴν πόλιν, ἵνα γνῷ Ἰουδαίους τοῖς μὲν ἄλλοις Ῥωμαίοις ἅπασιν εἴκοντας, μόνῳ δ' ἀπεχθανομένους Φλώρῳ δι' ὑπερβολὴν τῆς εἰς αὐτοὺς ὠμότητος. Ὁ δ' ὡς διοδεύσας πεῖραν ἱκανὴν ἔλαβεν τῆς πραότητος αὐτῶν, εἰς τὸ ἱερὸν ἀναβαίνει. 341 Ἔνθα συγκαλέσας τὸ πλῆθος, καὶ πολλὰ μὲν εἰς πίστιν αὐτοὺς τὴν πρὸς Ῥωμαίους ἐπαινέσας, πολλὰ δὲ εἰς τὸ τηρεῖν τὴν εἰρήνην προτρεψάμενος καὶ τοῦ θεοῦ προσκυνήσας ὅθεν ἐξῆν τὰ ἅγια, πρὸς Κέστιον ἐπανῄει.

342 Ὁ δὲ πλῆθος τῶν Ἰουδαίων ἐπί τε τὸν βασιλέα καὶ τοὺς ἀρχιερεῖς τραπόμενον πέμπειν κατὰ Φλώρου πρέσβεις ἠξίου πρὸς Νέρωνα καὶ μὴ σιωπῶντας ἐπὶ τοσούτῳ φόνῳ καταλιπεῖν ἑαυτοῖς ὑπόνοιαν ἀποστά-

temps celui qui a commencé, que c'est eux qui ont commencé à prendre les armes. **343** Il était clair qu'ils n'allaient pas rester tranquilles si on empêchait cette ambassade. Mais Agrippa trouvait odieux d'avoir à désigner des accusateurs contre Florus; et d'autre part, voir les Juifs jetés dans l'embrasement de la guerre ne lui semblait pas non plus avantageux pour lui-même. **344** Il convoqua donc le peuple au Xyste [1], plaça près de lui, bien en vue, sa sœur Bérénice sur la terrasse de la résidence des Asmonéens, — cette résidence dominait le Xyste en face de la ville haute, et un pont [2] reliait le Temple au Xyste. Agrippa parla en ces termes [3] :

Discours d'Agrippa au peuple.

345 « Si je vous avais vus tous impatients de faire la guerre aux Romains sans que la partie la plus saine et la plus sincère du peuple me parût décidée à vivre en paix, je ne serais pas venu parmi vous et je ne me serais pas senti le courage de vous donner des conseils, car tout discours sur ce qu'il convient de faire est superflu quand il y a unanimité des auditeurs en faveur du pire. **346** Mais étant donné qu'une jeunesse sans expérience des maux de la guerre en excite certains, qu'un fol espoir d'indépendance en excite d'autres, que chez quelques-uns c'est une sorte d'avidité et la perspective, en cas de bouleversement des affaires, de tirer profit des plus faibles, pour que les intéressés, revenus à la raison, changent d'attitude et pour éviter que les bons n'aient à tâter avec eux des conséquences de la funeste décision de quelques-uns, j'ai pensé qu'il était de mon devoir de vous réunir tous et de vous dire ce que je crois de votre intérêt. **347** Que personne ne manifeste bruyamment contre moi si l'on entend des propos qui ne sont pas faits pour plaire; car ceux qui sont irrémédiablement décidés à la révolte sont bien libres, après mon exhortation, de persister dans leur sentiment. D'un autre côté, mes paroles risquent de manquer leur but même auprès de ceux qui veulent les entendre, s'il n'y a pas un silence général. **348** Je sais bien que beaucoup de gens ont des envolées pathétiques sur les violences des

σεως· δόξειν γὰρ αὐτοὶ κατάρξαι τῶν ὅπλων, εἰ μὴ φθάσαντες ἐνδείξαιντο τὸν κατάρξαντα. 343 Φανεροὶ δ' ἦσαν οὐκ ἠρεμήσοντες, εἰ τὴν πρεσβείαν τις ἀποκωλύει. Ἀγρίππᾳ δὲ τὸ μὲν χειροτονεῖν Φλώρου κατηγόρους ἐπίφθονον, τὸ περιιδεῖν δὲ Ἰουδαίους εἰς πόλεμον ἐκριπισθέντας οὐδὲ αὐτῷ λυσιτελὲς κατεφαίνετο. 344 Προσκαλεσάμενος δὲ εἰς τὸν ξυστὸν τὸ πλῆθος καὶ παραστησάμενος ἐν περιόπτῳ τὴν ἀδελφὴν Βερνίκην ἐπὶ τῆς Ἀσαμωναίων οἰκίας, αὕτη γὰρ ἦν ἐπάνω τοῦ ξυστοῦ πρὸς τὸ πέραν τῆς ἄνω πόλεως, καὶ γέφυρα τῷ ξυστῷ τὸ ἱερὸν συνῆπτεν, Ἀγρίππας ἔλεξεν τοιάδε.

345 « Εἰ μὲν ἑώρων πάντας ὑμᾶς πολεμεῖν Ῥωμαίοις ὡρμημένους καὶ μὴ τοῦ δήμου τὸ καθαρώτατον καὶ εἰλικρινέστατον εἰρήνην ἄγειν προῃρημένους, οὔτ' ἂν παρῆλθον εἰς ὑμᾶς οὔτε συμβουλεύειν ἐθάρρησα· περισσὸς γὰρ ὑπὲρ τοῦ τὰ δέοντα ποιεῖν πᾶς λόγος, ὅταν ᾖ τῶν ἀκουόντων πάντων πρὸς τὸ χεῖρον ὁμόνοια. 346 Ἐπεὶ δὲ τινὰς μὲν ἡλικία τῶν ἐν πολέμῳ κακῶν ἀπείρατος, τινὰς δὲ ἐλπὶς ἀλόγιστος ἐλευθερίας, ἐνίους δὲ πλεονεξία τις παροξύνει καὶ τὸ παρὰ τῶν ἀσθενεστέρων, ἐὰν τὰ πράγματα συγχυθῇ, κέρδος, ὅπως αὐτοί τε σωφρονισθέντες μεταβάλωνται καὶ μὴ τῆς ἐνίων κακοβουλίας οἱ ἀγαθοὶ παραπολαύσωσιν, ᾠήθην δεῖν ἐπὶ τὸ αὐτὸ πάντας ὑμᾶς συναγαγὼν εἰπεῖν ἃ νομίζω συμφέρειν. 347 Θορυβήσῃ δέ μοι μηδείς, ἐὰν μὴ τὰ πρὸς ἡδονὴν ἀκούῃ· τοῖς μὲν γὰρ ἀνηκέστως ἐπὶ τὴν ἀπόστασιν ὡρμημένοις ἔνεστι καὶ μετὰ τὴν ἐμὴν παραίνεσιν ταὐτὰ φρονεῖν, ἐμοὶ δὲ διαπίπτει καὶ πρὸς τοὺς ἀκούειν ἐθέλοντας ὁ λόγος, ἐὰν μὴ παρὰ πάντων ἡσυχία γένηται. 348 Οἶδα μὲν οὖν ὅτι πολλοὶ τὰς ἐκ τῶν

343 3 ἀποκωλύει PAM : ἀποκωλύοι LVRC ‖ 5 οὐδὲ C : οὔτε PAMLVR.

procurateurs ou dans leurs éloges de la liberté; moi, avant d'examiner qui vous êtes et qui sont ceux que vous entreprenez de combattre, je commencerai par démêler l'écheveau des prétextes qu'on a invoqués. **349** En effet, si vous ne cherchez qu'à tirer vengeance de ceux qui vous font du tort, pourquoi célébrez-vous la liberté? Et si c'est, au contraire, la servitude qui vous paraît intolérable, il ne sert à rien de vous en prendre aux gouverneurs, puisque même si ces gouverneurs étaient modérés, la servitude n'en serait pas moins honteuse.

Vos griefs contre les divers procurateurs ne méritent pas une guerre.

350 Considérez encore, en prenant chaque point séparément, combien sont faibles vos raisons [1] de faire la guerre, à commencer par vos griefs contre les procurateurs. Aussi bien faut-il se concilier les autorités et non pas les provoquer. **351** Et puis, chaque fois que pour de minimes incartades vous faites des reproches graves, c'est à vos dépens que vous confondez ceux que vous blâmez; et alors, au lieu de se cacher, tout honteux, pour vous nuire, ils vont vous maltraiter ouvertement. Rien n'est aussi efficace pour détourner les coups que de savoir les endurer, et le calme de ceux qui subissent l'offense tourne à la confusion des offenseurs. **352** En supposant que les agents de la puissance romaine soient d'une intolérable dureté : ce ne sont pas tous les Romains qui vous font du tort, non plus que César, et c'est contre ces derniers que vous voulez [2] faire la guerre ! Ce n'est pas sur leur ordre que vous est arrivé de là-bas quelqu'un de méchant, et d'ailleurs de l'Occident on ne garde pas les yeux fixés sur les gens qui sont en Orient. Il n'est même pas facile là-bas d'être rapidement informé de ce qui se passe ici. **353** Il est donc absurde, à cause d'un seul homme et pour des griefs mineurs, de se mettre en guerre contre un peuple si nombreux et si grand, qui n'a même pas connaissance du sujet de nos plaintes. **354** Et puis, le redressement de la situation dont nous nous plaignons ne saurait tarder : ce n'est pas toujours le même procurateur qui demeure en fonction, et il est probable que ceux qui viendront succéder à celui-ci seront

ἐπιτρόπων ὕβρεις καὶ τὰ τῆς ἐλευθερίας ἐγκώμια τραγῳδοῦσιν, ἐγὼ δὲ πρὶν ἐξετάζειν τίνες ὄντες τίσιν ἐπιχειρεῖτε πολεμεῖν, πρῶτον διαζεύξω τὴν συμπλοκὴν τῶν προφάσεων. 349 Εἰ μὲν γὰρ ἀμύνεσθε τοὺς ἀδικοῦντας, τί σεμνύνετε τὴν ἐλευθερίαν; εἰ δὲ τὸ δουλεύειν ἀφόρητον ἡγεῖσθε, περισσὴ πρὸς τοὺς ἡγεμόνας ἡ μέμψις· καὶ γὰρ ἐκείνων μετριαζόντων αἰσχρὸν ὁμοίως τὸ δουλεύειν.

350 Σκοπεῖτε δὲ καὶ καθ' ἕκαστον τούτων ὡς ἔστιν μικρὰ τοῦ πολεμεῖν ἡ ὑπόθεσις, καὶ πρῶτά γε τὰ τῶν ἐπιτρόπων ἐγκλήματα. Θεραπεύειν γάρ, οὐκ ἐρεθίζειν χρὴ τὰς ἐξουσίας· 351 ὅταν δὲ τῶν μικρῶν ἁμαρτημάτων τοὺς ἐξονειδισμοὺς ποιῆσθε μεγάλους, καθ' ἑαυτῶν τοὺς ὀνειδιζομένους ἀπελέγχετε, καὶ παρέντες τὸ λάθρα καὶ μετ' αἰδοῦς ὑμᾶς βλάπτειν πορθοῦσι φανερῶς. Οὐδὲν δὲ οὕτως τὰς πληγὰς ὡς τὸ φέρειν ἀναστέλλει, καὶ τὸ τῶν ἀδικουμένων ἡσύχιον τοῖς ἀδικοῦσι γίνεται διατροπή. 352 Φέρε δ' εἶναι τοὺς Ῥωμαίων ὑπηρέτας ἀνηκέστως χαλεπούς· οὔπω Ῥωμαῖοι πάντες ἀδικοῦσιν ὑμᾶς οὐδὲ Καῖσαρ, πρὸς οὓς αἵρεσθε τὸν πόλεμον· οὐδὲ γὰρ ἐξ ἐντολῆς ἥκει τις πονηρὸς ἀπ' ἐκείνων, οὐδέ γε τοὺς ὑπὸ τὴν ἀνατολὴν οἱ ἀφ' ἑσπέρας ἐπιβλέπουσιν· ἀλλ' οὐδ' ἀκούειν ταχέως τὰ ἐντεῦθεν ἐκεῖ ῥᾴδιον. 353 Ἄτοπον δὲ καὶ δι' ἕνα πολλοῖς καὶ διὰ μικρὰς αἰτίας τηλικούτοις καὶ μηδὲ γινώσκουσιν ἃ μεμφόμεθα πολεμεῖν. 354 Καὶ τῶν μὲν ἡμετέρων ἐγκλημάτων ταχεῖα γένοιτ' ἂν διόρθωσις· οὔτε γὰρ ὁ αὐτὸς ἐπίτροπος μένει διὰ παντός, καὶ τοὺς διαδεξομένους εἰκὸς ἐλεύσεσθαι μετριωτέρους· κινηθέντα δ' ἅπαξ τὸν πόλεμον οὔτ'

350 2 ἡ ML p.c. VR : om. PAL a.c. C, uide adn. ‖ **352** 4 αἵρεσθε Cobet : αἱρεῖσθε codd., uide adn. ‖ **354** 2 ἂν PAL : ἂν ἡ MVRC ‖ 3 μένει PAL : μενεῖ MVRC Lat.

plus modérés; tandis que la guerre une fois engagée, il n'est facile ni de s'en défaire ni de la supporter sans dommages.

Votre passion pour la liberté arrive trop tard.

355 A coup sûr votre passion actuelle pour la liberté est intempestive, vu qu'il aurait fallu d'abord lutter pour ne pas la perdre. Car l'expérience de la servitude est pénible. Il est juste de se battre pour éviter qu'elle ne commence; **356** mais celui qui, une fois pris, voudrait ensuite y échapper est un esclave en révolte, non un ami de la liberté. C'est donc lorsque Pompée a envahi le pays qu'il aurait fallu tout faire pour ne pas laisser entrer les Romains. **357** Mais nos ancêtres et leurs rois, qui vous étaient bien supérieurs par la richesse, la force physique et le courage, n'ont pas pu résister à une petite fraction de la puissance romaine. Et vous, qui avez hérité la condition de sujets mais disposez de bien moins de ressources que ceux qui furent les premiers assujettis, vous mettriez au défi la Puissance [1] romaine tout entière?

L'exemple d'Athènes de Sparte des Macédoniens et autres nations.

358 Et les Athéniens qui, un jour, pour sauver la liberté des Grecs, ont été jusqu'à livrer leur ville aux flammes, osant affronter le superbe Xerxès, qui avait navigué sur la terre et marché sur la mer [2], et que les océans ne pouvaient contenir, lui à la tête d'une armée plus vaste que l'Europe, ils le poursuivirent comme un esclave fugitif sur son embarcation solitaire et, près des côtes de la minuscule Salamine, ils brisèrent cette immense Asie : maintenant ils obéissent aux Romains, et les décrets venus d'Italie régentent la cité qui dirigea la Grèce. **359** Et les Lacédémoniens, après les Thermopyles et Platées, après Agésilas et son exploration en Asie [3], ils s'estiment heureux d'avoir ces mêmes maîtres. **360** Et les Macédoniens, alors qu'ils ont encore en tête Philippe et sous les yeux Celle [4] qui avec Alexandre semait pour

ἀποθέσθαι ῥᾴδιον δίχα συμφορῶν οὔτε βαστάζειν. 355 Ἀλλὰ μὴν τό γε νῦν ἐλευθερίας ἐπιθυμεῖν ἄωρον, δέον ὑπὲρ τοῦ μηδὲ ἀποβαλεῖν αὐτὴν ἀγωνίζεσθαι πρότερον. Ἡ γὰρ πεῖρα τῆς δουλείας χαλεπή, καὶ περὶ τοῦ μηδ' ἄρξασθαι ταύτης ὁ ἀγὼν δίκαιος· 356 ὁ δ' ἅπαξ χειρωθείς, ἔπειτα ἀφιστάμενος, αὐθάδης δοῦλός ἐστιν, οὐ φιλελεύθερος. Τότε τοιγαροῦν ἐχρῆν πάνθ' ὑπὲρ τοῦ μὴ δέξασθαι Ῥωμαίους ποιεῖν, ὅτε ἐπέβαινεν τῆς χώρας Πομπήιος. 357 Ἀλλ' οἱ μὲν ἡμέτεροι πρόγονοι καὶ οἱ βασιλεῖς αὐτῶν, καὶ χρήμασιν καὶ σώμασιν καὶ ψυχαῖς ἄμεινον ὑμῶν πολλῷ διακείμενοι, πρὸς μοῖραν ὀλίγην τῆς Ῥωμαίων δυνάμεως οὐκ ἀντέσχον· ὑμεῖς δὲ οἱ τὸ μὲν ὑπακούειν ἐκ διαδοχῆς παρειληφότες, τοῖς πράγμασιν δὲ τῶν πρώτων ὑπακουσάντων τοσοῦτον ἐλαττούμενοι, πρὸς ὅλην ἀνθίστασθε τὴν Ῥωμαίων ἡγεμονίαν; 358 Καὶ Ἀθηναῖοι μὲν οἱ περὶ τῆς τῶν Ἑλλήνων ἐλευθερίας παραδόντες ποτὲ καὶ πυρὶ τὴν πόλιν, οἱ τὸν ὑπερήφανον Ξέρξην διὰ γῆς πλεύσαντα καὶ διὰ θαλάσσης ὁδεύσαντα καὶ μὴ χωρούμενον μὲν τοῖς πελάγεσιν, πλατυτέραν δὲ τῆς Εὐρώπης τὴν στρατιὰν ἄγοντα, οἷα δραπέτην ἐπὶ μιᾶς νεὼς διώξαντες, περὶ δὲ τῇ σμικρᾷ Σαλαμῖνι τὴν τοσαύτην Ἀσίαν κλάσαντες, νῦν δουλεύουσιν Ῥωμαίοις, καὶ τὴν ἡγεμονίδα τῆς Ἑλλάδος πόλιν διοικεῖ τὰ ἀπὸ τῆς Ἰταλίας προστάγματα. 359 Λακεδαιμόνιοι δὲ μετὰ Θερμοπύλας καὶ Πλαταιὰς καὶ τὸν ἐρευνήσαντα τὴν Ἀσίαν Ἀγησίλαον ἀγαπῶσιν τοὺς αὐτοὺς δεσπότας, 360 καὶ Μακεδόνες ἔτι φανταζόμενοι Φίλιππον καὶ τὴν σὺν

356 4 ὅτε PAL Lat. Heg. : ὅτε τὴν ἀρχὴν MVRC. ‖ **357** 1 ἡμέτεροι PMVRC Heg. : ὑμέτεροι (ὑ in ras. A) AL Lat. ‖ 6 πρώτων PA a.c. ML a.c. V p.c. Thack. : πρῶτον A p.c. L p.c. V a.c. Niese[2] πρώτως RC *primi* Lat. ‖ **360** 2 καὶ τὴν σὺν P : καὶ τοὺς A καὶ σὺν LR σὺν MVC καὶ τὴν τύχην σὺν Destinon uide adn.

eux l'empire du monde, supportent un tel revirement et s'inclinent devant ceux chez qui la Fortune a émigré. **361** Quantité d'autres nations enflées d'encore plus de jactance en faveur de la liberté ont cédé. Et vous seuls dédaignez de servir ceux à qui tout est soumis? Dans quel genre d'armée, dans quel genre d'armes mettez-vous votre confiance? Où se trouve la flotte qui doit ravir pour vous les mers des Romains? Où sont déposés les fonds qui couvriront tous les frais de vos expéditions? **362** Vous imaginez-vous, par hasard, engager la guerre contre des Égyptiens ou des Arabes? N'allez-vous pas considérer la Puissance [1] romaine? N'allez-vous pas mesurer votre propre faiblesse? N'est-il pas vrai que nos troupes ont été vaincues bien des fois par celles des nations voisines, alors que la puissance de ces Romains reste invincible dans le monde entier? **363** Plus exactement, ils cherchent encore quelque chose de plus que ce monde-là. Car ils ne se contentent plus de la frontière de l'Euphrate à l'Orient, ni de celle de l'Istros [2] du côté du Septentrion, ni, au Midi, de l'Afrique [3], qu'ils ont explorée jusqu'au désert, ni de Gadès [4], à l'Occident : ils ont cherché un autre monde au-delà de l'Océan et ils ont porté leurs armes jusque chez ces Bretons, naguère ignorés de l'Histoire. **364** Alors, je vous le demande, êtes-vous plus riches que les Gaulois, plus forts que les Germains, plus intelligents que les Grecs, plus nombreux que tous les habitants du monde entier? Quel sujet de confiance vous dresse contre les Romains? **365** C'est dur la servitude, dira-t-on. Combien plus dur pour les Grecs, le plus éminent de tous les peuples sous le soleil pour la noblesse, habitants d'un si vaste territoire, de s'incliner devant six faisceaux [5]

1. Cf. *supra* 357 et note.
2. Le Danube.
3. Cf. 115 note.
4. Cadix.
5. Les faisceaux des licteurs. En 66, sous le nom d'Achaïe, la Grèce était une province sénatoriale gouvernée par un proconsul de rang prétorien, escorté de six licteurs.

Ἀλεξάνδρῳ παρασπείρουσαν αὐτοῖς τὴν τῆς οἰκουμένης ἡγεμονίαν ὁρῶντες, φέρουσιν τὴν τοσαύτην μεταβολὴν καὶ πρὸς οὓς μεταβέβηκεν ἡ τύχη προσκυνοῦσιν. **361** Ἄλλα τε ἔθνη μυρία πλείονος γέμοντα πρὸς ἐλευθερίαν παρρησίας εἴκει. Μόνοι δ' ὑμεῖς ἀδοξεῖτε δουλεύειν οἷς ὑποτέτακται τὰ πάντα; ποίᾳ στρατιᾷ, ποίοις πεποιθότες ὅπλοις; ποῦ μὲν ὁ στόλος ὑμῖν διαληψόμενος τὰς Ῥωμαίων θαλάσσας; Ποῦ δ' οἱ ταῖς ἐπιβολαῖς ἐξαρκέσοντες θησαυροί; **362** πρὸς Αἰγυπτίους ἄρα καὶ πρὸς Ἄραβας οἴεσθε κινεῖν τὸν πόλεμον; Οὐ περισκέψεσθε τὴν Ῥωμαίων ἡγεμονίαν; Οὐ μετρήσετε τὴν ἑαυτῶν ἀσθένειαν; Οὐ τὰ μὲν ἡμέτερα καὶ τῶν προσοίκων ἐθνῶν ἡττήθη πολλάκις, ἡ δὲ ἐκείνων ἰσχὺς διὰ τῆς οἰκουμένης ἀνίκητος; **363** Μᾶλλον δὲ καὶ ταύτης ἐζήτησάν τι πλέον. Οὐ γὰρ ἐξήρκεσεν αὐτοῖς ὅρος Εὐφράτης ὑπὸ τὴν ἀνατολήν, οὐδὲ τῶν προσαρκτίων ὁ Ἴστρος, ἥ τε μεσημβρινὴ μέχρι τῶν ἀοικήτων ἐρευνηθεῖσα Λιβύη καὶ Γάδειρα πρὸς ἑσπέραν, ἀλλ' ὑπὲρ ὠκεανὸν ἑτέραν ἐζήτησαν οἰκουμένην καὶ μέχρι τῶν ἀνιστορήτων πρότερον Βρεττανῶν διήνεγκαν τὰ ὅπλα. **364** Τί οὖν; Ὑμεῖς πλουσιώτεροι Γαλατῶν, ἰσχυρότεροι Γερμανῶν, Ἑλλήνων συνετώτεροι, πλείους τῶν κατὰ τὴν οἰκουμένην ἐστὲ πάντων; Τί τὸ πεποιθὸς ὑμᾶς κατὰ Ῥωμαίων ἐπαίρει; **365** Χαλεπὸν τὸ δουλεύειν, ἐρεῖ τις. Πόσῳ μᾶλλον Ἕλλησιν, οἳ τῶν ὑφ' ἡλίῳ πάντων προύχοντες εὐγενείᾳ καὶ τοσαύτην νεμόμενοι χώραν ἓξ Ῥωμαίων ὑπείκουσιν ῥάβδοις, τοσαύταις δὲ

360 3 παρασπείρουσαν PAp.c. : παρασπείρουσιν A a.c. παρασπαίρουσιν R καὶ παρασπείρουσαν MC καὶ παρασπείρουσιν V παρασπείροντα Hudson παρασπαίρουσαν Dindorf. ‖ **362** 4 ἡμέτερα PAV : ὑμέτερα MLC Lat. ὕστερα R ‖ **363** 3 ὅρος Destinon et Niese : ὅλος uel ὅλως codd. ‖ **365** 3 προύχοντες εὐγενείᾳ P : προύχειν εὐγενεία δοκοῦντες καὶ ὄντες A προύχειν εὐγενεία δοκοῦντες ML εὐγενεία προύχειν δοκοῦντες VRC *uidebantur nobilitate praestare* Lat.

romains; tout comme les Macédoniens [1], qui ont plus de titres que vous à revendiquer la liberté.

Asie.

366 Et les cinq cents villes d'Asie [2]? N'est-il pas vrai que, même sans garnison [3] elles s'inclinent devant la seule personne d'un gouverneur et ses faisceaux consulaires? A quoi bon parler des Hénioques, des Colques [4], de la peuplade des Tauriens [5], des nations du Bosphore, des nations riveraines du Pont-Euxin et du lac Méotide [6] ? **367** On ne leur connaissait jusqu'ici aucun maître, même de chez eux, et maintenant, ils sont soumis à trois mille fantassins, et quarante vaisseaux longs suffisent à faire régner la paix sur une mer naguère impraticable et sauvage [7]. **368** Que d'arguments en faveur de la liberté auraient la Bithynie, la Cappadoce, la nation de Pamphylie, celle de Lycie et de Cilicie, or elles versent un tribut sans la contrainte des armes !

Thrace.

Et quoi ! Les Thraces, qui embrassent un territoire de cinq jours de marche en largeur et sept en longueur. plus rude, naturellement mieux défendu que le vôtre et dont l'épaisse couche de glace arrête net les envahisseurs, est-ce qu'ils n'obéissent pas à deux mille garnisaires romains [8] ?

Illyrie.

369 Les Illyriens, leurs voisins, qui habitent la région limitée par l'Istros jusqu'à la Dalmatie, est-ce qu'ils n'obéissent pas à deux simples légions [9], aux côtés desquelles ils contribuent, pour leur part, à briser les assauts des Daces ?

Dalmatie.

370 Et les Dalmates, qui ont si souvent relevé la tête au nom de la liberté et à qui leurs continuelles défaites ne servaient qu'à regrouper leurs forces pour se rebeller de nouveau, maintenant ne restent-ils pas tranquilles devant une seule légion [10] romaine?

Gaule.

371 Mais au fait, s'il y a des populations que de grandes ressources eussent dû exciter à la révolte, c'était surtout

καὶ Μακεδόνες οἱ δικαιότερον ὑμῶν ὀφείλοντες ἐλευθερίας ἀντιποιεῖσθαι.

366 Τί δ' αἱ πεντακόσιαι τῆς Ἀσίας πόλεις; Οὐ δίχα φρουρᾶς ἕνα προσκυνοῦσιν ἡγεμόνα καὶ τὰς ὑπατικὰς ῥάβδους; Τί χρὴ λέγειν Ἡνιόχους τε καὶ Κόλχους καὶ τὸ τῶν Ταύρων φῦλον, Βοσπορανούς τε καὶ τὰ περίοικα τοῦ Πόντου καὶ τῆς Μαιώτιδος ἔθνη; 367 Παρ' οἷς πρὶν μὲν οὐδ' οἰκεῖος ἐγιγνώσκετο δεσπότης, νῦν δὲ τρισχιλίοις ὁπλίταις ὑποτάσσεται, καὶ τεσσαράκοντα νῆες μακραί τὴν πρὶν ἄπλωτον καὶ ἀγρίαν εἰρηνεύουσι θάλασσαν. 368 Πόσα Βιθυνία καὶ Καππαδοκία καὶ τὸ Παμφύλιον ἔθνος Λύκιοί τε καὶ Κίλικες ὑπὲρ ἐλευθερίας ἔχοντες εἰπεῖν χωρὶς ὅπλων φορολογοῦνται;

Τί δαί; Θρᾷκες οἱ πέντε μὲν εὖρος, ἑπτὰ δὲ μῆκος ἡμερῶν χώραν διειληφότες, τραχυτέραν τε καὶ πολλῷ τῆς ὑμετέρας ὀχυρωτέραν καὶ βαθεῖ κρυμῷ τοὺς ἐπιστρατεύσοντας ἀνακόπτουσαν, οὐχὶ δισχιλίοις Ῥωμαίων ὑπακούουσιν φρουροῖς;

369 Οἱ δ' ἀπὸ τούτων Ἰλλυριοὶ τὴν μέχρι Δαλματίας ἀποτεμνομένην Ἴστρῳ κατοικοῦντες, οὐ δυσὶν μόνοις τάγμασιν ὑπείκουσιν, μεθ' ὧν αὐτοὶ τὰς Δακῶν ἀνακόπτουσιν ὁρμάς;

370 Οἱ δὲ τοσαυτάκις πρὸς ἐλευθερίαν ἀναχαιτίσαντες Δαλμάται καὶ πρὸς μόνον ἀεὶ χειρωθέντες τὸ συλλεξάμενοι τὴν ἰσχὺν πάλιν ἀποστῆναι, νῦν οὐχ ὑφ' ἑνὶ τάγματι Ῥωμαίων ἡσυχίαν ἄγουσιν; 371 Ἀλλὰ μὴν εἴ γέ τινας εἰς ἀπόστασιν ὤφειλον ἀφορμαὶ μεγάλαι παροξύνειν, μάλιστα Γαλάτας ἐχρῆν, τοὺς οὕτως ὑπὸ τῆς φύσεως τετειχισμένους, ἐξ ἀνατολῆς

368 7-8 ἐπιστρατεύσοντας PL : -σαντας A -οντας MVRC *qui irruerint* Lat. ‖ **370** 2 πρὸς Niese Thackeray : πρὸς τὸ codd. πρὸς τοῦτο Ibbetson ‖ 3 τὸ Niese : τότε codd. ὥστε Ibbetson.

le cas des Gaulois, eux que la nature a dotés de telles défenses : à l'Orient les Alpes, au Nord le fleuve du Rhin, au Sud les monts des Pyrénées, au Couchant l'Océan. **372** Eh bien, tout entourés qu'ils soient de telles barrières, bien qu'ils comptent trois cent cinq [1] nations, qu'ils aient sur place, pour ainsi dire, les sources de la prospérité et inondent de leurs richesses presque le monde entier, ils supportent d'être une ressource pour les Romains et de se voir rationnés par eux sur leur propre abondance. **373** Et tout cela ils le supportent non par mollesse de caractère ou faute de vaillance, eux qui ont soutenu pour leur liberté une guerre de quatre-vingts ans [2], mais bien parce qu'ils ont été frappés d'étonnement tant par la puissance des Romains que par leur Fortune, qui plus encore que leurs armes leur assure le succès. Voilà pourquoi ils obéissent à douze-cents [3] soldats, eux qui ont un nombre [4] de villes presque supérieur.

Espagne.

374 Quant aux Ibères, ni l'or que produit leur sol n'a suffi à la guerre pour leur liberté, non plus que toute l'étendue de terre et de mer qui les sépare des Romains; pas davantage les tribus des Lusitaniens et des Cantabres, passionnées de guerres, ni dans le voisinage, l'Océan qui fait monter une marée redoutée même des gens du pays. **375** Et malgré tout, les Romains en portant leurs armes au-delà des colonnes d'Hercule, en franchissant à travers les nuages les monts des Pyrénées, ont soumis ces peuples-là aussi. Pour garder ces populations si difficiles à combattre et si éloignées, il a suffi d'une seule légion [5].

Germanie.

376 Qui parmi vous n'a entendu parler de la multitude des Germains? Vous avez mainte fois constaté leur robustesse et leur haute taille, puisque les Romains ont partout de ces prisonniers de guerre. **377** Eh bien ces peuples qui occupent un territoire immense, qui ont le cœur encore plus haut que la stature, une âme qui méprise la mort et dont les fureurs dépassent celles des bêtes sauvages les plus cruelles, le Rhin impose une barrière à leur impétuosité. Tenus en

μὲν ταῖς Ἄλπεσιν, πρὸς ἄρκτῳ δὲ Ῥήνῳ ποταμῷ, μεσημβρινοῖς δὲ τοῖς Πυρηναίοις ὄρεσιν, ὠκεανῷ δὲ πρὸς δυσμῶν. 372 Ἀλλὰ καίτοι τηλικαῦτα μὲν ἕρκη περιβεβλημένοι, πέντε δὲ καὶ τριακοσίοις πληθύοντες ἔθνεσιν, τὰς δὲ πηγάς, ὡς ἄν τις εἴποι, τῆς εὐδαιμονίας ἐπιχωρίους ἔχοντες καὶ τοῖς ἀγαθοῖς σχεδὸν ὅλην ἐπικλύζοντες τὴν οἰκουμένην, ἀνέχονται Ῥωμαίων πρόσοδος ὄντες καὶ ταμιευόμενοι παρ' αὐτῶν τὴν οἰκείαν εὐδαιμονίαν. 373 Καὶ τοῦθ' ὑπομένουσιν οὐ διὰ φρονημάτων μαλακίαν, οὐδὲ δι' ἀγένειαν, οἵ γε διήνεγκαν ὀγδοήκοντα ἔτη πόλεμον ὑπὲρ τῆς ἐλευθερίας, ἀλλὰ μετὰ τῆς δυνάμεως Ῥωμαίων καὶ τὴν τύχην καταπλαγέντες, ἥτις αὐτοῖς κατορθοῖ πλείονα τῶν ὅπλων. Τοιγαροῦν ὑπὸ χιλίοις καὶ διακοσίοις στρατιώταις δουλεύουσιν, ὧν ὀλίγου δεῖν πλείους ἔχουσι πόλεις.

374 Οὐδὲ Ἴβηρσιν ὁ γεωργούμενος χρυσὸς εἰς τὸν ὑπὲρ τῆς ἐλευθερίας ἐξήρκεσεν πόλεμον, οὐδὲ τὸ τοσοῦτον ἀπὸ Ῥωμαίων γῆς καὶ θαλάσσης διάστημα, φῦλά τε Λουσιτανῶν καὶ Καντάβρων ἀρειμάνια, οὐδὲ γείτων ὠκεανὸς φοβερὰν καὶ τοῖς ἐπιχωρίοις ἄμπωτιν ἐπάγων, 375 ἀλλ' ὑπὲρ τὰς Ἡρακλείους στήλας ἐκτείναντες τὰ ὅπλα καὶ διὰ νεφῶν ὁδεύσαντες τὰ Πυρηναῖα ὄρη, καὶ τούτους ἐδουλώσαντο Ῥωμαῖοι· φρουρὰ δ' ἤρκεσεν τῶν οὕτως δυσμάχων καὶ τοσοῦτον ἀπῳκισμένων ἓν τάγμα.

376 Τίς ὑμῶν οὐκ ἀκοῇ παρείληφεν τὸ Γερμανῶν πλῆθος; Ἀλκὴν μὲν γὰρ καὶ μεγέθη σωμάτων εἴδετε δήπου πολλάκις, ἐπεὶ πανταχοῦ Ῥωμαῖοι τοὺς τούτων αἰχμαλώτους ἔχουσιν. 377 Ἀλλ' οὗτοι γῆν μὲν ἄπειρον νεμόμενοι, μείζω δὲ τῶν σωμάτων ἔχοντες τὰ φρονήματα καὶ τὴν μὲν ψυχὴν θανάτου καταφρονοῦσαν,

371 6 δυσμῶν PAL : δυσμαῖς MVRC. ‖ **375** 2 Πυρηναῖα Niese : πυρηνίων PAM τυρηνίων L πυρρηναία VRC.

respect par huit [1] légions romaines, leurs prisonniers connaissent la servitude et l'ensemble de leur nation ne doit son salut qu'à la fuite.

Bretagne.

378 Et vous qui mettez votre confiance dans les remparts de Jérusalem, considérez le rempart des Bretons. C'est un fait que ces peuples entourés par l'Océan et habitant une île non moins grande que le territoire où nous vivons [2], les Romains n'ont eu qu'à prendre la mer pour se les asservir : quatre [3] légions gardent une si grande île.

Les Parthes.

A quoi bon insister? Il n'est pas jusques aux Parthes [4], cette tribu très belliqueuse, suzerains de tant de peuples et investis d'une si grande puissance, qui n'envoient des otages à Rome, et l'on peut voir en Italie la noblesse de l'Orient asservie sous couleur d'entente pacifique.

Carthage.

380 Lors donc que presque tous les peuples qui vivent sous le soleil s'inclinent devant les armes des Romains, vous seuls allez leur faire la guerre, sans réfléchir au destin des Carthaginois, qui pouvaient s'enorgueillir du grand Hannibal et de leur noble ascendance phénicienne, et qui sont tombés au pouvoir de Scipion [5] ? **381** Ni non plus les Cyrénéens, de race lacédémonienne, ni les Marmarides, tribu qui s'étend jusqu'au pays de la soif, ni les Syrtes dont le nom seul fait trembler, ni les Nasamons [6], ni les Maures, ni l'innombrable multitude des Numides n'ont pu briser la valeur des Romains. **382** Et la troisième [7] partie du monde habité, dont il n'est même pas facile d'énumérer les divers peuples, qui est limitée par l'océan Atlantique et les colonnes d'Hercule et qui, jusqu'à la mer Rouge nourrit la multitude des Éthiopiens, les Romains l'ont soumise en entier. **383** Outre les récoltes annuelles, qui nourrissent huit mois de l'année la plèbe de Rome, ces populations paient en plus divers tributs et fournissent de bon gré les contributions [8] que

τοὺς δὲ θυμοὺς τῶν ἀγριωτάτων θηρίων σφοδροτέρους, Ῥῆνον τῆς ὁρμῆς ὅρον ἔχουσιν καὶ Ῥωμαίων ὀκτὼ τάγμασιν δαμαζόμενοι δουλεύουσιν μὲν ἁλόντες, τὸ δ' ὅλον αὐτῶν ἔθνος φυγῇ διασώζεται.

378 Σκέψασθε δὲ καὶ τὸ Βρεττανῶν τεῖχος οἱ τοῖς Ἱεροσολύμων τείχεσιν πεποιθότες· καὶ γὰρ ἐκείνους περιβεβλημένους ὠκεανὸν καὶ τῆς καθ' ἡμᾶς οἰκουμένης οὐκ ἐλάσσονα νῆσον οἰκοῦντας πλεύσαντες ἐδουλώσαντο Ῥωμαῖοι, τέσσαρα δὲ τάγματα τὴν τοσαύτην νῆσον φυλάσσει.

379 Καὶ τί δεῖ πολλὰ λέγειν, ὅπου καὶ Πάρθοι, τὸ πολεμικώτατον φῦλον, τοσούτων ἄρχοντες ἐθνῶν καὶ τηλικαύτην περιβεβλημένοι δύναμιν, ὁμήρους πέμπουσιν Ῥωμαίοις, καὶ ἔστιν ἐπὶ τῆς Ἰταλίας ἰδεῖν ἐν εἰρήνης προφάσει δουλεύουσαν τὴν ἀπὸ τῆς ἀνατολῆς εὐγένειαν.

380 Πάντων δὴ σχεδὸν τῶν ὑφ' ἡλίῳ τὰ Ῥωμαίων ὅπλα προσκυνούντων ὑμεῖς μόνοι πολεμήσετε, μηδὲ τὸ Καρχηδονίων τέλος σκοποῦντες, οἳ τὸν μέγαν αὐχοῦντες Ἀννίβαν καὶ τὴν ἀπὸ Φοινίκων εὐγένειαν ὑπὸ τὴν Σκιπίωνος δεξιὰν ἔπεσον; 381 Οὔτε δὲ Κυρηναῖοι, τὸ Λακώνων γένος, οὔτε Μαρμαρίδαι, τὸ μέχρι τῆς διψάδος ἐκτεταμένον φῦλον, οὔθ' αἱ φοβεραὶ καὶ τοῖς ἀκούουσιν Σύρτεις, Νασαμῶνές τε καὶ Μαῦροι καὶ τὸ Νομάδων ἄπειρον πλῆθος τὰς Ῥωμαίων ἀνέκοψαν ἀρετάς. 382 Τὴν δὲ τρίτην τῆς οἰκουμένης μοῖραν, ἧς οὐδὲ ἐξαριθμήσασθαι τὰ ἔθνη ῥᾴδιον, ὁριζομένην Ἀτλαντικῷ τε πελάγει καὶ στήλαις Ἡρακλείοις καὶ μέχρι τῆς Ἐρυθρᾶς θαλάσσης τοὺς ἀπείρους νέμουσαν Αἰθίοπας ἐχειρώσαντο μὲν ὅλην, 383 χωρὶς δὲ τῶν ἐτησίων καρπῶν, οἳ μησὶν ὀκτὼ τὸ κατὰ τὴν Ῥώμην πλῆθος τρέφουσιν, [καὶ] ἔξωθεν παντοίως φορολο-

383 3 καὶ MV p.c. RC : om. PALV a.c. secl. Niese[2].

comportent les services de l'Empire, sans considérer, comme vous faites, aucun ordre qu'on leur donne comme une brimade; et pourtant ne stationne chez eux qu'une seule légion [1].

L'Égypte et Alexandrie.

384 Mais pourquoi chercher si loin des preuves de la puissance romaine, quand il y a l'Égypte toute proche. **385** Elle qui s'étend jusqu'à l'Éthiopie et l'Arabie heureuse [2]; elle qui est le port des Indes et compte sept millions cinq cent mille [3] habitants, non comprise la population d'Alexandrie, comme on peut l'assurer d'après les revenus de la capitation, elle ne juge pas déshonorante la domination romaine; et pourtant quel aiguillon à la révolte n'a-t-elle pas avec Alexandrie, en raison de sa forte population, de sa richesse et, en outre, de ses dimensions : longue de trente stades, **386** large de pas moins de dix [4], elle fournit aux Romains chaque mois plus que vous ne versez de tribut en un an et, outre le numéraire, à Rome, du blé pour quatre mois [5]. Elle est protégée de tous côtés, soit par des solitudes impraticables, soit par des mers dépourvues de ports, soit par des canaux [6], soit par des marécages. **387** Eh bien aucun de ces obstacles ne s'est avéré plus fort que la Fortune des Romains : deux [7] légions stationnées à Alexandrie tiennent en lisière l'Égypte dans toute sa profondeur et en même temps la noble race des Macédoniens.

Qu'attendre d'au-delà de l'Euphrate ?

388 Alors, quels alliés pour la guerre recevrez-vous de la terre non habitée? Car sur la terre habitée, tout le monde est romain. A moins qu'on étire ses espérances jusqu'au-delà de l'Euphrate et qu'on s'imagine que nos frères [8] d'Adiabène vont venir à la rescousse. **389** Or ceux-ci ne vont pas s'empêtrer dans une guerre pareille pour un motif stupide, pas plus que ne les laissera faire, au cas où ils prendraient ce mauvais parti, le Parthe, attentif à maintenir la trêve avec les

1. La troisième, Augusta.

γοῦνται καὶ ταῖς χρείαις τῆς ἡγεμονίας παρέχουσιν ἑτοίμους τὰς εἰσφοράς, οὐδὲν τῶν ἐπιταγμάτων ὥσπερ ὑμεῖς ὕϐριν ἡγούμενοι, καίπερ ἑνὸς τάγματος αὐτοῖς παραμένοντος.

384 Καὶ τί δεῖ πόρρωθεν ὑμῖν τὴν Ῥωμαίων ὑποδεικνύναι δύναμιν, παρὸν ἐξ Αἰγύπτου τῆς γειτνιώσης, 385 ἥτις ἐκτεινομένη μέχρις Αἰθιόπων καὶ τῆς εὐδαίμονος Ἀραϐίας, ὅρμος τε οὖσα τῆς Ἰνδικῆς, πεντήκοντα πρὸς ταῖς ἑπτακοσίαις ἔχουσα μυριάδας ἀνθρώπων δίχα τῶν Ἀλεξάνδρειαν κατοικούντων, ὡς ἔνεστιν ἐκ τῆς καθ' ἑκάστην κεφαλὴν εἰσφορᾶς τεκμήρασθαι, τὴν Ῥωμαίων ἡγεμονίαν οὐκ ἀδοξεῖ, καίτοι πηλίκον ἀποστάσεως κέντρον ἔχουσα τὴν Ἀλεξάνδρειαν πλήθους τε ἀνδρῶν ἕνεκα καὶ πλούτου, πρὸς δὲ μεγέθους· 386 μῆκος μέν γε αὐτῆς τριάκοντα σταδίων, εὖρος δ' οὐκ ἔλαττον δέκα, τοῦ δὲ ἐνιαυσιαίου παρ' ὑμῶν φόρου καθ' ἕνα μῆνα πλέον Ῥωμαίοις παρέχει καὶ τῶν χρημάτων ἔξωθεν τῇ Ῥώμῃ σῖτον μηνῶν τεσσάρων· τετείχισται δὲ πάντοθεν ἢ δυσϐάτοις ἐρημίαις ἢ θαλάσσαις ἀλιμένοις ἢ ποταμοῖς ἢ ἕλεσιν. 387 Ἀλλ' οὐδὲν τούτων ἰσχυρότερον εὑρέθη τῆς Ῥωμαίων τύχης, δύο δ' ἐγκαθήμενα τῇ πόλει τάγματα τὴν βαθεῖαν Αἴγυπτον ἅμα τῇ Μακεδόνων εὐγενείᾳ χαλινοῖ.

388 Τίνας οὖν ἐπὶ τὸν πόλεμον ἐκ τῆς ἀοικήτου παραλήψεσθε συμμάχους; Οἱ μὲν γὰρ ἐπὶ τῆς οἰκουμένης πάντες εἰσὶν Ῥωμαῖοι, εἰ μή τις ὑπὲρ Εὐφράτην ἐκτείνει τὰς ἐλπίδας καὶ τοὺς ἐκ τῆς Ἀδιαϐηνῆς ὁμοφύλους οἴεται προσαμυνεῖν. 389 Οἱ δ' οὔτε δι' αἰτίαν ἄλογον τηλικούτῳ πολέμῳ συνεμπλέξουσιν ἑαυτούς, οὔτε βουλευσαμένοις κακῶς ὁ Πάρθος ἐπιτρέψει· πρόνοια γὰρ

385 2 ὅρμος PAMLR: ὅμορος VC Lips. ras. Lat. ‖ 5 εἰσφορᾶς AMLRC : συνεισφορᾶς P εἰσφορῶν V. ‖ **388** 5 προσαμυνεῖν Niese : προσαμύνειν VRC ἐπαμύνειν PAML *adiuturos* Lat.

Romains et qui croira violer les conventions, si jamais quelqu'un de ses vassaux marche contre les Romains.

Dieu même est pour les Romains.

390 Il ne reste donc plus qu'à se réfugier dans l'alliance de Dieu. Or même cette alliance se trouve chez les Romains [1], car il est impossible qu'un empire pareil se soit constitué en dehors de Dieu. **391** Considérez, d'autre part, combien il vous serait difficile de ménager la pureté de votre religion, même si vous n'aviez à combattre que des ennemis faciles, et que si vous êtes contraints de transgresser les observances par lesquelles vous comptez le plus vous faire de Dieu un allié, vous vous l'aliénerez. **392** Si vous observez les règles traditionnelles de chaque septième jour, et ne bougez pas pour la moindre activité [2], vous serez facilement vaincus, bien sûr, comme vos ancêtres l'ont été par Pompée, qui fit des jours où les assiégés chômaient ceux du meilleur rendement pour le siège. **393** Mais, si vous transgressez la loi de vos pères en pleine guerre, je ne sais pas au nom de quoi ensuite vous combattrez, car la seule chose qui vous importe est ne de pas enfreindre la moindre coutume de vos pères.

Choisissez la paix avant qu'il ne soit trop tard.

394 Comment invoquerez-vous Dieu pour votre défense, vous qui aurez transgressé délibérément le culte que vous lui devez? Quand on s'engage dans une guerre, c'est que l'on compte sur l'aide de Dieu ou sur celle des hommes. Mais lorsque la vraisemblance exclut l'une et l'autre, ceux qui font la guerre choisissent une ruine certaine. **395** Alors qu'est-ce qui vous empêche d'exterminer de vos propres mains femmes et enfants et de livrer aux flammes une si magnifique patrie? Si vous poussez jusque là votre folie, vous vous épargnerez du moins le déshonneur de la défaite. **396** Il est bon, mes amis, il est bon, pendant que le bateau est encore au port, de prévoir la tempête prochaine et de ne pas lever l'ancre pour aller à sa perte au cœur des ouragans. En effet, ceux qui succombent

αὐτῷ τῆς πρὸς Ῥωμαίους ἐκεχειρίας, καὶ παραβαίνειν οἰήσεται τὰς σπονδάς, ἄν τις τῶν ὑπ' αὐτὸν ἐπὶ Ῥωμαίους ἴῃ.

390 Λοιπὸν οὖν ἐπὶ τὴν τοῦ θεοῦ συμμαχίαν καταφευκτέον. Ἀλλὰ καὶ τοῦτο παρὰ Ῥωμαίοις τέτακται· δίχα γὰρ θεοῦ συστῆναι τηλικαύτην ἡγεμονίαν ἀδύνατον. 391 Σκέψασθε δ' ὡς ὑμῖν τὸ τῆς θρησκείας ἄκρατον, εἰ καὶ πρὸς εὐχειρώτους πολεμοίητε, δυσδιοίκητον, καὶ δι' ἃ μᾶλλον τὸν θεὸν ἐλπίζετε σύμμαχον, ταῦτ' ἀναγκαζόμενοι παραβαίνειν ἀποστρέψετε. 392 Τηροῦντές γε μὴν τὰ τῶν ἑβδομάδων ἔθη καὶ πρὸς μηδεμίαν πρᾶξιν κινούμενοι ῥᾳδίως ἁλώσεσθε, καθάπερ οἱ πρόγονοι Πομπηίῳ, ταύτας μάλιστα τὰς ἡμέρας ἐνεργοὺς ποιησαμένῳ τῆς πολιορκίας, ἐν αἷς ἤργουν οἱ πολιορκούμενοι· 393 παραβαίνοντες δ' ἐν τῷ πολέμῳ τὸν πάτριον νόμον οὐκ οἶδ' ὑπὲρ ὅτου λοιπὸν ποιήσεσθε τὸν ἀγῶνα· σπουδὴ γὰρ ὑμῖν μία τὸ μὴ τῶν πατρίων τι καταλῦσαι.

394 Πῶς δ' ἐπικαλέσεσθε τὸ θεῖον πρὸς τὴν ἄμυναν οἱ παραβάντες ἑκουσίως τὴν εἰς αὐτὸ θεραπείαν; Ἐπαναιροῦνται δὲ ἕκαστοι πόλεμον ἢ θείᾳ πεποιθότες ἢ ἀνθρωπίνῃ βοηθείᾳ· ὅταν δὲ τὴν παρ' ἀμφοῖν τὸ εἰκὸς ἀποκόπτῃ, φανερὰν ἅλωσιν οἱ πολεμοῦντες αἱροῦνται. 395 Τί δὴ κωλύει ταῖς ἑαυτῶν χερσὶν διαχρήσασθαι τέκνα καὶ γυναῖκας καὶ τὴν περικαλλεστάτην πατρίδα ταύτην καταφλέξαι; Μανέντες γὰρ οὕτως τό γε τῆς ἥττης ὄνειδος κερδήσετε. 396 Καλόν, ὦ φίλοι, καλόν, ἕως ἔτι ἐν ὅρμῳ τὸ σκάφος, προσκέπτεσθαι τὸν μέλλοντα χειμῶνα μηδ' εἰς μέσας τὰς θυέλλας ἀπολουμένους ἀναχθῆναι· τοῖς μὲν γὰρ ἐξ ἀδήλων

390 1 θεοῦ : θείου Destinon Niese². ‖ 396 2-3 προσκέπτεσθαι AMLVRC Niese² : περισκέπτεσθαι P. ‖ 4 ἀπολουμένους PAV p.c. : ἀπολλυμένους L ἀπὸ λιμένος MV a.c. RC.

dans des accidents imprévisibles ont droit, du moins, à la pitié. Mais celui qui se lance vers une perte assurée d'avance mérite, en outre, le blâme. **397** A moins que quelqu'un ne s'imagine que la guerre suivra des conventions et que les Romains, après nous avoir vaincus, useront de modération, qu'ils s'abstiendront d'incendier notre ville sainte et d'exterminer toute notre race pour faire un exemple à l'usage des autres nations. En effet, même si vous n'êtes pas tués, vous ne trouverez pas un lieu de refuge, étant donné que partout on a les Romains pour maîtres ou l'on craint de les avoir. **398** Or, le danger ne concerne pas seulement les Juifs d'ici, mais également ceux qui habitent les autres villes, car il n'est pas un peuple au monde qui ne possède quelques éléments de notre race [1]. **399** Tous ces Juifs, si vous vous mettez en guerre, vos adversaires vont les massacrer et alors, pour la décision inconsidérée de quelques-uns, toutes les cités seront remplies de sang juif. Les exécuteurs seront excusables. Supposons pourtant que ce massacre n'ait pas lieu : considérez alors combien il serait criminel de prendre les armes contre des gens d'une telle clémence. **400** Prenez en pitié sinon vos enfants et vos femmes, du moins cette capitale et les Parvis Sacrés. Épargnez le sanctuaire et préservez pour vous-mêmes le Temple et son mobilier consacré [2]. Car, après leur victoire, les Romains ne s'abstiendront plus de toucher à des objets qu'on ne leur aura su aucun gré d'avoir naguère épargnés. **401** Quant à moi, je prends à témoin votre sanctuaire, les saints anges de Dieu et notre commune patrie, que je n'ai rien négligé pour votre salut, et si vous prenez la décision qui est de votre devoir, vous jouirez de la paix en commun avec moi; tandis que si vous vous laissez pousser par votre impétuosité, vous courrez vos risques sans moi [3]. »

402 A ce point de son discours, il fondit en larmes, et sa sœur avec lui. Par ces larmes, il rabattit beaucoup leur ardeur. Ils crièrent qu'il s'agissait de combattre

1. Cf. *C. Ap.* II 282 et Strabon 14, 7, 2.

2. Le rapprochement avec 1, 354 montre qu'il s'agit bien du mobilier sacré du « Saint ».

ἐμπεσοῦσιν δεινοῖς τὸ γοῦν ἐλεεῖσθαι περίεστιν, ὁ δ' εἰς
πρόδηλον ἀπώλειαν ὁρμήσας καὶ προσονειδίζεται. 397
Πλὴν εἰ μή τις ὑπολαμβάνει κατὰ συνθήκας πολεμήσειν
καὶ Ῥωμαίους κρατήσαντας ὑμῶν μετριάσειν, ἀλλ' οὐκ
εἰς ὑπόδειγμα τῶν ἄλλων ἐθνῶν καταφλέξειν μὲν τὴν
ἱερὰν πόλιν, ἀναιρήσειν δὲ πᾶν ὑμῶν τὸ φῦλον· οὐδὲ
γὰρ περιλειφθέντες φυγῆς εὑρήσετε τόπον, ἁπάντων
ἐχόντων Ῥωμαίους δεσπότας ἢ δεδοικότων σχεῖν. 398
Ὁ δὲ κίνδυνος οὐ τῶν ἐνθάδε μόνον, ἀλλὰ καὶ τῶν
κατὰ τὰς ἄλλας κατοικούντων πόλεις· οὐ γάρ ἐστιν
ἐπὶ τῆς οἰκουμένης δῆμος ὁ μὴ μοῖραν ἡμετέραν ἔχων.
399 Οὓς ἅπαντας πολεμησάντων ὑμῶν κατασφάξουσιν
οἱ διάφοροι, καὶ δι' ὀλίγων ἀνδρῶν κακοβουλίαν πᾶσα
πλησθήσεται πόλις Ἰουδαϊκοῦ φόνου. Καὶ συγγνώμη
μὲν τοῖς τοῦτο πράξασιν· ἂν δὲ μὴ πραχθῇ, λογίσασθε
πῶς πρὸς οὕτω φιλανθρώπους ὅπλα κινεῖν ἀνόσιον.
400 Εἰσελθέτω δ' οἶκτος ὑμᾶς εἰ καὶ μὴ τέκνων καὶ
γυναικῶν, ἀλλὰ τῆς γε μητροπόλεως ταύτης καὶ τῶν
ἱερῶν περιβόλων. Φείσασθε τοῦ ἱεροῦ καὶ τὸν ναὸν
ἑαυτοῖς μετὰ τῶν ἁγίων τηρήσατε· ἀφέξονται γὰρ
οὐκέτι Ῥωμαῖοι τούτων κρατήσαντες, ὧν φεισάμενοι
πρότερον ἠχαρίστηνται. 401 Μαρτύρομαι δὲ ἐγὼ μὲν
ὑμῶν τὰ ἅγια καὶ τοὺς ἱεροὺς ἀγγέλους τοῦ θεοῦ καὶ
πατρίδα τὴν κοινήν, ὡς οὐδὲν τῶν σωτηρίων ὑμῖν
καθυφηκάμην, ὑμεῖς δὲ βουλευσάμενοι μὲν τὰ δέοντα
κοινὴν σὺν ἐμοὶ τὴν εἰρήνην ἕξετε, προαχθέντες δὲ
τοῖς θυμοῖς χωρὶς ἐμοῦ κινδυνεύσετε. »

402 Τοσαῦτα εἰπὼν ἐπεδάκρυσέν τε μετὰ τῆς ἀδελφῆς
καὶ πολὺ τῆς ὁρμῆς αὐτῶν ἔπαυσεν τοῖς δακρύοις.

396 5 ἐμπεσοῦσιν M Niese[2] : ἐπιπεσοῦσιν PALVRC. ‖ **399** 3 πλησθήσεται P : πληρωθήσεται AMLVRC.

non les Romains, mais Florus pour tout le mal qu'il leur avait fait.

Payez le tribut et réparez les portiques endommagés.

403 A cela, le roi Agrippa rétorqua : « Mais votre conduite est celle de gens déjà en guerre contre les Romains : vous n'avez pas acquitté le tribut à César et vous avez coupé les portiques qui joignaient l'Antonia. **404** Vous vous laveriez peut-être du grief de rébellion si vous rétablissiez la communication de ces portiques et versiez la taxe; car, après tout, la forteresse n'appartient pas à Florus et ce n'est pas à Florus que vous donnerez votre argent. »

Expulsé par le peuple Agrippa se retire dans son royaume.

405 Le peuple, gagné par ces propos, monta au Temple avec le roi et Bérénice et l'on commença la reconstruction des portiques; d'autre part, les magistrats [1] et les membres du Conseil, procédèrent à la levée du tribut en se répartissant les villages. Ils eurent vite rassemblé les quarante talents, car telle était la somme qui manquait. **406** De la sorte Agrippa conjurait, pour le moment, la menace de guerre. Ensuite il tenta d'amener le peuple à obéir à Florus en attendant que César lui envoie un successeur. Exaspérés à cette idée, ils conspuèrent le roi et proclamèrent son bannissement de la ville; quelques insurgés osèrent même lui lancer des pierres. **407** Le roi se rendant compte que la fureur des révolutionnaires était désormais impossible à contenir, vexé des injures reçues, envoya leurs magistrats et les notables à Césarée auprès de Florus, pour qu'il désignât parmi eux des hommes chargés de lever le tribut à travers le pays [2]; et personnellement, il se retira dans son royaume. [3].

1. Le pluriel ἄρχοντες quand il s'agit de Jérusalem, désigne chez Josèphe les chefs politiques (grands-prêtres compris).

2. Le tribut, à Jérusalem et ses environs, avait été levé rapidement, *supra* 405.

'Ανεβόων δὲ οὐ 'Ρωμαίοις, ἀλλὰ Φλώρῳ δι' ἃ πεπόνθασιν πολεμεῖν.

403 Πρὸς τοῦτο βασιλεὺς 'Αγρίππας « ἀλλὰ τὰ ἔργα, » ἔφη, « 'Ρωμαίοις ἤδη πολεμούντων ἐστίν· οὔτε γὰρ Καίσαρι δεδώκατε τὸν φόρον καὶ τὰς στοὰς ἀπεκόψατε τῆς 'Αντωνίας. 404 'Αποσκευάσαισθε δ' ἂν τὴν αἰτίαν τῆς ἀποστάσεως, εἰ ταύτας τε συνάψετε πάλιν καὶ τελέσετε τὴν εἰσφοράν· οὐ γὰρ δή γε Φλώρου τὸ φρούριόν ἐστιν ἢ Φλώρῳ τὰ χρήματα δώσετε. »

405 Τούτοις ὁ δῆμος ἐπείθετο, καὶ μετὰ τοῦ βασιλέως τῆς τε Βερνίκης ἀναβάντες εἰς τὸ ἱερὸν κατήρξαντο τῆς τῶν στοῶν δομήσεως, εἰς δὲ τὰς κώμας οἵ τε ἄρχοντες καὶ βουλευταὶ μερισθέντες τοὺς φόρους συνέλεγον· ταχέως δὲ τὰ τεσσαράκοντα τάλαντα, τοσοῦτον γὰρ ἔλειπεν, ἠθροίσθη. 406 Καὶ τοῦ μὲν πολέμου τότε οὕτω τὴν ἀπειλὴν κατεῖχεν 'Αγρίππας, αὖθις δὲ ἐπειρᾶτο πείθειν τὸ πλῆθος ὑπακούειν Φλώρῳ, μέχρις ἀντ' αὐτοῦ πέμψει Καῖσαρ διάδοχον· πρὸς ὃ παροξυνθέντες ἐβλασφήμουν εἰς τὸν βασιλέα καὶ τῆς πόλεως αὐτὸν ἐξεκήρυσσον, ἐτόλμων δέ τινες τῶν στασιαστῶν καὶ λίθους ἐπ' αὐτὸν βάλλειν. 407 'Ο δὲ βασιλεὺς ἰδὼν τὴν ὁρμὴν ἤδη τῶν νεωτεριζόντων ἀκατάσχετον καὶ χαλεπήνας ἐφ' οἷς προπεπηλάκιστο, τοὺς μὲν ἄρχοντας αὐτῶν ἅμα τοῖς δυνατοῖς ἔπεμπε πρὸς Φλῶρον εἰς Καισάρειαν, ἵν' ἐκεῖνος ἐξ αὐτῶν ἀποδείξῃ τοὺς τὴν χώραν φορολογήσοντας, αὐτὸς δ' ἀνεχώρησεν εἰς τὴν βασιλείαν.

403 4 τῆς 'Αντωνίας MVRC : τὰς ἀντωνίας PAL *antonianas* Lat. ‖ **404** 1 ἀποσκευάσαισθε Dindorf : ἀπεσκευάσασθε PAL a.c. ἀποσκευάσασθε L p.c. V p.c. RC p.c. ἀποσκευάσεσθε M ἀποσκευάσασθαι V a.c. C a.c. *sopietis* Lat. ‖ **406** 4 πέμψει M : πέμψῃ PALVRC ‖ **407** 3 προπεπηλάκιστο MLVRC : προπεπηλάκισται PA.

Les partisans de la guerre s'emparent de Masada; interruption des sacrifices pour Rome (été 66).

408 A ce moment-là, certains de ceux qui poussaient le plus à la guerre se rassemblèrent et attaquèrent une forteresse nommée Masada [1]. Ils s'en emparèrent par surprise, égorgèrent la garnison romaine et en installèrent une autre, de chez eux. **409** En même temps, Éléazar, fils du grand-prêtre Ananias [2], jeune homme plein d'audace et alors chef [3] de la police du temple, persuade les officiants du culte de n'accepter d'offrande ou de victime d'aucun étranger. C'était amorcer la guerre avec Rome, car ils rejetèrent [4] même la victime présentée à l'intention des Romains et de César. **410** Les grands-prêtres et les notables eurent beau les exhorter à ne pas déroger à l'usage du sacrifice à l'intention de ceux qui les gouvernaient, ils ne cédèrent pas, forts qu'ils se sentaient de leur nombre — car l'élément le plus ardent des révolutionnaires leur prêtait son concours — mais surtout par considération pour le commandant (du Temple) Éléazar.

Les notables de Jérusalem obtiennent des renforts du roi Agrippa.

411 Là-dessus, les personnages influents tinrent une réunion commune avec les grands-prêtres et les Pharisiens les plus en vue pour délibérer sur l'ensemble de la situation, au milieu de calamités qu'ils estimaient désormais irréparables. Ayant décidé de lancer un appel aux révolutionnaires, ils rassemblent le peuple devant la Porte de bronze [5], qui dans le parvis intérieur fait face au soleil levant. **412** Ils commencent par exprimer toute l'indignation que leur inspirent la témérité de cette révolte et le fait de brandir contre leur patrie la menace d'une guerre pareille. Ensuite, ils démontrent l'absurdité du prétexte invoqué, en faisant valoir que leurs ancêtres avaient orné ce temple, pour la plus grande partie, aux frais des étrangers, en acceptant les offrandes [6] des peuples de l'extérieur; **413** et non seulement ils n'avaient interdit les sacrifices de personne

408 Κἀν τούτῳ τινὲς τῶν μάλιστα κινούντων τὸν πόλεμον συνελθόντες ὥρμησαν ἐπὶ φρούριόν τι καλούμενον Μασάδαν, καὶ καταλαβόντες αὐτὸ λάθρα τοὺς μὲν Ῥωμαίων φρουροὺς ἀπέσφαξαν, ἑτέρους δ' ἐγκατέστησαν ἰδίους. 409 Ἅμα δὲ καὶ κατὰ τὸ ἱερὸν Ἐλεάζαρος υἱὸς Ἀνανία τοῦ ἀρχιερέως, νεανίας θρασύτατος, στρατηγῶν τότε, τοὺς κατὰ τὴν λατρείαν λειτουργοῦντας ἀναπείθει μηδενὸς ἀλλοτρίου δῶρον ἢ θυσίαν προσδέχεσθαι. Τοῦτο δ' ἦν τοῦ πρὸς Ῥωμαίους πολέμου καταβολή· τὴν γὰρ ὑπὲρ τούτων θυσίαν καὶ Καίσαρος ἀπέρριψαν. 410 Καὶ πολλὰ τῶν τε ἀρχιερέων καὶ τῶν γνωρίμων παρακαλούντων μὴ παραλιπεῖν τὸ ὑπὲρ τῶν ἡγεμόνων ἔθος οὐκ ἐνέδοσαν, πολὺ μὲν καὶ τῷ σφετέρῳ πλήθει πεποιθότες, καὶ γὰρ τὸ ἀκμαιότατον τῶν νεωτεριζόντων συνήργει, μάλιστα δ' ἀφορῶντες εἰς τὸν Ἐλεάζαρον στρατηγοῦντα.

411 Συνελθόντες γοῦν οἱ δυνατοὶ τοῖς ἀρχιερεῦσιν εἰς ταὐτὸ καὶ τοῖς τῶν Φαρισαίων γνωρίμοις ὡς ἐπ' ἀνηκέστοις ἤδη συμφοραῖς ἐβουλεύοντο περὶ τῶν ὅλων· καὶ δόξαν ἀποπειραθῆναι τῶν στασιαστῶν λόγοις, πρὸ τῆς χαλκῆς πύλης ἀθροίζουσι τὸν δῆμον, ἥτις ἦν τοῦ ἔνδον ἱεροῦ τετραμμένη πρὸς ἀνατολὰς ἡλίου. 412 Καὶ πρῶτον αὐτῶν πολλὰ πρὸς τὴν τόλμαν τῆς ἀποστάσεως χαλεπήναντες καὶ τὸ τηλικοῦτον ἐπισείειν τῇ πατρίδι πόλεμον, ἔπειτα τὸ τῆς προφάσεως ἄλογον διήλεγχον, φάμενοι τοὺς μὲν προγόνους αὐτῶν κεκοσμηκέναι τὸν ναὸν ἐκ τῶν ἀλλοφύλων τὸ πλέον, ἀεὶ προσδεχομένους τὰς ἀπὸ τῶν ἔξωθεν ἐθνῶν δωρεάς, 413 καὶ οὐ μόνον οὐ διακεκωλυκέναι θυσίας τινῶν, τοῦτο γὰρ ἀσεβέστατον, ἀλλὰ καὶ τὰ βλεπόμενα

409 6 θυσίαν καὶ PAML Thack. : θυσίαν VRC. ‖ **411** 1 γοῦν PAML : οὖν VRC.

— ce serait une grave impiété — mais ils avaient dressé autour du Temple ces offrandes qu'on y voyait encore subsister après si longtemps [1]. **414** Quant à eux maintenant, en provoquant les armes romaines et en aspirant à voir les Romains leur déclarer la guerre, ils introduisent une innovation étrange dans le culte, et en plus du danger, ils ont fait taxer la ville d'impiété, puisque les Juifs seront les seuls chez qui un étranger ne pourra offrir un sacrifice ni adorer Dieu. **415** Et alors que, si l'on portait cette loi à l'encontre d'une seule personne privée, ils s'en indigneraient comme d'une mesure inhumaine, ils font peu de cas de voir mettre les Romains et César hors la loi. **416** Il est à craindre pourtant qu'après avoir repoussé les sacrifices à l'intention des Romains ils ne se voient interdire les sacrifices à leurs propres intentions et que la ville ne soit mise au ban de l'Empire; à moins qu'au plus tôt, revenus au bon sens, ils rétablissent ces sacrifices et réparent cet outrage avant que la rumeur n'en arrive jusqu'à ceux qu'ils ont outragés.

417 Au cours de cette allocution, ils introduisirent les prêtres versés dans les traditions ancestrales, qui expliquèrent que tous leurs ancêtres admettaient les victimes offertes par les étrangers. Mais aucun des révolutionnaires n'y prêtait attention, et les officiants eux-mêmes ne se rangèrent pas à cet avis, amorçant ainsi la guerre. **418** Alors les notables, comprenant qu'il leur était désormais difficile d'abattre la rébellion et que la menace des Romains les atteindrait eux les premiers, tentèrent d'écarter tout reproche et envoyèrent des députations, l'une à Florus, sous la direction de Simon, fils d'Ananias, et à Agrippa une autre, où se trouvaient des notables tels que Saulos, Antipas et Costobaros [2], qui avaient avec le roi des liens de parenté. **419** Ils les prièrent l'un et l'autre de monter en ville avec des troupes et de briser la rébellion avant qu'il

1. Ainsi *Luc.* 21, 5.

2. *Infra* 556 et *BJ* 4, 140. Cette tentative d'étouffer la révolte dans l'œuf va échouer. Antipas refusera de s'enfuir avec ses compagnons et sera tué.

καὶ παραμένοντα τοσοῦτον χρόνον ἀναθήματα περὶ τῷ ἱερῷ καθιδρυκέναι. 414 Αὐτοὺς δὲ νῦν ἐρεθίζοντας τὰ Ῥωμαίων ὅπλα καὶ μνηστευομένους τὸν ἀπ' ἐκείνων πόλεμον καινοτομεῖν θρησκείαν ξένην, καὶ μετὰ τοῦ κινδύνου καταψηφίσασθαι τῆς πόλεως ἀσέβειαν, εἰ παρὰ μόνοις Ἰουδαίοις οὔτε θύσει τις ἀλλότριος οὔτε προσκυνήσει. 415 Κἂν μὲν ἐπὶ ἰδιώτου τις ἑνὸς τοῦτον εἰσφέρῃ τὸν νόμον, ἀγανακτεῖν ὡς ὁριζομένης ἀπανθρωπίας, περιορᾶν δ' ὅτε Ῥωμαῖοι καὶ ὁ Καῖσαρ ἔκσπονδος γίνεται. 416 Δεδοικέναι μέντοι μὴ τὰς ὑπὲρ ἐκείνων ἀπορρίψαντες θυσίας κωλυθῶσι θύειν καὶ τὰς ὑπὲρ ἑαυτῶν, γένηταί τε ἔκσπονδος τῆς ἡγεμονίας ἡ πόλις, εἰ μὴ ταχέως σωφρονήσαντες ἀποδώσουσιν τὰς θυσίας, καὶ πρὶν ἐξελθεῖν ἐφ' οὓς ὑβρίκασιν τὴν φήμην διορθώσονται τὴν ὕβριν.

417 Ἅμα ταῦτα λέγοντες παρῆγον τοὺς ἐμπείρους τῶν πατρίων ἱερεῖς, ἀφηγουμένους ὅτι πάντες οἱ πρόγονοι τὰς παρὰ τῶν ἀλλογενῶν θυσίας ἀπεδέχοντο. Προσεῖχεν δὲ οὐδεὶς τῶν νεωτεριζόντων, ἀλλ' οὐδὲ προσῄεσαν οἱ λειτουργοὶ τὴν τοῦ πολέμου καταβολὴν ἐνσκευαζόμενοι. 418 Συνιδόντες οὖν οἱ δυνατοὶ τήν τε στάσιν ἤδη δυσκαθαίρετον ὑπ' αὐτῶν οὖσαν καὶ τὸν ἀπὸ Ῥωμαίων κίνδυνον ἐπὶ πρώτους αὐτοὺς ἀφιξόμενον, ἀπεσκευάζοντο τὰς αἰτίας, καὶ πρέσβεις οὓς μὲν πρὸς Φλῶρον ἔπεμπον, ὧν ἦρχεν υἱὸς Ἀνανίου Σίμων, οὓς δὲ πρὸς Ἀγρίππαν, ἐν οἷς ἦσαν ἐπίσημοι Σαῦλός τε καὶ Ἀντίπας καὶ Κοστόβαρος προσήκοντες τῷ βασιλεῖ κατὰ γένος. 419 Ἐδέοντο δὲ ἀμφοτέρων

413 3 καὶ παραμένοντα Destinon : καὶ τὰ παραμένοντα codd. ‖ τοσοῦτον χρόνον PAML : τὸν τοσοῦτον χρόνον RC τῶν τοσούτων χρόνων V *ad praesens usque tempus* Lat. ‖ **417** 5 προσῄεσαν MLC : προσίεσαν PAVR Niese *procedebant* Lat. ‖ λειτουργοὶ Mmg. Lac. .VRC Lat. Heg. Thack : λῃστρικοὶ PAML p.c. Niese.

ne soit devenu impossible de l'abattre. **420** Pour Florus c'était là une fameuse aubaine et comme il était décidé à faire éclater la guerre, il ne fit aux délégués aucune réponse. **421** Quant à Agrippa, également soucieux de ceux qui se révoltaient et de ceux contre qui se préparait la guerre, désireux aussi de conserver aux Romains les Juifs et aux Juifs leur temple et leur capitale, sachant bien que les troubles ne sauraient non plus servir ses propres intérêts, il envoya pour la défense du peuple deux mille cavaliers d'Auranitide, de Batanée et de Trachonitide, sous le commandement de l'hipparque Darius et du stratège Philippe [1], fils de Jacime.

Les Sicaires prennent la ville haute.

422 Encouragés par ces renforts, les notables, d'accord avec les grands-prêtres et tout ce que le peuple comptait de partisans de la paix, occupent la ville haute, car la ville basse était aux mains de l'insurrection ainsi que le Temple. **423** On se lançait sans répit de gros cailloux et des balles de fronde. D'un versant comme de l'autre on décochait des rafales de traits. Parfois même on lançait une attaque par détachements et l'on combattait corps à corps; les rebelles s'y distinguaient par leur audace et les gens du roi par leur métier. **424** Pour ces derniers, le but du combat était de s'emparer du sanctuaire [2] et surtout de chasser de l'édifice du Temple ceux qui le souillaient, tandis que pour les rebelles d'Éléazar il s'agissait d'ajouter la ville haute à toutes les positions qu'ils occupaient déjà. Ce fut alors pendant sept jours un grand carnage de part et d'autre et ni les uns ni les autres ne décrochaient du morceau de terrain dont ils s'étaient emparés.

425 Le jour suivant, qui était la fête des Xylophories [3], où il était d'usage que tout le monde apportât du bois à à l'autel pour que le feu ne manquât jamais [4] d'aliment, puisqu'aussi bien ce feu doit rester toujours allumé, (les occupants du Temple) exclurent leurs adversaires de cette cérémonie, mais comme il s'était infiltré, en même temps que le peuple inoffensif, nombre de sicaires — on

ἀναβῆναι μετὰ δυνάμεως εἰς τὴν πόλιν καὶ πρὶν γενέσθαι δυσκαθαίρετον ἐπικόψαι τὴν στάσιν. 420 Φλώρῳ μὲν οὖν δεινὸν εὐαγγέλιον ἦν, καὶ προῃρημένος ἐξάπτειν τὸν πόλεμον οὐδὲν ἀπεκρίνατο τοῖς πρεσβευταῖς· 421 Ἀγρίππας δὲ κηδόμενος ἐπίσης τῶν τε ἀφισταμένων καὶ πρὸς οὓς ὁ πόλεμος ἠγείρετο, βουλόμενός τε Ῥωμαίοις μὲν Ἰουδαίους σώζεσθαι, Ἰουδαίοις δὲ τὸ ἱερὸν καὶ τὴν μητρόπολιν, ἀλλ' οὐδ' ἑαυτῷ λυσιτελήσειν τὴν ταραχὴν ἐπιστάμενος, ἔπεμπεν τοὺς ἐπαμυνοῦντας τῷ δήμῳ δισχιλίους ἱππεῖς, Αὐρανίτας τε καὶ Βαταναίους καὶ Τραχωνίτας, ὑπὸ Δαρείῳ μὲν ἱππάρχῃ, στρατηγῷ δὲ τῷ Ἰακίμου Φιλίππῳ.

422 Τούτοις θαρσήσαντες οἱ δυνατοὶ σὺν τοῖς ἀρχιερεῦσιν καὶ πᾶν ὅσον τοῦ πλήθους εἰρήνην ἠγάπα τὴν ἄνω καταλαμβάνονται πόλιν· τῆς κάτω γὰρ τὸ στασιάζον ἐκράτει καὶ τοῦ ἱεροῦ. 423 Χερμάσιν μὲν οὖν καὶ τοῖς ἑκηβόλοις ἀδιαλείπτως ἐχρῶντο, καὶ συνεχεῖς ἦσαν βελῶν ἀφέσεις ἐξ ἑκατέρων τῶν κλιμάτων· ἔστιν δ' ὅτε καὶ κατὰ λόχους ἐκτρέχοντες συστάδην ἐμάχοντο, τόλμαις μὲν οἱ στασιασταὶ προέχοντες, ἐμπειρίᾳ δὲ οἱ βασιλικοί. 424 Καὶ τούτοις μὲν ἦν ἀγὼν τοῦ ἱεροῦ κρατῆσαι μάλιστα καὶ τοὺς μιαίνοντας τὸν ναὸν ἐξελάσαι, τοῖς δὲ περὶ τὸν Ἐλεάζαρον στασιασταῖς πρὸς οἷς ἔσχον καὶ τὴν ἄνω πόλιν προσλαβεῖν. Ἑπτὰ μὲν οὖν ἡμέραις συχνὸς ἀμφοτέρων φόνος ἐγίνετο, καὶ οὐδέτεροι τοῦ καταληφθέντος μέρους εἶκον.

425 Τῇ δ' ἑξῆς τῆς τῶν ξυλοφορίων ἑορτῆς οὔσης, ἐν ᾗ πᾶσιν ἔθος ἦν ὕλην τῷ βωμῷ προσφέρειν, ὅπως μήποτε τροφὴ τῷ πυρὶ λείποι, διαμένει γὰρ ἄσβεστον ἀεί, τοὺς μὲν διαφόρους τῆς θρησκείας ἐξέκλεισαν,

420 2 δεινὸν PAL : τοῦτο δεινὸν MVR τὸ δεινὸν C *malum istud quasi* Lat. δεινὸν ἐκεῖνο Destinon. ‖ 421 5-6 ἐπαμυνοῦντας L : ἐπαμύνοντας PAMVRC ‖ 6 δισχιλίους PAL Lat. : τρισχιλίους MVRC Heg.

appelait ainsi les brigands qui cachaient des poignards sous les plis de leur tunique — ils se les adjoignaient et passaient à l'action avec plus de hardiesse. **426** Les soldats du roi, inférieurs en nombre et en audace, sous la poussée de l'adversaire, se retirèrent de la ville haute. Les autres s'y précipitèrent et incendièrent la demeure du grand-prêtre Ananias et le palais [1] d'Agrippa et de Bérénice. **427** Après cela ils allèrent mettre le feu aux Archives [2], pressés de faire disparaître les contrats de ceux qui avaient emprunté et de couper court aux recouvrements de créances. Ainsi, eux-mêmes se gagneraient une foule de gens parmi les endettés et soulèveraient impunément les pauvres contre les riches. Comme le personnel du bureau des Archives avait pris la fuite, ils y mirent le feu. **428** Quand ils eurent ainsi anéanti par le feu les points vitaux de la cité, ils s'avancèrent contre leurs ennemis. C'est alors précisément que certains des notables et des grands-prêtres descendirent se cacher dans les souterrains [3]; **429** les autres se réfugièrent avec les soldats du roi dans la cour d'honneur d'en haut [4] et fermèrent immédiatement les portes. Il y avait avec eux le grand-prêtre Ananias et son frère Ézéchias ainsi que la députation qui avait été envoyée à Agrippa. Pour ce jour-là, satisfaits de leur victoire et de ce qu'ils avaient incendié, les insurgés s'en tinrent là.

Prise de la tour Antonia par les rebelles.

430 Le lendemain, qui était le quinzième jour du mois Lôos [5], ils se lancèrent contre l'Antonia et, après un siège de deux jours, prirent et égorgèrent la garnison et incendièrent la forteresse. **431** Ils se rendirent ensuite dans la cour (du palais) où les soldats du roi s'étaient réfugiés et, s'étant divisés en quatre groupes, ils donnèrent l'assaut aux remparts. A l'intérieur, personne n'osait faire une sortie à cause du nombre des assaillants, mais, postés de distance en distance sur les courtines et les tours, ils tiraient sur ceux qui approchaient et beaucoup d'entre les bandits tombaient aux pieds des remparts. **432** Le combat ne cessait ni de jour ni de nuit, les insurgés espérant que les assiégés

τῷ δ' ἀσθενεῖ λαῷ συνεισρυέντας πολλοὺς τῶν σικαρίων, οὕτως γὰρ ἐκάλουν τοὺς λῃστὰς ἔχοντας ὑπὸ τοῖς κόλποις ξίφη, προσλαβόντες θαρραλεώτερον ἥπτοντο τῆς ἐπιχειρήσεως. 426 Ἡττῶντο δ' οἱ βασιλικοὶ πλήθει τε καὶ τόλμῃ καὶ βιασαμένοις εἶκον ἐκ τῆς ἄνω πόλεως. Οἱ δὲ ἐπιπεσόντες τήν τε Ἀνανίου τοῦ ἀρχιερέως οἰκίαν καὶ τὰ Ἀγρίππα καὶ Βερνίκης ὑποπιμπρᾶσιν βασίλεια· 427 μεθ' ἃ τὸ πῦρ ἐπὶ τὰ ἀρχεῖα ἔφερον ἀφανίσαι σπεύδοντες τὰ συμβόλαια τῶν δεδανεικότων καὶ τὰς εἰσπράξεις ἀποκόψαι τῶν χρεῶν, ὅπως αὐτοί τε πλῆθος προσλάβωσιν τῶν ὠφεληθέντων καὶ μετ' ἀδείας τοῖς εὐπόροις ἐπαναστήσωσι τοὺς ἀπόρους. Φυγόντων δὲ τῶν πρὸς τῷ γραμματοφυλακείῳ τὸ πῦρ ἐνίεσαν. 428 Ἐπεὶ δὲ τὰ νεῦρα τῆς πόλεως καταφλέξαντες ἐπὶ τοὺς ἐχθροὺς ἐχώρουν, ἔνθα δὴ τῶν δυνατῶν καὶ τῶν ἀρχιερέων οἱ μὲν εἰς τοὺς ὑπονόμους καταδύντες διελάνθανον, 429 οἱ δὲ σὺν τοῖς βασιλικοῖς εἰς τὴν ἀνωτέρω καταφυγόντες αὐλὴν ταχέως ἀπέκλεισαν τὰς θύρας, σὺν οἷς Ἀνανίας ὁ ἀρχιερεὺς Ἐζεκίας τε ὁ ἀδελφὸς αὐτοῦ καὶ οἱ πρεσβεύσαντες πρὸς Ἀγρίππαν ἦσαν. Τότε μὲν οὖν τῇ νίκῃ καὶ τοῖς ἐμπρησθεῖσιν ἀρκεσθέντες ἀνεπαύσαντο.

430 Τῇ δ' ἑξῆς, πεντεκαιδεκάτη δ' ἦν Λώου μηνός, ὥρμησαν ἐπὶ τὴν Ἀντωνίαν καὶ τοὺς ἐν αὐτῇ φρουροὺς δυσὶν ἡμέραις πολιορκήσαντες αὐτούς τε εἷλον καὶ κατέσφαξαν καὶ τὸ φρούριον ἐνέπρησαν. 431 Ἔπειτα μετέβαινον εἰς τὴν αὐλήν, εἰς ἣν οἱ βασιλικοὶ κατέφυγον, καὶ διανείμαντες σφᾶς αὐτοὺς εἰς τέσσαρα μέρη τῶν τειχῶν ἐπειρῶντο. Τῶν δ' ἔνδον πρὸς ἐκδρομὴν μὲν οὐδεὶς ἐθάρρει διὰ τὸ πλῆθος τῶν ἐφεστώτων, διιστάμενοι δὲ ἐπὶ τὰ θωράκια καὶ τοὺς πύργους ἔβαλλον τοὺς προσιόντας, καὶ συχνοὶ τῶν λῃστῶν ὑπὸ τοῖς τείχεσιν ἔπιπτον. 432 Οὔτε δὲ νυκτὸς οὔτε ἡμέρας διέλειπεν ἡ συμβολή, τῶν μὲν στασιαστῶν ἀπαγορεύσειν

renonceraient à la lutte par manque de nourriture, les assiégés pensant que les assiégeants céderaient à la fatigue.

Manahem force les Romains à évacuer le palais royal.

433 Sur ces entrefaites, un certain Manahem, fils de Judas dit le Galiléen [1] — docteur redoutable qui naguère, au temps de Quirinius, avait reproché aux Juifs de reconnaître, après Dieu [2], les Romains pour maîtres — prit avec lui ses adeptes et se retira à Masada [3]. **434** Arrivé là, il força l'entrée du dépôt d'armes du roi Hérode, arma, outre ses concitoyens, d'autres gens, des brigands, s'en constitua une garde du corps, revint à Jérusalem comme un roi et, devenu le chef de la sédition, il avait la direction du siège. **435** On manquait de machines de guerre et il n'était pas possible de saper le rempart à découvert. sous les projectiles lancés d'en haut. A partir d'assez loin donc ils creusèrent une mine jusqu'à l'une des tours, l'étayèrent, puis mirent le feu au bois qui la soutenaient et sortirent. **436** Quand les étais furent consumés, la tour s'écroula soudain, et alors apparut à l'intérieur un second mur construit en remplacement; car ayant pressenti le stratagème des assaillants — peut-être parce que la tour avait subi un ébranlement pendant qu'on en sapait les fondations — ils s'étaient construit un second rempart. **437** A ce spectacle inattendu, ce fut la stupeur pour ces hommes convaincu de tenir dès maintenant la victoire. De leur côté, les assiégés envoyèrent demander à Manahem et aux meneurs de la sédition de pouvoir sortir avec des garanties. Ce fut accordé seulement aux soldats du roi et aux natifs du pays, et ils sortirent. **438** Les Romains, laissés seuls, furent démoralisés, car ils ne pouvaient avoir raison par la force d'une multitude pareille et ils considéraient comme une honte de demander une capitulation, sans compter que, même si elle leur était accordée, ils ne

1. Le fondateur du mouvement des Zélotes. « Docteur » cf. *supra* 118 et note.
2. Cf. *supra* 118.
3. *Supra* 408.

τοὺς ἔνδον οἰομένων ἐνδείᾳ τροφῆς, τῶν δ' ἔνδοθεν καμάτῳ τοὺς πολιορκοῦντας.

433 Κἀν τούτῳ Μανάημός τις, υἱὸς Ἰούδα τοῦ καλουμένου Γαλιλαίου, σοφιστὴς δεινότατος, ὁ καὶ ἐπὶ Κυρηνίου ποτὲ Ἰουδαίους ὀνειδίσας ὅτι Ῥωμαίοις ὑπετάσσοντο μετὰ τὸν θεόν, ἀναλαβὼν τοὺς γνωρίμους ἀνεχώρησεν εἰς Μασάδαν, 434 ἔνθα τὴν Ἡρώδου τοῦ βασιλέως ὁπλοθήκην ἀναρρήξας καὶ πρὸς τοῖς δημόταις ἑτέρους λῃστὰς καθοπλίσας, τούτοις τε χρώμενος δορυφόροις, οἷα δὴ βασιλεὺς ἐπάνεισιν εἰς Ἱεροσόλυμα καὶ γενόμενος ἡγεμὼν τῆς στάσεως διέτασσεν τὴν πολιορκίαν. 435 Ἀπορία δ' ἦν ὀργάνων, καὶ φανερῶς ὑπορύττειν τὸ τεῖχος οὐχ οἷόν τε ἦν ἄνωθεν βαλλομένους· ὑπόνομον δὴ πόρρωθεν ἐφ' ἕνα τῶν πύργων ὑπορύξαντες ἀνεκρήμνισαν αὐτόν, ἔπειτα τὴν ἀνέχουσαν ὕλην ἐμπρήσαντες ἐξῆλθον. 436 Ὑποκαέντων δὲ τῶν στηριγμάτων ὁ μὲν πύργος ἐξαίφνης κατασείεται, τεῖχος δ' ἕτερον ἔνδοθεν ἀντῳκοδομημένον διεφάνη· τὴν γὰρ ἐπιβουλὴν αὐτῶν προαισθόμενοι, τάχα καὶ τοῦ πύργου κινηθέντος ὡς ὑπωρύττετο, δεύτερον ἑαυτοῖς ἔρυμα κατεσκεύασαν. 437 Πρὸς ὃ τῶν ἀδοκήτως ἰδόντων καὶ κρατεῖν ἤδη πεπεισμένων κατάπληξις ἦν. Οἱ δὲ ἔνδοθεν πρός τε τὸν Μανάημον καὶ τοὺς ἐξάρχοντας τῆς στάσεως ἔπεμπον ἀξιοῦντες ἐξελθεῖν ὑπόσπονδοι. Καὶ δοθὲν μόνοις τοῖς βασιλικοῖς καὶ τοῖς ἐπιχωρίοις οἱ μὲν ἐξῄεσαν. 438 Ἀθυμία δὲ τοὺς Ῥωμαίους καταλειφθέντας μόνους ὑπέλαβεν· οὔτε γὰρ βιάσασθαι τοσοῦτον πλῆθος ἐδύναντο καὶ τὸ δεξιὰς αἰτεῖν ὄνειδος ὑπελάμβανον, πρὸς τῷ μηδὲ

433 2 σοφιστὴς PAML Lat. Heg. : ὃς ἦν σοφιστὴς VRC σοφιστὴς ἦν scribendum aut uerba ὁ καὶ — θεόν, utpote ex 118 illata, eicienda esse putat Destinon ‖ 436 3 ἀντῳκοδομημένον MVRC Niese [2] Thack. : ἀνοικοδομημένον PA ἀνῳκοδομημένον L *aedificatus* Lat.

s'y fieraient pas. **439** Aussi, abandonnant leur camp, qu'ils jugaient trop facile à prendre, ils se réfugièrent dans les tours du palais appelées respectivement Hippicos, Phasaël et Mariamme [1]. **440** Les hommes de Manahem, envahissant les lieux d'où les soldats venaient de s'enfuir, massacrèrent ceux qui, n'ayant pas eu le temps de s'échapper, leur tombaient sous la main; ils pillèrent les bagages et mirent le feu au camp. Tout cela eut lieu le sixième jour du mois Gorpiéos [2].

Meurtre de Manahem.

441 Le lendemain, le grand-prêtre Ananias est capturé dans sa cachette près du canal [3] du palais royal, et il est tué par les brigands avec son frère Ézéchias [4]. Après avoir investi les tours, les révoltés les tenaient sous bonne garde de crainte que quelque soldat ne s'échappe. **442** Quant à Manahem, la chute des places fortifiées et la mort du grand-prêtre Ananias l'enflèrent d'orgueil jusqu'à la cruauté : alors, s'estimant sans rival à la tête des affaires, ce fut un intolérable tyran. **443** Éléazar et son groupe se révoltèrent contre lui. Ils se dirent entre eux qu'il ne fallait pas, après s'être soulevés contre les Romains par amour de la liberté, la sacrifier à un bourreau [5] sorti de leurs propres rangs, ni tolérer un maître qui, quand même il ne commettrait aucune violence, était en tout cas de plus humble condition qu'eux; certes il faut bien quelqu'un pour conduire l'État, mais n'importe qui vaudrait mieux que lui. Ils se mirent donc d'accord et se disposèrent à l'attaquer au Temple. **444** Plein de lui-même, il était monté pour adorer, paré d'une tenue royale et traînant à sa suite ses sectateurs [6] en armes. **445** Lorsque les

1. *BJ* 5, 161-176.
2. Élul du calendrier juif, 24 Septembre du calendrier julien. La conduite de Philippe lieutenant du roi Agrippa parut suspecte à Vespasien, qui l'envoya se justifier devant Néron. Mais l'agitation qui régnait alors à Rome empêcha Néron de le recevoir et Philippe revint auprès d'Agrippa (*Vita* 408).
3. Sur les canaux des jardins du palais royal, cf. 5, 181.
4. *Supra* 429.

πιστεύειν, εἰ διδοῖτο. **439** Καταλιπόντες δὴ τὸ στρατόπεδον ὡς εὐάλωτον ἐπὶ τοὺς βασιλικοὺς ἀνέφυγον πύργους, τόν τε Ἱππικὸν καλούμενον καὶ Φασάηλον καὶ Μαριάμμην. **440** Οἱ δὲ περὶ τὸν Μανάημον εἰσπεσόντες ὅθεν οἱ στρατιῶται διέφυγον ὅσους τε αὐτῶν κατελάμβανον μὴ φθάσαντας ἐκδραμεῖν διέφθειραν, καὶ τὰς ἀποσκευὰς διαρπάσαντες ἐνέπρησαν τὸ στρατόπεδον. Ταῦτα μὲν οὖν ἕκτῃ Γορπιαίου μηνὸς ἐπράχθη.

441 Κατὰ δὲ τὴν ἐπιοῦσαν ὅ τε ἀρχιερεὺς Ἀνανίας περὶ τὸν τῆς βασιλικῆς αὐλῆς εὔριπον διαλανθάνων ἁλίσκεται καὶ πρὸς τῶν λῃστῶν ἀναιρεῖται σὺν Ἐζεκίᾳ τῷ ἀδελφῷ, καὶ τοὺς πύργους περισχόντες οἱ στασιασταὶ παρεφύλαττον, μή τις τῶν στρατιωτῶν διαφύγοι. **442** Τὸν δὲ Μανάημον ἥ τε τῶν ὀχυρῶν καταστροφὴ χωρίων καὶ ὁ τοῦ ἀρχιερέως Ἀνανίου θάνατος ἐτύφωσεν εἰς ὠμότητα, καὶ μηδένα νομίζων ἔχειν ἐπὶ τοῖς πράγμασιν ἀντίπαλον ἀφόρητος ἦν τύραννος. **443** Ἐπανίστανται δὲ οἱ περὶ τὸν Ἐλεάζαρον αὐτῷ, καὶ λόγον ἀλλήλοις δόντες, ὡς οὐ χρὴ Ῥωμαίων ἀποστάντας δι' ἐλευθερίας πόθον καταπροέσθαι ταύτην οἰκείῳ δημίῳ καὶ δεσπότην φέρειν, εἰ καὶ μηδὲν πράττοι βίαιον, ἀλλ' οὖν ἑαυτῶν ταπεινότερον· εἰ γὰρ καὶ δέοι τινὰ τῶν ὅλων ἀφηγεῖσθαι, παντὶ μᾶλλον ἢ ἐκείνῳ προσήκειν, συντίθενται καὶ κατὰ τὸ ἱερὸν ἐπεχείρουν αὐτῷ· **444** σοβαρὸς γὰρ ἀναβεβήκει προσκυνήσων ἐσθῆτί τε βασιλικῇ κεκοσμημένος καὶ τοὺς ζηλωτὰς ἐνόπλους ἐφελκόμενος. **445** Ὡς δ' οἱ περὶ τὸν Ἐλεάζαρον ἐπ' αὐτὸν ὥρμησαν, ὅ τε λοιπὸς δῆμος ἐπὶ τὰς ὀργὰς

441 4 περισχόντες Naber : ἐπισχόντες (-σχῶντ- C) codd. *circumsidentes* Lat. ‖ 5 διαφύγοι Naber : διαφύγῃ codd. ‖ **443** 5 δημίῳ Holwerda : δήμῳ codd. ‖ **445** 2 ἐπὶ τὰς ὀργὰς PAMVRC Niese[2] : om. L Lat. Bekker ἐπὶ τὰς ὁρμὰς Hudson, textus dubius.

gens d'Éléazar se jetèrent sur lui et que le reste du peuple dans sa fureur ramassant des pierres, lapidaient le pédant [1], dans la pensée que, celui-ci une fois abattu, on allait mettre fin à la sédition tout entière, **446** les gens de Manahem, après une courte résistance, voyant que toute la foule s'était ruée sur eux, prirent la fuite chacun comme il put : ce fut le massacre de ceux que l'on captura et la chasse à ceux qui se cachaient. **447** Il ne s'en sauva qu'un petit nombre, qui avaient réussi à s'enfuir à Masada sans être vus ; parmi eux Éléazar, fils de Jaïr, appartenant à la famille de Manahem et qui plus tard exerça la tyrannie à Masada [2]. **448** Manahem lui-même, qui s'était réfugié au lieu dit Ophlas [3] et s'y cachait lâchement, capturé, fut traîné au grand jour et après bien des outrages et des tortures exécuté ; il en fut de même pour ses lieutenants et pour Absalom, le plus fameux agent de sa tyrannie.

Capitulation et massacre de la garnison romaine.

449 Le peuple, comme je l'ai dit [4], s'associa à cette action dans l'espoir de réparer quelque peu tout le mal de la sédition, mais les conjurés, qui s'appliquaient non pas à mettre fin à la guerre, mais bien à la poursuivre plus librement, firent mourir Manahem. **450** Bien entendu, le peuple avait beau insister auprès des militaires pour qu'on relâchat les opérations du siège, eux ne faisaient que le rendre plus pénible. Tant et si bien que, à bout de résistance, du côté de Métilius — c'était le préfet [5] romain — on envoya des émissaires à Éléazar : ils demandaient simplement la garantie de la vie sauve et déclaraient qu'ils livreraient leurs armes et le reste de leurs biens. **451** Les révoltés saisissant au vol cette requête, leur envoyèrent en retour Gorion, fils de Nicomède, Ananias Sadouki [6], Judas, fils de Jonathas, pour conclure la convention et échanger les serments. Cela fait, Métilius fit descendre ses soldats **452**.

1. Ce contexte donne à σοφιστής un sens péjoratif.
2. Au moment du siège de Masada en 73, *BJ* 7, 275-388.
3. La pente Sud de la colline du Temple.
4. *Supra* 445.
5. C'est-à-dire ici, commandant d'une cohorte auxiliaire.

λίθους ἁρπάσαντες τὸν σοφιστὴν ἔβαλλον, οἰόμενοι τούτου καταλυθέντος διατρέψειν ὅλην τὴν στάσιν, 446 πρὸς ὀλίγον οἱ περὶ τὸν Μανάημον ἀντισχόντες ὡς εἶδον πᾶν ἐπ' αὐτοὺς τὸ πλῆθος ὁρμῆσαν, ἔφυγον ὅπη τις ἴσχυσεν, καὶ φόνος μὲν ἦν τῶν καταληφθέντων, ἔρευνα δὲ τῶν ἀποκρυπτομένων. 447 Καὶ διεσώθησαν ὀλίγοι λάθρα διαδράντες εἰς Μασάδαν, σὺν οἷς Ἐλεάζαρος υἱὸς Ἰαείρου, προσήκων τῷ Μαναήμῳ κατὰ γένος, ὃς ὕστερον ἐτυράννησεν τῆς Μασάδας. 448 Αὐτόν τε τὸν Μανάημον εἰς τὸν καλούμενον Ὀφλᾶν συμφυγόντα κἀκεῖ ταπεινῶς ὑπολανθάνοντα ζωγρήσαντες εἰς τὸ φανερὸν ἐξείλκυσαν καὶ πολλαῖς αἰκισάμενοι βασάνοις ἀνεῖλον, ὁμοίως δὲ καὶ τοὺς ὑπ' αὐτὸν ἡγεμόνας τόν τε ἐπισημότατον τῆς τυραννίδος ὑπηρέτην Ἀψάλωμον.

449 Ὁ μὲν οὖν δῆμος, ὡς ἔφην, εἰς ταῦτα συνήργησεν ἐλπίζων τινὰ τῆς ὅλης στάσεως διόρθωσιν· οἱ δ' οὐ καταλῦσαι τὸν πόλεμον σπεύδοντες, ἀλλ' ἀδεέστερον πολεμεῖν, Μανάημον ἀνῃρήκεσαν. 450 Ἀμέλει πολλὰ τοῦ δήμου τοῖς στρατιώταις ἀνεῖναι τὴν πολιορκίαν παρακαλοῦντος, οἱ δὲ προσέκειντο χαλεπώτερον, μέχρι μηκέτι ἀντέχοντες οἱ περὶ τὸν Μετίλιον, οὗτος γὰρ ἦν τῶν Ῥωμαίων ἔπαρχος, διαπέμπονται πρὸς τοὺς περὶ τὸν Ἐλεάζαρον ἐξαιτούμενοι μόνας τὰς ψυχὰς ὑποσπόνδους, τὰ δ' ὅπλα καὶ τὴν λοιπὴν κτῆσιν παραδώσειν λέγοντες. 451 Οἱ δὲ καὶ τὴν ἱκεσίαν ἁρπάσαντες ἀνέπεμψαν πρὸς αὐτοὺς Γωρίονά τε Νικομήδους υἱὸν καὶ Ἀνανίαν Σαδούκι καὶ Ἰούδαν Ἰωνάθου δεξιάν τε καὶ ὅρκους δώσοντας. Ὧν γενομένων κατῆγεν τοὺς στρατιώτας ὁ Μετίλιος. 452 Οἱ δὲ μέχρι μὲν

446 1 ὀλίγον οἱ C : ὀλίγον δὲ οἱ PAMLVR Lat. probante Destinon. ‖ 451 2-3 Νικομήδους PAMLVR : νικομίδους C *nicodemi* Lat. ‖ 4 δεξιὰν PAM : δεξιὰς LVRC.

Aussi longtemps que ceux-ci restèrent armés, pas un des révoltés ne les attaqua ni même ne laissa paraître une mauvaise intention. Mais lorsque tous, conformément à la convention, eurent déposé leurs boucliers et leurs épées et qu'ils se retiraient sans plus aucune défiance, **453** les gens d'Éléazar se jetèrent sur eux, les encerclèrent et se livrèrent au massacre d'hommes qui ne se défendaient pas et ne suppliaient pas mais se contentaient de rappeler à grands cris la convention et les serments. **454** Ils furent tous massacrés avec cette cruauté, sauf Métilius : on n'épargna que lui, parce qu'il se présenta dans l'attitude d'un suppliant et promit de se faire juif, circoncision comprise [1]. Pour les Romains, le dommage était sans gravité, car ils n'avaient perdu qu'une poignée d'hommes sur une immense armée, mais aux yeux des Juifs, c'était le prélude de la ruine. **455** Voyant que les facteurs de guerre étaient désormais irréparables et que la ville était souillée d'un si énorme forfait, pour lequel il fallait bien s'attendre à quelque châtiment divin, même en dehors de la vengeance des Romains, la population se livra à un deuil public; tandis que la ville n'était que tristesse, chacun parmi les modérés était bouleversé à la pensée qu'il aurait lui, à payer, pour les factieux. **456** C'est que précisément, le massacre avait eu lieu un sabbat [2], jour où, pour motif de religion, ils suspendent toute activité même pour les actes les plus innocents.

Massacre des Juifs à Césarée et ailleurs.

457 Le même jour [3] à la même heure, comme par un coup de la Providence divine, les habitants de Césarée massacrèrent les Juifs installés parmi eux [4], si bien que en une heure on en égorgea plus de vingt mille et que Césarée se trouva entièrement vidée de Juifs; car Florus, de son côté, après avoir capturé les fuyards, les faisait descendre enchaînés aux chantiers navals. **458** Quand arriva de Césarée la nouvelle de cette tuerie, la nation tout entière entra en fureur. Partagés en plusieurs bandes, ils mirent à sac les villages des Syriens

ἦσαν ἐν τοῖς ὅπλοις, οὔτ' ἐπεχείρει τις τῶν στασιαστῶν αὐτοῖς οὔτ' ἐνέφαινεν ἐπιβουλήν· ὡς δὲ κατὰ τὰς συνθήκας ἅπαντες ἀπέθεντο τοὺς θυρεοὺς καὶ τὰ ξίφη καὶ μηδὲν ἔτι ὑποπτεύοντες ἀνεχώρουν, **453** ὥρμησαν ἐπ' αὐτοὺς οἱ περὶ τὸν Ἐλεάζαρον καὶ περισχόντες ἀνῄρουν οὔτε ἀμυνομένους οὔτε ἱκετεύοντας, μόνας δὲ τὰς συνθήκας καὶ τοὺς ὅρκους ἀναβοῶντας. **454** Οἱ μὲν οὖν οὕτως ὠμῶς ἀπεσφάγησαν ἅπαντες πλὴν Μετιλίου· τοῦτον γὰρ ἱκετεύσαντα καὶ μέχρι περιτομῆς ἰουδαΐσειν ὑποσχόμενον διέσωσαν μόνον· τὸ δὲ πάθος Ῥωμαίοις μὲν ἦν κοῦφον, ἐκ γὰρ ἀπλέτου δυνάμεως ἀπαναλώθησαν ὀλίγοι, Ἰουδαίοις δὲ προοίμιον ἁλώσεως ἔδοξεν. **455** Καὶ κατιδόντες ἀνηκέστους μὲν ἤδη τὰς αἰτίας τοῦ πολέμου, τὴν δὲ πόλιν τηλικούτῳ μιάσματι πεφυρμένην, ἐξ οὗ δαιμόνιόν τι μήνιμα προσδοκᾶν εἰκὸς ἦν, εἰ καὶ μὴ τὴν ἐκ Ῥωμαίων ἄμυναν, ἐπένθουν δημοσίᾳ, καὶ πλήρης μὲν κατηφείας ἦν ἡ πόλις, ἕκαστος δὲ τῶν μετρίων ὡς αὐτὸς ὑπὲρ τῶν στασιαστῶν δίκας δώσων τετάρακτο. **456** Καὶ γὰρ δὴ σαββάτῳ συνέβη πραχθῆναι τὸν φόνον, ἐν ᾧ διὰ τὴν θρησκείαν καὶ τῶν ὁσίων ἔργων ἔχουσιν ἐκεχειρίαν.

457 Τῆς δ' αὐτῆς ἡμέρας καὶ ὥρας, ὥσπερ ἐκ δαιμονίου προνοίας, ἀνῄρουν Καισαρεῖς τοὺς παρ' ἑαυτοῖς Ἰουδαίους, ὡς ὑπὸ μίαν ὥραν ἀποσφαγῆναι μὲν ὑπὲρ δισμυρίους, κενωθῆναι δὲ πᾶσαν Ἰουδαίων τὴν Καισάρειαν· καὶ γὰρ τοὺς διαφεύγοντας ὁ Φλῶρος συλλαβὼν κατῆγεν δεσμώτας εἰς τὰ νεώρια. **458** Πρὸς δὲ τὴν ἐκ τῆς Καισαρείας πληγὴν ὅλον τὸ ἔθνος ἐξαγριοῦται, καὶ διαμερισθέντες τάς τε κώμας τῶν Σύρων καὶ τὰς προσεχούσας ἐπόρθουν πόλεις, Φιλαδέλφειάν τε καὶ

454 5 Ἰουδαίοις MVRC : ἰουδαίων PAL Lat. ‖ **457** 6 κατῆγεν PAM : κατήγαγε LVRC.

et les villes [1] des alentours : Philadelphie, Hesbon, Gérasa, Pella et Scythopolis. **459** Puis ils se ruèrent sur Gadara, Hippos et la Gaulanitide, et après avoir saccagé ici et incendié là, ils s'avancèrent jusqu'à Kadasa [2], bourgade tyrienne, Ptolémaïs, Gaba [3] et Césarée. **460** Ni Sébasté [4], ni Ascalon ne résistèrent à leur élan et quand elles eurent péri par le feu, ils rasèrent encore Anthédon et Gaza. Quantité de bourgades autour de chacune de ces cités étaient livrées au pillage et c'était un massacre effréné des hommes capturés.

461 Les Syriens, naturellement, ne tuèrent pas un moins grand nombre de Juifs et, de leur côté, ils égorgeaient ceux qu'ils saisissaient dans les différentes villes, non plus seulement par haine, comme auparavant, mais désormais pour prévenir le danger qui les menaçait eux-mêmes. **462** Une terrible agitation sévissait dans la Syrie tout entière : toutes les villes y étaient divisées en deux camps et il n'y avait de salut pour les uns qu'en devançant les autres. **463** Les jours se passaient à verser le sang, mais la peur rendait les nuits encore plus pénibles. C'est que tout en pensant s'être débarrassé des Juifs, chacun tenait en suspicion les sympathisants du judaïsme [5]. Personne n'admettait de supprimer d'emblée dans son entourage l'élément équivoque et pourtant on redoutait un sang-mêlé comme s'il eût été franchement étranger. **464** D'autre part la cupidité incitait même les hommes qui, de longue date, passaient pour les plus doux du monde à égorger leurs adversaires. Car on pillait impunément et l'on emportait chez soi les biens des victimes, comme d'un champ de bataille les dépouilles de ceux qui y ont trouvé la mort; et gloire à qui avait fait le plus de gains,

1. Leur énumération suit une marche du Sud au Nord jusqu'à Kadasa, puis, de là vers le Sud-Ouest, par la côte de Ptolémaïs à Césarée, plus un crochet vers Sébasté et, de nouveau par la côte jusqu'à Ascalon.

2. Kedesch-Naphtali, au N.-W. du lac Mérom. Selon *BJ* 4, 104, bourg fortifié, continuellement en guerre avec les Juifs. La forme du mot employée ici s'inspire de la Bible grecque, καδης pour *Jos.* 20, 7 et κεδες pour *Juges*, 4, 6.

Σεβωνῖτιν καὶ Γέρασα καὶ Πέλλαν καὶ Σκυθόπολιν. **459** Ἔπειτα Γαδάροις καὶ Ἵππῳ καὶ τῇ Γαυλανίτιδι προσπεσόντες τὰ μὲν καταστρεψάμενοι, τὰ δ' ὑποπρήσαντες ἐχώρουν ἐπὶ Κάδασα τὴν Τυρίων καὶ Πτολεμαΐδα Γάβαν τε καὶ Καισάρειαν. **460** Ἀντέσχεν δ' οὔτε Σεβαστὴ ταῖς ὁρμαῖς αὐτῶν οὔτε Ἀσκάλων, ἀλλ' ἐπὶ ταύταις πυρποληθείσαις Ἀνθηδόνα καὶ Γάζαν κατέσκαπτον. Πολλαὶ δὲ περὶ ἑκάστην τούτων τῶν πόλεων ἀνηρπάζοντο κῶμαι, καὶ τῶν ἁλισκομένων ἀνδρῶν φόνος ἦν ἄπειρος.

461 Οὐ μὴν οἱ Σύροι τῶν Ἰουδαίων ἔλαττον πλῆθος ἀνῄρουν, ἀλλὰ καὶ αὐτοὶ τοὺς ἐν ταῖς πόλεσιν λαμβανομένους ἀπέσφαττον οὐ μόνον κατὰ μῖσος, ὡς πρότερον, ἀλλ' ἤδη καὶ τὸν ἐφ' ἑαυτοῖς κίνδυνον φθάνοντες. **462** Δεινὴ δὲ ὅλην τὴν Συρίαν ἐπεῖχεν ταραχή, καὶ πᾶσα πόλις εἰς δύο διῄρητο στρατόπεδα, σωτηρία δὲ τοῖς ἑτέροις ἦν τὸ τοὺς ἑτέρους φθάσαι. **463** Καὶ τὰς μὲν ἡμέρας ἐν αἵματι διῆγον, τὰς δὲ νύκτας δέει χαλεπωτέρας· καὶ γὰρ ἀπεσκευάσθαι τοὺς Ἰουδαίους δοκοῦντες ἕκαστοι τοὺς ἰουδαΐζοντας εἶχον ἐν ὑποψίᾳ, καὶ τὸ παρ' ἑκάστοις ἀμφίβολον οὔτε ἀνελεῖν τις προχείρως ὑπέμενεν, καὶ μεμιγμένον ὡς βεβαίως ἀλλόφυλον ἐφοβεῖτο. **464** Προυκαλεῖτο δὲ ἐπὶ τὰς σφαγὰς τῶν διαφόρων καὶ τοὺς πάλαι πρᾳοτάτους πάνυ δοκοῦντας ἡ πλεονεξία· τὰς γὰρ οὐσίας τῶν ἀναιρεθέντων ἀδεῶς διήρπαζον καὶ καθάπερ ἐκ παρατάξεως τὰ σκῦλα τῶν ἀνῃρημένων εἰς τοὺς σφετέρους οἴκους μετέφερον, ἔνδοξός τε ἦν ὁ πλεῖστα κερδάνας ὡς κατισχύσας

458 5 Σεβωνῖτιν duce Schürer Schalit : Ἐσεβωνῖτιν duce Hudson Niese σεβωνίτιν L γεβεωνίτην P γεβεωνίτιν AM γεβωνίτιν RC γεβωνίτην V *gedeoniten* Lat. ‖ **459** 2 alter. τὰ L : τὰς **PAMVRC** ‖ 4 Γάβαν VRC : γάβαλαν P γάβαλάν AM γάβαλὰ L γαΐαν L γρ. *gaban* Lat. ‖ **460** 4 δὲ περὶ ἑκάστην MLVRC : δὲ ἑκάστη P δὲ καθ' ἑκάστην A.

puisqu'il avait abattu plus de gens. **465** On pouvait voir les villes pleines de cadavres sans sépulture et des vieillards morts jetés à la voirie avec de petits enfants, des femmes privées même du moindre voile de pudeur, toute la province pleine d'indicibles calamités, et pire encore que les atrocités qui se commettaient journellement était l'anxiété causée par les maux dont on se sentait menacé.

Perfidie des Scythopolitains.

466 Jusqu'à ce moment, les Juifs ne s'étaient attaqués qu'à l'élément étranger, mais lorsqu'ils allèrent attaquer Scythopolis, ils trouvèrent dans les Juifs du lieu des ennemis. Car, ceux-ci, rangés aux côtés des Scythopolitains et faisant passer la parenté après leur propre sécurité, s'avancèrent pour combattre leurs frères [1]. **467** Cependant, l'excès de leur ardeur éveilla des soupçons. En tout cas, les habitants de Scythopolis, craignant que pendant la nuit ils ne s'emparent de la ville et ne rachètent leur défection aux yeux des leurs en infligeant un grave désastre aux Scytopolitains, leur ordonnent, s'ils veulent prouver leur loyauté et donner un gage de leur fidélité à un peuple de race étrangère, de se transporter avec leurs familles dans le bois sacré. **468** Une fois que les Juifs eurent exécuté l'ordre sans défiance, les Scythopolitains, en ne bougeant pas pendant deux jours, abusèrent leur bonne foi; mais la troisième nuit, ils épièrent le moment où les uns n'étaient plus sur leurs gardes et où d'autres étaient endormis, les massacrèrent tous, au nombre de plus de treize mille, et pillèrent les biens [2] de tout ce monde.

Mort héroïque du Juif Simon.

469 Il vaut la peine de raconter aussi ce qui advint à Simon, fils d'un certain Saül, personnage assez connu. Doué d'une force physique et d'une audace exceptionnelles, il abusa de l'une et de l'autre au détriment de ses compatriotes : **470** il sortait tous les jours et tuait nombre de Juifs qui attaquaient Scythopolis et comme souvent il les mettait tous en fuite, à lui seul il

πλειόνων. 465 Ἦν δὲ ἰδεῖν τὰς πόλεις μεστὰς ἀτάφων σωμάτων καὶ νεκροὺς ἅμα νηπίοις γέροντας ἐρριμμένους, γύναιά τε μηδὲ τῆς ἐπ' αἰδοῖ σκέπης μετειληφότα, καὶ πᾶσαν μὲν τὴν ἐπαρχίαν μεστὴν ἀδιηγήτων συμφορῶν, μείζονα δὲ τῶν ἑκάστοτε τολμωμένων τὴν ἐπὶ τοῖς ἀπειλουμένοις ἀνάτασιν.

466 Μέχρι μὲν δὴ τούτων Ἰουδαίοις πρὸς τὸ ἀλλόφυλον ἦσαν προσβολαί, κατατρέχοντες δὲ εἰς Σκυθόπολιν τοὺς παρ' ἐκείνοις Ἰουδαίους ἐπείρασαν πολεμίους· ταξάμενοι γὰρ μετὰ τῶν Σκυθοπολιτῶν καὶ τῆς ἑαυτῶν ἀσφαλείας ἐν δευτέρῳ θέμενοι τὴν συγγένειαν, ὁμόσε τοῖς ὁμοφύλοις ἐχώρουν. 467 Ὑπωπτεύθη δ' αὐτῶν καὶ τὸ λίαν πρόθυμον· οἱ γοῦν Σκυθοπολῖται δείσαντες μὴ νύκτωρ ἐπιχειρήσωσι τῇ πόλει καὶ μετὰ μεγάλης αὐτῶν συμφορᾶς τοῖς οἰκείοις ἀπολογήσωνται περὶ τῆς ἀποστάσεως, ἐκέλευον αὐτούς, εἰ βούλονται, τὴν ὁμόνοιαν βεβαιῶσαι καὶ τὸ πρὸς τοὺς ἀλλοεθνεῖς πιστὸν ἐπιδείξασθαι, μεταβαίνειν ἅμα ταῖς γενεαῖς εἰς τὸ ἄλσος. 468 Τῶν δὲ ποιησάντων τὸ προσταχθὲν χωρὶς ὑποψίας, δύο μὲν ἡμέρας ἠρέμησαν οἱ Σκυθοπολῖται τὴν πίστιν αὐτῶν δελεάζοντες, τῇ δὲ τρίτῃ νυκτὶ παρατηρήσαντες τοὺς μὲν ἀφυλάκτους, οὓς δὲ κοιμωμένους, ἅπαντας ἀπέσφαξαν ὄντας τὸν ἀριθμὸν ὑπὲρ μυρίους καὶ τρισχιλίους, τὰς δὲ κτήσεις διήρπασαν ἁπάντων.

469 Ἄξιον δ' ἀφηγήσασθαι καὶ τὸ Σίμωνος πάθος, ὃς υἱὸς μὲν ἦν Σαούλου τινὸς τῶν οὐκ ἀσήμων, ῥώμῃ δὲ σώματος καὶ τόλμῃ διαφέρων ἐπὶ κακῷ τῶν ὁμοφύλων ἀμφοτέροις κατεχρήσατο· 470 προϊὼν γοῦν ὁσημέραι πολλοὺς μὲν ἀνῄρει τῶν πρὸς τῇ Σκυθοπόλει Ἰουδαίων, τρεπόμενος δὲ πολλάκις αὐτοὺς ἅπαντας

465 3 αἰδοῖ L : αἰδῶ PAMVRC Euseb. ‖ 6 ἀνάτασιν Euseb. : ἀνάστασιν PAML μετάστασιν VRC.

faisait la décision de la bataille. **471** Mais voici que lui arrive un juste châtiment du meurtre de ses frères de race : lorsque les Scythopolitains qui les avaient encerclés criblèrent les Juifs de leurs javelines à travers tout le bois sacré, il tira son épée et au lieu de se jeter sur un des ennemis, car il voyait que leur multitude était innombrable, il s'écria sur un ton pathétique : « Scythopolitains, **472** c'est bien le juste châtiment de mes forfaits que je reçois — moi et ceux qui par le meurtre de tant de nos frères vous avons donné des gages de notre loyalisme. Eh bien, nous qui avons éprouvé, comme il se doit, la mauvaise foi des étrangers et qui avons poussé à l'extrême l'impiété à l'égard des nôtres, mourons de nos propres mains comme des maudits, car il ne convient pas que ce soit des mains de [1] nos ennemis. **473** Ce me serait tout ensemble un juste châtiment de mon crime et l'honneur de ma bravoure qu'aucun ennemi ne puisse tirer vanité de ma mort ni faire le fanfaron sur mon cadavre ». **474** Après ces mots, il jette sur sa famille autour de lui un regard à la fois de pitié et de colère. Il avait là femme, enfants et parents âgés. **475** Pour commencer, il saisit son père par ses cheveux blancs et le transperce de son épée, après lui sa mère, qui n'offre aucune résistance, à leur suite sa femme et ses enfants, chacun d'eux se jetant presque sous l'épée et se hâtant de devancer les ennemis. **476** Quand il en eut fini avec toute sa famille, à la vue de tout le monde, debout sur leurs cadavres, il étend son bras droit pour que son geste n'échappe au regard de personne et se plonge son épée dans la gorge jusqu'à la garde : jeune homme digne de commisération, car s'il avait pour lui la vigueur de son corps et la fermeté de son âme, il subit d'autre part les pénibles conséquences de la confiance qu'il avait placée dans des étrangers [2].

1. Cette valeur instrumentale de ἐν est attestée dans les papyrus dès l'époque ptolémaïque. Cf. E. Mayser, *Grammatik der Griechischen Papyri aus der Ptolemäerzeit* II, 2, p. 357.

2. Ce jugement de Josèphe explique peut-être qu'il ne pousse pas à l'entrée dans le judaïsme d'éléments étrangers à la descendance d'Israël. *Supra* 454 et note.

μόνος ἦν ῥοπὴ τῆς παρατάξεως. **471** Περιέρχεται δ' αὐτὸν ἀξία ποινὴ τοῦ συγγενικοῦ φόνου· ἐπεὶ γὰρ περισχόντες οἱ Σκυθοπολῖται κατηκόντιζον αὐτοὺς ἀνὰ τὸ ἄλσος, σπασάμενος τὸ ξίφος ἐπ' οὐδένα μὲν ὥρμησεν τῶν πολεμίων, καὶ γὰρ ἑώρα τὸ πλῆθος ἀνήνυτον, **472** ἀναβοήσας δὲ μάλα ἐκπαθῶς « Ἀξιά γε ὧν ἔδρασα πάσχω, Σκυθοπολῖται [καθ' ὑμῶν], οἵ τοσούτῳ φόνῳ συγγενῶν τὴν πρὸς αὐτοὺς εὔνοιαν ἐπιστωσάμεθα. Τοιγαροῦν οἷς ἄπιστον μὲν εὐλόγως εὕρηται τὸ ἀλλόφυλον, ἠσέβηται δὲ εἰς ἔσχατα τὸ οἰκεῖον, θνήσκωμεν ὡς ἐναγεῖς χερσὶν ἰδίαις· οὐ γὰρ πρέπον ἐν ταῖς τῶν πολεμίων. **473** Τὸ αὐτὸ δ' ἂν εἴη μοι καὶ ποινὴ τοῦ μιάσματος ἀξία καὶ πρὸς ἀνδρείαν ἔπαινος, ἵνα μηδεὶς τῶν ἐχθρῶν τὴν ἐμὴν αὐχήσῃ σφαγὴν μηδ' ἐπαλαζονεύσηται πεσόντι. **474** Ταῦτ' εἰπὼν ἐλεοῦσιν ἅμα καὶ τεθυμωμένοις ὄμμασιν περισκέπτεται τὴν ἑαυτοῦ γενεάν· ἦν δ' αὐτῷ καὶ γυνὴ καὶ τέκνα καὶ γηραιοὶ γονεῖς. **475** Ὁ δὲ πρῶτον [μὲν] τὸν πατέρα τῆς πολιᾶς ἐπισπασάμενος διελαύνει τῷ ξίφει, μεθ' ὃν οὐκ ἄκουσαν τὴν μητέρα, κἀπὶ τούτοις τήν τε γυναῖκα καὶ τὰ τέκνα, μόνον οὐχ ὑπαπαντῶντος ἑκάστου τῷ ξίφει καὶ σπεύδοντος φθάσαι τοὺς πολεμίους. **476** Ὁ δὲ διελθὼν πᾶσαν τὴν γενεὰν καὶ περίοπτος ἐπιστὰς τοῖς σώμασιν τήν τε δεξιὰν ἀνατείνας, ὡς μηδένα λαθεῖν, ὅλον εἰς τὴν ἑαυτοῦ σφαγὴν ἐβάπτισεν τὸ ξίφος, ἄξιος μὲν ἐλέους [ὁ] νεανίας δι' ἀλκὴν σώματος καὶ ψυχῆς παράστημα, τῆς δὲ πρὸς ἀλλοφύλους πίστεως ἕνεκεν ἀκολούθοις πάθεσι χρησάμενος.

472 3 καθ' ὑμῶν (ὑ in ras. A) codd. Niese : om. Lat. Heg. suspectum ‖ οἵ PA et ut uid. Lat. Heg. : ὅτι MLVRC ‖ 3 αὐτοὺς codd. : *uos* Lat. *uobis* Heg. ὑμᾶς Hudson ‖ ἐπιστωσάμεθα PAL : ἐπιστωσάμην MVRC Lat. Heg. ‖ 7 ἐναγεῖς L : ἐναγὴς PAMVRC Lat. Heg. ‖ ἐν : ἦν Bekker secl. Niese². ‖ **475** 1 μὲν P : om. AMLVRC Niese² *quidem* Lat. ‖ **476** 5 νεανίας L : ὁ νεανίας PAMVRC.

Autres massacres.

477 Après le massacre à Scythopolis, les autres cités engagèrent une offensive chacune contre les Juifs fixés chez elle. Les habitants d'Ascalon en tuèrent deux mille cinq cents; ceux de Ptolémaïs en tuèrent deux mille et en mirent aux fers un grand nombre. **478** Les Tyriens en tuèrent beaucoup, mais en gardèrent enchaînés un bien plus grand nombre. Les gens d'Hippos et de Gadara se débarrassèrent de même des plus entreprenants mais retinrent sous bonne garde les poltrons. Les autres villes de Syrie agirent chacune selon ce que l'élément juif lui inspirait de haine ou de crainte. **479** Seules les cités d'Antioche, de Sidon et d'Apamée [1] épargnèrent leurs métèques et ne laissèrent ni tuer ni charger de chaînes aucun Juif; peut-être parce que, étant donné leur propre supériorité numérique, elles les estimaient insignifiants pour la rébellion, mais plutôt, à mon sens, par pitié pour des gens qu'ils voyaient bien n'avoir aucune activité subversive. **480** Quant aux habitants de Gérasa [2], ils ne maltraitèrent pas les Juifs établis parmi eux et ils escortèrent jusqu'à la frontière ceux qui voulurent s'en aller.

481 Même dans le royaume d'Agrippa s'organisa un complot contre les Juifs. Personnellement, il s'était rendu à Antioche auprès de Cestius Gallus et avait laissé un de ses amis, nommé Varus [3], parent du roi Sohémos, pour administrer les affaires. **482** Or, arriva de Batanée une délégation de soixante-dix personnalités choisies parmi les citoyens les plus réputés pour leur noblesse et leur intelligence. Ils demandaient un corps de troupes pour que, s'il se produisait chez eux aussi quelque soulèvement, ils eussent une garnison en mesure de contenir les rebelles. **483** Varus envoya de nuit quelques hoplites royaux massacrer tous les délégués, et il osa cette opération sans l'avis d'Agrippa. Seulement, en prenant sur lui, pour

1. Sur l'Oronte, au Sud d'Antioche.
2. En Galaad, au Nord du Jabbok.

477 Πρὸς δὲ τὴν ἐν Σκυθοπόλει φθορὰν αἱ λοιπαὶ πόλεις ἐπανίσταντο τοῖς καθ' ἑαυτὴν Ἰουδαίοις ἑκάστη, καὶ πεντακοσίους μὲν ἐπὶ δισχιλίοις Ἀσκαλωνῖται, Πτολεμαεῖς δὲ δισχιλίους ἀνεῖλον, ἔδησάν τ' οὐκ ὀλίγους. **478** Καὶ Τύριοι συχνοὺς μὲν διεχειρίσαντο, πλείους δ' αὐτῶν δεσμώτας ἐφρούρουν, Ἱππηνοί τε καὶ Γαδαρεῖς ὁμοίως τοὺς μὲν θρασυτέρους ἀπεσκευάσαντο, τοὺς δὲ φοβεροὺς διὰ φυλακῆς εἶχον, αἵ τε λοιπαὶ πόλεις τῆς Συρίας, ὅπως ἑκάστη πρὸς τὸ Ἰουδαϊκὸν ἢ μίσους ἢ δέους εἶχον. **479** Μόνοι δ' Ἀντιοχεῖς καὶ Σιδώνιοι καὶ Ἀπαμεῖς ἐφείσαντο τῶν μετοικούντων καὶ οὔτε ἀνελεῖν τινας Ἰουδαίων ὑπέμειναν οὔτε δῆσαι, τάχα μὲν καὶ διὰ τὸ σφέτερον πλῆθος ὑπερορῶντες αὐτῶν πρὸς τὰ κινήματα, τὸ πλέον δ' ἔμοιγε δοκεῖν οἴκτῳ πρὸς οὓς οὐδὲν ἑώρων νεωτερίζοντας. **480** Γερασηνοί τε οὔτε εἰς τοὺς ἐμμείναντας ἐπλημμέλησαν καὶ τοὺς ἐξελθεῖν ἐθελήσαντας προέπεμψαν μέχρι τῶν ὅρων.

481 Συνέστη δὲ καὶ κατὰ τὴν Ἀγρίππα βασιλείαν ἐπιβουλὴ κατὰ Ἰουδαίων. Αὐτὸς γὰρ ἐπεπόρευτο πρὸς Κέστιον Γάλλον εἰς Ἀντιόχειαν, καταλέλειπτο δὲ διοικεῖν τὰ πράγματα τούτου τῶν ἑταίρων τις τοὔνομα Οὔαρος, Σοαίμῳ τῷ βασιλεῖ προσήκων κατὰ γένος. **482** Ἧκον δ' ἐκ τῆς Βαταναίας ἑβδομήκοντα τὸν ἀριθμὸν ἄνδρες, οἱ κατὰ γένος καὶ σύνεσιν τῶν πολιτῶν δοκιμώτατοι, στρατιὰν αἰτοῦντες, ἵν', εἴ τι γένοιτο κίνημα καὶ περὶ σφᾶς, ἔχοιεν ἀξιόχρεων φυλακὴν κωλύειν τοὺς ἐπανισταμένους. **483** Τούτους ὁ Οὔαρος ἐκπέμψας νύκτωρ τῶν βασιλικῶν τινας ὁπλιτῶν ἅπαντας ἀναιρεῖ, τολμήσας μὲν τοὔργον δίχα τῆς Ἀγρίππα

478 1 πλείους ex *plures* Lat. Thack. : πλείστους PAML τὸ πλεῖστον V τὸ πλεῖον RC. ‖ **479** 5 δοκεῖν Destinon et Niese : δοκεῖ codd. ‖ **481** 5 Οὔαρος ex *uaro* Lat. Schalit : νόαρος PAMLR νόαρον V οὔα νόαρος (οὔα deletum) C cf. 247 et *Vita* 48. ‖ **483** 1 Οὔαρος ex *uarus* Lat. Schalit: νόαρος codd.

satisfaire son insatiable cupidité, de commettre un crime contre les hommes de sa race, il contribuait à la ruine du royaume et il continua à sévir cruellement contre le peuple, jusqu'au jour où Agrippa, mis au courant, se retint de le tuer, par considération pour Sohémos, mais le destitua de sa charge [1].

Prise de Cypros et de Machéronte.

484 Quant aux insurgés, s'étant emparés d'un fort nommé Cypros [2], qui dominait Jéricho, ils en tuèrent les gardiens et en abattirent les fortifications.

485 Dans ces mêmes jours, l'élément populaire des Juifs de Machéronte [3] s'efforça de persuader la garnison romaine d'évacuer la forteresse et de la leur livrer. **486** Les soldats, pour éviter qu'elle leur soit prise de force, conviennent avec eux de se retirer aux termes d'un accord et, ayant reçu les garanties requises, ils livrèrent la place, que les gens de Machéronte, après en avoir remis en état les fortifications, occupèrent avec une garnison.

Émeute à Alexandrie.

487 A Alexandrie, il y avait toujours chez les natifs du pays de l'animosité à l'égard de la population juive, depuis qu'Alexandre [4], qui avait disposé du concours très empressé des Juifs contre les Égyptiens, leur avait octroyé, en récompense de leur aide militaire, la faculté de résider dans la cité avec les mêmes droits que les Grecs. **488** Cette prérogative leur fut maintenue par ses successeurs, qui leur attribuèrent en outre un quartier particulier [5] pour qu'ils conservent plus purement leur mode de vie, puisque les étrangers se mêleraient moins à eux, et ils les autorisèrent à prendre le titre [6] de Macédoniens. Quand les Romains eurent pris possession de l'Égypte, ni le premier César ni aucun de ceux qui vinrent après lui ne permit qu'on amoindrît les prérogatives dont jouissaient les Juifs depuis Alexandre. **489** Mais il y avait continuellement des heurts entre eux et les Grecs, et les gouverneurs avaient beau punir chaque jour bien des membres des deux communautés, la querelle s'exaspé-

γνώμης, διὰ δὲ φιλαργυρίαν ἄμετρον εἰς τοὺς ὁμοφύλους ἑλόμενος ἀσεβεῖν τὴν βασιλείαν διέφθειρεν· διετέλει τε ὠμῶς εἰς τὸ ἔθνος παρανομῶν, μέχρι πυθόμενος Ἀγρίππας ἀνελεῖν μὲν αὐτὸν ᾐδέσθη διὰ Σόαιμον, ἔπαυσεν δὲ τῆς ἐπιτροπῆς.

484 Οἱ δὲ στασιασταὶ καταλαβόμενοί τι φρούριον, ὃ καλεῖται μὲν Κύπρος, καθύπερθεν δ' ἦν Ἱεριχοῦντος, τοὺς μὲν φρουροὺς ἀπέσφαξαν, τὰ δ' ἐρύματα κατέρριψαν εἰς γῆν.

485 Κατὰ δὲ τὰς αὐτὰς ἡμέρας καὶ τῶν ἐν Μαχαιροῦντι Ἰουδαίων τὸ πλῆθος ἔπειθεν τοὺς φρουροῦντας Ῥωμαίους ἐκλείπειν τὸ φρούριον καὶ παραδιδόναι σφίσιν. 486 Οἱ δὲ τὴν ἐκ βίας αἵρεσιν εὐλαβηθέντες συντίθενται πρὸς αὐτοὺς ἐκχωρήσειν ὑπόσπονδοι καὶ λαβόντες τὰ πιστὰ παραδιδόασι τὸ φρούριον, ὅπερ φυλακῇ κρατυνάμενοι κατεῖχον οἱ Μαχαιρῖται.

487 Κατὰ δὲ τὴν Ἀλεξάνδρειαν ἀεὶ μὲν ἦν στάσις πρὸς τὸ Ἰουδαϊκὸν τοῖς ἐπιχωρίοις ἀφ' οὗ χρησάμενος προθυμοτάτοις κατὰ τῶν Αἰγυπτίων Ἰουδαίοις Ἀλέξανδρος γέρας τῆς συμμαχίας ἔδωκεν τὸ μετοικεῖν κατὰ τὴν πόλιν ἐξ ἰσομοιρίας πρὸς τοὺς Ἕλληνας. 488 Διέμεινεν δ' αὐτοῖς ἡ τιμὴ καὶ παρὰ τῶν διαδόχων, οἳ καὶ τόπον ἴδιον αὐτοῖς ἀφώρισαν, ὅπως καθαρωτέραν ἔχοιεν τὴν δίαιταν, ἧττον ἐπιμισγομένων τῶν ἀλλοφύλων, καὶ χρηματίζειν ἐπέτρεψαν Μακεδόνας· ἐπεὶ δὲ Ῥωμαῖοι κατεκτήσαντο τὴν Αἴγυπτον, οὔτε Καῖσαρ ὁ πρῶτος οὔτε τῶν μετ' αὐτόν τις ὑπέμεινεν τὰς ἀπ' Ἀλεξάνδρου τιμὰς Ἰουδαίων ἐλαττῶσαι. 489 Συμβολαὶ δ' ἦσαν αὐτῶν ἀδιάλειπτοι πρὸς τοὺς Ἕλληνας, καὶ τῶν ἡγεμόνων πολλοὺς ὁσημέραι παρ' ἀμφοῖν κολαζόντων ἡ

486 1 αἵρεσιν Schreck. : ἀφαίρεσιν codd. ‖ **487** 5 ἰσομοιρίας Destinon : ἰσουμοίρας P ἰσουμοῖρας A ἰσοτιμίας MLVRC *ius urbis aequale* Lat. *ex aequo* Heg.

rait de plus en plus. **490** Comme à ce moment-là la situation, dans les autres pays également, était troublée, la leur n'en devint que plus explosive. En particulier, un jour que les Alexandrins tenaient une assemblée au sujet de l'ambassade qu'ils allaient envoyer à Néron, des Juifs se ruèrent en masse dans l'amphithéâtre pour se mêler aux Grecs, **491** mais à leur vue, leurs adversaires poussèrent aussitôt des cris en les qualifiant d'ennemis et d'espions; puis ils bondirent pour tâcher de mettre la main sur eux. Tous les Juifs alors détalèrent dans toutes les directions; on ne réussit à en attraper que trois, qu'on entraîna de force dans l'intention de les brûler vifs. **492** Seulement toute la population juive se leva pour les défendre et commença par cribler de pierres les Grecs; puis ils prirent des torches, foncèrent en direction de l'amphithéâtre et menacèrent d'y brûler tout le peuple jusqu'au dernier homme. Et ils l'eussent vite fait si le gouverneur de la cité [1] Tibère Alexandre n'avait coupé net leur emportement. **493** Bien loin pourtant de commencer par les ramener à la raison par les armes, il leur envoya discrètement les notables les inviter à cesser et à ne pas provoquer contre eux l'armée romaine. Les émeutiers accueillirent cette exhortation avec des railleries et des propos injurieux pour Tibère.

494 Celui-ci, comprenant qu'ils ne cesseraient leur rébellion qu'au prix d'une sanction sévère, lâche contre eux les deux légions romaines stationnées en ville [2], plus deux mille hommes venus de Libye qui se trouvaient là par hasard, juste pour la perte des Juifs. Il les autorisa non seulement à tuer les rebelles, mais à piller leurs biens et à brûler leurs maisons. **495** Ils foncèrent sur le quartier appelé « Delta [3] », où la population juive était concentrée, et exécutèrent les consignes non, certes, sans

1. *Supra* 220.
2. *Supra* 387 note.
3. Les cinq quartiers d'Alexandrie étaient désignés par les premières lettres de l'alphabet grec. Les Juifs en occupaient deux : Philon, *in Flacc.* 55 et la note.

στάσις μᾶλλον παρωξύνετο. 490 Τότε δ' ὡς καὶ ⟨τὰ⟩ παρὰ τοῖς ἄλλοις ἐτετάρακτο, μᾶλλον ἐξήφθη τὰ παρ' ἐκείνοις. Καὶ δὴ τῶν Ἀλεξανδρέων ἐκκλησιαζόντων περὶ ἧς ἔμελλον ἐκπέμπειν πρεσβείας ἐπὶ Νέρωνα, συνερρύησαν μὲν εἰς τὸ ἀμφιθέατρον ἅμα τοῖς Ἕλλησιν συχνοὶ Ἰουδαίων, 491 κατιδόντες δὲ αὐτοὺς οἱ διάφοροι παραχρῆμα [μὲν] ἀνεβόων πολεμίους καὶ κατασκόπους λέγοντες· ἔπειτα ἀναπηδήσαντες ἐπέβαλλον τὰς χεῖρας αὐτοῖς. Οἱ μὲν οὖν λοιποὶ φεύγοντες διεσπάρησαν, τρεῖς δὲ ἄνδρας συλλαβόντες ἔσυρον ὡς ζῶντας καταφλέξοντες. 492 Ἤρθη δὲ πᾶν τὸ Ἰουδαϊκὸν ἐπὶ τὴν ἄμυναν, καὶ τὸ μὲν πρῶτον λίθοις τοὺς Ἕλληνας ἔβαλλον, αὖθις δὲ λαμπάδας ἁρπασάμενοι πρὸς τὸ ἀμφιθέατρον ὥρμησαν, ἀπειλοῦντες ἐν αὐτῷ καταφλέξειν τὸν δῆμον αὔτανδρον. Κἂν ἔφθησαν τοῦτο δράσαντες, εἰ μὴ τοὺς θυμοὺς αὐτῶν ἀνέκοψεν Τιβέριος Ἀλέξανδρος ὁ τῆς πόλεως ἡγεμών. 493 Οὐ μὴν οὗτός γε ἀπὸ τῶν ὅπλων ἤρξατο σωφρονίζειν, ἀλλ' ὑποπέμψας τοὺς γνωρίμους αὐτοῖς παύσασθαι παρεκάλει καὶ μὴ καθ' ἑαυτῶν ἐρεθίζειν τὸ Ῥωμαίων στράτευμα. Καταχλευάζοντες δὲ τῆς παρακλήσεως οἱ στασιώδεις ἐβλασφήμουν τὸν Τιβέριον.

494 Κἀκεῖνος συνιδὼν ὡς χωρὶς μεγάλης συμφορᾶς οὐκ ἂν παύσαιντο νεωτερίζοντες ἐπαφίησιν αὐτοῖς τὰ κατὰ τὴν πόλιν Ῥωμαίων δύο τάγματα καὶ σὺν αὐτοῖς δισχιλίους στρατιώτας κατὰ τύχην παρόντας εἰς τὸν Ἰουδαίων ὄλεθρον ἐκ Λιβύης· ἐπέτρεψεν δ' οὐ μόνον ἀναιρεῖν, ἀλλὰ καὶ τὰς κτήσεις αὐτῶν διαρπάζειν καὶ τὰς οἰκίας καταφλέγειν. 495 Οἱ δ' ὁρμήσαντες εἰς τὸ καλούμενον Δέλτα, συνῴκιστο γὰρ ἐκεῖ τὸ Ἰουδαϊκόν,

490 1-2 καὶ τὰ παρὰ Destinon Niese[2] : καὶ παρὰ codd. ‖ **491** 2 παραχρῆμα μὲν A ‖ 4-5 διεσπάρησαν ex *dissipati sunt* Lat. Naber : διεφθάρησαν (-εισαν A) codd. ‖ **494** 4 δισχιλίους PAM : πεντακισχιλίους LM γρ. VRC Lat.

effusion de sang. Car les Juifs, s'étant formés en rangs serrés et ayant placé les mieux armés d'entre eux au premier rang, tinrent bon très longtemps, mais dès l'instant où ils cédèrent, ce fut un carnage effréné. **496** Ils périssaient de toutes les façons : les uns, attrapés sur le terrain (du combat), les autres, poussés dans leurs maisons, que les Romains incendiaient après en avoir pillé ce qui était à l'intérieur; sans pitié des enfants en bas âge, sans respect des vieillards, ils avançaient tuant des gens de tout âge, au point que tout ce quartier fut inondé de sang, **497** qu'il s'y entassa cinquante mille cadavres, et que ceux qui restaient n'auraient pas survécu s'ils ne s'étaient résignés à des supplications. Pris de compassion pour eux, (Tibère) Alexandre commanda aux Romains de se retirer. **498** Rompus à la pratique de l'obéissance au moindre signe, ils cessèrent de tuer, tandis que la populace d'Alexandrie, dans l'excès de sa haine, était difficile à rappeler au calme et l'on eut bien de la peine à l'arracher aux cadavres.

Entrée en campagne de Cestius Gallus.

499 Telle fut la catastrophe qui survint à Alexandrie. Cestius, d'autre part, décida de ne pas rester inactif, maintenant que de tous côtés on était en guerre contre les Juifs. **500** Il prit à Antioche la douzième légion, dont les effectifs étaient au complet. Sur chacune des autres il [1] préleva environ deux mille hommes d'élite, six cohortes d'infanterie et quatre ailes de cavalerie, plus le contingent de troupes alliées envoyé par les rois : deux mille cavaliers et trois mille fantassins, tous archers, envoyés par Antiochos [2]; autant de fantassins et un peu moins de deux mille cavaliers envoyés par Agrippa. **501** Sohémos [3] suivait avec quatre mille hommes, dont le tiers étaient des cavaliers et la majeure partie des archers. A la tête de ces forces, Cestius avança sur Ptolémaïs. **502** Il s'y ajoutait un grand nombre d'auxiliaires recrutés dans les villes, infé-

1. Quatre légions stationnaient alors en Syrie (Tacite, *Ann.* 4, 5).

ἐτέλουν τὰς ἐντολάς, οὐ μὴν ἀναιμωτί· συστραφέντες γὰρ οἱ Ἰουδαῖοι καὶ τοὺς ἄμεινον ὡπλισμένους ἑαυτῶν προταξάμενοι μέχρι πλείστου μὲν ἀντέσχον, ἅπαξ δ' ἐγκλίναντες ἀνέδην διεφθείροντο. **496** Καὶ παντοῖος ἦν αὐτῶν ὄλεθρος, τῶν μὲν ἐν τῷ πεδίῳ καταλαμβανομένων, τῶν δ' εἰς τὰς οἰκίας συνωθουμένων. Ὑπεπίμπρασαν δὲ καὶ ταύτας οἱ Ῥωμαῖοι προδιαρπάζοντες τὰ ἔνδον, καὶ οὔτε νηπίων ἔλεος αὐτοὺς οὔτε αἰδὼς εἰσῄει γερόντων, ἀλλὰ διὰ πάσης ἡλικίας ἐχώρουν κτείνοντες, **497** ὡς ἐπικλυσθῆναι μὲν αἵματι πάντα τὸν χῶρον, πέντε δὲ μυριάδες ἐσωρεύθησαν νεκρῶν, περιελείφθη δ' ἂν οὐδὲ τὸ λοιπόν, εἰ μὴ πρὸς ἱκετηρίας ἐτράποντο. Κατοικτείρας δ' αὐτοὺς Ἀλέξανδρος ἀναχωρεῖν τοὺς Ῥωμαίους ἐκέλευσεν. **498** Οἱ μὲν οὖν ἐξ ἔθους τὸ πειθήνιον ἔχοντες ἅμα νεύματι τοῦ φονεύειν ἐπαύσαντο, τὸ δημοτικὸν δὲ τῶν Ἀλεξανδρέων δι' ὑπερβολὴν μίσους δυσανάκλητον ἦν καὶ μόλις ἀπεσπᾶτο τῶν σωμάτων.

499 Τοιοῦτον μὲν τὸ κατὰ τὴν Ἀλεξάνδρειαν πάθος συνηνέχθη· Κεστίῳ δὲ οὐκέτι ἠρεμεῖν ἐδόκει πανταχοῦ τῶν Ἰουδαίων ἐκπεπολεμωμένων. **500** Ἀναλαβὼν δὲ ἀπὸ τῆς Ἀντιοχείας τὸ μὲν δωδέκατον τάγμα πλῆρες, ἀπὸ δὲ τῶν λοιπῶν ἀνὰ δισχιλίους ἐπιλέκτους, πεζῶν τε ἓξ σπείρας καὶ τέσσαρας ἴλας ἱππέων, πρὸς αἷς τὰς παρὰ τῶν βασιλέων συμμαχίας, Ἀντιόχου μὲν δισχιλίους ἱππεῖς καὶ πεζοὺς τρισχιλίους, τοξότας πάντας, Ἀγρίππα δὲ πεζοὺς μὲν τοὺς ἴσους, ἱππεῖς δὲ δισχιλίων ἐλάττους, **501** εἵπετο δὲ καὶ Σόαιμος μετὰ τετρακισχιλίων, ὧν ἦσαν ἱππεῖς ἡ τρίτη μοῖρα καὶ τὸ πλέον τοξόται, προῆλθεν εἰς Πτολεμαΐδα. **502** Πλεῖστοι δὲ κἀκ τῶν πόλεων ἐπίκουροι συνελέγησαν, ἐμπειρίᾳ

495 6 ἐγκλίναντες Bekker : ἐκκλίναντες PAL κλίναντες MVRC.

rieurs en métier aux soldats, mais dont l'ardeur au combat et la haine des Juifs compensaient ce qui manquait à leur formation technique. Agrippa en personne assistait Cestius pour guider la marche de l'armée et lui rendre service. **503** Avec un détachement de son armée Cestius marcha sur une ville forte de Galilée, Zabulon [1] dite « La Salle [2] », qui marque la frontière entre Ptolémaïs et les Juifs. **504** Il la trouva vidée de ses habitants, car les gens s'étaient enfuis dans les montagnes, mais remplie de toutes sortes de biens, qu'il laissa piller aux soldats. En revanche, bien qu'il admirât la ville pour sa beauté, puisqu'elle avait des demeures bâties dans le style de celles de Tyr, de Sidon et de Béryte, il l'incendia. **505** Ensuite, il sillonna le plat pays et quand il eut pillé tout ce qui se présentait et réduit en cendres tous les villages d'alentour, il retourna à Ptolémaïs. **506** Tandis que les Syriens et surtout les gens de Béryte étaient encore occupés au pillage, les Juifs, ayant repris courage, car ils s'étaient rendu compte que Cestius s'était retiré, fondirent à l'improviste sur ceux qui s'étaient attardés et ils en tuèrent environ deux mille.

507 Parti de Ptolémaïs, Cestius, quant à lui, arrive à Césarée, mais il envoya en avant-garde à Joppé un détachement de l'armée avec ordre, s'ils pouvaient prendre la ville par surprise, d'y tenir garnison; que si toutefois leur attaque venait à être éventée, ils l'attendraient, lui et le reste de l'armée. **508** Cette avant-garde, par une avance rapide sur mer et sur terre, s'empara aisément de la ville en attaquant sur les deux fronts. Les habitants n'ayant pu s'enfuir à temps, et encore moins se préparer

1. Appelée Chaboulô dans *Vita* 213, qui la dit « limitrophe du territoire de Ptolémaïs. C'est maintenant le village de Kabul. Cf. Abel, *Géo.* p. 287.

2. D'après Abel, Géo. I p. 287, cette interprétation de Josèphe supposerait un rapprochement avec l'hébreu *gibborim* « hommes ». L'explication de A. Schalit par l'hébreu *zebul* est peu convaincante. Cf. notes complémentaires.

μὲν ἡττώμενοι τῶν στρατιωτῶν, ταῖς δὲ προθυμίαις καὶ τῷ κατὰ Ἰουδαίων μίσει τὸ λεῖπον ἐν ταῖς ἐπιστήμαις ἀντιπληροῦντες. Παρῆν δὲ καὶ αὐτὸς Ἀγρίππας Κεστίῳ τῆς τε ὁδοῦ καὶ τῶν συμφερόντων ἐξηγούμενος. **503** Ἀναλαβὼν δὲ μέρος τῆς δυνάμεως Κέστιος ὥρμησεν ἐπὶ πόλιν καρτερὰν τῆς Γαλιλαίας, Ζαβουλὼν ἣ καλεῖται Ἀνδρών, διορίζει δὲ ἀπὸ τοῦ ἔθνους τὴν Πτολεμαΐδα. **504** Καὶ καταλαβὼν αὐτὴν ἔρημον μὲν ἀνδρῶν, ἀναπεφεύγει γὰρ τὸ πλῆθος εἰς τὰ ὄρη, πλήρη δὲ παντοίων κτημάτων, τὰ μὲν ἐφῆκεν τοῖς στρατιώταις διαρπάζειν, τὸ δὲ ἄστυ καίτοι θαυμάσας τοῦ κάλλους, ἔχον τὰς οἰκίας ὁμοίως ταῖς ἐν Τύρῳ καὶ Σιδῶνι καὶ Βηρυτῷ δεδομημένας, ἐνέπρησεν. **505** Ἔπειτα τὴν χώραν καταδραμὼν καὶ διαρπάσας μὲν πᾶν τὸ προσπῖπτον, καταφλέξας δὲ τὰς πέριξ κώμας, ὑπέστρεψεν εἰς τὴν Πτολεμαΐδα. **506** Πρὸς δὲ ταῖς ἁρπαγαῖς ἔτι τῶν Σύρων ὄντων καὶ τὸ πλέον Βηρυτίων ἀναθαρσήσαντες οἱ Ἰουδαῖοι, καὶ γὰρ ἀποκεχωρηκότα συνίεσαν Κέστιον, τοῖς ἀπολειφθεῖσιν ἀδοκήτως ἐπέπεσον καὶ περὶ δισχιλίους αὐτῶν διέφθειραν.

507 Ὁ δὲ Κέστιος ἀναζεύξας ἀπὸ τῆς Πτολεμαΐδος αὐτὸς μὲν εἰς Καισάρειαν ἀφικνεῖται, μοῖραν δὲ τῆς στρατιᾶς προέπεμψεν εἰς Ἰόππην, προστάξας, εἰ μὲν καταλαβέσθαι δυνηθεῖεν τὴν πόλιν, φρουρεῖν, εἰ δὲ προαίσθοιντο τὴν ἔφοδον, περιμένειν αὐτόν τε καὶ τὴν ἄλλην δύναμιν. **508** Τῶν δ' οἱ μὲν κατὰ θάλασσαν οἱ δὲ κατὰ γῆν ἐπειχθέντες ἀμφοτέρωθεν αἱροῦσιν τὴν πόλιν ῥᾳδίως· καὶ μηδὲ φυγεῖν φθασάντων τῶν οἰκητόρων, οὐχ ὅπως παρασκευάσασθαι πρὸς μάχην, ἐμπε-

502 5 παρῆν PAL : συμπαρῆν MVRC *aderat* Lat. ‖ **503** 2 Ζαβουλών PAMVRC Schalit : ζαβουλῶνα L *zabulon* Lat. Heg. χαβουλὼν Niese cf. 3, 38 ‖ 3 ἥ om. R Niese[2] ‖ ἀνδρών MRC Schalit : ἀνδρῶν PAV ἄνδρων L om. Heg. secl. Niese[2] uide adn.

au combat, les Romains tombèrent sur eux, les massacrèrent tous avec leurs familles, pillèrent la ville et l'incendièrent. **509** Le nombre des victimes s'éleva à huit mille quatre cents. Cestius envoya également dans la toparchie de Narbatène [1], limitrophe de Césarée, un important détachement de cavaliers, qui ravagèrent la campagne, massacrèrent un nombre considérable de gens du pays, pillèrent leurs biens et incendièrent leurs villages.

Occupation de la Galilée.

510 Il envoya en Galilée Césennius Gallus, légat de la douzième légion en lui donnant des forces qu'il jugeait suffisantes eu égard à la population. **511** Le légat fut reçu avec des acclamations par la ville la plus forte de Galilée, Sepphoris, et s'inspirant de la prudence de cette ville, les autres restèrent tranquilles. Mais tout ce qu'il y avait de séditieux et de brigands s'enfuirent dans la montagne qui est tout à fait au centre de la Galilée en face de Sepphoris et qu'on appelle Asamon [2]. Gallus mena ses troupes contre eux. **512** Aussi longtemps que ces rebelles occupèrent des positions plus hautes que les Romains, ils repoussèrent facilement leurs attaques et en tuèrent près de deux cents. Mais quand les Romains les eurent contournés et se trouvèrent sur des positions plus hautes, ils furent vite vaincus : armés à la légère ils ne pouvaient soutenir le corps à corps avec des légionnaires lourdement armés ni, dans leur retraite, échapper à la cavalerie; tant et si bien que si un tout petit nombre réussit à se cacher dans des lieux difficiles (d'accès), plus de deux mille furent massacrés.

Marche de Cestius sur Jérusalem.

513 Gallus ne voyant plus trace de révolte en Galilée rentra à Césarée avec son armée. Cestius, de son côté, reparti avec toutes ses forces se lança sur Antipatris [3]. Informé qu'une troupe assez importante de Juifs s'était rassemblée dans une tour dite Tour d'Aphékou [4], il envoya en avant un détachement pour les attaquer. **514** Avant même qu'on en vienne aux mains, la crainte que ces soldats leur inspirèrent dispersa les Juifs; alors, une fois arrivés

σόντες ἅπαντας ἀνεῖλον σὺν ταῖς γενεαῖς καὶ τὴν πόλιν διαρπάσαντες ἐνέπρησαν· 509 ὁ δὲ ἀριθμὸς τῶν φονευθέντων τετρακόσιοι πρὸς ὀκτακισχιλίοις. Ὁμοίως δὲ καὶ εἰς τὴν ὅμορον τῆς Καισαρείας Ναρβατηνὴν τοπαρχίαν ἔπεμψεν συχνοὺς τῶν ἱππέων, οἳ τήν τε γῆν ἔτεμον καὶ πολὺ πλῆθος διέφθειραν τῶν ἐπιχωρίων, τάς τε κτήσεις διήρπασαν καὶ τὰς κώμας κατέφλεξαν.

510 Εἰς δὲ τὴν Γαλιλαίαν ἀπέστειλεν Καισέννιον Γάλλον ἡγεμόνα τοῦ δωδεκάτου τάγματος, παραδοὺς δύναμιν ὅσην ἀρκέσειν πρὸς τὸ ἔθνος ὑπελάμβανεν. 511 Τοῦτον ἡ καρτερωτάτη τῆς Γαλιλαίας πόλις Σέπφωρις μετ' εὐφημίας δέχεται, καὶ πρὸς τὴν ταύτης εὐβουλίαν αἱ λοιπαὶ πόλεις ἠρέμουν. Τὸ δὲ στασιῶδες καὶ λῃστρικὸν πᾶν ἔφυγεν εἰς τὸ μεσαίτατον τῆς Γαλιλαίας ὄρος, ὃ κεῖται μὲν ἀντικρὺ τῆς Σεπφώρεως, καλεῖται δὲ Ἀσαμών. Τούτοις ὁ Γάλλος ἐπῆγε τὴν δύναμιν. 512 Οἱ δ' ἕως μὲν ἦσαν ὑπερδέξιοι, ῥᾳδίως τοὺς Ῥωμαίους ἠμύναντο προσιόντας καὶ πρὸς διακοσίους αὐτῶν ἀνεῖλον, περιελθόντων δὲ καὶ γενομένων ἐν τοῖς ὑψηλοτέροις ἡττῶντο ταχέως, καὶ οὔτε γυμνῆτες ὁπλίτας συστάδην ἔφερον οὔτε ἐν τῇ τροπῇ τοὺς ἱππεῖς ἐξέφευγον, ὥστε ὀλίγους μὲν ἐν ταῖς δυσχωρίαις διαλαθεῖν, ἀναιρεθῆναι δὲ ὑπὲρ δισχιλίους.

513 Γάλλος μὲν οὖν ὡς οὐδὲν ἔτι ἑώρα κατὰ τὴν Γαλιλαίαν νεωτεριζόμενον, ὑπέστρεφεν μετὰ τῆς στρατιᾶς εἰς Καισάρειαν· Κέστιος δὲ μετὰ πάσης τῆς δυνάμεως ἀναζεύξας ἐνέβαλεν εἰς Ἀντιπατρίδα, καὶ πυθόμενος ἔν τινι πύργῳ Ἀφεκοῦ καλουμένῳ συνηθροῖσθαι Ἰουδαίων δύναμιν οὐκ ὀλίγην, προύπεμψε τοὺς συμβαλοῦντας. 514 Οἱ δὲ πρὶν εἰς χεῖρας ἐλθεῖν δέει τοὺς Ἰουδαίους διεσκέδασαν, ἐπελθόντες δὲ ἔρημον τὸ στρα-

510 1 Καισέννιον Niese : κεσσαίνιον P κεσσένιον AL κέστιος MVRC et fort. Heg. *cesennium* Lat.

sur place, ils incendièrent le campement désert ainsi que les villages d'alentour. **515** D'Antipatris Cestius passe à Lydda [1], qu'il trouve vide d'habitants, car toute la population était montée à Jérusalem à cause de la fête des Huttes [2]. **516** Il fait tuer cinquante des personnes qui s'étaient montrées à l'improviste, incendie la ville, pousse plus loin, monte par Béthoron et dresse son camp en un lieu appelé Gabaon [3] à cinquante stades de Jérusalem.

Échec de son attaque contre la ville haute et le Temple.

517 Les Juifs, voyant la guerre approcher maintenant de leur capitale, abandonnent la fête, courent aux armes et tout remplis de confiance dans leur nombre, font une sortie en bondissant au combat en désordre, avec de grands cris, sans le moindre souci du repos sabbatique [4], car c'était justement le sabbat [5], si scrupuleusement observé parmi eux. **518** Toujours est-il que l'ardeur qui les avait arrachés à leur pieuse observance leur donna aussi l'avantage au combat. Ils se jetèrent avec une telle fougue sur les Romains, qu'ils en rompirent les rangs et s'avancèrent parmi eux en les massacrant. **519** Si, au moment où une partie de la phalange avait faibli, la cavalerie par un mouvement tournant n'était venue à son secours, ainsi que la partie de l'infanterie qui n'était pas soumise à forte pression, c'est Cestius avec toute son armée qui eût été en danger. Il tomba cinq cent quinze Romains, dont quatre cents fantassins; le reste était des cavaliers. Les Juifs n'eurent que vingt-deux morts. **520** Ceux qui se montrèrent les plus vaillants parmi eux furent des parents de Monobazos [6], roi d'Adiabène, Monobazos et Kénédéos; après eux Niger, de la Pérée et Silas de Babylone [7], passé aux Juifs et

1. Auj. Lod. Au Sud d'Antipatris. La route qui vient du Nord bifurque vers Joppé à l'Ouest et, par Béthoron, vers Jérusalem à l'Est.

2. Sous l'influence de la Vulgate, on disait naguère « des Tabernacles ».

τόπεδον καὶ τὰς πέριξ κώμας ἐνέπρησαν. 515 Ἀπὸ δὲ τῆς Ἀντιπατρίδος Κέστιος εἰς Λύδδα προελθὼν κενὴν ἀνδρῶν τὴν πόλιν καταλαμβάνει· διὰ γὰρ τὴν τῆς σκηνοπηγίας ἑορτὴν ἀναβεβήκει πᾶν τὸ πλῆθος εἰς Ἱεροσόλυμα. 516 Πεντήκοντα δὲ τῶν παραφανέντων διαφθείρας καὶ τὸ ἄστυ κατακαύσας ἐχώρει πρόσω, καὶ διὰ Βαιθώρων ἀναβὰς στρατοπεδεύεται κατά τινα χῶρον Γαβαὼν καλούμενον, ἀπέχοντα τῶν Ἱεροσολύμων πεντήκοντα σταδίους.

517 Οἱ δὲ Ἰουδαῖοι κατιδόντες ἤδη πλησιάζοντα τῇ μητροπόλει τὸν πόλεμον, ἀφέμενοι τὴν ἑορτὴν ἐχώρουν ἐπὶ τὰ ὅπλα, καὶ μέγα τῷ πλήθει θαρροῦντες ἄτακτοι μετὰ κραυγῆς ἐξεπήδων ἐπὶ τὴν μάχην, μηδὲ τῆς ἀργῆς ἑβδομάδος ἔννοιαν λαβόντες· ἦν γὰρ δὴ τὸ μάλιστα παρ' αὐτοῖς θρησκευόμενον σάββατον. 518 Ὁ δ' ἐκσείσας αὐτοὺς τῆς εὐσεβείας θυμὸς ἐποίησεν πλεονεκτῆσαι καὶ κατὰ τὴν μάχην· μετὰ τοσαύτης γοῦν ὁρμῆς τοῖς Ῥωμαίοις προσέπεσον, ὡς διαρρῆξαι τὰς τάξεις αὐτῶν καὶ διὰ μέσων χωρεῖν ἀναιροῦντας. 519 Εἰ δὲ μὴ τῷ χαλασθέντι τῆς φάλαγγος οἵ τε ἱππεῖς ἐκπεριελθόντες ἐπήμυναν καὶ τοῦ πεζοῦ τὸ μὴ σφόδρα κάμνον, κἂν ἐκινδύνευσεν ὅλῃ τῇ δυνάμει Κέστιος. Ἀπέθανον δὲ Ῥωμαίων πεντακόσιοι δεκαπέντε· τούτων ἦσαν οἱ τετρακόσιοι πεζοί, τὸ δὲ λοιπὸν ἱππεῖς· τῶν δὲ Ἰουδαίων δύο πρὸς τοῖς εἴκοσι. 520 Γενναιότατοι δ' αὐτῶν ἔδοξαν οἱ Μονοβάζου τοῦ τῆς Ἀδιαβηνῆς βασιλέως συγγενεῖς, Μονόβαζός τε καὶ Κενεδαῖος, μεθ' οὓς ὁ Περαΐτης Νίγερ καὶ Σίλας ὁ Βαβυλώνιος αὐτομολήσας εἰς τοὺς Ἰουδαίους ἀπ' Ἀγρίππα τοῦ βασιλέως· ἐστρατεύετο γὰρ παρ' αὐτῷ. 521 Κατὰ

516 4 Γαβαὼν « ut in LXX » Schalit : γαβαὼ (-ῶ V) codd. ‖ 517 3 ἄτακτοι PAL Niese : ἄτακτοι καὶ MVRC Lat. ‖ 519 1 εἰ δὲ μὴ τῷ M : εἰ δὲ δὴ τῶ μὴ uel similia PALVRC.

transfuge du roi Agrippa, chez qui il avait servi. **521** Les Juifs, dont l'attaque de front avait été repoussée, se retirèrent dans la ville. Mais au moment où les Romains remontaient vers Béthoron [1], Simon, fils de Gioras [2], tombant sur leurs arrières, mit en pièces une grande partie de l'arrière-garde, enleva quantité de bêtes de somme et les emmena à Jérusalem. **522** Pendant les trois jours que Cestius resta sur place, les Juifs, qui s'étaient emparés des hauteurs, gardaient les défilés et il était clair qu'ils ne resteraient pas inactifs dès que les Romains auraient commencé à prendre la route.

Vaine intervention d'Agrippa.

523 A ce moment-là, Agrippa se rendant compte que, devant un nombre infini d'ennemis ayant pris position sur les hauteurs, la situation, même pour les Romains, n'était pas sans péril, décida de parlementer avec les Juifs : ou bien ils les persuaderait tous d'arrêter les hostilités, ou bien il détacherait de ceux qui s'y refuseraient l'élément qui serait en désaccord avec les autres. **524** Il leur envoya donc ses familiers les plus connus d'eux, Borcéos et Phoebos, en promettant un traité à conclure avec Cestius et le pardon assuré des Romains pour toutes leurs fautes si, après avoir déposé leurs armes, ils passaient dans leur camp. **525** Seulement, les rebelles, craignant que toute la population, escomptant l'impunité, ne passât du côté d'Agrippa, se précipitèrent sur les envoyés du roi pour les tuer. **526** Ils tuèrent Phoebos avant même qu'il eût ouvert la bouche; Borcéos, blessé, eut le temps de s'enfuir. Quant à ceux qui dans le peuple élevèrent des protestations, à coups de pierres et de gourdins, ils les refoulèrent à l'intérieur de la ville.

527 Cestius voyant que leurs dissentions intestines fournissaient une occasion propice pour attaquer, lança sur eux toute sa troupe, les mit en déroute et les poursuivit jusqu'à Jérusalem. **528** Il établit son camp à l'endroit appelé Scopos [3], à sept stades de la ville; pendant trois jours il s'abstint de rien entreprendre contre la ville, peut-être parce qu'il s'attendait à quelque concession de la part des assiégés; cependant il envoya un peu partout

πρόσωπον μὲν οὖν ἀνακοπέντες Ἰουδαῖοι πρὸς τὴν πόλιν ὑπέστρεφον, κατόπιν δὲ τοῖς Ῥωμαίοις ἐπὶ τὴν Βεθώραν ἀνιοῦσιν προσπεσὼν ὁ τοῦ Γιώρα Σίμων πολὺ τῆς οὐραγίας ἐσπάραξεν καὶ συχνὰ τῶν σκευοφόρων ἀποσπάσας ἤγαγεν εἰς τὴν πόλιν. 522 Μένοντος δὲ τοῦ Κεστίου κατὰ χώραν τρισὶν ἡμέραις οἱ Ἰουδαῖοι τὰ μετέωρα κατειληφότες ἐπετήρουν τὰς παρόδους, δῆλοί τε ἦσαν οὐκ ἠρεμήσοντες ἀρξαμένων τῶν Ῥωμαίων ὁδεύειν.

523 Ἔνθα δὴ κατιδὼν Ἀγρίππας οὐδὲ τὰ Ῥωμαίων ἀκίνδυνα, πλήθους ἀπείρου πολεμίων τὰ ὄρη περισχόντος, ἔκρινεν ἀποπειραθῆναι τῶν Ἰουδαίων λόγοις· ἢ γὰρ πάντας πείσειν καταθέσθαι τὸν πόλεμον ἢ τῶν ἐναντιωθέντων ἀποστήσειν τὸ μὴ συμφρονοῦν. 524 Ἔπεμψεν οὖν τῶν παρ' ἑαυτῷ τοὺς μάλιστα γνωρίμους ἐκείνοις, Βόρκιόν τε καὶ Φοῖβον, δεξιάς τε παρὰ Κεστίου καὶ συγγνώμην παρὰ Ῥωμαίοις ἀσφαλῆ περὶ τῶν ἡμαρτημένων ὑπισχνούμενος, εἰ τὰ ὅπλα ῥίψαντες πρὸς αὐτοὺς μεταβάλοιντο. 525 Δείσαντες δ' οἱ στασιασταί, μὴ πᾶν τὸ πλῆθος ἀδείας ἐλπίδι πρὸς τὸν Ἀγρίππαν μεταβάληται, τοὺς ἀπ' αὐτοῦ πρεσβεύοντας ὥρμησαν ἀνελεῖν. 526 Καὶ πρὶν ἢ φθέγξασθαι τὸν μὲν Φοῖβον διέφθειραν, ὁ δὲ Βόρκιος τρωθεὶς ἔφθη διαφυγεῖν· τοῦ δήμου δὲ τοὺς ἀγανακτήσαντας λίθοις καὶ ξύλοις παίοντες εἰς τὸ ἄστυ συνήλασαν.

527 Κέστιος δὲ τὴν πρὸς ἀλλήλους αὐτῶν ταραχὴν εὔκαιρον ἰδὼν εἰς ἐπίθεσιν, ἅπασαν ἐπῆγεν τὴν δύναμιν καὶ τραπέντας μέχρι Ἱεροσολύμων κατεδίωξεν. 528 Στρατοπεδευσάμενος δὲ ἐπὶ τοῦ καλουμένου Σκοποῦ, διέχει δ' οὗτος ἑπτὰ τῆς πόλεως σταδίους, τρισὶ μὲν ἡμέραις οὐκ ἐπεχείρει τῇ πόλει, τάχα τι παρὰ τῶν ἔνδον

521 4 Βεθώραν PAL : βαιθωρῶν MVRC *bethoron* Lat. cf. 228, uide adn.

beaucoup de ses soldats piller du blé dans les villages des environs. Mais le quatrième jour, qui était le trente du mois Hyperbérétéos [1], il rangea son armée et la fit entrer dans la ville.

Cestius occupe Bézétha (Novembre 66).

529 Le peuple était prisonnier des séditieux, et ceux-ci, frappés de crainte devant la discipline des Romains, abandonnèrent les positions qu'ils occupaient à l'extérieur de la ville pour se retirer au centre et dans le (parvis du) Temple [2]. **530** Dès son arrivée Cestius incendie Bézétha [3], appelée aussi « Villeneuve » et le lieu dit « Marché aux poutres »; il se dirige ensuite vers la ville haute et établit son camp en face du Palais royal. **531** S'il avait voulu forcer dès cette heure-là le passage à l'intérieur des remparts, il aurait occupé la ville à l'instant même et du coup la guerre eût été terminée. Seulement son préfet de camp Tyrannius [4] Priscus et la plupart des commandants d'ailes, achetés par l'argent de Florus, le détournèrent de cette entreprise. **532** Et c'est pour cette raison que la guerre se prolongea si longtemps et qu'il arriva aux Juifs d'être rassasiés de malheurs irréparables.

533 Sur ces entrefaites, nombre de citoyens en vue, à l'instigation d'Anan, fils de Jonathas [5] invitèrent Cestius à venir : ils lui ouvriraient les portes. **534** Celui-ci, avec humeur, aussi méprisant que défiant, tergiversa; si bien que les factieux, ayant appris la trahison, chassèrent du rempart Anan et ses complices et, à coups

1. Le 17 novembre 66 selon Niese.

2. Ils abandonnent le troisième mur, commencé sous Agrippa I (*supra* 218) et que son état inachevé rend impossible à défendre.

3. D'après Schalit Βεζεθά peut très bien être une simple altération de Βεθζα, transcription de l'araméen Bey Tséa « dépotoir ».

4. Son nom latin exact est *Turranius*.

5. Vraisemblablement le grand-prêtre qui fut la première victime des Sicaires, *supra* 256.

ἐνδοθήσεσθαι προσδοκῶν, εἰς δὲ τὰς πέριξ κώμας ἐφ' ἁρπαγὴν σίτου πολλοὺς διαφῆκεν τῶν στρατιωτῶν· τῇ τετάρτῃ δέ, ἥτις ἦν τριακὰς Ὑπερβερεταίου μηνός, διατάξας τὴν στρατιὰν εἰσῆγεν εἰς τὴν πόλιν.

529 Ὁ μὲν οὖν δῆμος ὑπὸ τοῖς στασιασταῖς ἔμφρουρος ἦν, οἱ δὲ στασιασταὶ τὴν εὐταξίαν τῶν Ῥωμαίων καταπλαγέντες τῶν μὲν ἔξω τῆς πόλεως μερῶν εἶκον, εἰς δὲ τὴν ἐνδοτέρω καὶ τὸ ἱερὸν ἀνεχώρουν. 530 Κέστιος δὲ παρελθὼν ὑποπίμπρησιν τήν τε Βεζεθὰν προσαγορευομένην τὴν καὶ Καινόπολιν καὶ τὸ καλούμενον Δοκῶν ἀγοράν, ἔπειτα πρὸς τὴν ἄνω πόλιν ἐλθὼν ἀντικρὺ τῆς βασιλικῆς αὐλῆς ἐστρατοπεδεύετο. 531 Κἂν εἴπερ ἠθέλησεν κατ' αὐτὴν ἐκείνην τὴν ὥραν ἐντὸς τῶν τειχέων βιάσασθαι, παραυτίκα τὴν πόλιν ἔσχεν καὶ τὸν πόλεμον συνέβη καταλελύσθαι· ἀλλὰ γὰρ ὅ τε στρατοπεδάρχης Τυράννιος Πρῖσκος καὶ τῶν ἱππάρχων οἱ πλεῖστοι χρήμασιν ὑπὸ Φλώρου δεκασθέντες ἀπέστρεψαν αὐτὸν τῆς ἐπιχειρήσεως. 532 Καὶ παρὰ τὴν αἰτίαν ταύτην ὅ τε πόλεμος ἐπὶ τοσοῦτον μῆκος προύβη καὶ ἀνηκέστων Ἰουδαίους συμφορῶν ἀναπλησθῆναι συνέπεσεν.

533 Ἐν δὲ τούτῳ πολλοὶ τῶν γνωρίμων δημοτῶν, Ἀνάνῳ τῷ Ἰωνάθου παιδὶ πεισθέντες, ἐκάλουν τὸν Κέστιον ὡς ἀνοίξοντες αὐτῷ τὰς πύλας. 534 Ὁ δὲ καὶ πρὸς ὀργὴν ὑπεριδὼν καὶ μὴ πάνυ πιστεύσας διεμέλλησεν, ἕως οἱ στασιασταὶ τὴν προδοσίαν αἰσθόμενοι τοὺς μὲν περὶ τὸν Ἄνανον ἀπὸ τοῦ τείχους κατέ-

530 2 Βεζεθὰν MVRC Schalit : βηθεσδὰν P βεσδεθὰν A βεσδαθὰν L *bedestham* Lat. *bethesdam* cod. C *bethesaidam* cod. A Heges, uide adn. ‖ 3 τὴν καὶ ex 5,151 Reland : καὶ τὴν codd. ‖ **531** 3 καταλελύσθαι VRC : καταλύεσθαι PAML 5 δεκασθέντες L : δελεασθέντες PAMVRC ὑποφθαρέντες L mg *corrupti* Lat. Heg. ‖ **534** 4 ἀπὸ PAML : ἐπὶ VRC *de* Lat.

de pierres, les poussèrent dans leurs maisons. Quant à eux, répartis sur les tours, ils tiraient de là-haut sur ceux qui tentaient l'escalade du rempart. **535** Cinq jours durant, les Romains avaient beau attaquer sur tous les points à la fois, leur offensive restait sans résultat. Le jour suivant, Cestius, prenant avec lui un nombre important de soldats d'élite ainsi que les archers, entreprit l'assaut du Temple par le versant nord. **536** Les Juifs le contenaient du haut du portique et bien des fois repoussèrent ceux qui s'approchaient du rempart, mais à la fin, réduits à l'impuissance par la multitude des traits, ils se retirèrent. **537** Alors les premiers rangs des Romains se protégèrent en appuyant leurs boucliers au rempart, ceux qui venaient derrière appuyèrent d'autres boucliers contre ceux-ci et les suivants de même, selon ce qu'ils appellent la « tortue »[1]. Les traits qui l'atteignaient glissaient dessus sans effet, tandis que les soldats sapaient le rempart sans subir le moindre dommage et se préparaient à incendier la porte d'entrée du Temple.

538 Une frayeur terrible saisit alors les séditieux et aussitôt beaucoup s'enfuirent de la ville, sûrs qu'elle allait être prise à l'instant même. Dans ces circonstances le peuple[2] au contraire reprenait confiance et, à mesure que les scélérats faiblissaient, les gens s'avançaient pour ouvrir eux-mêmes les portes et recevoir Cestius comme un bienfaiteur. **539** Si Cestius s'était obstiné un peu plus à presser le siège, il aurait pris la ville tout de suite. Mais Dieu, qui s'était désormais détourné de son sanctuaire, à cause, je pense, des scélérats, empêcha que la guerre prît fin ce jour-là.

Retraite désastreuse de Cestius (Novembre 66).

540 Cestius, qui ne s'était rendu compte ni du découragement des assiégés ni de la résolution du peuple, rappela ses soldats à l'improviste et renonçant à ses espérances, alors qu'il n'avait subi aucune perte, absolument contre toute raison, s'éloigna[3] de la ville. **541** Reprenant courage devant cette retraite inattendue, les brigands sortirent,

βαλον καὶ λίθοις παίοντες συνήλασαν εἰς τὰς οἰκίας, αὐτοὶ δὲ διαστάντες ἀπὸ τῶν πύργων τοὺς ἀποπειρωμένους τοῦ τείχους ἔβαλλον. 535 Πέντε μὲν οὖν ἡμέραις πάντοθεν ἐπιχειροῦσιν τοῖς Ῥωμαίοις ἀμήχανος ἦν ἡ προσβολή, τῇ δ' ἐπιούσῃ ἀναλαβὼν ὁ Κέστιος τῶν τε ἐπιλέκτων συχνοὺς καὶ τοὺς τοξότας κατὰ τὸ προσάρκτιον ἐπεχείρει κλίμα τῷ ἱερῷ. 536 Ἰουδαῖοι δὲ ἀπὸ τῆς στοᾶς εἶργον, καὶ πολλάκις μὲν ἀπεκρούσαντο τοὺς τῷ τείχει προσελθόντας, τέλος δὲ τῷ πλήθει τῶν βελῶν ἀνακοπέντες ἀνεχώρησαν. 537 Τῶν δὲ Ῥωμαίων οἱ πρῶτοι τοὺς θυρεοὺς ἐξερείσαντες εἰς τὸ τεῖχος καὶ κατὰ τούτων οἱ κατόπιν ἄλλους οἵ τε ἑξῆς ὁμοίως τὴν καλουμένην παρ' αὐτοῖς χελώνην ἐφράξαντο, καθ' ἧς τὰ βέλη φερόμενα περιωλίσθανεν ἄπρακτα, μηδὲν δ' οἱ στρατιῶται κακούμενοι τὸ τεῖχος ὑπέσυρον καὶ τοῦ ἱεροῦ τὴν πύλην ὑποπιμπράναι παρεσκευάζοντο.

538 Δεινὴ δὲ τοὺς στασιαστὰς ἔκπληξις κατέλαβεν, ἤδη τε πολλοὶ διεδίδρασκον ἀπὸ τῆς πόλεως ὡς ἁλωσομένης αὐτίκα. Τὸν δὲ δῆμον ἐπὶ τούτοις συνέβαινεν θαρρεῖν, καὶ καθὸ παρείκοιεν οἱ πονηροί, προσῄεσαν αὐτοὶ τὰς πύλας ἀνοίξοντες καὶ δεξόμενοι τὸν Κέστιον ὡς εὐεργέτην. 539 Ὃς εἰ βραχὺ τῇ πολιορκίᾳ προσελιπάρησεν, κἂν εὐθέως τὴν πόλιν παρέλαβεν· ἀλλ' οἶμαι διὰ τοὺς πονηροὺς ἀπεστραμμένος ὁ θεὸς ἤδη καὶ τὰ ἅγια, τέλος λαβεῖν ἐπ' ἐκείνης τῆς ἡμέρας ἐκώλυσεν τὸν πόλεμον.

540 Ὁ γοῦν Κέστιος, οὔτε τὴν τῶν πολιορκουμένων ἀπόγνωσιν οὔτε τοῦ δήμου τὸ φρόνημα συνιδών, ἐξαίφνης ἀνεκάλεσεν τοὺς στρατιώτας καὶ καταγνοὺς ἐπ' οὐδεμιᾷ πληγῇ τῶν ἐλπίδων παραλογώτατα ἀπὸ τῆς πόλεως ἀνέζευξεν. 541 Πρὸς δὲ τὴν ἀδόκητον

536 4 ἀνεχώρησαν PAML Thack. : ὑπε- VRC Niese. ‖ **537** 6 ὑπέσυρον PA : ὑπώρυσσον MLVRC. ‖ **538** 2 ἤδη τε Destinon Niese[2] : ἤδη δὲ codd.

se lancèrent à la poursuite de son arrière-garde et lui tuèrent beaucoup de cavaliers et de fantassins. **542** Cestius passa cette nuit-là dans son camp de Scopos, mais le jour suivant, en poursuivant sa retraite, il provoqua encore davantage les ennemis qui, pressant son arrière-garde, lui infligeaient des pertes et, en se déployant de part et d'autre de sa route, tiraient sur le flanc de ses troupes. **543** Ceux des derniers rangs [1] n'osaient pas se retourner contre ceux qui les blessaient par derrière, car ils pensaient que c'était une multitude quasi innombrable qui les poursuivait; les autres ne s'aventuraient pas non plus à écarter ceux qui les pressaient de flanc : alors qu'eux-mêmes étaient lourdement armés et redoutaient de rompre leur formation, ils voyaient que les Juifs, armés à la légère, étaient à l'aise pour les harcèlements; il en résultait qu'ils avaient beaucoup à souffrir alors qu'ils n'en rendaient rien à l'ennemi. **544** Malmenés pendant toute la marche, il en tombait frappés par l'ennemi et arrachés à leur rang dans la phalange; jusqu'au moment où, beaucoup ayant trouvé la mort, parmi lesquels Priscus [2], légat de la sixième légion, le tribun Longinus et un commandant d'aile de cavalerie nommé Aemilius Jucundus [3], ils atteignirent à grand-peine leur camp précédent à Gabaon, après avoir abandonné la plus grande partie de leurs bagages. **545** Cestius resta là deux jours, dans l'embarras de ne savoir que faire. Pourtant, le troisième jour, voyant que les ennemis étaient bien plus nombreux et que tous les environs étaient remplis de Juifs, il comprit qu'en s'attardant il s'était fait du tort et que s'il attendait encore il aurait affaire à des ennemis encore plus nombreux.

546 Alors, pour s'assurer une fuite plus rapide, il prescrivit de retrancher tout ce qui pouvait ralentir la marche de l'armée. Quant on eut abattu mulets, ânes ainsi que les bêtes de somme, sauf celles qui transportaient

1. Les soldats de l'arrière-garde de l'armée de Cestius.

2. A. Schalit l'identifie avec Tyrannius Priscus de *supra* 531. Feldman, *Index :* « peut-être ». Th. Reinach penchait pour la distinction. O. Michel distingue résolument ce légat de légion (la VIe) du préfet de camp Tyrannius Priscus.

αὐτοῦ τροπὴν ἀναθαρσήσαντες οἱ λῃσταὶ κατὰ τῶν ὑστάτων ἐπεξέδραμον καὶ συχνοὺς τῶν ἱππέων καὶ πεζῶν διέφθειραν. **542** Τότε μὲν οὖν ἐν τῷ κατὰ τὸν Σκοπὸν αὐλίζεται στρατοπέδῳ Κέστιος, τῇ δ' ἐπιούσῃ προσωτέρω χωριζόμενος μᾶλλον ἐξεκαλέσατο τοὺς πολεμίους, καὶ τοὺς ὑστάτους αὐτῶν προσκείμενοι διέφθειρον καὶ καθ' ἑκάτερον τῆς ὁδοῦ περιιόντες ἠκόντιζον εἰς πλαγίους. **543** Οὔτε δὲ ἐπιστραφῆναι πρὸς τοὺς κατόπιν τιτρώσκοντας ἐθάρρουν οἱ τελευταῖοι, ἄπειρόν τι πλῆθος οἰόμενοι διώκειν, καὶ τοὺς κατὰ πλευρὸν ἐγκειμένους ἀναστέλλειν οὐχ ὑπέμενον, αὐτοὶ μὲν ὄντες βαρεῖς καὶ δεδοικότες τὴν τάξιν διασπᾶν, τοὺς δὲ Ἰουδαίους ὁρῶντες κούφους καὶ πρὸς τὰς ἐπιδρομὰς εὐκόλους· ὥστε συνέβαινεν αὐτοῖς πολλὰ κακοῦσθαι μηδὲν ἀντιβλάπτουσιν τοὺς ἐχθρούς. **544** Παρ' ὅλην δὲ τὴν ὁδὸν παιόμενοι καὶ τῆς φάλαγγος ἐκσειόμενοι κατέπιπτον, μέχρι πολλῶν διαφθαρέντων, ἐν οἷς ἦν Πρῖσκος μὲν στρατάρχης τάγματος ἕκτου, Λογγῖνος δὲ χιλίαρχος, ἔπαρχος δὲ ἴλης Αἰμίλιος Ἰούκουνδος ὄνομα, μόλις εἰς Γαβαὼν κατήντησαν ἐπὶ τὸ πρότερον στρατόπεδον, τὰ πολλὰ καὶ τῶν σκευῶν ἀποβαλόντες. **545** Ἔνθα δύο μὲν ἡμέρας ἐπέμεινεν ὁ Κέστιος ἀμηχανῶν ὅ τι χρὴ ποιεῖν, τῇ τρίτῃ δὲ πολλῷ πλείους τοὺς πολεμίους θεασάμενος καὶ πάντα τὰ κύκλῳ μεστὰ Ἰουδαίων ἔγνω καθ' ἑαυτοῦ τε βραδύνας κἂν ἔτι μείνῃ πλείοσιν χρησόμενος ἐχθροῖς.

546 Ἵνα δὴ συντονωτέρᾳ χρήσαιτο φυγῇ, τὰ τὴν στρατιὰν ἀνθέλκοντα περικόπτειν προσέταξεν. Διαφθαρέντων δὲ τῶν τε ὀρέων καὶ τῶν ὄνων ἔτι δὲ καὶ τῶν ὑποζυγίων, πλὴν ὅσα βέλη παρεκόμιζεν καὶ μηχανάς, τούτων γὰρ διὰ τὴν χρείαν περιείχοντο καὶ μάλιστα

544 5 Γαβαὼν PA Niese Schalit : γαβαὼ MLVRC *gabao* (acc.) Lat. cf. 516. ‖ **546** 1 δὴ L *itaque* Lat. : δὲ PAMVRC Niese ‖ συντονωτέρᾳ Dindorf : συντομωτέρᾳ codd. Lat.

les projectiles et les machines de guerre — car ils y tenaient en raison de leur utilité et surtout par crainte que les Juifs s'en emparent et les tournent contre eux — Cestius conduisit son armée dans la région de Béthoron. **547** La pression des Juifs se faisait moins sentir dans les plaines; en revanche, quand les troupes se furent resserrées dans les défilés pour la descente [1], une partie des Juifs prit les devants et leur barra la sortie, tandis qu'un autre groupe poussait l'arrière-garde dans le ravin. Le gros de leur armée, déployé sur une crête qui dominait le passage du col, couvrait la phalange d'une nuée de traits. **548** A cet endroit, si les fantassins avaient de la peine à se défendre, la situation était plus périlleuse encore pour les cavaliers : ils ne pouvaient, sous les projectiles, avancer sur la route en bon ordre et l'escarpement excluait toute charge de cavalerie sur les ennemis. **549** D'un côté comme de l'autre ce n'étaient que précipices et ravins : quiconque faisait un faux pas roulait au fond. Personne n'avait de lieu de refuge ni de perspective de défense, mais la détresse leur faisait pousser des gémissements et les lamentations du désespoir. L'écho leur renvoyait le cri de guerre des Juifs et une clameur de gens à la fois en liesse et en colère, **550** qui pour un peu, se seraient emparés de Cestius et de toute son armée, n'était que la nuit survint et qu'alors les Romains se réfugièrent à Béthoron [2], tandis que les Juifs, après avoir occupé tous les environs, guettaient leur sortie.

551 C'est alors que Cestius, renonça à faire route au grand jour et combina une évasion : il choisit ses plus braves soldats, quelque quatre cents, les posta sur les terrasses des maisons avec la consigne de crier le mot d'ordre des sentinelles en faction pour que les Juifs s'imaginent que toute l'armée restait sur place. Quant à lui, prenant le reste de l'armée, il s'avance sans bruit l'espace de trente stades. **552** A l'aube, les Juifs voyant le campement des Romains désert coururent attaquer les

1. Entre Béthoron-le-haut et Béthoron-le-bas, la dénivellation est de 150 mètres et la distance de 1 kilomètre. Ce défilé a été le théâtre de mainte déroute : *Josué* 10, 10; 1 *Samuel* 13, 18; 1 *Mac.* 3, 24.

δεδοικότες μὴ Ἰουδαίοις κατ' αὐτῶν ἁλῷ, προῆγε τὴν δύναμιν κατὰ Βαιθώρων. 547 Οἱ δὲ Ἰουδαῖοι κατὰ μὲν τὰς εὐρυχωρίας ἧττον ἐπέκειντο, συνειληθέντων δ' εἰς τὰ στενὰ καὶ τὴν κατάβασιν οἱ μὲν φθάσαντες εἶργον αὐτοὺς τῆς ἐξόδου, ἄλλοι δὲ τοὺς ὑστάτους κατεώθουν εἰς τὴν φάραγγα· τὸ δὲ πᾶν πλῆθος παρεκταθὲν ὑπὲρ τὸν αὐχένα τῆς ὁδοῦ κατεκάλυπτε τὴν φάλαγγα τοῖς βέλεσιν. 548 Ἔνθα καὶ τῶν πεζῶν ἀμηχανούντων προσαμύνειν ἑαυτοῖς ἐπισφαλέστερος τοῖς ἱππεῦσιν ὁ κίνδυνος ἦν· οὔτε γὰρ ἐν τάξει κατὰ τῆς ὁδοῦ βαδίζειν ἐδύναντο βαλλόμενοι, καὶ τὸ πρόσαντες ἐπὶ τοὺς πολεμίους ἱππάσιμον οὐκ ἦν· 549 τὸ δὲ ἐπὶ θάτερα κρημνοὶ καὶ φάραγγες, εἰς οὓς ἀποσφαλέντες κατεφέροντο. Καὶ οὔτε φυγῆς τις τόπον οὔτε ἀμύνης εἶχεν ἐπίνοιαν, ἀλλ' ὑπ' ἀμηχανίας ἐπ' οἰμωγὴν ἐτράποντο καὶ τοὺς ἐν ἀπογνώσεσιν ὀδυρμούς· ἀντήχει δ' αὐτοῖς τὸ παρὰ Ἰουδαίων ἐγκέλευσμα καὶ κραυγὴ χαιρόντων ἅμα καὶ τεθυμωμένων. 550 Ὀλίγου δὲ δεῖν πᾶσαν ἂν ἥρπασαν τὴν ἅμα Κεστίῳ δύναμιν, εἰ μὴ νὺξ ἐπέλαβεν, ἐν ᾗ Ῥωμαῖοι μὲν εἰς τὴν Βεθώραν κατέφυγον, Ἰουδαῖοι δὲ πάντα τὰ κύκλῳ περισχόντες ἐφρούρουν αὐτῶν τὴν ἔξοδον.

551 Ἔνθα δὴ Κέστιος τὴν φανερὰν ὁδὸν ἀπογνοὺς δρασμὸν ἐβουλεύετο, καὶ διακρίνας τοὺς εὐψυχοτάτους στρατιώτας ὡσεὶ τετρακοσίους ἐπέστησεν τῶν δωμάτων, προστάξας ἀναβοᾶν τὰ σημεῖα τῶν ἐν τοῖς στρατοπέδοις φυλάκων, ὅπως Ἰουδαῖοι πᾶσαν οἴωνται τὴν δύναμιν κατὰ χώραν μένειν· αὐτὸς δὲ τοὺς λοιποὺς ἀναλαβὼν ἡσυχῇ τριάκοντα πρόεισιν σταδίους. 552 Ἕωθεν δὲ Ἰουδαῖοι κατιδόντες ἔρημον τὴν ἔπαυλιν αὐτῶν ἐπὶ

546 7 κατὰ PAML : ἐπὶ VRC *uersus* Lat. ‖ **549** 3 κατεφέροντο VRC Niese² : -φθειροντο PAML Lat. *deuoluebantur* Heg. ‖ **550** 2 ἂν ἥρπασαν PM Thack : ἥρπασαν VRC ἀνήρπασαν A Niese. ‖ **551** 5 Ἰουδαῖοι P : οἱ Ἰουδαῖοι AMLVRC.

quatre cents hommes qui les avaient dupés et ils eurent vite fait de les abattre de leurs javelines; puis ils se lancèrent à la poursuite de Cestius. **553** Il avait pris pendant la nuit une sérieuse avance et, le jour venu, il accéléra encore sa fuite à tel point que ses hommes, sous l'effet de la stupeur et de la crainte, abandonnèrent les hélépoles, les oxybèles et la plupart des autres machines, dont les Juifs s'emparèrent alors et qu'ils utilisèrent plus tard contre ceux qui les avaient abandonnées. **554** Ils poursuivirent les Romains jusqu'à Antipatris. Puis comme ils n'arrivaient pas à les rattraper, ils revinrent sur leurs pas : emportant les machines et dépouillant les cadavres; ils rassemblèrent le butin abandonné et retournèrent vers la capitale avec des chants de triomphe. **555** De leur côté, ils n'avaient perdu qu'un très petit nombre d'hommes, alors qu'ils avaient tué aux Romains et à leurs alliés cinq mille trois cents fantassins et huit cent quarante cavaliers. Voilà ce qui se passa le huitième jour du mois de Dios [1], en la douzième [2] année du règne de Néron.

Jérusalem se vide. Cestius accuse Florus auprès de Néron.

556 Après le désastre de Cestius beaucoup de Juifs de distinction quittèrent la ville comme on quitte à la nage un bateau qui coule. Les frères Costobaros et Saul [3], avec Philippe [4], fils de Jacime, chef d'état-major de l'armée du roi d'Agrippa, s'échappèrent de la ville et se rendirent auprès de Cestius. **557** Je raconterai plus loin [5] comment Antipas, qui avait été assiégé avec eux dans le palais royal, pour avoir dédaigné de prendre la fuite, fut tué par les factieux. **558** Cestius envoya, sur leur demande, Saül et ses compagnons à Néron, en Achaïe, où ils lui montreraient l'extrême gravité de leur situation, et feraient retomber la responsabilité de la guerre sur Florus. C'était dans l'espoir que la colère de l'empereur contre Florus allègerait du même coup le danger qu'il courait lui-même.

1. 25 novembre 66 (Niese).

τοὺς ἐξαπατήσαντας τετρακοσίους ἔδραμον, κἀκείνους μὲν ταχέως κατηκόντισαν, ἐδίωκον δὲ τὸν Κέστιον. 553 Ὁ δὲ τῆς τε νυκτὸς οὐκ ὀλίγον προειλήφει καὶ συντονώτερον ἔφευγεν μεθ' ἡμέραν, ὥστε τοὺς στρατιώτας ὑπ' ἐκπλήξεως καὶ δέους τάς τε ἑλεπόλεις καὶ τοὺς ὀξυβελεῖς καὶ τὰ πολλὰ τῶν ἄλλων ὀργάνων καταλιπεῖν, ἃ τότε Ἰουδαῖοι λαβόντες αὖθις ἐχρήσαντο κατὰ τῶν ἀφέντων. 554 Προῆλθον δὲ τοὺς Ῥωμαίους διώκοντες μέχρις Ἀντιπατρίδος. Ἔπειθ' ὡς οὐ κατελάμβανον, ὑποστρέφοντες τάς τε μηχανὰς ᾖρον καὶ τοὺς νεκροὺς ἐσύλων, τήν τε ἀπολειφθεῖσαν λείαν συνῆγον καὶ μετὰ παιάνων εἰς τὴν μητρόπολιν ἐπαλινδρόμουν, 555 αὐτοὶ μὲν ὀλίγους ἀποβεβλημένοι παντάπασιν, τῶν δὲ Ῥωμαίων καὶ τῶν συμμάχων πεζοὺς μὲν πεντακισχιλίους καὶ τριακοσίους ἀνῃρηκότες, ἱππεῖς δὲ ὀγδοήκοντα καὶ τετρακοσίους. Τάδε μὲν οὖν ἐπράχθη Δίου μηνὸς ὀγδόῃ, δωδεκάτῳ τῆς Νέρωνος ἡγεμονίας ἔτει.

556 Μετὰ δὲ τὴν Κεστίου συμφορὰν πολλοὶ τῶν ἐπιφανῶν Ἰουδαίων ὥσπερ βαπτιζομένης νεὼς ἀπενήχοντο τῆς πόλεως. Κοστόβαρος γοῦν καὶ Σάουλος ἀδελφοὶ σὺν Φιλίππῳ τῷ Ἰακίμου, στρατοπεδάρχης δ' ἦν οὗτος Ἀγρίππα τοῦ βασιλέως, διαδράντες ἐκ τῆς πόλεως ᾤχοντο πρὸς Κέστιον· 557 ὁ δὲ σὺν τούτοις κατὰ τὴν βασιλικὴν αὐλὴν πολιορκηθεὶς Ἀντίπας ὑπεριδὼν τὴν φυγὴν αὖθις ὡς ὑπὸ τῶν στασιαστῶν διεφθάρη δηλώσομεν. 558 Κέστιος δὲ τοὺς περὶ Σάουλον ἀξιώσαντας ἀνέπεμψεν εἰς Ἀχαΐαν πρὸς Νέρωνα τήν τε αὐτῶν δηλώσοντας ἀνάγκην καὶ τὰς αἰτίας τοῦ πολέμου τρέψοντας εἰς Φλῶρον· τὴν γὰρ ἐπ' ἐκεῖνον ὀργὴν κουφίσειν καὶ τοὺς ἑαυτοῦ κινδύνους ἤλπισεν.

555 4 τετρακοσίους PL : τριακοσίους AMVRC *nongentis* Lat. *trecenti* Heg.

Massacre de Juifs à Damas.

559 A Damas alors, quand on apprit le désastre des troupes romaines, les gens se précipitèrent pour massacrer les Juifs qu'ils avaient chez eux. **560** Comme ils les tenaient déjà depuis longtemps rassemblés au gymnase — cette précaution leur avait été inspirée par leurs soupçons — l'entreprise leur paraissait facile, mais ils craignaient leurs propres femmes, qui toutes, à quelques exceptions près, avaient été gagnées à la religion juive. **561** Aussi, leur premier soin fut-il de tout leur cacher, et comme les Juifs, au nombre de dix mille cinq cents [1], étaient entassés sans armes dans un espace restreint, ils se jetèrent sur eux et les égorgèrent tous, sans risque, en moins d'une heure.

Réorganisation des insurgés.

562 Quant à ceux qui avaient poursuivi Cestius, une fois de retour à Jérusalem, ils se gagnèrent ceux qui étaient encore partisans des Romains, les uns par contrainte, les autres par la persuasion ; ils se rassemblèrent dans le (parvis du) Temple et désignèrent quelques chefs [2] de plus pour la conduite de la guerre. **563** On élut Joseph, fils de Gorion, et le grand-prêtre Anan [3], avec pleins pouvoirs sur la ville et pour mission principale d'en surélever les remparts. **564** Car Éléazar, fils de Simon, avait beau s'être approprié le butin des Romains et l'argent pris à Cestius, sans compter de fortes sommes du trésor public, ils ne le mirent pas à la tête des affaires, car ils voyaient que lui-même était enclin à la tyrannie et que les Zélotes sous ses ordres se comportaient en gardes du corps. **565** Peu à peu, toutefois, le besoin d'argent et les mirifiques promesses d'Éléazar parvinrent à circonvenir le peuple, qui en arriva à lui obéir comme à l'autorité suprême.

566 On nomma d'autres chefs encore pour l'Idumée : Jésus, fils de Sapphias, un des grands-prêtres, et Éléazar,

1. *Infra* 7, 368 compte 18 000, chiffre rond, grossi par l'élan oratoire d'Éléazar, qui veut décider ses compagnons à un sacrifice héroïque.

559 Κἀν τούτῳ Δαμασκηνοὶ τὴν τῶν Ῥωμαίων
φθορὰν πυθόμενοι τοὺς παρ' ἑαυτοῖς Ἰουδαίους ἀνελεῖν
ἐσπούδασαν. 560 Καὶ καθὸ μὲν εἶχον αὐτοὺς ἐν τῷ
γυμνασίῳ συνηθροισμένους πάλαι, διὰ τὰς ὑποψίας
τοῦτο πραγματευσάμενοι, ῥᾴστην τὴν ἐπιχείρησιν ἐδό-
κουν, ἐδεδοίκεισαν δὲ τὰς ἑαυτῶν γυναῖκας ἁπάσας
πλὴν ὀλίγων ὑπηγμένας τῇ Ἰουδαϊκῇ θρησκείᾳ· 561
διὸ μέγιστος αὐτοῖς ἀγὼν ἐγένετο λαθεῖν ἐκείνας,
τοὺς δὲ Ἰουδαίους ὡς ἂν ἐν στενῷ χωρίῳ, τὸν ἀριθμὸν
μυρίους καὶ πεντακοσίους, πάντας ἀνόπλους ἐπελ-
θόντες ὑπὸ μίαν ὥραν ἀδεῶς ἀπέσφαξαν.

562 Οἱ δὲ διώξαντες τὸν Κέστιον ὡς ὑπέστρεψαν
εἰς Ἱεροσόλυμα, τοὺς μὲν βίᾳ τῶν ἔτι ῥωμαϊζόντων
τοὺς δὲ πειθοῖ προσήγοντο, καὶ συναθροισθέντες εἰς
τὸ ἱερὸν στρατηγοὺς ἀπεδείκνυσαν τοῦ πολέμου πλείονας.
563 Ἡρέθη δὲ Ἰώσηπός τε υἱὸς Γωρίονος καὶ ὁ ἀρχιε-
ρεὺς Ἄνανος τῶν τε κατὰ τὴν πόλιν ἁπάντων αὐτο-
κράτορες καὶ μάλιστα τὰ τείχη τῆς πόλεως ἀνεγείρειν·
564 τὸν γὰρ τοῦ Σίμωνος υἱὸν Ἐλεάζαρον, καίπερ
ὑφ' ἑαυτῷ πεποιημένον τὴν Ῥωμαίων λείαν καὶ τὰ
ἁρπαγέντα Κεστίου χρήματα, πρὸς οἷς πολλὰ τῶν
δημοσίων θησαυρῶν, ὅμως οὐκ ἐπέστησαν ταῖς χρείαις,
αὐτόν τε τυραννικὸν ὁρῶντες καὶ τοὺς ὑπ' αὐτῷ ζηλωτὰς
δορυφόρων ἔθεσι χρωμένους. 565 Κατ' ὀλίγον γε
μὴν ἥ τε χρεία τῶν χρημάτων καὶ γοητεύων Ἐλεάζαρος
ἐκπεριῆλθε τὸν δῆμον ὥστε αὐτῷ πειθαρχεῖν περὶ τῶν
ὅλων.

566 Εἰς δὲ τὴν Ἰδουμαίαν ἑτέρους ἐπελέξαντο
στρατηγοὺς Ἰησοῦν υἱὸν Σαπφία τῶν ἀρχιερέων ἕνα

561 3 πεντακοσίους PAMLV : om. RC Lat. Heg. ‖ **566** 2 Σαπφία Hudson Schalit : σαπφῶ PAM σαπφὰν LR σαπφᾶν V *saffa* Lat. Σαπφᾶ Niese. cf. 599 et *Vita* 66, 134.

fils du grand-prêtre Ananias [1]. On prescrivit à Niger [2], qui gouvernait alors l'Idumée et qui appartenait à une famille de la Pérée transjordanienne, d'où son surnom de « Péréen », d'avoir à obéir aux généraux. **567** Ils ne négligeaient pas non plus le reste du pays : on envoya Joseph, fils de Simon, à Jéricho, Manassé en Pérée et Jean l'Essénien à Thamna [3] prendre le commandement de la toparchie. Ce dernier se vit assigner en outre Lydda, Joppé et Emmaüs [4]. **568** Pour les toparchies de Gophna et d'Acrabatène [5], on nomma gouverneur Jean, fils d'Ananias, et pour les deux Galilées, Josèphe [6] fils de Matthias [1], en annexant à son gouvernement militaire Gamala [7], la mieux fortifiée des villes de la région.

Josèphe organise la défense en Galilée.

569 Chacun de ces gouverneurs militaires s'acquittait des obligations de sa charge suivant son zèle et son intelligence. Quant à Josèphe, dès son arrivée en Galilée, son premier souci fut de gagner la faveur des gens du pays, sachant bien que par là il réussirait dans l'essentiel, même si pour le reste il échouait. **570** Ayant conscience, d'autre part, qu'il se gagnerait les hommes influents en leur confiant une part de son autorité, et la masse du peuple en lui faisant généralement passer ses ordres par l'intermédiaire d'autorités locales auxquelles les gens étaient habitués, il choisit parmi les plus âgés du peuple soixante-dix [8] des plus pondérés et les établit archontes de toute la Galilée; **571** dans chaque ville, il en établit sept comme juges des procès mineurs. Pour les affaires plus importantes et les affaires de meurtre, il ordonna de les déférer à lui-même et aux soixante-dix.

572 Quand il eut ainsi établi les règles des rapports entre citoyens à l'intérieur de chaque ville, il passa à la question de leur sécurité extérieure. **573** Sachant que les Romains envahiraient d'abord la Galilée, il en fortifia

1. La tradition manuscrite lit νέου ou ναίου (C) et en 418 Ἀνανίου ou ἐνναῖου (L) « fort. recte » Niese. *AJ* 20, 197-199, pour distinguer les deux « Anan » écrit τὸν πρεσβύτατον d'une part et ὁ νεώτερος d'autre part. La réminiscence de cette

καὶ Ἐλεάζαρον ἀρχιερέως υἱὸν Ἀνανίου· τῷ δ' ἄρχοντι τότε τῆς Ἰδουμαίας Νίγερι, γένος δ' ἦν ἐκ τῆς ὑπὲρ Ἰορδάνην Περαίας, διὸ καὶ Περαΐτης ἐκαλεῖτο, προσέταξαν ὑποτάσσεσθαι τοῖς στρατηγοῖς. 567 Ἠμέλουν δὲ οὐδὲ τῆς ἄλλης χώρας, ἀλλ' εἰς μὲν Ἱεριχοῦν Ἰώσηπος ὁ Σίμωνος, εἰς δὲ τὴν Περαίαν Μανασσῆς, Θαμνᾶ δὲ τοπαρχίας Ἰωάννης ὁ Ἐσσαῖος στρατηγήσων ἐπέμφθη· προσκεκλήρωτο δ' αὐτῷ Λύδδα καὶ Ἰόππη καὶ Ἀμμαοῦς. 568 Τῆς δὲ Γοφνιτικῆς καὶ Ἀκραβεττηνῆς ὁ Ἀνανίου Ἰωάννης ἡγεμὼν ἀποδείκνυται καὶ τῆς Γαλιλαίας ἑκατέρας Ἰώσηπος Ματθίου· προσώριστο δὲ τῇ τούτου στρατηγίᾳ καὶ Γάμαλα τῶν ταύτῃ πόλεων ὀχυρωτάτη.

569 Τῶν μὲν οὖν ἄλλων στρατηγῶν ἕκαστος ὡς εἶχεν προθυμίας ἢ συνέσεως διῴκει τὰ πεπιστευμένα Ἰώσηπος δὲ εἰς τὴν Γαλιλαίαν ἐλθὼν πρῶτον ἐφρόντισεν τῆς εἰς ἑαυτὸν εὐνοίας τῶν ἐπιχωρίων, εἰδὼς ὅτι ταύτῃ πλεῖστα κατορθώσει, κἂν τἆλλα διαμαρτάνῃ. 570 Συνιδὼν δ' ὅτι τοὺς μὲν δυνατοὺς οἰκειώσεται μεταδιδοὺς τῆς ἐξουσίας αὐτοῖς, τὸ δὲ πᾶν πλῆθος, εἰ δι' ἐπιχωρίων καὶ συνήθων τὰ πολλὰ προστάσσοι, τῶν μὲν γηραιῶν ἑβδομήκοντα τοὺς σωφρονεστάτους ἐπιλέξας ἐκ τοῦ ἔθνους κατέστησεν ἄρχοντας ὅλης τῆς Γαλιλαίας, 571 ἑπτὰ δ' ἐν ἑκάστῃ πόλει δικαστὰς τῶν εὐτελεστέρων διαφόρων· τὰ γὰρ μείζω πράγματα καὶ τὰς φονικὰς δίκας ἐφ' ἑαυτὸν ἀναπέμπειν ἐκέλευσεν καὶ τοῖς ἑβδομήκοντα.

572 Καταστησάμενος δὲ τὰ πρὸς ἀλλήλους νόμιμα τῶν κατὰ πόλιν ἐπὶ τὴν ἔξωθεν αὐτῶν ἀσφάλειαν ἐχώρει. 573 Καὶ γινώσκων Ῥωμαίους προεμβαλοῦντας εἰς τὴν Γαλιλαίαν τἀπιτήδεια τῶν χωρίων ἐτείχιζεν, Ἰωτά-

566 3 Ἀνανίου Hudson, cf. 418 ubi ἐνναίου tradit L : νέου PAMLVR ναίου C om. Lat. Heg. uide adn. ‖ 4 ὑπὲρ Destinon et Niese : περὶ codd.

les positions essentielles : Iotapata [1], Bersabé et Sélamim, ainsi que Kapharecciho [2], Japha, Sigoph [3], le mont Itabyrion [4], Tarichées et Tibériade. En outre il munit de fortifications les grottes qui entourent le lac de Génnésar dans ce qu'on appelle la Basse-Galilée; en Haute-Galilée, la Roche dite Acchabarôn, Seph, Iamnith et Méroth. **574** En Gaulanitide, il fortifia Séleucie, Sogané, Gamala. Il ne permit d'élever un mur à leurs frais qu'aux seuls Sepphoritains [5], qu'il voyait bien pourvus d'argent et pleins de zèle pour la guerre, sans avoir besoin qu'on le leur commande. **575** Jean [6], fils de Levi, fortifia également Gischala [7] à ses frais, sur l'ordre de Josèphe. Dans tous les autres travaux de fortification, Josèphe était présent en personne sur les chantiers, où il mettait la main à la pâte tout en dirigeant les travaux. **576** Il leva en Galilée une armée de plus de cent mille jeunes recrues, qu'il équipait tous en tirant parti des vieilles armes, dont il faisait le ramassage.

577 Ensuite, conscient que la puissance des Romains était devenue invincible [8] surtout par la discipline et l'entraînement des armes, il renonça à l'instruction qui se poursuit par la seule pratique et voyant d'autre part que la discipline résultait du grand nombre des chefs, il procéda à une division de l'armée un peu plus à la romaine et à la création d'un plus grand nombre d'officiers de troupe. **578** Il instituait, en effet, des distinctions parmi les soldats; et ces soldats il les plaçait sous l'autorité de décurions, de centurions, de chiliarques, au-dessus desquels il plaçait des commandants d'unités plus considérables. **579** Il faisait apprendre la transmission des

distinction pourrait bien avoir favorisé l'épithète νέου dans une expression comme 'Ανανίου νέου, aux dépens du nom propre lui-même. Avec Hudson, je lis 'Ανανίου, que Schalit regarde comme possible (*s. v.* Νέος).

1. Auj. Khirbet Gefat (F. M. Abel p. 366.).

2. Kaphar, Akko du Talmud, en basse Galilée (O. Michel). L'énumération des villes fortifiées donnée dans *Vita* 187-188 est un peu différente. Les grottes y sont identifiées avec les cavernes du bourg des Arbèles (*BJ* 1, 304-305).

3. Sogané de Galilée (Abel, Schalit).

πατα μὲν καὶ Βηρσαβὲ καὶ Σελάμην, ἔτι δὲ Καφαρεκχὼ καὶ Ἴαφα καὶ Σιγὼφ τό τε Ἰταβύριον καλούμενον ὄρος καὶ Ταριχαίας καὶ Τιβεριάδα. Πρὸς δὲ τούτοις τὰ περὶ Γεννησὰρ τὴν λίμνην σπήλαια κατὰ τὴν κάτω καλουμένην Γαλιλαίαν ἐτειχίσατο, τῆς δὲ ἄνω Γαλιλαίας τήν τε προσαγορευομένην Ἀκχαβάρων πέτραν καὶ Σὲπφ καὶ Ἰαμνεὶθ καὶ Μηρώ. 574 Κατὰ δὲ τὴν Γαυλανιτικὴν Σελεύκειάν τε καὶ Σωγαναίαν καὶ Γάμαλαν ὠχύρωσεν· μόνοις δὲ Σεπφωρίταις ἐφῆκε καθ' ἑαυτοὺς τεῖχος ἀναδείμασθαι, χρημάτων τε εὐπόρους ὁρῶν ὄντας καὶ προθύμους ἐπὶ τὸν πόλεμον δίχα προστάγματος. 575 Ὁμοίως δὲ καὶ Γίσχαλα Ἰωάννης ὁ Ληΐου καθ' ἑαυτὸν ἐτείχιζεν Ἰωσήπου κελεύσαντος· τοῖς δ' ἄλλοις ἐρύμασιν ἅπασιν αὐτὸς συμπονῶν ἅμα καὶ προστάσσων παρῆν. 576 Κατέλεξεν δὲ καὶ δύναμιν ἐκ τῆς Γαλιλαίας ὑπὲρ δέκα μυριάδας νέων ἀνδρῶν, οὓς πάντας ἐκ τῶν συλλεγομένων παλαιῶν ὅπλων ἐγκατασκευαζόμενος ὥπλιζεν.

577 Ἔπειτα συνιδὼν ἀήττητον τὴν Ῥωμαίων ἰσχὺν γεγενημένην εὐπειθείᾳ μάλιστα καὶ μελέτῃ τῶν ὅπλων, τὴν μὲν διδασκαλίαν ἀπέγνω τῇ χρείᾳ διωκομένην, τὸ δ' εὐπειθὲς ὁρῶν περιγινόμενον ἐκ τοῦ πλήθους τῶν ἡγεμόνων ῥωμαϊκώτερον ἔτεμνεν τὴν στρατιὰν καὶ πλείους καθίστατο ταξιάρχους. 578 Στρατιωτῶν τε γὰρ ἀπεδείκνυεν διαφοράς, καὶ τούτους μὲν ὑπέτασσεν δεκαδάρχαις καὶ ἑκατοντάρχαις, ἔπειτα χιλιάρχοις, κἀπὶ τούτοις ἡγεμόνας ταγμάτων ἁδροτέρων ἀφηγουμένους. 579 Ἐδίδασκεν δὲ σημείων παραδόσεις καὶ

573 3 Σελάμην AL p.c. : σελλάμην P σελλαμὶν M σελαμὶν L a.c. VC σελάμιν R *saloi* cod. Vat. *seloim* cod. Ber. Lat. ‖ **574** 3 ἐφῆκε Bekker : ἔφη PAL ἀφῆκε (ε in ras R²) MVRC. ‖ **576** 3 ἐκ τῶν C *Pap* : ἔκ τε τῶν PALVR ἔκ γε τῶν M uide appendicem X ‖ **577** 3 διδασκαλίαν codd. : διδασκαλείαν *Pap* ‖ 5 στρατιάν : [στ]ρατειαν *Pap*.

signaux, les sonneries de trompette pour la charge et la retraite, les attaques par les ailes et les manœuvres d'enveloppement, comment il faut diriger vers l'unité en difficulté des renforts qu'on prélève sur celle qui a l'avantage, et venir partager la peine dans les rangs qui subissent un coup dur. **580** Il leur expliquait tout ce qui pouvait contribuer à la fermeté de l'âme et à l'endurance du corps, mais surtout il les préparait à la guerre en leur exposant point par point la bonne ordonnance romaine; comment ils allaient faire la guerre à des hommes qui, grâce à leur robustesse physique et leur fermeté d'âme, sont les maîtres du monde entier, ou peu s'en faut. **581** Il déclara qu'il allait éprouver leur esprit de discipline à la guerre avant même que les armées soient aux prises : s'ils s'abstenaient des délits habituels, vol, brigandage, rapine; de tromper des compatriotes et de considérer comme un bénéfice personnel le dommage subi par leurs plus intimes amis. **582** Car les guerres se conduisent au mieux là où les combattants ont la conscience pure, tandis que les hommes pervers au fond d'eux-mêmes ont pour ennemis non seulement les adversaires qui s'avancent contre eux, mais Dieu même.

583 Tels sont les conseils qu'il donnait sans cesse. Il avait recruté un contingent prêt au combat de soixante mille fantassins et trois cent cinquante [1] cavaliers et en outre environ quatre mille cinq cents mercenaires, en qui il mettait principalement sa confiance, et il retenait près de lui six cents soldats d'élite comme gardes du corps. **584** A l'exception des mercenaires, les villes nourrissaient facilement tout le reste de l'armée. Car chacune d'elles n'envoyait pour la campagne que la moitié de ses effectifs

1. *Supra* 576 « cent mille ». Peut-être faut-il entendre qu'ici Josèphe ne parle que des recrues prêtes pour le combat.

σάλπιγγος προκλήσεις τε καὶ ἀνακλήσεις, προσβολάς τε κεράτων καὶ περιαγωγάς, καὶ πῶς δεῖ πρὸς μὲν τὸ κάμνον ἐπιστρέφειν ἐκ τοῦ περιόντος, ἐν δὲ τῷ πονοῦντι συμπαθεῖν. 580 Ὅσα τε εἰς παράστασιν ψυχῆς ἢ καρτερίαν συνετέλει σώματος ἀφηγεῖτο μάλιστα δ' αὐτοὺς ἤσκει πρὸς τὸν πόλεμον παρ' ἕκαστα τὴν Ῥωμαίων εὐταξίαν διηγούμενος, καὶ ὡς πολεμήσουσιν πρὸς ἄνδρας, οἳ δι' ἀλκὴν σώματος καὶ ψυχῆς παράστημα πάσης ὀλίγου δεῖν τῆς οἰκουμένης κρατοῦσιν. 581 Ἔφη δὲ πεῖραν αὐτῶν λήψεσθαι τῆς κατὰ τὸν πόλεμον πειθαρχίας καὶ πρὸ παρατάξεως, εἰ τῶν συνήθων ἀδικημάτων ἀπόσχοιντο, κλοπῆς τε καὶ λῃστείας καὶ ἁρπαγῆς, τοῦ τε ἐξαπατᾶν τὸ ὁμόφυλον, τοῦ τε κέρδος οἰκεῖον ἡγεῖσθαι τὴν βλάβην τῶν συνηθεστάτων. 582 Διοικεῖσθαι γὰρ κάλλιστα τοὺς πολέμους παρ' οἷς ἂν ἀγαθὸν τὸ συνειδὸς ἔχωσιν [πάντες] οἱ στρατευόμενοι, τοὺς δὲ οἴκοθεν φαύλους οὐ μόνον τοῖς ἐπιοῦσιν ἐχθροῖς ἀλλὰ καὶ τῷ θεῷ χρῆσθαι πολεμίῳ.

583 Πολλὰ τοιαῦτα παραινῶν διετέλει. Καὶ τὸ μὲν ἕτοιμον εἰς παράταξιν αὐτῷ συνεκεκρότητο πεζῶν μὲν ἓξ μυριάδες, ἱππεῖς δὲ πεντήκοντα καὶ τριακόσιοι, χωρὶς δὲ τούτων, οἷς ἐπεποίθει μάλιστα, μισθοφόροι περὶ τετρακισχιλίους καὶ πεντακοσίους· ἐπιλέκτους δὲ περὶ αὐτὸν εἶχεν ἑξακοσίους φύλακας τοῦ σώματος. 584 Ἔτρεφον δὲ πλὴν τῶν μισθοφόρων τὴν ἄλλην στρατιὰν αἱ πόλεις ῥᾳδίως· τῶν γὰρ καταλεγέντων ἑκάστη τοὺς ἡμίσεις ἐπὶ τὴν στρατείαν ἐκπέμπουσα

579 2 προσβολάς : προβολάς V[1] *Pap.* *principia* Lat. ‖ **581** 4 τοῦ τε Dindorf : τὸ PA a.c. R τοῦ A p.c. καὶ μὴ M τό τε L καὶ μὴ τὸ VC. ‖ **582** 2 ἔχωσιν MLVRC : ἔχουσιν PA ‖ ἔχωσιν τὸ συνειδὸς tr. L ‖ πάντες PAML Niese[2] : om. VRC *Pap.* ut uid Lat. ‖ **583** 3 τριακόσιοι PAML : διακόσιοι VRC Lat. ‖ **584** 1-2 ἄλλην στρατιὰν codd. : ἄλ]λην στρατειαν *Pap.* ‖ 3 στρατείαν Destinon : στρατιὰν codd. στρατ[] *Pap.* ‖

et gardait le reste pour approvisionner les premiers du nécessaire; si bien que les uns étaient affectés aux armes, les autres au travail, et en échange des subsistances que ceux-ci leur envoyaient, ceux qui servaient sous les armes leur procuraient la sécurité.

Intrigues et méfaits de Jean de Gischala.

585 Alors que Josèphe dirigeait ainsi les affaires de la Galilée, se dressa contre lui un intrigant, originaire de Gischala, nommé Jean, fils de Lévi, le pire scélérat et le plus perfide de tous ceux qui se sont signalés par de telles infamies. Pauvre à ses débuts, son indigence resta longtemps un obstacle à sa méchanceté. **586** Toujours prêt à mentir, habile à donner crédit à ses mensonges, il regardait la duperie comme une vertu et l'employait contre ses plus chers amis. **587** Il affectait la gentillesse, et l'espoir d'un gain en faisait le pire assassin. Toujours plein de grandes ambitions, il nourrissait ses espérances de basses machinations [1]. Ce n'était qu'un brigand qui agissait en solitaire; dans la suite il trouva une bande de complices de son audace; d'abord en petit nombre, puis, le succès aidant, toujours plus nombreux. **588** Il avait soin de n'admettre aucun sujet facile à capturer et choisissait, au contraire, les gens qui se distinguaient par leur vigueur physique, leur fermeté d'âme et l'expérience des combats; il en recruta une bande qui atteignit jusqu'à quatre cents hommes, dont la plupart étaient des transfuges arrivés de la région de Tyr et de ses villages. **589** Ils lui servaient à piller toute la Galilée et à gruger des populations hantées par l'imminence de la guerre.

590 Bien qu'il aspirât déjà au commandement et à de plus hautes destinées encore, le manque d'argent le retenait. Dès qu'il vit que Josèphe appréciait fort son caractère entreprenant, Jean commença par le persuader de lui confier la reconstruction du rempart de sa patrie, affaire

1. Thackeray rapproche ce portrait sévère de Jean de Gischala de celui de Catilina dans Salluste, *De Cat. Conj.* 5.

τοὺς λοιποὺς ἐπὶ συμπορισμὸν αὐτοῖς τῶν ἐπιτηδείων κατεῖχεν, ὡς τοὺς μὲν εἰς ὅπλα, τοὺς δὲ εἰς ἐργασίαν διῃρῆσθαι, καὶ τοῖς τὰ σῖτα πέμπουσιν ἀντιχορηγεῖσθαι παρὰ τῶν ὁπλιτῶν τὴν ἀσφάλειαν.

585 Διοικοῦντι δ' οὕτως τῷ Ἰωσήπῳ τὰ κατὰ τὴν Γαλιλαίαν παρανίσταταί τις ἐπίβουλος ἀνὴρ ἀπὸ Γισχάλων, υἱὸς Ληΐου, Ἰωάννης ὄνομα, πανουργότατος μὲν καὶ δολιώτατος τῶν ἐπισήμων ἐν τοῖσδε τοῖς πονηρεύμασιν ἁπάντων, πένης δὲ τὰ πρῶτα καὶ μέχρι πολλοῦ κώλυμα σχὼν τῆς κακίας τὴν ἀπορίαν, 586 ἕτοιμος μὲν ψεύσασθαι, δεινὸς δ' ἐπιθεῖναι πίστιν τοῖς ἐψευσμένοις, ἀρετὴν ἡγούμενος τὴν ἀπάτην καὶ ταύτῃ κατὰ τῶν φιλτάτων χρώμενος, 587 ὑποκριτὴς φιλανθρωπίας καὶ δι' ἐλπίδα κέρδους φονικώτατος, ἀεὶ μὲν ἐπιθυμήσας μεγάλων, τρέφων δὲ τὰς ἐλπίδας ἐκ τῶν ταπεινῶν κακουργημάτων· λῃστὴς γὰρ ἦν μονότροπος, ἔπειτα καὶ συνοδίαν εὗρεν τῆς τόλμης, τὸ μὲν πρῶτον ὀλίγην, προκόπτων δ' ἀεὶ πλείονα. 588 Φροντὶς δ' ἦν αὐτῷ μηδένα προσλαμβάνειν εὐάλωτον, ἀλλὰ τοὺς εὐεξίᾳ σώματος καὶ ψυχῆς παραστήματι καὶ πολέμων ἐμπειρίᾳ διαφέροντας ἐξελέγετο, μέχρι καὶ τετρακοσίων ἀνδρῶν στῖφος συνεκρότησεν, οἳ τὸ πλέον ἐκ τῆς Τυρίων χώρας καὶ τῶν ἐν αὐτῇ κωμῶν φυγάδες ἦσαν· 589 δι' ὧν πᾶσαν ἐλῄζετο τὴν Γαλιλαίαν καὶ μετεώρους ὄντας ἐπὶ τῷ μέλλοντι πολέμῳ τοὺς πολλοὺς ἐσπάρασσεν.

590 Ἤδη δ' αὐτὸν στρατηγιῶντα καὶ μειζόνων ἐφιέμενον ἔνδεια χρημάτων κατεῖχεν. Ἐπεὶ δὲ τὸν Ἰώσηπον ὁρῴη αὐτοῦ σφόδρα χαίροντα τῷ δραστηρίῳ, πείθει πρῶτον μὲν αὐτῷ πιστεῦσαι τὸ τεῖχος ἀνοικο-

590 3 ὁρῴη M « qui sententiam uidit non recte procedere » Niese, Thack. : ὁρῶν PALVRC Niese. ‖ αὐτοῦ σφόδρα ALVRC Niese : αὐτοῦ PM Lat.

où il fit de gros bénéfices [1] aux dépens des riches. **591** Ensuite, il monta une comédie d'une extrême fourberie : sous prétexte que tous les Juifs établis en Syrie répugnaient à se servir d'huile [2] qui n'eût été traitée par leurs frères de race, il demanda l'autorisation de leur en envoyer à la frontière. **592** Ce qu'il avait acheté en gros à raison de quatre amphores pour un statère tyrien, qui vaut quatre drachmes attiques, pour la même somme [3] il en cédait à la vente une demi-amphore. Comme la Galilée produit beaucoup d'huile et que cette année-là la récolte avait été abondante, ayant le monopole d'en envoyer de grandes quantités à des communautés qui en manquaient, il recueillit une quantité d'argent vraiment énorme, qu'il employa aussitôt contre celui qui lui avait procuré cet emploi. **593** Se figurant que s'il parvenait à renverser Josèphe, c'est lui-même qui gouvernerait la Galilée, il prescrivit aux brigands sous ses ordres d'intensifier leurs opérations de rapine, pour que, à la faveur des nombreux soulèvements dans la région il puisse, ou bien tuer dans quelque embuscade le général venu à la rescousse, ou bien, si celui-ci laissait faire les brigands, le discréditer auprès des gens du pays. **594** En outre, depuis longtemps il faisait courir le bruit que Josèphe travaillait à livrer le pays aux Romains et il multipliait les machinations de ce genre pour le perdre.

L'émeute de Tarichées.

595 Vers ce moment-là, quelques jeunes gens du village de Dabaritta [4] qui faisaient partie des postes de garde établis dans la Grande Plaine tendirent une embuscade contre Ptolémée [5], intendant [6] d'Agrippa et de Bérénice et lui enlevèrent tous les bagages qu'il emportait avec lui. Il s'y trouvait beaucoup de riches vêtements, quantité de coupes en argent et six cents pièces [7] d'or. **596** Comme ils ne pouvaient disposer de la prise en cachette, ils apportèrent le tout à Josèphe à Tarichées [8]. **597** Celui-ci blâma leur acte de violence envers les gens

1. *Vita* 71-73 précise que, Josèphe ne s'étant pas prêté à ses manœuvres, Jean parvint à ses fins en corrompant

δομῆσαι τῆς πατρίδος, ἐν ᾧ πολλὰ παρὰ τῶν πλουσίων ἐκέρδανεν· 591 ἔπειτα συνθεὶς σκηνὴν πανουργοτάτην, ὡς ἄρα φυλάττοιντο πάντες οἱ κατὰ τὴν Συρίαν Ἰουδαῖοι ἐλαίῳ χρῆσθαι μὴ δι' ὁμοφύλων ἐγκεχειρισμένῳ, πέμπειν αὐτοῖς ἐπὶ τὴν μεθορίαν ἐξῃτήσατο. 592 Συνωνούμενος δὲ τοῦ Τυρίου νομίσματος, ὃ τέσσαρας Ἀττικὰς δύναται, τέσσαρας ἀμφορεῖς, τῆς αὐτῆς ἐπίπρασκεν τιμῆς ἡμιαμφόριον. Οὔσης δὲ τῆς Γαλιλαίας ἐλαιοφόρου μάλιστα καὶ τότε εὐφορηκυίας, εἰς σπανίζοντας εἰσπέμπων πολὺ καὶ μόνος ἄπειρόν τι πλῆθος συνῆγεν χρημάτων, οἷς εὐθέως ἐχρῆτο κατὰ τοῦ τὴν ἐργασίαν παρασχόντος. 593 Καὶ ὑπολαβών, εἰ καταλύσειεν τὸν Ἰώσηπον, αὐτὸς ἡγήσεσθαι τῆς Γαλιλαίας, τοῖς μὲν ὑφ' ἑαυτὸν λῃσταῖς προσέταξεν εὐτονώτερον ἐγχειρεῖν ταῖς ἁρπαγαῖς, ὅπως πολλῶν νεωτεριζομένων κατὰ τὴν χώραν ἢ διαχρήσαιτό που τὸν στρατηγὸν ἐκβοηθοῦντα λοχήσας ἢ περιορῶντα τοὺς λῃστὰς διαβάλλοι πρὸς τοὺς ἐπιχωρίους. 594 Ἔπειτα διεφήμιζεν πόρρωθεν ὡς ἄρα προδιδοίη τὰ πράγματα Ῥωμαίοις Ἰώσηπος, καὶ πολλὰ τοιαῦτα πρὸς κατάλυσιν τἀνδρὸς ἐπραγματεύετο.

595 Καθ' ὃν καιρὸν ἀπὸ Δαβαρίθθων κώμης νεανίσκοι τινὲς τῶν ἐν τῷ μεγάλῳ πεδίῳ καθεζομένων φυλάκων, ἐνεδρεύσαντες Πτολεμαῖον τὸν Ἀγρίππα καὶ Βερνίκης ἐπίτροπον, ἀφείλοντο πᾶσαν ὅσην ἦγεν ἀποσκευήν, ἐν ᾗ πολυτελεῖς τε ἐσθῆτες οὐκ ὀλίγαι καὶ πλῆθος ἐκπωμάτων ἀργυρῶν χρυσοῖ τε ἦσαν ἑξακόσιοι. 596 Μὴ δυνάμενοι δὲ διαθέσθαι κρύφα τὴν ἁρπαγὴν πάντα πρὸς Ἰώσηπον εἰς Ταριχαίας ἐκόμισαν. 597 Ὁ δὲ μεμψάμενος αὐτῶν τὸ πρὸς τοὺς βασιλικοὺς

591 3 ἐγκεχειρισμένῳ PAMLVC Niese[2] Thack. -μένων R. ‖ **592** 7 ἐργασίαν LVRC : εὐεργεσίαν PAM Lat. ‖ **594** 2 προδιδοίη Dindorf : προδιδώῃ (-διδωίη L) codd. ‖ **596** 1 διαθέσθαι VRC : διελέσθαι PAML *administrare* Lat.

du roi et fit déposer les objets qu'ils avaient apportés chez Annéos [1], le personnage le plus influent de Tarichées, dans l'intention de les renvoyer en temps utile à leurs propriétaires. Cette attitude lui attira les plus grands dangers. **598** En effet les pillards, à la fois mécontents de n'avoir pas obtenu la moindre part du butin et devinant le plan de Josèphe, qui irait faire cadeau aux princes du fruit de leur exploit, parcoururent nuitamment les villages en dénonçant à tout le monde Josèphe comme un traître. Ils remplirent aussi de trouble les villes voisines. Tant et si bien qu'à l'aube cent mille hommes en armes accoururent contre lui. **599** La foule rassemblée à l'hippodrome de Tarichées vociférait avec fureur et criait de lapider le traître, d'aucuns de le brûler vif. Jean [2] excitait la foule et avec lui un certain Jésus, fils de Sapphias, et alors archonte [3] de Tibériade. **600**. Du coup les amis et gardes du corps de Josèphe, épouvantés devant la ruée de cette foule, prirent la fuite, tous sauf quatre [4]. Lui, qui était couché, alors que déjà on approchait le feu, se lève **601** et pendant que les quatre compagnons qui étaient restés là l'exhortaient à s'enfuir, nullement troublé de son isolement ni du nombre des assaillants, il s'avance d'un bond, le vêtement déchiré, la tête saupoudrée de poussière, les mains ramenées derrière le dos, sa propre épée attachée au cou. **602** A ce spectacle, ses familiers et surtout les habitants de Tarichées furent pris de pitié, mais les gens de la campagne et dans le voisinage tous ceux qui le trouvaient encombrant l'insultaient et lui intimaient l'ordre d'apporter au plus vite

des collègues. D'après *Vita* 43-44, jusque là Jean s'opposait à un soulèvement contre Rome. Il était intime avec le très influent Simon, fils de Gamaliel et voulut en profiter pour faire destituer Josèphe, mais sans succès (*Vita* 190-193).

1. Selon *Vita* 131 il y eut deux intermédiaires entre Josèphe et Annéos : Dassion et Jannée.

2. D'après *Vita* 134, à l'hippodrome c'est Jésus, fils de Sapphia, qui excitait la foule.

3. *Vita* 300 montre qu'à Tibériade il est le magistrat principal.

βίαιον τίθησιν τὰ κομισθέντα παρὰ τῷ δυνατωτάτῳ τῶν Ταριχαιατῶν Ἀνναίῳ, πέμψαι κατὰ καιρὸν τοῖς δεσπόταις προαιρούμενος· ὃ δὴ μέγιστον αὐτῷ κίνδυνον ἐπήγαγεν. **598** Οἱ γὰρ ἁρπάσαντες ἅμα μὲν ἐπὶ τῷ μηδεμιᾶς τυχεῖν μερίδος ἐκ τῶν κεκομισμένων ἀγανακτοῦντες, ἅμα δὲ καὶ προσκεψάμενοι τοῦ Ἰωσήπου τὴν διάνοιαν, ὅτι μέλλοι τὸν πόνον αὐτῶν τοῖς βασιλεῦσιν χαρίζεσθαι, νύκτωρ εἰς τὰς κώμας διέδραμον καὶ πᾶσιν ἐνεδείκνυντο τὸν Ἰώσηπον ὡς προδότην· ἐνέπλησαν δὲ καὶ τὰς πλησίον πόλεις ταραχῆς, ὥστε ὑπὸ τὴν ἕω δέκα μυριάδας ὁπλιτῶν ἐπ' αὐτὸν συνδραμεῖν. **599** Καὶ τὸ μὲν πλῆθος ἐν τῷ κατὰ Ταριχαίας ἱπποδρόμῳ συνηθροισμένον πολλὰ πρὸς ὀργὴν ἀνεβόα καὶ καταλεύειν, οἱ δὲ καίειν τὸν προδότην ἐκεκράγεσαν· παρώξυνεν δὲ τοὺς πολλοὺς ὁ Ἰωάννης καὶ σὺν αὐτῷ Ἰησοῦς τις υἱὸς Σαπφία, τότε ἄρχων τῆς Τιβεριάδος. **600** Οἱ μὲν οὖν φίλοι καὶ σωματοφύλακες τοῦ Ἰωσήπου, καταπλαγέντες τὴν ὁρμὴν τοῦ πλήθους, ἔφυγον πλὴν τεσσάρων πάντες, αὐτὸς δὲ κοιμώμενος ἤδη προσφερομένου τοῦ πυρὸς διανίσταται, **601** καὶ παραινούντων φεύγειν τῶν τεσσάρων, οἳ παρέμειναν, οὔτε πρὸς τὴν καθ' ἑαυτὸν ἐρημίαν οὔτε πρὸς τὸ πλῆθος τῶν ἐφεστώτων καταπλαγεὶς προπηδᾷ, περιρρηξάμενος μὲν τὴν ἐσθῆτα, καταπασάμενος δὲ τῆς κεφαλῆς κόνιν, ἀποστρέψας δὲ ὀπίσω τὰς χεῖρας καὶ τὸ ἴδιον ξίφος ἐπιδήσας τῷ τένοντι. **602** Πρὸς ταῦτα τῶν μὲν οἰκείως ἐχόντων καὶ μάλιστα τῶν Ταριχαιατῶν οἶκτος ἦν, οἱ δ' ἀπὸ τῆς χώρας καὶ τῶν πλησίον ὅσοις ἐδόκει φορτικὸς ἐβλασφήμουν, προφέρειν τε τὰ κοινὰ χρήματα

599 2 Post ἀνεβόα om. καὶ L a.c. ‖ 2-3 καταλεύειν MLVRC : καταλύειν PA οἱ μὲν καταλύειν ex *partim deponi* Lat. Hudson. ‖ **601** 5 καταπασάμενος (-σσάμενος V) PAMVRC : καταμησάμενος L Souda Niese [2].

l'argent qui appartenait à tous et d'avouer les clauses de sa trahison. **603** A sa contenance, en effet, ils avaient estimé qu'il ne nierait aucun des forfaits dont on le soupçonnait et qu'il n'avait monté toute cette apitoyante mise en scène que pour se faire pardonner. **604** Pour lui, au contraire, cette attitude d'humilité n'était que le paravent d'un stratagème : il allait avouer tout ce qui provoquait leur colère, en s'ingéniant à dresser les uns contre les autres ces gens mal disposés à son égard. **605** Puis, quand on lui eut permis de parler : « Cet argent, dit-il, je n'ai eu l'intention ni de le renvoyer à Agrippa ni de me l'approprier, car puissé-je ne jamais regarder comme un ami quiconque est en désaccord avec vous, ni comme un gain ce qui ferait tort à la communauté. **606** Seulement, citoyens de Tarichées, voyant que votre ville était tout à fait dépourvue de défenses, qu'elle avait besoin d'argent pour l'édification d'un rempart, et craignant que le peuple de Tibériade et les autres cités ne guettent ce butin, j'ai décidé de garder cet argent à l'abri, pour pouvoir vous entourer d'un rempart. **607** Si vous n'êtes pas de cet avis, j'étale tout ce qui a été apporté et je vous le donne à piller; si vous estimez, au contraire, que mon projet était avantageux pour vous, ne punissez pas [1] votre bienfaiteur ».

608 A ces mots, les gens de Tarichées l'acclamèrent, mais ceux de Tibériade, avec d'autres, l'accablèrent d'injures et de menaces; puis les deux partis laissant de côté Josèphe se querellèrent entre eux. Quant à lui, fort désormais de ceux qu'il s'était conciliés — les Tarichéens étaient environ quarante mille — il harangua toute la foule avec plus de liberté. **609** Il blâma vivement

1. La remarque critique de O. Michel déclare que Thackeray introduit, ici une nouvelle négation μή (noch ein μή). En réalité, Thackeray se borne à reconnaître un déplacement accidentel de ce μή.

θᾶττον ἐκέλευον καὶ τὰς προδοτικὰς συνθήκας ἐξομολογεῖσθαι· **603** προειλήφεσαν γὰρ ἐκ τοῦ σχήματος οὐδὲν αὐτὸν ἀρνήσεσθαι τῶν ὑπονοηθέντων, ἀλλ' ἐπὶ συγγνώμης πορισμῷ πάντα πεποιηκέναι τὰ πρὸς τὸν ἔλεον. **604** Τῷ δ' ἦν ἡ ταπείνωσις προπαρασκευὴ στρατηγήματος, καὶ τεχνιτεύων τοὺς ἀγανακτοῦντας καθ' αὐτοῦ κατ' ἀλλήλων στασιάσαι, ἐφ' οἷς ὠργίζοντο πάνθ' ὁμολογήσων. **605** Ἔπειτα δοθὲν αὐτῷ λέγειν, « Ἐγὼ ταῦτα, » ἔφη, « τὰ χρήματα οὔτε ἀναπέμπειν Ἀγρίππᾳ προῃρούμην οὔτε κερδαίνειν αὐτός· μὴ γὰρ ἡγησαίμην ποτὲ ἢ φίλον τὸν ὑμῖν διάφορον ἢ κέρδος τὸ φέρον τῷ κοινῷ βλάβην. **606** Ὁρῶν δέ, ὦ Ταριχαιᾶται, μάλιστα τὴν ὑμετέραν πόλιν ἀσφαλείας δεομένην καὶ πρὸς κατασκευὴν τείχους χρῄζουσαν ἀργυρίου, δεδοικὼς δὲ τὸν Τιβεριέων δῆμον καὶ τὰς ἄλλας πόλεις ἐφεδρευούσας τοῖς ἡρπαγμένοις, κατασχεῖν ἡσυχῇ τὰ χρήματα προειλόμην, ἵν' ὑμῖν περιβάλωμαι τεῖχος. **607** Εἰ μὴ δοκεῖ, προφέρω τὰ κεκομισμένα καὶ παρέχω διαρπάζειν, εἰ δὲ καλῶς ὑμῖν ἐβουλευσάμην, ⟨μὴ⟩ κολάζετε τὸν εὐεργέτην ».

608 Ἐπὶ τούτοις οἱ Ταριχαιᾶται μὲν αὐτὸν ἀνευφήμουν, οἱ δ' ἀπὸ τῆς Τιβεριάδος σὺν τοῖς ἄλλοις ἐκάκιζον καὶ διηπείλουν· καταλιπόντες δ' ἑκάτεροι τὸν Ἰώσηπον ἀλλήλοις διεφέροντο. Κἀκεῖνος θαρρῶν ἤδη τοῖς ᾠκειωμένοις, ἦσαν δὲ εἰς τετρακισμυρίους Ταριχαιᾶται, παντὶ τῷ πλήθει παρρησιαστικώτερον

603 1 προειλήφεσαν Bekker : προσειλήφεσαν codd. Souda *opinabantur* Lat. ‖ **604** 4 ὁμολογήσων LMVR : ὁμολογήσον PA a.c. ὡμολόγησεν A p.c. ὁμολογήσειν ὑπισχνεῖτο C *confessus est* Lat. ; deinde lacunam statuit Destinon ‖ **607** 2 εἰ δὲ καλῶς... μὴ (κολάζετε) transferens negationem Thackeray : εἰ μὴ καλῶς PAL εἰ δὲ μὴ καλῶς MVRC *sin recte* (*consului*) Lat. εἰ δὲ καλῶς uel εἰ δὴ μὴ κακῶς Hudson κεἰ μὴ καλῶς Niese, uide adn.

leur précipitation et déclara qu'il allait construire un rempart à Tarichées avec l'argent dont il disposait présentement et qu'il fortifierait de même les autres villes aussi, car on ne manquera pas d'argent s'ils restent d'accord sur la question de savoir contre qui il faut en fournir, au lieu de s'emporter continuellement contre celui qui le fournit [1].

610 A ce moment-là, la plus grande partie de la foule, ainsi abusée, se retira, encore que bien mécontente; mais deux mille [2] hommes armés s'élancèrent contre lui. Comme il avait eu le temps de se réfugier dans son logis, ils l'assiégèrent, avec des menaces. **611** Alors Josèphe employa une nouvelle ruse. Il monta sur le toit, d'un geste de la main il apaisa le tumulte et dit qu'il ignorait ce qu'ils voulaient obtenir : il ne pouvait pas l'entendre, à cause de la confusion de leurs cris. Il ferait tout ce qu'ils lui prescriraient, s'ils lui envoyaient une délégation pour lui parler dans le calme à l'intérieur. **612** A ces mots, les notables, accompagnés des autorités, entrèrent. Après les avoir entraînés dans la partie la plus retirée de la maison et avoir fermé la porte de la cour, il les fit fouetter jusqu'à leur mettre à tous les entrailles à nu. Et pendant ce temps la foule attendait, en s'imaginant que ceux qui étaient entrés prolongeaient leur plaidoyer. **613** Josèphe alors ouvrit brusquement les portes et fit sortir ces gens tout en sang, ce qui inspira aux manifestants une telle frayeur qu'ils jetèrent leurs armes et prirent la fuite.

Le guet-apens de Tibériade.

614 Devant ces procédés [3] la malveillance [4] de Jean ne fit que croître et il monta contre Josèphe une seconde conspiration. Prétextant une indisposition, il demanda par lettre à Josèphe l'autorisation d'aller faire une cure d'eaux thermales [5] à Tibériade. **615** Josèphe, qui ne soupçonnait pas encore le conspirateur, écrivit [6] à ses lieutenants dans cette ville d'assurer à Jean le logement et la nourriture. Quand celui-ci en eut profité pendant deux jours, il s'occupa de ce pourquoi il était venu : en achetant les gens, qui par de fallacieuses promesses, qui par de l'argent, il travaillait à les détacher de Josèphe. **616** Silas, qui tenait de Josèphe la charge

ὡμίλει. **609** Καὶ πολλὰ τὴν προπέτειαν αὐτῶν κατονειδίσας ἐκ μὲν τῶν παρόντων Ταριχαίας ἔφη τειχίσειν, ἀσφαλιεῖσθαι δὲ ὁμοίως καὶ τὰς ἄλλας πόλεις· οὐ γὰρ ἀπορήσειν χρημάτων, ἐὰν ὁμονοῶσιν ἐφ' οὓς δεῖ πορίζειν καὶ μὴ παροξύνωνται κατὰ τοῦ πορίζοντος.

610 Ἔνθα δὴ τὸ μὲν ἄλλο πλῆθος τῶν ἠπατημένων ἀνεχώρει καίτοι διωργισμένον, δισχίλιοι δ' ἐπ' αὐτὸν ὥρμησαν ἔνοπλοι, καὶ φθάσαντος εἰς τὸ δωμάτιον παρελθεῖν ἀπειλοῦντες ἐφεστήκεσαν. **611** Ἐπὶ τούτοις Ἰώσηπος ἀπάτῃ δευτέρᾳ χρῆται· ἀναβὰς γὰρ ἐπὶ τὸ τέγος καὶ τῇ δεξιᾷ καταστείλας τὸν θόρυβον αὐτῶν ἀγνοεῖν ἔφη, τίνων ἀξιοῦσιν τυχεῖν· οὐ γὰρ κατακούειν διὰ τὴν τῆς βοῆς σύγχυσιν· ὅσα δ' ἂν κελεύσωσιν πάντα ποιήσειν, εἰ τοὺς διαλεξομένους ἡσυχῇ πέμψειαν εἴσω πρὸς αὐτόν. **612** Ταῦτα ἀκούσαντες οἱ γνώριμοι σὺν τοῖς ἄρχουσιν εἰσῄεσαν. Ὁ δὲ σύρας αὐτοὺς εἰς τὸ μυχαίτατον τῆς οἰκίας καὶ τὴν αὔλειον ἀποκλείσας ἐμαστίγωσεν, μέχρι πάντων τὰ σπλάγχνα γυμνῶσαι· περιειστήκει δὲ τέως τὸ πλῆθος δικαιολογεῖσθαι μακρότερα τοὺς εἰσελθόντας οἰόμενον. **613** Ὁ δὲ τὰς θύρας ἐξαπίνης ἀνοίξας ᾑμαγμένους ἐξαφῆκεν τοὺς ἄνδρας καὶ τοσαύτην τοῖς ἀπειλοῦσιν ἐνειργάσατο κατάπληξιν, ὥστε ῥίψαντας τὰ ὅπλα φεύγειν.

614 Πρὸς ταῦτα Ἰωάννης ἐπέτεινεν τὸν φθόνον καὶ δευτέραν ἤρτυσεν ἐπιβουλὴν κατὰ τοῦ Ἰωσήπου. Σκηψάμενος δὴ νόσον ἱκέτευσεν δι' ἐπιστολῆς τὸν Ἰώσηπον ἐπιτρέψαι πρὸς θεραπείαν αὐτῷ χρήσασθαι τοῖς ἐν Τιβεριάδι θερμοῖς ὕδασιν. **615** Ὁ δέ, οὔπω γὰρ ὑπώπτευεν τὸν ἐπίβουλον, γράφει τοῖς κατὰ τὴν πόλιν ὑπάρχοις ξενίαν τε καὶ τἀπιτήδεια Ἰωάννῃ παρασχεῖν. Ὧν ἀπολαύσας μετὰ δύο ἡμέρας ἐφ' ὃ παρῆν διεπράττετο, καὶ τοὺς μὲν ἀπάταις, τοὺς δὲ χρήμασι διαφθείρων ἀνέπειθεν ἀποστῆναι Ἰωσήπου. **616** Καὶ γνοὺς ταῦτα Σίλας ὁ φυλάσσειν τὴν πόλιν ὑπὸ Ἰωσήπου

d'assurer la garde de la ville, ayant appris ces manœuvres, lui envoie au plus vite une lettre sur ce complot. Josèphe, au reçu de cette lettre, partit de nuit et après une marche forcée arriva à Tibériade au lever du jour. **617** Toute la population vint à sa rencontre; mais Jean, tout en soupçonnant que cette visite était contre lui, envoya quand même à Josèphe un de ses familiers; jouant le malade, il lui faisait dire que retenu au lit, il différait d'aller le saluer [1] **618** Lorsque Josèphe, qui avait réuni les gens de Tibériade au stade, entreprit de traiter avec eux du message qu'il avait reçu, Jean envoya secrètement des hommes armés avec ordre de l'abattre. **619** En les voyant tirer leurs épées, le peuple se récria. A ce cri, Josèphe se retourna et, voyant le fer prêt à l'égorger, sauta sur la grève (car il haranguait le peuple, debout sur un tertre haut de six coudées), bondit avec deux gardes [2] du corps dans une barque au mouillage par là, et s'enfuit vers le milieu du lac.

620 Ses soldats se hâtent de prendre leurs armes et s'avancent contre les conjurés. Josèphe alors, craignant de provoquer une guerre civile [3] qui, par la faute d'une poignée d'envieux, aboutirait à la perte de la ville, envoya un messager dire à ses hommes de ne se soucier que de leur propre sûreté, de ne tuer personne et de ne rechercher aucun des coupables [4]. **621** Dociles à cette consigne, ils restèrent tranquilles,. mais les habitants de la campagne environnante, dès qu'ils apprirent le complot et qui l'avait organisé, s'ameutèrent contre Jean. Mais, lui, prit les devants et alla se réfugier à Gischala, sa patrie. **622** Ville par ville les Galiléens affluaient vers Josèphe; quand ils furent plusieurs dizaines de milliers d'hommes en armes, ils se mirent à crier qu'ils étaient venus pour punir Jean l'ennemi public : ils allaient brûler aussi avec

1. D'après *Vita* 91, Jean alla saluer Josèphe, mais se retira aussitôt.

2. D'après *Vita* 96, Jacques, son garde du corps habituel et un certain Hérode de Tibériade.

καθεσταμένος γράφει τὰ περὶ τὴν ἐπιβουλὴν αὐτῷ κατὰ τάχος. Ὁ δὲ Ἰώσηπος ὡς ἔλαβεν τὴν ἐπιστολήν, νυκτὸς ὁδεύσας συντόνως ἑωθινὸς παρῆν πρὸς τὴν Τιβεριάδα. 617 Καὶ τὸ μὲν ἄλλο πλῆθος αὐτῷ ὑπήντα, Ἰωάννης δέ, καίτοι τὴν παρουσίαν ὑποπτεύσας ἐπ' αὐτόν, ὅμως πέμψας τινὰ τῶν γνωρίμων ὑπεκρίνατο τὴν ἀσθένειαν καὶ κλινήρης ὢν ὑστερῆσαι τῆς θεραπείας ἔλεγεν. 618 Ὡς δὲ εἰς τὸ στάδιον τοὺς Τιβεριεῖς ἀθροίσας ὁ Ἰώσηπος ἐπειρᾶτο διαλέγεσθαι περὶ τῶν ἐπεσταλμένων, ὑποπέμψας ὁπλίτας προσέταξεν αὐτὸν ἀνελεῖν. 619 Τούτους τὰ ξίφη γυμνοῦντας ὁ δῆμος προϊδὼν ἀνεβόησεν· πρὸς δὲ τὴν κραυγὴν ὁ Ἰώσηπος ἐπιστραφεὶς καὶ θεασάμενος ἐπὶ τῆς σφαγῆς ἤδη τὸν σίδηρον ἀπεπήδησεν εἰς τὸν αἰγιαλόν· εἱστήκει δὲ δημηγορῶν ἐπὶ βουνοῦ τινος ἑξαπήχους τὸ ὕψος· καὶ παρορμοῦντος ἐπιπηδήσας σκάφους σὺν δυσὶν σωματοφύλαξιν εἰς μέσην τὴν λίμνην ἀνέφευγεν.

620 Οἱ στρατιῶται δ' αὐτοῦ ταχέως ἁρπάσαντες τὰ ὅπλα κατὰ τῶν ἐπιβούλων ἐχώρουν. Ἔνθα δείσας ὁ Ἰώσηπος, μὴ πολέμου κινηθέντος ἐμφυλίου δι' ὀλίγων φθόνον παραναλώσῃ τὴν πόλιν, πέμπει τοῖς σφετέροις ἄγγελον μόνης προνοεῖν τῆς ἑαυτῶν ἀσφαλείας, μήτε δὲ κτείνειν τινὰ μήτ' ἀπελέγχειν τῶν αἰτίων. 621 Καὶ οἱ μὲν τῷ παραγγέλματι πεισθέντες ἠρέμησαν, οἱ δ' ἀνὰ τὴν πέριξ χώραν πυθόμενοι τήν τ' ἐπιβουλὴν καὶ τὸν συσκευάσαντα συνηθροίζοντο κατὰ Ἰωάννου· φθάνει δ' ἐκεῖνος εἰς Γίσχαλα φυγὼν τὴν πατρίδα. 622 Συνέρρεον δὲ πρὸς τὸν Ἰώσηπον οἱ Γαλιλαῖοι κατὰ πόλεις, καὶ πολλαὶ μυριάδες ὁπλιτῶν γενόμεναι παρεῖναι σφᾶς ἐπὶ τὸν Ἰωάννην τὸν κοινὸν ἐπίβουλον ἐβόων· συγκαταφλέξειν γὰρ αὐτῷ καὶ τὴν ὑποδεξαμέ-

616 3 περὶ τὴν ἐπιβουλὴν PA : περὶ τῆς ἐπιβουλῆς L κατὰ τὴν ἐπιβουλὴν MVRC. ‖ **619** 7 ἀνέφυγεν L.

lui la ville [1] qui l'avait accueilli. **623** Josèphe déclara qu'il acceptait leur dévouement mais il contint leur fougue, préférant vaincre ses ennemis par l'intelligence plutôt que les tuer. **624** Il se fit donner par chaque ville les noms de ceux qui étaient passés au parti de Jean — les gens s'empressaient de dénoncer leurs concitoyens — et fit crier dans les rues cette menace : ceux qui n'auraient pas dans les cinq jours [2] abandonné le parti de Jean verraient piller leurs biens et brûler leurs maisons avec leurs familles. **625** Du coup il obtint aussitôt la défection de trois mille [3] hommes, qui dès leur arrivée jetèrent leurs armes à ses pieds. Il réduisit ainsi Jean, avec les exilés tyriens [4] qui lui restaient — environ deux mille hommes — aux complots secrets, au lieu des actions au grand jour.

Josèphe se débarrasse des commissaires de Jérusalem.

626 Quoi qu'il en soit, Jean envoya secrètement des émissaires à Jérusalem [5] pour accuser Josèphe à cause de l'importance de son armée, en prétendant qu'il allait bientôt venir s'installer comme tyran de la capitale si on ne le faisait pas arrêter avant. **627** Le peuple, qui connaissait déjà ces calomnies, n'y prêtait guère attention, mais les notables, par envie, et même quelques magistrats, envoyèrent secrètement à Jean des sommes destinées au recrutement de mercenaires, en vue de combattre Josèphe. Ils décrétèrent aussi entre eux de le révoquer de son poste de gouverneur [6]. **628** Ils jugeaient toutefois que cette décision ne suffirait pas et ils envoyèrent deux mille cinq cents [7] hommes armés et quatre personnages distingués : Joesdros [8], fils de Nomicos, Ananias Sadouki, Simon et Judas [9], fils de Jonathas, tous excellents orateurs, en les chargeant de détourner de Josèphe la faveur du

1. *Vita* 97-99, ce n'est pas Gischala, mais Tibériade que les Galiléens veulent incendier.
2. *Vita* 370, vingt jours.
3. *Vita* 371 quatre mille.
4. Avec Th. Reinach, d'après *Vita* 372. — Josèphe tient à s'attribuer le mérite d'avoir réduit Jean à l'impuissance : καταστρατηγηθεὶς ὑπ' ἐμοῦ, *Vita* 372.

νην πόλιν. 623 Ὁ δὲ ἀποδέχεσθαι μὲν αὐτῶν ἔφασκεν τὴν εὔνοιαν, ἀνεῖργεν δὲ τὴν ὁρμήν, χειρώσασθαι συνέσει τοὺς ἐχθροὺς μᾶλλον ἢ κτεῖναι προαιρούμενος. 624 Ἐκλαβὼν δὲ τοὺς ἀφ' ἑκάστης πόλεως Ἰωάννῃ συναφεστῶτας κατ' ὄνομα, προθύμως δὲ ἐνεδείκνυντο τοὺς σφετέρους οἱ δημόται, καὶ διὰ κηρύκων ἀπειλήσας ἐντὸς ἡμέρας πέμπτης τῶν μὴ καταλιπόντων Ἰωάννην τάς τε οὐσίας διαρπάσειν καὶ τὰς οἰκίας ἅμα ταῖς γενεαῖς καταφλέξειν, 625 τρισχιλίους μὲν ἀπέστησεν εὐθέως, οἳ παραγενόμενοι τὰ ὅπλα παρὰ τοῖς ποσὶν ἔρριψαν αὐτοῦ, σὺν δὲ τοῖς καταλειφθεῖσιν, ἦσαν δ' ὅσον εἰς δισχιλίους Τυρίων φυγάδες, ἀνέστελλεν Ἰωάννην πάλιν ἐπὶ τὰς λαθραίους ἐπιβουλὰς ἐκ τῶν φανερωτέρων.

626 Κρύφα γοῦν ἔπεμπεν ἀγγέλους εἰς Ἱεροσόλυμα διαβάλλων τὸν Ἰώσηπον ἐπὶ τῷ μεγέθει τῆς δυνάμεως, φάσκων ὅσον οὐδέπω τύραννον ἐλεύσεσθαι τῆς μητροπόλεως, εἰ μὴ προκαταληφθείη. 627 Ταῦθ' ὁ μὲν δῆμος προειδὼς οὐ προσεῖχεν, οἱ δυνατοὶ δὲ κατὰ φθόνον καὶ τῶν ἀρχόντων τινὲς λάθρα τῷ Ἰωάννῃ χρήματα πρὸς συλλογὴν μισθοφόρων ἔπεμψαν, ὅπως πολεμῇ πρὸς Ἰώσηπον· ἐψηφίσαντο δὲ καθ' ἑαυτοὺς καὶ μετακαλεῖν αὐτὸν ἀπὸ τῆς στρατηγίας. 628 Οὐ μὴν ἠξίουν ἀποχρήσειν τὸ δόγμα, δισχιλίους δὲ καὶ πεντακοσίους ὁπλίτας καὶ τέσσαρας τῶν ἐπιφανῶν ἄνδρας ἔστειλαν, τόν τε τοῦ Νομικοῦ Ἰώεσδρον καὶ Ἀνανίαν Σαδούκι καὶ Σίμωνα καὶ Ἰούδην Ἰωνάθου, πάντας εἰπεῖν δυνατωτάτους, ἵν' οὗτοι τὴν πρὸς τὸν Ἰώσηπον

622 5 πόλιν VRC Niese[2] : πατρίδα PAML. ‖ **624** 3 ἀπειλήσας A γρ. Berol. et Redig. : ἀπειλησάντων PAMVRC Voss. a.c. ἀπειλήσαντος L *denuntiabat* Lat. ἀπειλήσας τῶν cum Voss. p.c. Hudson. ‖ **625** 4 Τυρίων coni. Reinach conf. *Vita* 372 : Σύρων codd. uide adn. ‖ ἀνέστειλεν L ‖ Ἰωάννην Niese : Ἰωάννης codd. ‖ **627** 4 πολεμῇ LVRC : πολεμήσωσιν PAM *(ut) per eos — bellum gereret* Lat.

peuple; que s'il venait se présenter spontanément, de le laisser rendre ses comptes, mais s'il voulait se maintenir de force, de le traiter en ennemi. **629** Les amis de Josèphe lui avaient mandé qu'une armée arrivait mais sans lui en donner la raison, puisque ses ennemis s'étaient concertés en secret. Aussi, comme il n'avait pu prendre avant aucune mesure de protection, y eut-il quatre villes qui firent défection à l'arrivée des adversaires : Sepphoris, Garaba [1], Gischala et Tibériade. **630** Mais bien vite il les ramena à lui elles aussi [2], sans recourir aux armes; après quoi s'étant emparé par la ruse des quatre commissaires et leurs meilleurs soldats, il les renvoya à Jérusalem. **631** Le peuple s'irrita violemment contre eux et s'élança pour les tuer, et leur escorte avec eux, mais ils le devancèrent par la fuite.

Révolte, soumission et pillage de Tibériade.

632 Désormais, la crainte qu'il avait de Josèphe retenait Jean à l'intérieur des remparts de Gischala. Peu de jours après, Tibériade fit de nouveau défection [3], ses habitants ayant appelé à leur aide le roi Agrippa. **633** Comme il n'était pas arrivé au jour fixé et que ce jour-là s'était montré un petit détachement de cavalerie romaine, on fit proclamer par crieur public le bannissement de Josèphe. **634** Cette défection lui fut immédiatement annoncée à Tarichées. Comme il avait envoyé tous ses soldats au ravitaillement [4], il ne voulut ni partir seul punir les révoltés, ni rester là à attendre, de crainte que, s'il s'attardait, les soldats du roi n'arrivent en ville avant lui; car le lendemain il ne disposerait pas d'un jour ouvrable puisque le sabbat [5] l'en empêcherait. **635** Il imagine donc de duper les rebelles par la ruse. Il ordonne de fermer les portes de Tarichées pour éviter que quelqu'un aille com-

1. Cf. Abel, p. 322.
2. Sauf Gischala (*infra* 632).
3. *Vita* 155-178 place cette révolte de Tibériade entre le guet-apens de Tibériade et la mission du Sanhédrin.

εὔνοιαν ἀποστρέψωσιν, κἂν μὲν ἑκὼν παραγένηται, λόγον ὑποσχεῖν ἐᾶν αὐτόν, εἰ δὲ βιάζοιτο μένειν, ὡς πολεμίῳ χρῆσθαι. **629** Ἰωσήπῳ δὲ παραγίνεσθαι μὲν στρατιὰν ἐπεστάλκεσαν οἱ φίλοι, τὴν δ' αἰτίαν οὐ προεδήλουν, ἅτε δὴ λάθρα τῶν ἐχθρῶν βεβουλευμένων. Διὸ καὶ μὴ προφυλαξαμένου τέσσαρες πόλεις εὐθέως πρὸς τοὺς διαφόρους ἀπέστησαν ἐλθόντας, Σέπφωρίς τε καὶ Γάραβα καὶ Γίσχαλα καὶ Τιβεριάς. **630** Ταχέως δὲ καὶ ταύτας προσηγάγετο δίχα τῶν ὅπλων καὶ χειρωσάμενος στρατηγήμασιν τοὺς τέσσαρας ἡγεμόνας τῶν τε ὁπλιτῶν τοὺς δυνατωτάτους ἀνέπεμψεν εἰς Ἱεροσόλυμα. **631** Πρὸς οὓς ὁ δῆμος οὐ μετρίως ἠγανάκτησεν καὶ σὺν αὐτοῖς ὥρμησεν τοὺς προπέμψαντας ἀνελεῖν, εἰ μὴ φθάσαντες ἀπέδρασαν.

632 Ἰωάννην δὲ λοιπὸν ἐντὸς τοῦ Γισχάλων τείχους ὁ παρὰ Ἰωσήπου φόβος ἐφρούρει. Καὶ μετ' ὀλίγας ἡμέρας πάλιν ἀπέστη Τιβεριὰς ἐπικαλεσαμένων τῶν ἔνδον Ἀγρίππαν τὸν βασιλέα. **633** Καὶ τοῦ μὲν μὴ καταντήσαντος ἐφ' ἣν συντέτακτο προθεσμίαν, Ῥωμαϊκῶν δ' ὀλίγων ἱππέων κατ' ἐκείνην τὴν ἡμέραν παραφανέντων, τὸν Ἰώσηπον ἐξεκήρυσσον. **634** Τῷ δ' ἠγγέλη μὲν εἰς Ταριχαίας ἡ ἀπόστασις εὐθέως, ἐκπεπομφὼς δὲ πάντας τοὺς στρατιώτας ἐπὶ σίτου συλλογὴν οὔτε μόνος ἐξορμᾶν ἐπὶ τοὺς ἀποστάντας οὔτε μένειν ὑπέμενεν, δεδοικὼς μὴ βραδύναντος αὐτοῦ φθάσωσιν οἱ βασιλικοὶ παρελθεῖν εἰς τὴν πόλιν· οὐδὲ γὰρ τὴν ἐπιοῦσαν ἡμέραν ἐνεργὸν ἕξειν ἔμελλεν ἐπέχοντος σαββάτου. **635** Δόλῳ δὴ περιελθεῖν ἐπενόει τοὺς ἀποστάντας. Καὶ τὰς μὲν πύλας τῶν Ταριχαίων ἀποκλεῖσαι κελεύσας, ὡς μὴ προεξαγγείλειέ τις τὸ σκέμμα

629 6 Γάραβα Schalit : γάδαρα PAML γάμαλα VC μάλα R *gabra* Lat. uide adn. ‖ **634** 1 τῷ R p.c. Niese [2] : τῶν PAMVR a.c. C τούτων L. ‖ **635** 1 δὴ L : δὲ PAMVRC *autem* Lat.

muniquer son plan à ceux qu'on devait attaquer; il fait rassembler toutes les embarcations qui mouillaient sur le lac — il s'en trouva deux cent trente — avec pas plus de quatre marins à bord dans chacune et les fait avancer à toute vitesse dans la direction de Tibériade. **636** Quand il se trouva juste assez loin de la ville pour qu'il ne fût pas facile de bien distinguer, il donna l'ordre de laisser flotter au large ces embarcations sans troupes, tandis que lui-même, avec seulement sept de ses gardes du corps en armes, s'approchait assez pour être vu. **637** Lorsque ses adversaires, qui le conspuaient encore, l'aperçurent du haut des remparts, s'imaginant, dans leur désarroi que toutes les embarcations étaient pleines d'hommes armés, ils jetèrent leurs armes et en agitant des rameaux de suppliants, ils le conjurèrent d'épargner la ville.

638 Josèphe leur adressa, avec force menaces, de sévères réprimandes : puisque, au début, ils ont entrepris la guerre contre les Romains, pourquoi gaspillent-ils leur énergie en luttes fratricides et font-ils ce que leurs ennemis souhaitent le plus? Ensuite, ils se démènent pour se débarrasser de celui qui assume le souci de leur sécurité, et ils n'ont pas honte de fermer leur ville à celui-là même qui en a élevé les remparts ! Et de déclarer qu'il attendait des délégués qui lui présenteraient des excuses et par qui il assurerait la fidélité de la ville. **639** Aussitôt descendirent les dix citoyens les plus importants de Tibériade. Il les prit à bord d'une des embarcations et leur fit gagner le large. Alors il ordonne que viennent cinquante autres membres du Conseil [1], les plus connus, comme s'il voulait obtenir d'eux aussi quelque garantie. **640** Ensuite, inventant de nouveaux prétextes, il les fit venir les uns après les autres, soi-disant pour conclure un accord. **641** Il ordonna aux pilotes, à mesure que leurs embarcations se remplissaient, de remettre rapidement à la voile pour Tarichées et d'y enfermer ces gens dans la prison. Il finit ainsi par arrêter et faire conduire en barques à

1. Ce terme reflète le type hellénistique de l'organisation politique de cette ville, fondée par Hérode Antipas (*ca.* 26).

τοῖς ἐπιχειρουμένοις, τὰ δ' ἐπὶ τῆς λίμνης σκάφη πάντα συναθροίσας, τριάκοντα δ' εὑρέθησαν καὶ διακόσια, καὶ ναῦται τεσσάρων οὐ πλείους ἦσαν ἐν ἑκάστῳ, διὰ τάχους ἐλαύνει πρὸς τὴν Τιβεριάδα. 636 Καὶ τοσοῦτον ἀποσχὼν τῆς πόλεως ἐξ ὅσου συνιδεῖν οὐ ῥᾴδιον ἦν, κενὰς τὰς ἁλιάδας μετεώρους σαλεύειν ἐκέλευσεν, αὐτὸς δὲ μόνους ἑπτὰ τῶν σωματοφυλάκων ἐνόπλους ἔχων ἔγγιον ὀφθῆναι προσῄει. 637 Θεασάμενοι δ' αὐτὸν ἀπὸ τῶν τειχῶν ἔτι βλασφημοῦντες οἱ διάφοροι καὶ διὰ τὴν ἔκπληξιν πάντα τὰ σκάφη γέμειν ὁπλιτῶν νομίσαντες ἔρριψαν τὰ ὅπλα καὶ κατασείοντες ἱκετηρίας ἐδέοντο φείσασθαι τῆς πόλεως.

638 Ὁ δὲ Ἰώσηπος πολλὰ διαπειλησάμενος αὐτοῖς καὶ κατονειδίσας, εἰ πρῶτον μὲν ἀράμενοι τὸν πρὸς Ῥωμαίους πόλεμον εἰς στάσεις ἐμφυλίους προαναλίσκουσιν τὴν ἰσχὺν καὶ τὰ εὐκταιότατα δρῶσιν τοῖς ἐχθροῖς, ἔπειτα τὸν κηδεμόνα τῆς ἀσφαλείας αὐτῶν ἀναρπάσαι σπεύδουσιν καὶ κλείειν οὐκ αἰδοῦνται τὴν πόλιν αὐτῷ τῷ τειχίσαντι, προσδέχεσθαι τοὺς ἀπολογησομένους ἔφασκεν καὶ δι' ὧν βεβαιώσεται τὴν πόλιν. 639 Κατέβαινον δ' εὐθέως δέκα τῶν Τιβεριέων οἱ δυνατώτατοι· καὶ τοὺς μὲν ἀναλαβὼν μιᾷ τῶν ἁλιάδων ἀνήγαγεν πορρωτέρω, πεντήκοντα δ' ἑτέρους τῆς βουλῆς τοὺς μάλιστα γνωρίμους κελεύει προελθεῖν, ὡς καὶ παρ' ἐκείνων πίστιν τινὰ βουλόμενος λαβεῖν. 640 Ἔπειτα καινοτέρας σκήψεις ἐπινοῶν ἄλλους ἐπ' ἄλλοις ὡς ἐπὶ συνθήκαις προυκαλεῖτο. 641 Τοῖς δὲ κυβερνήταις ἐκέλευσεν τῶν πληρουμένων διὰ τάχους εἰς Ταριχαίας ἀναπλεῖν καὶ συγκλείειν τοὺς ἄνδρας εἰς τὸ δεσμωτήριον, μέχρι πᾶσαν μὲν τὴν βουλὴν οὖσαν ἑξακοσίων,

635 5 διακόσια MLVRC : τριακόσια PA. ‖ **636** 4 ἐνόπλους Destinon (cf. 642) : ἀνόπλους codd. ‖ **638** 8 βεβαιώσεται Destinon : βεβαιώσηται PAL βεβαιώσαιτο (-αιτ in ras. C[2]) MVRC.

Tarichées tout le Conseil, qui comptait six cents membres, et environ deux mille citoyens.

642 Comme ceux qui restaient criaient que le principal responsable de la rébellion était un certain Clitos et comme ils engageaient Josèphe à reporter sur lui sa colère, Josèphe, qui avait décidé de ne tuer personne, ordonna à Lévi[1], un soldat de sa garde personnelle, de quitter l'embarcation pour aller couper les mains à Clitos. **643** Mais ce soldat, peu rassuré de descendre à terre tout seul au milieu d'une bande d'ennemis, refusa. Alors Clitos, qui voyait Josèphe fort mécontent sur sa barque et décidé à bondir lui-même pour aller le châtier, le supplia, de la berge, de lui laisser l'une de ses mains. **644** Quand Josèphe lui eut fait signe qu'il acceptait à condition qu'il s'en coupât une des deux lui-même, de la main droite Clitos tira son épée et se coupa la main gauche, tant Josèphe lui avait inspiré de crainte. **645** Ainsi donc avec des barques sans soldats et sept gardes du corps il fit prisonnier le peuple et ramena Tibériade sous son autorité. Mais lorsque peu de jours après il constata qu'elle avait fait de nouveau défection avec les Sepphoritains, il la livra au pillage des soldats. **646** Toutefois il rassembla tout le butin et le donna aux habitants. De même pour la population de Sepphoris : quand il l'eut soumise, il voulut lui donner une leçon en livrant la ville au pillage; puis, en lui rendant ses biens il regagna sa faveur.

Préparatifs de guerre à Jérusalem.

647 Ainsi avait été calmée l'agitation en Galilée, et, les troubles intérieurs une fois apaisés, on passa aux préparatifs de la guerre contre les Romains. **648** A Jérusalem, le grand-prêtre Anan et tous les hommes influents qui n'étaient pas pour les Romains s'employèrent à remettre en état le rempart et quantité de machines de guerre. **649** Dans toute la ville on forgeait traits et armures complètes. La classe

1. On retrouve ce personnage dans *Vita* 171 et 319. Avec Thackeray j'adopte l'orthographe brève Λευίς.

περὶ δὲ δισχιλίους τῶν ἀπὸ τοῦ δήμου συλλαβὼν ἀνήγαγεν σκάφεσιν εἰς Ταριχαίας.

642 Βοώντων δὲ τῶν λοιπῶν αἴτιον εἶναι μάλιστα τῆς ἀποστάσεως Κλεῖτόν τινα καὶ παρακαλούντων εἰς ἐκεῖνον ἀπερείδεσθαι τὴν ὀργήν, ὁ Ἰώσηπος ἀνελεῖν μὲν οὐδένα προῄρητο, Λευὶν δέ τινα τῶν ἑαυτοῦ φυλάκων ἐκέλευσεν ἐξελθεῖν, ἵνα ἀποκόψῃ τὰς χεῖρας τοῦ Κλείτου. 643 Δείσας δὲ ἐκεῖνος εἰς ἐχθρῶν στῖφος ἀποβήσεσθαι μόνος οὐκ ἔφη. Σχετλιάζοντα δὲ τὸν Ἰώσηπον ἐπὶ τοῦ σκάφους ὁ Κλεῖτος ὁρῶν καὶ προθυμούμενον αὐτὸν ἐπιπηδᾶν ἐπὶ τὴν τιμωρίαν ἱκέτευεν ἀπὸ τῆς ἀκτῆς τὴν ἑτέραν τῶν χειρῶν καταλιπεῖν. 644 Κἀκείνου κατανεύσαντος ἐφ' ᾧ τὴν ἑτέραν αὐτὸς ἀποκόψειεν ἑαυτοῦ, σπασάμενος τῇ δεξιᾷ τὸ ξίφος ἀπέκοψεν τὴν λαιάν· εἰς τοσοῦτον δέους ὑπὸ τοῦ Ἰωσήπου προήχθη. 645 Τότε μὲν δὴ κενοῖς σκάφεσιν καὶ δορυφόροις ἑπτὰ τὸν δῆμον αἰχμαλωτισάμενος πάλιν Τιβεριάδα προσηγάγετο, μετὰ δ' ἡμέρας ὀλίγας Σεπφωρίταις συναποστᾶσαν εὑρὼν ἐπέτρεψε μὲν διαρπάσαι τοῖς στρατιώταις, 646 συναγαγὼν μέντοι πάντα τοῖς δημόταις ἔδωκεν, τοῖς τε κατὰ Σέπφωριν ὁμοίως· καὶ γὰρ ἐκείνους χειρωσάμενος νουθετῆσαι διὰ τῆς ἁρπαγῆς ἠθέλησεν, τῇ δ' ἀποδόσει τῶν χρημάτων πάλιν εἰς εὔνοιαν προσηγάγετο.

647 Τὰ μὲν οὖν κατὰ Γαλιλαίαν ἐπέπαυτο κινήματα, καὶ τῶν ἐμφυλίων παυσάμενοι θορύβων ἐπὶ τὰς πρὸς Ῥωμαίους ἐτράποντο παρασκευάς, 648 ἐν δὲ τοῖς Ἱεροσολύμοις Ἄνανός τε ὁ ἀρχιερεὺς καὶ τῶν δυνατῶν ὅσοι μὴ τὰ Ῥωμαίων ἐφρόνουν τό τε τεῖχος ἐπεσκεύαζον καὶ πολλὰ τῶν πολεμιστηρίων ὀργάνων. 649 Καὶ διὰ πάσης μὲν τῆς πόλεως ἐχαλκεύετο βέλη καὶ πανοπλία,

645 4 εὑρών PA : ἑλὼν MLVRC *cum — repperisset* Lat. ‖ 646 2 post ὁμοίως add. καὶ τιβεριάδα VRC.

des jeunes était tout occupée à des exercices militaires désordonnés; tout était plein de tumulte. Mais grave était le découragement des modérés et bien des gens se lamentaient, qui prévoyaient les désastres prochains. **650** Il se produisit des signes divins [1] de mauvais augure pour les partisans de la paix, mais qui prenaient un aspect favorable aux yeux de ceux qui avaient déclanché la guerre. Bref, l'état de la ville, avant même l'attaque des Romains, était, autant dire, celui d'une ville sur le point de périr. **651** Cependant Anan songeait à se dégager peu à peu des préparatifs de guerre et à ramener à l'intérêt commun les factieux et la folie de ceux qu'on appelait « Zélotes [2] ». Mais il succomba à la violence et nous montrerons plus loin [3] quelle fin lui échut.

Les excès de Simon en Acrabatène et en Idumée.

652 Dans la toparchie d'Acrabatène [4], Simon, fils de Gioras [5], rassembla beaucoup de factieux et se livra au pillage non seulement en saccageant les maisons des riches, mais encore en maltraitant les personnes et dès ce moment là il sautait aux yeux qu'il commençait à exercer sa tyrannie. **653** Lorsque Anan et les autorités envoyèrent une armée contre lui, il s'enfuit avec sa bande chez les brigands de Masada et comme il y resta jusqu'à la mort d'Anan et de ses autres adversaires, il participait aux pillages de l'Idumée; **654** tant et si bien que les chefs de cette nation, en raison du nombre des victimes et des pillages incessants, levèrent une armée et munirent tous les villages d'une garnison. Telle était alors la situation de l'Idumée.

1. Cf. 1, 331-332.
2. Sur cette appellation, voir Jean Giblet, *Rev. Théol. de Louvain* 1974, p. 409-426.
3. *BJ* 4, 315-325.
4. *Supra* 235 et 568.
5. *Supra* 521.

πρὸς ἀτάκτοις δὲ γυμνασίαις τὸ τῶν νέων πλῆθος ἦν, καὶ μεστὰ πάντα θορύβου, δεινὴ δὲ κατήφεια τῶν μετρίων, καὶ πολλοὶ τὰς μελλούσας προορώμενοι συμφορὰς ἀπωλοφύροντο. **650** Θειασμοί τε τοῖς εἰρήνην ἀγαπῶσιν δύσφημοι, τοῖς δὲ τὸν πόλεμον ἐξάψασιν ἐσχεδιάζοντο πρὸς ἡδονήν, καὶ τὸ κατάστημα τῆς πόλεως πρὶν ἐπελθεῖν Ῥωμαίους ἦν οἷον ἀπολουμένης. **651** Ἀνάνῳ γε μὴν φροντὶς ἦν κατὰ μικρὸν ἀφισταμένῳ τῶν εἰς τὸν πόλεμον παρασκευῶν κάμψαι πρὸς τὸ συμφέρον τούς τε στασιαστὰς καὶ τὴν τῶν κληθέντων ζηλωτῶν ἀφροσύνην, ἡττήθη δὲ τῆς βίας, κἂν τοῖς ἑξῆς οἵου τέλους ἔτυχεν δηλώσομεν.

652 Κατὰ δὲ τὴν Ἀκραβατηνὴν τοπαρχίαν ὁ Γιώρα Σίμων πολλοὺς τῶν νεωτεριζόντων συστησάμενος ἐφ' ἁρπαγὰς ἐτράπετο καὶ οὐ μόνον τὰς οἰκίας ἐσπάρασσεν τῶν πλουσίων, ἀλλὰ καὶ τὰ σώματα κατῃκίζετο, δῆλός τε ἦν ἤδη πόρρωθεν ἀρχόμενος τυραννεῖν. **653** Πεμφθείσης δ' ἐπ' αὐτὸν ὑπ' Ἀνάνου καὶ τῶν ἀρχόντων στρατιᾶς, πρὸς τοὺς ἐν Μασάδᾳ λῃστὰς μεθ' ὧν εἶχεν κατέφυγεν, κἀκεῖ μέχρι τῆς Ἀνάνου καὶ τῆς τῶν ἄλλων ἐχθρῶν ἀναιρέσεως μένων συνελῄζετο τὴν Ἰδουμαίαν, **654** ὥστε τοὺς ἄρχοντας τοῦ ἔθνους διὰ τὸ πλῆθος τῶν φονευομένων καὶ τὰς συνεχεῖς ἁρπαγὰς στρατιὰν ἀθροίσαντας ἐμφρούρους τὰς κώμας ἔχειν. Καὶ τὰ μὲν κατὰ τὴν Ἰδουμαίαν ἐν τούτοις ἦν.

649 3 ἀτάκτοις : *iussis* (h.e. τακταῖς) Lat.

LIVRE III

LIVRE III

Inquiétude de Néron devant les événements de Judée.

1 Lorsque Néron apprit les revers subis en Judée il fut saisi, naturellement, d'une stupeur et d'une crainte secrètes, mais au dehors il affectait le dédain et la colère; **2** il disait que ces accidents étaient dus à la négligence des généraux plutôt qu'à la valeur des ennemis. Dans sa pensée, il se devait, pour la dignité de l'Empire, de traiter par le mépris les événements attristants et de montrer qu'il avait l'âme au-dessus de toute adversité. **3** Toutefois, le trouble de son âme se trahissait par des signes d'inquiétude lorsqu'il se demandait à qui confier l'Orient en état d'agitation; qui saurait châtier l'insurrection des Juifs et prévenir le mal chez les nations voisines déjà atteintes par la contagion.

Néron envoie Vespasien rétablir la situation.

4 Il ne trouva que le seul Vespasien qui fût à la hauteur de la tâche et capable d'affronter une guerre d'une telle ampleur; un homme qui avait blanchi dans les expéditions depuis sa jeunesse, qui avait jadis pacifié pour Rome l'Occident troublé par les Germains : par ses armes il lui avait ajouté la possession de la Bretagne, jusqu'alors inconnue,[1] **5** ce qui avait valu à Claude, père [2] de Néron, les honneurs du triomphe, sans labeur [3] de sa part.

1. Cette expédition de Vespasien en 43 fut le commencement de sa brillante carrière d'après Tacite, *Agr.* 13 et spécialement Suétone, *Vesp.* 4.

2. C'est-à-dire père adoptif, car Claude avait adopté Néron sous l'influence d'Agrippine (Cf. 2, 249).

3. Litt. « sueur ».

ΒΙΒΛΙΟΝ Γʹ

1 Νέρωνι δ' ὡς ἠγγέλη τὰ κατὰ τὴν Ἰουδαίαν πταίσματα, λεληθυῖα μὲν ὡς εἰκός ἔκπληξις ἐμπίπτει καὶ δέος, φανερῶς δ' ὑπερηφάνει καὶ προσωργίζετο, 2 στρατηγῶν μὲν ῥᾳστώνῃ μᾶλλον ἢ ταῖς τῶν πολεμίων ἀρεταῖς γεγονέναι τὰ συμβάντα λέγων, πρέπειν δ' ἡγούμενος ἑαυτῷ διὰ τὸν ὄγκον τῆς ἡγεμονίας κατασοβαρεύεσθαι τῶν σκυθρωπῶν καὶ δοκεῖν δεινοῦ παντὸς ἐπάνω τὴν ψυχὴν ἔχειν. 3 Διηλέγχετό γε μὴν ὁ τῆς ψυχῆς θόρυβος ὑπὸ τῶν φροντίδων σκεπτομένου τίνι πιστεύσει κινουμένην τὴν ἀνατολήν, ὃς τιμωρήσεται μὲν τὴν τῶν Ἰουδαίων ἐπανάστασιν, προκαταλήψεται δ' αὐτοῖς ἤδη καὶ τὰ πέριξ ἔθνη συννοσοῦντα.

4 Μόνον οὖν εὑρίσκει Οὐεσπασιανὸν ταῖς χρείαις ἀναλογοῦντα καὶ τηλικούτου πολέμου μέγεθος ἀναδέξασθαι δυνάμενον, ἄνδρα ταῖς ἀπὸ νεότητος στρατείαις ἐγγεγηρακότα καὶ προειρηνεύσαντα μὲν πάλαι Ῥωμαίοις τὴν ἑσπέραν ὑπὸ Γερμανῶν ταρασσομένην, προσκτησάμενον δὲ τοῖς ὅπλοις Βρεττανίαν τέως λανθάνουσαν, 5 ὅθεν αὐτοῦ καὶ τῷ πατρὶ Κλαυδίῳ παρέσχε χωρὶς ἱδρῶτος ἰδίου θρίαμβον καταγαγεῖν.

Testes PAMLVRC Lat. Hegesippus III, 1, p. 169, nisi et alii notentur.

2 1 στρατηγῶν PA : στρατηγοῦ MLVRC Lat. ‖ 3 2 σκεπτομένου PAMLVR Lat. et ut uid. Heg. σκεπτόμενος δὲ C. ‖ 4 1 μόνον οὖν A p.c. M Lat. Niese² : μόνον PA a.c. LVRC.

6 Trouvant ce passé de bon augure et considérant que la pondération de l'âge [1] accompagnait en lui l'expérience, que ses fils constituaient un gage très sûr de sa fidélité, que leur jeunesse en ferait l'instrument de l'intelligence de leur père, peut-être aussi sous l'impulsion de Dieu, qui préparait déjà le destin de l'Empire, **7** il envoie Vespasien prendre le commandement des troupes en Syrie, après l'avoir comblé, vu l'urgence de la situation, de toutes les flatteries et de tous les compliments que commandaient les nécessités de l'heure. **8** D'Achaïe, où il se trouvait avec Néron, Vespasien envoie son fils Titus à Alexandrie rappeler la quinzième légion. Quant à lui, il traverse l'Hellespont et arrive par terre en Syrie, où il rassemble les forces romaines et beaucoup de troupes alliées fournies par les rois voisins [2].

Vaines tentatives des Juifs contre Ascalon.

9 Les Juifs, après la défaite de Cestius, exaltés par leurs succès inespérés, n'étaient plus maîtres de leur ardeur et, comme attisés par la Fortune, ils poussaient la guerre plus avant. Ils rassemblèrent donc en toute hâte ce qu'ils avaient de plus combatif et foncèrent sur Ascalon. **10** C'est une ville ancienne, à cinq cent vingt stades [3] de Jérusalem et de tout temps détestée [4] des Juifs; aussi leur parut-elle alors plus à la portée que les autres pour leurs premières attaques. **11** Trois hommes éminents par la vigueur et l'intelligence dirigeaient l'expédition : Niger, de la Pérée, le Babylonien Silas [5] et Jean l'Essénien [6]. **12** Or Ascalon avait été solidement fortifiée, mais elle était presque dépourvue de secours : toute sa garnison se montait à une cohorte d'infanterie et une aile [7] de cavalerie, sous le commandement d'Antonius.

1. Vespasien, né en 9, avait alors 57 ans.
2. La Judée est ainsi soustraite au légat de Syrie, qui en prit ombrage (Tacite *Hist.* 2, 5).
3. Environ 92 kms. A vol d'oiseau, 70 kms.
4. Philon, *Legat* 205 témoigne de cette inimitié en parlant du « venin d'Ascalon ». Après l'affaire de Césarée, les Juifs avaient mis à feu et à sang, entre autres villes, Ascalon.

6 Ταῦτά τε δὴ προκληδονιζόμενος καὶ σταθερὰν μετ᾽ ἐμπειρίας τὴν ἡλικίαν ὁρῶν, μέγα δὲ πίστεως αὐτοῦ τοὺς υἱοὺς ὅμηρον καὶ τὰς τούτων ἀκμὰς χεῖρα τῆς πατρῴας συνέσεως, τάχα τι καὶ περὶ τῶν ὅλων ἤδη τοῦ θεοῦ προοικονομουμένου, 7 πέμπει τὸν ἄνδρα ληψόμενον τὴν ἡγεμονίαν τῶν ἐπὶ Συρίας στρατευμάτων, πολλὰ πρὸς τὸ ἐπεῖγον οἷα κελεύουσιν αἱ ἀνάγκαι μειλιξάμενός τε καὶ προθεραπεύσας. 8 Ὁ δ᾽ ἀπὸ τῆς Ἀχαΐας, ἔνθα συνῆν τῷ Νέρωνι, τὸν μὲν υἱὸν Τίτον ἀπέστειλεν ἐπ᾽ Ἀλεξανδρείας τὸ πέμπτον καὶ δέκατον ἐκεῖθεν ἀναστήσοντα τάγμα, περάσας δ᾽ αὐτὸς τὸν Ἑλλήσποντον πεζὸς εἰς Συρίαν ἀφικνεῖται, κἀκεῖ τάς τε Ῥωμαϊκὰς δυνάμεις συνήγαγε καὶ συχνοὺς παρὰ τῶν γειτνιώντων βασιλέων συμμάχους.

9 Ἰουδαῖοι δὲ μετὰ τὴν Κεστίου πληγὴν ἐπηρμένοι ταῖς ἀδοκήτοις εὐπραγίαις ἀκρατεῖς ἦσαν ὁρμῆς καὶ ὥσπερ ἐκριπιζόμενοι τῇ τύχῃ προσωτέρω τὸν πόλεμον ἐξῆγον· πᾶν γοῦν εὐθέως ὅσον ἦν μαχιμώτατον αὐτοῖς ἀθροισθέντες ὥρμησαν ἐπ᾽ Ἀσκάλωνα. 10 Πόλις ἐστὶν ἀρχαία τῶν Ἱεροσολύμων εἴκοσι πρὸς τοῖς πεντακοσίοις ἀπέχουσα σταδίους, ἀεὶ διὰ μίσους Ἰουδαίοις γεγενημένη, διὸ καὶ τότε ταῖς πρώταις ὁρμαῖς ἐγγίων ἔδοξεν. 11 Ἐξηγοῦντο δὲ τῆς καταδρομῆς τρεῖς ἄνδρες ἀλκήν τε κορυφαῖοι καὶ συνέσει, Νίγερ τε ὁ Περαΐτης καὶ ὁ Βαβυλώνιος Σίλας, πρὸς οἷς Ἰωάννης ὁ Ἐσσαῖος. 12 Ἡ δὲ Ἀσκάλων ἐτετείχιστο μὲν καρτερῶς, βοηθείας δὲ ἦν σχεδὸν ἔρημος· ἐφρουρεῖτο γὰρ ὑπό τε σπείρας πεζῶν καὶ ὑπὸ μιᾶς ἴλης ἱππέων, ἧς ἐπῆρχεν Ἀντώνιος.

6 2 μέγα Destinon : μετὰ codd. ‖ **8** 3 πέμπτον καὶ δέκατον Cardwell : πέμπτον καὶ τὸ δέκατον codd. Lat. uide infra 3, 65, Tacit. *Hist.* 5, 1, 3. ‖ **11** 2 συνέσει PA : σύνεσιν MLVRC. ‖ **12** 4 Ἀντώνιος LVRC : ἀντώνιος ἡγεμὼν (ὁ ἡγεμὼν P) PAM.

13 L'ardeur de ces Juifs leur fit accélérer la marche; ils arrivèrent donc comme s'ils étaient partis de tout près. **14** Antonius, à qui n'échappait plus l'imminence de leur attaque, fit sortir sa cavalerie; sans du tout s'émouvoir du nombre ni de l'audace de l'ennemi, il soutint vaillamment les premiers assauts et refoula les Juifs qui attaquaient les remparts. **15** Ces derniers, peu entraînés à la guerre, se trouvent en face d'adversaires bien entraînés, fantassins en face de cavaliers, en désordre en face de rangs serrés; contre des légionnaires équipés d'une armure complète, eux, avec leurs armures de fortune, commandés par l'impulsivité plus que par la réflexion, face à des ennemis disciplinés qui obéissent toujours au moindre signe, ils sont facilement en difficulté [1]. **16** Car dès que leurs premiers rangs eurent été bouleversés sous le choc de la cavalerie, ils firent volte-face ; se heurtant alors à ceux qui derrière eux attaquaient les remparts, ils se combattaient les uns les autres, jusqu'au moment où, ayant tous cédé aux charges des cavaliers, ils se dispersèrent à travers toute la plaine, qui était vaste et partout propice à la cavalerie [2]. **17** Cette circonstance qui avait favorisé les Romains fit que la tuerie des Juifs fut énorme. La cavalerie, en effet, devançait les fuyards, faisait demi-tour puis, fonçant dans ce tas de gens qui s'embarrassaient dans leur course, ils en tuaient un nombre infini. D'autres cavaliers encerclant d'autres groupes, par quelque endroit

1. En présence d'une tradition manuscrite qui hésite entre οἱ δὲ... πονοῦσιν ῥᾳδίως et τοῖς δὲ... πόνος ἦν ῥᾴδιος, Niese, suivi par Michel, adopte la première, Thackeray (« with hesitation ») la seconde. Outre que celle-ci représente la tradition des mss. généralement les plus autorisés et qu'elle s'accorde avec la vieille traduction latine, elle est conforme aux expressions militaires — et agonistiques (cf. Index du Bulletin Épigr. de L. et J. Robert) — où le substantif πόνος glorifie l'effort au combat.

2. Le succès d'Antonius est dû précisément au fait que les Juifs, dans ce combat, ne pouvaient compter sur de la cavalerie.

13 Οἱ μὲν οὖν πολὺ ταῖς ὁρμαῖς συντονώτερον ὁδεύσαντες ὡς ἐγγύθεν ὡρμημένοι καὶ δὴ παρῆσαν. 14 Ὁ δὲ Ἀντώνιος, οὐ γὰρ ἠγνόει μέλλουσαν ἔτι τὴν ἔφοδον αὐτῶν, προεξήγαγε τοὺς ἱππεῖς, καὶ οὐδὲν οὔτε πρὸς τὸ πλῆθος οὔτε τὴν τόλμαν ὑποδείσας τῶν πολεμίων καρτερῶς τὰς πρώτας ὁρμὰς ἀνεδέξατο καὶ τοὺς ἐπὶ τὸ τεῖχος ὡρμημένους ἀνέστειλεν. 15 Οἱ δὲ πρὸς ἐμπείρους πολέμων ἄπειροι καὶ πεζοὶ πρὸς ἱππεῖς, ἀσύντακτοί τε πρὸς ἡνωμένους καὶ πρὸς ὁπλίτας ἐξηρτυμένους εἰκαιότερον ὡπλισμένοι, θυμῷ τε πλέον ἢ βουλῇ στρατηγούμενοι πρὸς εὐπειθεῖς καὶ νεύματι πάντα πράττοντας ἀντιτασσόμενοι πονοῦσιν ῥᾳδίως· 16 ὡς γὰρ αὐτῶν ἅπαξ ἤδη συνεταράχθησαν αἱ πρῶται φάλαγγες ὑπὸ τῆς ἵππου τρέπονται, καὶ τοῖς κατόπιν αὐτῶν ἐπὶ τὸ τεῖχος βιαζομένοις περιπίπτοντες ἀλλήλων ἦσαν πολέμιοι, μέχρι πάντες ταῖς τῶν ἱππέων ἐμβολαῖς εἴξαντες ἐσκεδάσθησαν ἀνὰ πᾶν τὸ πεδίον· τὸ δὲ ἦν πολὺ καὶ πᾶν ἱππάσιμον. 17 Ὃ δὴ καὶ τοῖς Ῥωμαίοις συνεργῆσαν πλεῖστον εἰργάσατο τῶν Ἰουδαίων φόνον· τούς τε γὰρ φεύγοντας αὐτῶν φθάνοντες ἐπέστρεφον καὶ τῶν ὑπὸ τοῦ δρόμου συνειλουμένων διεκπαίοντες ἀπείρους ἀνῄρουν, ἄλλοι δὲ ἄλλους ὅπῃ τρέποιντο

13 1 ὁρμαῖς PAL p.c. : ὀργαῖς ML a.c. VRC *ira* Lat. ‖ 15 1-6 οἱ — ῥᾳδίως : *itaque iudaei quod cum peritioribus imperiti et pedites cum equitibus cum stipatis autem inordinati leuiterque armati cum instructis plusque indignationi quam consilio tribuentes cum morigeris et nutu rectoris omnia facientibus erant dimicaturi, facilis erat adversariis labor* Lat. ‖ οἱ LVRC Niese : τοῖς PAM Thackeray ‖ 2 ἄπειροι LVRC Niese : ἀπείροις PAM Thack. ‖ πεζοὶ LVRC Niese : πεζοῖς PA p.c. M Thack πεζοὺς A a.c. ‖ 3 ἀσύντακτοι LVRC Niese : ἀσυντάκτοις PAM Thack ‖ 4 ὡπλισμένοι LVRC Niese : ὡπλισμένοις PAM Thack. ‖ 5 στρατηγούμενοι PALVRC Niese : στρατηγουμένοις A γρ M Thack. ‖ 6 ἀντιτασσόμενοι LVRC Niese : ἀντιτασσομένοις PAM Thack. ‖ πονοῦσιν ῥᾳδίως VRC Niese : πόνος ἦν ῥᾴδιος PAM πόνοι ἦσαν ῥᾴδιοι L πόνος ἦν ῥᾳδίως ex PAM Destinon.

qu'ils prissent la fuite, galopaient autour d'eux et les abattaient facilement de leurs javelots. **18** Les Juifs, qui avaient pour eux le nombre, dans leur situation sans issue, se sentaient seuls, tandis que les Romains, au milieu de leurs succès, malgré leur petit nombre, avaient le sentiment d'être plus nombreux que les ennemis. **19** Comme les premiers se débattaient contre leurs revers autant par honte de s'enfuir trop vite que dans l'espoir d'un revirement, et que les autres ne se lassaient pas d'exploiter leur succès, le combat dura jusqu'au soir; tant et si bien que le nombre des Juifs tués s'éleva à une dizaine de mille, plus deux de leurs généraux : Jean et Silas. **20** Le reste, des blessés pour la plupart, se réfugièrent, avec le général survivant Niger, dans une petite ville d'Idumée appelée Sallis [1]. **21** Du côté des Romains, il n'y eut dans cette bataille rangée qu'un petit nombre de blessés.

22 Et pourtant, sous le coup d'une pareille défaite, les Juifs ne rabattirent rien de leur fierté et ce revers ne fit plutôt que réveiller leur audace. Négligeant les cadavres gisant à leurs pieds, ils se laissèrent leurrer par leurs succès antérieurs, pour aboutir à une seconde défaite. **23** Sans même laisser à leurs blessures le temps de guérir, ils rassemblèrent toutes leurs forces et retournèrent avec plus de fureur et plus nombreux encore à l'assaut d'Ascalon. **24** Or, avec leur inexpérience et leurs autres infériorités pour la guerre, la même Fortune que précédemment les suivait. **25** Comme Antonius avait dressé des embuscades sur leur chemin, ils tombèrent dans ses pièges par surprise et, encerclés par la cavalerie avant même de s'être rangés en bataille, ils perdirent cette fois plus de huit mille hommes; tous les autres s'enfuirent, y compris Niger qui, au cours de cette fuite, donna le

1. A. Schalit adopte la leçon de LRC, que favorisent à la fois la Septante Σαλη (B) Σελεϊμ (A) d'une part, et *shillim* de la Mishna et *shihliim* de la littérature rabbinique d'autre part. Il localise alors cette ville à proximité de Éleuthéropolis (Beth Gubrin) dans la partie de l'Idumée qui touche à la mer Morte.

κυκλούμενοι καὶ περιελαύνοντες κατηκόντιζον ῥᾳδίως. 18 Καὶ τοῖς μὲν Ἰουδαίοις τὸ ἴδιον πλῆθος ἐρημία παρὰ τὰς ἀμηχανίας κατεφαίνετο, Ῥωμαῖοι δ' ἐν ταῖς εὐπραγίαις, καίπερ ὄντες ὀλίγοι, τῶν πολεμίων καὶ περισσεύειν σφᾶς αὐτοὺς ὑπελάμβανον. 19 Καὶ τῶν μὲν προσφιλονεικούντων τοῖς πταίσμασιν αἰδοῖ τε φυγῆς ταχείας καὶ μεταβολῆς ἐλπίδι, τῶν δὲ μὴ κοπιώντων ἐν οἷς εὐτύχουν, παρέτεινεν ἡ μάχη μέχρι δείλης, ἕως ἀνῃρέθησαν μὲν μύριοι τῶν Ἰουδαίων τὸν ἀριθμὸν ἄνδρες καὶ δύο τῶν ἡγεμόνων, Ἰωάννης τε καὶ Σίλας· 20 οἱ λοιποὶ δὲ τραυματίαι τὸ πλέον σὺν τῷ περιλειπομένῳ τῶν ἡγεμόνων Νίγερι τῆς Ἰδουμαίας εἰς πολίχνην τινά, Σάλλις καλεῖται, συνέφυγον. 21 Ὀλίγοι δέ τινες καὶ τῶν Ῥωμαίων ἐπὶ τῆσδε τῆς παρατάξεως ἐτρώθησαν.

22 Οὐ μὴν οἱ Ἰουδαῖοι τηλικαύτῃ συμφορᾷ κατεστάλησαν τὰ φρονήματα, μᾶλλον δ' αὐτῶν τό πάθος ἤγειρε τὰς τόλμας, ὑπερορῶντές τε τοὺς ἐν ποσὶ νεκροὺς ἐδελεάζοντο τοῖς προτέροις κατορθώμασιν ἐπὶ πληγὴν δευτέραν. 23 Διαλιπόντες γοῦν οὐδ' ὅσον ἰάσασθαι τὰ τραύματα καὶ τὴν δύναμιν πᾶσαν ἐπισυλλέξαντες ὀργιλώτερον καὶ πολλῷ πλείους ἐπαλινδρόμουν ἐπὶ τὴν Ἀσκάλωνα. 24 Παρείπετο δ' αὐτοῖς μετά τε τῆς ἀπειρίας καὶ τῶν ἄλλων πρὸς πόλεμον ἐλασσωμάτων ἡ προτέρα τύχη· 25 τοῦ γὰρ Ἀντωνίου τὰς παρόδους προλοχίσαντος ἀδόκητοι ταῖς ἐνέδραις ἐμπεσόντες καὶ ὑπὸ τῶν ἱππέων πρὶν εἰς μάχην συντάξασθαι κυκλωθέντες, πάλιν πίπτουσι μὲν ὑπὲρ ὀκτακισχιλίους, οἱ λοιποὶ δὲ πάντες ἔφυγον, σὺν οἷς καὶ Νίγερ, πολλὰ

18 3 τῶν πολεμίων Thack : τῷ πολέμῳ codd. Niese [2] ‖ **20** 3 Σάλλις M marg. LRC Schalit : χάαλλις P χαάλλις σ suppletum A χαάλις M ἢ σάλλις V *challis* Lat. ‖ **22** 4 προτέροις LVRC : προγενεστέροις PAM.

spectacle de maintes prouesses. Talonnés par les ennemis, ils sont poussés dans une tour fortifiée du village appelé Belzédec [1]. **26** Les soldats d'Antonius, ne voulant ni gaspiller leurs forces autour de cet ouvrage trop difficile à prendre, ni laisser échapper vif le chef et le plus vaillant de leurs ennemis, mettent le feu à la muraille. **27** Une fois que la tour flambe, les Romains se retirent, tout à la joie que Niger ait péri. Mais lui, qui avait sauté en bas dans le souterrain le plus reculé de la forteresse, échappe aux flammes. Trois jours après, alors que des Juifs en pleurs le cherchaient pour lui donner une sépulture, voilà qu'il fait entendre sa voix. **28** Quand il sortit [2], il remplit tous les Juifs d'une joie inespérée, car ils se disaient que la Providence divine leur avait sauvé un chef pour les luttes à venir [3].

Accueil chaleureux de Sepphoris à Vespasien.

29 Vespasien avec ses troupes quitta Antioche, capitale de la Syrie. Cette ville, tant par son étendue que par sa prospérité, tient sans conteste la troisième place [4] dans le monde soumis aux Romains. Il y avait rencontré le roi Agrippa qui, avec toute l'armée dont il disposait personnellement, était venu attendre son arrivée. Vespasien se hâta de gagner Ptolémaïs. **30** Près de cette ville vinrent à sa rencontre les habitants de Sepphoris en Galilée, les seuls de la région qui fussent dans des dispositions pacifiques. **31** Soucieux de leur propre sûreté et déjà conscients de la force des Romains, bien avant l'arrivée de Vespasien ils avaient donné des gages à Caesennius Gallus, obtenu des garanties et reçu une garnison [5] **32** A cette heure, ils firent au général en chef un accueil chaleureux et lui promirent leur

1. La localité précise est inconnue.
2. Voir App. XIV.
3. Niger sera tué par les Zélotes au cours du siège de Jérusalem : 4, 359-362.
4. Après Rome et Alexandrie.
5. D'après *Vita* 394, c'est à la demande des Sepphoritains que Cestius leur envoya une garnison.

κατὰ τὴν φυγὴν εὐτολμίας ἐπιδειξάμενος ἔργα, συνελαύνονταί ⟨τε⟩ προσκειμένων τῶν πολεμίων εἴς τινα πύργον ὀχυρὸν κώμης Βελζεδὲκ καλουμένης. **26** Οἱ δὲ περὶ τὸν Ἀντώνιον, ὡς μήτε τρίβοιντο περὶ τὸν πύργον ὄντα δυσάλωτον μήτε ζῶντα τὸν ἡγεμόνα καὶ γενναιότατον τῶν πολεμίων περιίδοιεν, ὑποπιμπρᾶσι τὸ τεῖχος. **27** Φλεγομένου δὲ τοῦ πύργου Ῥωμαῖοι μὲν ἀναχωροῦσι γεγηθότες ὡς διεφθαρμένου καὶ Νίγερος, ὁ δὲ εἰς τὸ μυχαίτατον τοῦ φρουρίου σπήλαιον καταπηδήσας ἐκ τοῦ πυρὸς διασώζεται, καὶ μεθ' ἡμέρας τρεῖς τοῖς μετ' ὀλοφυρμοῦ πρὸς κηδείαν αὐτὸν ἐρευνῶσιν ὑποφθέγγεται. **28** Προελθὼν δὲ χαρᾶς ἀνελπίστου πάντας ἐπλήρωσεν Ἰουδαίους ὡς προνοίᾳ θεοῦ σωθεὶς αὐτοῖς στρατηγὸς εἰς τὰ μέλλοντα.

29 Οὐεσπασιανὸς δὲ τὰς δυνάμεις ἀναλαβὼν ἐκ τῆς Ἀντιοχείας, ἣ μητρόπολίς ἐστι τῆς Συρίας, μεγέθους τε ἕνεκα καὶ τῆς ἄλλης εὐδαιμονίας τρίτον ἀδηρίτως ἐπὶ τῆς ὑπὸ Ῥωμαίοις οἰκουμένης ἔχουσα τόπον, ἔνθα μετὰ πάσης τῆς ἰδίας ἰσχύος ἐκδεχόμενον αὐτοῦ τὴν ἄφιξιν καὶ Ἀγρίππαν τὸν βασιλέα κατειλήφει, ἐπὶ Πτολεμαΐδος ἠπείγετο. **30** Καὶ κατὰ ταύτην ὑπαντῶσιν αὐτῷ τὴν πόλιν οἱ τῆς Γαλιλαίας Σέπφωριν νεμόμενοι, μόνοι τῶν τῇδε εἰρηνικὰ φρονοῦντες· **31** οἳ καὶ τῆς ἑαυτῶν σωτηρίας καὶ τῆς Ῥωμαίων ἰσχύος οὐκ ἀπρονόητοι πρὶν ἀφικέσθαι Οὐεσπασιανὸν Καισεννίῳ Γάλλῳ πίστεις τε ἔδοσαν καὶ δεξιὰς ἔλαβον καὶ παρεδέξαντο φρουράν. **32** Τότε γε μὴν φιλοφρόνως ἐκδεξάμενοι τὸν ἡγεμόνα προθύμως σφᾶς

25 6-7 συνελαύνονταί τε ex *et—compelluntur* Lat. Destinon : συνελαύνονται PA συνελαύνεται L συνελαύνονται δ' οὖν MRC συνελαύνονται οὖν V. ‖ **27** 4 πυρὸς coni. Destinon et Niese : πύργου codd. ‖ **31** 2-3 Καισεννίῳ Niese : καὶ σεντίω PA κεσσεννίω τῶ L κεστίω MVRC *cestio* cod. Vat. *sentio* cod. Berol. Lat. *caesentio* Heg. cf. 2, 510.

concours empressé contre leurs compatriotes. **33** Sur leur demande le général leur accorda pour le moment autant de cavaliers et de fantassins qu'il estimait nécessaire pour résister aux incursions, au cas où les Juifs causeraient le moindre trouble. **34** Dans sa pensée, en effet, la perte de Sepphoris ne comporterait pas un mince danger dans la poursuite de la guerre, car c'était la plus grande ville de la Galilée; de plus ses remparts étaient adossés à un emplacement déjà très fort et elle serait un poste de surveillance sur toute la population juive.

Description de la Galilée.

35 Il y a deux Galilées, respectivement appelées la Haute et la Basse. Elles sont entourées par la Phénicie et la Syrie. A l'Occident elles sont délimitées par les confins du territoire de Ptolémaïs et par le Carmel, montagne appartenant autrefois aux Galiléens, et maintenant aux Tyriens. **36** Au Carmel confine Gaba [1] « ville des cavaliers », ainsi dénommée du fait que les cavaliers licenciés par le roi Hérode s'y sont établis. **37** Au Sud la limite en est la Samarie et Scythopolis, jusqu'aux eaux du Jourdain. A l'Orient, elle est limitée par les territoires d'Hippos, de Gadara et de la Gaulanitide. De ce côté, c'est la frontière du royaume d'Agrippa. **38** Au Nord, la Galilée est limitée par Tyr et le territoire des Tyriens. Ce qu'on appelle « la Basse Galilée » s'étend en longueur de Tibériade à Chaboulon, dont est voisine Ptolémaïs sur le littoral; **39** en largeur [2], elle s'étend depuis le village appelé Xaloth [3], situé dans la Grande Plaine, jusqu'à Bersabé, où commence la Haute-Galilée, qui s'étend en largeur jusqu'au village de Baka. **40**

1. Cf. 2, 459, *Vita* 115, 117, 118; *AJ* 15, 294. Pline, *HN* 5, 19 : Iebba.

2. La longueur de la Basse Galilée est donnée d'Est en Ouest; sa largeur du Sud au Nord. — Baka, auj. el Buqei'a, Abel, p. 261.

3. Cf. *Vita* 227. A. Schalit, avec PAL et les Rabbins, écrit 'Εξαλώθ.

αὐτοὺς ὑπέσχοντο κατὰ τῶν ὁμοφύλων συμμάχους·
33 οἷς ὁ στρατηγὸς ἀξιώσασι τέως πρὸς ἀσφάλειαν
ἱππεῖς τε καὶ πεζοὺς παραδίδωσιν ὅσους ἀνθέξειν ταῖς
καταδρομαῖς, εἴ τι Ἰουδαῖοι παρακινοῖεν, ὑπελάμβανεν·
34 καὶ γὰρ οὐ μικρὸν ἐδόκει τὸ κινδύνευμα πρὸς
τὸν μέλλοντα πόλεμον ἀφαιρεθῆναι τὴν Σέπφωριν,
μεγίστην μὲν οὖσαν τῆς Γαλιλαίας πόλιν, ἐρυμνοτάτῳ
δ' ἐπιτετειχισμένην χωρίῳ καὶ φρουρὰν ὅλου τοῦ ἔθνους
ἐσομένην.

35 Δύο δ' οὔσας τὰς Γαλιλαίας, τήν τε ἄνω καὶ
τὴν κάτω προσαγορευομένην, περιίσχει μὲν ἡ Φοινίκη
τε καὶ Συρία, διορίζει δ' ἀπὸ μὲν δύσεως ἡλίου Πτολε-
μαῒς τοῖς τῆς χώρας τέρμασι καὶ Κάρμηλος, τὸ πάλαι
μὲν Γαλιλαίων, νῦν δὲ Τυρίων ὄρος· 36 ᾧ προσίσχει
Γάβα, πόλις ἱππέων, οὕτω προσαγορευομένη διὰ τὸ
τοὺς ὑφ' Ἡρώδου βασιλέως ἀπολυομένους ἱππεῖς ἐν
αὐτῇ κατοικεῖν· 37 ἀπὸ δὲ μεσημβρίας Σαμαρεῖτίς
τε καὶ Σκυθόπολις μέχρι τῶν Ἰορδάνου ναμάτων. Πρὸς
ἕω δ' Ἱππηνῇ τε καὶ Γαδάροις ἀποτέμνεται καὶ τῇ
Γαυλανίτιδι· ταύτῃ καὶ τῆς Ἀγρίππα βασιλείας ὅροι.
38 Τὰ προσάρκτια δ' αὐτῆς Τύρῳ τε καὶ τῇ Τυρίων
χώρᾳ περατοῦται. Καὶ τῆς μὲν κάτω καλουμένης Γαλι-
λαίας ἀπὸ Τιβεριάδος μέχρι Ζαβουλών, ἧς ἐν τοῖς
παραλίοις Πτολεμαῒς γείτων, τὸ μῆκος ἐκτείνεται.
39 Πλατύνεται δ' ἀπὸ τῆς ἐν τῷ μεγάλῳ πεδίῳ κει-
μένης κώμης, Ξαλὼθ καλεῖται, μέχρι Βηρσάβης, ἣ
καὶ τῆς ἄνω Γαλιλαίας εἰς εὖρος ἀρχὴ μέχρι Βακὰ

36 2 Γάβα ex AJ 15, 294, *Vita* 115 et *gaba* Lat., Schalit : γαβαὰ PAM γάβλα M mg. γάβαλα LC γαβλαα VR *gabaa* Heg. ‖ **37** 3-4 τῇ Γαυλανίτιδι MLVR Schalit : τῇ γαυλωνίτιδι PA ἡ γαυλανίτις C ‖ **38** 3 Ζαβουλὼν (-λῶν P) ἧς PA Schalit : χαβουλών, ἧς M ζαβουλών//L χαβουλώνης VRC cf. *supra* 2, 503. ‖ **39** 2 Ξαλώθ MRC Heg. Thack. : ἐξαλὼθ PAL ξανλὼθ V *salothi* Lat. ἡ ξαλὼθ Hudson cf. *Vita* 227.

Ce village borne le territoire des Tyriens. **40** En longueur, la Haute Galilée va de Thella [1], village proche du Jourdain, jusqu'à Méroth [2].

41 Avec une étendue si limitée, et entourées de tant de nations étrangères, les deux Galilées ont résisté à toute une série d'agressions, **42** car les Galiléens ont toujours été vaillants au combat dès l'enfance et toujours nombreux; la poltronnerie n'a jamais affecté les hommes, ni le manque d'hommes le pays : le sol y est partout si fertile, si riche en pâturages, tout planté d'arbres si variés que l'homme qui n'aurait pas le moindre goût pour le travail de la terre y serait incité par ces facilités. **43** Aussi le sol a-t-il été exploité par ses habitants sur toute son étendue, sans qu'aucune parcelle restât en friche; mais en outre les villes y sont rapprochées, et la population des villages est partout d'une densité élevée, en raison de la fertilité du sol, si bien que la moindre ville compte plus de quinze mille habitants [3].

Description de la Pérée.

44 Bref tout en reconnaissant que la Galilée est inférieure en étendue à la Pérée [4], on la lui préférera pour ses ressources, car elle est tout entière en exploitation et partout également fertile, tandis que la Pérée, bien plus vaste, est en majeure partie déserte et rocailleuse, trop sauvage pour faire prospérer des fruits cultivés **45** (pourtant, là où la terre est meuble elle est très fertile, ses plaines sont plantées d'arbres divers, on y cultive surtout l'olivier, la vigne et le palmier). Elle est arrosée par les torrents qui descendent des montagnes et par des sources pérennes, qui suffisent dans les cas où ces torrents sont taris par la canicule. **46** Sa longueur s'étend de Machéronte [5] à Pella, sa largeur de Philadelphie au Jourdain. **47** Au Nord elle est bornée par Pella, déjà nommée,

1. Auj. et-Teleil (Abel, p. 481).
2. Cf. 2, 573. Méron à environ 5 km. au Sud de Gischala.

κώμης· αὕτη δὲ τὴν Τυρίων γῆν ὁρίζει. **40** Μηκύνεται δὲ μέχρι Μηρὼθ ἀπὸ Θελλᾶ κώμης Ἰορδάνου γείτονος.

41 Τηλικαῦται δ' οὖσαι τὸ μέγεθος καὶ τοσούτοις ἔθνεσιν ἀλλοφύλοις κεκυκλωμέναι πρὸς πᾶσαν ἀεὶ πολέμου πεῖραν ἀντέσχον· **42** μάχιμοί τε γὰρ ἐκ νηπίων καὶ πολλοὶ Γαλιλαῖοι πάντοτε, καὶ οὔτε δειλία ποτὲ τοὺς ἄνδρας οὔτε λιπανδρία τὴν χώραν κατέσχεν, ἐπειδὴ πίων τε πᾶσα καὶ εὔϐοτος καὶ δένδρεσι παντοίοις κατάφυτος, ὡς ὑπὸ τῆς εὐπετείας προκαλέσασθαι καὶ τὸν ἥκιστα γῆς φιλόπονον. **43** Προσησκήθη γοῦν ὑπὸ τῶν οἰκητόρων πᾶσα, καὶ μέρος αὐτῆς ἀργὸν οὐδέν, ἀλλὰ καὶ πόλεις πυκναὶ καὶ τὸ τῶν κωμῶν πλῆθος πανταχοῦ πολυάνθρωπον διὰ τὴν εὐθηνίαν, ὡς τὴν ἐλαχίστην ὑπὲρ πεντακισχιλίους πρὸς τοῖς μυρίοις ἔχειν οἰκήτορας.

44 Καθόλου δ', εἰ καὶ τῷ μεγέθει τις ἐλαττώσειε τῆς Περαίας τὴν Γαλιλαίαν, προέλοιτο δ' ἂν τῇ δυνάμει· ἡ μὲν γὰρ ἐνεργὸς ὅλη καὶ συνεχές ἐστιν καρποφόρος, ἡ Περαία δὲ πολὺ μὲν μείζων, ἔρημος δὲ καὶ τραχεῖα τὸ πλέον, πρός τε καρπῶν ἡμέρων αὔξησιν ἀγριωτέρα **45** (τό γε μὴν μαλθακὸν αὐτῆς καὶ πάμφορον, καὶ τὰ πεδία δένδρεσι ποικίλοις κατάφυτα τὸ πλεῖστόν [τε] ἐλαίαν τε καὶ ἄμπελον καὶ φοινικῶνας ἤσκηται) διαρδομένη χειμάρροις τε τοῖς ἀπὸ τῶν ὀρῶν καὶ πηγαῖς ἀεννάοις ἅλις, εἴ ποτ' ἐκεῖνοι σειρίῳ φθίνοιεν. **46** Μῆκος μὲν [οὖν] αὐτῆς ἀπὸ Μαχαιροῦντος εἰς Πέλλαν, εὖρος δ' ἀπὸ Φιλαδελφείας μέχρι Ἰορδάνου. **47** Καὶ Πέλλῃ μέν, ἣν προειρήκαμεν, τὰ πρὸς ἄρκτον ὁρίζεται, πρὸς ἑσπέραν δὲ Ἰορδάνῃ· μεσημϐρινὸν δ' αὐτῆς πέρας

44 2 προέλοιτ' ἂν Bekker Niese[2] ‖ 3 συνεχές Destinon : συνεχής codd. *assidue* Lat. ‖ **45** 2 τε PA δὲ MVRC om. L Niese[2] ‖ 3 ἐλαίαν PA : εἰς ἐλαίαν MLVRC ‖ τε LVRC Niese[2] : om. PAM. ‖ **46** 2 οὖν MVRC : om. PAL.

et au couchant par le Jourdain. Sa frontière méridionale est le pays de Moab. A l'Orient, elle est limitée par l'Arabie et l'Hesbonitide [1], puis par Philadelphie et Gérasa.

Description de la Samarie et de la Judée.

48 La province de Samarie est située entre la Galilée et la Judée. Elle commence, en effet, dans la Grande Plaine au village nommé Génea [2] et finit à la toparchie d'Acrabatène [3]. Au point de vue des caractéristiques naturelles, elle ne diffère en rien de la Judée. **49** L'une et l'autre, en effet, comportent montagnes et plaines, ont une terre meuble pour le labour, sont fertiles, boisées, regorgent tant de fruits de montagne que de fruits cultivés; presque nulle part elles ne sont naturellement sujettes à la sécheresse; elles reçoivent, au contraire, des pluies abondantes. **50** L'eau y a partout une saveur exquise et l'abondance d'excellents pâturages fait que les troupeaux donnent plus de lait qu'ailleurs. La meilleure preuve, en tout cas, de leur excellence et de leur prospérité est la densité de leur population respective.

51 Sur la frontière des deux pays se trouve le village appelé Anouath Borcéos [4]. Il constitue la limite septentrionale de la Judée, dont la frontière méridionale, à mesurer le pays dans sa longueur [5], est constituée par un village jouxtant la frontière des Arabes et que les Juifs de l'endroit appellent Jardan [6]. En largeur la Judée se déploie du fleuve du Jourdain à Joppé. **52** La ville de Jérusalem est située tout à fait au centre, c'est pourquoi d'aucuns appellent, non sans raison, cette cité l'ombilic [7] du pays. **53** La Judée n'est pas privée non plus des avantages de la mer, puisqu'elle se prolonge sur le littoral jusqu'à Ptolémaïs [8]. **54** Elle se divise en onze districts [1];

1. « Il s'agit sûrement du territoire d'Hesbon, ailleurs (*AJ* 12, 233; 15, 294) appelé 'Εσσεβωνῖτις (latin : *Sebonitis*) Cf. plus haut 2, 458 ». Reinach.

2. Géma de 2, 232 et *AJ* 20, 118; identifiée avec le moderne lieudit Dschenin au Sud de la Grande Plaine d'Esdrélon.

3. Au S.-E. de Sichem-Naplouse.

ἡ Μωαβῖτις, καὶ πρὸς ἀνατολὴν Ἀραβίᾳ τε καὶ Σεβωνίτιδι, πρὸς δὲ Φιλαδελφηνῇ καὶ Γεράσοις ἀποτέμνεται.

48 Ἡ δὲ Σαμαρεῖτις χώρα μέση μὲν τῆς Γαλιλαίας ἐστὶ καὶ τῆς Ἰουδαίας· ἀρχομένη γὰρ ἀπὸ τῆς ἐν τῷ [μεγάλῳ] πεδίῳ κειμένης Γιναίας ὄνομα κώμης ἐπιλήγει τῆς Ἀκραβετηνῶν τοπαρχίας· φύσιν δὲ τῆς Ἰουδαίας κατ' οὐδὲν διάφορος. 49 Ἀμφότεραι γὰρ ὀρειναὶ καὶ πεδιάδες, εἴς τε γεωργίαν μαλθακαὶ καὶ πολύφοροι, κατάδενδροί τε καὶ ὀπώρας ὀρεινῆς καὶ ἡμέρου μεσταί, παρ' ὅσον οὐδαμοῦ φύσει διψάδες, ὕονται δὲ τὸ πλέον· 50 γλυκὺ δὲ νᾶμα πᾶν διαφόρως ἐν αὐταῖς, καὶ διὰ πλῆθος πόας ἀγαθῆς τὰ κτήνη πλέον ἢ παρ' ἄλλοις γαλακτοφόρα. Μέγιστόν γε μὴν τεκμήριον ἀρετῆς καὶ εὐθηνίας τὸ πληθύειν ἀνδρῶν ἑκατέραν.

51 Μεθόριος δ' αὐτῶν ἡ Ἀνουάθου Βόρκαιος προσαγορευομένη κώμη· πέρας αὕτη τῆς Ἰουδαίας τὰ πρὸς βορέαν, τὰ νότια δ' αὐτῆς ἐπὶ μῆκος μετρουμένης ὁρίζει προσκυροῦσα τοῖς Ἀράβων ὅροις κώμη, καλοῦσι δ' αὐτὴν Ἰαρδὰν οἱ τῇδε Ἰουδαῖοι. Εὖρός γε μὴν ἀπὸ Ἰορδάνου ποταμοῦ μέχρις Ἰόππης ἀναπέπταται. 52 Μεσαιτάτη δ' αὐτῆς πόλις τὰ Ἱεροσόλυμα κεῖται, παρ' ὃ καί τινες οὐκ ἀσκόπως ὀμφαλὸν τὸ ἄστυ τῆς χώρας ἐκάλεσαν. 53 Ἀφῄρηται δ' οὐδὲ τῶν ἐκ θαλάσσης τερπνῶν ἡ Ἰουδαία τοῖς παραλίοις κατατείνουσα μέχρι Πτολεμαΐδος. 54 Μερίζεται δ' εἰς

47 4-5 Σεβωνίτιδι duce Schürer Schalit : σιλωνίτιδι PAL p.c. σιλβωνίτιδι ML a.c. C σιβωνίδι (δι ex δη V p.c.) VR *selbonitide* Lat. ‖ 5 Γεράσοις VR : γεράροις PAMLC *gerasidis* Lat. ‖ **48** 3 μεγάλῳ MVRC : om PAL ‖ Γιναίας C Schalit : γηνεὼς PA γηνεὸς M γηνέας LVR *genamae* aut *genaniae* Lat. *eleas* uel *aeleas* (nom.) Heg. Γήμαν 2, 232 Γιναῆς AJ 20, 118 ‖ **49** 4 διψάδες PAML : δαψιλὲς M mg VRC. ‖ **51** 5 Ἰαρδὰν οἱ C Schalit : ἰορδὰν οἱ PAMLp.c. ορδὰν οἱ sic La.c. ἰόρδανοι (ό ex ά in ras. corr., οι in ras. V) VR *iordani* (dat.) Heg.

en tête le district royal de Jérusalem, qui domine tout le pays environnant comme la tête domine le corps. Les autres villes, après elle, se partagent les différentes toparchies : Gophna au second rang, **55** et après elle Acrabeta, Thamna, après lesquelles Lydda, Ammaüs, puis Pella [2], Idumée, Engaddi, Hérodion et Jéricho; **56** ensuite Jammia [3] et Joppé qui gouvernent les localités environnantes, puis la Gamalitique, la Gaulanitide, la Batanée et la Trachonitide, qui sont en outre des divisions du royaume d'Agrippa.

Le royaume d'Agrippa.

57 Le territoire de ce royaume commence à la chaîne du Liban et aux sources du Jourdain pour s'étendre en largeur [4] jusqu'au lac de Tibériade et, en longueur [5], du village appelé Arphas [6] jusqu'à Julias [7]. Il est habité par une population mêlée, de Juifs et de Syriens. **58** Nous avons ainsi fait connaître aussi brièvement que possible la configuration du pays des Juifs et des régions environnantes.

La garnison romaine de Sepphoris dévaste la Galilée [8].

59 Les troupes de secours envoyées par Vespasien aux habitants de Sepphoris, mille cavaliers et six mille fantassins, sous le commandement du tribun Placidus, une fois leur camp établi dans la Grande Plaine, se séparent : l'infanterie cantonne en ville pour en assurer la garde, la cavalerie au camp. **60** A partir de ces deux bases ils faisaient de fréquentes sorties et leurs incursions à travers toute la campagne environnante causaient de graves dommages aux troupes de Josèphe [9]. Quand celles-ci restaient dans les villes sans bouger, les Romains pillaient à l'extérieur, et chaque fois qu'elles avaient l'audace de faire une sortie, ils les repous-

9. C'est peut-être pourquoi Josèphe semble avoir particulièrement remarqué ce tribun militaire. Cf. Index *s.v.*

ἕνδεκα κληρουχίας, ὧν ἄρχει μὲν βασίλειον τὰ Ἱεροσόλυμα προανίσχουσα τῆς περιοίκου πάσης ὥσπερ ἡ κεφαλὴ σώματος· αἱ λοιπαὶ δὲ μετ' αὐτὴν διῄρηνται τὰς τοπαρχίας, **55** Γόφνα δευτέρα καὶ μετὰ ταύτην Ἀκράβετα, Θάμνα πρὸς ταύταις καὶ Λύδδα, Ἀμμαοῦς καὶ Πέλλη καὶ Ἰδουμαία καὶ Ἐνγαδδαὶ καὶ Ἡρώδειον καὶ Ἱεριχοῦς· **56** μεθ' ἃς Ἰάμνεια καὶ Ἰόππη τῶν περιοίκων ἀφηγοῦνται, κἀπὶ ταύταις ἥ τε Γαμαλιτικὴ καὶ Γαυλανῖτις Βαταναία τε καὶ Τραχωνῖτις, αἳ καὶ τῆς Ἀγρίππα βασιλείας εἰσὶ μοῖραι.

57 Ἀρχομένη δὲ ἀπὸ Λιβάνου ὄρους καὶ τῶν Ἰορδάνου πηγῶν ἡ χώρα μέχρι τῆς πρὸς Τιβεριάδι λίμνης εὐρύνεται, ἀπὸ δὲ κώμης καλουμένης Ἀρφᾶς μέχρις Ἰουλιάδος ἐκτείνεται τὸ μῆκος. Οἰκοῦσι δ' αὐτὴν μιγάδες Ἰουδαῖοί τε καὶ Σύροι. **58** Τὰ μὲν δὴ περὶ τῆς Ἰουδαίων τε καὶ πέριξ χώρας ὡς ἐνῆν μάλιστα συντόμως ἀπηγγέλκαμεν.

59 Ἡ δ' ὑπὸ Οὐεσπασιανοῦ πεμφθεῖσα Σεπφωρίταις βοήθεια, χίλιοι μὲν ἱππεῖς ἑξακισχίλιοι δὲ πεζοί, Πλακίδου χιλιαρχοῦντος αὐτῶν, ἐν τῷ μεγάλῳ πεδίῳ στρατοπεδευσάμενοι διαιροῦνται, καὶ τὸ μὲν πεζὸν ἐν τῇ πόλει πρὸς φυλακὴν αὐτῆς, τὸ δ' ἱππικὸν ἐπὶ τῆς παρεμβολῆς αὐλίζεται. **60** Προϊόντες δὲ ἑκατέρωθεν συνεχῶς καὶ τὰ πέριξ τῆς χώρας κατατρέχοντες μεγάλα τοὺς περὶ τὸν Ἰώσηπον ἐκάκουν, ἀτρεμοῦντάς τε κατὰ πόλεις ἔξωθεν ληζόμενοι καὶ προθέοντας ὁπότε θαρρή-

54 2 ἄρχει L a.c. VRC : ἀρχὴ PAML p.c. ‖ βασίλειον PAL : ὡς βασίλειον MVRC, spurium putat Destinon ‖ 4 διῄρηνται codd. : κατὰ « fort. omisso » : Thack. ‖ **57** 2 πρὸς Τιβεριάδι Niese πρὸς τιβεριάδα PAML τιβεριάδος VRC Heg. *tiberiadi proximum (lacum)* Lat. ‖ **60** 3 ἀτρεμοῦντάς τε κατὰ πόλεις Niese : ἀτρεμοῦντα τάς τε πόλεις PAMLC ἀτρεμοῦντας τά τε κατὰ πόλεις V ἀτρεμοῦντα/τάς τε κατὰ πόλιν R ἀτρεμοῦντας τά τε κατὰ πόλιν ex cod. Voss. Hudson ἀτρεμούντων τε τὰς πόλεις Destinon.

saient. **61** Josèphe, en tout cas, attaqua[1], dans l'espoir de la prendre, cette ville que lui-même, avant qu'elle trahît la cause des Galiléens, avait fortifiée pour qu'elle fût imprenable, même pour les Romains. Aussi fut-il déçu dans son espérance quand il constata qu'il était trop faible pour avoir raison des Sepphoritains que ce soit par la force ou par la persuasion. **62** Il ne fit même qu'exciter davantage la guerre à travers le pays : les Romains, furieux de son offensive, ne cessèrent ni jour ni nuit de ravager les campagnes, de piller les propriétés rurales, toujours en massacrant ceux qui pouvaient porter les armes et en réduisant en esclavage les moins vigoureux. **63** La Galilée tout entière était à feu et à sang; il n'est pas de souffrance, pas de calamité qu'elle n'ait connues, car le seul refuge des populations pourchassées était les villes que Josèphe avait fortifiées.

Jonction de Titus et de Vespasien à Ptolémaïs.

64 Quant à Titus[2], après sa traversée d'Achaïe à Alexandrie, plus rapide qu'on ne s'y fût attendu en mauvaise saison, il prit le commandement de l'armée qu'on lui avait assignée et, à marches forcées, arriva rapidement à Ptolémaïs.

Dénombrement de l'armée romaine.

65 Là il trouve son père avec ses deux légions — c'était les plus illustres — la cinquième[3] et la dixième, et il y adjoint la quinzième, qu'il venait d'amener. **66** A la suite de ces unités venaient dix-huit cohortes[4]; vinrent encore s'y ajouter, de Césarée, cinq cohortes et une aile de cavalerie et, de Syrie, cinq autres ailes de cavalerie. **67** Dix de ces cohortes avaient chacune mille fantassins, les treize autres, chacune six cents fantassins et cent vingt cavaliers. **68** Il s'y joignit aussi un important renfort envoyé par les rois Antiochos[5], Agrippa et Sohémos, qui avaient fourni chacun deux mille fantassins archers et mille cavaliers; l'Arabe Malchos[6] envoya de son côté mille cavaliers outre cinq mille fantassins, dont la plupart étaient des archers; **69** si bien

σειαν ἀνακόπτοντες. 61 Ὥρμησέ γε μὴν Ἰώσηπος ἐπὶ τὴν πόλιν αἱρήσειν ἐλπίσας, ἣν αὐτὸς πρὶν ἀποστῆναι Γαλιλαίων ἐτείχισεν, ὡς καὶ Ῥωμαίοις δυσάλωτον εἶναι· διὸ καὶ τῆς ἐλπίδος ἀφήμαρτεν, τοῦ τε βιάζεσθαι καὶ τοῦ μεταπείθειν Σεπφωρίτας ἀσθενέστερος εὑρεθείς. 62 Παρώξυνεν δὲ μᾶλλον τὸν πόλεμον ἐπὶ τὴν χώραν, καὶ οὔτε νύκτωρ οὔτε μεθ' ἡμέραν ὀργῇ τῆς ἐπιβολῆς οἱ Ῥωμαῖοι διέλιπον δῃοῦντες αὐτῶν τὰ πεδία καὶ διαρπάζοντες τὰ ἐπὶ τῆς χώρας κτήματα, καὶ κτείνοντες μὲν ἀεὶ τὸ μάχιμον, ἀνδραποδιζόμενοι δὲ τοὺς ἀσθενεῖς. 63 Πυρὶ δὲ ἡ Γαλιλαία καὶ αἵματι πεπλήρωτο πᾶσα, πάθους τε οὐδενὸς ἢ συμφορᾶς ἀπείρατος ἦν· μία γὰρ καταφυγὴ διωκομένοις αἱ ὑπὸ τοῦ Ἰωσήπου τειχισθεῖσαι πόλεις ἦσαν.

64 Ὁ δὲ Τίτος περαιωθεὶς ἀπὸ τῆς Ἀχαΐας εἰς τὴν Ἀλεξάνδρειαν ὠκύτερον ἢ κατὰ χειμῶνος ὥραν, παραλαμβάνει μὲν ἐφ' ἣν ἔσταλτο δύναμιν, συντόνῳ δὲ χρώμενος πορείᾳ διὰ τάχους εἰς Πτολεμαΐδα ἀφικνεῖται.

65 Κἀκεῖ καταλαβὼν τὸν πατέρα δυσὶ τοῖς ἅμα αὐτῷ τάγμασιν, ἦν δὲ τὰ ἐπισημότατα τὸ πέμπτον καὶ τὸ δέκατον, ζεύγνυσι τὸ ἀχθὲν ὑπ' αὐτοῦ πεντεκαιδέκατον. 66 Τούτοις εἵποντο ὀκτωκαίδεκα σπεῖραι· προσεγένοντο δὲ καὶ ἀπὸ Καισαρείας πέντε καὶ ἱππέων ἴλη μία, πέντε δ' ἕτεραι τῶν ἀπὸ Συρίας ἱππέων. 67 Τῶν δὲ σπειρῶν αἱ δέκα μὲν εἶχον ἀνὰ χιλίους πεζούς, αἱ δὲ λοιπαὶ δεκατρεῖς ἀνὰ ἑξακοσίους μὲν πεζούς, ἱππεῖς δὲ ἑκατὸν εἴκοσιν. 68 Συχνὸν δὲ καὶ παρὰ τῶν βασιλέων συνήχθη συμμαχικόν, Ἀντιόχου μὲν καὶ Ἀγρίππα καὶ Σοαίμου παρασχομένων ἀνὰ δισχιλίους πεζοὺς τοξότας καὶ χιλίους ἱππεῖς, τοῦ δὲ Ἄραβος Μάλχου χιλίους πέμψαντος ἱππεῖς ἐπὶ πεζοῖς πεντα-

62 2 ἐπιβολῆς Destinon : ἐπιβουλῆς codd. Lat.

que le total de l'armée, en y comprenant les effectifs des rois, rassemblait jusqu'à soixante mille hommes [1], cavaliers et fantassins; sans compter une très nombreuse suite de valets [2], qu'on pourrait d'ailleurs, en raison de leur pratique de la vie en campagne, ne pas compter à part des combattants, car, en temps de paix ils étaient toujours occupés aux soins de leurs maîtres et au combat ils en partageaient les dangers; de sorte que pour la vigueur et pour l'entraînement ils ne le cédaient à personne qu'à leurs maîtres.

Digression sur l'armée romaine [3].

70 Sur ce point on ne peut qu'admirer la prévoyance des Romains, qui se forment une domesticité utile non seulement dans la vie courante mais encore à la guerre. **71** A considérer le reste de l'organisation de leur armée, on reconnaîtra que s'ils possèdent un si grand empire, c'est une conquête de leur valeur et non un cadeau de la Fortune.

En temps de paix.

72 Car chez eux la pratique des armes ne commence pas avec la guerre et ils n'attendent pas qu'il en soit besoin pour se servir de deux bras restés jusque-là désœuvrés, pendant la paix, mais comme s'ils étaient nés tout armés, ils ne relâchent jamais leur entraînement et n'attendent pas les occasions de s'entraîner. **73** Les manœuvres chez eux ne manquent nullement du mordant d'un combat réel et tous les jours chaque soldat fait l'exercice avec tout son zèle comme si c'était la guerre. **74** D'où leur remarquable aisance au combat : aucun désordre ne disloque leur formation réglementaire, aucune peur ne les déconcerte, aucune fatigue ne les épuise. Il s'ensuit qu'ils sont toujours assurés de la victoire sur leurs ennemis, qui ne les égalent pas. **75** On ne se tromperait pas en disant que leurs manœuvres sont des batailles sans effusion de sang et que leurs batailles ne sont que des manœuvres avec effusion de sang. **76** Il est même malaisé pour leurs adversaires de les prendre par surprise et en quelque point qu'ils envahissent un territoire ennemi, ils ne livrent pas bataille avant d'avoir établi un camp retranché [4].

κισχιλίοις, ὧν τὸ πλέον ἦσαν τοξόται, 69 ὡς τὴν πᾶσαν δύναμιν συνεξαριθμουμένων τῶν βασιλικῶν ἱππέας τε καὶ πεζοὺς εἰς ἓξ ἀθροίζεσθαι μυριάδας δίχα θεραπόντων, οἳ παμπληθεῖς μὲν εἵποντο, διὰ δὲ συνάσκησιν πολεμικὴν οὐκ ἂν ἀποτάσσοιντο τοῦ μαχίμου, κατὰ μὲν εἰρήνην ἐν ταῖς μελέταις τῶν δεσποτῶν ἀεὶ στρεφόμενοι, συγκινδυνεύοντες δ' ἐν πολέμοις, ὡς μήτ' ἐμπειρίᾳ μήτ' ἀλκῇ τινος πλὴν τῶν δεσποτῶν ἐλαττοῦσθαι.

70 Κἀν τούτῳ μὲν οὖν θαυμάσαι τις ἂν Ῥωμαίων τὸ προμηθές, κατασκευαζομένων ἑαυτοῖς τὸ οἰκετικὸν οὐ μόνον εἰς τὰς τοῦ βίου διακονίας ἀλλὰ καὶ πρὸς τοὺς πολέμους χρήσιμον. 71 Εἰ δέ τις αὐτῶν καὶ εἰς τὴν ἄλλην σύνταξιν τῆς στρατιᾶς ἀπίδοι, γνώσεται τὴν τοσήνδε ἡγεμονίαν αὐτοὺς ἀρετῆς κτῆμα ἔχοντας, οὐ δῶρον τύχης.

72 Οὐ γὰρ αὐτοῖς ἀρχὴ τῶν ὅπλων [ὁ] πόλεμος, οὐδ' ἐπὶ μόνας τὰς χρείας τὼ χεῖρε κινοῦσιν ἐν εἰρήνῃ προηργηκότες, ἀλλ' ὥσπερ συμπεφυκότες τοῖς ὅπλοις οὐδέποτε τῆς ἀσκήσεως λαμβάνουσιν ἐκεχειρίαν οὐδὲ ἀναμένουσιν τοὺς καιρούς. 73 Αἱ μελέται δ' αὐτοῖς οὐδὲν τῆς κατὰ ἀλήθειαν εὐτονίας ἀποδέουσιν, ἀλλ' ἕκαστος ὁσημέραι στρατιώτης πάσῃ προθυμίᾳ καθάπερ ἐν πολέμῳ γυμνάζεται. 74 Διὸ κουφότατα τὰς μάχας διαφέρουσιν· οὔτε γὰρ ἀταξία διασκίδνησιν αὐτοὺς ἀπὸ τῆς ἐν ἔθει συντάξεως, οὔτε δέος ἐξίστησιν, οὔτε δαπανᾷ πόνος, ἕπεται δὲ τὸ κρατεῖν ἀεὶ κατὰ τῶν οὐχ ὁμοίων βέβαιον. 75 Καὶ οὐκ ἂν ἁμάρτοι τις εἰπὼν τὰς μὲν μελέτας αὐτῶν χωρὶς αἵματος παρατάξεις, τὰς παρατάξεις δὲ μεθ' αἵματος μελέτας. 76 Οὐδὲ γὰρ ἐξ ἐπιδρομῆς εὐάλωτοι πολεμίοις· ὅπῃ δ' ἂν ἐμβάλωσιν εἰς ἐχθρῶν γῆν, οὐ πρὶν ἅπτονται μάχης ἢ τειχίσαι στρατόπεδον.

72 1 ὁ om. PA Niese delend. ‖ 3 προηργηκότες (ρ s.l.A) PA : ἀπηργηκότες M ἀπειρηκότες M γρ. VRC.

Le camp romain. **77** Ils ne le dressent pas au hasard ni en terrain accidenté[1] et n'y travaillent pas tous à la fois ou sans ordre; mais s'il se trouve que le terrain soit accidenté, ils l'aplanissent. Le tracé de leur camp est quadrangulaire. **78** L'armée est accompagnée d'un nombre important de charpentiers avec leur outillage pour la construction [2].

79 Ils divisent l'intérieur pour y installer des tentes. A l'extérieur l'enceinte présente l'aspect d'un rempart et elle est garnie de tours à intervalles réguliers. **80** Sur les courtines ils placent les oxybèles [3], les catapultes, les pierriers et tous leurs engins d'artillerie[4], tout cela prêt pour le tir. **81** Quatre portes sont pratiquées dans la construction, une sur chaque côté de l'enceinte; commodes pour l'entrée des attelages, elles sont assez larges pour les sorties de troupes en cas d'urgence. **82** Ils divisent l'intérieur du camp par des allées commodément disposées, en plaçant au milieu les tentes des chefs et tout à fait au centre de ces dernières, le prétoire [5], comme une manière de temple. **83** On a l'impression d'une ville [6] subitement sortie de terre avec son marché, son quartier pour les divers métiers, les sièges d'où « lochages [7] » et « taxiarques [8] » rendent régulièrement la justice, s'il survient quelque litige. **84** L'enceinte et tout ce qu'elle renferme sont construits en moins de temps qu'il ne faut pour y penser, grâce au nombre et à la compétence de ceux qui exécutent le travail. S'il est nécessaire, on entoure encore le camp, à l'extérieur, d'un fossé profond de quatre coudées et large d'autant.

85 Ainsi retranchés, les soldats installent leur campement par escouades [9], tranquillement et en bon ordre. Tout le reste de leurs tâches s'accomplit de même avec discipline et en sécurité. La corvée du bois, celle du ravitaillement s'il en est besoin, et celle de l'eau, se font toujours par escouades. **86** Ni l'heure du repas du soir ni celle du repas du matin ne sont laissées à la fantaisie de chacun mais les repas se prennent en commun; l'heure du

4. Sur la nomenclature, voir E. W. Marsden, *Greek and Roman Artillery*. Oxford (1969), spéc. p. 188.

77 Τὸ δὲ οὐκ εἰκαῖον οὐδὲ ἀνώμαλον ἐγείρουσιν, οὐδὲ πάντες ἢ ἀτάκτως διαλαβόντες, ἀλλ' εἰ μὲν ἀνώμαλος ὢν τύχοι χῶρος, ἐξομαλίζεται· διαμετρεῖται δὲ παρεμβολὴ τετράγωνος αὐτοῖς. 78 Καὶ τεκτόνων πλῆθος ἕπεται τῶν τε πρὸς τὴν δόμησιν ἐργαλείων.

79 Καὶ τὸ μὲν ἔνδον εἰς σκηνὰς διαλαμβάνουσιν, ἔξωθεν δ' ὁ κύκλος τείχους ὄψιν ἐπέχει, πύργοις ἐξ ἴσου διαστήματος κεκοσμημένος. 80 Ἐπὶ δὲ τῶν μεταπυργίων τούς τε ὀξυβελεῖς καὶ καταπέλτας καὶ λιθοβόλα καὶ πᾶν ἀφετήριον ὄργανον τιθέασιν, πάντα πρὸς τὰς βολὰς ἕτοιμα. 81 Πύλαι δὲ ἐνοικοδομοῦνται τέσσαρες καθ' ἕκαστον τοῦ περιβόλου κλίμα, πρός τε εἰσόδους τῶν ὑποζυγίων εὐμαρεῖς καὶ πρὸς τὰς ἐκδρομὰς αὐτῶν, εἰ κατεπείγοι, πλατεῖαι. 82 Ῥυμοτομοῦσι δ' εὐδιαθέτως εἴσω τὸ στρατόπεδον, καὶ μέσας μὲν τὰς τῶν ἡγεμόνων σκηνὰς τίθενται, μεσαίτατον δὲ τούτων τὸ στρατήγιον ναῷ παραπλήσιον· 83 ὥσπερ δὲ ἐν σχεδίῳ πόλις καὶ ἀγορά τις ἀποδείκνυται καὶ χειροτέχναις χωρίον, θῶκοί τε λοχαγοῖς καὶ ταξιάρχοις, ὅπῃ δικάζοιεν, εἴ τινες διαφέροιντο. 84 Τειχίζεται δὲ ὁ περίβολος καὶ τὰ ἐν αὐτῷ πάντα θᾶττον ἐπινοίας πλήθει καὶ ἐπιστήμῃ τῶν πονούντων· εἰ δ' ἐπείγοι, καὶ τάφρος ἔξωθεν περιβάλλεται, βάθος τετράπηχυς καὶ εὖρος ἴση.

85 Φραξάμενοι δ' αὐλίζονται κατὰ συντάξεις ἕκαστοι μεθ' ἡσυχίας τε καὶ κόσμου. Πάντα δ' αὐτοῖς καὶ τἆλλα μετ' εὐταξίας ἀνύεται καὶ ἀσφαλείας, ξυλεία τε καὶ ἐπισιτισμός, εἰ δέοιντο, καὶ ὑδρεία κατὰ συντάξεις ἑκάστοις. 86 Οὐδὲ γὰρ δεῖπνον ἢ ἄριστον, ὁπότε θελήσειαν, αὐτεξούσιον ἑκάστῳ, πᾶσιν δ' ὁμοῦ, τούς

78 2 ἐργαλείων A p.c. L : ἐργαλίων PA a.c. ἐργαλεῖα (-λία R) MVRC. ‖ **80** 2 καὶ καταπέλτας codd. : delere καὶ proposuit H. Weil, *REG* (1896), p. 25.

sommeil, l'heure des gardes de nuit et l'heure du lever sont annoncées à son de trompes. Bref il n'est rien qui s'y fasse sans un commandement. **87** Au lever du jour les hommes se rassemblent pour saluer leurs centurions respectifs, ceux-ci leurs tribuns [1], et avec ces derniers, tous les officiers [2] viennent saluer le général en chef. **88** Celui-ci de son côté, leur donne, selon le règlement, le mot de passe et les autres consignes à transmettre à leurs subordonnés. Ils font de même sur le champ de bataille : ils opèrent rapidement les changements de direction à l'endroit voulu et dans leurs offensives ainsi que dans leurs retraites, ils se déplacent pied à pied en restant groupés.

Marches, sonneries et armements.

89 Lorsqu'on doit quitter le camp la trompette en sonne l'avertissement et personne ne reste inactif mais, dès le signal [3], on démonte les tentes et l'on arrange tout pour le départ. **90** Une seconde sonnerie de trompettes annonce que l'on doit être prêt. Alors on charge rapidement les bagages sur les mulets et sur les attelages; puis les hommes se tiennent debout, comme sur la ligne de départ d'une course, prêts à démarrer. On met alors le feu au camp parce qu'au besoin il leur serait facile de le reconstruire à cette place et d'autre part pour éviter qu'il ne puisse un jour ou l'autre servir aux ennemis. **91** Une troisième sonnerie de trompettes donne pareillement l'avant-signal du départ, en invitant à se presser ceux qui sont en retard pour une raison ou une autre, afin que nul ne manque à son poste. **92** Alors le héraut, qui se tient à la droite du général, demande par trois fois dans la langue nationale [4] si l'on est prêt à combattre. Les soldats répondent autant de fois, par un grand cri enthousiaste, en disant qu'ils sont prêts. Mais tout aussi

1. D'après Polybe 6, 36, 6 dès le lever du jour (ἅμα τῷ φωτί) ceux qui avaient été chargés de la ronde de nuit viennent rendre compte au tribun.

τε ὕπνους αὐτοῖς καὶ τὰς φυλακὰς καὶ τὰς ἐξεγέρσεις σάλπιγγες προσημαίνουσιν, οὐδ' ἔστιν ὅ τι γίνεται δίχα παραγγέλματος. 87 Ὑπὸ δὲ τὴν ἕω τὸ στρατιωτικὸν μὲν ἐπὶ τοὺς ἑκατοντάρχας ἕκαστοι, πρὸς δὲ τοὺς χιλιάρχους οὗτοι συνίασιν ἀσπασόμενοι, μεθ' ὧν πρὸς τὸν ἡγεμόνα τῶν ὅλων οἱ ταξίαρχοι πάντες· 88 ὁ δ' αὐτοῖς τό τε ἐξ ἔθους σημεῖον καὶ τἆλλα παραγγέλματα δίδωσιν διαφέρειν εἰς τοὺς ὑποτεταγμένους. Ὃ δὴ κἀπὶ παρατάξεως πράττοντες ἐπιστρέφονταί τε ταχέως, ἵνα δέοι, καὶ πρὸς τὰς ἐφόδους αὐτοῖς καὶ πρὸς τὰς ἀνακλήσεις ὑποχωροῦσιν ἀθρόοι.

89 Ἐξιέναι δὲ τοῦ στρατοπέδου δέον ὑποσημαίνει μὲν ἡ σάλπιγξ, ἠρεμεῖ δ' οὐδείς, ἀλλ' ἅμα νεύματι τὰς μὲν σκηνὰς ἀναιροῦσιν, πάντα δ' ἐξαρτύονται πρὸς τὴν ἔξοδον. 90 Καὶ πάλιν αἱ σάλπιγγες ὑποσημαίνουσιν παρεσκευάσθαι. Οἱ δ' ἐν τάχει τοῖς τε ὀρεῦσιν καὶ τοῖς ὑποζυγίοις ἐπιθέντες τὴν ἀποσκευὴν ἑστᾶσιν ὥσπερ ἐφ' ὕσπληγος ἐξορμᾶν ἕτοιμοι, ὑποπιμπρᾶσίν τε ἤδη τὴν παρεμβολήν, ὡς αὐτοῖς μὲν ὂν ῥᾴδιον ἐκεῖ πάλιν τειχίσασθαι, μὴ γένοιτο δ' ἐκεῖνό ποτε τοῖς πολεμίοις χρήσιμον. 91 Καὶ τρίτον δ' ὁμοίως αἱ σάλπιγγες προσημαίνουσιν τὴν ἔξοδον, ἐπισπέρχουσαι τοὺς δι' αἰτίαν τινὰ βραδύναντας, ὡς μή τις ἀπολειφθείη τῆς τάξεως. 92 Ὅ τε κῆρυξ δεξιὸς τῷ πολεμάρχῳ παραστάς, εἰ πρὸς πόλεμόν εἰσιν ἕτοιμοι, τῇ πατρίῳ γλώσσῃ τρὶς ἀναπυνθάνεται. Κἀκεῖνοι τοσαυτάκις ἀντιβοῶσιν μέγα τι καὶ πρόθυμον, ἕτοιμοι λέγοντες

88 2 δίδωσιν VRC : διαδίδωσιν (-οσιν A) PAM δίδωσι//(eras. ν ἆ) L ‖ 5 δέοι RC : εἰ δέοι PAMLV ἐνδέοι Destinon ‖ αὐτοῖς MLVRC : αὐτούς PA a.c. αὐτὰς A p.c. *(incursibus) eius* (h.e. αὐτοῦ) Lat. corruptum uidetur. ‖ **90** 4 ἐφ' ὕσπληγος ML a.c. VRC Souda : ὑφύσπληγος P ἐφ' ὑσπλῆγος AL p.c. ἀφ' ὑσπλῆγος Naber. ‖ 5 ἐκεῖ codd. : susp. Destinon ‖ **91** 1 ὁμοίως ex Voss. Hauerkamp Niese² : ὅμως codd. ‖ 4 τῆς inseruit ex cod Hauniensi Bekker : om. Niese.

bien devancent-ils la question du héraut et, comme remplis d'un souffle guerrier, en poussant cette clameur ils lèvent en même temps le bras droit.

93 Ensuite ils se mettent tous en marche et avancent en silence et en ordre, chacun gardant la place qui lui est fixée comme devant l'ennemi, les fantassins munis de la cuirasse et du casque et portant une épée sur chaque flanc. **94** L'épée de gauche est sensiblement plus longue, celle de droite ne dépasse pas un empan [1]. **95** Les fantassins d'élite qui escortent le général portent une lance [2] et un bouclier rond [3], le reste de la phalange porte un javelot [4] et un bouclier long [5] et en outre une scie, une corbeille, une pioche et une hache, plus une courroie, une faucille, une chaîne et des vivres pour trois jours de marche; si bien que le fantassin ne le cède que de peu aux mulets du train. **96** Les cavaliers ont du côté droit une grande épée et un long javelot à la main; un bouclier long tenu obliquement sur le flanc du cheval; et, enfermés dans un étui, sont suspendus trois javelots ou davantage, à pointe aplatie et à peine plus courts que des lances. Ils ont tous des casques et des cuirasses tout comme les fantassins [6]. **97** Les armes du corps d'élite qui entoure le général ne présentent aucune différence avec celles des cavaliers qui servent dans les ailes. La légion qui ouvre la marche est chaque fois celle qu'a désignée le sort [7].

98 Ainsi se présentent les marches et les campements des Romains, et telles sont leurs différentes armes. Au combat, rien d'irréfléchi ni d'improvisé, mais toujours la réflexion précède la moindre action et l'exécution suit le plan qui a été fixé. **99** De là vient qu'ils ne subissent guère d'échecs et que, même, en cas de défaite, ils réparent facilement leurs fausses manœuvres. **100** Ils tiennent les échecs éprouvés pour avoir suivi le plan prévu en plus haute estime que les réussites dues à la chance, sûrs que le succès qui vient tout seul est un leurre qui porte à l'imprévoyance, tandis que la réflexion, même si parfois elle

1. Environ 0,25 m. D'après Polybe 6, 23, 6 l'épée (dite ibérique) se portait le long de la cuisse droite. Il ne parle pas de poignard. Sur les monuments, l'épée (*gladius*) est portée à droite.

εἶναι, φθάνουσιν δὲ τὸν ἐπερωτῶντα, καί τινος ἀρηΐου πνεύματος ὑποπιμπλάμενοι τῇ βοῇ συνεξαίρουσιν τὰς δεξιάς.

93 Ἔπειτα προϊόντες ὁδεύουσιν ἡσυχῇ καὶ μετὰ κόσμου πάντες, ὥσπερ ἐν πολέμῳ τὴν ἰδίαν τάξιν ἕκαστος φυλάσσων, οἱ μὲν πεζοὶ θώραξίν τε πεφραγμένοι καὶ κράνεσιν καὶ μαχαιροφοροῦντες ἀμφοτέρωθεν. 94 Μακρότερον δ' αὐτῶν τὸ λαιὸν ξίφος πολλῷ· τὸ γὰρ κατὰ τὸ δεξιὸν σπιθαμῆς οὐ πλέον ἔχει τὸ μῆκος. 95 Φέρουσι δ' οἱ μὲν περὶ τὸν στρατηγὸν ἐπίλεκτοι πεζοὶ λόγχην καὶ ἀσπίδα, ἡ δὲ λοιπὴ φάλαγξ ξυστόν τε καὶ θυρεὸν ἐπιμήκη, πρὸς οἷς πρίονα καὶ κόφινον, ἄμην τε καὶ πέλεκυν, πρὸς δὲ ἱμάντα καὶ δρέπανον καὶ ἅλυσιν, ἡμερῶν τε τριῶν ἐφόδιον· ὡς ὀλίγον ἀποδεῖν τῶν ἀχθοφορούντων ὀρέων τὸν πεζόν. 96 Τοῖς δὲ ἱππεῦσιν μάχαιρα μὲν ἐκ δεξιῶν μακρὰ καὶ κοντὸς ἐπιμήκης ἐν χειρί, θυρεὸς δὲ παρὰ πλευρὸν ἵππου πλάγιος, καὶ κατὰ γωρυτοῦ παρήρτηνται τρεῖς ἢ πλείους ἄκοντες, πλατεῖς μὲν αἰχμάς, οὐκ ἀποδέοντες δὲ δοράτων μέγεθος· κράνη δὲ καὶ θώρακες ὁμοίως τοῖς πεζοῖς ἅπασιν. 97 Οὐδενὶ δὲ ὅπλων διαλλάττουσιν οἱ περὶ τὸν στρατηγὸν ἔκκριτοι τῶν ἐν ταῖς ἴλαις ἱππέων. Κλήρῳ δὲ τῶν ταγμάτων ἀεὶ τὸ λαχὸν ἡγεῖται.

98 Τοιαῦται μὲν οὖν αἱ Ῥωμαίων πορεῖαί τε καὶ καταλύσεις, πρὸς δὲ ὅπλων διαφοραί, οὐδὲν δὲ ἀπροβούλευτον ἐν ταῖς μάχαις οὐδὲ αὐτοσχέδιον, ἀλλὰ γνώμη μὲν ἀεὶ παντὸς ἔργου προάγει, τοῖς δοχθεῖσι δ' ἕπεται τὰ ἔργα· 99 παρ' ὃ καὶ σφάλλονται μὲν ἥκιστα, κἂν πταίσωσι δέ, ῥᾳδίως ἀναλαμβάνουσι τὰ σφάλματα. 100 Ἡγοῦνταί τε τῶν ἀπὸ τύχης ἐπιτευγμάτων ἀμείνους τὰς ἐπὶ τοῖς προβουλευθεῖσιν διαμαρτίας, ὡς τοῦ μὲν αὐτομάτου καλοῦ δελεάζοντος

92 5 εἶναι PAML p.c. : om. L a.c. VRC. ‖ **93** 3 τε VRC : om. PAML Niese². ‖ **94** 3 τὸ δεξιὸν P Niese.

connaît l'échec, implique une attention bien faite pour éviter la récidive; **101** que de plus dans les succès qui viennent tout seuls, le bénéficiaire n'en est pas cause, tandis que dans les déboires qui surviennent contre toute prévision, on a la consolation d'avoir du moins dressé un plan correct.

Tactique et discipline.

102 Dans leurs exercices militaires, ils ont le souci d'endurcir non seulement les corps, mais aussi les âmes, et leur entraînement comporte aussi la crainte. **103** D'après leurs lois, en effet, la peine de mort s'applique non seulement au cas de désertion, mais à la moindre mollesse, et plus encore que les lois on craint les généraux, car par les distinctions conférées aux soldats valeureux, ils écartent toute réputation de dureté envers ceux qu'ils punissent. **104** Telle est leur docilité envers les chefs qu'elle fait de l'armée entière en temps de paix un univers ordonné et, au moment du combat, un seul corps. **105** De la sorte, leurs rangs restent au coude à coude, leurs changements de front sont exécutés avec aisance et leurs oreilles sont promptes à entendre les commandements, leurs yeux à voir les signaux et leurs bras à agir. **106** De là vient qu'ils sont toujours rapides dans leur action mais très lents à sentir la peine; qu'on ne les a jamais vus, en bataille rangée, vaincus par le nombre, par des ruses de guerre ou par les difficultés du terrain, ni même par la Fortune, car tenir l'avantage est pour eux chose plus sûre qu'Elle. **107** Ainsi, ce peuple dont la réflexion commande l'action et dont une armée aussi efficace suit les plans, quoi d'étonnant que les limites de son empire atteignent l'Euphrate en Orient, l'Océan au Couchant, au Midi ce que l'Afrique [1] a de plus fertile et au Nord le Danube et le Rhin? Au fond, on pourrait dire à juste titre que ce qu'ils ont conquis est encore moins grand que les conquérants.

1. Litt. la Libye. Cf. 2, 115.

2. Cet éloge vise à dissuader un éventuel soulèvement des Juifs babyloniens, exposés à de possibles difficultés avec les Parthes (2, 388).

εἰς ἀπρομήθειαν, τῆς σκέψεως δέ, κἂν ἀτυχήσῃ ποτέ, πρὸς τὸ μὴ αὖθις καλὴν ἐχούσης μελέτην· 101 καὶ τῶν μὲν αὐτομάτων ἀγαθῶν οὐ τὸν λαβόντα αἴτιον εἶναι, τῶν δὲ παρὰ γνώμην προσπεσόντων σκυθρωπῶν παραμυθίαν τό γε προσηκόντως βεβουλεῦσθαι.

102 Παρασκευάζουσι μὲν οὖν ἐν ταῖς μελέταις τῶν ὅπλων οὐ τὰ σώματα μόνον ἀλλὰ καὶ τὰς ψυχὰς ἀλκίμους, προσασκοῦνται δὲ καὶ τῷ φόβῳ. 103 Οἵ τε γὰρ νόμοι παρ' αὐτοῖς οὐ λιποταξίου μόνον ἀλλὰ καὶ ῥᾳστώνης ὀλίγης θανατικοί, οἵ τε στρατηγοὶ τῶν νόμων φοβερώτεροι· ταῖς γὰρ πρὸς τοὺς ἀγαθοὺς τιμαῖς ῥύονται τὸ δοκεῖν ὠμοὶ πρὸς τοὺς κολαζομένους. 104 Τοσοῦτον δ' αὐτῶν τὸ πρὸς τοὺς ἡγεμόνας πειθήνιον, ὡς ἔν τε εἰρήνῃ κόσμον εἶναι καὶ ἐπὶ παρατάξεως ἓν σῶμα τὴν ὅλην στρατιάν. 105 Οὕτως αὐτῶν συναφεῖς μὲν αἱ τάξεις, εὔστροφοι δ' εἰσὶν αἱ περιαγωγαί, ὀξεῖαι δ' ἀκοαὶ μὲν παραγγέλμασιν, ὄψεις δὲ σημείοις, ἔργοις δὲ χεῖρες. 106 Ὅθεν δρᾶσαι μὲν ἀεὶ ταχεῖς, βραδύτατοι δὲ παθεῖν εἰσιν, οὐδ' ἔστιν ὅπου σταθέντες ἢ πλήθους ἡσσήθησαν ἢ στρατηγημάτων ἢ δυσχωρίας, ἀλλ' οὐδὲ τύχης· καὶ γὰρ ταύτης αὐτοῖς τὸ κρατεῖν βεβαιότερον. 107 Οἷς οὖν βουλὴ μὲν ἄρχει πράξεως, ἕπεται δὲ τοῖς βεβουλευμένοις στρατὸς οὕτω δραστήριος, τί θαυμαστόν, εἰ πρὸς ἕω μὲν Εὐφράτης, ὠκεανὸς δὲ πρὸς ἑσπέραν, μεσημβρινὸν δὲ Λιβύης τὸ πιότατον, καὶ πρὸς ἄρκτον Ἴστρος τε καὶ Ῥῆνος τῆς ἡγεμονίας ὅροι; Δεόντως γὰρ ἄν τις εἴποι τὸ κτῆμα τῶν κτησαμένων ἔλασσον.

103 5 τοῦ δοκεῖν Cardwell τῷ δοκεῖν Hudson. ‖ **105** 2 συναφεῖς L Niese² : ἀσφαλεῖς PAMV ἀφελεῖς RC *copulati* Lat. ‖ **106** 2 σταθέντες PAL : συστάντες MVRC *proeliantes* ut uid. Lat. ‖ **107** 1 πράξεως ML p.c. VRC *actus* Lat. : παρατάξεως PAL a.c. Niese.

108 Dans tout ce développement je me suis proposé moins de faire l'éloge des Romains que de consoler les peuples qu'ils ont soumis et de décourager les fauteurs de rébellion. [1] **109** Cette organisation de l'armée romaine présentera peut-être aussi quelque intérêt pour les esprits cultivés [2] qui ne la connaissent pas. Je reviens au point où j'ai commencé cette digression.

Vaine tentative de Placidus contre Iotapata.

110 Pendant que Vespasien, resté jusqu'alors à Ptolémaïs avec son fils Titus, organisait ses forces, Placidus [3], dans ses incursions à travers la Galilée, massacrait en masse les gens qui tombaient entre ses mains, mais c'était ce que la Galilée comptait de plus faible, des gens épuisés à force de fuir *. **111** Voyant que les combattants ne cessaient de se dérober en gagnant les villes fortifiées par Josèphe, il se lança à l'attaque de la mieux défendue d'entre elles, Iotapata, en s'imaginant qu'il allait facilement l'enlever du premier coup, que cela lui vaudrait à lui-même un grand renom auprès de ses chefs et fournirait à ceux-ci un avantage pour la suite des opérations; car une fois en leur possession [4] la ville la mieux fortifiée, la crainte pousserait les autres villes à se rendre. **112** A vrai dire, il fut bien déçu dans ses espérances. En effet, les gens de Iotapata, avertis de son approche, vont l'attendre devant la ville et se ruant sur les Romains, qui ne s'y attendent pas, eux qui sont en nombre, prêts à se battre, pleins de fougue à la pensée qu'il y va de la patrie en danger, de leurs femmes et de leurs enfants, ils ont tôt fait de les mettre en déroute. **113** Ils blessent quantité de Romains mais n'en tuent que sept, en raison de ce que leur retraite ne se fit pas dans le désordre, que les blessures furent superficielles, leurs corps étant protégés de tous côtés, et enfin parce que les Juifs tiraient sur eux de loin plutôt que de risquer, eux qui étaient armés à la légère, un corps à corps avec des fantassins bien armés. **114** Mais il tomba aussi du côté des Juifs trois hommes et il n'y eut

* Note marginale de M : εὕρηται ἐν τισι ψυχαῖς· ἐν ἄλλοις φυγαῖς.

108 Ταῦτα μὲν οὖν διεξῆλθον οὐ Ῥωμαίους ἐπαινέσαι προαιρούμενος τοσοῦτον, ὅσον εἴς τε παραμυθίαν τῶν κεχειρωμένων καὶ εἰς ἀποτροπὴν τῶν νεωτεριζόντων· **109** εἴη δ' ἂν τοῖς ἀγνοοῦσιν τῶν φιλοκαλούντων καὶ πρὸς ἐμπειρίας ἡ ἀγωγὴ τῆς Ῥωμαίων στρατιᾶς. Ἐπάνειμι δ' ὅθεν ἐπὶ ταῦτ' ἐξέβην.

110 Οὐεσπασιανὸς μὲν ἅμα τῷ παιδὶ Τίτῳ διατρίβων τέως ἐν τῇ Πτολεμαΐδι συνέτασσεν τὰς δυνάμεις, ὁ δὲ τὴν Γαλιλαίαν κατατρέχων Πλάκιδος ἐπεὶ πολὺ μὲν πλῆθος ἀνῃρήκει τῶν καταλαμβανομένων, τοῦτο δ' ἦν τὸ ἀσθενέστερον Γαλιλαίων καὶ ταῖς φυγαῖς ἐναποκάμνον· **111** ὁρῶν δὲ συμφεῦγον ἀεὶ τὸ μάχιμον εἰς τὰς ὑπὸ τοῦ Ἰωσήπου τειχισθείσας πόλεις ὥρμησεν ἐπὶ τὴν ὀχυρωτάτην αὐτῶν Ἰωταπάταν, οἰόμενος ἐξ ἐφόδου μὲν αἱρήσειν ῥᾳδίως, μέγα δὲ κλέος αὐτῷ παρὰ τοῖς ἡγεμόσιν κἀκείνοις ὄφελος εἰς τὰ λοιπὰ παρέξειν· προσχωρήσειν γὰρ δέει τὰς ἄλλας πόλεις τῆς καρτερωτάτης ἐχομένης. **112** Πολύ γε μὴν διήμαρτεν τῆς ἐλπίδος· ἐπιόντα γὰρ αὐτὸν οἱ Ἰωταπατηνοὶ προαισθόμενοι πρὸ τῆς πόλεως ἐκδέχονται, καὶ τοῖς Ῥωμαίοις συρραγέντες ἀδοκήτοις πολλοὶ καὶ πρὸς μάχην ἕτοιμοι, πρόθυμοί τε ὡς ἂν ὑπὲρ κινδυνευούσης πατρίδος καὶ γυναικῶν καὶ τέκνων, τρέπονται ταχέως. **113** Καὶ πολλοὺς μὲν τιτρώσκουσι τῶν Ῥωμαίων, ἑπτὰ δὲ ἀναιροῦσιν διὰ τὸ μήτε ἄτακτον αὐτῶν τὴν ὑποχώρησιν γενέσθαι καὶ τὰς πληγὰς ἐπιπολαίους πεφραγμένων πάντοθεν τῶν σωμάτων, τούς τε Ἰουδαίους πόρρωθεν βάλλειν πλέον ἢ συμπλέκεσθαι θαρρεῖν γυμνῆτας ὁπλίταις. **114** Ἔπεσον δὲ καὶ τῶν Ἰουδαίων τρεῖς ἄνδρες καὶ

110 5 φυγαῖς LM γρ : φυλακαῖς PAM ψυχαῖς MγρVRC *animis* Lat. uide adn. ‖ **111** 7 ἐχομένης PAL : οἰχομένης MVRC *occupatam* Lat. uide adn.

17

qu'un petit nombre de blessés. Quant à Placidus, se trouvant trop faible pour attaquer la ville, il se replie.

Vespasien se rend en Galilée. Ordre de marche.

115 Vespasien, qui s'était mis en mouvement pour envahir lui-même la Galilée, quitta Ptolémaïs après avoir réglé l'ordre de marche de son armée selon l'usage romain. **116** Il commanda aux vélites des troupes alliées et aux archers de marcher en tête, pour repousser les coups de main inopinés des ennemis et fouiller les taillis suspects, propices aux embuscades. Derrière eux marchait une unité de soldats romains lourdement armés, fantassins et cavaliers. **117** Ils étaient suivis d'un détachement composé de dix hommes de chaque centurie, qui portaient, outre leur propre équipement, les instruments d'arpentage pour le camp; **118** derrière ceux-ci venaient les pionniers chargés de corriger les sinuosités de la grand'route, d'aplanir les passages difficiles et d'abattre devant l'armée les taillis gênants, pour éviter qu'elle n'ait à souffrir d'une marche pénible. **119** Derrière eux il fit placer ses propres bagages et ceux de ses généraux, avec une importante cavalerie pour en assurer la garde. **120** Lui-même chevauchait derrière eux, avec l'élite des fantassins et des cavaliers et les gardes armés de la lance. Derrière lui, la cavalerie légionnaire; car chaque légion a en propre ses cent vingt cavaliers. **121** Ils étaient suivis par les mulets transportant les hélépoles [1] et les autres engins de siège. **122** Après eux venaient légats de légions, préfets de cohortes et tribuns, accompagnés de soldats d'élite. **123** Ensuite les enseignes, entourant l'aigle qui marche en tête de toute légion romaine, parce qu'il est le roi et le plus vaillant de tous les oiseaux. C'est pourquoi ils en font le symbole de leur suprématie et voient en lui un présage de leur victoire, quels que soient les ennemis qu'ils attaquent. **124** A la suite de ces images sacrées venaient les trompettes et derrière eux la phalange, qui déployait son

1. C'est-à-dire les diverses pièces démontées des hélépoles y compris le bélier. Cf. *infra* 226 et 230.

ἐτρώθησαν ὀλίγοι. Πλάκιδος μὲν οὖν τῆς ἐπὶ τὴν πόλιν ὁρμῆς ἀτονώτερος εὑρεθεὶς φεύγει.

115 Οὐεσπασιανὸς δὲ ὡρμημένος αὐτὸς ἐμβαλεῖν εἰς τὴν Γαλιλαίαν ἐξελαύνει τῆς Πτολεμαΐδος διατάξας τὴν στρατιὰν ὁδεύειν καθὰ Ῥωμαίοις ἔθος. 116 Τοὺς μέν γε ψιλοὺς τῶν ἐπικούρων καὶ τοξότας προάγειν ἐκέλευσεν, ὡς ἀνακόπτοιεν τὰς ἐξαπιναίους τῶν πολεμίων ἐπιδρομὰς καὶ διερευνῷεν τὰς ὑπόπτους καὶ λοχᾶσθαι δυναμένας ὕλας, οἷς εἵπετο καὶ Ῥωμαίων ὁπλιτικὴ μοῖρα, πεζοί τε καὶ ἱππεῖς. 117 Τούτοις ἀφ' ἑκάστης ἑκατονταρχίας ἠκολούθουν δέκα τήν τε ἑαυτῶν σκευὴν καὶ τὰ μέτρα τῆς παρεμβολῆς φέροντες, 118 καὶ μετ' αὐτοὺς ὁδοποιοὶ τά τε σκολιὰ τῆς λεωφόρου κατευθύνειν καὶ χθαμαλοῦν τὰ δύσβατα καὶ τὰς ἐμποδίους ὕλας προανακόπτειν, ὡς μὴ ταλαιπωροῖτο δυσποροῦν τὸ στράτευμα. 119 Κατόπιν δὲ τούτων τάς τε ἰδίας καὶ τὰς τῶν ὑπ' αὐτὸν ἡγεμόνων ἔταξεν ἀποσκευὰς καὶ συχνοὺς ἐπὶ τούτοις πρὸς ἀσφάλειαν τῶν ἱππέων. 120 Μεθ' οὓς αὐτὸς ἐξήλαυνεν τούς τε ἐπιλέκτους τῶν πεζῶν καὶ ἱππέων καὶ τοὺς λογχοφόρους ἔχων. Εἵπετο δ' αὐτῷ τὸ ἴδιον τοῦ τάγματος ἱππικόν· ἴδιοι γὰρ ἑκάστου τάγματος εἴκοσι πρὸς τοῖς ἑκατὸν ἱππεῖς. 121 Τούτοις δ' ἠκολούθουν οἱ τὰς ἑλεπόλεις φέροντες ὀρεῖς καὶ τὰ λοιπὰ μηχανήματα. 122 Μετὰ τούτους ἡγεμόνες τε καὶ σπειρῶν ἔπαρχοι σὺν χιλιάρχοις, ἐπιλέκτους περὶ σφᾶς στρατιώτας ἔχοντες· 123 ἔπειτα αἱ σημαῖαι περιίσχουσαι τὸν ἀετόν, ὃς παντὸς ἄρχει Ῥωμαίοις τάγματος, βασιλεύς τε οἰωνῶν ἁπάντων καὶ ἀλκιμώτατος ὤν· ὃ δὴ καὶ τῆς ἡγεμονίας τεκμήριον αὐτοῖς καὶ κληδών, ἐφ' οὓς ἂν ἴωσιν, τοῦ κρατήσειν δοκεῖ. 124 Τοῖς δὲ ἱεροῖς ἠκολούθουν οἱ σαλπιγκταί, καὶ κατόπιν αὐτῶν ἡ φάλαγξ τὸ στῖφος εἰς ἓξ πλατύνασα.

117 2 δέκα MLVRC : om. PA *deni* Lat.

effectif en rangs de six. Sur le côté, un centurion[1] accompagnait réglementairement la marche pour veiller au bon ordre. **125** Tout le service du train de chaque légion suivait l'infanterie, en transportant les bagages des soldats à dos de mulets et avec les attelages. **126** Derrière toute la colonne des légions venait la foule des mercenaires [2], que suivaient pour la sécurité une arrière-garde [3] de fantassins, d'hoplites et de nombreux cavaliers.

Débandade de l'armée de Josèphe à Garis.

127 Après avoir fait route dans cet ordre, Vespasien arrive avec son armée aux frontières de la Galilée. Dès qu'il y eut installé son camp il eut à retenir ses soldats, impatients de livrer bataille. Il voulait se borner à une démonstration de ses forces pour intimider les ennemis et leur donner le temps du repentir pour le cas où avant la bataille ils viendraient à résipiscence; en même temps d'ailleurs, il se préparait soigneusement pour le siège des lieux fortifiés. **128** Si la seule vue du général inspira à bien des gens le regret de s'être révoltés, en tout cas elle intimida tout le monde. **129** En effet, les troupes de Josèphe, qui campaient non loin de Sepphoris [aux portes d'une ville appelée Garis] [4], à la nouvelle que la guerre approchait et que les Romains allaient les attaquer d'un moment à l'autre, prennent la fuite et se dispersent non seulement sans attendre le combat, mais avant même d'apercevoir les ennemis. **130** Josèphe se trouve abandonné, avec une poignée d'hommes. Se rendant compte qu'il ne disposait pas d'une armée suffisante pour faire face aux ennemis, que le moral des Juifs était tombé et que, si l'ennemi voulait bien accepter leur parole, la plupart capituleraient volontiers, **131** il était inquiet désormais sur l'issue finale de la guerre, mais pour le moment, il décida de s'éloigner le plus possible du danger et, prenant ceux qui étaient restés avec lui, il se réfugie à Tibériade.

1. Vraisemblablement un par légion.

Τούτοις παρείπετό τις ἑκατόνταρχος ἐξ ἔθους τὴν τάξιν ἐπισκοπούμενος. **125** Τὸ δ᾽ οἰκετικὸν ἑκάστου τάγματος ἅπαν τοῖς πεζοῖς εἵπετο, τὰς ἀποσκευὰς τῶν στρατιωτῶν ἐπὶ τοῖς ὀρεῦσιν καὶ τοῖς ὑποζυγίοις ἄγοντες· **126** κατόπιν δὲ πάντων τῶν ταγμάτων ὁ μίσθιος ὄχλος, οἷς οὐραγοὶ πρὸς ἀσφάλειαν ἠκολούθουν πεζοί τε καὶ ὁπλῖται καὶ τῶν ἱππέων συχνοί.

127 Οὕτως ὁδεύσας Οὐεσπασιανὸς μετὰ τῆς δυνάμεως εἰς τοὺς ὅρους ἀφικνεῖται τῆς Γαλιλαίας, ἔνθα καταστρατοπεδευσάμενος ὡρμημένους εἰς πόλεμον τοὺς στρατιώτας κατεῖχεν, ἐπιδεικνύμενός τε τὴν στρατιὰν εἰς κατάπληξιν τοῖς πολεμίοις καὶ μετανοίας καιρὸν διδούς, εἰ πρὸ μάχης μεταβάλοιντο· ἅμα δὲ καὶ πρὸς πολιορκίαν τῶν ἐρυμάτων ἐξηρτύετο. **128** Μετάνοιαν μὲν οὖν τῆς ἀποστάσεως ὀφθεὶς ὁ στρατηγὸς πολλοῖς ἐνειργάσατο, κατάπληξιν δὲ πᾶσιν· **129** οἱ μὲν γὰρ περὶ τὸν Ἰώσηπον ἐστρατοπεδευκότες οὐκ ἄπωθεν τῆς Σεπφώρεως παρὰ πόλιν Γαρὶν καλουμένην, ἐπεὶ πλησιάζοντα τὸν πόλεμον ἤκουσαν ὅσον τε οὔπω τοὺς Ῥωμαίους συμμίξοντας σφίσιν, οὐ μόνον πρὸ μάχης, ἀλλὰ καὶ πρὶν ἰδεῖν τοὺς ἐχθροὺς διασκίδνανται φυγῇ. **130** Καταλείπεται δ᾽ ὁ Ἰώσηπος μετ᾽ ὀλίγων, καὶ κατιδὼν ὡς οὔτε δέχεσθαι τοὺς πολεμίους ἀρκετὴν ἔχοι δύναμιν καὶ πεπτώκοι τὰ φρονήματα τῶν Ἰουδαίων ἄσμενοί τ᾽ ἄν, εἰ πιστεύοιντο, χωροῖεν οἱ πλείους ἐπὶ σπονδάς, **131** ἐδεδίει μὲν ἤδη περὶ παντὸς τοῦ πολέμου, τότε δ᾽ ὡς πορρωτάτω χωρίζεσθαι τῶν κινδύνων ἔκρινεν, ἀναλαβών τε τοὺς συμμείναντας εἰς Τιβεριάδα καταφεύγει.

126 1 τῶν MLVRC : om. PA ‖ ταγμάτων suppl. P. ‖ **129** 3 παρὰ — καλουμένην MVRC Niese[2] : om. PAL Lat. cf. *Vita* 395, 412 ‖ **131** 3 τε ex *que* Lat. Niese : δὲ codd. δὴ Bekker.

Prise et destruction de Garaba.

132 Vespasien attaqua la ville de Garaba [1] et, l'ayant trouvée vide de tout élément capable de combattre, il la prit dès le premier assaut. 133 Une fois arrivé à l'intérieur, il fait massacrer tous les adultes, les Romains ne faisant grâce à aucun âge, par haine de leur race et par rancune pour leur offense envers Cestius. 134 Il fit incendier non seulement la ville elle-même, mais encore tous les villages et bourgs des environs, dont certains se trouvaient déjà complètement abandonnés, et il procéda lui-même à la réduction en esclavage de la population de quelques autres.

Message de Josèphe au gouvernement de Jérusalem.

135 Quant à Josèphe, son arrivée en fugitif dans la ville qu'il avait choisie pour s'y réfugier en sécurité la remplit de crainte, parce que les gens de Tibériade pensaient qu'il n'aurait jamais pris la fuite s'il n'avait pas désespéré de l'issue de la guerre. 136 A cet égard, ils ne se trompaient pas sur sa pensée. Car il voyait vers quel dénouement penchait la situation des Juifs et il ne connaissait plus pour eux d'autre chance de salut que de faire volte-face. 137 Bien qu'il s'attendît pour lui-même au pardon des Romains, néanmoins il prit le parti de mourir mille fois plutôt que de trahir sa patrie et de déshonorer la charge de général qu'on lui avait confiée, en cherchant à gagner les faveurs de ceux qu'il avait reçu la mission de combattre. 138 Il décida donc d'écrire aux autorités de Jérusalem quelle était exactement la situation, de manière à ne pas se voir encore une fois accusé de lâcheté pour avoir majoré la puissance des ennemis, et sans non plus, par des indications minimisantes, réveiller l'audace de ces gens au moment où peut-être ils se repentaient. 139 Il leur demandait de lui répondre au plus vite, s'ils choisissaient la capitulation; ou bien, s'ils décidaient la guerre contre les Romains, de lui envoyer une armée capable de se battre. 140 Une fois cette lettre rédigée, il envoie des courriers en porter d'urgence le texte à Jérusalem.

132 Οὐεσπασιανὸς δὲ τῇ πόλει τῶν Γαράβων ἐπελθὼν αἱρεῖ τε κατὰ πρώτην ἔφοδον αὐτήν, 133 μαχίμου πλήθους ἔρημον καταλαβών, καὶ παρελθὼν εἴσω πάντας ἡβηδὸν ἀναιρεῖ μηδεμιᾶς τῶν Ῥωμαίων ἡλικίας ἔλεον ποιουμένων μίσει πρὸς τὸ ἔθνος καὶ μνήμῃ τῆς κατὰ τὸν Κέστιον αὐτῶν παρανομίας. 134 Ἐμπίμπρησιν δ᾽ οὐ μόνον αὐτὴν τὴν πόλιν, ἀλλὰ καὶ τὰς πέριξ κώμας πάσας τε καὶ πολίχνας, ἃς μὲν παντελῶς ἐκλελειμμένας, ἔστιν δ᾽ ἃς αὐτὸς ἐξανδραποδιζόμενος.

135 Ὁ δ᾽ Ἰώσηπος ἣν πρὸς ἀσφάλειαν εἵλετο πόλιν αὐτὸς ἐνέπλησεν δέους καταφυγών· οἱ γὰρ ἀπὸ τῆς Τιβεριάδος οὐκ ἄν, εἰ μὴ πρὸς τὸ πᾶν ἀπεγνώκει τὸν πόλεμον, τραπῆναί ποτε αὐτὸν ᾤοντο. 136 Καὶ κατὰ τοῦτό γε οὐ διημάρτανον αὐτοῦ τῆς γνώμης· ἑώρα μὲν γὰρ ποῖ ῥέψει τὰ Ἰουδαίων τέλους, καὶ μίαν αὐτῶν ᾔδει σωτηρίαν, εἰ μεταβάλοιντο. 137 Αὐτὸς δὲ καίπερ συγγνωσθήσεσθαι παρὰ Ῥωμαίοις προσδοκῶν, ὅμως τεθνάναι μᾶλλον εἵλετο πολλάκις ἢ καταπροδοὺς τὴν πατρίδα καὶ τὴν ἐμπιστευθεῖσαν αὐτῷ στρατηγίαν ὑβρίσας εὐτυχεῖν παρ᾽ οἷς πολεμήσων ἐπέμφθη. 138 Γράφειν οὖν τοῖς ἐν τέλει τῶν Ἱεροσολύμων διέγνω μετ᾽ ἀκριβείας τὰ πράγματα, ὡς μήτ᾽ ἐπὶ μεῖζον ἐξάρας τὴν τῶν πολεμίων ἰσχὺν αὖθις εἰς δειλίαν κακίζοιτο, μήτε ἐνδεέστερον ἀπαγγείλας κἂν μετανοήσαντας ἴσως θρασύνοιεν, 139 ἵνα τε ἢ σπονδὰς αἱρούμενοι ταχέως ἀντιγράψωσιν, ἢ πολεμεῖν ἐγνωκότες πρὸς Ῥωμαίους ἀξιόμαχον αὐτῷ πέμψωσι δύναμιν. 140 Ὁ μὲν οὖν ταῦτ᾽ ἐπιστείλας πέμπει διὰ τάχους ἐπὶ Ἱεροσολύμων τοὺς τὰ γράμματα κομίζοντας.

132 1 Γαράβων Schalit : γαδάρων PA γαβάρων Gfroerer Niese[2] γαδαρέων MVRC γαδαραίων L *gadarensium* Lat. *gadaram* Heg. ‖ **135** 2 οἱ γὰρ ex *nam* Lat. Thack. : οἱ δὲ codd. ‖ **138** 5 θρασύνοιεν PAMVR : θρασύνειεν LC Thack.

Vespasien investit Iotapata.

141 Vespasien, impatient de s'emparer de Iotapata [1] — il avait appris que la plupart des ennemis s'y étaient réfugiés et que par ailleurs c'était pour eux une solide base d'opérations — envoie des fantassins et des cavaliers aplanir auparavant cette route rocailleuse de montagne, déjà difficile pour l'infanterie, impraticable à la cavalerie. **142** Ces hommes accomplirent le travail en quatre jours et ouvrirent ainsi à l'armée une grand'route unie. Le cinquième jour, c'était le vingt-et-un [2] du mois Artémisios, Josèphe se hâte de passer de Tibériade à Iotapata et y relève le moral effondré des Juifs. **143** Un transfuge annonce à Vespasien la bonne nouvelle que Josèphe s'est déplacé, et le presse d'attaquer la ville, en faisant valoir qu'avec elle il prendrait toute la Judée, si seulement il mettait la main sur Josèphe. **144** Vespasien saisit la nouvelle comme une magnifique aubaine et regarda comme un effet de la Providence de Dieu que l'homme reconnu pour le plus intelligent parmi les ennemis soit venu de lui-même se jeter dans un piège. Il envoie immédiatement Placidus avec mille cavaliers et le décurion Aebutius [3], homme remarquablement actif et intelligent, avec ordre d'investir la ville pour que Josèphe ne puisse s'échapper en secret.

145 Lui, le lendemain les suivit avec toute son armée, marcha jusqu'au soir et arriva devant Iotapata. **146** Il mena son armée du côté Nord [4] et en établit le camp sur une hauteur à sept stades de la ville, en s'efforçant d'être le plus possible bien en vue des ennemis pour les intimider. **147** Les Juifs furent tout de suite saisis d'une telle stupeur qu'aucun d'eux ne se risqua à sortir des remparts. **148** Pour l'instant, les Romains renoncèrent à attaquer, après toute une journée de marche, mais ils encerclèrent la ville de leur phalange sur deux lignes avec, à l'extérieur, en troisième ligne, la cavalerie, fermant ainsi aux Juifs toutes les issues. **149** Ce dispo-

1. Aujourd'hui Kirbet dschefat, environ 10 km au Nord de Sepphoris.

141 Οὐεσπασιανὸς δὲ ὡρμημένος ἐξαιρεῖν τὴν Ἰωταπάταν, πέπυστο γὰρ εἰς αὐτὴν πλείστους τῶν πολεμίων συμπεφευγέναι καὶ ἄλλως ὁρμητήριον ἰσχυρὸν οὖσαν αὐτῶν, πέμπει πεζούς τε καὶ ἱππεῖς τοὺς προεξομαλιοῦντας τὴν ὁδὸν ὀρεινὴν ὑπάρχουσαν καὶ πετρώδη, δύσβατον δὲ καὶ πεζοῖς, ἱππεῦσιν δ' ἀμήχανον. 142 Οἱ μὲν οὖν τέσσαρσιν ἡμέραις ἐξειργάσαντο καὶ πλατεῖαν ἤνοιξαν τῇ στρατιᾷ λεωφόρον· τῇ πέμπτῃ δ' ὁ Ἰώσηπος, αὕτη δ' ἦν Ἀρτεμισίου μηνὸς μία καὶ εἰκάς, φθάνει παρελθὼν εἰς τὴν Ἰωταπάταν ἐκ τῆς Τιβεριάδος καὶ πεπτωκότα τοῖς Ἰουδαίοις ἐγείρει τὰ φρονήματα. 143 Οὐεσπασιανῷ δέ τις εὐαγγελίζεται τὴν μετάβασιν τοῦ ἀνδρὸς αὐτόμολος καὶ κατήπειγεν ἐπὶ τὴν πόλιν ὡς μετ' ἐκείνης αἱρήσοντα πᾶσαν Ἰουδαίαν, εἰ λάβοι τὸν Ἰώσηπον ὑποχείριον. 144 Ὁ δ' ἁρπάσας ὥσπερ μέγιστον εὐτύχημα τὴν ἀγγελίαν καὶ προνοίᾳ θεοῦ τὸν συνετώτατον εἶναι δοκοῦντα τῶν πολεμίων οἰόμενος εἰς εἱρκτὴν αὐθαίρετον παρελθεῖν, εὐθέως μὲν σὺν χιλίοις ἱππεῦσιν πέμπει Πλάκιδον καὶ δεκαδάρχην Αἰβούτιον, ἄνδρα τῶν ἐπισήμων κατὰ χεῖρα καὶ σύνεσιν, περικατασχεῖν κελεύσας τὴν πόλιν, ὡς μὴ λάθοι διαδρὰς ὁ Ἰώσηπος.

145 Αὐτὸς δὲ μετὰ μίαν ἡμέραν ἀναλαβὼν πᾶσαν τὴν δύναμιν εἵπετο καὶ μέχρι δείλης ὁδεύσας πρὸς τὴν Ἰωταπάταν ἀφικνεῖται. 146 Ἀναλαβὼν δὲ τὴν στρατιὰν εἰς τὸ προσάρκτιον αὐτῆς μέρος ἔν τινι λόφῳ στρατοπεδεύεται διέχοντι σταδίους ἑπτὰ τῆς πόλεως, πειρώμενος ὡς μάλιστα τοῖς πολεμίοις εὐσύνοπτος εἶναι πρὸς ἔκπληξιν· 147 ἣ καὶ παραχρῆμα τοσαύτη τοὺς Ἰουδαίους κατέσχεν, ὡς μηδένα τοῦ τείχους τολμῆσαι προελθεῖν. 148 Ῥωμαῖοι δ' εὐθὺς μὲν ἀπώκνησαν προσβαλεῖν, δι' ὅλης ὡδευκότες ἡμέρας, διπλῇ

141 4 τούς om. VR.

sitif qui ôtait tout espoir d'évasion, provoqua les Juifs à l'audace. Aussi bien, à la guerre, n'est-il rien de plus stimulant au combat que la nécessité.

150 Au matin [1], on passa à l'attaque. Au premier moment, les Juifs, qui avaient pris position devant les remparts, en face des Romains, restèrent accrochés au terrain. **151** Mais lorsque Vespasien, ayant disposé ses archers, ses frondeurs et toute la troupe des lanceurs de traits, les autorisa à tirer, et que de son côté, avec son infanterie il se lança au pas de charge sur la pente du côté où le rempart pouvait être pris, Josèphe, craignant pour la ville, bondit en avant, entraînant avec lui toute la foule des Juifs. **152** Ils tombèrent en masse sur les Romains, les repoussèrent du rempart et donnèrent le spectacle de maintes prouesses et de beaucoup d'audace. Toutefois ils n'eurent pas moins de pertes à subir qu'ils n'en infligèrent; **153** car s'il est vrai qu'ils étaient excités par le désespoir, la crainte du déshonneur soutenait tout autant les Romains et si l'expérience et la vigueur donnaient des armes [2] à ces derniers, les autres avaient l'audace de gens commandés par la fureur.

154 Après toute une journée de lutte, la nuit sépara les combattants [3]. Ils avaient blessé grand nombre de Romains et en avaient tué treize. De leur côté, ils avaient dix-sept morts et six cents blessés.

155 Le lendemain, à une nouvelle attaque des Romains ils répondent par une sortie plus vigoureuse encore; ils sont devenus plus sûrs d'eux-mêmes du fait d'avoir, la veille, tenu bon contre toute attente, et d'autre part ils ont affaire cette fois à des Romains **156** plus combattifs eux aussi parce que la honte les enflammait de colère, le fait de n'avoir pas vaincu d'emblée valant à leurs yeux une défaite. **157** Pendant quatre jours, ce ne furent qu'attaques des Romains, ripostes des Iotapatéens et

3. Thackeray admet que durant ces premiers jours les Juifs pensaient bien lancer leurs attaques à partir d'un camp *extra muros*.

δὲ τῇ φάλαγγι κυκλοῦνται τὴν πόλιν καὶ τρίτην ἔξωθεν περιιστᾶσιν τὴν ἵππον, πάσας ἀποφράσσοντες αὐτοῖς τὰς ἐξόδους. 149 Τοῦτ' ἐν ἀπογνώσει σωτηρίας παρώξυνε τοὺς Ἰουδαίους πρὸς τόλμαν· οὐδὲν γὰρ ἀνάγκης ἐν πολέμῳ μαχιμώτερον.

150 Γενομένης δὲ μεθ' ἡμέραν προσβολῆς τὸ μὲν πρῶτον Ἰουδαῖοι κατὰ χώραν μένοντες ἀντεῖχον, ἀντικρὺ τῶν Ῥωμαίων ἐστρατοπεδευκότες πρὸ τοῦ τείχους· 151 ὡς δὲ Οὐεσπασιανὸς τούτοις μὲν τοὺς τοξότας καὶ σφενδονήτας καὶ πᾶν τὸ τῶν ἑκηβόλων πλῆθος ἐπιστήσας ἐπέτρεψεν βάλλειν, αὐτὸς δὲ μετὰ τῶν πεζῶν εἰς τὸ πρόσαντες ἀνωθεῖ καθ' ὃ τὸ τεῖχος ἦν εὐάλωτον, δείσας ὁ Ἰώσηπος περὶ τῇ πόλει προπηδᾷ καὶ σὺν αὐτῷ πᾶν τὸ τῶν Ἰουδαίων πλῆθος. 152 Συμπεσόντες δὲ τοῖς Ῥωμαίοις ἀθρόοι τοῦ μὲν τείχους ἀνέστειλαν αὐτούς, πολλὰ δ' ἐπεδείκνυντο χειρῶν ἔργα καὶ τόλμης. Οὐκ ἔλασσόν γε μὴν ὧν ἔδρων ἀντέπασχον· 153 ὅσον γὰρ αὐτοὺς ἡ τῆς σωτηρίας ἀπόγνωσις, τοσοῦτο τοὺς Ῥωμαίους αἰδὼς παρεκρότει, καὶ τοὺς μὲν ἐμπειρία μετ' ἀλκῆς, τοὺς δὲ θράσος ὥπλιζε τῷ θυμῷ στρατηγουμένους. 154 Παραταξάμενοι δὲ δι' ὅλης ἡμέρας νυκτὶ διαλύονται, τρώσαντες μὲν πλείστους Ῥωμαίων, δεκατρεῖς δ' ἀνελόντες· αὐτῶν δ' ἔπεσον μὲν δεκαεπτά, τραυματίαι δ' ἐγένοντο ἑξακόσιοι.

155 Τῇ δ' ὑστεραίᾳ [ἡμέρᾳ] πάλιν προσβάλλουσι τοῖς Ῥωμαίοις ἐπεξελθόντες καὶ πολὺ καρτερώτερον ἀντιπαρετάξαντο, θαρραλεώτεροι μὲν ἐκ τοῦ παρὰ λόγον ἀντισχεῖν τῇ προτέρᾳ γεγενημένοι, χρώμενοι δὲ καὶ τοῖς Ῥωμαίοις μαχιμωτέροις· 156 ὑπὸ γὰρ

150 3 ἐστρατοπεδευκότες PAML : ἐξεστρ- VRC ἐστρ- uel ἐξεστρατοπεδευκότων legebat Lat. ‖ **151** 4 ἀνωθεῖ coni. Niese : ἀνώθει codd. Thackeray. ‖ **152** 4 ἔλασσον PA p.c. L : ἔλασσων A a.c. ἐλάσσω MVRC. ‖ **155** 1 ὑστεραίᾳ MVRC : ὑστ. ἡμέρᾳ PAL ‖ 4 προτέρᾳ codd. Thack. : προτεραίᾳ Niese.

combats acharnés aux remparts, sans que ni les Juifs se laissent démoraliser devant la puissance des ennemis ni les Romains décourager devant la difficulté de prendre la ville.

Le site de Iotapata.

158 Iotapata[1] est construite presque entièrement sur une hauteur escarpée. Sur les autres côtés, elle surplombe partout des ravins insondables où, si l'on essaie de voir le fond, la vue défaille avant d'y atteindre; c'est seulement du côté du Nord qu'elle est accessible; elle y a été édifiée obliquement, sur les derniers contreforts de la montagne. **159** Or, Josèphe en fortifiant la ville y avait inclu ce côté-là aussi, pour que la hauteur qui la domine ne pût être prise par les ennemis. **160** Cachée par un cirque d'autres montagnes, elle était absolument invisible tant qu'on n'y était pas arrivé. Telle était la forte position de Iotapata.

Travaux de siège des Romains.

161 Vespasien, pour faire face à la nature hostile du lieu et à l'audace des Juifs, résolut d'accentuer la rigueur du siège; il convoqua les généraux qui étaient sous ses ordres, pour élaborer un plan d'attaque. **162** Quand on eut décidé d'élever une terrasse du côté où le rempart était abordable, Vespasien envoya toute l'armée chercher des matériaux. On abattit les arbres des montagnes qui entourent la ville et l'on rassembla, en même temps que du bois, une énorme quantité de pierres. **163** Alors, des soldats tendirent des mantelets de siège[2] sur des palissades pour se défendre contre les traits qu'on leur décochait d'en haut; en faisant leur travail de terrassement sous cet abri, ils n'avaient rien ou que peu à souffrir de ce qu'on lançait du rempart. **164** Les autres arrachaient de la terre aux tertres voisins et la leur apportaient sans interruption. Grâce à une division en trois équipes, personne n'était inoccupé. **165** De

1. Cf. 2, 573 et note 2.
2. C'est la *uinea*.

αἰδοῦς εἰς ὀργὴν ἐξεκαίοντο, τὸ μὴ ταχέως νικᾶν ἧτταν ἡγούμενοι. **157** Καὶ μέχρι πέμπτης ἡμέρας προσβολαὶ μὲν ἐγίνοντο τῶν Ῥωμαίων ἀδιάλειπτοι, ἐκδρομαὶ δὲ τῶν Ἰωταπατηνῶν καὶ τειχομαχίαι καρτερώτεραι, καὶ οὔτε Ἰουδαῖοι τὴν τῶν πολεμίων ἰσχὺν κατωρρώδουν οὔτε Ῥωμαῖοι πρὸς τὸ τῆς πόλεως δυσάλωτον ἀπέκαμνον.

158 Ἔστιν δ' Ἰωταπάτα πλὴν ὀλίγου πᾶσα κρημνός, ἐκ μὲν τῶν ἄλλων μερῶν πάντοθεν φάραγξιν ἀπείροις ἀπότομος, ὡς τῶν κατιδεῖν πειρωμένων τὰς ὄψεις προεξασθενεῖν τοῦ βάθους, ἀπὸ βορέου δὲ προσιτὴ μόνον, καθ' ὃ λήγοντι τῷ ὄρει πλαγίως προσέκτισται. **159** Καὶ τοῦτο δ' ὁ Ἰώσηπος ἐμπεριειλήφει τειχίζων τὴν πόλιν, ὡς ἀκατάληπτον εἶναι πολεμίοις τὴν ὑπὲρ αὐτῆς ἀκρώρειαν. **160** Κυκλόθεν δ' ἄλλοις ὄρεσιν καλυπτομένη, πρὶν εἰσαφίκοιτό τις εἰς αὐτήν, παντελῶς ἀόρατος ἦν. Εἶχε μὲν οὖν οὕτως ὀχυρότητος Ἰωταπάτη.

161 Οὐεσπασιανὸς δὲ τῇ τε φύσει τοῦ χωρίου καὶ ταῖς τόλμαις τῶν Ἰουδαίων ἀντιφιλονεικῶν ἔγνω καρτερώτερον ἅπτεσθαι τῆς πολιορκίας, καὶ προσκαλεσάμενος τοὺς ὑπ' αὐτὸν ἡγεμόνας ἐβουλεύετο περὶ τῆς προσβολῆς. **162** Δόξαν δὲ χῶσαι τὸ προσιτὸν τοῦ τείχους, ἐπὶ συγκομιδὴν ὕλης ἐκπέμπει πᾶν τὸ στράτευμα, καὶ κοπέντων τῶν περὶ τὴν πόλιν ὀρῶν, συναλισθείσης τε ἅμα τοῖς ξύλοις ἀπείρου χερμάδος, **163** οἱ μὲν πρὸς ἀλεωρὰν τῶν ὕπερθεν ἀφιεμένων βελῶν γέρρα διατείναντες ὑπὲρ χαρακωμάτων ἔχουν ὑπ' αὐτοῖς, οὐδὲν ἢ μικρὰ βλαπτόμενοι ταῖς ἀπὸ τοῦ τείχους βολαῖς, **164** οἱ δὲ τοὺς πλησίον ὄχθους ἀνασπῶντες γῆν αὐτοῖς ἀδιαλείπτως προσέφερον, καὶ τριχῇ διῃρημένων ἀργὸς ἦν οὐδείς. **165** Οἱ δὲ Ἰουδαῖοι πέτρας τε μεγάλας ἀπὸ τῶν τειχῶν τοῖς σκεπάσμασιν αὐτῶν

158 5 πλαγίως ML : πλαγίῳ PAVRC πλαγία Niese [2] ‖ προσέκτισται VRC : προσεκπετείνεται s.l. P προσεκτείνεται PAML *aedificata est* Lat. παρεκτείνεται Destinon.

leur côté, les Juifs lâchaient du haut des remparts d'énormes blocs et toute sorte de projectiles sur les abris de l'ennemi. Même quand ces projectiles ne défonçaient rien, tout cet effroyable vacarme gênait ceux qui exécutaient les travaux.

166 Vespasien installa tout autour les pièces d'artillerie, en tout cent soixante engins, et commanda de tirer sur les hommes postés sur le rempart. **167** Alors, en même temps que les catapultes faisaient siffler leurs traits [1], les pierriers lançaient de grosses pierres d'un talent, du feu [2], une grêle de flèches, tous projectiles qui rendaient intenable aux Juifs non seulement le rempart mais encore, à l'intérieur, tout l'espace à la portée du tir. **168** Car, de fait, l'important contingent d'archers arabes, des lanceurs de traits et des frondeurs tiraient tous en même temps que l'artillerie. **169** Ainsi empêchés de se défendre du haut des remparts, les Juifs ne restaient pas inactifs pour autant. Ils faisaient des sorties par petites unités [3] à la manière des brigands et arrachaient les abris des soldats au travail; une fois qu'ils les avaient ainsi mis à découvert, ils les frappaient et à mesure que ceux-ci se retiraient, eux démolissaient le terrassement et brûlaient les palissades et les mantelets avec. **170** Finalement Vespasien se rendit compte que la séparation des divers chantiers était cause de cet inconvénient (car les intervalles entre eux laissaient de la place pour les attaques des Juifs); il relia ensemble tous les abris et quand leur défense eut formé un cordon ininterrompu, les incursions des Juifs furent vouées à l'échec.

171 Comme le terrassement s'élevait maintenant et qu'il arrivait presque à la hauteur des parapets, Josèphe, jugeant dangereux de ne pas inventer quelque riposte pour le salut de la ville, rassembla des maçons et leur commanda de surélever le rempart. **172** Ceux-ci déclarant qu'il était impossible de construire sous une telle pluie de projectiles, il imagine pour eux un abri du genre que voici : **173** il commanda de fixer (au rempart) des barres et d'y suspendre des peaux de bœufs fraîchement écorchées [4], qui absorberaient en se creusant le choc des pierres lancées par les pierriers, feraient glisser loin des ouvriers les autres projectiles et par leur humidité, empê-

ἐπηφίεσαν καὶ πᾶν εἶδος βελῶν· ἦν δὲ καὶ μὴ διικνουμένων πολὺς ὁ ψόφος καὶ φοβερὸς ἐμπόδιον τοῖς ἐργαζομένοις.

166 Οὐεσπασιανὸς δὲ ἐν κύκλῳ τὰς ἀφετηρίους μηχανὰς ἐπιστήσας, τὰ πάντα δ' ἦν ἑκατὸν ἑξήκοντα ὄργανα, βάλλειν ἐκέλευσεν τοὺς ἐπὶ τοῦ τείχους. 167 Ὁμοῦ δ' οἵ τε καταπέλται τὰς λόγχας ἀνερροίζουν καὶ ταλαντιαῖοι λίθοι μέγεθος ἐκ τῶν πετροβόλων ἐβάλλοντο, πῦρ τε καὶ πλῆθος ἀθρόων οἰστῶν, ἅπερ οὐ μόνον τὸ τεῖχος ἀνεπίβατον τοῖς Ἰουδαίοις ἐποίησεν, ἀλλὰ καὶ τὴν ἐντὸς ὅσης ἐφικνεῖτο χώρας· 168 καὶ γὰρ καὶ τὸ τῶν Ἀράβων τοξοτῶν πλῆθος ἀκοντισταί τε καὶ σφενδονῆται πάντες ἅμα τοῖς μηχανήμασιν ἔβαλλον. 169 Οὐ μὴν εἰργόμενοι τῆς καθύπερθεν ἀμύνης ἠρέμουν· ἐκτρέχοντες γὰρ λῃστρικώτερον κατὰ λόχους περιέσπων τε τῶν ἐργαζομένων τὰς σκέπας καὶ τοὺς γυμνουμένους ἔπαιον, καὶ καθ' ὃ παρείκοιεν ἐκεῖνοι διερρίπτουν τε τὸ χῶμα καὶ τὰ χαρακώματα σὺν τοῖς γέρροις ἐνεπίμπρασαν, 170 μέχρι συνεὶς Οὐεσπασιανὸς τὴν διαίρεσιν τῶν ἔργων αἰτίαν εἶναι τῆς βλάβης, τὰ γὰρ διαστήματα τοῖς Ἰουδαίοις προσβολῆς παρεῖχεν τόπον, ἑνοῖ τὰ σκεπάσματα, καὶ συναφθείσης ἅμα αὐτοῖς τῆς δυνάμεως ἀνείρχθησαν αἱ τῶν Ἰουδαίων παραδύσεις.

171 Ἐγειρομένου δὲ τοῦ χώματος ἤδη καὶ ταῖς ἐπάλξεσιν ὅσον οὔπω πλησιάζοντος, δεινὸν ὁ Ἰώσηπος νομίσας εἰ μηδὲν ἀντιμηχανήσαιτο τῇ πόλει σωτήριον, συναθροίζει τέκτονας καὶ τὸ τεῖχος ἐκέλευσεν ὑψοῦν. 172 Τῶν δ' ἀδύνατον εἶναι φαμένων οἰκοδομεῖν τοσούτοις βέλεσι βαλλομένους, σκέπην αὐτοῖς ἐπινοεῖ τοιάνδε· 173 δρυφάκτους πήξασθαι κελεύσας ἐμπετάσαι τε βύρσας νεοδόρους βοῶν, ὡς ἀναδέχοιντο μὲν τοὺς

167 3 incip. Exc. pol. cod. Par. suppl. gr. 607.

cheraient l'incendie, puis il fit dresser ces installations en avant des maçons. **174** Comme, à l'abri de ces écrans, ceux-ci pouvaient travailler en sécurité jour et nuit, ils élevèrent le rempart d'une hauteur de vingt coudées, construisirent dessus des tours rapprochées les unes des autres et lui ajoutèrent un solide parapet. **175** Cet ouvrage causa aux Romains, qui se voyaient déjà à l'intérieur de la ville, un profond découragement et ils furent déconcertés devant l'ingéniosité de Josèphe et la ténacité des habitants.

Le siège devient blocus.

176 Vespasien, de son côté, était exaspéré par l'astuce du stratagème autant que par les audaces des Iotapatéens. **177** Enhardis par cet ouvrage de fortification, ils reprirent, en effet, leurs sorties contre les Romains et c'était chaque jour des accrochages entre petits détachements, toutes les ruses des brigands, le pillage de tout ce qui tombait sous la main et l'incendie des autres [1] ouvrages. **178** Finalement Vespasien, donna ordre à son armée de cesser les combats et décida de prendre la ville par la famine en continuant le siège. **179** Ou bien, en effet, la disette obligerait les Juifs à venir le supplier, ou bien, s'ils poussaient leur arrogance jusqu'au bout, ils périraient par la famine. **180** Il estimait aussi que si après un certain répit, il revenait à la charge quand les assiégés seraient épuisés, il les trouverait bien plus aisés à combattre. Il donna donc l'ordre de garder toutes leurs voies de sortie.

181 Or ils avaient à l'intérieur abondance de blé et de toutes les autres choses nécessaires, le sel excepté; mais ils manquaient d'eau, étant donné qu'il n'y avait pas de source en ville et que la population se contentait de l'eau de pluie; or, dans la région, en été il pleut plus rarement que jamais. **182** Comme le siège tombait en cette saison, un cruel découragement les saisit à la pensée de

1. « Les ouvrages autres que les terrassements, lesquels étaient devenus inattaquables par l'effet des mesures décrites plus haut (170) » Reinach.

ἀπὸ τῶν πετροβόλων λίθους κολπούμεναι, περιολισθάνοι δ' ἀπ' αὐτῶν καὶ τὰ λοιπὰ βέλη καὶ τὸ πῦρ ὑπὸ τῆς ἰκμάδος εἴργοιτο, προανίστησιν τῶν τεκτόνων. **174** Ὑφ' οἷς ἀσφαλῶς ἐργαζόμενοι δι' ἡμέρας τε καὶ νυκτὸς τὸ τεῖχος ἤγειραν εἰς εἴκοσι πήχεις τὸ ὕψος, καὶ συχνοὺς μὲν πύργους ἐνῳκοδόμησαν αὐτῷ, καρτερὰν δὲ ἔπαλξιν ἐφηρμόσαντο. **175** Τοῦτο τοῖς Ῥωμαίοις ἤδη τῆς πόλεως ἐντὸς οἰομένοις εἶναι πολλὴν ἐποίησεν ἀθυμίαν, καὶ πρός τε τὴν ἐπίνοιαν τοῦ Ἰωσήπου καὶ τὸ παράστημα τῶν ἐπὶ τῆς πόλεως κατεπλάγησαν.

176 Οὐεσπασιανὸς δὲ καὶ πρὸς τὸ πανοῦργον τοῦ στρατηγήματος καὶ πρὸς τὰς τόλμας παρωξύνετο τῶν Ἰωταπατηνῶν· **177** πάλιν γὰρ ἀναθαρσήσαντες ἐπὶ τῷ τειχισμῷ τοῖς Ῥωμαίοις ἐπεξέθεον, καὶ καθ' ἡμέραν ἐγίνοντο συμπλοκαὶ κατὰ λόχους ἐπίνοιά τε ληστρικὴ πᾶσα καὶ τῶν προστυχόντων ἁρπαγαὶ καὶ τῶν ἄλλων ἔργων πυρπολήσεις, **178** ἕως Οὐεσπασιανὸς ἀναπαύσας τὴν στρατιὰν μάχης διέγνω προσκαθεζόμενος σπάνει τῶν ἐπιτηδείων αἱρεῖν τὴν πόλιν· **179** ἢ γὰρ ἀναγκαζομένους ταῖς ἀπορίαις ἱκετεύσειν αὐτὸν ἢ μέχρι παντὸς ἀπαυθαδισαμένους διαφθαρήσεσθαι λιμῷ· **180** πολύ τε ῥᾷοσιν αὐτοῖς ἠξίου χρήσεσθαι κατὰ τὴν μάχην, εἰ διαλιπὼν αὖθις ἐκτετρυχωμένοις ἐπιπέσοι. Φρουρεῖν δὴ πάσας αὐτῶν ἐκέλευσεν τὰς ἐξόδους.

181 Τοῖς δὲ σίτου μὲν πλῆθος ἦν ἔνδον καὶ τῶν ἄλλων πλὴν ἁλὸς ἁπάντων, ἔνδεια δ' ὕδατος ὡς ἂν πηγῆς μὲν οὐκ οὔσης κατὰ τὴν πόλιν, τῷ δ' ὀμβρίῳ διαρκουμένων τῶν ἐν αὐτῇ· σπάνιον δ' εἴ ποτε τὸ κλίμα θέρους ὕεται. **182** Καὶ κατὰ ταύτην τὴν ὥραν πολιορκουμένων ἀθυμία δεινὴ πρὸς τὴν τοῦ δίψους ἐπίνοιαν

173 4 καὶ τὰ λοιπὰ P Niese : τὰ λοιπὰ AMLVRC Exc. poliorcet. Lat., uide adn. ‖ **181** 4 τὸ κλίμα codd. : *illo tractu* Lat. τὸ κλίμα τοῦτο ex cod. Voss. Hudson.

(mourir de) soif, et ils s'irritaient comme si déjà l'eau manquait complètement. **183** Josèphe, voyant que, pour le reste, la ville était bien pourvue de tout le nécessaire et que le moral des hommes était à la vaillance, voulant prolonger le siège au-delà de l'attente des Romains, rationna l'eau. **184** Les gens trouvaient ce rationnement plus pénible que la privation et le fait qu'il était imposé excitant davantage leur envie de boire, ils cédaient à l'abattement comme s'ils en étaient déjà arrivés aux dernières extrémités de la soif. Cet état d'esprit n'échappait pas aux Romains. **185** Car des hauteurs d'en face, ils les voyaient, par-dessus le rempart, qui affluaient vers un même endroit où on leur mesurait l'eau : comme c'était à portée des oxybèles [1], ils en tuaient un grand nombre. **186** Vespasien espérait qu'avant peu, une fois les réservoirs épuisés, la ville allait forcément lui faire sa reddition. **187** Mais Josèphe, bien décidé à lui briser cette espérance, ordonna que le plus de gens possible mouillent leurs manteaux et les suspendent tout autour aux créneaux, si bien que soudain tout le rempart se mit à ruisseler [2]. **188** Du coup, ce fut le découragement et la consternation chez les Romains, lorsqu'ils constatèrent que ceux qu'ils supposaient n'avoir même plus assez d'eau pour boire en gaspillaient une telle quantité pour se moquer d'eux. Tant et si bien que le général lui-même, renonçant à l'espoir de prendre la ville par la disette, en revint à la force des armes. **189** C'est précisément ce que désiraient les Juifs : ayant définitivement renoncé à tout espoir pour eux-mêmes et pour leur ville, ils aimaient mieux mourir les armes à la main que mourir de faim et de soif.

190 Josèphe toutefois, outre ce statagème, en imagina un autre pour se procurer des vivres en abondance [3]. **191** Dans la partie occidentale du fossé, par un ravin difficile-

1. Cf. *supra* 80 et note.

3. Sur l'usage des peaux de bêtes (bovins) comme ingénieux moyen de défense, Michel renvoie à Végèce, *De Re Militari* 4, 15. Les « mantelets » étaient, eux aussi, confectionnés avec des peaux : 3, 163, 169, etc...

ἦν, ἀσχαλλόντων ἤδη ὡς καθάπαν ἐπιλελοιπότος ὕδατος· **183** ὁ γὰρ Ἰώσηπος τήν τε πόλιν ὁρῶν τῶν ἄλλων ἐπιτηδείων εὔπορον καὶ τὰ φρονήματα γενναῖα τῶν ἀνδρῶν, βουλόμενός τε παρ' ἐλπίδα τοῖς Ῥωμαίοις ἐκτεῖναι τὴν πολιορκίαν, μέτρῳ τὸ ποτὸν αὐτοῖς διένειμεν [εὐθέως]. **184** Οἱ δὲ τὸ ταμιεύεσθαι χαλεπώτερον ἐνδείας ὑπελάμβανον, καὶ τὸ μὴ αὐτεξούσιον αὐτῶν πλέον ἐκίνει τὴν ὄρεξιν, καὶ καθάπερ εἰς ἔσχατον ἤδη δίψους προήκοντες ἀπέκαμνον. Διακείμενοι δ' οὕτως οὐκ ἐλάνθανον τοὺς Ῥωμαίους· **185** ἀπὸ γὰρ τοῦ κατάντους ἑώρων αὐτοὺς ὑπὲρ τὸ τεῖχος ἐφ' ἕνα συρρέοντας τόπον καὶ μετρουμένους τὸ ὕδωρ, ἐφ' ὃν καὶ τοῖς ὀξυβελέσιν ἐξικνούμενοι πολλοὺς ἀνῄρουν.

186 Καὶ Οὐεσπασιανὸς μὲν οὐκ εἰς μακρὰν τῶν ἐκδοχείων κενωθέντων ἤλπιζεν ὑπὸ τῆς ἀνάγκης αὐτῷ παραδοθήσεσθαι τὴν πόλιν. **187** Ὁ δὲ Ἰώσηπος κλάσαι τὴν ἐλπίδα ταύτην αὐτῷ προαιρούμενος ἐμβρέξαι κελεύει πλείστους τὰ ἱμάτια καὶ κατακρεμάσαι περὶ τὰς ἐπάλξεις, ὥστε περιρρεῖσθαι πᾶν ἐξαπίνης τὸ τεῖχος. **188** Πρὸς τοῦτ' ἀθυμία τῶν Ῥωμαίων καὶ κατάπληξις ἦν θεασαμένων εἰς χλεύην τοσοῦτον παραναλίσκοντας ὕδατος οὓς οὐδὲ ποτὸν ἔχειν ὑπελάμβανον, ὥστε καὶ τὸν στρατηγὸν ἀπογνόντα τὴν δι' ἐνδείας ἅλωσιν τρέπεσθαι πάλιν πρὸς ὅπλα καὶ βίαν. **189** Ὃ δὴ τοῖς Ἰουδαίοις δι' ἐπιθυμίας ἦν· ἀπεγνωκότες γὰρ ἑαυτοὺς καὶ τὴν πόλιν πρὸ λιμοῦ καὶ δίψης τὸν ἐν πολέμῳ θάνατον ᾑροῦντο.

190 Ὁ μέντοι γε Ἰώσηπος πρὸς τῷδε τῷ στρατηγήματι καὶ ἕτερον ἐπενόησεν εἰς περιουσίαν αὐτῷ· **191** διά τινος χαράδρας δυσβάτου καὶ διὰ τοῦθ' ὑπὸ

183 5 διένειμεν PA Niese : διένεμεν MLVRC Exc. pol. *ministrabat* Lat. ‖ εὐθέως PAL *iam tunc* Lat. del. Niese[2].

ment praticable et, pour cette raison, négligé par les gardes, il parvint à envoyer des gens porter des lettres à tous les Juifs de l'extérieur qu'il désirait, et recevait leurs réponses; et il disposa largement de toutes les denrées nécessaires qui manquaient en ville. **192** Il avait commandé à ceux qui faisaient ces sorties de ramper sur la plus grande partie du trajet le long des postes de garde et de se couvrir le dos de peaux de bêtes pour que, à la faveur de la nuit, si on les apercevait, on les prît pour des chiens. Mais les gardes finirent pas découvrir la ruse et bloquèrent le ravin.

Tentative d'évasion de Josèphe.

193 A ce moment-là, Josèphe, voyant que la ville ne pourrait plus résister longtemps et que, s'il restait là, lui-même risquait sa vie, combinait avec les notables un plan pour s'enfuir. Mais le peuple en eut vent, s'attroupa autour de lui et les gens le supplièrent de ne pas rester indifférent envers eux, qui n'avaient d'autre appui que lui seul : **194** en restant, il était un espoir de salut pour la ville parce que, à cause de lui, chacun combattrait avec courage, et en cas de défaite, il serait leur consolation. **195** D'autre part il n'était digne de lui ni de fuir devant les ennemis, ni d'abandonner ses amis, ni de sauter du navire où il s'était embarqué par beau temps, maintenant qu'il est ballotté par la tempête. **196** Leur ville allait sombrer, car personne n'oserait plus résister aux ennemis, une fois parti celui à cause de qui ils en auraient le courage.

197 Josèphe, laissant de côté la question de sa propre sécurité, déclara que c'était pour leur bien qu'il allait sortir de la ville. **198** Si, en effet, il restait à l'intérieur, dans le cas d'une issue favorable pour eux, il ne leur servirait pas à grand-chose; et si la ville venait à être prise, c'est en vain qu'il périrait avec eux. Tandis que s'il s'échappait du siège, il leur rendrait de l'extérieur le plus grand service. **199** Il rassemblerait au plus tôt, en effet, les hommes des campagnes de Galilée et par un second front décrocherait les Romains de leur ville. **200** Mais il ne

τῶν φυλάκων ἀμελουμένης κατὰ τὰ πρὸς δύσιν μέρη τῆς φάραγγος ἐκπέμπων τινὰς γράμματά τε πρὸς οὓς ἠβούλετο τῶν ἔξω Ἰουδαίων διεπέμψατο καὶ παρ' αὐτῶν ἐλάμβανεν, παντός τε ἐπιτηδείου τῶν ἀνὰ τὴν πόλιν ἐπιλελοιπότων εὐπόρησεν, **192** ἕρπειν τὰ πολλὰ παρὰ τὰς φυλακὰς κελεύσας τοῖς ἐξιοῦσιν καὶ τὰ νῶτα καλύπτειν νάκεσιν, ὡς εἰ καὶ κατίδοι τις αὐτοὺς νύκτωρ, φαντασίαν παρέχοιεν κυνῶν, μέχρι συναισθόμενοι τὴν ἐπίνοιαν οἱ φρουροὶ περιίσχουσιν τὴν χαράδραν.

193 Καὶ τόθ' ὁ Ἰώσηπος μὲν τὴν πόλιν οὐκ εἰς μακρὰν ὁρῶν ἀνθέξειν, ἐν ἀπόρῳ δὲ τὴν ἑαυτοῦ σωτηρίαν εἰ μένοι, δρασμὸν ἅμα τοῖς δυνατοῖς ἐβουλεύετο. Συναισθόμενοι δὲ τὸ πλῆθος καὶ περιχυθὲν αὐτῷ κατηντιβόλουν μὴ σφᾶς περιιδεῖν ἐπ' αὐτῷ μόνῳ κειμένους· **194** εἶναι γὰρ τῇ πόλει καὶ σωτηρίας μὲν ἐλπὶς παραμένων, παντὸς ἀγωνισομένου δι' αὐτὸν προθύμως, κἂν ἁλῶσιν δέ, παραμυθίαν. **195** Πρέπειν δ' αὐτῷ μήτε φυγεῖν τοὺς ἐχθροὺς μήτ' ἐγκαταλιπεῖν τοὺς φίλους μήτ' ἀποπηδᾶν ὥσπερ χειμαζομένης νεώς, εἰς ἣν ἐν γαλήνῃ παρῆλθεν· **196** ἐπιβαπτίσειν γὰρ αὐτοῖς τὴν πόλιν, μηδενὸς ἔτι τοῖς πολεμίοις τολμῶντος ἀνθίστασθαι, δι' ὃν ἂν θαρσοῖεν οἰχομένου.

197 Ὁ δὲ Ἰώσηπος τὸ καθ' αὑτὸν ἀσφαλὲς ὑποστελλόμενος ὑπὲρ αὐτῶν ἔφασκεν ποιεῖσθαι τὴν ἔξοδον. **198** μένων μὲν γὰρ εἴσω οὔτ' ἂν ὠφελῆσαί τι μέγα σωζομένους, κἂν ἁλίσκωνται, συναπολεῖσθαι περιττῶς, ἐκδὺς δὲ τῆς πολιορκίας ἔξωθεν αὐτοὺς ὠφελήσειν μέγιστα· **199** τούς τε γὰρ ἐκ τῆς χώρας Γαλιλαίους συναθροίσειν ᾗ τάχος καὶ Ῥωμαίους ἑτέρῳ πολέμῳ τῆς πόλεως αὐτῶν ἀντιπερισπάσειν. **200** Οὐχ ὁρᾶν δέ,

193 2 ἑαυτοῦ MLVRC : ἑαυτῶν PA. ‖ **194** 1 μὲν ἐλπὶς παραμένων PAML Lat. : μένων ἐλπὶς καὶ παραμένοντος αὐτοῦ VRC μὲν ἐλπίδα παραμένοντα Herwerden et G. Schmidt. **198** 1 εἴσω (ἔσω L) PAML Lat. Thack : om. VRC Niese ‖.

voyait pas à quoi il leur servirait maintenant s'il restait là, sinon à provoquer les Romains à presser le siège, eux qui attachent une grande importance à s'emparer de sa personne; si, au contaire, ils apprenaient qu'il s'est enfui, ils relâcheraient beaucoup leur offensive contre la ville. **201** Il ne réussit pas à les convaincre par ces arguments, et ne fit qu'exciter la foule à se cramponner à lui encore plus : alors enfants, vieillards, femmes avec des tout-petits se prosternaient en pleurs devant lui, tous en s'attachant à ses pieds qu'ils tenaient embrassés; **202** ils le suppliaient avec des cris de douleur [1] de rester pour partager leur sort avec eux; non pas parce qu'ils lui enviaient sa chance de salut, à ce que je crois, mais dans l'espoir de leur propre salut, car ils estimaient qu'ils n'auraient à souffrir aucun malheur grave si Josèphe restait.

Sorties des Juifs.

203 Quant à lui, il comprit que ces propos, s'il cédait, n'auraient que le sens d'une supplication, tandis que s'il résistait, ils seraient le signe d'une surveillance. D'ailleurs sa pitié devant ces plaintes avait beaucoup ébranlé son impatience de les quitter. **204** Il décida de rester et se faisant une arme du commun désespoir de la ville [2] : « C'est le moment, dit-il, d'engager le combat, maintenant qu'il n'y a plus d'espoir de salut : il est beau d'acquérir la gloire en échange de sa vie et de tomber après avoir accompli une action d'éclat dont le souvenir passera à la plus lointaine postérité. » Et il passe à l'action. **205** S'étant avancé avec les plus belliqueux, il disperse les gardes et descend au pas de charge jusqu'au camp des Romains; il arrache les mantelets de cuir qu'ils avaient installés sur les terrassements pour se protéger et met le feu à leurs ouvrages. **206** De même le lendemain et le surlendemain, sans se lasser de combattre plusieurs jours et plusieurs nuits de suite.

207 Ces incursions causaient des dommages aux Romains, car ils étaient vexés d'avoir à fuir devant des Juifs, et quand ceux-ci s'enfuyaient, ils étaient trop lents à les poursuivre, à cause du poids de leur armement, alors que les Juifs, mission toujours accomplie, se réfugiaient

τί παρακαθεζόμενος αὐτοῖς χρήσιμος ⟨ἂν⟩ εἴη νῦν, πλὴν εἰ μὴ Ῥωμαίους παροξύνων μᾶλλον ἐπὶ τὴν πολιορκίαν, οὓς περὶ πλείστου ποιεῖσθαι λαβεῖν αὐτόν· εἰ δ' ἐκδράντα πύθοιντο πολὺ τῆς ἐπὶ τὴν πόλιν ὁρμῆς ἀνήσειν. 201 Οὐκ ἔπειθεν δὲ τούτοις, ἀλλὰ μᾶλλον ἐξέκαυσεν τὸ πλῆθος αὐτοῦ περιέχεσθαι· παιδία γοῦν καὶ γέροντες καὶ γύναια μετὰ νηπίων ὀδυρόμενα προσέπιπτον αὐτῷ καὶ τοῖς ποσὶν ἐμπλεκόμενοι πάντες εἴχοντο, 202 καὶ μετὰ κωκυτῶν κοινωνὸν σφίσι τῆς τύχης μένειν ἱκέτευον, οὐ φθόνῳ τῆς ἐκείνου σωτηρίας, ἔμοιγε δοκεῖν, ἀλλ' ἐλπίδι τῆς ἑαυτῶν· οὐδὲν γὰρ ἠξίουν πείσεσθαι δεινὸν Ἰωσήπου μένοντος.

203 Ὁ δὲ πειθομένῳ μὲν ἱκετηρίαν ταῦτα νομίσας, βιαζομένῳ δὲ φρουράν, πολὺ δ' αὐτοῦ τῆς εἰς τὴν ἀπόλειψιν ὁρμῆς καὶ ὁ τῶν ὀδυρομένων ἔκλασεν οἶκτος, 204 μένειν τε ἔγνω, καὶ τὴν κοινὴν τῆς πόλεως ἀπόγνωσιν ὁπλισάμενος, « Νῦν καιρός, » εἰπών, « ἄρχεσθαι μάχης, ὅτ' ἐλπὶς οὐκ ἔστι σωτηρίας· καλὸν εὔκλειαν ἀντικαταλλαξάμενον τοῦ βίου καὶ δράσαντά τι γενναῖον εἰς μνήμην ὀψιγενῶν πεσεῖν, » ἐπ' ἔργα τρέπεται. 205 Καὶ προελθὼν μετὰ τῶν μαχιμωτάτων διεσκίδνα τε τοὺς φρουροὺς καὶ μέχρι τοῦ στρατοπέδου τῶν Ῥωμαίων κατέτρεχεν, καὶ τὰς μὲν ἐπὶ τῶν χωμάτων δέρρεις, αἷς ὑπεσκήνουν, διέσπα, τοῖς δὲ ἔργοις ἐνέβαλλεν πῦρ. 206 Τῇ θ' ἑξῆς ὁμοίως καὶ τῇ τρίτῃ καὶ ἐπὶ συχνὰς ἡμέρας καὶ νύκτας πολεμῶν οὐκ ἔκαμνεν.

207 Οὐεσπασιανὸς δὲ τῶν Ῥωμαίων κακουμένων ταῖς ἐκδρομαῖς, τρέπεσθαί τε γὰρ ὑπὸ Ἰουδαίων ᾐδοῦντο καὶ τραπέντων ἐπιδιώκειν βάρει τῶν ὅπλων ἦσαν βραδεῖς, οἵ τε Ἰουδαῖοι πρίν τι παθεῖν ἀεὶ δρῶντες ἀνέφευγον

200 2 ἂν εἴη Niese : εἴη codd. ‖ **201** 1 τούτοις L Lat. : τούτους PAM αὐτοὺς VRC. ‖ **207** 3 τῶν cum Lat. et cod. Voss. Hudson : τῶν τε codd.

dans leur ville avant de subir le moindre dommage. **208** Vespasien ordonna aux légionnaires de se dérober à ces attaques et de ne pas engager de combat avec des hommes qui cherchent la mort, **209** car rien n'est plus fort que l'énergie du désespoir : leur élan ainsi frustré de son objet s'éteindrait comme le feu privé de bois. **210** En tout cas, il convenait, même à des Romains, de veiller à leur sécurité jusque dans la victoire, puisqu'aussi bien ils ne faisaient pas la guerre par nécessité, mais pour accroître leurs possessions. **211** La plupart du temps toutefois il écartait les Juifs par les archers arabes, les frondeurs, les lanceurs de pierres syriens et toute la batterie de ses machines de jet ne chômait pas non plus. **212** Les Juifs, malmenés, pliaient devant eux; en revanche, quand ils parvenaient à l'intérieur de la zone de tir des machines à longue portée, ils pressaient rudement les Romains, et combattaient sans épargner leurs corps ou leur vie [1], en relayant à tour de rôle leurs compagnons épuisés.

Les ravages du « bélier ».

213 Vespasien estimant que la longueur du temps et les incursions retournaient le siège contre lui, comme la levée de terre approchait maintenant des remparts, décida de faire avancer le bélier. **214** C'est une poutre géante, comparable à un mât de bateau; elle est armée à son extrémité d'un épais revêtement de fer, façonné en *protomé* de bélier, d'où son nom. **215** En son milieu elle est suspendue par des câbles [2] comme à un fléau de balance[3], à une autre poutre, elle-même soutenue, de part et d'autre, par des poteaux solidement appuyés au sol. **216** Ramenée en arrière par une forte équipe d'hommes, quand ceux-ci la poussent ensemble de nouveau en avant, elle frappe les murs avec la masse de fer qui fait saillie en avant. **217** Il n'est tour si solide ni enceinte si épaisse qui résiste à l'insistance de ses coups, même si elle en a supporté les premiers. **218** Le général romain en vint à cette opération parce qu'il

1. Réminiscence possible de Sophocle, *Électre* 980 : ψυχῆς ἀφειδήσαντε. Cf. *supra* 153 et 204.

εἰς τὴν πόλιν, 208 τοῖς μὲν ὁπλίταις τὰς ὁρμὰς αὐτῶν ἐκκλίνειν ἐκέλευσεν καὶ μὴ συμπλέκεσθαι θανατῶσιν ἀνθρώποις· 209 οὐδὲν γὰρ ἀλκιμώτερον εἶναι τῆς ἀπογνώσεως, περισβέννυσθαι δὲ αὐτῶν τὰς ὁρμὰς σκοπῶν ἀπορουμένας, ὥσπερ ὕλης τὸ πῦρ· 210 προσήκειν γε μὴν καὶ Ῥωμαίοις μετ' ἀσφαλείας καὶ τὸ νικᾶν, ὡς ἂν οὐκ ἐξ ἀνάγκης πολεμοῦσιν, ἀλλὰ προσκτωμένοις. 211 Τοῖς δὲ τῶν Ἀράβων τοξόταις καὶ τοῖς ἀπὸ τῆς Συρίας σφενδονήταις καὶ λιθοβόλοις τὰ πολλὰ τοὺς Ἰουδαίους ἀνέστελλεν· ἠρέμει δ' οὐδὲ τῶν ἀφετηρίων ὀργάνων τὸ πλῆθος. 212 Οἱ δὲ τούτοις μὲν εἶκον κακούμενοι, τῶν δὲ πόρρω βαλλομένων ἐνδοτέρω γινόμενοι προσέκειντο τοῖς Ῥωμαίοις χαλεποὶ καὶ ψυχῆς καὶ σώματος ἀφειδοῦντες ἐμάχοντο, ἐκ διαδοχῆς ἑκάτεροι τὸ κεκμηκὸς ἑαυτῶν ἀναλαμβάνοντες.

213 Οὐεσπασιανὸς δὲ ἡγούμενος τῷ μήκει τοῦ χρόνου καὶ ταῖς ἐκδρομαῖς ἀντιπολιορκεῖσθαι, τῶν χωμάτων ἤδη τοῖς τείχεσι πελαζόντων προσάγειν ἔγνω τὸν κριόν. 214 Ὁ δ' ἐστὶν ὑπερμεγέθης δοκὸς ἱστῷ νεὼς παραπλήσιος· ἐστόμωται δὲ παχεῖ σιδήρῳ κατ' ἄκρον εἰς κριοῦ προτομήν, ἀφ' οὗ καὶ καλεῖται, τετυπωμένῳ. 215 Καταιωρεῖται δὲ κάλοις μέσος ὥσπερ ἀπὸ πλάστιγγος ἑτέρας δοκοῦ, σταυροῖς ἑκατέρωθεν ἑδραίοις ὑπεστηριγμένης. 216 Ἀνωθούμενος δὲ ὑπὸ πλήθους ἀνδρῶν εἰς τὸ κατόπιν, τῶν αὐτῶν ἀθρόως πάλιν εἰς τοὔμπροσθεν ἐπιβρισάντων τύπτει τὰ τείχη τῷ προανέχοντι σιδήρῳ. 217 Καὶ οὐδεὶς οὕτως καρτερὸς πύργος ἢ περίβολος πλατύς, ὃς κἂν τὰς πρώτας πληγὰς ἐνέγκῃ κατίσχυσεν τῆς ἐπιμονῆς. 218 Ἐπὶ ταύτην τὴν πεῖραν ὁ στρατηγὸς τῶν Ῥω-

217 3 ἐνέγκῃ Niese : ἐνεγκεῖν PAML ἐνέγκαι VRC Dindorf. ‖ κατίσχυσεν PAL : κατισχύσαι M κατισχύσει VRC Dindorf κατισχύσειε Souda in utroque loco.

avait hâte de prendre de force la ville, car il pensait que prolonger le siège était à son détriment du moment que les Juifs ne restaient pas tranquilles. **219** Les Romains firent donc approcher les catapultes et les autres engins de tir pour qu'ils puissent atteindre les Juifs postés sur le rempart, qui s'efforçaient de les empêcher d'avancer, et ils déclenchèrent le tir. Les archers et les frondeurs approchaient simultanément. **220** Aucun Juif n'osant, sous ce tir, monter sur l'enceinte, d'autres Romains amenèrent le bélier protégé par des mantelets jointifs avec, par-dessus, des peaux, pour la protection des hommes et de l'engin. **221** Au premier coup de bélier le rempart fut ébranlé et il s'éleva de l'intérieur une énorme clameur, comme si la ville était déjà prise.

222 Comme le bélier redoublait ses coups sur le même endroit, Josèphe se rendant compte que le rempart était sur le point de s'effondrer, trompe pour quelque temps la violence de l'engin. **223** Il ordonne de remplir de paille des sacs et de les faire descendre au bout de lanières à l'endroit où l'on voit que portent continuellement les coups du bélier, pour que le choc soit dévié et qu'en recevant les coups, les sacs les amortissent par leur élasticité. **224** Ce dispositif causa aux Romains une sérieuse perte de temps : sur quelque endroit qu'ils tournent leur engin, ceux d'en haut lui opposaient à mesure leurs sacs, qu'ils amenaient sous les coups, si bien que le rempart, grâce à l'amortissement des coups, ne subissait aucun dommage. **225** Les Romains y mirent fin par une invention opposée : ils attachaient des faucilles à l'extrémité de longues perches et coupaient les attaches des sacs. **226** L'hélépole [1] ainsi devenue efficace et le rempart, de construction récente, commençant maintenant à céder, Josèphe et ses hommes eurent désormais recours au feu pour se défendre. **227** Ayant allumé tout ce qu'ils avaient de bois sec, de

1. A prendre au sens large. Hésychius définit Hélépoles : machines telles que béliers ou autres encore, à l'aide desquelles on prend les villes : μηχανήματα, οἱ κριοὶ ἢ οἱαδήποτε δι' ὧν αἱ πόλεις καθαιροῦνται. Au sens strict l'hélépole est la machine que Diodore de Sicile (20, 48) distingue du bélier, de la tortue, etc : une sorte de tour dont la base mesure environ

μαίων μετέβαινεν βίᾳ τὴν πόλιν ἑλεῖν σπεύδων, ὡς τὸ προσκαθέζεσθαι βλαβερὸν ἦν Ἰουδαίων οὐκ ἠρεμούντων. 219 Οἱ μὲν οὖν τούς τε καταπέλτας καὶ τὰ λοιπὰ τῶν ἀφετηρίων, ὡς ἐξικνοῖτο τῶν ἐπὶ τοῦ τείχους κωλύειν πειρωμένων, ἔγγιον προσαγαγόντες ἔβαλλον· ὁμοίως δὲ συνήγγιζον οἱ τοξόται καὶ σφενδονῆται. 220 Διὰ δὲ ταῦτα μηδενὸς τῶν περιβόλων ἐπιβῆναι τολμῶντος, προσῆγον ἕτεροι τὸν κριὸν γέρροις τε διηνεκέσι καὶ καθύπερθεν πεφραγμένον δέρρει πρός τε αὐτῶν καὶ τοῦ μηχανήματος ἀσφάλειαν. 221 Καὶ κατὰ τὴν πρώτην πληγὴν διεσείσθη μὲν τὸ τεῖχος, κραυγὴ δὲ μεγίστη παρὰ τῶν ἔνδον ἤρθη καθάπερ ἑαλωκότων ἤδη.

222 Πολλάκις δὲ εἰς τὸν αὐτὸν παίοντος τόπον ὁ Ἰώσηπος ὁρῶν ὅσον οὔπω καταρριφθησόμενον τὸ τεῖχος, σοφίζεται πρὸς ὀλίγον τὴν βίαν τοῦ μηχανήματος. 223 Σάκκους ἀχύρων πληρώσαντας ἐκέλευσεν καθιμᾶν καθ' ὃ φερόμενον ἀεὶ τὸν κριὸν ὁρῷεν, ὡς πλάζοιτό τε ἡ ἐμβολὴ καὶ δεχόμενοι τὰς πληγὰς ἐκκενοῖεν τῇ χαυνότητι. 224 Τοῦτο πλείστην διατριβὴν παρέσχεν τοῖς Ῥωμαίοις, καθ' ὃ μὲν τρέποιεν τὴν μηχανὴν ἀντιπαραγόντων τοὺς σάκκους τῶν ὕπερθεν, ὑποβαλλόντων τε ταῖς ἐμβολαῖς, ὡς μηδὲν κατ' ἀντιτυπίαν βλάπτεσθαι τὸ τεῖχος· 225 ἕως ἀντεπινοήσαντες κοντοὺς οἱ Ῥωμαῖοι μακροὺς καὶ δρέπανα δήσαντες ἐπ' ἄκρων τοὺς σάκκους ἀπέτεμνον. 226 Ἐνεργοῦ δὲ οὕτω τῆς ἑλεπόλεως γενομένης καὶ τοῦ τείχους, νεοπαγὲς γὰρ ἦν, ἐνδιδόντος ἤδη, τὸ λοιπὸν ἐπὶ τὴν ἐκ πυρὸς ἄμυναν οἱ περὶ τὸν Ἰώσηπον ὥρμησαν. 227 Ἀψάμενοι δὲ ὅσον αὔης εἶχον ὕλης τριχόθεν

222 1 παίοντος Thackeray : παίοντας PALV γρ παίοντες M παίοντα R παίονται C ‖ 3 πρὸς ὀλίγον MVRC Niese[2] : κατολίγον P κατὰ μικρὸν L *paulatim* Lat. ‖ **224** 4 τε Thackeray : δὲ codd.

trois côtés, ils débouchent au pas de course et mettent le feu aux machines, aux abris et aux terrassements des Romains. **228** Ceux-ci défendaient mal ce matériel, déconcertés qu'ils étaient par l'audace des ennemis, et leurs interventions étaient devancées par les flammes. En effet, à travers bois sec, bitume, poix, sans parler du soufre, le feu volait plus vite qu'il ne faut de temps pour l'imaginer, et ce qui avait coûté aux Romains tant de peine était consumé en une heure.

229 A ce moment-là, se fit remarquer un Juif qui mérite mention et souvenir. Fils de Saméas [1], il s'appelait Éléazar et sa patrie était Saaba, en Galilée. **230** Cet homme, ayant soulevé un énorme bloc, le lance du haut du rempart sur l'hélépole avec une telle violence qu'il casse la tête de l'engin, d'un saut vient la prendre au milieu des ennemis et, avec le plus grand sang-froid, l'emporte jusqu'au pied du rempart. **231** Devenu la cible de tous les ennemis et, recevant les coups sur un corps sans protection, il est transpercé par cinq projectiles, sans prêter attention à aucun. **232** Une fois qu'il fut remonté sur le rempart et qu'il s'y tint debout, admiré de tous pour sa prouesse, c'est alors qu'en se tordant sous la douleur de ses blessures il s'effondra en serrant sa tête de bélier. **233** Deux frères se montrèrent les plus valeureux après lui : Nétiras et Philippe du village de Rouma [2], Galiléens eux aussi. Ils s'élancent sur les soldats de la dixième légion, mais ils foncent sur les Romains avec une telle impétuosité et une telle violence qu'ils en rompent les rangs et mettent en fuite tous ceux qu'ils attaquent.

234 Après eux, Josèphe et le reste de la population, brandons à la main, mirent de nouveau le feu aux machines,

22 mètres de chaque côté (45 coudées), dont la hauteur est de 45 mètres (90 coudées), divisée en neuf étages et montée entièrement sur des roues pleines de 4 mètres de diamètre (8 coudées). Ἑλέπολιν. τὸ πλάτος ἔχουσαν ἑκάστων πλευρὰν τετταράκοντα καὶ πέντε, τὸ δ' ὕψος πηχῶν ἐνενήκοντα, διειλημμένην στέγαις ἐννέα, ὑπότροχον δὲ πᾶσαν τροχοῖς στερεοῖς τέτταρσιν ὀκταπήχεσι τὸ ὕψος.

1. Sur le passage de la forme Σαμαίου à Addaei, voir A. Schalit, *s. v.* Σαμαῖος.

ἐπεκθέουσιν, καὶ τά τε μηχανήματα καὶ τὰ γέρρα καὶ τὰ χώματα τῶν Ῥωμαίων ὑπεπίμπρασαν. **228** Οἱ δὲ κακῶς ἐπεβοήθουν, πρός τε τὴν τόλμαν αὐτῶν καταπεπληγότες καὶ ὑπὸ τῆς φλογὸς τὰς ἀμύνας φθανόμενοι· ξηρᾶς γὰρ ὕλης, πρὸς δὲ ἀσφάλτου τε καὶ πίσσης, ἔτι δὲ θείου, διίπτατο τὸ πῦρ ἐπινοίας τάχιον, καὶ τὰ πολλῷ καμάτῳ πεπονημένα τοῖς Ῥωμαίοις ἐπὶ μιᾶς ὥρας ἐνέμετο.

229 Ἔνθα καὶ ἀνήρ τις ἐξεφάνη Ἰουδαίων λόγου καὶ μνήμης ἄξιος· Σαμαίου μὲν παῖς ἦν, Ἐλεάζαρος δ' ἐκαλεῖτο, Σααβ δὲ πατρὶς αὐτῷ τῆς Γαλιλαίας· **230** οὗτος ὑπερμεγέθη πέτραν ἀράμενος ἀφίησιν ἀπὸ τοῦ τείχους ἐπὶ τὴν ἑλέπολιν μετὰ τοσαύτης βίας, ὥστε ἀπορρῆξαι τὴν κεφαλὴν τοῦ μηχανήματος, ἣν καὶ καταπηδήσας ἐκ μέσων αἴρεται τῶν πολεμίων καὶ μετὰ πολλῆς ἀδείας ἐπὶ τὸ τεῖχος ἔφερεν. **231** Σκοπὸς δὲ πᾶσιν τοῖς ἐχθροῖς γενόμενος καὶ γυμνῷ τῷ σώματι τὰς πληγὰς δεξάμενος πέντε μὲν διαπείρεται βέλεσιν, πρὸς οὐδὲν δὲ τούτων ἐπιστραφείς, **232** ὅτε τὸ τεῖχος ἀνέβη καὶ περίοπτος πᾶσιν τῆς εὐτολμίας ἔστη, τότε ἰλυσπώμενος ὑπὸ τῶν τραυμάτων μετὰ τοῦ κριοῦ κατέπεσεν. **233** Ἄριστοι μετ' αὐτὸν ἐφάνησαν ἀδελφοὶ δύο Νετείρας καὶ Φίλιππος, ἀπὸ Ῥούμας κώμης, Γαλιλαῖοι καὶ αὐτοί, οἳ προπηδῶσι μὲν εἰς τοὺς ἀπὸ τοῦ δεκάτου τάγματος, τοσούτῳ δὲ ῥοίζῳ καὶ βίᾳ τοῖς Ῥωμαίοις συνέπεσον, ὡς διαρρῆξαί τε τὰς τάξεις καὶ τρέψασθαι καθ' οὓς ἐφορμήσειαν ἅπαντας.

234 Μετὰ τούτους ὅ τε Ἰώσηπος καὶ τὸ λοιπὸν πλῆθος ἀράμενοι πῦρ πάλιν τὰ μηχανήματα καὶ τὰς

229 2 Σαμαίου MVRC Schalit : σαμίου PAL *addaei* Lat., uide adn. ‖ 3 Σααβ MVRC ex Talmudo Abel : σαβὰ PA σαβαὰ L *salab* Lat. Γάβα uel Σαβὰ Niese. ‖ **230** 1 οὗτος ὑπερμεγέθη M Thack. : ὑπερμεγέθη δὲ PAL ὑπερμεγέθη VRC *is enim (saxum) ingens* Lat. ‖ **233** 3 οἳ M Lat. : om. PALVRC.

aux abris et aux terrassements de la cinquième légion et de la dixième légion, qui avaient pris la fuite [1]. Les autres avaient eu le temps de couvrir de terre leurs machines et tout le bois. **235** Vers le soir, ils dressèrent de nouveau le bélier et l'amenèrent à l'endroit où le rempart avait déjà été endommagé par ses coups.

Vespasien blessé.

236 C'est alors qu'un des défenseurs, du haut du rempart atteint Vespasien d'un trait à la plante du pied. La blessure n'était que superficielle, la distance ayant amorti le coup, mais elle suscita une grande agitation parmi les Romains. **237** Ceux qui étaient tout près, en effet, s'étant émus à la vue du sang, la rumeur courut à travers toute l'armée et la plupart, négligeant le siège, en proie à la stupeur et à la crainte, accouraient vers le général. **238** Le premier de tous sur les lieux fut Titus qui avait eu peur pour son père, si bien que toute l'armée fut bouleversée et par affection pour son chef et devant l'angoisse de son fils. Malgré tout, le père calma aisément l'inquiétude de son fils et le désarroi de l'armée. **239** Dominant ses souffrances, il s'empressa d'aller se montrer à tous ceux qui avaient tremblé pour lui et aggrava [2] encore pour les Juifs la rigueur des hostilités, car chacun voulait aller au danger en vengeur du général et ils s'élançaient à l'assaut du rempart, en s'excitant les uns les autres par des cris.

240 Les hommes de Josèphe avaient beau tomber les uns après les autres victimes des catapultes et des pierriers, leur troupe pourtant ne se laissait pas déloger du rempart : ils lançaient feu, fer et pierres sur ceux qui, sous les mantelets, donnaient l'impulsion au bélier. **241** Mais ils n'arrivaient à rien ou à bien peu de chose et dans leurs rangs il ne cessait de tomber des hommes, victimes d'ennemis invisibles qui les voyaient bien. **242** Eux, en effet, illuminés par la flamme qu'ils avaient eux-mêmes allumée, étaient pour les ennemis une cible visible comme en plein jour, et comme de loin on ne voyait pas les machines,

1. *Supra* 233.

ὑποδύσεις ἅμα τοῖς ἔργοις ὑφῆψαν τοῦ τε πέμπτου καὶ τοῦ δεκάτου τραπέντος τάγματος, οἱ λοιποὶ δὲ φθάσαντες καὶ τὰ ὄργανα καὶ πᾶσαν ὕλην κατέχωσαν. 235 Περὶ δὲ δείλην πάλιν ἀναστήσαντες προσῆγον τὸν κριὸν ᾗ προπεπονήκει τυπτόμενον τὸ τεῖχος.

236 Ἔνθα τις τῶν ἀμυνομένων ἀπ' αὐτοῦ βάλλει τὸν Οὐεσπασιανὸν βέλει κατὰ τὸν ταρσὸν τοῦ ποδὸς καὶ τιτρώσκει μὲν ἐπιπολαίως, προεκλύσαντος τὸ βληθὲν τοῦ διαστήματος, μέγιστον δὲ θόρυβον ἐνεποίησεν τοῖς Ῥωμαίοις· 237 πρὸς γὰρ τὸ αἷμα ταραχθέντων τῶν πλησίον φήμη διὰ παντὸς ἐπῄει τοῦ στρατοῦ, καὶ τῆς πολιορκίας οἱ πλείους ἀφέμενοι μετ' ἐκπλήξεως καὶ δέους ἐπὶ τὸν στρατηγὸν συνέθεον. 238 Πρὸ δὲ πάντων Τίτος δείσας περὶ τῷ πατρὶ παρῆν, ὡς τὸ πλῆθος καὶ τῇ πρὸς τὸν ἡγούμενον εὐνοίᾳ καὶ τῇ τοῦ παιδὸς ἀγωνίᾳ συγχυθῆναι. Ῥᾷστα μέντοι τόν τε υἱὸν ὁ πατὴρ δεδιότα καὶ τὴν στρατιὰν ἔπαυσεν τοῦ θορύβου· 239 τῶν γὰρ ἀλγηδόνων ἐπάνω γενόμενος καὶ πᾶσιν τοῖς ἐπτοημένοις δι' αὐτὸν ὀφθῆναι σπουδάσας χαλεπώτερον Ἰουδαίοις ἐπῆρεν τὸν πόλεμον· ἕκαστος γὰρ ὡς τιμωρὸς τοῦ στρατηγοῦ προκινδυνεύειν ἤθελεν, καὶ βοῇ παρακροτοῦντες ἀλλήλους ἐπὶ τὸ τεῖχος ὥρμων.

240 Οἱ δὲ περὶ τὸν Ἰώσηπον, καίπερ ἐπ' ἀλλήλοις πίπτοντες ὑπὸ τῶν καταπελτικῶν καὶ τῶν πετροβόλων, ὅμως οὐκ ἀπετρέποντο τοῦ τείχους, ἀλλὰ πυρὶ καὶ σιδήρῳ καὶ πέτροις τοὺς ὑπὸ τὰ γέρρα τὸν κριὸν ἐπιβρίθοντας ἔβαλλον. 241 Καὶ ἤνυον μὲν οὐδὲν ἢ μικρόν, αὐτοὶ δ' ἀδιαλείπτως ἔπιπτον ὑπὸ μὴ βλεπομένων καθορώμενοι· 242 αὐτοί τε γὰρ ὑπὸ τῆς σφετέρας περιλαμπόμενοι φλογὸς σκοπὸς ἦσαν τοῖς πολεμίοις εὐσύνοπτος, ὥσπερ ἐν ἡμέρᾳ, καὶ τῶν ὀργάνων πόρρωθεν

239 3 ἐπῆρεν PA : ἐπήγειρε MLVRC uide adn. ‖ **240** 4 ὑπὸ τὰ γέρρα Destinon : ἐπὶ τὰ γέρρα codd. *protecti pluteis* Lat.

il était difficile de se garder contre leurs projectiles. **243** Les oxybèles [1] et les catapultes, dans leur violence, transperçaient plusieurs hommes d'un seul coup et les pierres lancées par l'engin avec un bruit strident emportaient les merlons et ébréchaient les angles des tours. **244** Il n'est pas, en effet, de file d'hommes si ferme qu'elle ne puisse être renversée jusqu'au dernier rang par la force et la masse de cette pierre. **245** On se ferait une idée de la puissance de cette machine d'après ce qui se produisit cette nuit-là. Un des soldats qui se tenaient près de Josèphe sur le rempart, atteint par cet engin, eut la tête arrachée par la pierre et son crâne fut projeté, comme par une fronde, à trois stades. **246** Quand il fit jour, une femme enceinte fut atteinte au ventre au moment où elle venait de sortir de sa maison : le coup expulsa à un demi stade [2] l'enfant qu'elle portait. Telle était la puissance de ce pierrier. **247** Plus effrayant que les machines elles mêmes était leur grincement et plus effrayant que les projectiles le bruit de leur impact. **248** Les morts que l'on jetait du haut du rempart faisaient un bruit sourd en tombant les uns sur les autres; il s'élevait aussi de l'intérieur des cris lamentables de femmes, auxquels dehors servaient d'accompagnement les gémissements de ceux que l'on tuait. **249** Tout le glacis en avant du lieu du combat ruisselait de sang et à force de cadavres le rempart devenait accessible. **250** Les montagnes faisant écho tout autour rendaient la clameur plus terrifiante encore et cette nuit-là, il ne manqua rien pour inspirer l'horreur à l'oreille et aux yeux. **251** Très nombreux furent les défenseurs de Iotapata qui tombèrent en combattant vaillamment, mais très nombreux aussi les blessés, et c'est à peine si à la première veille du jour le rempart, frappé sans interruption, céda aux machines. **252** Les

1. Cf. *supra* 80.
2. Les distances indiquées dans ces deux cas sont manifestement exagérées même en tenant compte — comme le veut O. Michel — de la situation de la ville sur une pente abrupte.

μὴ βλεπομένων δυσφύλακτον ἦν τὸ βαλλόμενον. 243 Ἡ γοῦν τῶν ὀξυβελῶν καὶ καταπελτῶν βία πολλοὺς ἅμα διήλαυνεν, καὶ τῶν ὑπὸ τῆς μηχανῆς ἀφιεμένων πετρῶν ὁ ῥοῖζος ἐπάλξεις τε ἀπέσυρεν καὶ γωνίας ἀπέθρυπτε πύργων. 244 Ἀνδρῶν μὲν γὰρ ⟨οὐδὲν⟩ οὕτως ἰσχυρὸν στῖφος, ὃ μὴ μέχρις ἐσχάτης στρώννυται φάλαγγος βίᾳ τε καὶ μεγέθει τοῦ λίθου. 245 Μάθοι δ' ἄν τις τὴν τοῦ μηχανήματος ἀλκὴν ἐκ τῶν ἐπὶ τῆσδε τῆς νυκτὸς γενομένων· πληγεὶς γάρ τις ἀπ' αὐτοῦ τῶν περὶ τὸν Ἰώσηπον ἑστώτων ἀνὰ τὸ τεῖχος ἀπαράσσεται τὴν κεφαλὴν ὑπὸ τῆς πέτρας, καὶ τὸ κρανίον ἀπὸ τριῶν ἐσφενδονήθη σταδίων. 246 Γυναικός τε μεθ' ἡμέραν ἐγκύμονος πληγείσης τὴν γαστέρα, προῄει δὲ νέον ἐξ οἰκίας, ἐξέσεισεν ἐφ' ἡμιστάδιον τὸ βρέφος· τοσαύτη ἦν ἡ τοῦ λιθοβόλου βία. 247 Τῶν οὖν ὀργάνων φοβερώτερος ὁ ῥοῖζος, τῶν δὲ βαλλομένων ἦν ὁ ψόφος. 248 Ἐπάλληλοι δὲ ἐκτύπουν οἱ νεκροὶ κατὰ τοῦ τείχους ῥιπτόμενοι, καὶ δεινὴ μὲν ἔνδοθεν κραυγὴ γυναικῶν ἠγείρετο, συνήχουν δ' ἔξωθεν οἰμωγαὶ φονευομένων. 249 Αἵματι δ' ἐρρεῖτο πᾶς ὁ πρὸ τῆς μάχης περίβολος, καὶ προσβατὸν ὑπὸ πτωμάτων τὸ τεῖχος ἐγίνετο. 250 Φοβερωτέραν δ' ἐποίουν τὴν βοὴν περιηχοῦντα τὰ ὄρη, καὶ οὐδὲν ἐπ' ἐκείνης τῆς νυκτὸς οὔτε εἰς ἀκοῆς οὔτε εἰς ὄψεως κατάπληξιν ἀπελείπετο. 251 Πλεῖστοι μέν γε τῶν ἐπὶ τῆς Ἰωταπάτης ἀγωνιζόμενοι γενναίως ἔπεσον, πλεῖστοι δ' ἐγένοντο τραυματίαι καὶ μόλις περὶ τὴν ἑωθινὴν φυλακὴν ἐνδίδωσι τοῖς μηχανήμασι τὸ τεῖχος ἀδιαλείπτως τυπτόμενον·

243 1 γοῦν Niese : τε οὖν PAMLVC τε γὰρ R *ergo* Lat. ‖ καὶ καταπελτῶν codd. : delere καὶ prop. H. Weil, cf. *supra* 80. ‖ **244** 1 οὐδὲν οὕτως Niese : οὕτως PA a.c. L οὐδενὶ οὕτως A p.c. οὕτως οὐκ ἦν M οὐκ ἦν οὕτως VRC οὐχ οὕτως Destinon.

assiégés en formant de leurs corps et de leurs boucliers un mur de défense remplacèrent la partie écroulée du rempart avant que les Romains n'aient pu y lancer leurs engins d'escalade.

Une première attaque contre Iotapata échoue (Juillet 67).

253 A l'aube, Vespasien, qui avait donné à son armée un peu de repos après les fatigues de la nuit, la rassembla pour la prise de la ville. **254** Comme il voulait écarter de la brèche les défenseurs, il fit descendre de leur monture les plus valeureux de ses cavaliers et les disposa sur trois rangs le long de la partie écroulée du rempart, entièrement protégés par leurs armures et la lance en avant, pour que, aussitôt lancées les machines à escalader, ils soient les premiers à entrer. **255** Derrière eux il plaça ce que son infanterie comptait de plus vigoureux (quant [1] au reste de la cavalerie, il la déploya sur une ligne parallèle au rempart, tout le long de la montagne, pour qu'aucun de ceux qui chercheraient à échapper au désastre ne pût passer inaperçu). **256** Et derrière ceux-ci il disposa en cercle les archers, avec la consigne de tenir leurs flèches prêtes à partir, de même pour les frondeurs et pour les servants des machines. **257** D'autres avaient à dresser des échelles en les appliquant verticalement contre les parties intactes des remparts, pour que ceux qui tenteraient de les en empêcher abandonnent ainsi la défense de la brèche, et que le reste, accablés sous la pluie des projectiles, laissent libre le passage pour entrer.

258 Josèphe, saisissant la manœuvre, installe les soldats âgés avec ceux qui sont malades sur la partie intacte du rempart, dans la pensée qu'à cette place ils n'auront à souffrir aucun dommage. En revanche, à l'endroit où le rempart s'était écroulé, il place ses hommes les plus vigoureux et en avant de chaque groupe une première ligne de six hommes, avec lesquels lui-même fut désigné

1. Avec Reinach et Thackeray je vois ici une parenthèse.

252 οἱ δὲ φραξάμενοι τοῖς σώμασι καὶ τοῖς ὅπλοις τὸ καταρριφθὲν ἀντωχύρωσαν, πρὶν βληθῆναι τὰς ἐπιβατηρίους ὑπὸ τῶν Ῥωμαίων μηχανάς.

253 Ὑπὸ δὲ τὴν ἕω Οὐεσπασιανὸς ἐπὶ τὴν κατάληψιν τῆς πόλεως συνῆγεν τὴν στρατιάν, ὀλίγον ἀπὸ τοῦ νυκτερινοῦ πόνου διαναπαύσας. 254 Βουλόμενος δ' ἀπὸ τῶν καταρριφθέντων περισπάσαι τοὺς εἴργοντας, τοὺς μὲν γενναιοτάτους τῶν ἱππέων ἀποβήσας [τῶν ἵππων] τριχῇ διέταξεν κατὰ τὰ πεπτωκότα τοῦ τείχους, πάντοθεν πεφραγμένους τοῖς ὅπλοις καὶ τοὺς κοντοὺς προϊσχοντας, ὡς ὁπότε τὰς ἐπιβατηρίους βάλλοιεν μηχανὰς κατάρχοιντο τῆς εἰσόδου· 255 κατόπιν δὲ αὐτῶν ἔταξεν τοῦ πεζοῦ τὸ ἀκμαιότατον, τὸ δὲ λοιπὸν ἱππικὸν ἀντιπαρεξέτεινεν τῷ τείχει κατὰ πᾶσαν τὴν ὀρεινὴν πρὸς τὸ μηδένα τῶν ἀναφευγόντων ἐκ τῆς ἁλώσεως διαλαθεῖν. 256 Κατόπιν δὲ τούτων περιέστησεν τοὺς τοξότας ἔχειν κελεύσας ἕτοιμα τὰ βέλη πρὸς ἄφεσιν, ὁμοίως δὲ καὶ σφενδονήτας καὶ τοὺς ἐπὶ τῶν μηχανημάτων, 257 ἑτέρους δὲ κλίμακας ἀραμένους προσφέρειν ἐπάνω τοῖς ἀκεραίοις τείχεσιν, ἵν' οἱ μὲν τούτους κωλύειν πειρώμενοι καταλίποιεν τὴν ἐπὶ τοῖς καταρριφθεῖσιν φυλακήν, οἱ λοιποὶ δ' ὑπ' ἀθρόων βιαζόμενοι τῶν βελῶν εἴξωσιν τῆς εἰσόδου·

258 Ἰώσηπος δὲ συνιεὶς τὴν ἐπίνοιαν ἐπὶ μὲν τοῦ μένοντος τείχους σὺν τοῖς κεκμηκόσιν ἵστησι τοὺς γηραιοὺς ὡς μηδὲν ταύτῃ βλαβησομένους, εἰς δὲ τὰ παρερρωγότα τοῦ τείχους τοὺς δυνατωτάτους καὶ πρὸ πάντων ἀνὰ ἓξ ἄνδρας, μεθ' ὧν καὶ αὐτὸς εἰς τὸ

252 1 σώμασι καὶ PAMLVR Lat. : σωματικοῖς καὶ C σώματα ex cod. Rost. et Bodl. Hudson. ‖ ὅπλοις PAMLC Lat. ὁπλίταις VR ‖ 254 3-4 ἀποβήσας τῶν ἵππων : tr. P τῶν ἵππων secl. Destinon cf. *infra* 449. ‖ 258 1 συνιεὶς PAL : συνεὶς MVRC ‖ 4 παρερρωγότα VRC p.c. : κατερρωγότα PAML παρρερρωγότα C a.c.

par le sort [1] pour combattre au premier rang [2]. **259** Il commanda à ses hommes de se boucher les oreilles quand les légionnaires pousseraient leur cri de guerre, pour ne pas se laisser effaroucher et, devant la pluie des projectiles, de s'agenouiller tous ensemble en s'abritant le haut du corps avec leurs boucliers, puis, de reculer un instant, jusqu'à ce que les archers aient vidé leurs carquois; **260** mais au moment où les Romains lanceraient leurs machines à escalader, d'y sauter eux-mêmes et d'attaquer l'ennemi au moyen de ses propres engins [3]. Que chacun alors combatte non plus pour sauver la patrie, mais, puisqu'elle est déjà perdue, pour la venger, **261** sans perdre de vue que, dans un instant, vieillards et petits enfants vont être égorgés et les femmes emmenées par l'ennemi. Que chacun, par avance, concentre le ressentiment que lui inspire la prévision de ces malheurs pour le déchaîner sur ceux qui vont s'en faire les auteurs.

262 Telles sont donc les dispositions qu'il adopta pour chacun de ces deux groupes. Quant à la foule des non-combattants de la cité, femmes et enfants, lorsqu'ils virent leur ville encerclée par un triple cordon de troupes — car les Romains n'avaient pas détaché pour le combat la moindre partie des anciens postes [4] — lorsqu'ils virent devant les brèches des remparts les ennemis l'épée au poing, la montagne là-haut étincelante d'armes et les flèches des archers arabes déjà pointées sur eux, tout ce monde fit entendre cette sorte de lamentation suprême qu'on entend à la prise d'une ville, comme si le malheur n'était plus une menace mais une réalité présente. **263** Josèphe, craignant que les femmes n'efféminent par leur gémissement le courage de leurs défenseurs, les fait enfermer dans leurs maisons avec ordre de se taire et menaces de sanctions. Lui-même se posta sur les décombres, à la place que le sort lui avait assignée. **264** Et ainsi sans s'occuper

1. *Infra*, 263.
2. Ce sont les πρόμαχοι mentionnés *infra* 270.
3. Ces engins sont différents des échelles mentionnées plus haut (257). Ce devait être des sortes de plates-formes surélevées permettant de franchir l'obstacle d'un amas de matériaux écroulés. On les retrouve *infra* 267.

προκινδυνεύειν ἐκληρώσατο. 259 Ἐκέλευσέν τε πρὸς μὲν τὸν ἀλαλαγμὸν τῶν ταγμάτων ἀποφράξαι τὰς ἀκοάς, ὡς ἂν μὴ καταπλαγεῖεν, πρὸς δὲ τὸ πλῆθος τῶν βελῶν συνοκλάσαντας καλύψασθαι καθύπερθεν τοῖς θυρεοῖς, ὑποχωρῆσαί τε πρὸς ὀλίγον, ἕως τὰς φαρέτρας κενώσωσιν οἱ τοξόται· 260 βαλλόντων δὲ τὰς ἐπιβατηρίους μηχανὰς αὐτοὺς προπηδᾶν καὶ διὰ τῶν ἰδίων ὀργάνων ἀπαντᾶν τοῖς πολεμίοις, ἀγωνίζεσθαί τε ἕκαστον οὐχ ὡς ὑπὲρ σωθησομένης, ἀλλ' ὡς ὑπὲρ ἀπολωλυίας ἤδη τῆς πατρίδος ἀμυνόμενον, 261 λαμβάνειν τε πρὸ ὀφθαλμῶν σφαγησομένους γέροντας καὶ τέκνα καὶ γυναῖκας ἀναιρεθησομένας ὑπὸ τῶν ἐχθρῶν ὅσον οὐδέπω, καὶ τὸν ἐπὶ ταῖς μελλούσαις συμφοραῖς θυμὸν προαλίσαντας ἐναφεῖναι τοῖς δράσουσιν αὐτάς.

262 Ἔταξεν μὲν οὖν οὕτως ἑκάτερον· τὸ δ' ἀργὸν ἀπὸ τῆς πόλεως πλῆθος, γύναια καὶ παῖδες, ὡς ἐθεάσαντο τριπλῇ μὲν φάλαγγι τὴν πόλιν ἐζωσμένην, οὐδὲν γὰρ εἰς τὴν μάχην μετακεκίνητο τῶν πάλαι φυλακῶν, πρὸς δὲ τοῖς βεβλημένοις τείχεσιν τοὺς πολεμίους ξιφήρεις καὶ τὴν καθύπερθεν ὀρεινὴν λαμπομένην ὅπλοις, τά τε βέλη τοῖς τοξόταις ἐπανέχοντα τῶν Ἀράβων, ὕστατόν τινα κωκυτὸν ἁλώσεως συνήχησαν, ὡς οὐκ ἀπειλουμένων ἔτι τῶν κακῶν ἀλλ' ἤδη παρόντων. Ὁ δὲ Ἰώσηπος τὰς μὲν γυναῖκας, 263 ὡς μὴ θηλύνοιεν οἴκτῳ τὰς ὁρμὰς τῶν σφετέρων, κατακλείει ταῖς οἰκίαις μετ' ἀπειλῆς ἡσυχάζειν κελεύσας· αὐτὸς δὲ ἐπὶ τῶν ἐρειφθέντων ᾗ ἔλαχεν παρῄει. 264 Τοῖς μὲν οὖν

259 5 πρὸς ὀλίγον PAMVRC : κατ' ὀλίγον L Lat. ‖ **261** 3 ἀναιρεθησομένας MVRC : εὑρεθησομένους (-μένας AL) PAL *capi* Lat. συρησομένας Destinon. ‖ **262** 6-7 τά — Ἀράβων : *atque arabum quendam sagittariis tela suggerere* (h.e. παρέχοντα) Lat. ‖ 7 ἐπανέχοντα PAMLRC : ἐπανέχοντας V ὑπερανέχοντα coni. Thackeray ‖ τῶν Ἀράβων susp. Destinon.

de ceux qui dressaient des échelles à d'autres endroits, il guettait la première volée de traits.

Le corps à corps avec les assaillants.

265 Dès que sonnèrent les trompettes de toutes les légions et que toute l'armée poussa un terrible cri de guerre, la lumière fut voilée par les flèches lancées de toutes parts au signal donné. **266** Fidèles aux consignes de Josèphe, ses compagnons garantirent leurs oreilles contre les clameurs et leur corps contre les projectiles, **267** et quand l'ennemi lança ses machines, de la brèche ils foncèrent à l'attaque en les empruntant sans laisser à ceux qui les avaient lancées le temps d'y monter. **268** Dans le corps à corps avec les assaillants, ils déployèrent par toute sorte de prouesses la valeur de leurs bras et de leurs âmes, en s'efforçant, en ces dernières extrémités, de ne pas se montrer inférieurs à ceux qui, sans y être forcés par le même péril, les combattaient avec tant de vaillance. **269** Aussi ne lâchaient-ils prise d'avec les Romains qu'après avoir tué ou péri [1]. **270** Seulement, alors qu'ils s'épuisaient à cette défensive sans répit, et qu'ils n'avaient pas de quoi remplacer leurs combattants de première ligne [2], du côté des Romains, au contraire, des troupes fraîches prenaient la relève de celles qui étaient épuisées et de nombreux combattants montaient immédiatement prendre la place de ceux qui s'étaient fait repousser; s'encourageant les uns les autres, unis au coude à coude et s'abritant sous leurs boucliers, ils formèrent une masse [3] impossible à briser; et toute cette troupe, comme un seul corps, en chassant devant elle les Juifs, prenait pied maintenant sur le rempart.

L'arrosage des assaillants avec de l'huile bouillante.

271 Dans cette situation critique, Josèphe prit conseil de la nécessité, terriblement inventive quand c'est le désespoir qui l'inspire, et il ordonna de verser de l'huile bouillante [4] sur cette troupe aux boucliers emboîtés. **272** Beaucoup de ses hommes, qui en avaient de toute prête, se hâtèrent d'en arroser copieusement de tous les côtés les Romains, en leur jetant dessus ensuite les chaudrons d'une chaleur

καθ' ἕτερα προσφέρουσι τὰς κλίμακας οὐ προσεῖχεν, ἀπεκαραδόκει δὲ τὴν ὁρμὴν τῶν βελῶν.

265 Ὁμοῦ δ' οἵ τε σαλπικταὶ τῶν ταγμάτων ἁπάντων συνήχησαν καὶ δεινὸν ἐπηλάλαξεν ἡ στρατιά, καὶ πάντοθεν ἀφιεμένων ἀπὸ συνθήματος τῶν βελῶν τὸ φῶς ὑπετέμνετο. 266 Μεμνημένοι γε μὴν τῶν τοῦ Ἰωσήπου προσταγμάτων οἱ σὺν αὐτῷ τάς τε ἀκοὰς πρὸς τὴν βοὴν καὶ τὰ σώματα πρὸς τὰς ἀφέσεις ἐφράξαντο, 267 καὶ βαλλόντων τὰς μηχανὰς ἐπεξέδραμον δι' αὐτῶν πρὶν ἐπιβῆναι τοὺς βαλόντας, 268 συμπλεκόμενοί τε τοῖς ἀνιοῦσιν παντοῖα καὶ χειρῶν ἔργα καὶ ψυχῆς ἐναπεδείκνυντο, πειρώμενοι παρὰ τὰς ἐσχάτας συμφορὰς μὴ χείρους φαίνεσθαι τῶν ἐν ἀκινδύνῳ τῷ κατὰ σφᾶς ἀνδριζομένων· 269 ὥστε οὐ πρότερον ἀπερρήγνυντο τῶν Ῥωμαίων πρὶν ἢ πεσεῖν ἢ διαφθεῖραι. 270 Ὡς δ' οἱ μὲν ἔκαμνον διηνεκῶς ἀμυνόμενοι καὶ τοὺς προμάχους ἀμείβειν οὐκ ἔχοντες, τὸ κεκμηκὸς δὲ τῶν Ῥωμαίων ἀκραιφνεῖς διεδέχοντο καὶ ταχέως ἀντὶ τῶν ἀποβιασθέντων ἐπέβαινον ἕτεροι, παρακελευσάμενοί τε ἀλλήλοις καὶ πλευρὰν μὲν ἑνώσαντες, τοῖς δὲ θυρεοῖς καθύπερθεν φραξάμενοι στῖφος ἄρρηκτον ἐγένοντο, καὶ καθάπερ ἑνὶ σώματι πάσῃ τῇ φάλαγγι τοὺς Ἰουδαίους ἀνωθοῦντες ἤδη τοῦ τείχους ἐπέβαινον.

271 Ὁ δὲ Ἰώσηπος ἐν ταῖς ἀμηχανίαις σύμβουλον λαβὼν τὴν ἀνάγκην, ἡ δ' ἐστὶν δεινὴ πρὸς ἐπίνοιαν, ὅταν αὐτὴν ἀπόγνωσις ἐρεθίζῃ, ζέον ἔλαιον ἐκέλευσεν καταχεῖν τῶν συνησπικότων. 272 Οἱ δ', ὡς παρεσκευασμένον ἔχοντες, μετὰ τάχους πολλοὶ καὶ πολὺ πάντοθεν τῶν Ῥωμαίων κατέχεον συνεπαφιέντες καὶ τὰ ἀγγεῖα βρασσόμενα τῇ θέρμῃ. 273 Τοῦτο καιομένων τῶν Ῥωμαίων διεσκέδασεν τὴν τάξιν, καὶ μετὰ

268 2 τε PAM : γε μὴν LVRC.

encore brûlante. **273** Cette huile qui ébouillantait les Romains en dispersa les rangs, et ils roulaient en bas du rempart dans d'atroces souffrances [1]. **274** Effectivement, par-dessous l'armure, l'huile se répandait aisément sur tout le corps, de la tête aux pieds, et dévorait la chair non moins que du feu, étant par nature vite chaude et lente à se refroidir en raison de son caractère de corps gras. **275** Emprisonnés dans leur cuirasse et leur casque, ils ne pouvaient se soustraire à la brûlure. Bondissant sous les transports de la douleur, ils tombaient des ponts volants. Ceux qui se repliaient se heurtaient à leurs camarades qui montaient à l'assaut et ils étaient une cible facile pour les Juifs qui, par derrière, tiraient sur eux.

276 Or, au milieu de ces dures épreuves, ni le courage ne manqua aux Romains, ni aux Juifs l'ingéniosité. Bien au contraire les Romains avaient beau voir les atroces souffrances de ceux qui avaient été arrosés (d'huile bouillante), ils ne s'en portaient pas moins à l'assaut de ceux qui la versaient, chacun reprochant à celui qui le précédait de gêner son élan. **277** Les Juifs de leur côté, par une nouvelle ruse, rendaient dangereuses les tentatives des Romains pour approcher : ils versaient sur les planches (des ponts volants) une décoction de fenugrec [2] où, dès qu'ils y posaient le pied, les assaillants glissaient et trébuchaient. **278** Parmi ceux qui se repliaient tout comme parmi ceux qui s'avançaient à l'attaque, pas un ne restait debout, mais certains tombant à la renverse sur les ponts-volants eux-mêmes se faisaient piétiner et beaucoup d'autres tombaient sur le terrassement; **270** ceux qui y tombaient étaient frappés par les Juifs. Car ceux-ci, une fois libérés du corps à corps par les glissades des Romains, dans leurs tirs, visaient juste. **280** Comme les soldats avaient beaucoup souffert dans cette attaque, vers le soir, le général fit sonner le rappel. **281** Ils eurent beaucoup de morts et des blessés

1. L'huile bouillante était déjà employée par les Babyloniens et les Assyriens. Pour l'époque romaine, cf. Vegetius, *De Re Militari* 4, 8, et Pline *H.N.* 2, 108.

2. « A l'époque du siège (juin-juillet) le fenugrec (*trigonella foenum graecum*) était précisément en fleur » Reinach.

δεινῶν ἀλγηδόνων ἀπεκυλινδοῦντο τοῦ τείχους· 274 ῥᾷστα μὲν γὰρ τὸ ἔλαιον ἀπὸ κορυφῆς μέχρι ποδῶν ὑπὸ τὰς πανοπλίας διέρρει τοῦ σώματος ὅλου, καὶ τὴν σάρκα φλογὸς οὐδὲν ἔλασσον ἐπεβόσκετο θερμαινόμενόν τε φύσει ταχέως καὶ ψυχόμενον βραδέως διὰ τὴν πιότητα. 275 Τοῖς δὲ θώραξιν καὶ τοῖς κράνεσιν ἐνδεδεμένων ἀπαλλαγὴ τῆς καύσεως οὐκ ἦν, πηδῶντες δὲ καὶ συνειλούμενοι ταῖς ἀλγηδόσιν ἀπὸ τῶν γεφυρωμάτων ἔπιπτον· οἱ δὲ τραπέντες εἰς τοὺς σφετέρους πρόσω βιαζομένους εὐχείρωτοι τοῖς κατόπιν τιτρώσκουσιν ἦσαν.

276 Ἐπέλιπεν δ' οὔτε Ῥωμαίους ἐν ταῖς κακοπραγίαις ἰσχὺς οὔτε τοὺς Ἰουδαίους σύνεσις, ἀλλ' οἱ μὲν καίπερ οἰκτρὰ πάσχοντας ὁρῶντες τοὺς καταχυθέντας ὅμως εἰς τοὺς καταχέοντας ἐφέροντο, τὸν πρὸ αὐτοῦ κακίζων ἕκαστος ὡς ἐμπόδιον ὄντα τῆς ὁρμῆς· 277 οἱ δὲ Ἰουδαῖοι δόλῳ δευτέρῳ τὰς προσβάσεις αὐτῶν ἐπέσφαλλον τῆλιν ἑφθὴν ὑποχέοντες ταῖς σανίσιν, ἧς ἐπολισθάνοντες ὑπεσύροντο. 278 Καὶ οὔτε τῶν τρεπομένων οὔτε τῶν προσβαινόντων τις ὀρθὸς ἔμενεν, ἀλλ' οἱ μὲν ἐπ' αὐτῶν ὑπτιαζόμενοι τῶν ἐπιβατηρίων μηχανῶν συνεπατοῦντο, πολλοὶ δ' ἐπὶ τὸ χῶμα κατέπιπτον. 279 Ἐπαίοντο δ' ὑπὸ τῶν Ἰουδαίων οἱ πεσόντες· ἐσφαλμένων γὰρ τῶν Ῥωμαίων οὗτοι, τῆς κατὰ χεῖρα συμπλοκῆς ἐλευθερωθέντες, εἰς τὰς βολὰς εὐστόχουν. 280 Πολλὰ δὲ κακουμένους ἐν τῇ προσβολῇ τοὺς στρατιώτας ὁ στρατηγὸς περὶ δείλην ἀνε-

276 1 ἐπέλιπεν PA : ἐπέλειπε MLVRC ‖ 5 ὁρμῆς Niese : ῥώμης codd. *impetum* Lat. ῥύμης Destinon. ‖ 277 2 προσβάσεις VRC : προβάσεις PAML *progressum* Lat. ‖ 3 ὑποχέοντες PAMLVRC : ἐπιχέοντες sed ἐ et ι in ras. Voss. Hudson. ‖ 4 ἧς PAL : αἷς MRVC ‖ 278 2 προσβαινόντων MRVC : προβαινόντων PAL. ‖ 279 4 εὐστόχουν PAML p.c. prob. Destinon : εὐσχόλουν L a.c. VRC Niese *facillime tela dirigebant* Lat.

plus nombreux encore; de leur côté, les défenseurs de Iotapata eurent six morts et ramenèrent plus de trois cents blessés. **282** Cette bataille eut lieu le vingt du mois Daisios [1].

283 Vespasien chercha à consoler son armée de ce qui était arrivé. Mais quand il vit les soldats furieux demander non pas des encouragements mais de l'ouvrage, **284** il commanda de surélever les terrassements et de dresser trois tours hautes de cinquante pieds, entièrement recouvertes de fer, pour qu'elles soient stables grâce à leur poids et inattaquables au feu. **285** Il les installa sur ces terrassements et y fit monter des soldats armés de javelots, des archers, les machines de jet légères, ainsi que les plus vigoureux frondeurs. **286** Échappant à la vue à cause de la hauteur et des épaulements des tours, ils tiraient sur les occupants du rempart qu'ils voyaient très bien. **287** Ces derniers ne pouvaient guère éviter les traits qui leur arrivaient en plein sur la tête [2], ni riposter contre des ennemis qu'ils n'apercevaient pas; voyant que la hauteur des tours les rendait difficiles à atteindre aux projectiles lancés à la main et que d'autre part leur carapace de fer les rendait inattaquables au feu, ils abandonnèrent le rempart et firent des sorties contre les Romains qui tentaient l'assaut. **288** Telle fut la résistance qu'opposèrent les Iotapatéens. Ils y perdaient chaque jour un grand nombre d'hommes, sans pouvoir rendre la pareille aux ennemis mais seulement les contenir, au péril de leur vie.

Prise et ruine de Japha.

289 Au cours de ces mêmes journées, une des villes voisines de Iotapata, du nom de Japha [3], s'était soulevée, exaltée par la résistance inespérée des Iotapatéens. Vespasien y envoie Trajan [4], légat de la dixième légion, en lui donnant mille cavaliers et deux mille fantassins. **290** Trajan trouva une ville imprenable, car, outre l'avantage d'une forte position naturelle, elle avait été fortifiée par une double enceinte de remparts; mais

1. D'après Niese : 8 juillet 67.

κάλει. 281 Ἔπεσον δὲ τούτων μὲν οὐκ ὀλίγοι καὶ πλείους ἐτρώθησαν, τῶν δ' ἀπὸ τῆς Ἰωταπάτης ἀπέθανον μὲν ἓξ ἄνδρες, τραυματίαι δ' ὑπὲρ τριακοσίους ἀνεκομίσθησαν. 282 Εἰκάδι μὲν Δαισίου μηνὸς ἡ παράταξις ἦν.

283 Οὐεσπασιανὸς δὲ ἐπὶ τοῖς συμβεβηκόσι τὴν στρατιὰν παραμυθούμενος, ὡς θυμουμένους ἑώρα καὶ οὐ προτροπῆς ἀλλ' ἔργων δεομένους, 284 προσυψῶσαι μὲν τὰ χώματα, πύργους δὲ τρεῖς, πεντήκοντα ποδῶν τὸ ὕψος ἕκαστον, κατασκευάσαι κελεύσας πάντοθεν σιδήρῳ κεκαλυμμένους, ὡς ἑδραῖοί τε εἶεν ὑπὸ βρίθους καὶ δυσάλωτοι πυρί, 285 τῶν χωμάτων ἐπέστησεν, συνεπιβήσας αὐτοῖς ἀκοντιστάς τε καὶ τοξότας καὶ τῶν ἀφετηρίων ὀργάνων τὰ κουφότερα, πρὸς δὲ τοὺς ῥωμαλεωτάτους σφενδονήτας· 286 οἵ μὴ καθορώμενοι διὰ τὸ ὕψος καὶ τὰ θωράκια τῶν πύργων εἰς καθορωμένους τοὺς ἐπὶ τοῦ τείχους ἔβαλλον. 287 Οἱ δὲ μήτε κατὰ κόρσης φερομένων τῶν βελῶν ἐκκλίνειν ῥᾳδίως δυνάμενοι μήτε τοὺς ἀφανεῖς ἀμύνεσθαι, καὶ τὸ μὲν ὕψος τῶν πύργων δυσέφικτον ὁρῶντες ἐκ χειρὸς βέλει, πυρὶ δὲ τὸν περὶ αὐτοῖς σίδηρον ἀνάλωτον, ἔφευγον ἀπὸ τοῦ τείχους καὶ προσβάλλειν πειρωμένοις ἐπεξέθεον. 288 Καὶ οἱ μὲν ἐπὶ τῆς Ἰωταπάτης ἀντεῖχον οὕτως, ἀναιρούμενοί τε καθ' ἡμέραν πολλοὶ καὶ μηδὲν ἀντικακοῦν τοὺς πολεμίους, ὅτι μὴ μετὰ κινδύνων ἀνείργειν ἔχοντες.

289 Κατὰ δὲ τὰς αὐτὰς ἡμέρας Οὐεσπασιανὸς ἐπί τινα τῶν τῆς Ἰωταπάτης ἀστυγειτόνων πόλιν, Ἴαφα καλεῖται, νεωτερίζουσαν καὶ τῶν Ἰωταπατηνῶν παρὰ δόξαν ἀντεχόντων ἐπαιρομένην, Τραϊανὸν ὄντα τοῦ δεκάτου τάγματος ἡγεμόνα ἐκπέμπει παραδοὺς αὐτῷ χιλίους μὲν ἱππεῖς, πεζοὺς δὲ δισχιλίους. 290 Ὁ δὲ τὴν μὲν πόλιν δυσάλωτον καταλαβών, πρὸς γὰρ τῷ φύσει καρτερὰ τυγχάνειν οὖσα καὶ διπλῷ περιβόλῳ

voyant qu'étaient sortis à sa rencontre les gens de la ville tout prêts à se battre, il engage le combat et après une brève résistance de leur part il se lança à leur poursuite. **291** Lorsqu'ils se réfugièrent dans la première enceinte, les Romains, qui les pressaient pied à pied, y pénétrèrent avec eux. **292** Mais lorsqu'ils se mirent de nouveau en branle pour entrer dans la deuxième enceinte, leurs propres concitoyens leur fermèrent les portes de la ville, dans la crainte de voir les ennemis entrer avec eux. **293** C'est donc Dieu [1] alors qui gratifiait les Romains des déboires des Galiléens, lui qui, en cette occasion, a mis à la merci d'ennemis meurtriers la population de la ville jusqu'au dernier homme, livrée au massacre du fait que ces gens s'en étaient vu fermer les portes par les mains de leurs concitoyens. **294** Car se ruant en masse contre les portes et faisant instamment appel, en les appelant par leur nom, à ceux qui en étaient les gardiens, ils étaient égorgés au milieu de leurs supplications, **295** les ennemis leur ayant fermé la première enceinte, et leurs propres concitoyens la seconde. **296** Serrés et entassés entre les deux enceintes, beaucoup s'entre-tuent, beaucoup se transpercent avec leur propre poignard, et l'on ne saurait compter ceux qui périrent de la main des Romains, sans même retrouver le courage de se défendre : car outre la terreur que leur inspiraient les ennemis, ce qui avait brisé leurs âmes était la trahison des leurs. **297** Pour comble ils mouraient en maudissant non les Romains mais leurs propres concitoyens, et finalement ils périrent tous : ce qui fait douze mille hommes. **298** Calculant que la ville devait être vide de combattants et pensant que même s'il y en avait encore quelques-uns, la crainte les empêcherait d'oser quoi que ce soit, Trajan voulut laisser au général l'honneur de la prendre et dépêcha à Vespasien des messagers demander qu'il lui envoie son fils Titus pour achever la victoire [2]. **299** Vespasien, se doutant qu'il restait encore quelque pénible besogne à accomplir,

1. Cf. 1, 390 et 2, 390. Dans tous ces passages. le prêtre juif Joseph Ben Matthias, écrivant après la ruine de Jérusalem et du Temple, déclare explicitement que Dieu favorise les Romains. Mais il faut tenir compte que, en 5, 367, 368

τετείχιστο, προαπηντηκότας δὲ τοὺς ἐξ αὐτῆς ἑτοίμους εἰς μάχην ἰδὼν συμβάλλει καὶ πρὸς ὀλίγον ἀντισχόντας ἐδίωκεν. **291** Συμφυγόντων δὲ εἰς τὸ πρῶτον τεῖχος οἱ Ῥωμαῖοι κατὰ πόδας προσκείμενοι συνεισέπεσον. **292** Ὁρμήσαντας δὲ πάλιν εἰς τὸ δεύτερον τεῖχος ἀποκλείουσιν τῆς πόλεως οἱ σφέτεροι, δείσαντες μὴ συνεισβάλωσιν οἱ πολέμιοι. **293** Θεὸς δ' ἦν ἄρα ὁ Ῥωμαίοις τὰ Γαλιλαίων πάθη χαριζόμενος, ὃς καὶ τότε τὸν τῆς πόλεως λαὸν αὔτανδρον, χερσὶν οἰκείαις ἐκκλεισθέντα, πρὸς ἀπώλειαν ἔκδοτον φονῶσιν ἐχθροῖς παρέστησεν. **294** Ἐμπίπτοντες γὰρ ἀθρόοι ταῖς πύλαις καὶ πολλὰ τοὺς ἐπ' αὐτῶν ὀνομαστὶ καλοῦντες ἐν μέσαις ἀπεσφάττοντο ταῖς ἱκεσίαις. **295** Καὶ τὸ μὲν πρῶτον αὐτοῖς τεῖχος οἱ πολέμιοι, τὸ δεύτερον δ' ἔκλεισαν οἱ σφέτεροι· **296** μέσοι δὲ τοῖν δυοῖν κατειλούμενοι περιβόλων βύζην, πολλοὶ μὲν τοῖς ἀλλήλων, πολλοὶ δὲ τοῖς ἰδίοις περιεπείροντο ξίφεσιν, ἄπειροι δὲ ὑπὸ Ῥωμαίων ἔπιπτον οὐδὲ ὅσον εἰς ἄμυναν ἀναθαρροῦντες· πρὸς γὰρ τῷ καταπεπλῆχθαι τοὺς πολεμίους τὰς ψυχὰς αὐτῶν ἔκλασεν ἡ τῶν οἰκείων προδοσία. **297** Πέρας ἔθνησκον οὐ Ῥωμαίοις ἀλλὰ τοῖς ἰδίοις καταρώμενοι, μέχρι πάντες ἀπώλοντο μύριοι καὶ δισχίλιοι τὸν ἀριθμὸν ὄντες. **298** Κενὴν δὲ μαχίμων λογιζόμενος εἶναι τὴν πόλιν ὁ Τραϊανός, εἰ δὲ καί τινες ἔνδον εἶεν, οἰόμενος μηδὲν αὐτοὺς τολμήσειν ὑπὸ δέους, ἀνετίθει τῷ στρατηγῷ τὴν ἅλωσιν, καὶ στείλας ἀγγέλους πρὸς Οὐεσπασιανὸν ᾐτεῖτο πέμψαι τὸν υἱὸν αὐτῷ Τίτον ἐπιθήσοντα τῇ νίκῃ τέλος. **299** Ὁ δὲ συμβαλὼν ὑπολείπεσθαί τινα πόνον μετὰ στρατιᾶς τὸν υἱὸν ἐπιπέμπει πεντακοσίων μὲν ἱππέων, χιλίων δὲ πεζῶν.

294 2 ἐπ' ἀυτῶν ALV γρ C : ἑαυτῶν PM ἐπ' αὐτὸν VR. ‖ **296** 2 βύζην AMLVRC : om. P Lat. ‖ **297** 1 τοῖς ἰδίοις AML : τοῖς οἰκείοις P τῶν ἰδίων VRC *iudaeos* Lat. ‖ **298** 5 αὐτῷ PAML : ἑαυτοῦ VR αὐτοῦ C *suum* Lat. Heg.

y envoie son fils avec cinq cents cavaliers et mille fantassins. **300** Titus s'étant rendu vers cette ville au plus vite, dispose son armée en plaçant Trajan à l'aile gauche tandis que lui-même, avec l'aile droite, menait l'assaut. **301** Les soldats dressant de tous côtés des échelles contre le rempart, les Galiléens, après avoir, d'en haut, résisté quelque temps, abandonnent l'enceinte. **302** Alors les soldats de Titus, d'une escalade, eurent tôt fait de prendre la ville; mais à l'intérieur, les Juifs s'étant massés contre eux, éclate alors un violent combat : **303** dans les ruelles étroites [1], les hommes valides chargeaient les Romains, et du haut des maisons les femmes lançaient tout ce qui leur tombait sous la main. **304** Ils résistèrent ainsi en combattant six heures durant, mais quand fut épuisé ce qu'il y avait d'hommes en âge de combattre, tout le reste fut égorgé, en plein air ou dans les maisons, jeunes et vieux pêle-mêle : de fait il ne resta pas un mâle, à part les tout-petits, qui, avec les femmes, furent réduits en esclavage. **305** Le nombre des morts en ville et au cours de la bataille qui avait précédé fut de quinze mille, et celui des prisonniers de deux mille cent trente. **306** Cette défaite arriva aux Galiléens le vingt-cinq du mois Daisios [2].

Massacre des Samaritains sur le mont Garizim.

307 Les Samaritains eux non plus ne restèrent pas exempts de malheurs. Rassemblés sur la montagne appelée Garizim, qui est leur montagne sainte, ils restaient bien sur place mais leur rassemblement et leur détermination contenaient une menace de guerre. **308** Les malheurs de leurs voisins ne les rendaient pas plus sages : devant les succès des Romains, ils s'enflaient de prétentions démesurées [3], étant donné leur propre faiblesse [4], et s'exaltaient à l'idée d'une révolte. **309** Vespasien jugea qu'il fallait prévenir l'agitation et rabattre leurs prétentions. Car la

ce traitement de faveur est présenté non moins explicitement comme chose temporaire : Dieu donne l'empire aux diverses nations par roulement κατὰ ἔθνος τὸν θεὸν ἐμπεριάγοντα τὴν ἀρχὴν, νῦν ἐπὶ τῆς Ἰταλίας εἶναι. C'est *maintenant* le tour de l'Italie.

300 Ὁ δὲ πρὸς τὴν πόλιν ἐλθὼν διὰ τάχους καὶ διατάξας τὴν στρατιὰν ἐπὶ μὲν τοῦ λαιοῦ κέρως τὸν Τραϊανὸν ἵστησιν, αὐτὸς δὲ τὸ δεξιὸν ἔχων ἐξηγεῖτο πρὸς τὴν πολιορκίαν. 301 Τῶν δὲ στρατιωτῶν κλίμακας πάντοθεν τῷ τείχει προσφερόντων πρὸς ὀλίγον οἱ Γαλιλαῖοι καθύπερθεν ἀμυνάμενοι λείπουσιν τὸν περίβολον, 302 ἐπιπηδήσαντες δ'οἱ περὶ τὸν Τίτον τῆς μὲν πόλεως ἐκράτησαν ταχέως, πρὸς δὲ τοὺς ἔνδον αὐτοῖς συστραφέντας καρτερὰ μάχη συρρήγνυται· 303 καὶ γὰρ ἐν τοῖς στενωποῖς οἱ δυνατοὶ προσέπιπτον καὶ ἀπὸ τῶν οἰκιῶν αἱ γυναῖκες ἔβαλλον πᾶν τὸ προστυχὸν αὐταῖς. 304 Καὶ μέχρι μὲν ἓξ ὡρῶν ἀντεῖχον μαχόμενοι, δαπανηθέντων δὲ τῶν μαχίμων τὸ λοιπὸν πλῆθος ἔν τε τοῖς ὑπαίθροις καὶ κατὰ τὰς οἰκίας ἀπεσφάττοντο, νέοι τε ὁμοῦ καὶ γέροντες· οὐδὲν γὰρ ἄρρεν ὑπελείφθη δίχα νηπίων, ἃ μετὰ γυναικῶν ἐξηνδραποδίσαντο. 305 Τῶν μὲν οὖν ἀναιρεθέντων ἀνά τε τὴν πόλιν κἀπὶ τῆς προτέρας παρατάξεως ἀριθμὸς μύριοι πρὸς τοῖς πεντακισχιλίοις ἦν, τὰ δ' αἰχμάλωτα δισχίλια ἑκατὸν καὶ τριάκοντα. 306 Τοῦτο συνέβη τὸ πάθος Γαλιλαίοις πέμπτῃ καὶ εἰκάδι Δαισίου μηνός.

307 Ἔμειναν δὲ οὐδὲ Σαμαρεῖς ἀπείρατοι συμφορῶν· ἀθροισθέντες γὰρ ἐπὶ τὸ Γαριζεὶν καλούμενον ὄρος, ὅπερ αὐτοῖς ἐστιν ἅγιον, κατὰ χώραν μὲν ἔμενον, πολέμου δ' εἶχεν ἀπειλὴν ἥ τε σύνοδος αὐτῶν καὶ τὰ φρονήματα. 308 Καὶ οὐδὲ τοῖς γειτνιῶσι κακοῖς ἐσωφρονίζοντο, πρὸς δὲ τὰς Ῥωμαίων εὐπραγίας ἐν ἀλογίστῳ τῇ κατὰ σφᾶς ἀσθενείᾳ ᾤδουν καὶ μετέωροι πρὸς ταραχὴν ὑπῆρχον. 309 Ἐδόκει δὲ Οὐεσπασιανῷ φθάσαι τὸ κίνημα καὶ τὰς ὁρμὰς αὐτῶν ὑποτέμ-

301 3 ἀμυνάμενοι Destinon Niese[2] : ἀμυνόμενοι codd. ‖ **308** 2-3 ἐν ἀλογίστῳ om. P ‖ 3 τῇ — ἀσθενείᾳ MLVRC : τὴν — ἀσθένειαν PA Niese *infirmitate* Lat. uide adn.

Samarie avait beau être tout entière quadrillée de garnisons romaines, la multitude de ceux qui y venaient et leur organisation étaient choses alarmantes. **310** Il envoie donc Céréalis [1], légat de la cinquième légion, avec six cents cavaliers et trois mille fantassins. **311** Céréalis jugea hasardeux de gravir la montagne et d'engager un combat, étant donné qu'en haut les ennemis étaient si nombreux, mais il encercla de son armée tout le pied de la montagne et fit bonne garde toute la journée. **312** Alors que les Samaritains manquaient déjà d'eau, survint l'embrasement d'une vague de chaleur épouvantable : on était au gros de l'été et la population n'avait pas fait les provisions nécessaires. **313** C'est au point que le jour-même quelques personnes moururent de soif et que beaucoup, préférant l'esclavage à une mort pareille, se rendirent aux Romains. **314** Apprenant de ces gens que ceux qui restaient encore sur place étaient brisés par leurs souffrances, Céréalis gravit le flanc de la montagne, et une fois son armée disposée en cercle autour des ennemis, il commença par les inviter à venir traiter et à penser à sauver leur vie; il leur garantissait la vie sauve quand ils auraient déposé leurs armes. **315** Ne parvenant pas à les convaincre, il chargea, et les fit tuer tous : ils étaient onze mille six cents. Cela eut lieu le vingt-huit du mois Daisios [2]. Tel fut le désastre qu'éprouvèrent les Samaritains.

Prise de Iotapata 15 juillet 67.

316 Or les défenseurs de Jotapata s'obstinaient et contre toute attente résistaient encore à leurs maux en ce quarante-septième jour où les terrassements des Romains s'élevèrent plus haut que le rempart. **317** Alors un transfuge vint trouver Vespasien le jour-même et lui fit savoir combien était réduit le nombre des défenseurs de la ville et quel était leur état de faiblesse. **318** Épuisés par le manque prolongé de sommeil et par des combats qui se succèdaient, ils n'étaient même plus capables de

1. Sextus Cerealis Vettulenus. Cf. 4, 552-555; 6, 131 et 237; 7, 163.

2. Selon Niese 15 juillet 67.

νεσθαι· καὶ γὰρ εἰ φρουραῖς ἡ Σαμαρεῖτις ὅλη διείληπτο, τό γε πλῆθος τῶν ἐληλυθότων καὶ ἡ σύνταξις ἦν φοβερά. **310** Κερεάλιον οὖν ἔπαρχον ὄντα τοῦ πέμπτου τάγματος μεθ' ἑξακοσίων ἱππέων καὶ πεζῶν τρισχιλὶων πέμπει. **311** Τούτῳ προσβαίνειν μὲν τὸ ὄρος καὶ συνάπτειν μάχην οὐκ ἀσφαλὲς ἔδοξεν πολλῶν καθύπερθεν τῶν πολεμίων ὄντων, κυκλωσάμενος δὲ τῇ δυνάμει πᾶσαν τὴν ὑπόρειον δι' ὅλης αὐτοὺς ἐφρούρει τῆς ἡμέρας. **312** Συνέβη δὲ ὕδατος ἀπορουμένων τῶν Σαμαρέων ἐκφλεγῆναι τότε καὶ καῦμα δεινόν· ὥρα δ' ἦν θέρους καὶ τῶν ἐπιτηδείων τὸ πλῆθος ἀπαράσκευον· **313** ὡς τινὰς μὲν αὐθημερὸν ὑπὸ τοῦ δίψους ἀποθανεῖν, πολλοὺς δὲ τῆς τοιαύτης ἀπωλείας τὸ δουλεύειν προαιρουμένους Ῥωμαίοις προσφυγεῖν. **314** Ἐξ ὧν συνεὶς ὁ Κερεάλιος καὶ τοὺς ἔτι συμμένοντας ὑπὸ τῶν δεινῶν κατεαγότας ἐπαναβαίνει τῷ ὄρει, καὶ τὴν δύναμιν ἐν κύκλῳ περιστήσας τοῖς πολεμίοις τὸ μὲν πρῶτον ἐπὶ δεξιὰς προυκαλεῖτο καὶ σῴζεσθαι παρεκάλει, διαβεβαιούμενος ἀσφάλειαν τὰ ὅπλα ῥίψασιν. **315** Ὡς δ' οὐκ ἔπειθεν, προσπεσὼν ἀπέκτεινεν πάντας, χιλίους ἑξακοσίους ἐπὶ μυρίοις ὄντας· ἑβδόμῃ καὶ εἰκάδι Δαισίου μηνὸς ἐπράχθη. Καὶ τοιαύταις μὲν συμφοραῖς Σαμαρεῖται ἐχρήσαντο.

316 Τῶν δ' ἀνὰ τὰ Ἰωτάπατα καρτερούντων καὶ παρ' ἐλπίδα τοῖς δεινοῖς ἀντεχόντων τεσσαρακοστῇ μὲν ἡμέρᾳ καὶ ἑβδόμῃ τὰ χώματα τῶν Ῥωμαίων ὑπερήρθη τὸ τεῖχος, **317** αὐτομολεῖ δέ τις πρὸς τὸν Οὐεσπασιανὸν τῆς αὐτῆς ἡμέρας τήν τε ὀλιγότητα τῶν ἐπὶ τῆς πόλεως ἐξαγγέλλων καὶ τὴν ἀσθένειαν, **318** καὶ ὡς ἀγρυπνίᾳ διηνεκεῖ καὶ μάχαις ἐπαλλήλοις δεδα-

309 3 εἰ M et fort. Lat., in quo est *etsi — cincta erat.* Thack. : om. PA ἀεὶ LVRC ‖ 4 γε M *tamen* Lat. Niese[2] : τε PALVRC ‖ **313** 1 τινὰς AMLVRC : τοὺς P ‖ ὑπὸ Bekker : ἀπὸ codd.

supporter un assaut et on pourrait les prendre par surprise si on les attaquait. **319** Car, assurait-il, au moment de la dernière veille [1], à l'heure où ils pensent jouir d'un répit de leurs pénibles travaux et où le sommeil du matin s'attaque le plus à des gens recrus de fatigue, les gardes s'endorment; et il conseillait d'attaquer à cette heure-là. **320** Ce transfuge éveillait la défiance de Vespasien, qui connaissait la solidarité des Juifs entre eux et leur mépris des châtiments. **321** Déjà précédemment un homme de Jotapata, capturé, avait résisté à toute la souffrance des tortures et comme, soumis à la question par le feu, il n'avait rien dit aux ennemis sur la situation à l'intérieur de la ville, il avait subi la crucifixion en se riant de la mort. **322** Cette fois pourtant la vraisemblance invitait à ajouter foi au traître : peut-être, après tout, disait-il la vérité, mais Vespasien prévoyant que, même s'il s'agissait d'un piège, il n'entraînerait pas d'inconvénient majeur, ordonna de garder cet homme et s'occupa de préparer l'armée à prendre la ville.

323 A l'heure dite, les soldats s'approchèrent sans bruit du rempart. **324** Le premier à y poser le pied fut Titus avec un des tribuns, Domitius Sabinus, à la tête d'un petit détachement de la quinzième légion. **325** Ils égorgent les gardiens et pénètrent dans la ville [2]. A leur suite, un certain Sextus Calvarius, tribun, et Placidus firent entrer les hommes qui étaient sous leurs ordres. **326** Une fois prise la citadelle, et les ennemis circulant dans le centre de la ville alors que le jour était déjà levé, les vaincus, malgré tout, ne se rendaient pas compte encore que la ville était prise. **327** La plupart étaient exténués de fatigue et engourdis par le sommeil; un brouillard épais, qui par hasard enveloppait la ville à ce moment-là, troublait la vue de ceux même qui s'étaient levés. **328** Finalement, lorsque toute l'armée fut entrée, les gens ne se levaient

2. Ces détails d'une attaque par surprise au petit matin évoquent pour Thackeray, *Énéide* 2, 265-268. A bon droit, car, pour la fierté de Josèphe, la chute de Iotapata, comme la prise de Troie, popularisée par Virgile, marque la fin d'un monde.

πανημένοι δυνατοὶ μὲν εἶεν οὐδὲ βιαζομένους ἔτι φέρειν, καὶ δόλῳ δ' ἂν ἁλοῖεν, εἴ τις ἐπιθοῖτο· 319 περὶ γὰρ τὴν ἐσχάτην φυλακήν, καθ' ἣν ἄνεσίν τε τῶν δεινῶν ἐδόκουν ἔχειν καὶ καθάπτεται μάλιστα κεκοπωμένων ἑωθινὸς ὕπνος, καταδαρθάνειν ἔφασκεν τοὺς φύλακας, συνεβούλευέν τε κατὰ ταύτην τὴν ὥραν ἐπελθεῖν. 320 Τῷ δ' ἦν μὲν δι' ὑπονοίας ὁ αὐτόμολος, τό τε πρὸς ἀλλήλους πιστὸν εἰδότι τῶν Ἰουδαίων καὶ τὴν πρὸς τὰς κολάσεις ὑπεροψίαν, 321 ἐπειδὴ καὶ πρότερον ληφθείς τις τῶν ἀπὸ τῆς Ἰωταπάτης πρὸς πᾶσαν αἰκίαν βασάνων ἀντέσχεν καὶ μηδὲν διὰ πυρὸς ἐξερευνῶσι τοῖς πολεμίοις περὶ τῶν ἔνδον εἰπὼν ἀνεσταυρώθη τοῦ θανάτου καταμειδιῶν· 322 τά γε μὴν εἰκότα πιστὸν ἐποίει τὸν προδότην, καὶ τάχα μὲν ἀληθεύειν ἐκεῖνον, μηδὲν δ' αὐτὸς ἐξ ἐνέδρας πείσεσθαι μέγα προσδοκῶν, τὸν μὲν φυλάσσειν ἐκέλευσεν, ἐπὶ δὲ τὴν κατάληψιν τῆς πόλεως παρεσκεύαζε τὴν στρατιάν.

323 Κατὰ δὲ τὴν μηνυθεῖσαν ὥραν ᾔεσαν ἡσυχῇ πρὸς τὸ τεῖχος. 324 Καὶ πρῶτος ἐπιβαίνει Τίτος σὺν ἑνὶ τῶν χιλιάρχων Δομετίῳ Σαβίνῳ, τῶν ἀπὸ τοῦ πέμπτου καὶ δεκάτου τάγματος ὀλίγους ἄγων· 325 ἀποσφάξαντες δὲ τοὺς φύλακας εἰσίασιν εἰς τὴν πόλιν. Μεθ' οὓς Σέξτος τις Καλουάριος χιλιάρχης καὶ Πλάκιδος τοὺς ὑπὸ σφίσι τεταγμένους εἰσῆγον. 326 Κατειλημμένης δὲ τῆς ἄκρας καὶ τῶν πολεμίων ἐν μέσῳ στρεφομένων, ἤδη δὲ καὶ ἡμέρας οὔσης, ὅμως οὔπω τῆς ἁλώσεως τοῖς κρατουμένοις αἴσθησις ἦν· 327 καμάτῳ τε γὰρ οἱ πολλοὶ καὶ ὕπνῳ διαλέλυντο, καὶ τῶν διανισταμένων ὁμίχλη τὰς ὄψεις ἀπήμβλυνεν πολλὴ κατὰ τύχην τότε τῇ πόλει περιχυθεῖσα, 328 μέχρι πάσης τῆς στρατιᾶς εἰσπεσούσης πρὸς μόνην

325 3 Καλουάριος PAL : κερεάλιος MVC κερέ/λλιος R *caluarus* Lat.

que pour constater la réalité de leurs malheurs et ils ne croient à la chute de la ville qu'au moment d'être tués. **329** Les Romains, encore sous l'impression des souffrances que leur avait causées le siège, se montraient sans pitié ni merci pour personne : tout en refoulant la population sur la pente qui descend de la citadelle, ils en faisaient un massacre. **330** Sur cette pente, même ceux qui étaient encore capables de combattre se voyaient, à cause des difficultés du terrain, privés de tout moyen de défense : coincés dans les rues étroites et glissant sur la pente, ils étaient submergés par la vague de carnage qui déferlait de la citadelle. **331** Ce spectacle poussa plus d'un des soldats d'élite de Josèphe à se donner la mort, car lorsqu'ils virent qu'ils ne pouvaient tuer aucun Romain, devançant une mort par la main des Romains, ils se rassemblèrent à l'extrémité de la ville et se donnèrent eux-mêmes la mort [1].

332 Bien sûr, dès qu'ils se rendirent compte que la ville était prise, ceux des gardes qui avaient eu le temps de monter se réfugier dans l'une des tours du Nord [2], s'y défendirent un certain temps, mais, cernés par des ennemis en nombre considérable, ils finirent par se rendre et présentèrent courageusement leur gorge aux assaillants. **333** Les Romains auraient pu se vanter que la dernière opération du siège ne leur avait pas coûté une goutte de sang, n'était qu'un des leurs périt au cours de l'assaut final. Il s'agit du centurion Antonius, tué traitreusement : **334** un de ceux qui s'étaient réfugiés dans les cavernes — et ils étaient nombreux — supplie Antonius de lui tendre la main droite en signe de la vie sauve et pour l'aider à remonter. **335** Le centurion, sans méfiance, tend la main ; l'autre le frappe aussitôt de sa lance au-dessous de l'aine et le centurion meurt sur le coup.

1. Cf. *infra* 362.
2. Les Romains étaient entrés par le Nord (158, 162)

τὴν τῶν κακῶν αἴσθησιν ἐξανέστησαν καὶ τὴν ἅλωσιν ἐπίστευον ἀναιρούμενοι. 329 Ῥωμαίους δὲ κατὰ μνήμην ὧν ἐκ τῆς πολιορκίας ἔπαθον οὔτε φειδὼς εἰσῄει τινὸς οὔτ' ἔλεος, ἀλλ' εἰς τὸ κάταντες ἀπὸ τῆς ἄκρας τὸν λεὼν συνωθοῦντες ἐφόνευον. 330 Ἔνθα καὶ τοὺς ἔτι μάχεσθαι δυναμένους ἡ δυσχωρία τὴν ἄμυναν ἀφείλετο· θλιβόμενοι γὰρ ἐν τοῖς στενωποῖς καὶ κατὰ τοῦ πρανοῦς ὑπολισθάνοντες ῥέοντι κατ' ἄκρας ἐκαλύπτοντο τῷ πολέμῳ. 331 Τοῦτο πολλοὺς καὶ τῶν περὶ τὸν Ἰώσηπον ἐπιλέκτων ἐπ' αὐτοχειρίαν παρώξυνεν· κατιδόντες γὰρ ὡς οὐδένα τῶν Ῥωμαίων ἀνελεῖν δύνανται, τό γε πεσεῖν αὐτοὺς ὑπὸ Ῥωμαίων προέλαβον καὶ συναθροισθέντες ἐπὶ τὰ καταλήγοντα τῆς πόλεως σφᾶς αὐτοὺς ἀνεῖλον.

332 Ὅσοι γε μὴν ὑπὸ πρώτην τῆς καταλήψεως αἴσθησιν τῶν φυλάκων διαφυγεῖν ἔφθασαν ἀναβάντες εἴς τινα τῶν προσαρκτίων πύργων μέχρι μέν τινος ἀπημύναντο, περισχεθέντες δὲ πλήθει τῶν πολεμίων ὀψὲ παρεῖσαν τὰς δεξιὰς καὶ τοῖς ἐφεστῶσιν τὴν σφαγὴν εὔθυμοι παρέσχον. 333 Ἀναίμακτον δ' ἂν ἦν αὐχῆσαι Ῥωμαίοις τὸ τέλος τῆς πολιορκίας, εἰ μὴ κατὰ τὴν ἅλωσιν εἷς ἔπεσέν τις· ἑκατοντάρχης ἦν Ἀντώνιος, θνήσκει δ' ἐξ ἐνέδρας. 334 Τῶν γὰρ εἰς τὰ σπήλαιά τις συμπεφευγότων, πολλοὶ δ' οὗτοι πλῆθος ἦσαν, ἱκετεύει τὸν Ἀντώνιον ὀρέξαι δεξιὰν αὐτῷ, πίστιν τε σωτηρίας καὶ βοήθειαν πρὸς ἄνοδον· 335 ὁ δ' ἀφυλάκτως ὤρεγε τὴν χεῖρα, καὶ φθάσας αὐτὸν ἐκεῖνος νύττει κάτωθεν ὑπὸ τὸν βουβῶνα δόρατι καὶ παραχρῆμα διεργάζεται.

329 2 ἐκ τῆς πολιορκίας PAML : περὶ τὴν πολιορκίαν VRC *obsidionis tempore* Lat. ἐπὶ τῆς πολιορκίας Niese. ‖ 3 κάταντες VRC Lat. : κάταντες ἅπαντες PAML. ‖ **331** 4 αὐτοὺς PA : αὐτοὶ MLVRC. ‖ **335** 3 ὑπὸ MVRC : ἐπὶ PAL Souda.

336 Ce même jour les Romains massacrèrent tous ceux qui se montrèrent. Les jours suivants, ils fouillèrent les cachettes et se jetaient sur ceux qu'ils trouvaient dans les souterrains et les cavernes, sans ménager aucun âge, sauf les petits enfants et les femmes. **337** On rassembla douze cents prisonniers; le nombre des morts, au cours de l'assaut final et des combats précédents s'éleva à quarante mille. **338** Vespasien ordonne alors de raser la ville et il en fait brûler toutes les fortifications. **339** C'est ainsi donc que Iotapata fut prise, la treizième année de l'empereur Néron, le premier jour du mois Panémos [1].

Josèphe caché dans une caverne avec quarante compagnons.

340 Les Romains recherchaient Josèphe pour satisfaire leur propre rancune et parce que leur général y mettait absolument son point d'honneur: sa capture serait de la plus grande importance dans la guerre; et il faisait des recherches parmi les cadavres et les gens qui se cachaient. **341** Or lui, au cours de l'assaut final de la ville, aidé par quelque secours divin, s'était dérobé du beau milieu des ennemis et s'était laissé glisser dans une citerne profonde, communiquant latéralement avec une caverne spacieuse, invisible d'en haut. **342** Il y trouve quarante notables qui s'y cachaient et une provision de vivres qui pouvait suffire pour pas mal de jours. **343** Pendant la journée, Josèphe restait donc dans sa cachette, car les ennemis occupaient tous les quartiers, mais la nuit, il remontait à la recherche d'un passage pour s'évader et il observait les postes de gardes. Seulement tous les passages dans toutes les directions se trouvant à cause de lui si bien gardés qu'il ne pouvait passer inaperçu, il redescendait dans la caverne.

Une femme juive capturée dévoile leur cachette.

344 Il reste ainsi caché pendant deux jours. Mais le troisième jour, une des femmes qui se trouvaient avec eux ayant été capturée, il est dénoncé. Immédiatement Vespasien envoie d'urgence

336 Κατ' ἐκείνην μὲν οὖν τὴν ἡμέραν τὸ φανερὸν πλῆθος ἀνεῖλον οἱ Ῥωμαῖοι, ταῖς δ' ἐπιούσαις ἀνερευνώμενοι τὰς καταδύσεις τοὺς ἐν τοῖς ὑπονόμοις καὶ τοῖς σπηλαίοις ἐπεξῄεσαν καὶ διὰ πάσης ἐχώρουν ἡλικίας πλὴν νηπίων καὶ γυναικῶν. 337 Καὶ τὰ μὲν αἰχμάλωτα χίλια πρὸς τοῖς διακοσίοις συνήχθη, νεκροὶ δὲ κατὰ τὴν ἅλωσιν καὶ τὰς πρότερον μάχας συνηριθμήθησαν τετρακισμύριοι. 338 Οὐεσπασιανὸς δὲ τήν τε πόλιν κατασκάψαι κελεύει καὶ τὰ φρούρια πάντα προσεμπίπρησιν αὐτῆς. 339 Ἰωτάπατα μὲν οὖν οὕτως ἑάλω τρισκαιδεκάτῳ τῆς Νέρωνος ἡγεμονίας ἔτει Πανέμου νουμηνίᾳ.

340 Ῥωμαῖοι δὲ τὸν Ἰώσηπον ἀναζητοῦντες κατά τε ὀργὴν σφετέραν καὶ σφόδρα τοῦ στρατηγοῦ φιλοτιμουμένου, μεγίστη γὰρ ἦν μοῖρα τοῦ πολέμου ληφθείς, τούς τε νεκροὺς διηρεύνων καὶ τοὺς ἀποκρύφους. 341 Ὁ δὲ τῆς πόλεως ἁλισκομένης, δαιμονίῳ τινὶ συνεργίᾳ χρησάμενος, μέσον μὲν ἑαυτὸν ἐκκλέπτει τῶν πολεμίων, καθάλλεται δὲ εἴς τινα βαθὺν λάκκον, ᾧ πλατὺ σπήλαιον διέζευκτο κατὰ πλευρὰν τοῖς ἄνωθεν ἀόρατον. 342 Ἔνθα τεσσαράκοντα μὲν τῶν ἐπισήμων ἄνδρας καταλαμβάνει λανθάνοντας, παρασκευὴν δ' ἐπιτηδείων οὐκ ὀλίγαις ἡμέραις διαρκεῖν δυναμένην. 343 Μεθ' ἡμέραν μὲν οὖν ὑπεστέλλετο τῶν πολεμίων πάντα διειληφότων, νυκτὸς δ' ἀνιὼν ἐζήτει δρασμοῦ διάδυσιν καὶ τὰς φυλακὰς κατεσκέπτετο. Φρουρουμένων δὲ πάντοθεν πάντων δι' αὐτόν, ὡς λαθεῖν οὐκ ἦν, αὖθις εἰς τὸ σπήλαιον κατῄει.

344 Δύο μὲν οὖν ἡμέραις διαλανθάνει, τῇ δὲ τρίτῃ γυναικὸς ἁλούσης τῶν ἅμα αὐτοῖς μηνύεται, καὶ Οὐεσπασιανὸς αὐτίκα μετὰ σπουδῆς πέμπει δύο χιλιάρ-

340 4 ἀποκρύφους PAL Lat. : ἀποκρύφους τῆς πόλεως μυχούς MVRC. ‖ **341** 1 τῆς PAL : ἄρτι τῆς MVRC.

deux tribuns, Paulinus [1] et Gallicanus, avec ordre de donner des garanties à Josèphe et de l'engager à remonter.

Deux tribuns les invitent à se rendre sous garantie de la vie sauve.

345 Ces deux officiers donc, une fois sur les lieux, exhortèrent Josèphe et lui offrirent des assurances de vie sauve, mais, bien entendu, sans le persuader. **346** Car il déduisait ses motifs de méfiance du traitement auquel il devait normalement s'attendre après tout ce qu'il avait fait et non de la modération naturelle de ceux qui l'exhortaient : il craignait qu'on ne l'invitât qu'à subir un châtiment; cela jusqu'au moment où Vespasien envoie un troisième tribun, Nicanor [2], connu de Josèphe, avec qui il était lié depuis longtemps. **347** Aussitôt arrivé, Nicanor s'étend en détail sur la clémence naturelle des Romains une fois qu'ils ont soumis [3] les gens; il lui explique qu'il est, lui, admiré pour sa valeur, bien plutôt que haï des chefs de l'armée; **348** enfin que le général met tout en œuvre pour le faire remonter, non pas pour un châtiment — on pourrait le lui infliger sans qu'il ait à faire un pas — mais parce qu'il tient à accorder la vie sauve à un brave. **349** Il ajouta que Vespasien ne lui enverrait pas un ami lui tendre un piège, pour qu'ainsi ce qu'il y a de plus beau donnât sa caution à la pire des choses, l'amitiè à la perfidie; et que, personnellement, il ne se serait pas prêté à aller duper un ami.

350 Comme Josèphe hésitait encore, même après l'intervention de Nicanor, les soldats, furieux, se disposaient à incendier la caverne, mais leur commandant les retint, car il mettait son point d'honneur à capturer le personnage vivant. **351** Pendant que Nicanor redoublait ses instances, Josèphe se rendit compte des menaces de cette troupe hostile. Il lui revint à l'esprit le souvenir de ses songes nocturnes [4], où Dieu lui avait prédit les prochains malheurs des Juifs et ce qui allait se produire au sujet des souverains de Rome. **352** Dans l'interprétation des songes, d'ailleurs, il était doué pour déceler le sens des oracles divins [5] ambigus : c'est qu'il n'ignorait pas les prophéties des livres saints, en sa qualité de prêtre et descendant de prêtres. **353** Inspiré par ces oracles, à ce

χους, Παυλῖνον καὶ Γαλλικανόν, δεξιάς τε τῷ Ἰωσήπῳ
δοῦναι κελεύσας καὶ προτρεψομένους ἀνελθεῖν.

345 Ἀφικόμενοι γοῦν παρεκάλουν οὗτοι τὸν ἄνδρα
καὶ πίστεις περὶ σωτηρίας ἐδίδοσαν, οὐ μὴν ἔπειθον·
346 ἐκ γὰρ ὧν εἰκὸς ἦν τοσαῦτα δράσαντα παθεῖν,
οὐκ ἐκ τοῦ φύσει τῶν παρακαλούντων ἡμέρου τὰς
ὑποψίας συνέλεγεν, ἐδεδίει τε ὡς ἐπὶ τιμωρίαν προκα-
λουμένους, ἕως Οὐεσπασιανὸς τρίτον ἐπιπέμπει χιλίαρ-
χον Νικάνορα, γνώριμον τῷ Ἰωσήπῳ καὶ συνήθη πάλαι.
347 Παρελθὼν δ' οὗτος τό τε φύσει Ῥωμαίων χρηστὸν
πρὸς οὓς ἂν ἅπαξ ἕλωσι διεξῄει, καὶ ὡς δι' ἀρετὴν
αὐτὸς θαυμάζοιτο μᾶλλον ἢ μισοῖτο πρὸς τῶν ἡγε-
μόνων, 348 σπουδάζειν τε τὸν στρατηγὸν οὐκ ἐπὶ
τιμωρίαν ἀναγαγεῖν αὐτόν, ἐνεῖναι γὰρ ταύτην καὶ
παρὰ μὴ προϊόντος λαβεῖν, ἀλλὰ σῶσαι προαιρούμενον
ἄνδρα γενναῖον. 349 Προσετίθει δ' ὡς οὔτ' ἂν Οὐε-
σπασιανὸς ἐνεδρεύων φίλον ἔπεμπεν, ἵνα τοῦ κακίστου
πράγματος προστήσηται τὸ κάλλιστον, ἀπιστίας φιλίαν,
οὐδ' ἂν αὐτὸς ἀπατήσων ἄνδρα φίλον ὑπήκουσεν ἐλθεῖν.

350 Ἐνδοιάζοντος δὲ τοῦ Ἰωσήπου καὶ πρὸς τὸν
Νικάνορα, τὸ μὲν στρατιωτικὸν ὑπ' ὀργῆς ἐκκαίειν
τὸ σπήλαιον ὥρμητο, κατεῖχεν δ' αὐτοὺς ὁ πολέμαρχος
ζωγρῆσαι τὸν ἄνδρα φιλοτιμούμενος. 351 Ὡς δ' ὅ
τε Νικάνωρ προσέκειτο λιπαρῶν καὶ τὰς ἀπειλὰς τοῦ
πολεμίου πλήθους ὁ Ἰώσηπος ἔμαθεν, ἀνάμνησις αὐτὸν
τῶν διὰ νυκτὸς ὀνείρων εἰσέρχεται, δι' ὧν ὁ θεὸς τάς
τε μελλούσας αὐτῷ συμφορὰς προεσήμανεν Ἰουδαίων
καὶ τὰ περὶ τοὺς Ῥωμαίων βασιλεῖς ἐσόμενα. 352
Ἦν δὲ καὶ περὶ κρίσεις ὀνείρων ἱκανὸς συμβαλεῖν τὰ
ἀμφιβόλως ὑπὸ τοῦ θείου λεγόμενα· τῶν γε μὴν ἱερῶν
βίβλων οὐκ ἠγνόει τὰς προφητείας ὡς ἂν αὐτός τε
ὢν ἱερεὺς καὶ ἱερέων ἔγγονος. 353 Ὢν ἐπὶ τῆς τότε
ὥρας ἔνθους γενόμενος καὶ τὰ φρικώδη τῶν προσφάτων
ὀνείρων σπάσας φαντάσματα προσφέρει τῷ θεῷ λεη-

moment-là, en évoquant les représentations effrayantes de ses songes récents, il adressa à Dieu une prière secrète en disant : **354** « Puisque tu juges bon de faire plier [3] la race juive dont tu es le créateur, puisque la Fortune [4] est passée sans réserve du côté des Romains et que tu as fait choix de mon âme pour dire l'avenir, c'est de plein gré que je me rends aux Romains et que je reste en vie, mais je proteste que je pars d'ici non pas comme un traître, mais comme ton serviteur. »

Les compagnons de Josèphe l'empêchent de se rendre.

355 Sur ces paroles, il allait se rendre à Nicanor. Dès que les Juifs, ses compagnons de refuge, comprirent que Josèphe cédait à ceux qui le sollicitaient, ils se pressèrent autour de lui et s'écrièrent : **356** « Oh ! combien pourraient se lamenter nos lois ancestrales et Dieu se montrer déçu, lui qui a créé aux Juifs des âmes qui méprisent la mort. **357** Tu tiens à la vie, Josèphe, et tu consens à voir la lumière dans la servitude? Comme tu as vite oublié qui tu es. Combien de gens tu as persuadés de mourir pour la liberté ! **358** Fausse alors ta réputation de vaillance. Fausse également ta réputation de sagacité, s'il est vrai que tu espères obtenir ton salut de ceux que tu as si vigoureusement combattus. Tu veux bien leur devoir ton salut, à supposer qu'il te soit assuré. **359** Eh bien, s'il est vrai que la Fortune des Romains t'a imbibé toi aussi de l'oubli de ce que tu es, c'est à nous de veiller à sauvegarder la gloire de nos pères. Nous te prêterons une main et une épée. Quant à toi, si tu meurs de bon gré, ce sera en général des Juifs; si c'est malgré toi, tu mourras en traître ». **360** Tout en disant cela, ils levaient sur lui leurs épées et menaçaient de le tuer, s'il se livrait aux Romains.

Discours de Josèphe contre le suicide.

361 Josèphe redoutant de les voir se jeter sur lui et estimant que ce serait trahir les ordres reçus de Dieu que de mourir avant de les avoir révélés, entama à leur adresse, en cette extrémité, des

θυΐαν εὐχήν, 354 καὶ « ἐπειδὴ τὸ Ἰουδαίων, » ἔφη, « φῦλον ὀκλάσαι δοκεῖ σοι τῷ κτίσαντι, μετέβη δὲ πρὸς Ῥωμαίους ἡ τύχη πᾶσα, καὶ τὴν ἐμὴν ψυχὴν ἐπελέξω τὰ μέλλοντα εἰπεῖν, δίδωμι μὲν Ῥωμαίοις τὰς χεῖρας ἑκὼν καὶ ζῶ, μαρτύρομαι δὲ ὡς οὐ προδότης, ἀλλὰ σὸς ἄπειμι διάκονος ».

355 Ταῦτ' εἰπὼν ἐνεδίδου τῷ Νικάνορι. Καὶ τῶν Ἰουδαίων οἱ συγκαταφυγόντες ὡς τὸν Ἰώσηπον συνίεσαν εἴκοντα τοῖς παρακαλοῦσιν, ἀθρόοι περιστάντες, 356 « ἦ μεγάλα δ' ἂν στενάξειαν, » ἐβόων, « οἱ πάτριοι νόμοι, καὶ κατηφήσαι θεὸς Ἰουδαίοις ὁ κτίσας ψυχὰς θανάτου καταφρονούσας. 357 Φιλοζωεῖς, Ἰώσηπε, καὶ φῶς ὑπομένεις ὁρᾶν δοῦλος; Ὡς ταχέως ἐπελάθου σαυτοῦ. Πόσους ὑπὲρ ἐλευθερίας ἀποθνήσκειν ἔπεισας. 358 Ψευδῆ μὲν ἄρα δόξαν ἀνδρείας, ψευδῆ δὲ καὶ συνέσεως εἶχες, εἴ γε σωτηρίαν μὲν ἔχειν ἐλπίζεις παρ' οἷς οὕτως ἐπολέμησας. Σώζεσθαι δ' ὑπ' ἐκείνων, κἂν ᾖ βέβαιον, θέλεις. 359 Ἀλλ' εἰ καὶ σοὶ λήθην σεαυτοῦ κατέχεεν ἡ Ῥωμαίων τύχη, προνοητέον ἡμῖν τοῦ πατρίου κλέους. Χρήσομέν σοι δεξιὰν καὶ ξίφος· Σὺ δ' ἂν μὲν ἑκὼν θνήσκῃς, Ἰουδαίων στρατηγός, ἂν δ' ἄκων, προδότης τεθνήξῃ. » 360 Ταῦθ' ἅμα λέγοντες ἐπανετείναντο τὰ ξίφη καὶ διηπείλουν ἀναιρήσειν αὐτόν, εἰ τοῖς Ῥωμαίοις ἐνδιδοίη.

361 Δείσας δὲ τὴν ἔφοδον ὁ Ἰώσηπος καὶ προδοσίαν ἡγούμενος εἶναι τῶν τοῦ θεοῦ προσταγμάτων,

354 2 ὀκλάσαι VRC Niese : κολάσαι PAML *labefactari* Lat. κλάσαι Naber uide adn. ‖ 6 ἄπειμι PγρAγρVRC : εἰμι PAL εἶμι M *ad eos ibo* Lat. ‖ **356** 2 καὶ ML a.c. VRC : οὗς PAL p.c. ‖ κατηφήσαι MVRC κατέφησεν PA κατεψήφισε L ras. ‖ **357** 1 Ἰώσηπε AMLVRC Lat. : ὦ Ἰώσηπε P Niese ‖ 2 δοῦλος L Niese : δοῦλον PAMVRC. ‖ **359** 2 πατρίου PAML : πατρώου V πατρόου R πατρώιου C ‖ 3 κλέους PAML *gloriae* Lat. : νόμου VRC. ‖ **360** 3 ἐνδιδοίη Dindorf : ἐνδιδώη (ἐνδιδώιη LC) codd.

considérations philosophiques [1] : **362** « Que signifie, dit-il, chers compagnons, cette impatience de nous entre-tuer? Quelle raison de vouloir dissocier les deux choses qui s'aiment tant, le corps et l'âme? **363** On dit que j'ai changé. Mais les Romains sont bien renseignés sur la question ! Il est beau de mourir à la guerre, mais selon les lois de la guerre, c'est-à-dire sous les coups des vainqueurs. **364** Si donc je ne veux qu'écarter de moi le fer des Romains, je mérite effectivement de périr de ma propre épée et de ma propre main. Mais si eux sont accessibles au désir d'épargner un ennemi, à combien plus forte raison devrions-nous l'être pour nous-mêmes. Car ce serait bel et bien une sottise de nous infliger nous-mêmes le traitement dont la perspective nous a fait nous soulever contre eux. **365** Il est beau, en effet, de mourir pour la liberté, je le soutiens moi aussi, mais à condition que ce soit au combat et de la main de ceux qui cherchent à nous l'enlever. Seulement, aujourd'hui, on ne vient ni nous provoquer au combat ni nous tuer. Or lâche est tout aussi bien qui ne veut pas mourir, quand il le faut et qui veut mourir, quand il n'y a pas lieu. **366** Quelle crainte nous retient de nous rendre aux Romains? N'est-ce pas celle de la mort? **367** Et alors cette mort que, sur de simples soupçons, nous redoutons de nos ennemis, nous allons nous l'infliger nous-mêmes effectivement? Mais c'est la servitude, dira-t-on. **368** En tout cas, pour l'instant, nous sommes drôlement libres ! C'est qu'il est noble, dira-t-on, de se donner la mort soi-même. Bien au contraire, c'est ignoble à mon sens, car pour ma part je regarde comme le dernier des lâches le capitaine de bord qui, par crainte du mauvais temps, coule délibérément son navire avant la tempête. **369** Mais surtout le suicide est contraire à la nature de tous les vivants sans exception, et à l'égard de Dieu qui nous a créés, c'est une impiété. **370** De toute façon il n'est pas un être vivant qui meure avec préméditation et de son fait. Car la volonté de vivre est chez tous les êtres une puissante loi de la nature. C'est pour cette raison que nous regardons comme ennemis ceux qui tentent ouvertement de nous ôter la vie et que nous infligeons des

εἰ προαποθάνοι τῆς διαγγελίας, ἤρχετο πρὸς αὐτοὺς φιλοσοφεῖν ἐπὶ τῆς ἀνάγκης· 362 « Τί γὰρ τοσοῦτον, » ἔφη, « σφῶν αὐτῶν, ἑταῖροι, φονῶμεν; Ἢ τί τὰ φίλτατα διαστασιάζομεν, σῶμα καὶ ψυχήν; 363 Ἠλλάχθαι τις ἐμέ φησιν, ἀλλ' οἴδασιν Ῥωμαῖοι τοῦτό γε. [Καὶ] καλὸν ἐν πολέμῳ θνήσκειν, ἀλλὰ πολέμου νόμῳ, τουτέστιν ὑπὸ τῶν κρατούντων. 364 Εἰ μὲν οὖν τὸν Ῥωμαίων ἀποστρέφομαι σίδηρον, ἄξιος ἀληθῶς εἰμι τοὐμοῦ ξίφους καὶ χειρὸς τῆς ἐμῆς· εἰ δ' ἐκείνους εἰσέρχεται φειδὼ πολεμίου, πόσῳ δικαιότερον ἂν ἡμᾶς ἡμῶν αὐτῶν εἰσέλθοι; Καὶ γὰρ ἠλίθιον ταῦτα δρᾶν σφᾶς αὐτούς, περὶ ὧν πρὸς ἐκείνους διιστάμεθα. 365 Καλὸν γὰρ ὑπὲρ τῆς ἐλευθερίας ἀποθνήσκειν· φημὶ κἀγώ, μαχομένους μέντοι, καὶ ὑπὸ τῶν ἀφαιρουμένων αὐτήν. Νῦν δ' οὔτ' εἰς μάχην ἀντιάζουσιν ἡμῖν οὔτ' ἀναιροῦσιν ἡμᾶς· δειλὸς δὲ ὁμοίως ὅ τε μὴ βουλόμενος θνήσκειν ὅταν δέῃ καὶ ὁ βουλόμενος ὅταν μὴ δέῃ. 366 Τί δὲ καὶ δεδοικότες πρὸς Ῥωμαίους οὐκ ἄνιμεν; Ἆρ' οὐχὶ θάνατον; 367 εἶθ' ὃν δεδοίκαμεν ἐκ τῶν ἐχθρῶν ὑποπτευόμενον, ἑαυτοῖς βέβαιον ἐπιστήσομεν; Ἀλλὰ δουλείαν, ἐρεῖ τις. 368 Πάνυ γοῦν νῦν ἐσμὲν ἐλεύθεροι. Γενναῖον γὰρ ἀνελεῖν ἑαυτόν, φήσει τις. Οὔ μεν οὖν, ἀλλ' ἀγενέστατον, ὡς ἔγωγε καὶ κυβερνήτην ἡγοῦμαι δειλότατον, ὅστις χειμῶνα δεδοικὼς πρὸ τῆς θυέλλης ἐβάπτισεν ἑκὼν τὸ σκάφος. 369 Ἀλλὰ μὴν ἡ αὐτοχειρία καὶ τῆς κοινῆς ἁπάντων ζῴων φύσεως ἀλλότριον καὶ πρὸς τὸν κτίσαντα θεὸν ἡμᾶς ἐστιν ἀσέβεια. 370 Τῶν μέν γε ζῴων οὐδέν ἐστιν ὃ θνήσκει μετὰ προνοίας ἢ δι' αὐτοῦ· φύσεως γὰρ νόμος ἰσχυρὸς ἐν ἅπασιν τὸ ζῆν ἐθέλειν· διὰ τοῦτο καὶ τοὺς φανερῶς ἀφαιρουμένους ἡμᾶς τούτου πολεμίους ἡγούμεθα καὶ

363 1 ἠλλάχθαι VR : διηλλάχθαι PAML ἠλάχθαι C. ‖ 2 καὶ PAML om. Niese. ‖ **370** 2 προνοίας PAMVRC : προθυμίας L *industria* Lat.

châtiments à ceux qui le font par traîtrise. **371** Or, croyez-vous que Dieu ne soit pas mécontent lorsque l'homme méprise le don qu'il tient de lui? Et de fait, c'est de lui que nous avons reçu l'existence et, en retour, c'est à lui que nous remettons la cessation de cette existence. **372** Les corps, bien sûr, sont mortels chez tous les vivants et constitués d'une matière corruptible, mais l'âme est à jamais immortelle et habite dans les corps comme une parcelle de Dieu. De plus si l'on fait disparaître un dépôt confié par un homme ou si on le détériore, on est considéré comme un scélérat indigne de confiance; mais si on expulse de son propre corps le dépôt confié par Dieu, pense-t-on échapper au regard de celui qu'on offense? **373** On trouve juste de châtier les serviteurs qui se sont enfuis, même dans le cas où ils abandonnent des maîtres méchants, mais lorsque, nous autres, nous nous dérobons à Dieu, le plus excellent des maîtres, ne faut-il pas nous estimer impies? **374** Ne savez-vous pas que ceux qui quittent la vie selon la loi de la nature et rendent à Dieu le prêt qu'ils en ont reçu au moment où celui qui le leur a donné veut le recouvrer, y gagnent une gloire éternelle; que leurs maisons et leurs familles sont affermies; que leurs âmes restent pures et secourables [1], qu'elles obtiennent la place la plus sainte dans le ciel, d'où, grâce au cycle des âges, elles retournent habiter [2] de nouveau dans des corps saints. **375** Mais ceux qui ont la folie de porter les mains sur eux-mêmes, un Hadès [3] plus sombre reçoit leurs âmes et Dieu, leur père, châtie jusque dans leurs descendants les offenses des pères [4]. **376** C'est pour cela que ce genre de mort est détesté de Dieu et qu'il est puni par le plus sage [5] des législateurs. **377** Ainsi, chez nous, on a décrété que les suicidés seraient jetés dehors sans sépulture jusqu'au

1. Voir Appendice XII.
2. Cf. *C. Ap.* 2, 218 : « ceux qui ont observé exactement les lois, et qui, s'il fallait mourir pour elles, sont morts de bon cœur, reçoivent de Dieu une nouvelle existence et une vie meilleure dans la révolution des âges » (trad. L. Blum).
3. Cf. 2, 165.

τοὺς ἐξ ἐνέδρας τιμωρούμεθα. 371 Τὸν δὲ θεὸν οὐκ οἴεσθε ἀγανακτεῖν, ὅταν ἄνθρωπος αὐτοῦ τὸ δῶρον ὑβρίζῃ; Καὶ γὰρ εἰλήφαμεν παρ' ἐκείνου τὸ εἶναι καὶ τὸ μηκέτι εἶναι πάλιν ἐκείνῳ διδῶμεν. 372 Τὰ μέν γε σώματα θνητὰ πᾶσιν καὶ ἐκ φθαρτῆς ὕλης δεδημιούργηται, ψυχὴ δὲ ἀθάνατος ἀεὶ καὶ θεοῦ μοῖρα τοῖς σώμασιν ἐνοικίζεται· εἶτ' ἐὰν μὲν ἀφανίσῃ τις ἀνθρώπου παρακαταθήκην ἢ διαθῆται κακῶς, πονηρὸς εἶναι δοκεῖ καὶ ἄπιστος, εἰ δέ τις τοῦ σφετέρου σώματος ἐκβάλλει τὴν παρακαταθήκην τοῦ θεοῦ, λεληθέναι δοκεῖ τὸν ἀδικούμενον; 373 Καὶ κολάζειν μὲν τοὺς ἀποδράντας οἰκέτας δίκαιον νενόμισται, κἂν πονηροὺς καταλείπωσι δεσπότας, αὐτοὶ δὲ κάλλιστον δεσπότην ἀποδιδράσκοντες τὸν θεὸν οὐ δοκοῦμεν ἀσεβεῖν; 374 Ἆρ' οὐκ ἴστε, ὅτι τῶν μὲν ἐξιόντων τοῦ βίου κατὰ τὸν τῆς φύσεως νόμον καὶ τὸ ληφθὲν παρὰ τοῦ θεοῦ χρέος ἐκτινύντων, ὅταν ὁ δοὺς κομίσασθαι θέλῃ, κλέος μὲν αἰώνιον, οἶκοι δὲ καὶ γενεαὶ βέβαιοι, καθαραὶ δὲ καὶ ἐπήκοοι μένουσιν αἱ ψυχαί, χῶρον οὐράνιον λαχοῦσαι τὸν ἁγιώτατον, ἔνθεν ἐκ περιτροπῆς αἰώνων ἁγνοῖς πάλιν ἀντενοικίζονται σώμασιν· 375 ὅσοις δὲ καθ' ἑαυτῶν ἐμάνησαν αἱ χεῖρες, τούτων ῞Αιδης μὲν δέχεται τὰς ψυχὰς σκοτεινότερος, ὁ δὲ τούτων πατὴρ θεὸς εἰς ἐγγόνους τιμωρεῖται τὰς τῶν πατέρων ὕβρεις. 376 Διὰ τοῦτο μεμίσηται παρὰ θεῷ τοῦτο καὶ παρὰ τῷ σοφωτάτῳ κολάζεται νομοθέτῃ· 377 τοὺς γοῦν ἀναιροῦντας ἑαυτοὺς παρὰ μὲν ἡμῖν μέχρις ἡλίου δύσεως ἀτάφους

371 4 διδῶμεν coni. Niese : διδόαμεν PAML δίδωμεν V a.c. R δίδομεν V p.c. C *reddendum est* Lat. ‖ **374** 5 ἐπήκοοι PAMLVC : ἐπίκοοι R ἐπήοροι Weil uide adn. ‖ 6 οὐράνιον P : οὐρανοῦ AMLVRC *(locum) in caelo* Lat. ‖ **375** 4 τὰς — ὕβρεις coni. Thackeray : τοὺς — ὑβριστὰς codd. *auctores iniuriae* Lat. « tradita uix sana » Niese τοὺς — ὑβρισμούς coni. Weil *REG* 9 (1896) p. 26.

coucher du soleil [1], alors qu'on regarde comme une chose normale de faire des funérailles même à des ennemis; **378** tandis que, chez d'autres peuples, on a même prescrit d'amputer [2] les cadavres de pareilles gens de leur main droite, qu'ils ont armée contre eux-mêmes. C'est dans la pensée que, de cette façon, comme le corps s'est montré étranger à l'âme, la main aussi le soit au corps. **379** Il convient donc, camarades, de raisonner sainement et de ne pas ajouter à nos misères humaines l'impiété envers celui qui nous a créés. **380** Si l'on juge bon de nous laisser la vie sauve, sauvons notre vie, car en réalité, ce salut n'est pas sans gloire aux yeux de ceux à qui nous avons montré notre vaillance par tant de prouesses. Si au contraire on veut que nous mourions, il convient que ce soit de la main des vainqueurs. **381** Pour moi, je ne passerai pas dans les rangs de l'ennemi, ce qui me rendrait traître à moi-même, car alors je serais beaucoup plus sot que les transfuges, étant donné qu'eux font cela en vue de sauver leur vie, tandis que moi ce serait pour ma perte [3], ma propre perte. **382** Malgré tout, je souhaite que les Romains nous leurrent. Car alors, si je suis tué après avoir accepté la main qu'ils me tendent, je mourrai le cœur content, puisque j'emporterai pour butin la mauvaise foi de ceux qui m'auront trompé, consolation plus précieuse qu'une victoire. »

383 Josèphe donc multiplia les arguments de ce genre pour les détourner du suicide. **384** Mais eux, les oreilles bouchées par le désespoir, comme ils s'étaient d'avance dévoués à la mort, s'irritaient contre lui. Ils accouraient chacun de son côté, l'épée levée, en l'accusant de lâcheté et chacun se montrait tout prêt à le frapper. **385** Mais lui, appelait l'un par son nom, lançait à l'autre un regard de général, en saisissait un autre par la main droite, faisait baisser les yeux à tel autre par ses instances et, tout tiraillé qu'il fût par toutes sortes de sentiments, en cet instant critique, il écarta de sa gorge le fer brandi par tous, en faisant face tour à tour,

ἐκρίπτειν ἔκριναν· καίτοι καὶ πολεμίους θάπτειν θεμιτὸν ἡγούμενοι, **378** παρ' ἑτέροις δὲ καὶ τὰς δεξιὰς τῶν τοιούτων νεκρῶν ἀποκόπτειν ἐκέλευσαν, αἷς ἐστρατεύσαντο καθ' ἑαυτῶν, ἡγούμενοι, καθάπερ τὸ σῶμα τῆς ψυχῆς ἀλλότριον, οὕτως καὶ τὴν χεῖρα τοῦ σώματος. **379** Καλὸν οὖν, ἑταῖροι, δίκαια φρονεῖν καὶ μὴ ταῖς ἀνθρωπίναις συμφοραῖς προσθεῖναι τὴν εἰς τὸν κτίσαντα ἡμᾶς δυσσέβειαν. **380** Εἰ σώζεσθαι δοκεῖ, σωζώμεθα· καὶ γὰρ οὐκ ἄδοξος ἡ σωτηρία παρ' οἷς διὰ τοσούτων ἔργων ἐπεδειξάμεθα τὰς ἀρετάς· εἰ τεθνάναι, καλὸν ὑπὸ τῶν ἑλόντων. **381** Οὐ μεταβήσομαι δ' ἐγὼ εἰς τὴν τῶν πολεμίων τάξιν, ἵν' ἐμαυτοῦ προδότης γένωμαι· καὶ γὰρ ἂν εἴην πολὺ τῶν αὐτομολούντων πρὸς τοὺς πολεμίους ἠλιθιώτερος, εἴ γ' ἐκεῖνοι μὲν ἐπὶ σωτηρίᾳ τοῦτο πράττουσιν, ἐγὼ δ' ἐπὶ ἀπωλείᾳ, καί γε τῇ ἐμαυτοῦ. **382** Τὴν μέντοι Ῥωμαίων ἐνέδραν εὔχομαι· μετὰ γὰρ δεξιὰν ἀναιρούμενος ὑπ' αὐτῶν εὔθυμος τεθνήξομαι, τὴν τῶν ψευσαμένων ἀπιστίαν νίκης μείζονα ἀποφέρων παραμυθίαν ».

383 Ὁ μὲν οὖν Ἰώσηπος πολλὰ τοιαῦτα πρὸς ἀποτροπὴν τῆς αὐτοχειρίας ἔλεγεν· **384** οἱ δὲ πεφραγμένας ἀπαγνώσει τὰς ἀκοὰς ἔχοντες, ὡς ἂν πάλαι καθοσιώσαντες ἑαυτοὺς τῷ θανάτῳ, παρωξύνοντο πρὸς αὐτόν. Καὶ προστρέχων ἄλλος ἄλλοθεν ξιφήρεις ἐκάκιζόν τε εἰς ἀνανδρίαν καὶ ὡς ἕκαστος αὐτίκα πλήξων δῆλος ἦν. **385** Ὁ δὲ τὸν μὲν ὀνομαστὶ καλῶν, τῷ δὲ στρατηγικώτερον ἐμβλέπων, τοῦ δὲ δρασσόμενος τῆς δεξιᾶς, ὃν δὲ δεήσει δυσωπῶν, καὶ ποικίλοις διαιρούμενος πάθεσιν ἐπὶ τῆς ἀνάγκης εἶργεν ἀπὸ τῆς σφαγῆς πάντων τὸν σίδηρον, ὥσπερ τὰ κυκλωθέντα τῶν θηρίων ἀεὶ πρὸς τὸν καθαπτόμενον ἀντιστρεφό-

377 3 ἐκρίπτειν PAML *abici* Lat. : κρύπτειν VRC. ‖ **385** 3 δεήσει om. M.

comme les bêtes aux abois, à chacun de ses assaillants. **386** Gardant, jusqu'en cette extrême détresse, le respect de leur général, ils baissent les bras, laissent glisser leurs épées et plusieurs qui levaient contre lui leur sabre à deux tranchants, le lâchèrent spontanément.

Josèphe organise le tirage au sort.

387 Josèphe, dans cette situation sans issue, ne fut pas à court d'esprit inventif [1] et, confiant dans la protection de Dieu, il joue son salut: **388** « Puisqu'on a décidé de mourir, dit-il, allons, confions au sort nos égorgements mutuels. Que celui qui est désigné par le sort soit exécuté par celui qui vient après lui, **389** et ainsi le Destin [2] parcourra tous nos rangs; et que personne ne s'en remette à sa propre main [3]; car il serait injuste qu'une fois les autres morts, quelqu'un, changeant d'idée, reste en vie ». En tenant ces propos il parut sincère, arriva à persuader ses compagnons et tira au sort avec eux. **390** Celui que le sort avait désigné tendait la gorge au suivant, sûr que le général allait tout à l'heure mourir lui aussi, car ils estimaient plus doux que de survivre la mort avec Josèphe.

Josèphe et son compagnon se rendent.

391 Or c'est lui qui resta le dernier avec un autre, soit qu'il faille parler d'un coup du Destin soit d'un coup de la Providence de Dieu. Soucieux d'éviter d'être condamné par le sort ou, s'il restait le dernier, de souiller sa main du sang d'un compatriote, il persuade son compagnon d'accepter lui aussi de survivre sur la foi de la parole donnée [4].

392 Ainsi réchappé du combat contre les Romains et du combat contre les siens, il fut conduit par Nicanor à Vespasien. **393** Tous les Romains accouraient pour le voir et la foule s'écrasant autour du général, c'était un tumulte en sens divers, les uns tout à la joie de le voir capturé, d'autres le menaçant, d'autres se démenant pour le voir de plus près. **394** Les plus éloignés criaient de châtier cet ennemi, tandis que ceux qui étaient à proxi-

μενος. 386 Τῶν δὲ καὶ παρὰ τὰς ἐσχάτας συμφορὰς ἔτι τὸν στρατηγὸν αἰδουμένων παρελύοντο μὲν αἱ δεξιαί. Περιωλίσθανεν δὲ τὰ ξίφη, καὶ πολλοὶ τὰς ῥομφαίας ἐπιφέροντες αὐτομάτως παρεῖσαν.

387 Ὁ δ' ἐν ταῖς ἀμηχανίαις οὐκ ἠπόρησεν ἐπινοίας, ἀλλὰ πιστεύων τῷ κηδεμόνι θεῷ τὴν σωτηρίαν παραβάλλεται, 388 καὶ « ἐπεὶ δέδοκται τὸ θνήσκειν, » ἔφη, « φέρε κλήρῳ τὰς ἀλλήλων σφαγὰς ἐπιτρέψωμεν, ὁ λαχὼν δ' ὑπὸ τοῦ μετ' αὐτὸν πιπτέτω, 389 καὶ διοδεύσει πάντων οὕτως ἡ τύχη, μηδ' ἐπὶ τῆς ἰδίας κείσθω δεξιᾶς ἕκαστος· ἄδικον γὰρ οἰχομένων τινὰ τῶν ἄλλων μετανοήσαντα σωθῆναι. » Πιστὸς ἔδοξεν ταῦτα εἰπὼν καὶ συνεκληροῦτο πείσας. 390 Ἑτοίμην δ' ὁ λαχὼν τῷ μεθ' αὐτὸν παρεῖχεν τὴν σφαγήν, ὡς αὐτίκα τεθνηξομένου καὶ τοῦ στρατηγοῦ· ζωῆς γὰρ ἡδίω τὸν μετὰ τοῦ Ἰωσήπου θάνατον ἡγοῦντο.

391 Καταλείπεται δ' οὗτος, εἴτε ὑπὸ τύχης χρὴ λέγειν, εἴτε ὑπὸ θεοῦ προνοίας, σὺν ἑτέρῳ, καὶ σπουδάζων μήθ' ὑπὸ τοῦ κλήρου καταδικασθῆναι μήτε, εἰ τελευταῖος λείποιτο, μιᾶναι τὴν δεξιὰν ὁμοφύλῳ φόνῳ πείθει κἀκεῖνον ἐπὶ πίστει ζῆν.

392 Ὁ μὲν οὖν οὕτως τόν τε Ῥωμαίων καὶ τὸν οἰκεῖον διαφυγὼν πόλεμον ἐπὶ Οὐεσπασιανὸν ἤγετο ὑπὸ τοῦ Νικάνορος. 393 Οἱ δὲ Ῥωμαῖοι πάντες ἐπὶ θέαν αὐτοῦ συνέτρεχον, καὶ τοῦ πλήθους συνθλιβομένου περὶ τῷ στρατηγῷ θόρυβος ἦν ποικίλος, τῶν μὲν γεγηθότων ἐπὶ τῷ ληφθέντι, τῶν δ' ἀπειλούντων, τῶν δ' ἐγγύθεν ἰδεῖν βιαζομένων. 394 Καὶ οἱ μὲν πόρρωθεν κολάζειν ἐβόων τὸν πολέμιον, τοὺς δὲ πλησίον

386 4 παρεῖσαν Αγρ. Niese : παρῆσαν PAL παρείθησαν MVRC *dimittebant* Lat. ‖ **391** 1-2 εἴτε — εἴτε MVRC Lat. : om. PAL prob. Destinon. ‖ **392** 1 τὸν alt. ML : τῶν PAVRC ‖ 2 οἰκεῖον La.c. : οἰκείων PAMLp.c. VRC. ‖ **394** 2 τοὺς MC : τῶν PALVR τὸν Niese.

mité, au souvenir de ses prouesses se sentaient pénétrés d'effroi devant ce renversement de fortune; **395** quant aux officiers, il n'en était aucun, même irrité contre lui auparavant, qui maintenant ne s'attendrît à sa vue. **396** Titus surtout était particulièrement frappé de la fermeté de Josèphe dans ses malheurs et touché de pitié pour sa jeunesse [1]. En se rappelant le combattant d'hier et en le voyant maintenant tombé aux mains de ses ennemis, il lui était permis de méditer sur le pouvoir du Destin, sur les rapides vicissitudes de la guerre et sur la complète incertitude des choses humaines. **397** Aussi amena-t-il dès cet instant la plupart des gens à partager ses propres vues et sa pitié pour Josèphe, et, pour le sauver, il a été d'un grand poids auprès de son père. **398** Toutefois Vespasien prescrivit de tenir Josèphe sous bonne garde, en disant qu'il allait l'envoyer [2] immédiatement à Néron.

Josèphe prédit l'empire à Vespasien.

399 Quand il entendit ces derniers mots, Josèphe dit qu'il voulait avoir avec lui un entretien particulier. Une fois que Vespasien eut congédié tout le monde à l'exception de son fils Titus et de deux amis, Josèphe dit : **400** « Vespasien, tu crois avoir fait en la personne de Josèphe un prisonnier de guerre, rien de plus. Mais moi je viens à toi en messager de choses plus importantes. Car si je n'étais pas envoyé par Dieu, je connaissais la Loi des Juifs et comment doivent mourir les généraux. **401** Tu m'envoies à Néron? A quoi bon? Les successeurs de Néron jusqu'à toi ne se maintiendront pas eux non plus. Tu seras César, Vespasien, et empereur, toi et aussi ton fils ici présent. **402** Lie-moi soli-

1. Josèphe, né en 37 (*Vita* 5) avait maintenant trente ans. — La leçon οὐ πάλαι repose sur une méconnaissance de l'ambiguïté de πάλαι, Cf. Chantraine *Dic. Ét.*, p. 851.

2. Ces envois de personnages importants à l'empereur sont chose normale : 2, 243 sous Claude; *Vita* 408, sous Néron. Dans le N.T. saint Paul sur sa demande — étant citoyen romain — est envoyé à Néron. C'est la « prophétie » de Josèphe qui fera annuler l'ordre de transfert immédiat.

ἀνάμνησις αὐτοῦ τῶν ἔργων εἰσῄει καὶ πρὸς τὴν μεταβολὴν θάμβος, **395** τῶν τε ἡγεμόνων οὐδεὶς ἦν ὅς, εἰ καὶ πρότερον ὠργίζετο, τότε πρὸς τὴν ὄψιν οὐκ ἐνέδωκεν αὐτοῦ. **396** Μάλιστα δὲ τὸν Τίτον ἐξαιρέτως τό τε καρτερικὸν ἐν ταῖς συμφοραῖς ᾕρει τοῦ Ἰωσήπου καὶ πρὸς τὴν ἡλικίαν ἔλεος, ἀναμιμνησκομένῳ τε τὸν πάλαι μαχόμενον καὶ τὸν ἐν χερσὶν ἐχθρῶν ἄρτι κείμενον ὁρῶντι παρῆν [δὲ] νοεῖν, ὅσον δύναται τύχη, καὶ ὡς ὀξεῖα μὲν πολέμου ῥοπή, τῶν δ' ἀνθρωπίνων οὐδὲν βέβαιον· **397** παρὸ καὶ τότε συνδιέθηκεν μὲν πλείστους ἑαυτῷ καὶ πρὸς οἶκτον τοῦ Ἰωσήπου, πλείστη δ' αὐτῷ καὶ παρὰ τῷ πατρὶ μοῖρα σωτηρίας ἐγένετο. **398** Ὁ μέντοι Οὐεσπασιανὸς φρουρεῖν αὐτὸν μετὰ πάσης ἀσφαλείας προσέταττεν ὡς ἀναπέμψων αὐτίκα Νέρωνι

399 Τοῦτο ἀκούσας ὁ Ἰώσηπος μόνῳ τι διαλεχθῆναι θέλειν ἔλεγεν αὐτῷ. Μεταστησαμένου δ' ἐκείνου πλὴν τοῦ παιδὸς Τίτου καὶ δυοῖν φίλων τοὺς ἄλλους ἅπαντας **400** « σὺ μέν », εἶπεν, « Οὐεσπασιανέ, νομίζεις αἰχμάλωτον αὐτὸ μόνον εἰληφέναι τὸν Ἰώσηπον, ἐγὼ δ' ἄγγελος ἥκω σοι μειζόνων· μὴ γὰρ ὑπὸ θεοῦ προπεμπόμενος ᾔδειν τὸν Ἰουδαίων νόμον, καὶ πῶς στρατηγοῖς ἀποθνήσκειν πρέπει. **401** Νέρωνί με πέμπεις; Τί γάρ; ⟨Οὐδ'⟩οἱ μετὰ Νέρωνα μέχρι σοῦ διάδοχοι μενοῦσιν· Σὺ Καῖσαρ, Οὐεσπασιανέ, καὶ αὐτοκράτωρ, σὺ καὶ παῖς ὁ σὸς οὗτος. **402** Δέσμει δέ με νῦν ἀσφαλέ-

396 1-2 ἐξαιρέτως PAM : ἐξ ἀρετῆς (ἐξαρετῆς Pmg A mg) PALVRC. ‖ 3-4 ἀναμιμνησκομένῳ L a.c. VRC : -σκόμενον PAML p.c. ‖ 4 τε τὸν PALVRC : τόν τε M ‖ πάλαι PAML Lat. Heg. : οὐ πάλαι VRC Niese[2] uide adn. ‖ 5 ἄρτι κείμενον PAML p.c. : ἀντικείμενον L a.c. VRC ‖ δὲ PAML : τε VRC om. Lat. secl. Niese. ‖ **400** 2 αὐτὸ μόνον Lγρ *tantum hoc* Lat. : αὐτόμολον PAL αὐτον μόνον MVR αὐτον αὐτὸν μόνον C. om. Souda. ‖ **401** 2 οὐδ ins. Schreck. ‖ μέχρι σοῦ codd. *usque ad te* Lat. : μέχρι τοῦ Destinon uide adn.

dement aujourd'hui et garde-moi pour toi. Car tu es maître, César, non seulement de moi, mais de la terre, de la mer et de tout le genre humain. Quant à moi, je demande le châtiment d'une détention plus rigoureuse si j'en appelle à Dieu à la légère ». **403** Après cette déclaration, Vespasien, sur le moment, jugeait bon de n'en rien croire et il se disait que Josèphe montait cette histoire pour sauver sa vie; **404** mais peu à peu il était amené à y croire, Dieu l'éveillant déjà à l'idée du pouvoir et, par d'autres signes [1], lui faisant prévoir le sceptre. **405** Il put constater par d'autres faits encore la véracité de Josèphe. Ainsi, un des deux amis présents à l'entretien secret déclara s'étonner que Josèphe n'ait su prophétiser ni aux habitants de Iotapata la prise de leur ville, ni à lui-même sa propre capture, à moins que tout cela ne fût que bavardage de quelqu'un qui cherche à éluder la fureur dont il est l'objet. **406** Or Josèphe déclara avoir prédit aux habitants de Iotapata et la prise de leur ville au bout de quarante sept jours et sa propre capture par les Romains. **407** Après avoir interrogé séparément les prisonniers, Vespasien constatant que c'était bien vrai, commença à croire aussi aux prédictions qui le concernaient lui-même. **408** Il n'en délivra pas pour autant Josèphe de sa garde et de ses chaînes, mais il lui fit présent d'un habit et d'autres cadeaux, et ne cessa de lui témoigner sa bienveillance et sa sollicitude, Titus étant pour beaucoup dans ces marques d'honneur.

Vespasien répartit ses troupes pour l'hiver à Césarée et à Scythopolis.

409 Le quatrième jour du mois Panémos [2] Vespasien ayant levé le camp arrive à Ptolémaïs, et de là à Césarée-sur-mer, la plus grande cité de Judée et peuplée en majorité de Grecs [3]. **410** Les habitants accueillirent l'armée et son général par un concert d'acclamations enthousiastes, par loyalisme envers

1. Voir Appendide XIII.
2. 23 juillet 67, selon Niese.

στερον καὶ τήρει σεαυτῷ· δεσπότης μὲν γὰρ οὐ μόνον ἐμοῦ σύ, Καῖσαρ, ἀλλὰ καὶ γῆς καὶ θαλάττης καὶ παντὸς ἀνθρώπων γένους, ἐγὼ δ' ἐπὶ τιμωρίαν δέομαι φρουρᾶς μείζονος, εἰ κατασχεδιάζω καὶ θεοῦ. » **403** Ταῦτ' εἰπόντος παραχρῆμα μὲν Οὐεσπασιανὸς ἀπιστεῖν ἐδόκει καὶ τὸν Ἰώσηπον ὑπελάμβανεν ταῦτα περὶ σωτηρίας πανουργεῖν, **404** κατὰ μικρὸν δὲ εἰς πίστιν ὑπήγετο, τοῦ θεοῦ διεγείροντος αὐτὸν εἰς τὴν ἡγεμονίαν ἤδη καὶ τὰ σκῆπτρα δι' ἑτέρων σημείων προδεικνύντος. **405** Ἀτρεκῆ δὲ τὸν Ἰώσηπον καὶ ἐν ἄλλοις κατελάμβανεν· τῶν γὰρ τοῖς ἀπορρήτοις παρατυχόντων φίλων ὁ ἕτερος θαυμάζειν ἔφη πῶς οὔτε τοῖς ἐπὶ τῶν Ἰωταπάτων περὶ ἁλώσεως οὔθ' ἑαυτῷ προμαντεύσαιτο αἰχμαλωσίαν, εἰ μὴ ταῦτα λῆρος εἴη διακρουομένου τὰς ἐπ' αὐτὸν ὀργάς. **406** Ὁ δὲ Ἰώσηπος καὶ τοῖς Ἰωταπατηνοῖς ὅτι μετὰ τεσσαρακοστὴν ἑβδόμην ἡμέραν ἁλώσονται προειπεῖν ἔφη, καὶ ὅτι πρὸς Ῥωμαίων αὐτὸς ζωγρηθήσεται. **407** Ταῦτα παρὰ τῶν αἰχμαλώτων κατ' ἰδίαν ὁ Οὐεσπασιανὸς ἐκπυθόμενος ὡς εὕρισκεν ἀληθῆ, οὕτω πιστεύειν καὶ περὶ τῶν κατ' αὐτὸν ἦρκτο. **408** Φρουρᾶς μὲν οὖν καὶ δεσμῶν οὐκ ἀνίει τὸν Ἰώσηπον, ἐδωρεῖτο δ' ἐσθῆτι καὶ τοῖς ἄλλοις κειμηλίοις, φιλοφρονούμενός τε καὶ περιέπων διετέλει τὰ πολλὰ Τίτου τῇ τιμῇ συνεργοῦντος.

409 Τετάρτῃ δὲ Πανέμου μηνὸς ἀναζεύξας εἰς Πτολεμαΐδα κἀκεῖθεν εἰς τὴν παράλιον ἀφικνεῖται Καισάρειαν, μεγίστην τῆς τε Ἰουδαίας πόλιν καὶ τὸ πλέον ὑφ' Ἑλλήνων οἰκουμένην. **410** Ἐδέχοντο δὲ καὶ τὴν στρατιὰν καὶ τὸν στρατηγὸν μετὰ πάσης εὐφημίας καὶ φιλοφροσύνης οἱ ἐπιχώριοι, καὶ κατ' εὔνοιαν

402 5 κατασχεδιάζω VRC : -σχεδιάσω PAML Souda. ‖ **407** 3 οὕτω PAM : καὶ LVRC ‖ καὶ περὶ Niese : περὶ codd. ‖ **409** 4 πλέον VRC Lat. Heg. : πλεῖστον PAML.

les Romains, mais plus encore par haine [1] des vaincus. C'est ainsi que la foule, unanime, réclamait à grands cris le châtiment de Josèphe. **411** Seulement, Vespasien estimant que cette requête venait d'une foule incompétente s'en débarrassa sans un mot. **412** Il installa pour l'hiver deux [2] de ses légions à Césarée, la ville lui paraissant tout indiquée, et la quinzième légion à Scythopolis [3], pour éviter d'accabler Césarée de la totalité de son armée. **413** Césarée [4], elle aussi, est ensoleillée en hiver, de même qu'en été on y étouffe de chaleur, parce qu'elle est en terrain plat et sur la côte.

Destruction des pirates de Joppé.

414 Sur ces entrefaites, les gens que la sédition avait chassés des villes et ceux qui avaient fui leurs cités détruites, s'étant rassemblés en nombre non négligeable, relevèrent Joppé, antérieurement dévastée par Cestius [5], et s'en firent une base d'opérations. **415** Refoulés du plat pays, entièrement tombé au pouvoir de l'ennemi, ils décidèrent de prendre la mer. **416** Ils construisirent alors un très grand nombre de bateaux de pirates, après quoi ils se mirent à écumer le trafic le long de la Syrie et de la Phénicie ou à destination de l'Égypte : ils rendaient les eaux de ces parages impraticables à toute navigation. **417** Dès que Vespasien eut connaissance de leur organisation, il envoya à Joppé un détachement de fantassins et de cavaliers, qui pénétrèrent dans la ville pendant la nuit, car elle était démunie de gardes. **418** Seulement, les habitants, qui avaient eu vent de l'attaque, pris de peur, avaient renoncé à repousser les Romains et s'étaient réfugiés sur leurs bateaux, où ils passèrent la nuit hors de portée des projectiles.

419 Joppé est dépourvue de port naturel. Elle aboutit à un rivage escarpé, en ligne droite sur toute son étendue mais légèrement convergent en forme de croissant aux deux extrémités. **420** Celles-ci consistent en escarpe-

1. Cf. 2, 284-290.
2. La cinquième (*Macedonica*) et le dixième (*Fretensis*) cf. *supra* 65.

μὲν τὴν πρὸς Ῥωμαίους, τὸ δὲ πλέον ἔχθει τῶν κατεστραμμένων· διὸ καὶ τὸν Ἰώσηπον ἀθρόοι καταβοῶντες ἠξίουν κολάζειν. **411** Οὐεσπασιανὸς δὲ τὴν περὶ τούτου δέησιν ὡς ὑπ' ἀκρίτου γινομένην πλήθους ἐξέλυσεν ἡσυχίᾳ· **412** τῶν δὲ ταγμάτων τὰ μὲν δύο χειμερίσοντα ἐκάθισεν ἐπὶ τῆς Καισαρείας, ἐπιτήδειον ὁρῶν τὴν πόλιν, τὸ δέκατον δὲ καὶ πέμπτον εἰς Σκυθόπολιν, ὡς μὴ θλίβοι παντὶ τῷ στρατῷ τὴν Καισάρειαν. **413** Ἀλεεινὴ δ' ἦν κἀκείνη χειμῶνος ὥρα, καθ' ὅσον πνιγώδης θέρους ὑπὸ καυμάτων πεδιὰς οὖσα καὶ παράλιος.

414 Ἐν δὲ τούτῳ συναθροισθέντες οἵ τε κατὰ στάσιν ἐκπίπτοντες τῶν πόλεων καὶ οἱ διαφυγόντες ἐκ τῶν κατεστραμμένων, πλῆθος οὐκ ὀλίγον, ἀνακτίζουσιν Ἰόππην ὁρμητήριον σφίσιν, ἐρημωθεῖσαν ὑπὸ Κεστίου πρότερον. **415** Καὶ τῆς χώρας ἐκπεπολεμωμένης ἀνειργόμενοι μεταβαίνειν ἔγνωσαν εἰς τὴν θάλασσαν. **416** Πηξάμενοί τε πειρατικὰ σκάφη πλεῖστα τόν τε Συρίας καὶ Φοινίκης καὶ τὸν ἐπ' Αἰγύπτου πόρον ἐλῄστευον, ἄπλωτά τε πᾶσιν ἐποίουν τὰ τῇδε πελάγη. **417** Οὐεσπασιανὸς δὲ ὡς ἔγνω τὴν σύνταξιν αὐτῶν, πέμπει πεζούς τε καὶ ἱππεῖς ἐπὶ τὴν Ἰόππην, οἳ νύκτωρ ὡς ἀφύλακτον εἰσέρχονται τὴν πόλιν. **418** Οἱ δ' ἐν αὐτῇ προῄσθοντο μὲν τὴν εἰσβολὴν καὶ καταδείσαντες τοῦ μὲν εἴργειν τοὺς Ῥωμαίους ἀπετρέποντο, συμφυγόντες δ' εἰς τὰς ναῦς ἐξωτέρω βέλους διενυκτέρευσαν.

419 Ἀλιμένου δ' οὔσης φύσει τῆς Ἰόππης, αἰγιαλῷ γὰρ ἐπιλήγει τραχεῖ καὶ τὸ μὲν ἄλλο πᾶν ὀρθίῳ, βραχὺ δὲ συννεύοντι κατὰ τὰς κεραίας ἑκατέρωθεν· **420** αἱ δέ εἰσιν κρημνοὶ βαθεῖς καὶ προύχουσαι σπι-

414 2 πόλεων V : πολεμίων PAMLVmg.RC *ab hostibus (defecerant)* Lat.

ments très élevés et en écueils qui s'avancent sur la mer, où l'empreinte des chaînes d'Andromède, que l'on montre encore, témoigne de l'ancienneté de la légende [1]; **421** le vent du Nord, frappant de plein fouet le rivage, soulève très haut la houle contre les rochers et rend le mouillage plus dangereux que la pleine mer [2]. **422** C'est là que mouillaient les gens de Joppé quand, à la pointe du jour, s'abat un vent violent, que ceux qui naviguent dans ces parages appellent « Borée Noir [3] ». **423** A cet endroit même, le vent fit se heurter des bateaux les uns contre les autres et certains contre les rochers. Beaucoup tentèrent de forcer la houle de front pour gagner la haute mer, car les équipages redoutaient aussi bien ce rivage plein de récifs que les ennemis qui s'y tenaient : la lame qui se soulevait à une hauteur prodigieuse allait les engloutir. **424** Pas de lieu où s'enfuir, point de salut à rester sur place : ils étaient repoussés de la haute mer par la violence du vent, et de leur ville par celle des Romains. On entendait une grande clameur quand les bateaux entraient en collision et c'était un énorme vacarme au moment où ils se fracassaient. **425** De tout ce monde les uns périrent submergés par les flots, beaucoup embarrassés dans les épaves; certains devancèrent la mer en se donnant eux-mêmes par le fer une mort, à leurs yeux, plus tolérable. **426** A vrai dire, la plupart, emportés par les vagues, se déchiquetaient aux arêtes des récifs, si bien que la mer était ensanglantée sur une grande étendue et que toute la côte était remplie de cadavres. Car de fait, les Romains, postés sur le rivage, massacraient ceux que la mer y rejetait. **427** Le nombre des corps charriés par les flots s'éleva à quatre mille deux cents. Les Romains, après avoir pris la ville sans combat, la détruisent de fond en comble.

428 Ainsi donc dans un court laps de temps Joppé tomba une seconde fois [3] au pouvoir des Romains. **429** Pour éviter que les pirates ne s'y rassemblent de nouveau,

3. Cette description (423-426), qui part du mouillage pour gagner la haute mer et revenir sur le rivage dépense beaucoup d'efforts à montrer le caractère sanglant du désastre.

λάδες εἰς τὸ πέλαγος, ἔνθα καὶ τῶν Ἀνδρομέδας δεσμῶν ἔτι δεικνύμενοι τύποι πιστοῦνται τὴν ἀρχαιότητα τοῦ μύθου, **421** τύπτων δὲ τὸν αἰγιαλὸν ἐναντίος βορέας καὶ πρὸς ταῖς δεχομέναις πέτραις ὑψηλὸν ἀνακόπτων τὸ κῦμα σφαλερώτερον ἐρημίας τὸν ὅρμον ἀπεργάζεται· **422** κατὰ τοῦτον σαλεύουσιν τοῖς ἀπὸ τῆς Ἰόππης ὑπὸ τὴν ἕω πνεῦμα βίαιον ἐπιπίπτει· μελαμϐόριον ὑπὸ τῶν ταύτῃ πλοϊζομένων καλεῖται· **423** καὶ τὰς μὲν ἀλλήλαις τῶν νεῶν αὐτόθι συνήραξεν, τὰς δὲ πρὸς ταῖς πέτραις· πολλὰς δὲ πρὸς ἀντίον κῦμα βιαζομένας εἰς τὸ πέλαγος, τόν τε γὰρ αἰγιαλὸν ὄντα πετρώδη καὶ τοὺς ἐπ' αὐτοῦ πολεμίους ἐδεδοίκεσαν, μετέωρος ὑπεραρθεὶς ὁ κλύδων ἐϐάπτιζεν. **424** Ἦν δ' οὔτε φυγῆς τόπος οὔτε μένουσιν σωτηρία, βίᾳ μὲν ἀνέμου τῆς θαλάσσης ἐξωθουμένοις, Ῥωμαίων δὲ τῆς πόλεως. Καὶ πολλὴ μὲν οἰμωγὴ συρρηγνυμένων ἐγίνετο τῶν σκαφῶν, πολὺς δ' ἀγνυμένων ὁ ψόφος. **425** Καὶ τοῦ πλήθους οἱ μὲν ὑπὸ τῶν κυμάτων καλυπτόμενοι διεφθείροντο, πολλοὶ δὲ τοῖς ναυαγίοις ἐμπλεκόμενοι· τινὲς δ' ὡς κουφοτέρῳ τὴν θάλατταν ἔφθανον τῷ σιδήρῳ σφᾶς αὐτοὺς ἀναιροῦντες. **426** Τό γε μὴν πλεῖστον ὑπὸ τῶν κυμάτων ἐκφερόμενον περιεξαίνετο ταῖς ἀπορρῶξιν, ὡς αἱμαχθῆναι μὲν ἐπὶ πλεῖστον τὸ πέλαγος, πληρωθῆναι δὲ νεκρῶν τὴν παράλιον· καὶ γὰρ τοὺς ἐπὶ τὸν αἰγιαλὸν ἐκφερομένους ἐφεστῶτες οἱ Ῥωμαῖοι διέφθειρον. **427** Ἀριθμὸς [δὲ] τῶν ἐκϐρασθέντων σωμάτων τετρακισχίλιοι πρὸς τοῖς διακοσίοις ἦν. Ῥωμαῖοι δὲ λαϐόντες ἀμαχητὶ τὴν πόλιν κατασκάπτουσιν.

428 Ἰόππη μὲν οὖν ἐν ὀλίγῳ χρόνῳ δεύτερον ὑπὸ Ῥωμαίοις ἑάλω. **429** Οὐεσπασιανὸς δ' ὡς μὴ πάλιν οἱ πειραταὶ συναλισθεῖεν εἰς αὐτήν, στρατόπεδόν τε

421 3 ἀνακόπτων PγρAγρ MVRC *(summos — fluctus) affligit* Lat. : ἀναπέμπων PAL Niese *attolluntur* Heg. ‖ **427** 1 δὲ om. RC Niese².

Vespasien dresse un camp sur l'acropole et y laisse la cavalerie avec quelques fantassins, **430** pour que ces derniers, en restant sur place, assurent la garde du camp, tandis que les cavaliers iraient piller les environs et détruire les villages et petites villes autour de Joppé. **431** Les cavaliers donc, fidèles à ces consignes, en sillonnant tous les jours la campagne la ravageaient et la réduisaient tout entière en désert.

Agitation à Jérusalem à la nouvelle de la chute de Iotapata.

432 Quand fut annoncé à Jérusalem le sort de Jotapata, au premier moment, la plupart des gens refusèrent d'y croire, autant en raison de la gravité du malheur que du fait qu'il n'était arrivé aucun témoin oculaire de ce qui s'était passé : **433** il n'y avait même pas eu un survivant qui s'en fît le messager et c'était la renommée, naturellement amie des vues les plus sombres, qui répandait spontanément la nouvelle que cette ville était prise. **434** Mais peu à peu, de proche en proche, la vérité faisait son chemin et chez tout le monde elle l'emportait sur le doute. Bien entendu, aux faits bel et bien arrivés on en ajoutait qui n'avaient pas eu lieu [1] : ainsi, on annonça que Josèphe lui aussi était mort au moment où la ville fut prise. **435** Cette nouvelle remplit Jérusalem du plus grand deuil. Dans les maisons et les familles auxquelles s'apparentait chacun des disparus, on se livrait à des lamentations ; **436** mais pour le général, on fit un deuil public. On pleurait qui des hôtes, qui des gens de sa parenté, qui des amis, [qui des frères], mais tous pleuraient Josèphe. **437** Les lamentations funèbres ne cessèrent pas de trente jours [2] dans la ville et la plupart des gens engageaient des joueurs de flûte [3] pour accompagner leurs chants funèbres.

438 Mais quand, avec le temps, on découvrit la vérité et ce qui en était de Iotapata, quand la mort de Josèphe s'avéra une invention et qu'on apprit, qu'au contraire, il était vivant, qu'il se trouvait chez les Romains et qu'il y jouissait de la part de leurs chefs d'un sort bien supérieur à celui d'un prisonnier de guerre, les gens conçurent

ἐπὶ τῆς ἀκροπόλεως ἐγείρει καὶ τὸ ἱππικὸν ἐν αὐτῷ καταλείπει μετὰ πεζῶν ὀλίγων, **430** ἵν' οὗτοι μὲν κατὰ χώραν μένοντες φρουρῶσι τὸ στρατόπεδον, οἱ δ' ἱππεῖς προνομεύωσι τὴν πέριξ καὶ τὰς περιοίκους κώμας τε καὶ πολίχνας ἐξαιρῶσιν τῆς Ἰόππης. **431** Οἱ μὲν οὖν κατὰ τὰ προσταχθέντα τὴν χώραν κατατρέχοντες καθ' ἡμέραν ἔτεμνόν τε καὶ ἠρήμουν ἅπασαν.

432 Ὡς δὲ εἰς τὰ Ἱεροσόλυμα τὸ κατὰ τὴν Ἰωταπάτην πάθος ἠγγέλη, τὸ μὲν πρῶτον ἠπίστουν οἱ πολλοὶ καὶ διὰ τὸ μέγεθος τῆς συμφορᾶς καὶ διὰ τὸ μηδένα τῶν γενομένων αὐτόπτην παρεῖναι· **433** διεσώθη γὰρ οὐδὲ ἄγγελος, ἀλλ' αὐτομάτη διεκήρυσσεν φήμη τὴν ἅλωσιν, οἰκεία φύσει τῶν σκυθρωποτέρων. **434** Κατ' ὀλίγον δὲ διὰ τῶν προσχώρων ὥδευε τἀληθὲς καὶ παρὰ πᾶσιν ἀμφιβολίας ἦν ἤδη βεβαιότερον· προσεσχεδιάζετό γε μὴν τοῖς πεπραγμένοις καὶ τὰ μὴ γενόμενα, τεθνεὼς γὰρ ἐπὶ τῆς ἁλώσεως καὶ ὁ Ἰώσηπος ἠγγέλλετο. **435** Τοῦτο μεγίστου τὰ Ἱεροσόλυμα πένθους ἐπλήρωσεν· κατὰ μέν γε οἴκους καὶ κατὰ συγγενείας οἷς προσήκων ἕκαστος ἦν τῶν ἀπολωλότων ἐθρηνεῖτο, **436** τὸ δ' ἐπὶ τῷ στρατηγῷ πένθος ἐδημεύθη, καὶ οἱ μὲν ξένους, οἱ δὲ συγγενεῖς, οἱ δὲ φίλους [οἱ δὲ ἀδελφοὺς] ἐθρήνουν, τὸν Ἰώσηπον δὲ πάντες· **437** ὡς ἐπὶ τριακοστὴν μὲν ἡμέραν μὴ διαλιπεῖν τὰς ὀλοφύρσεις ἐν τῇ πόλει, πλείστους δὲ μισθοῦσθαι τοὺς αὐλητάς, οἳ θρήνων αὐτοῖς ἐξῆρχον.

438 Ὡς δὲ τἀληθῆ διεκαλύπτετο τῷ χρόνῳ καὶ τὰ μὲν κατὰ τὴν Ἰωταπάτην ὥσπερ εἶχεν, ἐσχεδιασμένον δὲ τὸ κατὰ τὸν Ἰώσηπον πάθος εὑρίσκετο, ζῆν δ' αὐτὸν ἔγνωσαν καὶ παρὰ Ῥωμαίοις ὄντα καὶ πρὸς τῶν ἡγεμόνων πλέον ἢ κατ' αἰχμαλώτου τύχην

432 4 γενομένων V Niese[2] : λεγομένων PAML V mg RC Thack. ‖ **433** 2 αὐτομάτη MLVRC : -ματὶ PA *ipsa per se* Lat. ‖ **436** 3 οἱ δὲ ἀδελφοὺς MLVRC Lat. : om PA Niese secl. Thack.

contre lui vivant autant de fureur qu'ils lui avaient porté d'affection quand il passait pour mort. **439** Les uns le taxaient de lâcheté, les autres de trahison; la ville était pleine d'indignation et de propos hostiles sur son compte. **440** Les gens étaient surexcités par leurs revers, et leurs échecs ne faisaient qu'attiser le feu. L'insuccès qui porte les gens sensés à prendres des précautions et à se prémunir contre les événements du même genre devenait pour eux un stimulant à se préparer de nouveaux malheurs, et la fin de chacun de leurs maux, le début d'autres encore. **441** Ce qui est certain c'est qu'ils s'en prenaient aux Romains avec d'autant plus de fureur qu'ils pensaient, en eux, se venger aussi de Josèphe. **442** Tel était le trouble qui affectait la population à Jérusalem.

Vespasien dans le royaume d'Agrippa.

443 Vespasien, parti de Césarée-sur-mer se rendit à Césarée dite de Philippe [1], pour faire connaissance avec le royaume d'Agrippa; car le roi l'avait invité avec l'intention à la fois de faire au chef et à son armée [2] une réception digne de l'opulence de sa maison et de réprimer avec leur aide les éléments malsains de son royaume. **444** Là Vespasien donna vingt jours de repos à son armée pendant que lui-même prenait part à des banquets et offrait à Dieu des sacrifices d'action de grâce pour ses succès. **445** Quand on lui annonça l'agitation qui régnait à Tibériade et la révolte de Tarichées, ces villes faisant partie l'une et l'autre du royaume d'Agrippa, comme il était décidé à réprimer toute insurrection juive d'où qu'elle vînt, il estima opportune une expédition contre ces Juifs-là. C'était aussi en considération d'Agrippa, puisque, pensait-il, en rétablissant l'ordre dans les villes de ce prince, il payerait de retour son hospitalité. **446** Il envoie donc son fils Titus à Césarée pour qu'il transfère l'armée à Scythopolis. Cette ville est la plus importante de la Décapole et proche [3] de Tibériade. **447** Arrivé lui-même à Scythopolis, il y reçoit son fils,

1. Cf. 2, 168.

περιέπεσθαι, τοσοῦτον ὀργῆς ἐπὶ ζῶντος ὅσον εὐνοίας ἐπὶ τεθνάναι δοκοῦντος πρότερον ἀνελάμβανον. 439 Καὶ παρ' οἷς μὲν εἰς ἀνανδρίαν, παρ' οἷς δ' εἰς προδοσίαν ἐκακίζετο, πλήρης τε ἀγανακτήσεως ἦν καὶ τῶν κατ' αὐτοῦ βλασφημιῶν ἡ πόλις. 440 Παρωξύνοντο δὲ ταῖς πληγαῖς καὶ προσεξεκαίοντο ταῖς κακοπραγίαις· τό γε μὴν πταίειν, ὃ γίνεται τοῖς εὖ φρονοῦσιν ἀσφαλείας καὶ τῶν ὁμοίων φυλακῆς αἴτιον, ἐκείνοις κέντρον ἑτέρων ἐγίνετο συμφορῶν, καὶ τὸ τέλος ἀεὶ τῶν κακῶν αὖθις ἀρχή· 441 μᾶλλον γοῦν ὥρμων ἐπὶ τοὺς Ῥωμαίους ὡς καὶ Ἰώσηπον ἐν αὐτοῖς ἀμυνούμενοι. 442 Τοὺς μὲν οὖν ἐπὶ τῶν Ἱεροσολύμων τοιοῦτοι θόρυβοι κατεῖχον.

443 Οὐεσπασιανὸς δὲ καθ' ἱστορίαν τῆς Ἀγρίππα βασιλείας, ἐνῆγεν γὰρ βασιλεὺς αὐτόν, ἅμα καὶ δεξιώσασθαι τὸν ἡγεμόνα σὺν τῇ στρατιᾷ τῷ κατὰ τὸν οἶκον ὄλβῳ προαιρούμενος καὶ καταστεῖλαι δι' αὐτῶν τὰ νοσοῦντα τῆς ἀρχῆς, ἄρας ἀπὸ τῆς παράλου Καισαρείας εἰς τὴν Φιλίππου καλουμένην μεταβαίνει Καισάρειαν. 444 Ἔνθα μέχρι μὲν ἡμερῶν εἴκοσι τὴν στρατιὰν διαναπαύων καὶ αὐτὸς ἐν εὐωχίαις ἦν, ἀποδιδοὺς τῷ θεῷ χαριστήρια τῶν κατωρθωμένων. 445 Ὡς δ' αὐτῷ Τιβεριὰς μὲν νεωτερίζειν, ἀφεστάναι δ' ἠγγέλλοντο Ταριχαῖαι, μοῖρα δὲ τῆς Ἀγρίππα βασιλείας ἦσαν ἀμφότεραι, πάντοθεν τοὺς Ἰουδαίους καταστρέφεσθαι διεγνωκὼς τὴν ἐπὶ τούτους στρατείαν εὔκαιρον ἡγεῖτο καὶ δι' Ἀγρίππαν, ὡς εἰς ξενίας ἀμοιβὴν σωφρονίσων αὐτῷ τὰς πόλεις. 446 Πέμπει δὴ τὸν υἱὸν Τίτον εἰς Καισάρειαν μετάξοντα τὴν ἐκεῖθεν στρατιὰν εἰς Σκυθόπολιν· ἡ δ' ἐστὶν μεγίστη τῆς Δεκαπόλεως καὶ γείτων τῆς Τιβεριάδος. 447 Ἔνθα καὶ αὐτὸς

443 2 αὐτὸν PA : αὐτὸς MLVRC Lat. ‖ **445** 5 τούτους Niese : ριοτου PA τούτοις MLVRC.

puis s'avance avec trois légions et dresse son camp à trente stades de Tibériade, à un relais bien en vue des rebelles et nommé Sennabris [1]. **448** De là il envoie le décurion Valérianus avec cinquante cavaliers faire des offres de paix aux habitants et les engager à traiter. Car il avait été informé que le peuple ne désirait que la paix et ne s'était révolté que sous la pression d'une poignée d'hommes qui le contraignaient à faire la guerre. **449** Valérianus s'avança à cheval. Une fois arrivé au pied de la muraille, lui-même mit pied à terre et fit descendre de cheval les cavaliers qui l'accompagnaient, pour ne pas donner l'impression qu'ils étaient venus escarmoucher. Avant qu'on entamât les pourparlers, voici que les plus fougueux des factieux foncent, l'arme au poing, dans sa direction. **450** A leur tête, un dénommé Jésus [2], fils de Sapphias, et chef suprême de la bande des brigands. **451** Valérianus estimait imprudent d'attaquer contrairement aux ordres de son général, même au cas d'une victoire assurée, et dangereux d'engager le combat contre un grand nombre avec quelques hommes, eux pris au dépourvu, face à des adversaires tout prêts; **452** déconcerté d'ailleurs devant l'audace inattendue des Juifs, il s'enfuit à pied et cinq autres abandonnèrent de même leurs chevaux, que les hommes de Jésus emmenèrent dans la ville, tout triomphants comme s'ils les avaient pris dans un combat et non dans un guet-apens.

453 Inquiets après cet incident, les Anciens, que l'on tenait également pour les notables du peuple, se réfugient dans le camp des Romains. **454** Après s'être gagné l'appui du roi, ils viennent en suppliants se jeter aux genoux de Vespasien, en le conjurant de ne pas les mépriser et de ne pas considérer non plus le fol emportement de quelques-uns comme le fait de la ville tout entière, mais d'épargner le peuple, **455** qui montre

1. La moderne Sinn en - Nabrah, au Nord de Tarichées (qu'il faut maintenir au Sud de la mer de Galilée), App. XIV.

2. Archonte de Tibériade. Niese a reconnu en lui le même personnage que 2, 599 et *Vita* 66 et 134.

παραγενόμενος ἐκδέχεται τὸν υἱόν, καὶ μετὰ τριῶν ταγμάτων προελθὼν στρατοπεδεύεται μὲν ἀπὸ τριάκοντα τῆς Τιβεριάδος σταδίων κατά τινα σταθμὸν εὐσύνοπτον τοῖς νεωτερίζουσιν· Σενναβρὶς ὀνομάζεται. **448** Πέμπει δὲ δεκαδάρχην Οὐαλεριανὸν σὺν ἱππεῦσιν πεντήκοντα διαλεχθησόμενον εἰρηνικὰ τοῖς κατὰ τὴν πόλιν καὶ προτρεψόμενον ἐπὶ πίστεις· ἀκηκόει γάρ, ὡς ἐπιθυμοίη μὲν εἰρήνης ὁ δῆμος, καταστασιάζοιτο δ' ὑπὸ τινῶν πολεμεῖν βιαζομένων. **449** Προσελάσας δ' Οὐαλεριανός, ἐπεὶ πλησίον ἦν τοῦ τείχους, αὐτός τε καταβαίνει καὶ τοὺς σὺν αὐτῷ τῶν ἱππέων ἀπέβησεν, ὡς μὴ δοκοῖεν ἀκροβολιζόμενοι παρεῖναι. Καὶ πρὶν εἰς λόγους ἐλθεῖν ἐπεκθέουσιν αὐτῷ τῶν στασιαστῶν οἱ δυνατώτατοι μεθ' ὅπλων. **450** Ἐξηγεῖτο δ' αὐτῶν Ἰησοῦς τις ὄνομα, παῖς Σαπφία, τοῦ ληστρικοῦ στίφους ὁ κορυφαιότατος. **451** Οὐαλεριανὸς δὲ οὔτε παρὰ τὰς ἐντολὰς τοῦ στρατηγοῦ συμβαλεῖν ἀσφαλὲς ἡγούμενος, εἰ καὶ τὸ νικᾶν εἴη βέβαιον, καὶ σφαλερὸν τὸ μάχεσθαι πολλοῖς μετ' ὀλίγων ἀπαρασκευάστοις τε πρὸς ἑτοίμους, **452** καὶ ἄλλως ἐκπλαγεὶς τὴν ἀδόκητον τῶν Ἰουδαίων τόλμαν, φεύγει πεζός, ἕτεροί τε ὁμοίως πέντε τοὺς ἵππους ἀπέλιπον, οὓς οἱ περὶ τὸν Ἰησοῦν ἀπήγαγον εἰς τὴν πόλιν γεγηθότες ὡς μάχῃ ληφθέντας, οὐκ ἐνέδρᾳ.

453 Τοῦτο καταδείσαντες οἱ γηραιοὶ τοῦ δήμου καὶ προύχειν δοκοῦντες φεύγουσι μὲν εἰς τὸ τῶν Ῥωμαίων στρατόπεδον, **454** ἐπαγόμενοι δὲ τὸν βασιλέα προσπίπτουσιν ἱκέται Οὐεσπασιανῷ, μὴ σφᾶς περιιδεῖν δεόμενοι, μηδὲ τὴν ὀλίγων ἀπόνοιαν ἡγήσασθαι τῆς

447 5 Σενναβρὶς MR Schalit : ἔνναβρις PAL Niese σεναβρὶς V σενναβαρὶς C *enabris* Lat. cf 4, 455. ‖ **448** 1 δὲ MVC: δὴ PAL om. R *atque hinc* Lat. ‖ **450** 2 Σαπφία Schalit : τοῦ φάτου PA τοφάτου L σαφάτου τοῦ MVγρC τοῦφα τοῦ V Niese τῶ φάϊς τοῦ R *tofae* Lat., uide adn.

toujours des dispositions amicales envers les Romains et de châtier les responsables de la sédition, dont eux-mêmes jusqu'à ce jour ont été prisonniers, alors que depuis longtemps ils aspiraient à traiter. **456** Tout indisposé qu'il fût envers la ville entière, en raison de la rafle des chevaux, le général céda à ces prières, car il voyait l'angoisse d'Agrippa pour Tibériade. **457** Ces notables reçurent donc des garanties pour leur peuple. Alors Jésus et ses gens, estimant qu'il n'était plus sans danger pour eux de rester à Tibériade s'évadèrent vers Tarichées. **458** Le lendemain Vespasien envoya Trajan en avant-garde avec un détachement de cavalerie, dès le point du jour, pour vérifier si toute la population était dans des dispositions pacifiques. **459** Quand il sut que le peuple faisait cause commune avec les suppliants, il prit l'armée et s'avança vers la ville. On lui ouvre les portes et on l'accueille avec des acclamations en lui donnant les titres de sauveur et de bienfaiteur [1]. **460** Comme l'armée était gênée par l'étroitesse des voies d'accès, Vespasien commanda de démolir un pan de la muraille au sud de la ville et élargit ainsi l'entrée pour ses hommes. **461** Toutefois il avertit qu'on eût à s'abstenir de tout pillage et de toute violence, par égard pour le roi. C'est aussi à cause de lui qu'il épargna les remparts, Agrippa s'étant porté garant de la fidélité de la population à l'avenir; il relevait ainsi la ville, gravement détériorée par la sédition [2].

Défaite des Juifs devant Tarichées.

462 Ensuite, Vespasien quitta [3] (Tibériade), établit son camp entre elle et Tarichées et le fortifia plus qu'à l'ordinaire, car il se doutait que la guerre en cet endroit allait se prolonger. **463** En effet tout ce qu'il y avait de révolutionnaires avaient afflué à Tarichées, confiants dans la sécurité de la place et l'avantage du lac,

1. Cf. 7, 71. Ces deux épithètes sont souvent accolées dans l'expression de la reconnaissance officielle d'une cité pour un empereur ou pour un haut magistrat romain. Dittenberger, *Sylloge Inscr. Graec.* 757, 759, 791.

πόλεως ὅλης, **455** φείσασθαι δὲ τοῦ δήμου Ῥωμαίοις φίλα φρονοῦντος ἀεί, καὶ τοὺς αἰτίους τιμωρήσασθαι τῆς ἀποστάσεως, ὑφ' ὧν αὐτοὶ φρουρηθῆναι μέχρι νῦν, ἐπὶ δεξιὰς ἐπειγόμενοι πάλαι. **456** Ταύταις ἐνεδίδου ταῖς ἱκεσίαις ὁ στρατηγός, καίτοι διὰ τὴν ἁρπαγὴν τῶν ἵππων ἐφ' ὅλην ὠργισμένος τὴν πόλιν· καὶ γὰρ ἀγωνιῶντα περὶ αὐτῆς τὸν Ἀγρίππαν ἑώρα. **457** Λαβόντων δὲ τούτων τῷ δήμῳ δεξιὰς οἱ περὶ τὸν Ἰησοῦν οὐκέτ' ἀσφαλὲς ἡγούμενοι μένειν ἐπὶ τῆς Τιβεριάδος εἰς Ταριχαίας ἀποδιδράσκουσιν. **458** Καὶ μεθ' ἡμέραν Οὐεσπασιανὸς σὺν ἱππεῦσιν προπέμπει πρὸς τὴν ἀκρώρειαν Τραϊανὸν ἀποπειραθῆναι τοῦ πλήθους, εἰ πάντες εἰρηνικὰ φρονοῖεν. **459** Ὡς δ' ἔγνω τὸν δῆμον ὁμοφρονοῦντα τοῖς ἱκέταις, ἀναλαβὼν τὴν δύναμιν ᾔει πρὸς τὴν πόλιν. Οἱ δὲ τάς τε πύλας ἀνοίγουσιν αὐτῷ καὶ μετ' εὐφημιῶν ὑπήντων σωτῆρα καὶ εὐεργέτην ἀνακαλοῦντες. **460** Τῆς δὲ στρατιᾶς τριβομένης περὶ τὴν τῶν εἰσόδων στενότητα παραρρῆξαι τοῦ κατὰ μεσημβρίαν τείχους Οὐεσπασιανὸς κελεύσας πλατύνει τὴν εἰσβολὴν αὐτοῖς. **461** Ἁρπαγῆς μέντοι καὶ ὕβρεως ἀπέχεσθαι παρήγγειλεν, τῷ βασιλεῖ χαριζόμενος, τῶν τε τειχῶν διὰ τοῦτον ἐφείσατο, συμμενεῖν πρὸς τὸ λοιπὸν ἐγγυωμένου τοὺς ἐν αὐτοῖς, καὶ πολλὰ κεκακωμένην τὴν πόλιν ἐκ τῆς στάσεως ἀνελάμβανεν.

462 Ἔπειτα προελθὼν αὐτῆς τε μεταξὺ καὶ Ταριχαιῶν στρατοπεδεύεται, τειχίζει τε τὴν παρεμβολὴν ὀχυρωτέραν, ὑφορώμενος ἐκεῖ πολέμου τριβὴν αὐτῷ γενησομένην· **463** συνέρρει γὰρ εἰς τὰς Ταριχαίας πᾶν τὸ νεωτερίζον, τῇ τε τῆς πόλεως ὀχυρότητι καὶ τῇ λίμνῃ πεποιθότες, ἣ καλεῖται Γεννησὰρ πρὸς τῶν

457 1 τῷ δήμῳ VR Lat. : τοῦ δήμου PAMLC ‖ **461** 5 ἀνελάμβανεν PAMLp.c.C : κατελάμβανεν La.c. ἀναλαμβάνειν VR.

que les gens de l'endroit appellent Gennésar [1]. **464** Cette ville, en effet, située comme Tibériade au pied d'une montagne, dans toute la partie où elle n'était pas baignée par le lac, avait été munie par Josèphe de remparts solides, qui ne valaient pourtant pas ceux de Tibériade. **465** Car il avait renforcé l'enceinte de cette dernière ville au début de la révolte, quand il disposait de sommes et de pouvoirs considérables, tandis que Tarichées n'avait bénéficié que des reliquats de ses largesses [2]. **466** Les habitants tenaient prêtes sur le lac un grand nombre de barques pour pouvoir s'y réfugier en cas de défaite sur terre, et ils les avaient équipées pour un combat naval, s'il était besoin. **467** Pendant que les Romains entouraient leur camp de sa palissade, Jésus et les siens, sans se laisser intimider par le nombre ni le bon ordre des ennemis, courent les attaquer; **468** et ceux qui dressaient la palissade s'étant dispersés au premier choc, ils endommagent quelque peu la construction, mais dès qu'ils voient les légionnaires qui se rassemblent, ils se replient vers les leurs, sans attendre d'avoir subi le moindre dommage. A leur tour les Romains se lancent à leurs trousses et les réduisent à monter dans les embarcations. **469** Eux, gagnent le large, juste autant qu'il faut pour pouvoir encore atteindre les Romains de leurs projectiles; là ils jettent les ancres, font serrer les bateaux les uns contre les autres comme une phalange et de leurs bateaux engagent le combat contre les ennemis à terre. **470** Vespasien, apprenant que la plus grande partie des Juifs étaient rassemblés dans la plaine devant la ville, y envoie son fils avec six cents cavaliers d'élite.

Harangue de Titus avant l'assaut de Tarichées.

471 Titus constatant l'énorme supériorité numérique des ennemis, envoie dire à son père qu'il a besoin de forces plus importantes. De son côté, voyant que la plupart de ses cavaliers brûlaient d'attaquer sans même attendre l'arrivée des renforts, mais que quelques autres étaient secrètement décontenancés devant la masse des Juifs, il se plaça à un endroit d'où on pût l'entendre et s'exprima ainsi : **472** « Romains,

ἐπιχωρίων. **464** Ἡ μὲν γὰρ πόλις, ὥσπερ ἡ Τιβεριὰς ὑπώρειος οὖσα, καθὰ μὴ τῇ λίμνῃ προσεκλύζετο πάντοθεν ὑπὸ τοῦ Ἰωσήπου τετείχιστο καρτερῶς, ἔλασσον μέντοι τῆς Τιβεριάδος· **465** τὸν μὲν γὰρ ἐκεῖ περίβολον ἐν ἀρχῇ τῆς ἀποστάσεως δαψιλείᾳ χρημάτων καὶ δυνάμεως ἐκρατύνατο, Ταριχαῖαι δ' αὐτοῦ τὰ λείψανα τῆς φιλοτιμίας μετέλαβον. **466** Σκάφη δ' ἦν αὐτοῖς ἐπὶ τῆς λίμνης παρεσκευασμένα πολλὰ πρός τε τὸ συμφεύγειν ἐπὶ γῆς ἡττωμένους, κἂν εἰ δέοι διαναυμαχεῖν ἐξηρτυμένα. **467** Περιβαλλομένων δὲ τῶν Ῥωμαίων τὸ στρατόπεδον οἱ περὶ τὸν Ἰησοῦν οὔτε πρὸς τὸ πλῆθος οὔτε πρὸς τὴν εὐταξίαν τῶν πολεμίων ὑποδείσαντες προθέουσιν, **468** καὶ πρὸς τὴν πρώτην ἔφοδον τῶν τειχοποιῶν σκεδασθέντων ὀλίγα τῆς δομήσεως σπαράξαντες, ὡς ἑώρων τοὺς ὁπλίτας ἀθροιζομένους, πρίν τι παθεῖν εἰς τοὺς σφετέρους ἀνέφευγον· ἐπιδιώξαντες δὲ Ῥωμαῖοι συνελαύνουσιν αὐτοὺς εἰς τὰ σκάφη. **469** Καὶ οἱ μὲν ἀναχθέντες εἰς ὅσον ἐξικνεῖσθαι τῶν Ῥωμαίων βάλλοντες δύναιντο τάς τε ἀγκύρας ἔβαλλον καὶ πυκνώσαντες ὥσπερ φάλαγγα τὰς ναῦς ἐπαλλήλους τοῖς ἐπὶ γῆς πολεμίοις διεναυμάχουν. **470** Οὐεσπασιανὸς δὲ τὸ πολὺ πλῆθος αὐτῶν ἠθροισμένον ἀκούων ἐν τῷ πρὸ τῆς πόλεως πεδίῳ πέμπει τὸν υἱὸν σὺν ἱππεῦσιν ἑξακοσίοις ἐπιλέκτοις.

471 Ὁ δ' ὑπέρογκον εὑρὼν τὴν τῶν πολεμίων πληθὺν πρὸς μὲν τὸν πατέρα πέμπει, πλείονος δυνάμεως αὐτῷ δεῖν λέγων, αὐτὸς δὲ τοὺς μὲν πλείους τῶν ἱππέων ὡρμημένους ὁρῶν καὶ πρὶν ἀφικέσθαι βοήθειαν, ἔστιν δ' οὓς ἡσυχῇ πρὸς τὸ πλῆθος τῶν Ἰουδαίων καταπεπληγότας, ἐν ἐπηκόῳ στὰς ἔλεξεν ὧδε· **472** « Ἄν-

466 3 διαναυμαχεῖν MVRC : διαναυμαχίαν PL διαναυμαχεῖαν A *ad nauale bellum* Lat. ‖ **471** 6 ἔλεξεν ὧδε PA : om. MLVRC Lat. secl. Thack.

dit-il il convient, en effet, qu'en commençant ce discours je vous rappelle votre race [1], pour que vous sachiez qui vous êtes et contre qui nous aurons à combattre. **473** Alors que jusqu'ici rien dans le monde habité n'a échappé à notre bras, les Juifs, rendons-leur cette justice, jusqu'à ce jour ne se laissent pas décourager par leurs défaites. Il serait un peu fort, alors qu'eux tiennent bon dans l'adversité, de nous laisser amollir par nos succès. **474** En fait d'ardeur, je suis heureux de voir les bonnes dispositions que vous montrez. Mais j'ai peur que chez tel ou tel la supériorité numérique des ennemis ne fasse naître une terreur inavouée. **475** Que ceux-là justement veuillent bien considérer, à nouveau, qui va se mesurer contre qui, et aussi que les Juifs, s'ils sont très audacieux et méprisent la mort, n'en sont pas moins indisciplinés et sans expérience de la guerre, et que d'ailleurs il vaudrait mieux en parler comme d'une cohue que comme d'une armée. A l'opposé, est-il besoin de parler de notre expérience et de notre discipline? En tout cas, si nous sommes les seuls à nous exercer aux armes même en temps de paix, c'est pour que, au combat, nous n'ayons pas à comparer notre nombre à celui de l'adversaire. **476** Aussi bien, à quoi bon un entraînement militaire continuel si c'est seulement pour pouvoir affronter à nombre égal ce qui n'est même pas une armée? **477** Considérez aussi que vous avez à combattre complètement équipés contre des hommes armés à la légère, cavaliers contre des fantassins, bien encadrés contre des troupes sans chefs; que toutes ces supériorités vous multiplient, tandis qu'elles retranchent à nos adversaires beaucoup de leur avantage numérique. **478** Ce qui fait gagner les guerres ce n'est pas le nombre des hommes, fussent-ils entraînés au combat, mais le courage, même dans une simple poignée d'hommes : ces derniers sont faciles à manœuvrer et prompts à se porter au secours les uns des autres, tandis que les forces énormes se font entre elles plus de mal que ne leur font les ennemis. **479** Ce qui guide les Juifs, c'est l'audace, la témérité, la démence,

1. Ce mot souligne la différence d'avec le cas de J. César traitant ses soldats de « Quirites » Suétone *Caes.*, 70.

δρες, » ἔφη, « Ῥωμαῖοι, καλὸν γὰρ ἐν ἀρχῇ τῶν λόγων ὑπομνῆσαι τοῦ γένους ὑμᾶς, ἵν' εἰδῆτε, τίνες ὄντες πρὸς τίνας μάχεσθαι μέλλομεν. 473 Τὰς μέν γε ἡμετέρας χεῖρας οὐδὲν εἰς τοῦτο τῶν ἐπὶ τῆς οἰκουμένης διαπέφευγεν, Ἰουδαῖοι δέ, ἵν' εἴπωμεν καὶ ὑπὲρ αὐτῶν, μέχρι νῦν οὐ κοπιῶσιν ἡττώμενοι. Καὶ δεινόν, ἐκείνων ἑστώτων ἐν ταῖς κακοπραγίαις, ἡμᾶς τοῖς εὐτυχήμασιν ἐγκάμνειν. 474 Προθυμίας μὲν εἰς τὸ φανερὸν ὑμᾶς εὖ ἔχοντας χαίρω βλέπων, δέδοικα δὲ μή τινι τῶν πολεμίων τὸ πλῆθος κατάπληξιν λεληθυῖαν ἐνεργάσηται. 475 Λογισάσθω δὴ πάλιν οἷος πρὸς οἵους παρατάξεται, καὶ διότι Ἰουδαῖοι μέν, εἰ καὶ σφόδρα τολμηταὶ καὶ θανάτου καταφρονοῦντες, ἀλλ' ἀσύντακτοί τε καὶ πολέμων ἄπειροι καὶ ὄχλος ἂν ἄλλως, οὐ στρατιὰ λέγοιντο· τὰ δὲ τῆς ἡμετέρας ἐμπειρίας καὶ τάξεως τί δεῖ καὶ λέγειν; Ἐπὶ τοῦτο μέντοι γε μόνοι καὶ κατ' εἰρήνην ἀσκούμεθα τοῖς ὅπλοις, ἵν' ἐν πολέμῳ μὴ πρὸς τὸ ἀντίπαλον ἀριθμῶμεν ἑαυτούς. 476 Ἐπεὶ τίς ὄνησις τῆς διηνεκοῦς στρατείας, ἂν ἴσοι πρὸς ἀστρατεύτους ἀντιτασσώμεθα; 477 Λογίζεσθε δὲ ὅτι καὶ πρὸς γυμνῆτας ὁπλῖται καὶ ἱππεῖς πρὸς πεζοὺς καὶ στρατηγούμενοι πρὸς ἀστρατηγήτους διαγωνίζεσθε, καὶ ὡς ὑμᾶς μὲν ταῦτα πολλαπλασίους ποιεῖ τὰ πλεονεκτήματα, πολὺ δὲ τοῦ τῶν πολεμίων ἀριθμοῦ παραιρεῖται τὰ [ἐλαττώματα] 478 Κατορθοῖ δὲ τοὺς πολέμους οὐ πλῆθος ἀνθρώπων, κἂν ᾖ μάχιμον, ἀνδρεία δέ, κἂν ἐν ὀλίγοις· οἱ μέν γε καὶ τάξασθαι ῥᾴδιοι καὶ προσαμύνειν ἑαυτοῖς, αἱ δ' ὑπέρογκοι δυνάμεις ὑφ' ἑαυτῶν

472 4 πρὸς τίνας Bekker : καὶ πρὸς τίνας codd. *et aduersus quos* Lat. ‖ **477** 6 τὰ ἐλαττώματα om. PA secl. Niese². ‖ **478** 2 μάχιμον codd. : ἀμήχανον Destinon ‖ ἀνδρείᾳ PAMLVa.c. R ἀνδρία V p.c. C ‖ 3 γε PAVRC : γὰρ ML ‖ τάξασθαι PA L : παρατάξασθαι MVRC ‖ ῥᾴδιοι MVRC : ῥάδιον PAL.

dispositions qui s'accentuent en cas de succès, mais aussi s'éteignent au moindre échec. Chez nous, la valeur, la discipline et la vaillance s'épanouissent dans le succès et en particulier[1] dans les revers, tiennent jusqu'au bout sans défaillance. **480** Et puis, vous allez combattre pour un enjeu plus grand que celui des Juifs. De fait si pour eux l'enjeu du combat est la liberté et leur patrie, quel enjeu plus grand pour nous que la gloire et la volonté de ne pas donner l'impression, après avoir conquis l'empire du monde, de compter les Juifs comme des adversaires à notre hauteur. **481** Il faut considérer aussi que nous n'avons pas à craindre de revers irrémédiable. Les renforts qu'on nous destine sont importants et tout proches. Mais nous pouvons enlever la victoire et il nous faut devancer l'arrivée des renforts envoyés par mon père, pour que notre succès, n'étant pas partagé, n'en soit que plus grand. **482** J'estime pour ma part qu'est venue l'heure où l'on va nous juger, mon père, moi et vous. Il s'agit de savoir si nous sommes dignes lui de ses succès passés, moi d'être le fils d'un tel homme et vous d'être mes soldats. Car, en fait, pour lui, vaincre est une habitude et de mon côté je ne supporterais pas de revenir près de lui vaincu[2]. **483** Quant à vous, comment n'auriez-vous pas honte d'être vaincus, avec un chef qui s'expose au premier rang? Car, sachez-le bien, je m'exposerai au premier rang et me jetterai le premier au milieu des ennemis. **484** De votre côté, ne soyez pas en reste avec moi, certains que mon ardeur est soutenue par le secours divin et d'avance soyez bien assurés que nous remporterons de plus grands succès que ce combat hors les murs[3]. »

Prise de Tarichées par Vespasien et Titus.

485 Après cette harangue de Titus une ardeur miraculeuse s'empara de ses hommes et comme Trajan avec quatre cents cavaliers les avait rejoints avant la bataille, ils s'irritaient de voir

1. Du mot ἄλλοις dans cette phrase Niese écrivait : « aut hoc aut εὐτυχήμασιν spurium uidetur ». Il semble plutôt que nous ayons ici un emploi du pluriel de ἄλλος comme dans ἄλλως τε καὶ...

βλάπτονται πλέον ἢ τῶν πολεμίων. 479 Ἰουδαίων μὲν οὖν τόλμα καὶ θράσος ἡγεῖται καὶ ἀπόνοια, πάθη κατὰ μὲν τὰς εὐπραγίας εὔτονα, σϐεννύμενα δ' ἐν ἐλαχίστοις σφάλμασιν· ἡμῶν δ' ἀρετὴ καὶ εὐπείθεια καὶ τὸ γενναῖον, ὃ κἀν τοῖς ἄλλοις εὐτυχήμασιν ἀκμάζει κἀν τοῖς πταίσμασιν μέχρι τέλους οὐ σφάλλεται. 480 Καὶ ὑπὲρ μειζόνων δὲ ἢ Ἰουδαῖοι διαγωνιεῖσθε· καὶ γὰρ εἰ περὶ ἐλευθερίας καὶ πατρίδων ἐκείνοις ὁ πόλεμος κινδυνεύεται, τί μεῖζον ἡμῖν εὐδοξίας καὶ τοῦ μὴ δοκεῖν μετὰ τὴν τῆς οἰκουμένης ἡγεμονίαν ἐν ἀντιπάλῳ τὰ Ἰουδαίων τίθεσθαι; 481 Σκεπτέον δ' ὅτι καὶ παθεῖν μὲν οὐδὲν ἀνήκεστον ἡμῖν φόϐος· πολλοὶ γὰρ οἱ βοηθήσοντες καὶ πλησίον· ἁρπάσαι δὲ τὴν νίκην δυνάμεθα, καὶ χρὴ τοὺς ὑπὸ τοῦ πατρὸς πεμπομένους ἡμῖν συμμάχους φθάνειν, ἵν' ἀκοινώνητόν τε ᾖ τὸ κατόρθωμα καὶ μεῖζον. 482 Νομίζω δ' ἔγωγε ἐπὶ τῆσδε τῆς ὥρας καὶ τὸν πατέρα τὸν ἐμὸν κρίνεσθαι κἀμὲ καὶ ὑμᾶς, εἰ τῶν μὲν προκατωρθωμένων ἄξιος ἐκεῖνος, ἐγὼ δ' ἐκείνου παῖς, στρατιῶται δ' ὑμεῖς ἐμοῦ· καὶ γὰρ ἐκείνῳ τὸ νικᾶν ἔθος, κἀγὼ πρὸς αὐτὸν ὑποστρέφειν οὐκ ἂν ὑπομείναιμι λειφθείς. 483 Ὑμεῖς δὲ πῶς οὐκ ἂν αἰσχύνοισθε προκινδυνεύοντος ἡγεμόνος ἡττώμενοι; Προκινδυνεύσω γάρ, εὖ ἴστε, καὶ πρῶτος εἰς τοὺς πολεμίους ἐμϐαλῶ. 484 Μὴ λείπεσθε δ' ὑμεῖς ἐμοῦ πεπεισμένοι τὴν ἐμὴν ὁρμὴν παρακροτεῖσθαι θεῷ συμμάχῳ, καὶ προγινώσκετε σαφῶς, ὅτι τῆς ἔξω μάχης πλέον τι κατορθώσομεν.

485 Ταῦτα τοῦ Τίτου διεξιόντος προθυμία δαιμόνιος ἐμπίπτει τοῖς ἀνδράσιν, καὶ προσγενομένου πρὶν

479 2 καὶ ἀπόνοια, πάθη Niese : καὶ ἀπόνοια καὶ πάθη PA καὶ ἀπόνοια///πάθη L ἀπονοίας πάθη MVRC ‖ 5 ἄλλοις PAMC : om. LVR uide adn. ‖ 484 3-4 ὅτι — κατορθώσομεν codd.: *quod multo plus permixti hostibus efficiemus quam si extrinsecus pugnaremus* Lat.

amoindrir leur victoire par ce partage. **486** Or Vespasien envoya également Antonius Silo avec deux mille archers et l'ordre de s'emparer de la hauteur qui fait face à la ville, pour forcer les ennemis postés sur le rempart à se retirer. **487** Ils continrent donc, comme prescrit, ceux qui, de ce côté-là, tentaient de sortir pour porter secours aux Juifs, tandis que Titus, prenant la tête, lance son cheval sur les ennemis; derrière lui, avec de grands cris, les autres se déploient à travers la plaine sur toute l'étendue du front ennemi, ce qui les fit paraître beaucoup plus nombreux. **488** Les Juifs, bien qu'ils fussent déconcertés par le mordant et le bon ordre des Romains, résistèrent quelque temps à leurs attaques, mais criblés de javelots et culbutés par la ruée de la cavalerie, ils se faisaient piétiner. **489** Vu le nombre des morts partout dans leurs rangs, ils se dispersent et s'enfuient vers la ville chacun aussi vite qu'il peut. **490** Titus pressait et abattait ceux des derniers rangs; il se frayait un passage à coups de sabre à travers ceux qui restaient groupés. Parfois il prenait de l'avance puis les chargeait de front; pour beaucoup ce fut une grande bousculade, alors il bondissait sur eux et les mettait en pièces [1]. **491** Il leur coupait à tous la retraite vers le rempart et les rejetait dans la plaine, jusqu'au moment où, forçant le passage grâce à leur nombre ils s'échappent et se réfugient dans la ville.

492 Seulement, à l'intérieur, une nouvelle et pénible discorde les accueille. La population de l'endroit, soucieuse de ses biens et de sa ville, s'était prononcée dès le début contre la guerre, encore plus maintenant, après la défaite. **493** Mais l'élément étranger, qui était nombreux, ne se montrait que plus violent. Une fois en fureur les uns contre les autres, ce n'était que cris et vacarme, si bien qu'ils étaient sur le point d'en venir aux armes. **494** Au bruit de cette agitation, Titus, qui n'était pas loin du

συμβαλεῖν Τραϊανοῦ μετὰ τετρακοσίων ἱππέων ἤσχαλλον ὡς μειουμένης τῆς νίκης αὐτοῖς διὰ τὴν κοινωνίαν.
486 Ἔπεμψεν δὲ Οὐεσπασιανὸς καὶ Ἀντώνιον Σίλωνα σὺν δισχιλίοις τοξόταις, κελεύσας καταλαβόντας τὸ ἀντικρὺ τῆς πόλεως ὄρος τοὺς ἐπὶ τοῦ τείχους ἀνείργειν.
487 Καὶ οἱ μέν, ὡς προσετέτακτο, τοὺς ταύτῃ πειρωμένους ἐκβοηθεῖν περιέσχον, ὁ δὲ Τίτος πρῶτος τὸν ἵππον ἤλαυνεν εἰς τοὺς πολεμίους καὶ σὺν κραυγῇ μετ' αὐτὸν οἱ λοιποὶ παρεκτείναντες ἑαυτοὺς εἰς ὅσον ἐπεῖχον οἱ πολέμιοι τὸ πεδίον, παρὸ καὶ πολὺ πλείους ἔδοξαν. 488 Οἱ δὲ Ἰουδαῖοι, καίτοι τήν τε ὁρμὴν καὶ τὴν εὐταξίαν αὐτῶν καταπλαγέντες, πρὸς ὀλίγον μὲν ἀντέσχον ταῖς ἐμβολαῖς, νυσσόμενοι δὲ τοῖς κοντοῖς καὶ τῷ ῥοίζῳ τῶν ἱππέων ἀνατρεπόμενοι συνεπατοῦντο.
489 Πολλῶν δὲ πανταχοῦ φονευομένων διασκίδνανται καὶ πρὸς τὴν πόλιν ὡς ἕκαστος εἶχεν τάχους ἔφευγον.
490 Τίτος δὲ τοὺς μὲν κατόπιν προσκείμενος ἀνῄρει, τῶν δὲ διεκπαίων ἀθρόων, οὓς δὲ φθάνων κατὰ στόμα διήλαυνεν, πολλοὺς δὲ συνηλοία περὶ ἀλλήλοις πεσόντας ἐμπηδῶν, 491 πᾶσιν δὲ τὰς πρὸς τὸ τεῖχος φυγὰς ὑπετέμνετο καὶ πρὸς τὸ πεδίον ἀπέστρεφεν, ἕως τῷ πλήθει βιασάμενοι καὶ διεκπεσόντες εἰς τὴν πόλιν συνέφευγον.

492 Ἐκδέχεται δὲ αὐτοὺς πάλιν στάσις εἴσω χαλεπή. Τοῖς μὲν γὰρ ἐπιχωρίοις διά τε τὰς κτήσεις καὶ τὴν πόλιν οὐκ ἐδόκει πολεμεῖν ἀπ' ἀρχῆς, καὶ τότε διὰ τὴν ἧτταν πλέον· 493 ὁ δ' ἔπηλυς πολὺς ὢν πλεῖον ἐβιάζετο, καὶ διωργισμένων ἐπ' ἀλλήλοις κραυγή τε ἦν καὶ θόρυβος ὡς ὅσον οὔπω φερομένων εἰς ὅπλα.
494 Κατακούσας δὲ τῆς ταραχῆς Τίτος, οὐ γὰρ ἦν

490 3 συνηλοία PAR : συνηλόα MC συνείλου LV συνηλου Vγρ. ‖ **491** 3 διεκπεσόντες PAMLp.c. : διεκπαίσαντες La.c. Niese[2] συνεκπεσόντες V Lips συνεισπεσόντες RC.

rempart, cria de toutes ses forces : « C'est le moment ! Qu'attendons-nous, camarades, quand Dieu livre les Juifs entre nos mains. Saluez la victoire ! **495** Vous n'entendez pas ces clameurs? C'est la discorde chez ceux qui viennent d'échapper [1] à nos mains. La ville est à nous si nous faisons vite. Mais il faut joindre à la rapidité l'effort et la résolution; c'est qu'en effet il n'est pas de grand succès sans risques [2]. **496** Il faut prévenir non seulement le retour des ennemis à la concorde — et la nécessité les aura vite réconciliés — mais aussi l'arrivée des renforts envoyés par nos amis, pour qu'en plus de la victoire remportée sur une pareille multitude par le petit nombre que nous sommes, nous prenions encore la ville, à nous seuls. »

497 Tout en disant ces derniers mots, il saute sur son cheval, conduit ses troupes vers le lac, chevauche dans l'eau [3], pénètre le premier dans la ville, suivi du reste de sa troupe. **498** Devant son coup d'audace, les hommes postés sur le rempart furent saisis d'effroi et aucun d'entre eux n'eut le sang-froid d'aller se battre ou l'empêcher d'avancer, mais abandonnant leur poste de garde, Jésus et les siens s'enfuirent à travers la campagne; **499** les autres, qui dévalaient vers le lac, tombaient çà et là sous les coups des ennemis qui marchaient à leur rencontre. Certains étaient tués au moment où ils montaient dans les barques, d'autres pendant qu'ils tentaient de rejoindre à la nage [4] ceux qui avaient gagné le large. **500** En ville c'était un grand massacre, aussi bien des étrangers qui n'avaient pu s'enfuir à temps et tentaient de faire front que des gens de l'endroit qui n'offraient aucune résistance. Ces derniers, en effet, dans l'espoir d'obtenir la vie sauve et par scrupule, puisqu'ils avaient pris parti contre la guerre, s'abstenaient de combattre. **501** Finalement Titus fit exécuter les responsables mais, par pitié pour les habitants, arrêta le massacre. **502** Quant à ceux qui s'étaient sauvés sur le lac, quand ils virent que la ville

1. *Supra* 473 l'expression « échapper à nos mains » était une fière constatation de portée générale, de l'invincibilité des armes romaines. Ici, Titus affecte de ne considérer que les

ἄπωθεν τοῦ τείχους, « οὗτος ἦν ὁ καιρός, » ἐκβοᾷ, « καὶ τί, συστρατιῶται, μέλλομεν ἐκδιδόντος ἡμῖν Ἰουδαίους θεοῦ; Δέξασθε τὴν νίκην. **495** Οὐκ ἀκούετε βοῆς; Στασιάζουσιν οἱ τὰς χεῖρας ἡμῶν διεκφυγόντες. Ἔχομεν τὴν πόλιν, ἐὰν ταχύνωμεν· δεῖ δὲ πόνου πρὸς τῷ τάχει καὶ λήματος· οὐδὲν γὰρ τῶν μεγάλων φιλεῖ δίχα κινδύνου κατορθοῦσθαι. **496** Φθάνειν δ' οὐ μόνον χρὴ τὴν τῶν πολεμίων ὁμόνοιαν, οὓς ἀνάγκη διαλλάξει ταχέως, ἀλλὰ καὶ τὴν τῶν ἡμετέρων βοήθειαν, ἵνα πρὸς τῷ νικῆσαι τοσοῦτον πλῆθος ὀλίγοι καὶ τὴν πόλιν ἕλωμεν μόνοι. »

497 Ταῦθ' ἅμα λέγων ἐπὶ τὸν ἵππον ἀναπηδᾷ καὶ καθηγεῖται πρὸς τὴν λίμνην, δι' ἧς ἐλάσας πρῶτος εἰς τὴν πόλιν εἰσέρχεται καὶ μετ' αὐτὸν οἱ λοιποί. **498** Δέος δὲ πρὸς τὴν τόλμαν αὐτοῦ τοῖς ἐπὶ τῶν τειχῶν ἐνέπεσεν, καὶ μάχεσθαι μὲν ἢ διακωλύειν οὐδεὶς ὑπέμεινεν, λιπόντες δὲ τὴν φρουρὰν οἱ μὲν περὶ τὸν Ἰησοῦν διὰ τῆς χώρας ἔφευγον, **499** οἱ δ' ἐπὶ τὴν λίμνην καταθέοντες ὑπαντιάζουσιν τοῖς πολεμίοις περιέπιπτον· ἐκτείνοντο δ' οἱ μὲν ἐπιβαίνοντες τῶν σκαφῶν, οἱ δὲ τοῖς ἀναχθεῖσιν προσνεῖν πειρώμενοι. **500** Πολὺς δὲ τῶν κατὰ τὴν πόλιν ἦν φόνος, τῶν μὲν ἐπηλύδων ὅσοι μὴ διαφυγεῖν ἔφθασαν ἀντιτασσομένων, ἀμαχητὶ δὲ τῶν ἐπιχωρίων· κατὰ γὰρ ἐλπίδα δεξιᾶς καὶ τὸ συνειδὸς τοῦ μὴ βεβουλεῦσθαι πολεμεῖν μάχης ἀπετρέποντο, **501** μέχρι Τίτος τοὺς μὲν αἰτίους ἀνελών, οἰκτείρας δὲ τοὺς ἐπιχωρίους ἀνεπαύσατο φόνου. **502** Καὶ οἱ μὲν εἰς τὴν λίμνην καταφυγόντες ἐπεὶ τὴν πόλιν

495 2-3 διεκφυγόντες P : διαφυγόντες A ras. MLVRC uide adn. ‖ **499** 4 προσνεῖν coni. ex *natando assequi* Lat. Destinon : προσπίπτειν PAMVR προσμένειν L om. C. ‖ **500** 5 βεβουλεῦσθαι PAMLVC : βεβουλῆσθαι V γρ R. Niese[2] ‖ **501** 2 φόνου Hudson *internicione* Lat. : πόνου codd.

était prise, ils prirent le large le plus loin possible des ennemis.

503 Titus envoya un de ses cavaliers annoncer à son père la bonne nouvelle de son exploit. **504** Vespasien, naturellement, fut enchanté de la vaillance de son fils et de son succès, car une phase très importante de cette guerre paraissait maintenant accomplie. Dès son arrivée, il ordonna de monter la garde tout autour de la ville pour que nul n'en sorte clandestinement, et prescrivit de tuer [1]...
505 Le lendemain il descendit au bord du lac et commanda d'agencer des radeaux pour rattraper les fugitifs. Ils furent vite fabriqués, grâce à l'abondance du bois et au nombre des ouvriers.

Le lac de Gennésar et le Jourdain.

506 Le lac de Gennésar doit son nom [2] au territoire qui l'avoisine. Il mesure en largeur quarante stades et cent quarante en longueur [3]. C'est néanmoins un lac d'eau douce et très bonne à boire.
507 Il a une eau plus légère que l'eau épaisse des marais. C'est un lac propre, bordé de tous côtés par des plages et du sable; en outre l'eau qu'on y puise est tempérée, plus agréable que celle d'une rivière ou d'une source, mais elle reste toujours plus fraîche qu'on ne s'y attendrait avec l'étendue de ce lac. **508** Cette eau ne le cède pas à la neige, quand elle a été exposée au courant d'air, comme ont coutume de le faire en été, pendant la nuit, les gens du pays. Les variétés de poissons qu'on y trouve diffèrent de celles de partout ailleurs aussi bien pour le goût que pour la forme. **509** Le lac est coupé en son milieu par le Jourdain, qui, en apparence, prend sa source au Panion [4], mais il y est amené, caché sous terre, depuis la source appelée Phialé; **510** cette source est située à cent vingt stades de Césarée [5] quand on monte en direction de la Trachonitide, à peu de distance de la route, à main droite.
511 D'après l'étymologie elle tire son nom de Phialé

rescapés (491) de la première phase de ce combat devant Tarichées. La leçon de P est donc à maintenir.

1. Thackeray supplée « quiconque tenterait de le faire ».
2. Cf. *supra* 463.

εἶδον ἑαλωκυῖαν, ὡς πορρωτάτω τῶν πολεμίων ἀνήχθησαν.

503 Τίτος δ' ἐκπέμψας τινὰ τῶν ἱππέων εὐαγγελίζεται τῷ πατρὶ τὸ ἔργον. **504** Ὁ δ', ὡς εἰκός, ὑπερησθεὶς τῇ τε τοῦ παιδὸς ἀρετῇ καὶ τῷ κατορθώματι, μεγίστη γὰρ ἐδόκει καθῃρῆσθαι μοῖρα τοῦ πολέμου. Τότε μὲν ἐλθὼν περισχόντας τὴν πόλιν φρουρεῖν ἐκέλευσεν, ὡς μὴ διαλάθοι τις ἐξ αὐτῆς, καὶ κτείνειν προσέταξεν⟨...⟩, **505** τῇ δ' ὑστεραίᾳ πρὸς τὴν λίμνην καταβὰς σχεδίας ἐκέλευσεν πήσσειν ἐπὶ τοὺς καταπεφευγότας· αἱ δ' ἐγίνοντο ταχέως ἀφθονίᾳ τε ὕλης καὶ πλήθει τεχνιτῶν.

506 Ἡ δὲ λίμνη Γεννησὰρ μὲν ἀπὸ τῆς προσεχοῦς χώρας καλεῖται, σταδίων δ' εὖρος οὖσα τεσσαράκοντα καὶ πρὸς τούτοις ἑτέρων ἑκατὸν τὸ μῆκος, γλυκεῖά τε ὅμως ἐστὶ καὶ ποτιμωτάτη· **507** καὶ γὰρ τῆς ἑλώδους παχύτητος ἔχει τὸ νᾶμα λεπτότερον, καθαρά τ' ἐστὶν πάντοθεν αἰγιαλοῖς ἐπιλήγουσα καὶ ψάμμῳ, πρὸς δὲ εὔκρατος ἀρύσασθαι, ποταμοῦ μὲν ἢ κρήνης προσηνεστέρα, ψυχροτέρα δὲ ἢ κατὰ λίμνης διάχυσιν ἀεὶ μένουσα. **508** Τὸ μέν γε ὕδωρ οὐκ ἀπᾴδει χιόνος ἐξαιθριασθέν, ὅπερ θέρους νυκτὸς ποιεῖν ἔθος τοῖς ἐπιχωρίοις. Γένη δ' ἰχθύων ἐν αὐτῇ διάφορα πρὸς τοὺς ἀλλαχοῦ γεῦσίν τε καὶ ἰδέαν. **509** Μέση δ' ὑπὸ τοῦ Ἰορδάνου τέμνεται. Καὶ δοκεῖ μὲν Ἰορδάνου πηγὴ τὸ Πάνειον, φέρεται δ' ὑπὸ γῆν εἰς τοῦτο κρυπτῶς ἐκ τῆς καλουμένης Φιάλης· **510** ἡ δ' ἐστὶν ἀνιόντων εἰς τὴν Τραχωνῖτιν ἀπὸ σταδίων ἑκατὸν εἴκοσι Καισαρείας, τῆς ὁδοῦ κατὰ τὸ δεξιὸν μέρος οὐκ ἄπωθεν. **511**

504 6 προσέταξεν P : ἐκέλευσεν AMLV² ras. RC. Post hoc uerbum lacunam statuit Destinon, quam suppleuit Lat. : *neque a caedibus temperaret* uide adn. ‖ **505** 2 ἐπὶ : ὡς ἐπὶ P.

de sa configuration, car c'est un lac de forme circulaire [1]. L'eau le remplit toujours jusqu'au bord sans jamais baisser ni déborder. **512** Jusqu'ici on ignorait que le Jourdain partait de là et c'est Philippe, tétrarque de Trachonitide, qui en a donné la preuve : **513** ayant jeté des brins de paille dans l'étang de Phialé, il les trouva restitués à Panion, où les anciens croyaient que le fleuve prenait naissance. **514** La beauté naturelle de Panion a été rehaussée par la munificence royale, Agrippa [2] l'ayant orné à grands frais. **515** Le Jourdain commence son cours visible à partir de cette grotte [3], puis fend les marécages et les eaux stagnantes du lac Séméchonitis [4], parcourt encore cent vingts stades et, après la ville de Julias [5], passe au milieu du lac de Génnesar d'où, après avoir longé un grand désert, il débouche [6] sur le lac Asphaltite [7].

516 Le long du lac de Gennésar s'étend une campagne du même nom, admirable par sa beauté naturelle [8]. Grâce à sa fertilité, ce sol ne refuse aucune plantation, les agriculteurs y font pousser de tout et l'heureuse composition de l'air convient aux espèces même les plus différentes. **517** Ainsi, les noyers, essence qui tolère le mieux les climats rigoureux, prospèrent à l'infini en ce pays à palmiers, qui vivent de la grosse chaleur, à figuiers et oliviers, qui s'en rapprochent, pour lesquels on prescrit un climat plutôt doux. **518** On dirait que la Nature a mis son point d'honneur à ce tour de force de rassembler en un seul lieu les essences incompatibles et de provoquer les saisons à une belle émulation, où chacune fait valoir ses droits sur ce territoire. De fait la région non seulement produit, contre toute attente, les fruits les plus divers, mais elle les fait durer. **519** Ainsi, ces rois des fruits, le raisin et la figue, elle en fournit pendant dix mois sans interruption; les autres fruits,

1. Litt. en forme de roue. Phialé, en grec, veut dire « coupe ».
2. Cf. *supra* 443.
3. Description 1, 405-406.
4. C'est le lac marécageux, aujourd'hui Baheiret el Huleh, peut-être celui que *Josué* 11, 5 appelle « les eaux de Mérom ».
5. Cf. 2, 168.

Ἐκ μὲν οὖν τῆς περιφερείας ἐτύμως Φιάλη καλεῖται τροχοειδὴς οὖσα λίμνη, μένει δ' ἐπὶ χείλους αὐτῆς ἀεὶ τὸ ὕδωρ μήθ' ὑπονοστοῦν μήθ' ὑπερχεόμενον. 512 Ἀγνοούμενος δὲ τέως ὁ Ἰορδάνης ἐντεῦθεν ἄρχεσθαι διὰ τοῦ τετραρχήσαντος Τραχωνιτῶν ἠλέγχθη Φιλίππου· 513 βαλὼν γὰρ οὗτος εἰς τὴν Φιάλην ἄχυρα, κατὰ τὸ Πάνειον, ἔνθεν ἐδόκουν οἱ παλαιοὶ γεννᾶσθαι τὸν ποταμόν, εὗρεν ἀνενεχθέντα. 514 Τοῦ μὲν οὖν Πανείου τὸ φυσικὸν κάλλος ὑπὸ τῆς βασιλικῆς προσεξήσκηται πολυτελείας, τῷ Ἀγρίππα πλούτῳ κεκοσμημένον. 515 Ἀρχόμενος δὲ φανεροῦ ῥεύματος ὁ Ἰορδάνης ἀπὸ τοῦδε τοῦ ἄντρου κόπτει μὲν τὰ τῆς Σεμεχωνίτιδος λίμνης ἕλη καὶ τέλματα, διαμείψας δ' ἑτέρους ἑκατὸν εἴκοσι σταδίους μετὰ πόλιν Ἰουλιάδα διεκπαίει τὴν Γεννησὰρ μέσην, ἔπειτα πολλὴν ἀναμετρούμενος ἐρημίαν εἰς τὴν Ἀσφαλτῖτιν ἐξίησι λίμνην.

516 Παρατείνει δὲ τὴν Γεννησὰρ ὁμώνυμος χώρα, θαυμαστὴ φύσιν τε καὶ κάλλος· οὔτε γὰρ αὐτή τι φυτὸν ἀρνεῖται διὰ τὴν πιότητα, καὶ πᾶν πεφυτεύκασιν οἱ νεμόμενοι, τοῦ δ' ἀέρος τὸ εὔκρατον ἁρμόζει καὶ τοῖς διαφόροις. 517 Καρύαι μέν γε, φυτῶν τὸ χειμεριώτατον, ἄπειροι τεθήλασιν, ἔνθα φοίνικες, οἳ καύματι τρέφονται, συκαῖ δὲ καὶ ἐλαῖαι πλησίον τούτων, αἷς μαλθακώτερος ἀὴρ ἀποδέδεικται. 518 Φιλοτιμίαν ἄν τις εἴποι τῆς φύσεως βιασαμένης εἰς ἓν συναγαγεῖν τὰ μάχιμα, καὶ τῶν ὡρῶν ἀγαθὴν ἔριν, ἑκάστης ὥσπερ ἀντιποιουμένης τοῦ χωρίου· καὶ γὰρ οὐ μόνον τρέφει παρὰ δόξαν τὰς διαφόρους ὀπώρας, ἀλλὰ καὶ διαφυλάσσει. 519 Τὰ μέν γε βασιλικώτατα, σταφυλήν τε καὶ σῦκον, δέκα μησὶν ἀδιαλείπτως χορηγεῖ, τοὺς

511 1 ἐτύμως ex *proprie* Lat. Hudson : ἑτοίμως codd. || **514** 3 τῷ Bekker : τὸν PAMLVR τῶν C. || **515** 6 ἐξίησι coni. Schreckenberg : ἔξεισι codd., uide adn.

pendant toute l'année, y mûrissent sur l'arbre. C'est qu'en plus de son air tempéré, elle est arrosée par une source [1] très fertilisante. Les gens de l'endroit lui donnent le nom de Capharnaüm [2]. **520** D'aucuns ont pensé que c'était une branche du Nil, étant donné qu'elle engendre une espèce de poisson analogue au coracin [3] du lac [4] d'Alexandrie. **521** Ce territoire s'étend, en bordure du lac du même nom, sur une longueur de trente stades et sur une largeur de vingt. Telle est la nature de ces parages.

Destruction de la flottille juive.

522 Lorsque les radeaux furent prêts, Vespasien y fit monter autant de ses soldats qu'il l'estimait suffisant contre les hommes partis sur le lac et leur fit gagner le large. Les Juifs qu'il traquait ainsi ne pouvaient pas s'enfuir à terre, où tout était tombé au pouvoir de l'ennemi, ni soutenir sur l'eau un combat à chances égales : **523** leurs embarcations, de petites dimensions et faites pour la piraterie, ne pouvaient rien en face des radeaux ; et comme chacune n'était montée que par quelques hommes, en face des Romains assaillant en groupes compacts, ils n'osaient pas approcher. **524** Malgré tout, en naviguant tout autour des radeaux, parfois même en s'en approchant, ils lançaient de loin des pierres sur les Romains ou bien, en frôlant leurs radeaux, ils les frappaient de tout près ; **525** mais d'une façon comme de l'autre ils avaient eux-mêmes à souffrir encore davantage : les pierres qu'ils lançaient ne faisaient rien de plus qu'un fracas ininterrompu, puisqu'ils atteignaient des gens protégés par leurs armures, alors qu'eux-mêmes étaient vulnérables aux traits des Romains ; et quand ils osaient s'approcher, avant même d'avoir accompli quoi que ce soit, ils étaient mis à mal et coulaient avec leurs embarcations. **526** Quant à ceux qui tentaient de se frayer un passage l'épée à la main, les Romains survenant en transperçaient beaucoup de leurs lances ou bien d'un coup d'épée, en sautant dans

1. Près de Capharmaüm, Ain-et-Tabigha, conserve le témoignage du nom de Heptapegon (= les sept sources).

δὲ λοιποὺς καρποὺς δι' ἔτους ὅλου περιγηράσκοντας ἑαυτοῖς· πρὸς γὰρ τῇ τῶν ἀέρων εὐκρασίᾳ καὶ πηγῇ διάρδεται γονιμωτάτῃ, Καφαρναοὺμ αὐτὴν οἱ ἐπιχώριοι καλοῦσιν. 520 Ταύτην φλέβα τοῦ Νείλου τινὲς ἔδοξαν, ἐπεὶ γεννᾷ τῷ κατὰ τὴν Ἀλεξανδρέων λίμνην κορακίνῳ παραπλήσιον. 521 Μῆκος δὲ τοῦ χωρίου παρατείνει κατὰ τὸν αἰγιαλὸν τῆς ὁμωνύμου λίμνης ἐπὶ σταδίους τριάκοντα καὶ εὖρος εἴκοσι. Ταῦτα μὲν οὕτως φύσεως ἔχει.

522 Οὐεσπασιανὸς δ', ἐπεὶ παρεσκευάσθησαν αἱ σχεδίαι, τῆς δυνάμεως ἐπιβήσας ὅσον ᾤετο τοῖς κατὰ τὴν λίμνην ἀνταρκέσειν ἐπανήγετο. Τοῖς δὲ συνελαυνομένοις οὔτ' ἐπὶ γῆν διαφεύγειν ἦν ἐκπεπολεμωμένων πάντων οὔτ' ἐξ ἴσου διαναυμαχεῖν· 523 τά τε γὰρ σκάφη μικρὰ ὄντα καὶ ληστρικὰ πρὸς τὰς σχεδίας ἦν ἀσθενῆ, καὶ καθ' ἕκαστον ἐμπλέοντες ὀλίγοι πρὸς ἀθρόους ἐφεστῶτας τοὺς Ῥωμαίους ἐγγίζειν ἐδεδοίκεισαν. 524 Ὅμως δ' οὖν ἐκπεριπλέοντες τὰς σχεδίας, ἔστιν δ' ὅπου καὶ πλησιάζοντες, πόρρωθεν τοὺς Ῥωμαίους ἔβαλλον λίθοις καὶ παραξύοντες ἐγγύθεν ἔπαιον. 525 Ἐκακοῦντο δ' αὐτοὶ πλέον κατ' ἀμφότερα· ταῖς τε γὰρ χερμάσιν οὐδὲν δρῶντες ὅτι μὴ κτύπον ἐπάλληλον, εἰς γὰρ πεφραγμένους ἔβαλλον, ἐφικτοὶ τοῖς Ῥωμαίων ἐγίνοντο βέλεσιν, καὶ πλησιάζειν τολμῶντες πρὶν δρᾶσαί τι παθεῖν ἔφθανον καὶ σὺν αὐτοῖς ἐβαπτίζοντο τοῖς σκάφεσιν. 526 Τῶν δὲ διεκπαίειν πειρωμένων πολλοὺς μὲν ἐφικνούμενοι κοντοῖς διέπειρον, οὓς δὲ ξιφήρεις ἐπιπηδῶντες εἰς τὰ σκάφη, τινὰς δὲ συντρεχούσαις

519 4 ἑαυτοῖς L : αὐτοῖς PAMVRC om. Lat. ‖ **522** 3 ἀνταρκέσειν R : αὐταρκέσιν P αὐταρκέσειν AMVC αὔταρκες εἶναι L. ‖ **524** 3 παραξύοντες MVC Lips : παροξύνοντες PAL Lat. παροξύοντες (?) R. ‖ **525** 2 χερμάσιν PAMLVC : χερσὶν VγρR ‖ κτύπον PAMLVC : κρυπτὸν VγρR. ‖ 3 ἐφικτοὶ MVRC : καὶ ἐφικτοὶ PAL.

les embarcations; d'autres fois les radeaux en se rapprochant les cernaient et l'on capturait hommes et barques. **527** Parmi les hommes tombés à l'eau, ceux qui émergeaient, un trait les atteignait tout de suite ou l'équipage d'un radeau les capturait; si, dans leur désespoir ils tentaient de mettre le pied sur un radeau ennemi, les Romains leur coupaient la tête ou les mains. **528** Ils en firent un grand massacre, de toutes les manières et partout, jusqu'au moment où les survivants, défaits, leurs barques cernées, furent poussés au rivage. **529** Beaucoup se jetaient à l'eau, mais ils périssaient sous les traits dans le lac même. Beaucoup également qui avaient sauté à terre y furent massacrés par les Romains. On pouvait voir tout le lac souillé de sang et rempli de cadavres, car personne n'échappa. **530** Les jours suivants il régna dans toute la région une odeur et un spectacle épouvantables : le rivage était encombré d'épaves et de cadavres qui gonflaient; sous l'action de la chaleur et de l'humidité, les morts corrompaient l'air; au point que le sinistre non seulement était déplorable pour les Juifs mais qu'il en arriva à être odieux à ses auteurs. **531** Telle fut l'issue de ce combat naval; et en comptant ceux qui étaient tombés en ville précédemment, il y eut six mille sept cents morts [1].

Vespasien fait exécuter les bouches inutiles et réduit le reste en esclavage.

532 Après la bataille, Vespasien tient séance sur son tribunal à Tarichées. En distinguant des populations de l'endroit la tourbe venue de l'extérieur — c'est elle, en effet, qui semblait bien avoir déclenché les hostilités — il délibère avec ses généraux pour savoir s'il faut laisser la vie sauve à ces gens-là aussi. **533** Les généraux déclarent que leur accorder le pardon serait néfaste : si on leur rend la liberté, des hommes privés de leur patrie et capables d'engager de force dans la guerre ceux-là même chez qui ils se seront réfugiés, ne vont pas rester tranquilles. **534** Vespasien savait bien qu'ils ne méritaient pas la vie sauve et qu'ils n'échapperaient qu'aux dépens de ceux qui les auraient

ταῖς σχεδίαις ἐναποληφθέντας μέσους εἷλον ἅμα ταῖς ἁλιάσιν. 527 Τῶν δὲ βαπτισθέντων τοὺς ἀνανεύοντας [ἢ] βέλος ἔφθανεν ἢ σχεδία κατελάμβανεν, καὶ προσβαίνειν ὑπ' ἀμηχανίας εἰς τοὺς ἐχθροὺς πειρωμένων ἢ κεφαλὰς ἢ χεῖρας ἀπέκοπτον οἱ Ῥωμαῖοι. 528 Πολλή τε ἦν αὐτῶν καὶ ποικίλη φθορὰ πανταχοῦ, μέχρι τραπέντες εἰς γῆν ἐξεώσθησαν οἱ λοιποὶ κεκυκλωμένων αὐτοῖς τῶν ἁλιάδων. 529 Ἐκχεόμενοι δὲ πολλοὶ μὲν ἐν αὐτῇ κατηκοντίζοντο τῇ λίμνῃ, πολλοὺς δ' ἐκπηδήσαντας οἱ Ῥωμαῖοι διέφθειραν ἐπὶ γῆς. Ἦν δ' ἰδεῖν κεκραμένην μὲν αἵματι, πεπληρωμένην δὲ νεκρῶν τὴν λίμνην ἅπασαν· διεσώθη γὰρ οὐδείς. 530 Δεινὴ δὲ ταῖς ἑξῆς ἡμέραις περιεῖχε τὴν χώραν ὀδμή τε καὶ ὄψις· οἱ μὲν γὰρ αἰγιαλοὶ ναυαγίων ἅμα καὶ διοιδούντων ἔγεμον σωμάτων, ἐκκαιόμενοι δὲ καὶ μυδῶντες οἱ νεκροὶ τὸν ἀέρα διέφθειρον, ὡς μὴ μόνον οἰκτρὸν Ἰουδαίοις γενέσθαι τὸ πάθος, ἀλλὰ καὶ διὰ μίσους τοῖς δράσασιν ἐλθεῖν. 531 Τοῦτο μὲν ἐκείνης τῆς ναυμαχίας τὸ τέλος, ἀπέθανον δὲ σὺν τοῖς ἐπὶ τῆς πόλεως πρότερον πεσοῦσιν ἑξακισχίλιοι ἑπτακόσιοι.

532 Οὐεσπασιανὸς δὲ μετὰ τὴν μάχην καθίζει μὲν ἐπὶ βήματος ἐν Ταριχαίαις, διακρίνων δ' ἀπὸ τῶν ἐπιχωρίων τὸν ἔπηλυν λεών, κατάρξαι γὰρ οὗτος ἐδόκει πολέμου, μετὰ τῶν ἡγεμόνων εἰ χρὴ καὶ τούτους σῴζειν ἐσκέπτετο. 533 Φαμένων δὲ τούτων βλαβερὰν ἔσεσθαι τὴν ἄφεσιν αὐτῶν, οὐ γὰρ ἠρεμήσειν ἀπολυθέντας ἀνθρώπους ἐστερημένους μὲν τῶν πατρίδων, βιάζεσθαι δὲ καὶ πρὸς οὓς ἂν καταφύγωσιν πολεμεῖν δυναμένους, 534 Οὐεσπασιανὸς ὡς μὲν οὔτ' ἄξιοι σωτηρίας εἶεν

526 4 εἷλον MVRC Lat. : ἦλθον PA ἐβύθιζον L ἡλόων uel συνηλόων Destinon, qui huc refert uerba Heg. : *aut concursu ratium proterebantur.* ‖ **527** 2 ἢ L : om. PAMVRC secl. Thackeray. ‖ **529** 1 ἐκχεόμενοι PAL Lat. : ἐκκλειόμενοι MVRC. ‖ **531** 3 ἑπτακόσιοι PAM Heg. : πεντακόσιοι M γρ LVRC Lat.

épargnés, mais il se demandait de quelle manière les supprimer. **535** Effectivement, il se doutait que les tuer sur place serait une provocation pour la population du lieu, qui ne supporterait pas le massacre chez elle de tant de réfugiés; en outre, il ne pouvait admettre, après leur avoir donné sa parole, de se jeter sur eux au moment où ils s'en iraient. **536** L'avis qui l'emporta fut celui de ses amis, disant que contre des Juifs rien n'est impie et qu'il faut préférer l'utile au convenable quand il n'y a pas moyen de les concilier. **537** Il accorda donc à ces gens des assurances trompeuses en leur permettant de s'en aller seulement par la route qui conduit à Tibériade. **538** Eux, portés à croire tout de suite ce qu'ils souhaitaient, s'en allèrent par l'itinéraire autorisé en emportant sans les cacher leurs richesses, que, sur ses assurances, ils croyaient en sûreté; les Romains occupent déjà toute la route jusqu'à Tibériade pour qu'aucun d'eux ne s'en écarte et ils les enferment dans la ville. **539** A son arrivée, Vespasien les fit mettre tous dans le stade. Il ordonna de tuer les vieillards ainsi que les bouches inutiles : plus de douze cents personnes. **540** Parmi les jeunes, il choisit les six mille plus vigoureux et les envoya à Néron, pour les travaux de l'Isthme [1]; quant à la masse restante, environ trente mille quatre cents têtes, il les vend, à l'exception de ceux dont il avait fait présent à Agrippa : **541** car il lui permit de disposer à son gré des sujets originaires de son royaume. **542** Mais le roi les vendit eux-aussi. Le reste de cette tourbe, ressortissait de Trachonitide, de Gaulanitide, d'Hippos, de Gadara, pour la plupart agitateurs ou exilés politiques que leur infamie en temps de paix rendait accueillants à l'idée de la guerre. Leur capture eut lieu le huit du mois Gorpiéos [2].

1. Il s'agit du canal de l'Isthme de Corinthe, dont Néron venait d'inaugurer le percement en donnant lui-même les premier coups de pioche, remplissant de terre une hotte et l'emportant sur ses épaules pour donner l'exemple aux prétoriens : « praetorianos pro contione ad incohandum opus cohortatus est tubaque signo dato primus rastello humum effodit et corbulae congestam umeris extulit » Suét. *Nero* 19.

καὶ διαφεύξονται κατὰ τῶν ἀφέντων ἐγίνωσκεν, τὸν δὲ τρόπον αὐτῶν τῆς ἀναιρέσεως διενοεῖτο. **535** Καὶ γὰρ αὐτόθι κτείνων ἐκπολεμώσειν ὑφεωρᾶτο τοὺς ἐπιχωρίους, οὐ γὰρ ἀνέξεσθαι φονευομένων ἱκετῶν τοσούτων παρ' αὐτοῖς, καὶ μετὰ πίστεις ἐπιθέσθαι προελθοῦσιν οὐχ ὑπέμενεν. **536** Ἐξενίκων δ' οἱ φίλοι μηδὲν κατὰ Ἰουδαίων ἀσεβὲς εἶναι λέγοντες καὶ χρῆναι τὸ συμφέρον αἱρεῖσθαι πρὸ τοῦ πρέποντος, ὅταν ᾖ μὴ δυνατὸν ἄμφω. **537** Κατανεύσας οὖν αὐτοῖς ἄδειαν ἀμφίβολον ἐπέτρεψεν ἐξιέναι διὰ μόνης τῆς ἐπὶ Τιβεριάδα φερούσης ὁδοῦ. **538** Τῶν δὲ ταχέως πιστευσάντων οἷς ἤθελον καὶ μετὰ φανερῶν ⟨ὡς⟩ ἐν ἀσφαλεῖ τῶν χρημάτων ᾗπερ ἐπετράπη χωρούντων, διαλαμβάνουσιν μὲν οἱ Ῥωμαῖοι τὴν μέχρι Τιβεριάδος πᾶσαν, ὡς μή τις ἀποκλίνειεν, συγκλείουσι δ' αὐτοὺς εἰς τὴν πόλιν. **539** Καὶ Οὐεσπασιανὸς ἐπελθὼν ἵστησι πάντας ἐν τῷ σταδίῳ, καὶ γηραιοὺς μὲν ἅμα τοῖς ἀχρήστοις διακοσίους ἐπὶ χιλίοις ὄντας ἀνελεῖν ἐκέλευσεν, **540** τῶν δὲ νέων ἐπιλέξας τοὺς ἰσχυροτάτους ἑξακισχιλίους ἔπεμψεν εἰς τὸν ἰσθμὸν Νέρωνι, καὶ τὸ λοιπὸν πλῆθος εἰς τρισμυρίους καὶ τετρακοσίους ὄντας πιπράσκει χωρὶς τῶν Ἀγρίππᾳ χαρισθέντων· **541** τοὺς γὰρ ἐκ τῆς τούτου βασιλείας ἐπέτρεψεν αὐτῷ ποιεῖν εἴ τι βούλοιτο· πιπράσκει δὲ καὶ τούτους ὁ βασιλεύς. **542** Ὁ μέντοι γε ἄλλος ὄχλος Τραχωνῖται καὶ Γαυλανῖται καὶ Ἱππηνοὶ καὶ ἐκ τῆς Γαδαρίτιδος τὸ πλέον ὡς στασιασταὶ καὶ φυγάδες καὶ οἷς τὰ τῆς εἰρήνης ὀνείδη τὸν πόλεμον προυξένει. Ἑάλωσαν δὲ Γορπιαίου μηνὸς ὀγδόῃ.

534 2 καὶ R : κἂν PAVC καὶ εἰ ML κἂν εἰ Herwerden recepto mox ex M ὁπλίζεσθαι ‖ ἀφέντων PALVRC ἀφέντων ὁπλίζεσθαι M. ‖ **538** 2 ὡς Destinon et Niese : om. codd. ‖ **541** 2 εἴ τι PAML : ὅ τι VRC. ‖ **542** 3 ὡς PAp.c. MLp.c. VRC *tanquam* Heg. : ὧ Aa.c. La.c. ἦσαν ex cod. Voss. Hauerkamp *qui erant* Lat. ‖ 5 δὲ PA Niese[2] : om. MLVRC Lat. secl. Thack.

Appendice I

(II 117)

LA JURIDICTION CAPITALE DONNÉE A UN PROCURATEUR-GOUVERNEUR

C'est le *ius gladii*, droit de vie et de mort. Il est difficile de définir le rôle de Coponius en termes techniques rigoureux, car il s'agit ici d'un « territoire de César, ἐπαρχία Καίσαρος, dont Strabon nous dit que César les organise au gré des circonstances πρὸς τοὺς καιροὺς πολιτευόμενος. Dans le cas présent, César n'envoie ni un consulaire, ni un prétorien, mais un simple chevalier (Strabon 17, 3, 25). Mais Coponius, tout en restant sous l'autorité du légat de Syrie Quirinius, reçoit « les pleins pouvoirs » (τῇ ἐπὶ πᾶσιν ἐξουσία *AJ* 18, 1-2) pour, au besoin, agir vite.

Le fait que Josèphe attire ici l'attention sur le *ius gladii* de Coponius montre ce que cette mesure avait d'exceptionnel. Effectivement, il faudra attendre le cas de C. Valérius Rufus, sous Domitien, pour voir un autre procurateur-gouverneur (de la province de Rhétie) doté du *ius gladii* (H.-G. Pflaum, *Essai sur les procurateurs équestres*, p. 119). Cependant le privilège s'explique par le fait qu'il s'agit d'une province éloignée et encore peu romanisée.

Appendice II

LE MARIAGE CHEZ LES ESSÉNIENS

D'après *AJ* 18, 21 tous les membres de cette communauté sont célibataires. De même chez Pline l'Ancien, *HN* 5, 15, qui n'éprouve pour eux aucune sympathie. « Ab occidente litora Esseni fugiunt usque qua nocent, gens sola et in toto orbe praeter ceteras mira, sine ulla femina, omni venere abdicata, sine pecunia, socia palmarum.

In diem ex aequo convenarum turba renascitur, large frequentantibus quos vita fessos ad mores eorum fortuna fluctibus agit. Ita per saeculorum milia — incredibile dictu — gens aeterna est, in qua nemo nascitur. Tam fecunda illis aliorum vitae paenitentia est! » (C. Mayhoff, éd. Teubner, 1906). A l'Ouest (de la mer Morte) les Esséniens évitent toujours les rivages malsains. C'est une espèce unique et étrange entre toutes sur la terre : sans femmes, elle a renoncé à tout plaisir charnel; elle se passe d'argent et vit en compagnie des palmiers. Au long des jours cette tourbe de métèques renaît toujours aussi nombreuse, grâce à l'affluence de gens fatigués de la vie que les fluctuations de la Fortune poussent à adopter leur mode de vie. Si bien qu'au bout de tant de milliers de siècles, il existe — chose incroyable à dire — une espèce qui se perpétue et où il n'y a pas de naissances ! Tant est féconde pour eux la mélancolie de vivre qui sévit chez les autres ». Philon, *Hypothetica* 11, 14 et 15 : **'Εσσαίων γὰρ οὐδεὶς ἄγεται γυναῖκα,** diatribe que Colson considère comme l'argumentation dont useraient éventuellement les Esséniens plutôt que comme la conviction personnelle de Philon (Philo, Loeb IX, p. 442, note). D'après J. Coppens, *Le célibat essénien*, *Bibl. Ephemer. Theol. Lov.* XLVI, p. 303, ce célibat s'expliquerait par l'attente eschatologique. Une seconde catégorie d'Esséniens s'engagent dans le mariage (*infra* 160).

Appendice III
(pour II 167)

LE SUPPLÉMENT DU CODEX VOSSIANUS.

En II 167 le *Codex Vossianus* présente un supplément de la main d'un correcteur, qui l'emprunte tel quel à *AJ* 18, 63-64 (*Testimonium Flavianum*) et l'a fait suivre d'un morceau d'exhortation chrétienne. Le texte en est donné par Niese, *Praefatio* p. xlvii et je le reproduis ici pour la commodité du lecteur.

(Sur ce passage célèbre, je me permets de renvoyer le lecteur à mes deux articles, aux conclusions identiques : 1° *L'originalité du témoignage de Flavius Josèphe sur Jésus* dans *Recherches de Science Religieuse*, 1964, p. 177-203, et 2° *Ce que Josèphe a dit de Jésus*, dans *Revue des Études juives*, 1965, p. 9-21.)

Nunc commemorandus est codex *Vossianus* uel *Lugduno-Batauus*, qui cum VR in plurimis et grauissimis consentit. Tamen ex neutro eorum petitus est, sed suum locum obtinet, cum et quaedam ex genere meliore habeat deprompta et non pauca singularia, id quod nunc paucis exemplis illustrandum est...

Maxime uero memorabile est, quod p. 186, 18 inter κατέλιπε et μεταβάσης haec inserit [1]:

γίνεται δὲ [2] κατὰ τοῦτον τὸν χρόνον, ἰησοῦς σοφὸς ἀνήρ· εἴγε ἄνδρα αὐτὸν λέγειν χρή· ἦν γὰρ παραδόξων ἔργων ποιητής· διδάσκαλος ἀνθρώπων τῶν ἡδονῇ τἀληθῆ δεχομένων καὶ πολλοὺς μὲν ἰουδαίους· πολλοὺς δὲ καὶ τοῦ ἑλληνικοῦ ἐπηγάγετο· ὁ χριστὸς οὗτος ἦν· καὶ αὐτὸν ἐνδείξει τῶν πρώτων ἀνδρῶν παρ' ἡμῖν, σταυρῷ ἐπιτετιμηκότος πιλάτου, οὐκ ἐπαύσαντο οἱ το [3] πρῶτον ἀγαπήσαντες· ἐφάνη γὰρ αὐτοῖς τρίτην ἔχων ἡμέραν πάλιν ζῶν· τῶν θείων προφητῶν ταῦτα καὶ ἄλλα μυρία περὶ αὐτοῦ θαυμάσια εἰρηκότων· εἴσ τε [4] νῦν τῶν χριστιανῶν ἀπὸ τοῦδε ὠνομασμένων [5] οὐκ ἐπέλιπε [6] τὸ φῦλον· πάντες γὰρ δίκαιοί τε καὶ ἄδικοι ἐνώπιον τοῦ θεοῦ λόγου ἀχθήσονται· τούτῳ γὰρ ὁ πατὴρ τὴν κρίσιν δέδωκε. καὶ αὐτὸς βουλὴν πατρὸς ἐπιτελῶν, κριτὴς παραγίνεται ὃν χριστὸν προσαγορεύομεν. οὐδὲ γὰρ μίνος καὶ ῥαδάμανθυς, κριταὶ καθ' ὑμᾶς ἕλληνες· ἀλλ' ὃν ὁ θεὸς καὶ πατὴρ ἐδόξασε· περὶ οὗ ἐν ἑτέροις λεπτομερέστερον διεληλύθαμεν, πρὸς τοὺς ζητοῦντας τὴν ἀλήθειαν· οὗτος τὴν πατρὸς [7] ἑκάστω δικαιοκρισίαν ποιούμενος, πᾶσι κατὰ τὰ ἔργα παρασκευάσει τὸ δίκαιον· οὗ κρίσει παραστάντες πάντες ἄνθρωποί τε καὶ ἄγγελοι καὶ δαίμονες, μίαν ἀπομφθέγξονται φωνὴν οὕτως λέγοντες· δικαία σου ἡ κρίσης. ἧς φωνῆς τὸ ἀνταπόδομα, ἐπ' ἀμφοτέροις ἐπάγει τὸ δίκαιον· τοῖς μὲν εὖ πράξασι, δικαίως τὴν ἀΐδιον ἀπόλαυσιν παρασχόντος· τοῖς δὲ τῶν φαύλων ἐρασταῖς,

1. Quae affert etiam Hauerkamp ad bell. Iud. II 9, 1 (uol. II p. 166) [= *BJ* 2, 167].

2. Δὲ a correctore repositum erasis litteris tribus; fort. fuit γὰρ.

3. Οἱ το correcta ut uidetur ex οἵ τε.

4. τ in rasura a correctore repositum.

5. Ex ὀνομασμένον correctum.

6. Ex ἐπέλειπε corr.

7. Sic $\overline{\text{πρσ}}$ codex, non πρὸς quod testatur Hauerkamp.

τὴν αἰώνιον κόλασιν ἀπονείμαντος· καὶ τούτοις μὲν τὸ πῦρ, ἄσϐεστον διαμένει καὶ ἀτελεύτητον· σκώληξ δέ τις ἔμπυρος μὴ τελευτῶν· μὴδὲ σῶμα διαφθείρων ἀπαύστω δ' ὀδύνη ἐκ σώματος ἐκϐράσσων παραμένει· horum pars prior (γίνεται δὲ — ἐπέλιπε τὸ φῦλον) testimonium est Christianum petitum ex Ant. Iud. XVIII 63 sq., quod, ut supra memoratum est, in V aliisque libris bello Iudaico superadditur. Reliqua aliunde assumpta sunt. In margine adnotauit rubricator : σή περὶ τοῦ κυρίου ἡμῶν ἰησοῦ χριστοῦ ὅσα μαρτυρῶν λέγει οὗτος. Postea corrector conseruato testimonio Christiano reliqua (πάντες γὰρ δίκαιοι — παραμένει) induxit et in margine haec adnotauit : ἰστέον ὅτε τὸ τοιοῦτον, ὠϐέλισται δικαίως παρ' ἡμῶν· ἐπει μὴδὲ ἐν ἑτέροις ἀντιγράφοις τοῦτο εὕρομεν· ἀλλ' οὐδέ τις τῶν τῆς ἐκκλησίας τοῦ χριστοῦ διδασκάλων τούτων ἐπεμνήσθη. οὔτε μὴν τῶν ἐσύστερον ἱστορικῶν ἀνδρῶν****μένων (aut μόνων) ἀνω***εἰρη****ἀλλὰ καὶ τ****ἐν τώ ιη̃ω λόγω τη ***χαιολο*****ρίσκετ*** [1]

Appendice IV

LE PRÉFET PILATE

De 26 à 36 ap. J.-C. Le terme ἐπίτροπος est proprement le titre grec d'un procurateur. Mais dans le langage courant, il peut désigner un préfet de province impériale. Par exemple le préfet d'Égypte, dont le titre exact était ἔπαρχος Αἰγύπτου (A. Stein, *Die Präfekten von Aegypten*, p. 191) est appelé ἐπίτροπος par Philon, *Flacc.* 2, 163 et note 1, p. 157; *Legatio* 132. D'autre part, il est possible qu'à partir de Claude les anciens « préfets » de provinces aient été appelés « procurateurs », même si leurs attributions n'en ont pas été considérablement modifiées. De toute façon, en ce qui concerne Pilate, le témoignage de sa dédicace sur le temple ou l'autel du culte impérial, qu'il éleva en l'honneur de Tibère et où il se dit [*praef*] *ectus Iuda*[*eae*], lève toute hésitation sur son titre exact dans l'administration impériale sous Tibère : il était préfet de Judée. Le *procurateur* de Tacite, *Annales* 15, 44 n'est plus qu'un anachronisme ou un « à peu près ». Le

1. Voir note 1 page précédente.

texte de cette dédicace : Attilio Degrassi, *Sull'iscrizione di Ponzio Pilato, Rendiconti... dell'Accademia Nazionale dei Lincei. Classe di Scienze morali...* 1964, Serie VIII vol. XIX, p. 59-65.

Appendice V.

(II 183)

ANTIPAS EXILÉ A SAINT-BERTRAND DE COMMINGES

Lugdunum Convenarum, auj. Saint-Bertrand de Comminges. L'harmonisation de ce passage avec *AJ* 18, 253, est due à O. Hirschfeld, *Sitz. Berichte Akad. Berlin* 1895, 399, note 1 : Josèphe, dans les *AJ.*, sur ce point, a corrigé son erreur de la *Guerre.* Cette identification, adoptée par Walter Otto dans *Real-Ency. Suppl.* 1, col. 188, mais longtemps oubliée, a été récemment rappelée par H. Crouzel dans une note critique du *Bulletin de Litt. Ecclés.* n° 3 (1971), p. 224 sq. et dans *Studia Patristica, Texte und Untersuchungen z. Gesch. der altchrist. Literatur*, Bd. 107 (1970), p. 275-280, avec un bref aperçu de l'histoire de cette localité de l'époque gallo-romaine à nos jours. Ainsi donc Hérode Archélaos, successeur d'Hérode le Grand en Judée, Samarie, Idumée, exilé par Auguste en 6 ap. J.-C. « chez les Allobroges », dut s'établir à Vienne, leur capitale **παρὰ τοῖς Ἀλλόϐριξι Γαλάταις λαϐὼν οἴκησιν** Dion Cas. 55, 27, 6. Hérode Antipas, successeur d'Hérode le Grand en Galilée et Pérée, fut exilé à son tour par Caligula, en 39 (HJPI, p. 352, n. 42) dans une localité des Pyrénées, où se trouve de nos jours Saint-Bertrand de Comminges.

Appendice VI.

II 190.

LA LÉGENDE DE L'INVENTION DU VERRE

Pline l'Ancien, *HN* 36, 190-191 :

« Fama est adpulsa naue mercatorum nitri, cum sparsi per litus epulas pararent nec esset cortinis attollendis

lapidum occasio, glaebas nitri e naue subdidisse, quibus accensis, permixta harena litoris, tralucentes noui liquoris fluxisse riuos, et hanc fuisse originem uitri ». (Ed. C. Mayhoff, Teubner 1897).

On raconte qu'un navire de commerce chargé de nitre ayant abordé, les marchands, dispersés sur le rivage, au moment de préparer leur repas, ne trouvant pas de pierres pour soutenir leurs marmites, allèrent prendre dans leur bateau des mottes de nitre et les placèrent sous les marmites. Ces mottes prirent feu, se mélangèrent au sable de la plage et produisirent des ruisseaux d'un liquide tout nouveau qui était transparent. Telle fut l'origine du verre.

Appendice VII.

(II 197)

LES SACRIFICES POUR L'EMPEREUR OFFERTS AU TEMPLE DE JÉRUSALEM

C. Ap. 2, 77, passage dont nous n'avons plus que la traduction latine, affirme que ces sacrifices à l'intention des empereurs et du peuple romain étaient offerts aux frais communs de tous les Juifs, « ex impensa communi omnium Judaeorum ». Au contraire, dans Philon, *Legatio* 157, où il s'agit de faire valoir, les marques d'estime prodiguées aux Juifs par les prédécesseurs de Caius, c'est Auguste qui fait « en prenant sur ses revenus personnels, une fondation pour l'offrande à perpétuité d'holocaustes quotidiens, comme prémices au Dieu Très-Haut, sacrifices qui s'accomplissent encore maintenant et qui seront toujours accomplis ». Dans notre passage, en tout cas, peu importe aux frais de qui ces sacrifices étaient offerts; l'intéressant est que le Temple et son autel n'excluaient pas les empereurs et le peuple romain du bénéfice de leur efficacité pour le « salut » des uns et de l'autre. On voit alors d'autant mieux l'étrangeté des exigences de Caius. Bien plus tard (*C. Ap.* 2, 77), quand l'accomplissement de ces sacrifices n'est plus qu'un lointain souvenir et que la Caisse Impériale ne verse plus rien pour eux, Josèphe peut, sans grand inconvénient et pour les besoins de son apologétique, attribuer à la communauté juive tout le mérite de cette marque de loyalisme. Au temps de Philon,

la fondation d'Auguste continuant à financer les sacrifices prévus, il était juste de le reconnaître et utile de le proclamer.

Appendice VIII.

(II 254)

LE NOM DES SICAIRES

Du nom de l'arme dont ils se servaient : *sica*, petit poignard recourbé. *AJ* 20, 186. C'est donc un mot emprunté au latin. D'après M. Hengel, *Die Zeloten*, p. 49-51, « sicaires » pourrait bien être un nom donné par les soldats — par exemple le tribun de *Actes* 21, 38 — et fonctionnaires romains à ces champions de l'indépendance, qui sévissaient à Jérusalem avec une tactique toute nouvelle, entraînant pour la police qui leur faisait la chasse des méthodes renouvelées. Il ne s'agit pas d'une armée distincte des « brigands », mais du groupe le plus activiste d'entre eux, comme le laisse entendre Josèphe, qui emploie « sicaires » et « brigands » indistinctement dans le même épisode : ici il dit « sicaires », mais en *AJ* 20, 164 « brigands », et en *BJ* 2, 408, il semble bien désigner les sicaires par les mots « quelques-uns des plus ardents promoteurs de la guerre ». Mais surtout en *BJ* 2, 425 : « les sicaires », car ainsi appelait-on les brigands qui portaient un poignard dans leur sein ».

Appendice IX.

BJ II 568.

LE NOM GRÉCISÉ Ἰώσηπος.

Ἰώσηπος chez Josèphe — comme Ἰώσηφος dans la *Lettre d'Aristée* 47, 48, 50 — est l'hellénisation du sémitique *ioseph*, par addition d'une terminaison ος, très courante à l'époque dans cet emploi.

C'est seulement à partir du moment où ce nom a été officiellement latinisé en *Josephus* que l'on devrait adopter l'orthographe « Josèphe » (*BJ* 3, 623-629). Mais cette

orthographe, venue du latin, a l'avantage, tout au cours du récit, de distinguer notre auteur de tous les autres Joseph dont le nom, s'il fut latinisé, n'a pas désigné de personnage aussi connu jusqu'à nos jours.

Appendice X.

(II 576)

TEXTE DU PAPYRUS DE VIENNE (Cf. Pl. I et II)

Les mots ou lettres entre crochets droits sont les suppléments empruntés à la présente édition pour combler les trous du papyrus. Ici Pl. I et II.

BJ II
576 [κατέλεξεν δὲ καὶ δύναμιν]
ἐκ τῆς Γαλιλαίας] ὑπὲρ [δέκα] μυ[ριάδας
νεῶν ἀνδρῶν οὓς π]άντας [ἐ]κ τῶ[ν συλλε-
γομένων παλαι]ῶν ὅπλ[ων νέα τ]ε[κατα-
577 σκευαζόμενο]ς ὥπλιζ[εν·] ἔπε[ιτα συνιδὼν
ἀήττητον τὴ]ν Ῥωμαίων ἰσχὺν [γεγενημέ-
νην εὐπειθείᾳ μ]άλιστα καὶ μελ[έτῃ τῶν
ὅπλων τὴν μ]ὲ[ν] διδασκαλείαν ἀ[πέγνω τῇ
χρείᾳ διω]κομ[έν]ην, τὸ δ' εὐπε[ιθὲς ὁρῶν
περιγενό]μεν[ο]ν ἐκ τοῦ πλήθ[ους τῶν
ἡγεμ]όνων ῥωμαϊκώτερον ἔ[τεμνεν
τὴν στ]ρατειὰν καὶ πλείους κα[θίστατο ταξι-
578 άρχους]στρατιωτῶν τε γὰρ ἀπ[εδείκνυ
διαφορὰ]ς καὶ τούτους μὲν ὑπ[έτασσεν
..... ἑ]κατοντάρχας δ[ι]έδ[ωκεν δε
καδάρχ]αι[ς· ἔ]πειτα χει[λιάρχοις κἀπὶ
τούτοις ἡγεμό]νας ταγμ[άτων ἁδροτέρων
ἀφηγουμέν]ους ἐδίδα[σκεν δὲ σημείων
παραδόσεις κα]ὶ σάλπιγ[γος προκλή-
σεις τε καὶ ἀνακλήσει]ς προβ[ολάς τε κε-
ράτων καὶ περιαγωγὰς] καὶ πῶ[ς δεῖ πρὸς
[μὲν τὸ κάμνον ἐπιστρέφειν ἐκ τοῦ περι-
όντος].

Ligne 14 διέδωκεν Schreckenberg. *Tradition* p. 55.

582 [διοικεῖσθαι γὰρ κάλλιστα τοὺς πολέμους,]
παρ' οἷς ἂν ἀγαθὸ]ν τὸ [συνειδὸς ἔχωσιν
οἱ στρ]ατε[υόμ]ενοι [· τοὺς δὲ οἴκοθεν φαύ-
λους] οὐ μ[όνο]ν τοῖς [ἐπιοῦσιν ἐχθροῖς,
ἀλλὰ] καὶ [τῷ] θεῷ χρῆ[σθαι πολεμίῳ
583 πολλὰ τ]οιαῦτα παραινῶ[ν διετέλει. καὶ τὸ
μὲν ἕτ]οιμον εἰς παρ[άταξιν αὐτῷ συγ-
κεκρότ]ητο πεζῶν μ[ὲ]ν ἕ[ξ μυριάδες, ἱπ-
πεῖς δ]ὲ πεντήκο[ντα καὶ τριακόσιοι, χω-
ρὶς δὲ τ]ούτων, οἷς ἐπε[π]οίθ[ει μάλιστα
μισθοφ]όροι περὶ τετρακισχειλ[ίους
καὶ πεντ]ακοσίους· ἐπιλέκτους δὲ π[ερὶ
αὑτὸν εἰ]χεν ἑξακοσίους φύλακ[ας τοῦ
584 σώματος· ἔ]τρεφον δὲ πλὴν τῶ[ν μισθοφό-
ρων τὴν ἄλ]λην στρατειὰν αἱ π[όλεις ῥᾳ-
δίως· τῶν γὰρ κατα]λεγ⟨έ⟩ντ[ων ἑκάστη τοὺς
ἡμίσεις ἐπὶ] τὴν στρατ[είαν ἐκπέμπου-
σα τοὺς λοιπο]ὺς ἐπὶ συμ[πορισμὸν αὐ-
τοῖς τῶν ἐπι]τηδείων [κατεῖχεν, ὡς
τοὺς μὲν εἰ]ς ὅπλα [τοὺς δὲ εἰς ἐργασίαν
διῃρῆσθαι κ]αὶ τ[οῖς τὰ σῖτα πέμπουσιν
[ἀντιχορηγεῖσθαι παρὰ τῶν ὁπλιτῶν
τὴν ἀσφάλειαν κτλ.].

Appendice XI.

(III, 354.)

L'IMAGE DU FLÉCHISSEMENT

Le sens premier d'**ὀκλάζειν** est « s'accroupir, fléchir les genoux ». Au sens figuré, déjà connu de l'Iliade, il exprime l'abaissement. Philon l'emploie pour le fléchissement de l'âme ou de la pensée devant l'effort ou la subtilité d'une argumentation.

Quod deterius 41 : **γεγυμνασμένοι γὰρ περὶ τὰς τῶν λόγων ἰδέας οὐκετ' ἀπειρίᾳ σοφιστικῶν παλαισμάτων ὀκλάσομεν,** entraînés aux divers genres d'argumentation, nous n'aurons plus à nous incliner par ignorance des subtilités de la discussion.

De Migr. Abr 133 : **ἐὰν... μήτε κάμῃ, ὡς ὑπενδοὺς ὀκλάσαι, μήτε ῥαθυμήσῃ,** s'il ne se lasse pas, s'abaissant à fléchir, et s'il ne ralentit pas son effort.

— 222, où l'image est employée, comme dans notre texte, dans une sorte d'invocation : ὥσπερ μηδέποτε, ὦ διάνοια, μαλακισθεῖσα ὀκλάσῃς, ô pensée, garde-toi de jamais fléchir par mollesse.

De Agricultura 180, il s'agit d'un fléchissement épisodique au cours d'une vie entière : σπάνιον οὖν εἴ τῳ δωρήσεται ὁ θεὸς ἀπ' ἀρχῆς ἄχρι τέλους σταδιεῦσαι τὸν βίον μητ' ὀκλάσαντι μητ' ὀλισθόντι... Il est rare que Dieu fasse à quelqu'un la faveur de parcourir la carrière de sa vie sans fléchissement ni faux-pas.

De Plantatione évoque de plus près encore l'idée de défaite. Il s'agit du sage qui abuserait — épisodiquement — du vin : οὐ χεῖρας μόνον ὑπ' ἀσθενείας, οἷα τῶν ἀθλητῶν οἱ νενικημένοι, καθείς, ἀλλὰ καί, αὐχένα καὶ κεφαλὴν παραβαλών, καὶ ὀκλάσας, καὶ ὅλον τὸ σῶμα κατασυρεὶς ἀναπεσεῖται, non seulement il laisse tomber ses bras, comme les athlètes vaincus, mais encore il laisse vaciller sa nuque et sa tête, il fléchit et va entraîner tout son corps à tomber à la renverse.

Ainsi, à l'époque, dans les milieux juifs hellénisés il est courant d'exprimer l'attitude du vaincu par l'image du fléchissement des membres du corps, avec le verbe ὀκλάζω sans complément. La construction active, avec un complément d'objet direct est tardive (cf. P. Chantraine *Dict. Étym.*, p. 789 b). Dans ce contexte, Josèphe n'a pas à parler de châtiment, mais bien d'abaissement des Juifs devant les Romains. La vieille traduction latine avec « lafefactari », évoque l'idée de ruine, probablement sous l'influence des événements survenus depuis; elle commet une sorte d'anachronisme.

En tout cas l'expression de Josèphe constitue un démarquage de *Ps.* 68 (grec), 24 τὸν νῶτον αὐτῶν... σύγκαμψον, fais-leur courber l'échine.

Appendice XII

(III, 374)

LES MORTS « SECOURABLES »

Les dédicaces gravées sur divers monuments montrent que, dans le domaine religieux, c'est une épithète divine

où s'exprime souvent la piété individuelle (L. Robert, *Bull. Épigr.* Index; *s.v.*). Elle signifie alors « qui exauce », donc « favorable », « secourable » (Cf. Notre-Dame de l'Ouïe à Dourdan, Essonne). C'est le sens qui convient dans ce contexte, où Josèphe s'efforce de faire valoir à ses compagnons les avantages que les âmes des morts assurent à leurs familles. Le même sens convient à plusieurs autres passages de Josèphe : *AJ* 1, 304; 3, 7; 6, 25; 7, 334; 8, 115-116 et 125; 9, 55; 10, 16 et 18; 14, 22; 20, 91. Pareille épithète révèle une croyance à une certaine puissance des âmes des défunts, assimilées, dans la pratique, aux anges, dont à l'époque les Pharisiens défendent l'existence et le rôle, comme les y encourageaient maints passages de la Bible (*Psaumes* et *Tobie* en particulier). La conjecture de Weil **ἐπήοροι** «sublimes» (qui s'appuierait sur 2, 155 **τὰς ψυχὰς... μετεώρους φέρεσθαι**) est donc superflue Quant au sens d'« obéissant », donné par *LSJ*, il est à éliminer du dictionnaire : c'est **ὑπήκοος** qui signifie « obéissant ».

Appendice XIII

(III, 404)

LA « PROPHÉTIE » DE JOSÈPHE A VESPASIEN

Tacite, *Hist.* 1, 10 : « Occulta fati et ostentis ac responsis destinatum Vespasiano liberisque eius imperium post fortunam credidimus. » Les secrets du destin, manifestés par des prodiges et des oracles, révélaient que l'empire, était destiné à Vespasien et à ses enfants, mais c'est après son élévation au trône que nous y avons ajouté foi. — *Hist.* 2, 1 mentionne de nouveau ces oracles prophétiques « praesaga responsa ». Suétone, *Vesp.* 4 : « Percrebruerat Oriente toto uetus et constans opinio esse in fatis ut eo tempore Iudaea profecti rerum potirentur. Id de imperatore Romano, quantum postea euentu paruit, praedictum Iudaei ad se trahentes rebellarunt... » Tout l'Orient croyait, d'après une tradition ancienne et constante, que les destins réservaient l'empire du monde à des maîtres venus de Judée à cette époque. S'appliquant à eux-mêmes cette prédiction, qui concernait un général romain, comme la suite des événements le fit voir, les Juifs se révoltèrent... (trad.

Cf. A. Schalit « Die Erhebung Vespasians nach Fl. Josephus, Talmud und Uidrash ». Aufstieg und Niedergang der Römischen Welt III Berlin 1975, p. 208-327.

APPENDICE XIV.

(III, 462)

LA LOCALISATION DE TARICHÉES AU SUD DE TIBÉRIADE

Προέρχομαι au sens de « sortir » est attesté avant et après Josèphe. Dans Strabon (*ca.* 58 av.-25 ap. J.-C.) nous trouvons (13, 1, 54) un emploi de **προῆλθε** sans complément, au sens de « sortir », en parlant d'édition de livres. Le caractère figuré de cet emploi dans un langage technique suppose que le sens propre est déjà ancien et que, par conséquent, **προελθών** sans complément est compris au sens de «en sortant» (de tel lieu) «en quittant» un lieu. Tel est le cas de *BJ* 4, 471 : **περικαὲς δέ ἐστιν οὕτως τὸ χωρίον ὡς μηδένα ῥᾳδίως προϊέναι** la région (de Jéricho en été) est si brûlante que personne ne sort volontiers. Autres exemples 3, 28, 60, 147, 462; 4, 553, 557 et sans doute ailleurs.

Un plaidoyer d'avocat au second siècle de notre ère, pour dire « à la sortie de la maison d'Un tel » avec **ἀπὸ τῆς οἰκίας**, emploie successivement **ἐξεληλύθει, ἐξιών** et **προῆλθε** (*P. Oxyr.* 472, 5).

La méconnaissance de cette signification a fait croire que *BJ* 3, 462 s'opposait à la localisation — traditionnelle — de Tarichées au sud de Tibériade. En réalité ce passage ne suggère aucune direction. Sur cette controverse, voir Vermes HJPI, p. 494, note 44.

APPENDICE XV

Ἀθανασία dans Josèphe (II, 151, *et alibi*).

La Concordance de Rengstorf relève sept passages de Josèphe où figure le terme **ἀθανασία.** Cinq d'entre eux sont de simples énoncés de la doctrine de l'immortalité

de l'âme (*BJ* 6,46; 7,340 et 348 — *AJ* 12,282 et 17,354). Les deux autres passages ont été parfois mal interprétés.

BJ 1,58 prête à la mère de Jean Hyrcan le refus héroïque d'être délivrée de ses tortures, parce que pour elle, « mourir de la main de Ptolémée vaudrait mieux que l'immortalité (κρείττονα... ἀθανασίας), du moment qu'il subirait le châtiment de ses crimes ». Bien sûr, si on la délivrait elle ne jouirait pas pour autant de l'immortalité, et vivrait seulement un peu plus longtemps. Selon O. Michel (Weiterleben), elle n'imagine rien de plus. C'est trop peu pour la martyre que nous présente Josèphe : en réalité, pour que Ptolémée reçoive le châtiment qu'il mérite elle se dit prête à renoncer non pas aux quelques années qui lui restent à vivre, ce qui serait banal, mais elle va jusqu'à refuser l'immortalité qui récompense ce genre de sacrifice. Hyperbole aussi conventionnelle que dans *BJ* 3,137, où Josèphe proteste qu'il avait choisi de mourir mille fois plutôt que de trahir sa patrie : τεθνάναι μᾶλλον εἵλετο πολλάκις ἤ, καταπροδοὺς τὴν πατρίδα,... εὐτυχεῖν παρ' οἷς πολεμήσων ἐπέμφθη, Même hyperbole dans *BJ* 2,151. Il s'agit de l'attitude des Esséniens devant une mort héroïque « Si elle se présente avec gloire, ils l'estiment préférable à l'immortalité » Εἰ μετ' εὐκλείας προσίοι νομίζοντες ἀθανασίας ἀμείνονα. Là non plus une période de survie, si longue fût-elle, ne saurait fournir un terme de comparaison digne de ces vertus supérieures.

Ainsi, à ne voir dans ces deux passages qu'une préférence de la mort glorieuse à la simple survie, on rabaisserait la vindicte de la mère des Maccabées et l'idéal des Esséniens.

En même temps, ce serait méconnaître la constance du terme ἀθανασία, composé et consacré par la philosophie pour exprimer une notion précise qu'aucune vérification dans l'expérience n'a exposée à l'usure. Effectivement, chez Josèphe, Rengstorf ne connaît pour ce mot que le sens d'immortalité, et, chez les auteurs grecs en général, le Lexicon de Liddell-Scott n'en signale pas d'autre.

Nous disposons d'une contre-épreuve. Lorsque Josèphe veut opposer la mort héroïque à la survie, il exprime celle-ci par ζωή/ζῆν sans préfixe ni préverbe.

Avec le substantif : au moment où ses compagnons décident de mourir avec lui, il leur prête cette pensée : ζωῆς γὰρ ἡδίω τὸν μετὰ τοῦ Ἰωσήπου θάνατον ἡγοῦντο. Ils aimaient mieux la mort avec Josèphe que la vie sauve (*BJ* 3,390).

La tournure verbale est encore plus claire, car alors

l'aspect du présent, dans les cas où l'on attendait l'aoriste, suggère positivement la notion de permanence. Ainsi quand Josèphe, resté seul avec un compagnon, le persuade d'accepter lui aussi la vie sauve, sous la foi de la parole donnée : **πείθει κἀκεῖνον ἐπὶ πίστει ζῆν.** (*Ibid* 391).

De même lorsque pour obtenir les aveux d'un prévenu on lui offre la vie sauve : **μισθὸν ἔχεις τὸ ζῆν** (*BJ* 2,109). Cf *BJ* 3,354.

Décidément **ἀθανασία** n'exprime pas l'idée de simple survie temporaire, mais celle de ne jamais mourir.

NOTES COMPLÉMENTAIRES

LIVRE II

Page 12.

1. Cf. *AJ* 17, 200-203. Jusqu'à l'investiture définitive d'Archélaos (§ 100) Josèphe s'inspire certainement de l'*Histoire* de Nicolas de Damas (C. Müller, *Fragmenta Histor. Graec.* III, p. 351-354). Selon Th. Reinach, c'est à tort que Müller attribue ce long fragment 5 à l'*Autobiographie* de Nicolas, car le *cod. Escorialensis*, qui l'a conservé, le donne comme extrait ἐκ τῆς ἱστορίας Νικολάου : « si Nicolas y est constamment en scène cela prouve seulement la vanité du personnage. » Nicolas doit être mort à Rome pendant le règne d'Archélaos. — A partir du § 101 (= *AJ* 17, 12) Josèphe n'a « jusqu'à l'époque où commencent ses souvenirs personnels (*BJ* 2, 250 = *AJ* 20, 11) que des sources très défectueuses, par exemple des *Histoires générales* des empereurs romains, moins détaillées que celles qu'il a plus tard utilisées dans son récit des *Antiquités.* »

2. Sur l'encaisse du trésor public, spécialement sur les diverses sources de revenus que peut résumer ici l'expression τὰ τέλη : sel, « couronne », transactions commerciales, droits de péage, voir Schalit, *Herodes*, p. 282-298.

Page 13.

1. Les banquets funèbres, dans le monde juif de l'époque, s'autorisaient peut-être d'un usage très ancien (Cf. *Ézéchiel* 24, 17; *Osée* 9, 4) condamné par *Jérémie* 16, 5-7. Ici le terme εὐωχία évoque les grands banquets de caractère officiel (Cf. L. Robert, *Hellenica* X, p. 199, n. 7).

2. Judas, Mathias et leurs disciples. *BJ* 1, 648-655.

3. Le qualificatif employé évoque le rôle du κελευστής, qui règle la cadence des rameurs. Il exprime ici le caractère organisé, donc prémédité, de cette manifestation hostile.

4. Joazar. D'après *AJ* 17, 164, Hérode déposa le grand-prêtre Matthias, parce qu'il le considérait comme « responsable de la démolition de l'aigle d'or » sur la porte du Temple.

5. Dans cette circonstance, il s'agit probablement du « commandant du Temple » qui est à la tête de la garde composée de Lévites chargés de la police du Temple. Les *Actes des Apôtres* le mettent en scène en 4, 1; 5, 24, et, en 5, 26, l'appellent, comme ici, ὁ στρατηγός, tout court.

Page 14.

1. *AJ* 17, 124 prendra l'expression au sens tout à fait matériel de victuailles obtenues par mendicité. Thackeray met cette modification au compte d'un « assistant » de Josèphe. Je crois plutôt qu'il s'agit d'un « plus ample informé » de Josèphe lui-même : au moment où il écrit les *Antiquités*, il sait qu'il s'agissait d'une quête.

2. Le pronom ἑκάστοις montre qu'il s'agit des agneaux sacrifiés par le représentant de chaque famille. Cf. *infra* 30.

3. La samaritaine Malthaké. Cf. *BJ* 1, 562 et infra 39.

4. Appelé Ptollas en *AJ* 17, 219.

5. D'après *BJ* 1, 473, 667 et 2, 21. C'était le personnage le mieux en cour.

6. Nicolas de Damas, dont les ouvrages historiques servent ici de guide à Josèphe.

7. Pour O. Michel, il s'agirait seulement de l'intendance du Palais. Thackeray hésite. La durée du voyage d'Archélaos et son désir de retrouver le royaume prospère à son retour semblent autoriser pour τὰ βασιλεῖα le sens de « affaires (courantes) du royaume ».

8. La sœur d'Hérode.

9. *AJ* 17, 221 lui donne le titre plus précis de Καίσαρος ἐπίτροπος τῶν ἐν Συρίᾳ πραγμάτων. C'est, pour la Syrie, un agent du Trésor Impérial, exactement un *procurator Augusti*.

10. Dans le grec, συναντᾷ, en tête de la phrase fait penser que c'est Sabinus qui a pris l'initiative de la rencontre.

11. Le légat de Syrie. Cf. 1, 617 et 640, note 1.

Page 15.

4. Cf. *supra* 14.

5. Sur ce que fut cette autonomie sous les Asmonéens, voir Schalit, *Herodes*, p. 148-155. Les partisans d'Antipas, à en croire Josèphe, souhaiteraient n'avoir plus de souverain et n'accepteraient Antipas que comme un pis aller.

Page 16.

3. Avec l'article, expression courante à la cour impériale pour désigner l'empereur, à la 3e personne. Cf. Philon, *Legatio* 239.

Page 17.

1. Cf. *supra* 13 et *infra* 89. L'odieux de ces massacres au cours d'un sacrifice est exprimé également par *Luc* 13, 1 à propos d'un massacre de Galiléens par Pilate, dans les parvis du Temple.

Page 18.

1. C'est-à-dire Archélaos ou Antipas.
2. Cf. *supra* 16.
3. Fin mai 4 av. J.-C. Sur ce nom grec de la fête, voir A. Pelletier, *La nomenclature du calendrier juif.*, *Rev. Biblique*, t. 82, 1975, p. 224-225.

Page 19.

3. Il n'est pas question que les légionnaires pénètrent dans le Temple (comme le suppose Thackeray : leapt into the Temple), ni même dans la direction du Temple (Michel : sie sturmten in Richtung auf den Tempel vor), mais dans le *parvis*. Car, à propos du Temple de Jérusalem, chez Josèphe τὸ ἱερόν, désigne souvent le parvis du Temple et non l'édifice (ναός).

Page 20.

2. Cf. *infra* 58, 63, 74, 236. Il s'agit de troupes recrutées dans la région de Sébasté (Samarie). La cohorte Augusta (*Actes* 27, 1 : σπεῖρα Σεβαστή), stationnée à Césarée fait probablement partie de cette unité. Voir G. Vermes, HJPI, p. 364 et note 52.
3. Litt. le poids supplémentaire qui fait pencher la balance.

Page 21.

5. Telle est la bonne leçon d'après A. Schalit, fondé sur Schürer, II, 214. C'est l'ancienne Beth-Haram de *Josué* 13, 27. Hérode Antipas en releva les murs et lui donna le nom

de Livias, en l'honneur de la femme de l'empereur, Livie. Mais le testament d'Auguste, faisant entrer par adoption Livie dans la famille de Julia, c'est de ce nom impérial qu'après la mort d'Auguste, la ville fut appelée Julias. On la situe à l'emplacement de Tell-er-Rame, sur le wadi Hesban, à l'Est du Jourdain, presque à la même latitude que Jéricho.

Page 22.

2. D'après § 62 les cinq frères participaient activement à ces guérillas. Josèphe ne dit pas le sort final du cinquième.

3. Il ne faut pas confondre ces « ailes » de cavalerie auxiliaire, comptant d'ordinaire, cinq cents chevaux, avec les escadrons (*turmae*) de cavalerie légionnaire, qui ne comptent que 120 chevaux (*infra* 3, 120).

Page 27.

3. La future Césarée-sur-Mer.

4. Samarie.

5. *AJ* 17, 320 dit 600.

6. La toparchie est l'unité administrative des régions de population à majorité juive; la « méris «, l'unité administrative des régions à majorité non juive. A. Schalit, *Herodes*, p. 201-213-215. — A la mort d'Hérode on comptait dix-neuf toparchies (*Ibid.* 212).

Page 28.

3. Comme le remarque Th. Reinach, le seul changement qu'Auguste se permit d'apporter au dernier testament d'Hérode concerne le titre de roi. Archélaos n'est qu'éthnarque et ne sera roi que s'il s'en montre digne (*supra* 93).

4. Étranglé avec son cadet Aristobule, *BJ* 1,551.

5. Ile au Nord de la Crète.

6. A l'époque où écrit Josèphe, ce nom grec de Puteoli (Puzzole) fait figure d'archaïsme. Cf. Strabon 5, 4, 6 et Josèphe *Vita* 16 et dans Philon, *Legatio* ma note 16, p. 343.

7. Ses hôtes de Mélos, qu'il a persuadés de l'accompagner jusqu'à Rome (*supra* 103).

Page 30.

2. En 6 ap. J.-C. — *AJ* 17, 342 porte : la dixième. De même *Vita* 5. Dion Cassius 55, 27 date bien cet exil du consulat

d'Aemilius Lepidus et Lucius Arruntius (= 6 ap. J.-C.), mais ne précise pas l'année de règne d'Archélaos.

3. D'après Dion Cassius 55, 27, 6, ὑπὲρ τὰς Ἄλπεις ὑπερωρίσθη, il s'agit d'une localité située au delà des Alpes. Strabon 16, 2, 46 précisait davantage : παρὰ τοῖς Ἀλλόβριξι Γαλάταις.

4. Litt. « Essénien de race » Cf. *BJ* 1, 78-80 et note 1.

5. Le songe d'Archélaos semble bien influencé par la tradition biblique relative au patriarche Joseph, *Gen.* 37, 6-7; cf. aussi 40, 16-19. Th. Reinach y verrait une *aggada* essénienne de cette page de la Genèse, recueillie par Josèphe pendant son séjour auprès de Bannous (*Vita* 11).

6. Cf. *BJ* 1, 446 et 553.

7. Juba II, prince très cultivé, élevé en Italie. Après Actium, Auguste lui avait restitué le royaume de son père, la Numidie. En 25 av. J.-C., il lui reprit ce territoire en lui donnant, en compensation, la Mauritanie. La première femme de Juba II était Cléopâtre Séléné, fille d'Antoine et de Cléopatre (Dion Cassius 51, 15, 6; 53, 26, 2; 55, 28, 3). Pour les Romains Libya désigne ce que nous appelons le continent africain, mais, avant tout, le pays que dominait Carthage. Or Juba était d'abord roi de ce pays-là.

8. En réalité, Juba vivait encore en 6 av. J.-C. Strabon 17, 3 considère sa mort comme « récente », au moment où il écrit, c'est-à-dire, au plus tôt en 7 av. J.-C., au plus tard (selon Niese, *Beiträge zur Biographie Strabos*, *Hermes* 1878, 33) en 18 ou 19 ap. J.-C. Cette dernière date paraît peu vraisemblable à H.-L. Jones, *The Geography of Strabo* (*Loeb*), p. XXVI. Dans ces conditions, si Glaphyra retourna auprès de son père, c'est que Juba l'avait répudiée.

9. Cette Mariamme n'est mentionnée qu'ici et *AJ* 17, 350, où Th. Reinach observe : « on en fait, sans raison suffisante, une fille d'Aristobule » A. Schalit dans son tableau de la famille d'Hérode (dépliant hors-texte) considère que l'identité avec la Mariamme (4) de *BJ* 1, 552 est douteuse.

10. *AJ* 17, 341, en rappelant explicitement qu'elle avait eu d'Alexandre des enfants, souligne l'illégitimité de son union avec Archélaos. Cf. *Lévitique* 18, 16; 20, 21 et *Deut.* 25, 5.

Page 31.

1. Cf. Appendice I p. 187.

2. Th. Reinach contestait l'identité de ce Judas avec celui de *supra* 56. A la suite de Vermes *H.J.P.* I, p. 381, j'admets cette identité.

3. *AJ* 18, 23-25 ramène ces différences à de plus justes proportions : invincible amour de la liberté et refus absolu de reconnaître un autre maître que Dieu. Cf. *AJ* 13, 171-173; 18, 11-25.

4. Cette section 119-161 (cf. *AJ* 13, 171-173; 18, 11-25) est celle où Josèphe s'étend le plus sur les diverses « tendances » du Judaïsme à son époque. Son témoignage est de première main puisqu'il les a longuement étudiées sous la conduite d'un maître, Bannous, qui vivait au désert. *Vita* 11.

5. Plutôt que sainteté.

6. Quant à l'étymologie de ce nom, depuis plus d'un siècle, on a tenté bien des solutions. Parmi les plus récentes : « les hommes du Conseil » (A. Dupont — Sommer, *Écrits esséniens*, p. 55-56, en s'appuyant sur la fréquence de la mention du Conseil dans la communauté de Qumrân); « les hommes qui se réfugient (en Dieu) » (H. Kosmala, *Hebräer, Essener Christen* (1959), p. 319-325). G. Vermes les réfute au profit de l'étymologie, à partir de l'araméen *asey*, *aseya* « soignant, médecin », équivalent de l'hébreu *rophé*. G. Vermes, *The Etymology of Essenes*, *Rev. de Qumrân* II (1960), p. 427-445 et III p. 495-504. Sur les Esséniens vus par Philon voir la pénétrante analyse de Madeleine Petit, *Quod omnis sit probus*, dans *Les œuvres de Phil. d'Alex.* n° 28, p. 104-131 (cité : *Probus*.) Leur attitude à l'égard du mariage, Append. II.

Page 32.

1. *AJ* 18, 20-22 ajoute : « ils choisissent des prêtres pour la préparation de la nourriture et de la boisson ». — La mise en commun fraternelle des biens évoque *Actes* 2, 44; 4, 32-37. Cf. Philon, *Probus* 76-77 (éd. M. Petit) p. 199 et notes 3 et 4.

2. La leçon αἵρετοι, que Bekker croyait lire sur le Vossianus, est démentie par Niese, *Praefatio*, p. XLIX. Il s'agissait d'une correction tardive obtenue en effaçant les trois premières lettres. La leçon primitive était donc ἀδιαίρετοι comme dans tous les autres manuscrits.

3. Selon *AJ* 18, 20 et Philon, *Probus* 75, ils seraient en tout « plus de quatre mille ».

4. Le verbe employé ici montre bien que les membres de la communauté ne sont pas considérés comme partie intégrante de la population dans les villes où ils s'établissent.

5. Cf. Philon, *Probus* 78 et la notice, p. 118-119 et *Posteritate* 117-119.

6. Bekker, Naber en supprimant παρ', Dindorf en lisant περὶ modifiaient la portée du texte : ils lui faisaient dire qu'on pouvait toujours recevoir gratuitement n'importe quel don.

D'après la leçon des manuscrits, on pouvait recevoir gratuitement de qui l'on voulait. En principe donc, ce dernier trait autoriserait explicitement l'acceptation de dons venant de l'extérieur.

7. Cf. 148 « les rayons de Dieu ». Juifs, les Esséniens ne sauraient être des adorateurs du soleil. Cf. Ézéchiel 8, 16 qui condamne cette pratique. Selon Th. Reinach, « ils considéraient le soleil comme le représentant, l'émanation de la splendeur divine : c'est cette conception (peu juive) qui explique aussi l'usage rapporté plus loin 148 ». Dans l'AT les expressions qui appellent Dieu Soleil, Ciel, lumière (*Ps.* 27, 1 ; 118, 27 ; *Isaïe* 60, 20 ; *Michée* 7, 8) ne font que lui appliquer une image. De même dans le NT. Dieu est la lumière (1 *Jo*, 1, 5) le Christ est la lumière, (*Jo*, 1, 9 ; 8, 12).

Page 33.

3. Montre la frugalité de la Communauté et l'égalité qui règne entre tous ses membres.

4. Si l'on considère que les mets ont été préparés par des prêtres (*AJ* 18, 22) on pense à une sacralisation des repas qui en fait des sacrifices auxquels Dieu doit goûter le premier.

5. Cf. *Ezéchiel* 44, 16-17. Ce détail indique que les Esséniens reconnaissent à leur réfectoire un caractère sacré. Le repas pourrait constituer le sacrifice par manducation de l'offrande que la prière initiale avait consacrée à Dieu.

6. Il ne saurait être question de convives étrangers à l'Ordre. Pour O. Michel il s'agit d'Esséniens de passage qui, pour des raisons de pureté (rituelle), dans la communauté n'ont droit, comme nous dirions — qu'« au vivre et au couvert ».

7. Ce qui exclut les confrères punis pour quelque délit (*infra* 143).

8. Avec Th. Reinach, Thackeray (note). Thackeray (trad.) et O. Michel entendent « quand ils sont dans le besoin ». Au moyen, sans régime, le sens normal est « demander ».

9. La famille spirituelle a donc le pas sur les liens du sang.

Page 34.

2. Pour O. Michel, Josèphe pense avant tout aux livres bibliques, mais certainement aussi aux traditions qui s'y rattachent. Philon, *Probus* 80-82 atteste qu'ils prennent les livres saints pour « entraîneurs » dans leurs recherches de philosophie morale.

3. Ce trait favorise l'interprétation du nom des Esséniens préconisée par G. Vermes, *supra* 119.

4. Cf. *infra* 148.

5. Cf. *supra* 129.

6. Cf. *supra* 123 et 129. Le blanc est la couleur dominante du vêtement sacerdotal (*Exode* 28, 39-42). Le lin est prescrit dans *Lev.* 6, 3; 16, 4; *Ézéchiel* 44, 17 sq.

7. C'est une expression consacrée de la vie religieuse. Ici elle s'applique aux repas décrits plus haut 129-133, comprenant la conversation sans éclats de voix (132-133).

8. Ou bien peut-être « fraternité ». O. Michel souligne l'étroite correspondance entre cette description du « noviciat » par Josèphe et celle qu'en font les documents de Qumrân.

9. On nous décrit ici le cérémonial de l'admission. Au début d'un repas de la communauté (πρὶν τῆς κοινῆς ἅψασθαι τροφῆς), le nouveau membre prononce la formule de son engagement (ὄμνυσι...).

10. D'abord les autorités de la communauté (129 et 134). La proposition plus générale qui suit se rapporte, semble-t-il, aux autorités civiles. D'après Philon, *Probus* 89-91, les Esséniens jouissaient de la considération des souverains. Josèphe en témoigne à propos d'Hérode *AJ* 15, 371-379. Sur l'idée que toute autorité vient de Dieu, cf. saint Paul, *Rom.* 13, 1.

Page 35.

1. Quoiqu'en ait pensé Th. Reinach, cette allusion a sa raison d'être : vivant à l'écart des villes, les Esséniens avaient des chances de rencontrer ou d'être sollicités par les bandes armées qui hantaient elles aussi les lieux écartés et peut-être des grottes voisines. Or ces bandes armées constituaient un fléau (*BJ* 1, 204). D'autre part, elles étaient toujours prêtes à participer à quelque guerrre sainte. Le danger de se compromettre avec elles n'était pas imaginaire, témoin (*infra* 567) le cas de Jean l'Essénien, nommé à l'un des plus hauts postes dès le début de la guerre contre les Romains.

2. Th. Reinach s'appuie sur ce passage pour suggérer que « l'angélologie si développée du Judaïsme rabbinique est en partie d'origine essénienne ».

3. Avec Th. Reinach on peut en conclure que les prescriptions alimentaires dont on a parlé plus haut (131, note) étaient beaucoup plus sévères que celles de la nourriture *Kascher* habituelle.

4. Les documents de Qumrân montrent que les Esséniens possédaient un droit pénal propre. Le nombre de jurés avancé par Josèphe ne se retrouve pas ailleurs.

5. On pense naturellement à Moïse. A. Dupont-Sommer, *Évidences*, Mars 1956, 30, rapprochant le cas de Pythagore parmi ses disciples, suggère qu'il s'agirait ici du « Maître » de la secte.

6. Sur le respect dû aux aînés cf. Philon, *Probus* 87, note 2.

7. O. Michel, se référant aux textes de Qumrân, entend d'une part les membres ordinaires de plein droit et d'autre part les membres dirigeants, prêtres et anciens.

8. « Même prohibition dans le Talmud de Jérusalem (Berachoth III, 5) mais seulement pendant la prière » Th. Reinach.

Page 36.

4. Louée aussi par Philon, *Hypothetica* apud Eusebium, *Praep. Evang.* VIII, 11, 13. C'est la perspective commune du Judaïsme à l'époque : *Sirac.* 11, 8 sq; *Ps.* 39, 14; 116, 9 etc...

5. Une mort glorieuse préférée à l'immortalité est un thème patriotique des Juifs à l'époque hellénistique et romaine. Cf. *infra* 153-154 et Philon, *Legat.* 117 n. 5. Ici App. XV.

Page 37.

1. Épreuve banale de toutes les persécutions des Juifs. Cf. 2 *Mac.* 6, 18; 7, 1 sous Antiochos Épiphane; Philon, *Flacc.* 96 sous Caligula à Alexandrie.

2. Être prêt à souffrir et à mourir pour l'observance de la *Thora* est une attitude constante des extrémistes juifs, sous les Séleucides (1 *Mac.* 2, 50 et 64; 2 *Mac.* 6, 28; 7, 2; 8, 21). Plus tard, sous Hérode, dans l'affaire de l'aigle d'or (*BJ* 1, 648-655). Au début de la guerre, le cas du zélote Judas le Galiléen (*AJ* 18, 23-25). Enfin, la constatation de Josèphe (*C. Apion* 2, 219 : « souvent, beaucoup d'entre nous ont mieux aimé endurer vaillamment les pires traitements que de prononcer une seule parole contraire à la Loi. »

3. Cf. Hésiode, *Travaux et Jours*, 170 sq.

4. Litt. « font descendre » (Cf. 1, 373) image empruntée à la pêche, où l'on fait descendre dans l'eau l'appât destiné aux poissons. Le préverbe ἐν soulignerait la profondeur de la pénétration.

Page 38.

1. Cf. 1, 78 (et note) 80.

2. S'il s'agit de purifications après accouchement (*Lév.* 12, 2) la phrase supposerait des mariages à l'essai. S'il s'agit de purification mensuelle (*Lév.* 15, 19) il est alors question de prouver par trois purifications consécutives que la fille est nubile, ce qui conviendrait mieux au contexte. C'est dans ce sens que je traduis ce texte, que Reinach estimait déjà « sûrement corrompu ».

3. *Supra* 119.

4. Reinach : la plus ancienne. — Pour l'ensemble des renseignements que nous fournit Josèphe sur les Pharisiens, cf. Schürer II [4] 449-452.

5. Josèphe pense à la Providence de Dieu. C'est par égard pour ses lecteurs hellénistes (non juifs) qu'il parle de Destin. Il reviendra sur la réincarnation des âmes *infra* 3, 374, *AJ.* 18, 14 et *C. Ap.* 2, 218, où Th. Reinach remarque qu'elle n'a aucun fondement biblique.

6. Sur les Sadducéens cf. Schürer II [4], 475-489.

Page 39.

2. En 4-5 ap. J.-C.

3. *AJ* 18, 31. Salomé mourut sous le second procurateur M. Ambivius (*ca.* 9-12 ap. J.-C.) Cf. App. III.

4. « En comptant de la mort de César (15 mars 44) jusqu'à celle d'Auguste (19 août 19 ap. J.-C.), on obtient 57 ans, 5 *mois* et 4 *jours*. En comptant de l'ouverture du testament de César (17 mars)... le nombre de jours devient exact, mais celui des mois reste toujours faux. Peut-être le texte copié par Josèphe donnait-il les nombres en chiffres et le chiffre E(5) aura été lu F(6) » Th. Reinach.

5. Celle que *Mt* 16, 13 et *Mc* 8, 27 appellent Césarée de Philippe, en Gaulanitide, au Sud du mont Hermon, la moderne Banias. A Phylae, un acte d'adoration est signé d'un certain Ἡλιόδωρος Ζήνωνος Καισαρείας Πανιάδος. E. Bernand, *Inscr. gr. de Phylae* II, p. 176.

6. Ainsi appelée en l'honneur de Julie, fille d'Auguste et de sa première femme Scribonia. Comme cette Julie fut exilée en 2 av. J.-C., Schürer (II, p. 208) en déduit que la refondation de cette ville par Philippe dut avoir lieu avant cette date.

7. Cf. *AJ* 18, 36-38.

8. Cette autre Julias, reconstruite par Hérode Antipas, est Betharamatha (*supra* 59).

9. Sur la confusion de cet épisode avec l'affaire des boucliers dorés alléguée par Philon, *Legatio* 299-303, dans Origène et Eusèbe, voir mon Excurssus VIII dans Philon d'Alexandrie 32, *Legatio ad Caium*, p. 371. Sur Pilate préfet, App. IV.

Page 40.

3. L. H. Feldman (*AJ* 18, 60) rappelle que (d'après la Mishnah, *Shekalim*, III, 2) ce nom désigne les dépenses destinées aux sacrifices d'animaux. D'après M. Smallwood, *The Jews under Roman Rule*, p. 163, n. 65, s'appuyant sur le même traité (IV, 2), où il est dit que le surplus de cet argent peut être employé à d'autres objets, le mécontentement des Juifs porterait sur le fait que Pilate en a décidé sans leur autorisation ou bien qu'il a dépassé le montant de ce surplus.

4. *AJ* 18, 60 indique 200 stades. Le Josèphe latin et Eusèbe, *HE* II 6, 6, 300 stades : serait-ce une moyenne? L'ordre de grandeur de ces chiffres fait dire à G. Vermes que cette eau doit venir de la source dite « de Salomon » au S.-O de Bethléhem (HJPI, p. 385 note 136).

Page 41.

1. *AJ* 18, 126 date cette visite d'un an avant la mort de Tibère, qui survint le 15 mars 37.

2. *AJ* 18, 168 précise qu'il se nomme Eutychos, qu'il est le cocher d'Agrippa et que la confidence a lieu au cours d'une promenade en voiture.

3. D'après *AJ* 18, 224, 22 ans, 5 mois et 3 jours. En réalité, de la mort d'Auguste (19 août 14) à la mort de Tibère, 15 mars 37 (16 mars selon Tacite, *Annales* 6, 56, 7), 22 ans, 6 mois et 28 jours (Reinach). La date du 26 mars, donnée par Dion Cassius 58, 28, 5 est erronée (Cary).

4. Philippe était mort en la 20e année de Tibère (33-34, *AJ* 18, 106).

5. En 38/39.

Page 42.

2. Cf. App. V, p. 191.

5. Seulement deux d'après *AJ* 18, 262.

Page 43.

2. (*Odys.* 11, 252), Hésiode, *Théogon.* 984 sq. : ce fils de l'Aurore était le héros du poème cyclique d'Arctinos de Milet (VIIIe siècle) intitulé *Éthiopide*, où Memnon portait secours

aux Troyens (fragments publiés par Kinkel, *Epic. graec. fragmenta*, p. 32-36). Des statues perpétuaient sa mémoire dans l'Orient méditerranéen. La plus célèbre était le (double) colosse de Louxor (Diospolis), visité par Strabon 17, 1, 40, qui en résume sans conviction la légende. Le monument dont parle Josèphe serait donc une de ces deux statues. — Sur l'histoire, encore incertaine, de cette légende à Thèbes (d'Égypte), André Bataille, *Les Memnonia.* Recherches de Papyrologie et d'Épigraphie grecques. Le Caire 1952 : discussion sur la topographie et la toponymie, p. 1-21.

3. Dans ce passage 192-203, Josèphe réunit en un seul épisode ce qui fait l'objet de deux scènes dans *AJ* 18, 261-288. Chez Philon, *Legatio* 207-261, le rôle de Pétronius est très nuancé. J'ai résumé ses antécédents dans *Legatio* p. 48-49. Dans *AJ* 19, 300-312 nous le voyons plus tard intervenir en faveur des Juifs de Dora (auj. Tantoura).

Page 45.

1. L'ordonnance de Caius peut se placer en septembre 40. Les tractations de Pétronius avec les Juifs ont duré jusqu'en novembre. La mort de Caius est survenue le 24 janvier 41. Cf. *AJ* 18, 305-309.

2. Du 16 mars 37 au 24 janvier 41, trois ans et dix mois. L'assassinat de Caius est rapporté en détail dans *AJ* 19, 1-211, où il est manifeste à plus d'un trait (13-23; 68-69; 107-110; 113; 182) que Josèphe s'inspire alors d'une source de première main, qu'il juge à l'occasion (107, 108) et qui, certainement, émanait du parti du meurtrier Chéréa.

3. La garde prétorienne.

4. Quatre selon *AJ* 19, 188.

Page 46.

3. Th. Reinach suspecte le texte de cette phrase. Thackeray estime qu'il manque un verbe. La traduction de O. Michel, prête à Claude le sentiment que son accession à l'Empire est encore aléatoire. Je crois plutôt qu'il exprime l'idée du devoir qui lui incombe de se prêter aux offres de la Fortune; ce qu'il justifie par le caractère redoutable du titre d'empereur déjà conféré par l'armée.

Page 47.

2. Cf. *AJ* 19, 275 et 20, 138. La capitale était Abila, sur le Barada, au Sud de l'Antiliban. Puisque ce territoire lui

avait été donné par Caius (*AJ* 18, 237) en 39, il ne s'agit pas d'une extension territoriale. La faveur que reçoit maintenant Agrippa, c'est de voir élevés au rang de royaume, non seulement la tétrarchie qu'il avait héritée de son père (Auranitide, Batanée, Thraconitide en constituaient l'essentiel, *supra* 95), mais aussi ce territoire de Lysanias, jusqu'ici jouissance précaire due à la faveur de Caius et que l'on continuait d'appeler « royaume de Lysanias ». Désormais, le titre de roi lui conférant ici les mêmes droits absolus que dans ses autres possessions, ce territoire devient partie intégrante de son royaume. Il y a là plus que la simple confirmation de droits antérieurs qu'y reconnaissent Thackeray et O. Michel.

3. D'après *AJ* 18, 134, cet Hérode, frère d'Agrippa, avait d'abord épousé Mariamme, petite fille d'Hérode le Grand.

Page 48.

2. *AJ* 19, 351 précise; 4 ans sous l'empereur Caius (37-41), il gouverna les tétrarchies de Philippe et de Lysanias; à partir de la quatrième année (41) il s'y ajoute la tétrarchie d'Antipas déchu. C'est avec le titre de roi qu'il gouverna trois ans encore, sous Claude, (41-44) tout cet ensemble.

3. Fille de Phasaël (le neveu d'Hérode le Grand) et de Salampsio, fille d'Hérode le Grand. *AJ* 18, 130.

4. Qui sera mariée au procurateur Antonius Félix (*AJ* 20, 142 et *Actes* 24, 24).

5. Il avait plus de seize ans, d'après *AJ* 19, 354.

6. De 44 à 46, *AJ* 19, 363-365.

7. De 46 à 48, *AJ* 20, 100-102. Fils de l'alabarque Alexandre, neveu de Philon d'Alexandrie, fut plus tard préfet d'Égypte (*infra* 309) et, sous Néron, prit part à la guerre contre les Parthes. Nous le retrouverons (6, 237) commandant en chef (*praefectus castrorum*) de toutes les troupes de Titus au moment du siège de Jérusalem.

8. En 48. D'après *AJ* 20, 103-104 et les monnaies, il avait le titre de roi et le droit de nommer le grand-prêtre. Les descendants de son fils Alexandre abandonnèrent le judaïsme, *AJ* 18, 141.

9. Du nom de sa mère, princesse d'Émèse. Elle était sourde *AJ*, 18, 135.

10. C'est-à-dire Hérode le Grand.

11. En 49.

12. Ventidius Cumanus, Tacite, *Ann.* 12, 54.

13. Cf. *supra* 51, sous le commandement de Sabinus.

Page 49.

3. *AJ* 20, 112 écrit vingt mille.

4. Les variantes en -ρων, -ρα, -ρους, -ραν témoignent d'une hésitation dans l'hellénisation du mot, dont la forme -ρων, qu'on lit dans l'*Alexandrinus* (A) et dans le ms de Freer (W) pour *Josué* 10, 10, sentie comme un génitif pluriel, a donné naissance à ces diverses formes d'accusatif. Il faut en conserver le témoignage dans le texte de Josèphe, quitte à considérer avec A. Schalit, Βαιθώρων comme la forme normale. Dans la traduction latine, où l'on attend un accusatif, *bethoro* non décliné témoigne que le modèle grec avait la finale — ρω. — C'est Bet-Ur-et-Tahta sur la route de Jérusalem à Joppé. Cf. *infra* 516 et 546. Abel, p. 275.

5. *AJ* 20, 114 précise : les notables.

Page 50.

2. Cet épisode est raconté aussi par Tacite, *Annales* 12, 54. Seulement Tacite y ajoute la rivalité entre deux fonctionnaires romains, qu'il qualifie de procurateurs, Cumanus et Félix; et de conclure que Cumanus paya pour les forfaits qu'eux deux avaient commis.

3. Auj. Dschenin entre la Samarie et la plaine de Jisréel. Engannin dans la *Mishna* et dans Abel II, p. 317, Ginaia dans Schalit. Cf. Jos. *BJ* 3, 48 et *AJ* 20, 118.

4. D'après *AJ* 20, 127, du côté des Juifs on affirmait que Cumanus s'était laissé corrompre par les Samaritains.

5. Nommé seulement ici.

Page 51.

2. Cf. *supra* 52, note. *AJ* 20, 122 ajoute quatre cohortes d'infanterie.

3. *AJ* 20, 131 (le qualifie de « stratège ». C'est le στρατηγὸς τοῦ ἱεροῦ de *Actes* 4, 1; 5, 24 et 26. Il a le commandement de la milice lévitique chargée de la garde du Temple. Cette charge n'est pas celle d'un grand-prêtre. Si ce titre lui est donné ici, c'est en vertu de l'usage reçu de maintenir leur titre aux personnages qui ont exercé une très haute fonction (Schürer II, p. 274). C'est précisément le cas de Jonathas. Vitellius le substitua au grand-prêtre Joseph-Caïphe (*AJ* 18, 95), puis le destitua (18, 123). Quand le roi Agrippa I lui offrit de rentrer en charge, il déchina poliment son offre (19, 313-316). Enfin, comme il avait des reproches à faire au procurateur Félix, qui lui devait son poste, ce dernier

le fit assassiner par les « sicaires » (*infra* 254-257 et *AJ* 20, 160-164). — Au point de vue de la tradition manuscrite, le ms L jusque là se rangeait plutôt avec VR. A partir d'ici, il va plutôt avec PA ordinairement regardé comme le groupe le meilleur. On peut se rendre compte du changement même dans l'apparat sélectif de cette édition. Cf. O. Michel I, p. xxx.

4. *AJ* 20, 129 dit Samarie. « La leçon de *Guerre* paraît préférable » Th. Reinach.

5. Il s'agit des bandits d'Éléazar, *supra* 236.

6. A l'audience de Césarée (241) ils ont dû donner la réplique aux accusations des Juifs. Mais devant cette controverse Quadratus avait ajourné son verdict jusqu'à plus ample informé. Il les entend maintenant de nouveau, comme le redit *AJ* 20, 130 : ἐκ δευτέρου τῶν Σαμαρέων ἀκούσας.

7. *AJ* 20, 130 met en cause les cinq principaux agitateurs, dont un nommé Dortos (Dosithéos selon A. Schalit).

Page 52.

3. Antonius Félix, comme son frère Pallas, était un affranchi de la famille impériale. Son gentilice est Antonius dans Tacite, *Hist.* 5, 9 et Claudius dans Jos. *AJ* 20, 137. Cf. HJP p. 460 (spécialement note 19), 465, et *Actes* 24-26.

4. « Très probablement le même personnage que *Vita* 48-61 » HJP, p. 472 note 7.

5. Du 24 janvier 41 au 13 octobre 54.

Page 53.

3. *AJ* 20, 159 ne la mentionne pas. L'identification avec Suk, sur le Barada serait « hors de doute » d'après G. Vermes HJPI, p. 567.

4. *Supra* 168.

5. G. Vermes conteste la localisation de Tarichées à Magdala dans HJPI, p. 494, note 44. Cf. App. XIV.

6. C'est-à-dire qu'il confirma la nomination faite par son prédécesseur (*supra* 247).

7. *Supra* 235.

8. Cf. Appendice VIII et HJPII, p. 598-606.

9. D'après *AJ* 20, 162, ils agissaient, dans ce cas, sous l'impulsion du gouverneur Félix.

Page 55.

2. *AJ* 20, 173 l'argument des Syriens est que du temps où la ville s'appelait « Tour de Straton », elle n'avait aucun habitant juif.

Page 56.

2. Porcius Festus (60-62). *AJ* 20, 200 nous apprend qu'il est mort avant la fin de son mandat. Son successeur Lucceius Albinus (62-64) est jugé avec un peu moins de sévérité dans *AJ* 20, 204-215.

Page 57.

1. C'est le dernier gouverneur de Judée. Il entre en charge vers la fin de 64.
2. Ici s'arrête le récit parallèle des *Antiquités.*
3. Chargé de l'administration de la Syrie en 63, tandis que Corbulon était substitué à Pétus à la tête de l'armée (Tacite, *An.* 15, 25). Il établit avec les grands-prêtres une estimation de la population de Jérusalem au moment de la Pâque, puis retourne à Antioche. Il meurt au début du printemps 67, « de sa belle mort ou de chagrin » (Tacite, *Hist.* 5, 10) et Vespasien lui succède (Tacite, *Hist.* 1, 10).
4. Chiffre impossible même dans la circonstance. D'après M. Broshi, *La population de l'ancienne Jérusalem, Rev. Biblique* 1975, p. 13, par la méthode des densités de population — 40 à 50 personnes aux 1 000 m^2 — dans les années 60-66, la population de Jérusalem ne devait pas dépasser 82 500.

Page 59.

3. Le verbe simple exprimerait seulement l'idée de sacrifices. Avec le préverbe, il exprime ici l'hostilité du geste, dont les Juifs ont lieu de s'offenser en raison de l'allusion facile à *Lev.* 14, 4-5. Sur la nuance hostile du préverbe ἐπι- dans des cas semblables cf. mon article *L'attentat au droit du pauvre dans le Pentateuque des Septante. Rech. de Sc. Relig.* 1954, p. 523-527.
4. Toparchie mentionnée plus loin 509.
5. Cf. *supra* 287.

Page 60.

2. Cf. supra 292.
3. D'après 332, il ne disposait que d'une cohorte avec ce renfort de cavalerie.

Page 62.

2. Tibère Alexandre avait été procurateur en Judée (*supra* 220) vers 46-48; puis il avait pris part à l'expédition

d'Arménie (Tacite, *Ann.* 15, 28) avec Corbulon. Il devient en 66 préfet d'Égypte.

3. Sœur d'Agrippa II, qu'elle accompagne au procès de saint Paul à Césarée (*Actes* 25, 13 et 23; 26, 30). Sur cette Bérénice, *R.E.* III 1, *s.v.* Berenike 15 (Wilcken), *Prosopographia Imperii Romani* [2] (1966) IV nº 651 : Julia Berenice.

Page 66.

4. Yebna. Le passage par cette ville suppose un crochet pour qui se rend de Jérusalem à Césarée (ou à Antioche). Néapolitanos a donc cherché à rencontrer le roi Agrippa (II). — Jabneh, Abel, p. 352 sq.

Page 67.

1. Au sud de Jérusalem. C'est là que débouche le tunnel construit par Ézéchias pour amener en ville l'eau de la source de Gihôn. Sur ces travaux d'adduction d'eau sous ce roi, cf. 2 *Rois*, 20 20; 2 *Chr.* 32, 30; *Sir.* 48, 17.

2. C'est-à-dire qu'il ne franchit pas la balustrade qui séparait le « parvis des Gentils » du parvis réservé aux Juifs. Des inscriptions gravées en grec et en latin interdisaient sous peine de mort de franchir cette balustrade. Cf. *BJ* 5, 193-194. Celle qui a été retrouvée par Clermont-Ganneau en 1871 (*OGI*, 598) dit : « Qu'aucun étranger ne pénètre à l'intérieur du parvis sacré. Tout contrevenant n'aura qu'à s'en prendre à lui-même de la mort qui s'ensuivra ».

Page 68.

1. Litt. : aplani (pour la marche ou la course). Désigne souvent la galerie couverte d'un gymnase (P. Chantraine, *s.v.* ξύω). A l'Ouest du Temple, dans ou juste au-dessus de la vallée du Tyropéon. Cf. L.-H. Vincent, *Jérusalem de l'AT*, p. 63.

2. Cf. 1, 143 et 6, 325.

3. Ce long discours (345-404) témoigne d'une information très précise, provenant de quelque source officielle. En particulier les relations épistolaires de Josèphe avec Agrippa (*Vita* 361-367) permettent de supposer qu'il a eu connaissance du dossier que le roi s'était fait préparer en vue de cette intervention. D'autre part, ce discours est un des morceaux du *BJ*, où se révèle le mieux la conception que Josèphe se fait de l'histoire. Voir Helgo Lindner, p. 21-25.

Page. 69.

1. A. Wifstrand, Εἰκότα, *Bulletin de la Soc. Roy. des Lettres de Lund* 1930-1931, défend ὑπόθεσις sans article. Au lieu de « combien sont faibles les raisons » il faudrait alors comprendre « que vous n'avez qu'une faible raison ».

2. La conjecture de Cobet αἴρεσθε (admise par Thackeray) s'appuie sur le parallèle 638 ἀράμενοι τὸν πόλεμον. Agrippa II critique les dispositions hostiles de son auditoire envers les Romains. Au présent, le verbe suppose que l'irréparable peut encore être évité.

Page 70.

1. Ἡ Ῥωμαίων ἡγεμονία est l'expression technique pour désigner la puissance romaine dans son ensemble, et cela dès l'époque de la République. Ainsi le décret d'Éphèse sur les mesures à prendre contre Mithridate (en 86 av. J.-C.) : ὑπέρ τε τῆς Ῥωμαίων ἡγεμονίας καὶ τῆς κοινῆς ἐλευθερίας (Syll.^{3} 742, 13). Même formule sous Auguste, Néron, Titus, etc...

2. Allusion au percement du canal du mont Athos et au pont de bateaux sur l'Hellespont.

3. En 396-394 Agésilas, roi de Sparte, fait une campagne victorieuse en Asie, jusqu'à Sardes. Mais Athènes, Thèbes et Corinthe s'étant révoltées contre Sparte, il rentra et battit cette coalition à Coronée en Béotie.

4. Désignation emphatique de la Fortune. Sur cette « migration » de la Fortune, Lindner, p. 42-48.

Page 72.

1. La Macédoine était province sénatoriale.

2. Il s'agit ici de la province romaine d'Asie, elle aussi province sénatoriale, sous un proconsul. Le chiffre de cinq cents villes se retrouve dans Philostrate, mais pour souligner la disproportion d'une dépense faite en faveur d'une seule, ce qui porte à croire qu'il s'agit d'un nombre généreusement arrondi (Philostrate, *Vies des Sophistes*, 2, 4.)

3. Josèphe veut dire qu'on n'a pas besoin de maintenir chez eux des troupes romaines.

4. Établis à l'Est et au Sud-Est de la mer Noire.

5. Habitants de la Chersonèse Taurique (Crimée).

6. Mer d'Azov.

7. « Renseignements inédits... L'occupation militaire de ces contrées paraît dater de l'an 63 ap. J.-C. (déposition de Palémon II) » Th. Reinach.

8. Détachés des deux légions de Mésie. La Thrace, après divers soulèvements, fut réduite en province romaine en 46 ap. J.-C.

9. Les deux légions de Mésie : la huitième, Augusta et la septième, Claudiana (Tac. *Hist.* 2, 85).

10. La onzième, Claudia (Tacite, *Hist.* 3, 50).

Page 73.

1. Quatre cents selon Appien, *Gal.* 1, 2; trois cents selon Plutarque, *Caes.* 15.

2. Nombre arrondi. Depuis la campagne de M. Fabius Flaccus (125 av. J.-C.) et la fondation de la province de Narbonnaise, juqu'à la fin de la campagne de César, il s'écoule environ soixante-quinze ans.

3. Deux cohortes urbaines stationnées à Lyon, la XVII (Dessau, *ILS* 2, 130) et la XVIII (Tacite, *Hist.* 1, 64).

4. Huit cents d'après Plutarque, *Caes.* 15; Appien, *Gal.* 1, 2.

5. La sixième, *Victrix*, celle qui proclama Galba empereur (Tac. *Hist.* 5, 16, 6; Suétone, *Galba* 10).

Page 74.

1. « En comptant la dixième, *Gemina*, détachée de l'armée d'Espagne » Th. Reinach.

2. Le point de comparaison me semble être la Palestine plutôt que tout le continent européen ou asiatique, malgré Pline *HN* 4, 30, dont s'autorise Th. Reinach.

3. La deuxième, *Augusta*, la neuvième *Hispana*, la quatorzième *Gemina Martia Victrix*, et la vingtième *Valeria Victrix*.

4. Tacite, *Annales* 15, 29-30 : « Tiridates... obsidem... filiam tradit... »

5. L'Africain (235-183 av. J.-C.).

6. D'après Strabon 17, 3, 20 une tribu libyenne. Ils occupaient toute la côte orientale de la grande Syrte (au Sud de Bengazi).

7. L'Afrique.

8. Taxes en plus du tribut annuel.

Page 75.

2. Le Sud de l'Arabie, le royaume des Sabéens, sur la côte de la mer Érythrée.

3. Un texte mal conservé de Diodore de Sicile 1, 31, 30 indique sept (ou trois) millions, sans mettre à part Alexandrie.

4. Strabon 17, 1, 8 s'accorde sur la longueur, mais, pour la largeur, parle de sept ou huit stades.

5. L'Afrique assure le reste, *supra* 383.

6. ποταμός, alterne avec διώρυξ pour désigner les canaux du Delta. Cf. *OG I*90, 25 et Preisigke *s. v.* : τραιανὸς ποταμός/ τραιανὴ διῶρυξ.

7. Tacite, *Hist.* 5, 1. En 69, Titus pourra prélever à Alexandrie des détachements des légions III et XXII, qu'il y avait trouvées (*infra* 4, 606).

8. Agrippa, pour laisser la partie belle aux adversaires qu'il a à convaincre, affecte de croire qu'en Adiabène les convertis au Judaïsme se conduiraient éventuellement en vrais fils d'Israël, alors qu'il s'agit de convertis de fraîche date (sous Claude) et seulement de personnes de la famille royale : *AJ* 20, 17-52. Les rares personnalités qui prendront part à la guerre aux côtés des Juifs de Judée appartiennent précisément à ce milieu restreint (*infra* 520 et 6, 356).

Page 76.

1. Cette idée était exprimée déjà dans *BJ* 1, 390 (Hérode s'adressant à Auguste) et se retrouvera 3, 293 lors de la prise de Japha et 5, 367 (discours de Josèphe en faveur de la reddition).

2. Cf. 1, 146 et *AJ* 14, 63.

Page 77.

3. Th. Reinach se demande si dans ce discours d'Agrippa il ne faudrait pas reconnaître «la main d'un de ces grammairiens grecs très instruits, probablement alexandrins, que Josèphe a eus pour collaborateurs dans son premier ouvrage». Les précisions techniques contenues dans ce discours ont dû être fournies à Josèphe par quelque document officiel (G. Vermes, HJP I, 486 note 4).

Page 78.

3. La tétrarchie de Philippe : Bathanée, Trachonitide, Auranitide, qui restèrent, de fait, en dehors de la révolte. Cf. *supra* 94.

Page 79.

1. Cf. 1, 237. Auj. Sebbeh.
2. Cf. *AJ* 20, 208.
3. *Actes* 4, 1 l'appelle ὁ στρατηγὸς τοῦ ἱεροῦ. C'était le poste le plus élevé après celui de grand-prêtre.
4. *Supra* 197 et note.
5. Plus amplement décrite 5, 201-205.
6. Déjà 2 *Mac.* 3, 2 le fait en général; 9, 16 la vaine promesse d'Antiochios Épiphane. *BJ* 1, 357 la couronne d'or de Sossios; 5, 562 les cratères offerts par Auguste et sa femme. Cf. *supra* 197 note. Cf. Philon, *Legat.* 157, 280, 291, 317.

Page 81.

1. *Infra* 556 et *Vita* 46-61. Son père Jacime avait été à la tête de l'armée du roi Agrippa *BJ* 4, 81. Stratège désigne ici le commandant en chef de l'armée du roi Agrippa. *AJ* 17, 29-31 semble indiquer qu'il s'agit d'Agrippa I.
2. C'est-à-dire, dans le cas, l'ensemble du Temple et de ses parvis.
3. Cf. *Néhémie* 10, 25 (d'où 2 *Esdras* 20, 35 et 23, 31). C'est seulement chez Josèphe, précisément dans notre passage, que nous est conservé le nom de calendrier de cette fête. Cf. *La nomenclature du calendrier juif à l'époque hellénistique*, *Rev. Bibl.* 1975, p. 230.
4. Prescription du *Lévitique* 6, 6.

Page 82.

1. « Il ne semble pas qu'il s'agisse d'un édifice distinct, mais des parties nouvelles ajoutées par Agrippa à l'ancien palais des Asmonéens, sur le Xyste » Th. Reinach *AJ* 20, 189.
2. « Les Archives étaient voisines de l'Akra et du palais du Conseil (*BJ* 6, 354), mais l'emplacement exact est inconnu » Th. Reinach. Elles seront incendiées par les Romains (6, 354). Détruire des archives est le souci de partisans d'une abolition du passé, en vue d'instaurer un nouvel ordre de choses. O. Michel se demande s'il n'y a pas là l'indice d'une politique collectiviste de type essénien.
3. Ou bien « les égouts ».
4. Le palais d'Hérode le Grand sur la terrasse de la ville haute (*BJ* 5, 176-183).
5. Du calendrier macédonien. Le correspondant en calendrier juif de l'époque serait le mois Ab et, en calendrier julien, 3 septembre 66.

Page 84.

5. Δήμῳ des manuscrits, conservé par O. Michel : « Mann aus dem Volk », désigne un homme du commun. Mais le ton polémique du passage autorise la conjecture δημίῳ de Holwerda, généralement admise.

6. En fait, des Zélotes.

Page 85.

6. A. Schalit reconnaît dans ce terme le surnom d'Ananias. C'est la transcription de l'araméen « mon juste », comme dans *AJ* 20, 196, Cami « ma poudre » (idée de chose précieuse et fine) est le surnom de Joseph, fils du grand-prêtre Simon. Les translittérations de ce genre sont normalement traitées, dans le grec, comme des mots indéclinables. Remarquons, en outre que, dans le cas d'Ananias, personnage vénéré, le surnom louangeur qu'il s'est acquis par ses vertus a supplanté son patronyme, ce qui n'a rien d'étonnant.

Page 86.

1. Les précédents à cette circoncision forcée : 1 *Mac.* 2, 45-46, *AJ* 13, 257-258, 318. Mais *AJ* 20, 38 donne un exemple en sens contraire. Quant à lui, Josèphe se vante de n'avoir pas permis, pendant son commandement en Galilée, qu'on obligeât à la circoncision des réfugiés de Trachonitide (*Vita* 113).

2. Selon la tradition juive, la capitulation de la garnison romaine aurait eu lieu le 17 Élul (Gorpiéos), *supra* 454.

3. C'est-à-dire probablement le 17 (Élul) Gorpiéos. Cf. *supra* 456.

4. *Supra* 291, les Juifs de Césarée eurent seulement à transférer leur communauté à Nabarta.

Page 87.

3. Ville construite par Hérode le Grand pour les vétérans de sa cavalerie, *BJ* 3, 36, *Vita* 115.

4. C'est Samarie.

5. Ici et *supra* 454, c'est le même emploi de ἰουδαΐζειν que dans *Galates* 2, 14.

Page 88.

1. Déjà sous les Asmonéens les Juifs de Scythopolis vivaient en bons termes avec les habitants non juifs qui les avaient accueillis dans le malheur : 2 *Mac.* 12, 29-31.

2. Josèphe n'a jamais oublié cette félonie : *Vita* 26.

Page 90.

3. « Noarus » de la tradition manuscrite est rejeté par A. Schalit et L. H. Feldman. Dans *Vita* 52, Varus est dit « descendant » d'un Sohémos, « tétrarque au Liban », qu'il faudrait identifier avec le roi d'Iturée mentionné dans Tacite, *Ann.* 12, 23 et Dion Cassius 59, 12, 2. Il ne faut pas confondre ce Sohémos avec le roi d'Émèse dont il est question *infra* 501

Page 91.

1. *Vita* 61 donne le nom de son successeur : Aequus Modius.
2. Cf. *BJ* 1, 417.
3. Sur la rive orientale de la mer Morte.
4. Alexandre le Grand.
5. A l'Est d'Alexandrie, dans le voisinage du palais royal (*C. Ap.* 2, 35). Notre passage fait remonter les privilèges des Juifs d'Alexandrie, non pas à Alexandre, mais aux Diadoques. Selon *AJ* 12, 8, l'« isopolitie » des Juifs avec les Grecs d'Alexandrie viendrait de Ptolémée Sôter. — Le détail des privilèges que les Juifs obtinrent des Ptolémées est donné dans *C. Ap.* 2, 42-64.
6. Sur ce sens de χρηματίζω à l'actif cf. L. Robert, *Hellenica* XI-XII 454-455. Notre passage est un des exemples les plus clairs, car il implique forcément l'initiative des intéressés. Il justifierait à lui seul l'idée que, dans *Actes* 11, 26, la communauté d'Antioche, a pris d'elle-même la qualification officielle de « Chrétiens » (ou « Messianistes »).

Page 93.

2. Antiochos IV Épiphane, roi de Commagène depuis 38 ap. J.-C. Il sera destitué en 72 pour conspiration, *BJ* 7, 219-243.

3. Roi d'Émèse. Ne pas confondre avec Sohémos, roi d'Iturée, *supra* 481 et note.

Page 94.

2. Niese[2] voyait dans le mot ἀνδρών une anticipation fautive du gènitif pluriel ἀνδρῶν de la phrase suivante. A. Schalit écarte cette interprétation et reconnaît ici un synonyme de Ζαβουλών, lequel représenterait l'hébreu *zebul* « demeure, résidence »; il traduit : Zabulon, welches « Mannerwohnort » bedeutet. M'inspirant de la description du palais d'Hérode à Jérusalem (*BJ* 5, 177-178) je vois dans ἀνδρών ce que nous

appellerions « salle de séjour » ou « salon ». Il s'agirait d'un équivalent grec d'un nom sémitique évoquant un local de ce genre.

Page 95.

1. *Supra* 2, 291.
2. Auj. le Djebel Daidaba, au N.-W. de Saffuriye (Sepphoris), au Nord de la plaine d'Asochis.
3. Cf. *BJ* 1, 417 et la note 1. Planche 4 du tome I de la présente édition.
4. La Bible mentionne plusieurs localités sous le nom d'*Apheq*. Celle de 1 *Sam.* 4, 1, camp des Philistins, paraît à O. Michel la localisation la plus vraisemblable pour notre Aphékou.

Page 96.

3. La moderne *El Jib*, à quelques kms au N.-N.-W de Jérusalem. Au lieu de 50 stades, *AJ* 7, 283 compte quarante stades.
4. D'après *Lev.* 23, 35-36, le premier jour et le huitième jour de cette fête on doit observer le repos sabbatique.
5. L'expression employée par Josèphe ἦν γὰρ δὴ τὸ... σάββατον se rapporte au sabbat hebdomadaire — d'où l'article — qui tombait dans les huit jours de la solennité.
6. Récemment converti au judaïsme, *supra* 388 et note.
7. Probablement un descendant des Juifs babyloniens, établis en Batanée par Hérode le Grand. Cf. *AJ* 17, 23-29.

Page 97.

1. En araméen *Giora'* signifie « prosélyte ». Natif de Gérasa, il devint le chef des Zélotes les plus entreprenants. *Infra* 4, 503-508. Béthoron, Cf. *supra* 228, note.
2. Une colline au N.-E. de Jérusalem et d'où l'on a une vue remarquable sur la ville, d'où son nom, qui veut dire « guetteur ». *BJ* 5, 67. Dans *AJ* 11, 329 on en trouve le nom araméen Saphein (G. Vermes, HJPI, p. 488, note 14).

Page 99.

1. Une formation du même genre est prévue pour la guerre de la fin des temps par les hommes pieux de Qumrân 1 QM 9,10 sq) O. Michel.
2. Ici désigne les modérés.

3. Ce retrait dut être sévèrement jugé dans les états-majors de l'armée romaine. Tacite s'en fait l'écho, *Hist.* 5, 10 : *Et comprimere coeptantem Cestium Gallum... uaria praelia ac saepius aduersa excepere. Qui... fato aut taedio occidit.* Cestius Gallus, essayant d'étouffer la guerre, livra plusieurs combats avec des succès divers, mauvais le plus souvent. Il mourut de sa belle mort ou bien de chagrin.

Page 100.

3. Th. Reinach l'identifie avec le Jucundus de *supra* 291. Feldman et A. Schalit les distinguent.

Page 101.

2. Béthoron-le-bas, au bas du défilé.

Page 102.

2. Le règne de Néron ayant commencé le 13 octobre 54, cette bataille de Béthoron date du début de sa treizième année.
3. *Supra* 418.
4. *Vita* 46-51 donne plus de détails.
5. *Infra* 4, 140.

Page 103.

2. Bon exemple de l'extension du sens de στρατηγός à l'époque hellénistique (cf. le « stratège » en Égypte). Il s'agit, dans tout ce passage, de gouverneurs militaires, d'une sorte de préfets, responsables de tout dans une région donnée.
3. Anan, fils d'Ananias, fut nommé grand-prêtre par Agrippa II, mais, trois mois après, destitué par le gouverneur Albinus, pour avoir fait tuer Jacques, cousin de Jésus dit Christ (*AJ* 20, 197-203). Sadducéen, il était chef du parti des modérés et l'adversaire des Zélotes. A la prise de Jérusalem par les Iduméens, il fut tué par la populace (*BJ* 4, 315-321). Son père Ananias serait le « grand-prêtre Anne » du N. T.

Page 104.

2. *Supra* 520.

3. Donc, dans le Nord-Ouest de la Judée (*infra* 4, 444) Thimnath-Sérah, tombeau de Josué (*Josué* 24, 30).

4. *Supra* 63 et note.
5. C'est-à-dire le N.-E. de la Judée.
6. L'historien lui-même. D'après son Autobiographie (*Vita* 29) sa mission était de désarmer les « méchants ». Cf. Appendice IX.
7. En Gaulanitide, au N.-E. de la mer de Galilée.
8. *Vita* 79.

Page 105.

4. Le mont Thabor.
5. Aujourd'hui la localité s'appelle Saffuriya. Les préparatifs de guerre ne pouvaient être très importants dans cette ville qui avait reçu à bras ouverts le général romain C. Gallus (*supra* 511), comme elle reçut aussi les troupes de Vespasien (*infra* 3, 30-32). *Vita* 30-31 assure même que, en punition de cette attitude proromaine, Sepphoris avait été menacée de pillage par les autres cités de Galilée. Notre passage tendrait au contraire à présenter les Sepphoritains comme d'actifs partisans de la révolte contre Rome.
6. Autre contradiction. Dans *Vita* 45 et 189, Jean fortifie Gischala, non seulement sans l'aveu de Josèphe, mais pour lui faire pièce auprès de ses concitoyens.
7. Cf. *infra* 4, 84.
8. Sur le secret de l'invincibilité de l'armée romaine, cf. *infra* 3, 70-109.

Page 108.

2. Cette « affaire de l'huile » est plus détaillée dans *Vita* 74-76, où il ne s'agit explicitement que de Juifs retenus à Césarée.
3. Soit huit fois le prix normal. Dans *Vita*, c'est dix fois le prix normal.
4. Daberath de *Josué* 19, 12, aujourd'hui Deburieh, au pied et à l'Ouest du mont Thabor — La « grande plaine » est la plaine d'Esdrélon.
5. Le récit parallèle de *Vita* 126-131 dit qu'il s'agit de la femme de Ptolémée : elle cherchait à gagner un territoire sous domination romaine.
6. Ou bien « ministre des finances ».
7. *Vita* 127 ne précise pas non plus de quelle unité il s'agit. Th. Reinach traduit « statères d'or ».
8. Josèphe y avait fixé sa résidence. Voir App. XIV.

Page 109.

4. Selon *Vita* 137, seulement Simon, lequel d'ailleurs l'invita à se faire tuer par lui avant l'arrivée des ennemis, et non pas à s'enfuir.

Page 111.

1. Avec Thackeray et O. Michel je rapporte ἐφ' οὓς à πορίζειν. La traduction Harmand rapporte l'expression à ὁμονοῶσιν, ce qui paraît moins clair.
2. D'après *Vita* 145, six cents.
3. Les incidents de Tibériade rapportés dans cette section 614-623 sont placés avant l'affaire de Tarichées (595-613) dans le récit parallèle de *Vita* 84-103.
4. Dans *Vita* 85 ἐφθόνησε, il s'agit bel et bien de la jalousie de Jean devant la popularité croissante de Josèphe. Thackeray en conclut que *Vita*, reflétant mieux le lien entre les deux situations est en faveur de la théorie de Laqueur, pour qui la *Vita* serait le plus ancien des ouvrages de Josèphe. Je crois plutôt qu'elle n'est qu'un appendice que Josèphe ajouta, à la seconde édition de ses *Antiquités*. Voir dans la présente collection, Fl. Josèphe, *Autobiographie*, p. XIII à XIX.
5. Les sources chaudes de Hamath (ou Hamman) au Sud de Tibériade.
6. Josèphe se trouve alors à Cana, *Vita*, 86.

Page 112.

3. Derrière la mésentente personnelle entre Josèphe et Jean on devine le conflit politique entre le commandement de Jérusalem, guidé par un esprit théocratique et ceux qui conduisent les opérations sur le terrain, Zélotes et chefs de bandes.
4. Aucune de ces dernières recommandations ne figure dans *Vita*.

Page 113.

5. Cet épisode (624-625) dans *Vita* 368-372 est placé après le conflit avec la commission de Jérusalem (*Vita* 313-335), à bon droit, semble-t-il.
6. Sur cette tentative de faire destituer Josèphe, plus de détails dans *Vita* 189-332.
7. *Vita* 200, seulement 600 soldats et 300 citoyens.

8. Nommé Joazar ou Jozar dans *Vita* 197 et 324.
9. Au lieu de Judas fils de Jonathas, *Vita* 197 dit Jonathas.

Page 114.

4. D'après *Vita* 159, il les avait renvoyés chez eux pour y célébrer le Sabbat.
5. La stricte observance du Sabbat par les Zélotes, même à la guerre, est un héritage des Maccabées : 1 *Mac.* 2, 29-38; 2 *Mac.* 8, 26-28; 12, 38; *BJ* 1, 146 (*AJ.* 14, 63).

LIVRE III

Page 121.

5. Niger et Silas s'étaient distingués lors du premier engagement avec Cestius, 2, 520. Niger lui-même nous est présenté (2, 566) comme gouverneur d'Idumée.
6. Récemment nommé général pour les opérations dans le Nord-Ouest de la Judée, dans la toparchie de Thauma. Sur la participation des Esséniens à la guerre cf. 2, 152.
7. Un régiment de cavalerie auxiliaire (500 chevaux), cf. *supra* 2, 67.

Page 126.

3. D'après *Vita* 230-235, il y aurait 204 villes et bourgades en Galilée. A raison de 15 000 habitants chacune, la Galilée compterait ainsi plus de trois millions d'habitants, chiffre manifestement exagéré.
4. Affirmation inexacte, si l'on prend la Pérée au sens restreint où Josèphe va la définir.
5. Machéronte inclusivement, Pella (Fahil) exclusivement, car elle fait déjà partie de la Décapole ainsi que Philadelphie (Amman, la Rabbah Ammon de la Bible 2 *Sam* 12, 26 et 29).

Page 127.

4. La moderne Aïn-Berkit, 19 km au Sud de Naplouse. Abel, p. 244.
5. C'est-à-dire peut-être « dans sa plus grande longueur ».
6. Peut-être Tell-Arad à 30 km au Sud d'Hébron et à l'Ouest de Masada.

7. Cette idée se fonde sur *Ézéch.* 38, 12. Dans *Jug.* 9, 37 l'expression s'applique à quelque mamelon proche de Sichem et qui passait pour le centre de la terre, comme, parmi les Grecs, le sanctuaire de Delphes.

8. La géographie physique peut admettre cette affirmation, car la chaîne de montagnes de Judée vient s'achever avec le Carmel, en vue de Ptolémaïs. Mais politiquement la Judée n'a pas d'ouverture sur la Méditerranée. Je traduis sous toute réserve.

Page 128.

1. Litt. « Toparchies », Cf. 2, 98. Pline, *HN* 5, 14, 70 énumère dix toparchies seulement : « Reliqua Judaea diuiditur in toparchias decem, quo dicemus ordine : Hericuntem palmetis consitam, fontibus riguam, Emmaum, Lyddam, Jopicam, Acrabatenam, Gophaniticam, Thamniticam, Betholethephenen, Orinem, in qua fuere Hierosolyma, longe clarissima urbium orientis, non Judaeae modo, Herodium cum oppido inlustri eiusdem nominis ». Il omet donc l'Idumée, substitue à tort Joppé à Engadi, mais remplace à bon droit, Pella par Betholethephene (sém. Bêth-Nétôphâ). Sur l'amélioration de la liste de Josèphe par Pline, voir Schalit, *Herodes*, p. 208-212.

2. Voir note précédente. Ammaüs : Abel, p. 314 sq.

3. Josèphe ajoute aux principales régions du territoire juif les deux villes maritimes de population principalement juive, puis le royaume d'Agrippa, où l'élément juif reste important.

4. C'est-à-dire du Nord au Sud.

5. D'Est en Ouest.

6. Localisation précise inconnue.

7. Au Nord de la mer de Galilée. Cf. 2, 168 et note.

8. Ici reprend la narration interrompue au paragr. 33.

Page 129.

1. *Vita* 395 parle d'une attaque nocturne, mais qui daterait d'avant l'arrivée de Vespasien.

2. *Supra* 8.

3. Appelée *Macedonica*, la dixième *Fretensis*, « l'impétueuse », la quinzième *Apollinaris*. Cf. Tacite, *Hist.* 5, 1.

4. La cohorte, dixième partie d'une légion, compte, en principe 500 à 600 soldats.

5. Antiochos IV, roi de Commagène — Sohémos roi d'Émèse (*BJ* 2, 500-501).

6. Ce Malchos (Maliku), fils d'Arétas, lui succéda en 40, jusqu'en 70 cf. HJP, p. 383.

Page 130.

1. La légion complète compte 6 000 fantassins plus 120 cavaliers = 6120 hommes. L'aile de cavalerie oscille entre 500 et 1 000 hommes. Le chiffre de 60 000 ne paraît donc pas démesuré.

2. Le nombre de ces « goujats » dépassait facilement celui des soldats, témoin, pour la même époque Tacite, *Hist.* 2, 87 : « Sexaginta milia armatorum sequebantur...; calonum numerus amplior... ».

3. Cette digression (71-107) sur l'armée romaine au premier siècle est pour nous un témoignage de première main, comparable à celui de Polybe (6, 19-42) sur l'armée romaine trois siècles auparavant, qui l'a sans doute inspirée. Avec O. Michel, je pense que Josèphe, outre ses contacts avec l'armée en campagne durant sa captivité, a dû avoir ensuite à sa disposition le texte des règlements militaires, spécialement pour l'érection des camps. Pour un jugement d'ensemble sur cette armée voir H.-G. Pflaum, *Problèmes de la guerre à Rome, Forces et faiblesses de l'armée romaine du Haut-Empire*, p. 86-98.

4. Tite-Live 44, 39 montre bien l'importance du camp dans la conception romaine de la vie militaire. Paul Émile laisse passer une occasion favorable de combat, parce qu'il n'a pas encore dressé son camp : « patria altera est militaris haec sedes ». Cette résidence du soldat est sa seconde patrie.

Page 131.

1. D'après Polybe 6, 42 les Grecs adaptaient la disposition de leur camp à la configuration des divers lieux (ἑπόμενοι τοῖς τόποις), se dispensant ainsi de la corvée du nivellement des terrains (ἐκκλίνοντες τὴν περὶ τῆς ταφρείας ταλαιπωρίαν). Les Romains, au contraire, s'imposent cette corvée par souci de la sûreté du fonctionnement et pour disposer d'un camp où l'on se reconnaisse facilement et donc unique et toujours le même : χάριν τῆς εὐχερείας καὶ τοῦ γνώριμον καὶ μίαν ἔχειν καὶ τὴν αὐτὴν αἰεὶ παρεμβολήν.

2. Il faut penser aussi aux hommes qualifiés pour le montage et le service des machines de siège : cf. 117, 478.

3. Il reste difficile de savoir ce qui caractérisait exactement ces trois catégories de machines. D'après la composition du mot, les *lithobola* ne serviraient qu'à des lancements de pierres. Effectivement, dans les inventaires de la Chalco-

thèque de l'Acropole d'Athènes (349 à 305 av. J.-C.) on les distingue des oxybèles (*CIA* II 61, 250, 693, 720 B, 725, 732 B, 734). Le mot évoque l'idée de brandir (cf. P. Chantraine *Dict. Étym. s. v.* πάλλω. La reconstitution graphique de E. Tardieu et A. Coussin, dans *Les dix livres d'Architecture de Vitruve* tome II, Pl. 89 vaudrait aussi bien pour l'oxybèle, dont l'étymologie fait penser au lancement d'un objet pointu. Ici Pl. III. Cf. *infra* 167.

5. Litt. : local du préteur (anciennement : celui qui marche en tête de l'armée).

6. Polybe déjà résumait sa description du camp romain en disant que le plan d'ensemble est un carré, mais que dans le détail, le tracé des allées et le reste de l'ordonnance correspondent à la disposition architecturale d'une ville : τὸ μὲν σύμπαν σχῆμα γίνεται τῆς στρατοπεδείας τετράγωνον ἰσόπλευρον τὰ δὲ κατὰ μέρος τῆς τε ῥυμοτομίας ἐν αὐτῇ καὶ τῆς ἄλλης οἰκονομίας πόλει παραπλησίαν ἔχει τὴν διάθεσιν (6, 31, 10).

7. Il doit s'agir des centurions, car dans 2, 63 λόχος désigne une centurie.

8. *Infra* 87 ne permet pas de les identifier avec de simples tribuns (χιλίαρχοι) mais avec des officiers supérieurs tels que des légats de lègion. Cf. *infra* 310.

9. « *Syntaxis* » indique ici un groupe de quelques soldats seulement. La traduction par « escouade » ne prétend pas à la valeur de terme technique.

Page 132.

2. C'est-à-dire à la fois centurions et tribuns. L'expression de Josèphe ὑπὸ τὴν ἕω semble bien placer cette salutation quotidienne du général en chef au tout début de la journée, avant même le compte rendu de la ronde de nuit.

3. Polybe 6, 40, 1-3 mentionne les trois sonneries de trompette. A la première on démonte les tentes et on plie les bagages; à la seconde, on charge les attelages; à la troisième on se met en route.

4. Le latin.

Page 133.

2. *Hasta.*

3. *Parma.*

4. *Pilum.*

5. *Scutum.*

6. « Toutes les unités, à partir du régiment, c'est-à-dire la cohorte, comportaient des détachements montés. La

méthode des « armes combinées » était largement pratiquée par l'armée impériale » H.-G. Pflaum, *Forces et faiblesses de l'armée romaine du Haut-Empire*, p. 93.

7. D'après Polybe 6, 40, 9 μεταλαμβάνοντες ἀεὶ τὴν ἐπὶ τῆς πρωτοπορείας ἐναλλὰξ τάξιν, il s'agissait d'un roulement. Mais il décrit l'armée du temps de la République. Josèphe parle de celle de l'Empire à la fin du premier siècle.

Page 135.

1. Ces derniers mots expriment une intention de l'auteur. Son ouvrage écrit sous le patronage de Vespasien, entend propager l'idée que, devant la puissance militaire romaine, tout mouvement de révolte serait d'avance voué à l'échec; ceci pour décourager Parthes et Juifs de Babylone, toujours menaçants. Cf. 2, 388-390.

2. Que l'organisation de la puissance militaire romaine soit un sujet digne de l'attention des hommes cultivés est une idée déjà exprimée par Polybe 6, 26, 12 : « Est-il quelqu'un d'assez étranger aux belles ou enviables réussites pour ne pas désirer un tant soit peu se renseigner de plus près sur des détails dont une fois qu'il en sera instruit, son esprit sera enrichi d'un sujet important et intéressant, Τίς γὰρ οὕτως ἐστὶν ἀπεοικὼς πρὸς τὰ καλὰ καὶ σπουδαῖα τῶν ἔργων, ὃς οὐκ ἂν βουληθείη μικρὸν ἐπιμελέστερον ἐπιστῆσαι περὶ τῶν τοιούτων ὑπὲρ ὧν ἅπαξ ἀκούσας ἐπιστήμων ἔσται πράγματος ἑνὸς τῶν ἀξίων λόγου καὶ γνώσεως;

3. Ici reprend le récit interrompu à 59 pour Placidus et à 64 pour Titus à Ptolémaïs. Pour Placidus, *PIR* III (1898), n° 331. D'après O. Michel, c'est peut-être le même que Julius Placidus, le tribun de cohorte qui avait arraché Vitellius à sa dernière cachette et à qui, dans la bagarre, on avait coupé une oreille (Tacite, *Hist.* 3, 84).

4. Thackeray s'appuie sur 4, 128 τῆς πόλεως οἰχομένης pour préférer la leçon de MVRC. Mais 4, 128 exprime le point de vue d'assiégés qui désespèrent du salut de leur ville et la voient par avance anéantie. Ici, au contraire, s'exprime le point de vue de gens qui s'apprêtent à s'emparer d'une ville : ils envisagent le moment où elle leur appartiendra.

Page 137.

2. Le reste des cohortes auxiliaires dont 116 mentionne une partie.

3. Cf. Polybe 6, 40, 6-8 : en cas de menace, l'élite des auxiliaires vient renforcer l'arrière-garde : προσδοκίας δ' οὔσης κατὰ τὴν οὐραγίαν... αὐτοὶ δ' οἱ τῶν συμμάχων ἐπίλεκτοι τὴν οὐραγίαν ἀντὶ τῆς πρωτοπορείας μεταλαμβάνουσι.

4. A l'Est de Sepphoris. *Vita* 395 (et 412) l'appelle village.

Page 138.

1. A l'est de Ptolémaïs. Cf. *Vita* 123 et 234.

Page 139.

2. D'après Niese, cette date correspondrait au 8 juin 67. De toute façon il est difficile de concilier cette date avec les passages 339 (où il est dit que Iotapata fut prise le 1er de Panémos) et 316 (où il est précisé que le siège dura quarante sept jours).

3. Cf. *Vita* 115, où ce décurion, chargé du commandement en chef de toute la grande plaine (d'Esdrélon) avait déjà donné fort à faire à Josèphe, qui rend hommage à sa valeur au combat : γενναίως ἀντέσχε.

4. C'est effectivement le seul côté où la colline, ne soit pas limitée par de profonds ravins (cf. 2, 573 note).

Page 140.

1. Dans Josèphe on trouve μεθ' ἡμέραν aussi bien au sens (classique) de « quand il fit jour » qu'au sens (hellénistique) de « le jour suivant ». Στρατοπεδεύω, à l'actif s'emploie pour indiquer qu'une armée prend position à tel endroit. Ainsi dans Dion Cassius 62, 24, 2 pour dire que Vindex prend position devant Besançon. Dans 68, 8, 1 des Barbares cantonnent dans la ville de Tépé, où il n'est pas question d'installer un camp. Déjà chez Xénophon (*Anab.* 7, 6, 24) les mercenaires grecs s'étant vu refuser l'entrée de Périnthe ont dû, en plein hiver, bivouaquer à la belle étoile ὑπαίθριοι δ' ἔξω ἐστρατοπεδεύετε, μέσος δὲ χειμὼν ἦν. J'ai traduit en m'autorisant de ces parallèles. Cf. au sens de bivouaquer BJ 4, 101 περιστρατοπεδεύειν.

2. Réminiscence de Sophocle, *Électre*, 995 : θράσος ὁπλίζεσθαι. Cf. *infra* 212.

Page 142.

1. Cf. Pl. IV. Talent : 36 kg.
2. Collectif : des brandons enflammés.
3. Nous dirions des « commandos ».

4. *BJ* 3, 167-187 est le seul passage qui soit littéralement cité dans les *Excerpta Poliorcetica* (Cod. Paris. suppl. gr. 607, xe s.). Sur ces *Excerpta*, voir H. Schreckenberg, *Tradition*, p. 123-124. Déjà, Vitruve (*floruit* 10 av. J.-C.) *De Architectura* X 15, 6 : « Insuper coriis crudis totus aries erat inuolutus ». Et plus tard Végèce (*fl.* 386), *De Re Militari* IV, 15 « Extrinsecus autem, ne immisso concremetur incendio, crudis ac recentibus coriis uel centonibus (coussins) operitur ».

Page 144.

2. Ce leurre rappelle celui des Romains devant les Gaulois qui les assiégeaient en 385 (390) av. J.-C. : les Gaulois ne cessaient d'invoquer la disette pour inviter les Romains, pressés par la nécessité, à capituler. Pour tenter de détruire cette opinion, on lança du pain, du haut du Capitole dans les avant-postes ennemis. « Cum Galli... famem obicerent eaque necessitate ad deditionem uocarent, dicitur, auertendae eius opinionis causa, multis locis panis de Capitolio iactatus esse in hostium stationes. » Tite-Live 5, 48, 4.

Page 146.

1. Scène du même genre dans *Vita* 210, lorsque Josèphe se préparait à quitter la Galilée.
2. Autre réminiscence de Sophocle, *Électre* 995. Cf. *supra* 153.

Page 147.

2. L'accusatif pluriel κάλους chez Élien le Tacticien (*ca.* 357) XI 6 atteste que la déclinaison contracte de ce mot est déjà morte à l'époque hellénistique. Il s'agit donc bien ici de câble (κάλως) et non de pièce de bois (κᾶλον). Ce mode de suspension est clairement illustré, par E. Tardieu et A. Coussin fils, dans *Les Dix Livres d'Architecture de Vitruve* [2], Paris 1859, tome II, planche 93, fig. 6, reproduite à la fin du présent volume. Pl. IV, avec les retouches d'André Baer. — Sur les perfectionnements du bélier à l'époque hellénistique, voir C. de la Berge dans *Dict. des Antiquités* I, p. 423 a et b.
3. La balance « romaine ».

Page 149.

2. Aujourd'hui Rumah, entre Iotapata et Sepphoris.

Page 150.

2. Pour choisir la leçon de MLVRC, Thackeray s'appuie sur 5, 98. Mais dans cette circonstance il s'agira de ranimer une ardeur qui s'était relâchée. Ici, au contraire, il s'agit de rendre encore plus violente une action déjà sévère.

Page 153.

4. *Supra* 148.

Page 154.

1. 265-269 forme un couplet héroïque.
2. *Supra* 258.
3. La « tortue ». Cf. 2, 537.
4. Pline, *HN* 2, 108 parle d'un limon inflammable, qu'on trouve dans un étang proche de Samosate, et qui servit à repousser l'assaut des soldats de Lucullus.

Page 156.

2. Un bon parallèle dans Lucien *Dialogue des Morts* 20, 2, où Ménippe demande à Éaque l'autorisation de frapper Sardanapale « κατὰ κόρσης ». — Pas du tout, répond Éaque; tu briserais son crâne de femme ». L'expression κατὰ κόρσης veut donc dire, dans notre passage : « en plein sur la tête ».
3. La Japhia de l'A.T. (*Josué* 19, 12) à 2 km, 5 au Sud-Ouest de Nazareth. *Vita* 230 en fait le plus grand village de Galilée. Josèphe y établit un moment son quartier général, *Vita* 270.
4. Le père du futur empereur de ce nom.

Page 157.

2. Cf. 2 *Samuel* 12, 26-28, où Joab fait savoir à David qu'il a réduit Rabba des fils d'Ammon à sa merci et le prie de venir la prendre lui-même : « de peur que ce ne soit moi qui prenne la ville et qu'on ne l'appelle de mon nom ». Dion Cassius 60, 21 raconte comment Claude, en 43, alla prendre en (Grande) Bretagne Camulodunum (Colchester), ce qui permit au Sénat de lui décerner le titre de Britannicus. Dans les deux cas, les généraux, par déférence envers leur souverain, lui laissent l'honneur de la victoire. Le geste de Trajan s'insère dans cette tradition.

Page 158.

1. Autre cas de résistance des habitants en pleine ville 1, 337; 2, 329; 4, 21-29.

2. Selon Niese, 18 juillet 67.

3. L'aversion de Josèphe pour les Samaritains s'exprime ailleurs encore : 1, 64; 2, 232 et *AJ* 9, 290-291.

4. Le texte n'est pas sûr et je ne connais pas d'emploi transitif du verbe οἰδέω. Je traduis donc dans le sens de la version latine — qui comporte peut-être déjà une part de conjecture : « sed inconsulta suarum uirium infirmitate secundis romanorum rebus excitati prona in tumultum uoluntate pendebant ». Le sentiment même de leur insuffisance criante par rapport aux Romains poussait les Samaritains à des projets inconsidérés. Une forme de l'énergie du désespoir.

Page 160.

1. Les Romains divisaient la nuit en quatre veilles de 3 heures. La quatrième était la plus propice pour qui voulait surprendre des sentinelles endormies. Témoin la tradition épique de la Guerre de Troie, dans la version romaine de Virgile (*Énéide* 2, 265-267). Ici, 325 et 327. Les Juifs, à l'origine, divisaient la nuit en trois veilles : soir, milieu (*Juges* 7, 19) matin (*Exode* 14, 24 et, pour une attaque en surprise, 1 *Samuel* 11, 11). Mais, à l'époque impériale, ils se conforment probablement à l'usage romain devenu banal, car on retrouve une mention de la quatrième veille dans l'évangile de *Mathieu* 14, 25; en outre *Marc* 13, 35 énumère les quatre veilles de la nuit à propos de la parabole des serviteurs vigilants, tandis que *Luc* 12, 38 semble se référer à la division plus traditionnelle des trois veilles juives.

Page 162.

1. Selon Niese, 20 juillet 67. Le siège avait commencé le 17 Artémisios. Pour les 47 jours de siège, cf. *supra* 316.

Page 163.

1. D'après Tacite, *Hist.* 3, 43, M. Valerius Paulinus, un ami de Vespasien et qui fut envoyé en 69 comme gouverneur de la Gaule Narbonnaise.

2. Un ami de Titus qui sera blessé au siège de Jérusalem, lorsqu'il s'efforcera de parlementer à côté de Josèphe avec les assiégés, *infra* 5, 261.

3. C'est un thème de la propagande romaine à l'étranger, dont Virgile se fait l'écho (*Énéide* 6, 853) : « Parcere subjectis. »

4. Pour l'importance que Josèphe attribue aux songes, cf. 2, 112-116. Lui-même, à un moment difficile de sa vie eut un songe qui le décida à rester en Galilée. *Vita* 208-210.

5. Ce rapprochement entre interprétation des songes et connaissance des textes bibliques relève peut-être de l'Essénisme : 2, 159. Un exemple d'interprétation à la lumière d'un texte biblique est mis précisément dans la bouche d'un Essénien, Simon, qui s'inspire manifestement de l'interprétation donnée par Joseph du songe de Pharaon (*Gen.* 41, 25-31), dans *BJ* 2, 113. En tout cas, ces affirmations de Josèphe n'ont rien de pharisien. Cf. Lindner, p. 75.

Page 164.

1. Litt. que la race juive plie. Cf. Appendice XI.

2. Par convention littéraire Josèphe personnifie la Fortune, le Destin, la Justice. Plus loin (391), il ne pensera plus qu'à la Providence de Dieu. Sur le sens de Τύχη dans Josèphe, cf. Lindner, p. 89-94.

Page 165.

1. Nulle part dans la Bible le suicide n'est loué ni recommandé. Mais l'exemple de Razis (2 *Mac.* 14, 41-46) a créé un précédent, si bien que dès les années 40, des Juifs, héroïques défenseurs de la sainteté du Temple contre les vues de Caligula, s'offrent à un suicide collectif, dont ils parlent en termes de sacrifice rituel. Cf. Philon d'Alexandrie, *Legatio ad Caium* 234 et Excursus VII, p. 368-371.

Page 166.

4. H. Weil proposait ὑβρισμούς (mot rare). Thackeray : τὰς ... ὕβρεις. O. Michel conserve le texte des mss et comprend : ceux de leurs pères qui furent criminels. Mais l'enclave semble exclure un génitif partitif. J'adopte la conjecture de Thackeray, réminiscence possible de *Dt.* 5,9.

5. Moïse, cf. 2, 145.

Page 167.

1. Dans le Pentateuque, rien sur le suicide. Toutefois cette exposition du cadavre jusqu'au coucher du soleil paraît

bien être une extension du cas du criminel qui a mérité la pendaison, *Deut.* 21, 22-23. Dans *Josué* 8, 29 et 10, 27, il s'agit encore de pendus (des ennemis, non des criminels).

2. Ainsi à Athènes au témoignage d'Eschine, *Contre Ctésiphon* 244 : lorsqu'un homme se donne la mort, nous enterrons séparément du corps la main qui a commis cet acte, ἐάν τις αὑτὸν διαχρήσηται, τὴν χεῖρα τὴν τοῦτο πράξασαν χωρὶς τοῦ σώματος θάπτομεν.

3. L'explication est pour le moins un peu embarrassée.

Page 168.

1. Par le tirage au sort Josèphe entend faire appel à la Providence divine.

2. Pour l'expression cf. 354 et note, et 391.

3. De toute façon, il y aura toujours un dernier survivant, qui devra se tuer lui-même.

4. Tout cet épisode 361-391 éclate d'invraisemblances. Comment les compagnons de détresse de Josèphe auraient-ils supporté, à pareille heure, sa dissertation philosophique sur le suicide? En réalité, Josèphe, après coup, aura voulu travestir sa capitulation personnelle, sans doute peu glorieuse. Les seules choses qu'il ne pouvait dissimuler — à cause de l'autre survivant — c'est qu'ils étaient un groupe important et que deux seulement, dont Josèphe, s'étaient rendus à temps.

Page 169.

3. Depuis Niese les éditeurs supposent que le texte devait contenir une allusion à la chute prochaine de Néron. L'insertion de Οὐδ' par Schreckenberg laisse au texte son intransigeance oraculaire, que le τοῦ interrogatif de Destinon altérerait.

Page 170.

3. Malgré cette prédominance des Grecs, depuis sa reconstitution par Hérode le Grand, Césarée continuait à faire partie de la Judée.

Page 171.

3. L'ancienne Bethshean, une des plus importantes villes de Palestine. Déjà mentionnée dans les textes de Tell el Amarna, elle est une grande ville à l'époque hellénistique. Au témoignage de Polybe (5, 70) la région était si prospère

et si bien pourvue de tout que l'armée d'Alexandre le Grand avait pu y prendre ses quartiers d'hiver. Il n'est donc pas étonnant que Vespasien, à son tour, y ait établi ses légions pour l'hiver.

4. Reinach rapportait le démonstratif à Scythopolis et traduisait en suivant « avec réserve » la conjecture de Naber παραποτάμιος (au lieu de παράλιος). Comme je ne connais pas d'exemple de παράλιος s'appliquant aux rives d'un fleuve — dans les composés où -αλος est le second terme après un préverbe ou un adverbe, le sens de sel reste vivant (cf. Chantraine *Dict. Étym.* p. 65a) — avec Thackeray, O. Michel et Schalit, je rapporte à Césarée le démonstratif, avec sa valeur emphatique, qui me paraît en situation dans ce contexte.

5. Cf. 2, 507-508.

Page 172.

1. Pour les Grecs, Joppé était le cadre de la légende d'Andromède. Strabon 16, 2, 28 : c'est là qu'Andromède fut exposé au monstre marin. Pline, *HN* 5, 69, les chaînes d'Andromède auraient laissé leur empreinte sur les rochers. Pausanias 4, 35, 9, parle d'une source sanguinolente où Persée se serait lavé aprés avoir tué le monstre. Saint Jérome lui-même rappellera cette légende à propos de Jonas (*Commentarii in Jonam* 1, 3, Migne *PL* 25, 1123) : « Hic locus est in quo usque hodie saxa monstrantur in littore in quibus Andromeda religata Persaei quondam sit liberata praesidio. »

2. Litt. que la solitude (de la haute mer).

3. La première fois : 2, 507-508.

Page 173.

1. Vérité banale à quoi Virgile *Énéide* 4, 173-190 avait donné une expression poétique : « pariter facta atque infecta canebat » (cf. τὰ μὴ γενόμενα *infra* 434).

2. Sur le modèle de *Dt* 34, 8, pour Moïse et de *Nombres* 20, 29, pour Aaron, dont le deuil dura également trente jours.

3. Comme dans *Mt* 9, 23.

Page 174.

2. Peu importe qu'en fait Vespasien n'amène qu'une partie de son armée : l'intention du roi était de faire une réception au général et à son armée.

3. Une trentaine de km à vol d'oiseau au Sud de Tibériade.

Page 176.

2. Avec Thackeray il faut reconnaître ici l'idée de « réparation » du verbe ἀναλαμβάνειν. Cf. 1, 304; 3, 99; 4, 373; 5, 127; Polybe 2, 18, 5 et 12, 26, 6.
3. Appendice XIV.

Page 177.

1. Au Nord-Ouest du Lac, entre Capharnaüm et Magdala. C'est cette localité qui a donné son nom au lac.
2. Selon *Vita* 156, c'est au contraire Tarichées qui aurait été la première servie.
3. Suétone, *Tit.* 3 : « Latine Graeceque uel in orando uel in fingendis poematibus promptus et facilis ad extemporalitatem usque ». Capable soit en latin, soit en grec, de faire un discours ou de composer des vers avec une facilité qui allait jusqu'à l'improvisation. (Trad. Ailloud 1964).

Page 179.

2. Le participe λειφθείς est ici le terme agonistique — bien en situation dans ce contexte — qui exprime la défaite. Cf. L. Robert, *Hellenica* XI-XII p. 338. Dans le domaine militaire, cf. Polybe, 1, 62, 6: τοῦ γὰρ αὐτοῦ νομιστέον ἡγεμόνος εἶναι τὸ δύνασθαι βλέπειν τόν τε τοῦ νικᾶν ὁμοίως δὲ καὶ τὸν τοῦ λείπεσθαι καιρόν, car c'est le devoir du même chef de savoir envisager le moment de la défaite aussi bien que celui de la victoire.
3. La version latine donne un sens différent : « si nous engageons le combat avec l'ennemi corps à corps nous serons beaucoup plus efficaces que si nous combattons de loin ».

Page 180.

1. Suétone, *Titus* 4 rapporte un détail de plus. Il eut son cheval tué sous lui et il en monta un autre, dont le cavalier avait péri en combattant à ses côtés : « equo... sub feminibus amisso alteroque inscenso cuius rector circa se dimicans occubuerat ».

Page 181.

2. Réminiscence de Sophocle, *Électre* 945 : ὅρα πόνου τοι χωρὶς οὐδὲν εὐτυχεῖ. Lieu commun qu'on retrouve dans 5, 501 et *AJ* 3, 58. Autres réminiscences de Sophocle, *supra* 153 et 212.

3. La ville n'avait pas de rempart du côté qui faisait face au Lac, *supra* 464.

4. Cf. *supra* 469.

Page 182.

3. D'après Josèphe le Lac aurait 7,4 km de largeur sur 25,9 km de long. Aujourd'hui, il mesure 12 km sur 20.

4. Cf. 1, 404. Dans le voisinage Philippe le Tétrarque éleva la ville de Paneas (*Banias*) 2, 168.

5. Césarée de Philippe.

Page 183.

6. Cf. Schreckenberg, *Theokratia*, *Jahrbuch d. Inst. jud. Delitzchianum* I, 1967-1969, p. 75.

7. La mer Morte. Description par Josèphe, *BJ* 4, 476-482. Tacite parle de la région dans *Hist.* 5, 6 : « Nec Jordanes pelago accipitur, sed unum atque alterum lacum integer perfluit, tertio retinetur ». Le Jourdain n'est point recueilli par la mer, mais il traverse, sans rien perdre, un lac, puis un autre, et il est retenu par le troisième.

8. La plaine de Génésareth (el Ghuweir) au Nord-Ouest du Lac, entre Capharnaüm et Magdala.

Pqge 184.

2. Kephar Nahum, « village de Nahum ».

3. Le nom scientifique de ce poisson est « clarias lacera », un genre de silure sans écailles, ce qui le fait regarder par la loi mosaïque comme un animal « impur » *Lév*. 11, 9-10.

4. Le lac Maréotis.

Page 185.

1. C'est probablement en souvenir de ce succès « naval » que de nombreux bateaux figurèrent au triomphe de Vespasien et de Titus à Rome, en 71 et que furent frappées les monnaies de bronze de Vespasien et de ses fils avec la légende VICTORIA NAVALIS : Victoire tenant une couronne. debout sur une proue de vaisseau terminée par un serpent. Voir H. Cohen, *Description historique des monnaies frappées sous l'Empire romain* I, n° 632, 633, 634. Très bel exemplaire au cabinet des Médailles (Bibl. Nat. n° 5165).

Page 186.

2. 26 septembre 67.

TABLE DES MATIÈRES

	Pages
Notice	5
Sigla	9
Livre II	11
Texte et traduction	13
Livre III	119
Texte et traduction	121
Appendices	181
Notes complémentaires	207

Planches hors-texte :

Photographie du Papyrus

BJ II 576-578	Pl. I
BJ II 582-584	Pl. II
Catapulte ou Oxybèle	Pl. III
Suspension du bélier	Pl. IV
Carte de Judée-Galilée	dépliant

ILLUSTRATIONS

P. Vindob. G. 29810 (*BJ* II, 576-578).

P. Vindob. G. 29810 (*BJ* II, 582-584).

Planche III

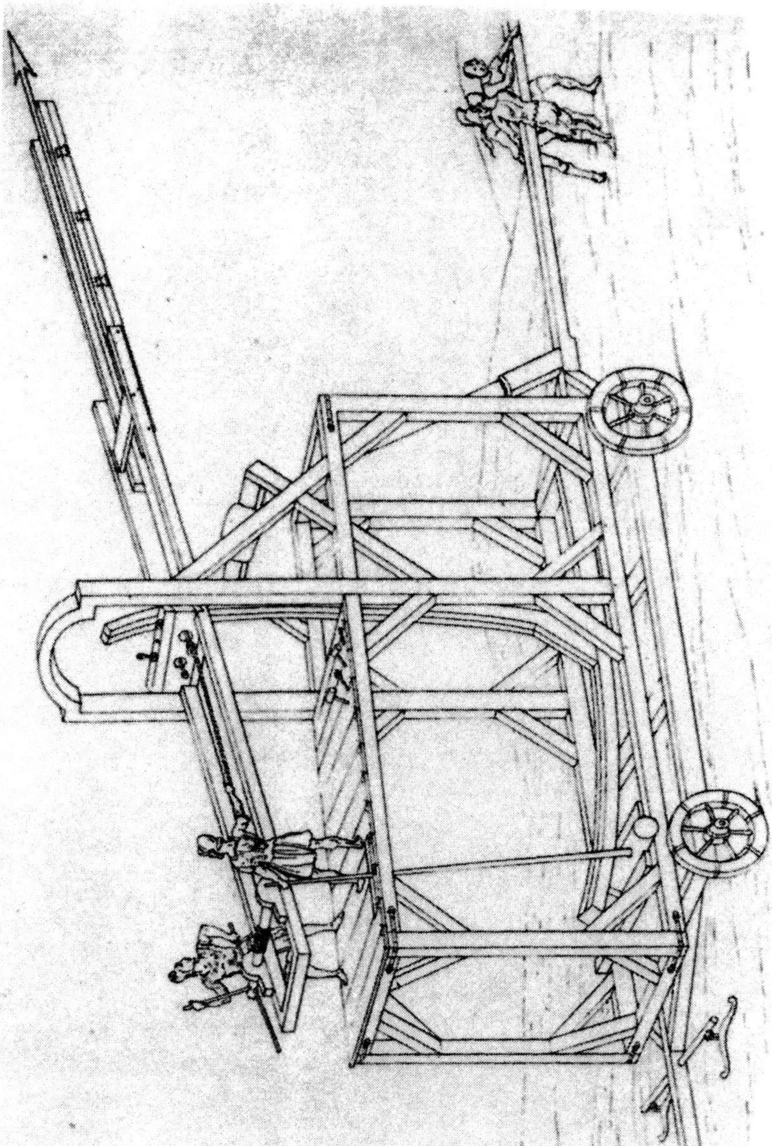

Catapulte ou oxybèle ; cf. *BJ* III, 80.

Planche IV

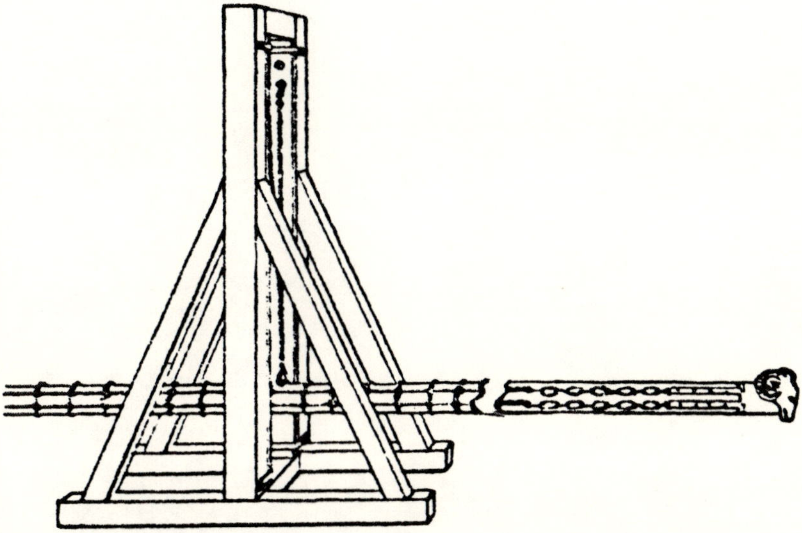

Mode de suspension du bélier d'après *BJ* III, 215.